KB119179

완역
完譯

사기 본기

오제부터 한무제까지 제왕의 역사

완역 사기 본기

초판 1쇄 인쇄 2015년 12월 17일 초판 1쇄 발행 2015년 12월 24일

지은이 사마천 옮긴이 신동준
펴낸이 연준혁
기획 설완식

2분사 1부서 편집장 김남철
편집 이지은
표지디자인 이세호 본문디자인 이세호 한향림

펴낸곳 (주)위즈덤하우스 출판등록 2000년 5월 23일 제13-1071호
주소 (10402)경기도 고양시 일산동구 정발산로 43-20 센트럴프라자 6층
전화 031)936-4000 팩스 031)903-3893 홈페이지 www.wisdomhouse.co.kr

값 23,000원 ⓒ 신동준, 2015

ISBN 978-89-6086-860-1 04910
ISBN 978-89-6086-866-3 (세트)

* 잘못된 책은 바꿔드립니다.
* 이 책의 전부 또는 일부 내용을 재사용하려면
  사전에 저작권자와 (주)위즈덤하우스의 동의를 받아야 합니다.

국립중앙도서관 출판시도서목록(CIP)

완역 사기 본기 : 오제부터 한무제까지 제왕의 역사 / 지은이: 사마천 ;
옮긴이: 신동준. -- 고양 : 위즈덤하우스, 2015
　　p. :　cm

원표제: 史记 本紀
원저자명: 司馬遷
중국어 원작을 한국어로 번역
ISBN 978-89-6086-860-1 04910 : ₩23000
ISBN 978-89-6086-866-3 (세트) 04910

사기[역사][史記]
중국사[中國史]

912.03-KDC6
951.01-DDC23　　　　　　　CIP2015026540

완역
完譯

사기 본기
史記 本紀

一
오제부터 한무제까지 제왕의 역사
一

사마천 지음 · 신동준 옮김

위즈덤하우스

| 책을 펴내며 |

사기史記는 옛날의 사서를 뜻하는 말이다. 사마천司馬遷은《사기史記》
의 전편에 걸쳐 이 용어를 여덟 번 사용하고 있다.《사기》도 원래는
《태사공기太史公記》내지《태사공서太史公書》등으로 불리었다. 약칭인
《사기》로 불리게 된 것은 삼국시대 후반기 이후다.

사마천의 자字는 자장子長이다. 그의 생몰연대는 확실치 않다.《한
서漢書》〈사마천전司馬遷傳〉에 따르면 대략 한경제漢景帝의 치세인 기
원전 145년 전후에 사관史官으로 재직한 사마담司馬談의 아들로 태어
난 것으로 추정된다. 출생지와 관련해서도 설이 엇갈린다. 지금의 섬
서성陝西省 한성시韓城市 하양夏陽으로 보는 견해가 유력하나《한서》를
좇아 산서성의 하진시河津市 용문龍門으로 보는 견해도 있다.

《한서》〈식화지食貨志〉는 그의 조부 사마희司馬喜가 곡식을 바치고
작위를 얻도록 한 한문제漢文帝의 정책을 활용해 4,000석을 바치고
9등 오대부五大夫를 얻었다고 기록해놓았다. 덕분에 전 가족이 요역
을 면제받았다. 그는 어릴 때부터 부친의 지도 아래 글을 배웠다. 열
살 때《서경書經》을 비롯해《춘추좌전春秋左傳》과《국어國語》,《세본世

本》등의 사서를 익혔다. 사마담은, 사마천이 《사기》〈태사공자서太史公自序〉에서 밝혔듯이 한무제漢武帝 건원建元 연간에 도성인 장안長安으로 올라가 태사령太史令에 올랐다. 이는 사관으로서는 최고의 자리였다.

사마천은 여전히 고향에 있었다. 그가 어느 정도 성장하자 부친 사마담은 그에게 전국 각지를 돌아다니며 사람들이 사는 모습을 직접 관찰하게 했다. 자식이 훗날 사관이 될 것을 염두에 두고 역사의 현장과 역사적 사실을 중시하는 자세를 자연스레 익히도록 배려한 것이다. 이것이 훗날 사실史實을 중시한 《사기》의 정신을 형성하는 기본 배경이 되었다. 실제로 사마천은 친구 임안任安에게 보낸 서신인 〈보임안서報任安書〉에서 《사기》를 저술하는 데 필요한 고사古事와 구문舊聞 등을 이때 모두 얻을 수 있었다고 밝힌 바 있다.

그가 장안으로 돌아와 황제를 모시는 낭중郞中이 된 것은 부친의 천거로 인한 것이었다. 한무제 원정元鼎 6년(기원전 111), 황제의 명을 받아 지금의 운남雲南과 사천四川 등지에 살던 서남이西南夷 평정에 참여했다. 이듬해인 원봉元封 원년元年, 한무제가 하늘에 제사를 올리는 봉선封禪 의식을 위해 태산泰山을 방문했다. 천문과 역법曆法을 관장하고 황실의 전적을 관리하는 태사령 사마담은 낙양洛陽에 머물다가 이 의식에 참여하지 못했다. 이를 한스럽게 여긴 사마담은 이내 병이 나 자리에 눕게 되었다. 임종 직전 사마천을 불러 당부했다.

"주공周公 단旦이 죽은 지 500년 만에 공자孔子가 《춘추春秋》를 저술해 끊어졌던 역사기록의 전통이 되살아났다. 공자가 죽은 지 500년이 지나면서 한나라가 일어나 천하를 통일했다. 그간 혼란스러운 와중에 사관의 기록이 방기되고 폐절되었다. 이제 한나라가 흥기해 국

내가 통일되고 명군과 충신이 배출되고 있다. 나는 태사太史의 자리에 있으면서 이들을 사서에 기록하며 논평하지 못했다. 내가 가장 가슴 아파하는 것이다. 너는 이를 명심하도록 해라."

삼년상을 치른 원봉 3년(기원전 108), 사마천이 태사령이 되었다. 태초太初 원년(기원전 104), 당도唐都 등과 함께 태초력太初曆을 다듬었다. 이 해에《사기》를 저술한 것으로 추정된다. 황실의 장서를 수시로 이용한 덕분에《사기》의 저술은 순탄하게 진행되었다. 천한 2년(기원전 99), 흉노匈奴를 정벌하러 떠났던 장군 이릉李陵이 패전 후 흉노의 포로가 된 사건이 터졌다. 대로한 한무제가 곧 중신들을 소집해 이 문제를 논의했다. 대부분 그의 일족을 모두 극형에 처해야 한다는 강경론을 폈다. 이때 사마천이 홀로 이릉을 두둔하고 나섰다.

이듬해인 천한 3년, 태사령 직에서 파면되고 황제를 무고한 혐의로 사형이 확정되었다. 천한 4년, 궁형을 자청해 죽음을 면했다. 마흔 아홉이었다. 당시 사람들은 궁형을 죽음만도 못한 것으로 여겼다. 그가 최악의 치욕을 견딘 이유는 무엇일까? 그는 궁형을 당한 후 친구 임안에게 보낸〈보임안서〉에서 그 배경을 이같이 설명했다.

사람은 죽게 마련이다. 그러나 태산보다 무겁게 죽기도 하고, 기러기 털보다 가볍게 죽기도 한다. 인생관이 다르기 때문이다.

역사가로서의 사명감이 죽음만도 못한 치욕을 견디게 만든 셈이다.《사기》는 부친 사마담의 유한과 사마천 개인의 통한을 승화시킨 작품에 해당한다. 태시太始 원년(기원전 96), 사마천이 사면되어 중서령中書令에 제수되었다. 황제의 기밀문서를 담당하는 매우 중요한 자리였다. 이를 계기로 그는《사기》의 저술에 박차를 가할 수 있었다.《사기》의 탈고 시기는 정확히 밝혀지지 않았으나 대략 정화征和 2년(기원전91)으로 추정되고 있다.

《한서》〈사마천전〉에 따르면 사마천은 생전에 딸을 양창楊敞에게 시집보냈다. 양창은 한소제 때 재상의 자리에 오른 인물이다. 양창은 양충楊忠과 양운楊惲이라는 두 명의 아들을 두었다. 양운은 어렸을 때부터 총명하고 학문을 좋아했다. 이는 모친이 어린 양운에게《사기》에 나오는 여러 일화를 자주 들려준 사실과 무관치 않다. 한선제 때 양운은 평통후平通侯에 봉해졌다. 양운이 마침내 집안에 소장되어온 외조부의 역저《사기》를 조정에 바쳤다.《사기》가 비로소 세상에 그 모습을 드러내게 된 배경이다.

그러나 이미 열 편의 내용이 대거 소실된 상태였다. 〈태사공자서〉에 따르면 당초《사기》는 정본과 부본으로 나뉘어 있었다. 정본은 명산에 보관해 소실을 대비하고, 부본은 경사京師인 장안에 보관해 후대의 군자를 기다린다고 했다. 그러나 총 130편 가운데 당시 이미 〈효경본기孝景本紀〉를 비롯해 지금의 〈효무본기孝武本紀〉인 〈금상본기今上本紀〉·〈예서禮書〉·〈악서樂書〉, 지금의 〈율서律書〉인 〈병서兵書〉·〈한흥이래장상명신연표漢興以來將相名臣年表〉·〈삼왕세가三王世家〉·〈부근괴성열전傅靳蒯成列傳〉·〈일자열전日者列傳〉·〈귀책열전龜策列傳〉 등 열 편은 내용의 전체 또는 일부분이 사라졌다.

사마천이 집필할 당시만 해도 종이가 아닌 죽간에 기록했다. 필사 과정에서 오기誤記는 물론 죽간이 떨어지거나 뒤섞이는 탈간脫簡 및 착간錯簡이 일어났다. 현존《사기》는 전한 말기인 한원제漢元帝와 한성제漢成帝 때 활약한 사학자 저소손褚少孫이 다른 사서를 참조해 보

충해놓은 것이다. 잊지 말아야 할 것은 조소손의 보충도 필사되어
전해지는 과정에서 또다시 적잖은 첨삭 및 가필이 이루어진 점이다.
남북조南北朝시대 및 당唐나라 때에 이르러 일련의 주석서가 나온 것
도 이런 우여곡절 과정이 끝났기에 가능했다.

　《사기》를 관통하는 핵심어는 대의멸친大義滅親이다. 치국평천하의
대의를 위해 친인척으로 상징되는 소의小義에 얽매이지 않는다는 뜻
이다. 이는《춘추좌전》의 키워드이기도 하다. 이를 통상 '춘추대의春
秋大義'라고 한다.《사기》역시 북송北宋 때 사마광司馬光의《자치통감》
과 마찬가지로《춘추좌전》의 '역사정신'에 입각해 저술된 것임을 시
사한다.〈태사공자서〉에 나오는 해당구절이다.

　　요堯임금 이래의 일에서 시작해 한무제가 옹雍 땅에서 백린白麟을 잡
　　은 데까지 기술했다.

　그는 백린의 포획을 인지麟止로 표현했다. 한무제가 상서로운 동물
인 백린을 잡은 데서 역사기술을 그쳤다는 뜻이다. 인지는 원수元狩
원년(기원전 122) 10월의 일이다.《춘추좌전》도 노애공魯哀公 14년(기원전
481)에 공자가 기린麒麟을 잡았다는 획린獲麟 소식을 듣고 크게 탄식하
며 절필했다고 기록해놓았다. '인지'는 공자의 절필을 상징하는 '획
린'이 그렇듯이 한무제에 관한 강력한 비판의 취지를 담고 있다.
　사마천이《사기》를 쓸 때 늘 염두에 둔 것은 바로 공자가 편찬한
것으로 전해진《춘추》였다.《춘추》는 공자의 고국인 노나라의 사서
를 말한다. 역사상 사건과 인물에 관한 간결한 필치가 특징이다. 그

러나 원래 '춘추'는 고유명사가 아닌 보통명사다. 노魯나라 역사를
다룬 《노춘추魯春秋》이외에도 송宋나라 역사를 다룬 《송춘추宋春秋》
와 제齊나라 역사를 다룬 《제춘추齊春秋》등이 있었다. 당시에는 진나
라 사서 《승乘》과 초나라 사서 《도올檮杌》조차 춘추로 불리었다. 《노
춘추》를 곧 《춘추》로 여기게 된 것은 후대인들이 공자가 《노춘추》를
편수한 사실을 높이 평가한 결과다. 《노춘추》만 진정한 춘추로 여기
는 상황에서 다른 나라의 춘추가 후대에 제대로 전해질 리 없었다.

《한서》〈예문지藝文志〉에 따르면 공자가 《춘추》를 편수하자 해설서
에 해당하는 전傳이 무려 스물세 종 나왔다. 전한 초기에는 《춘추공
양전春秋公羊傳》·《춘추곡량전春秋穀梁傳》·《춘추좌전》·《춘추추씨전春
秋鄒氏傳》·《춘추협씨전春秋夾氏傳》등 다섯 종류만 남았다. 얼마 후 다
시 《춘추공양전》·《춘추곡량전》·《춘추좌전》만 남았다. 이를 이른바
춘추삼전春秋三傳이라 한다. 사마천이 활약할 당시에는 춘추삼전 가
운데 《춘추공양전》이 가장 유력했다. 한무제에게 유학을 유일한 관
학으로 삼을 것을 건의한 동중서董仲舒가 공양학파를 대표했다. 사마
천은 그의 밑에서 공부했다. 그가 《사기》를 저술하면서 편마다 자신
의 사상을 담으려 한 것도 이와 무관하지 않을 것이다. 사마천은 나
라의 흥망을 순환사관에 입각해 파악했다. 천명을 받은 영웅적인 인
물이 나타나 나라를 세우고, 이후 어둡고 무능력한 자로 인해 쇠락
의 길을 걷고, 마침내 말기에 이르러 폭군이 나타나 멸망한다는 식
이다. 하夏·은殷·주周 삼대三代의 역사를 사마천처럼 순환사관에 입
각해 바라보는 것을 이른바 '삼대 순환설'이라 한다.

삼대 순환설의 특징은 흥망의 요인을 제왕 개인의 도덕적 자질과
능력에서 찾기보다는 역사문화의 변질에서 찾은 데 있다. 사마천은

삼대의 역사문화가 충忠 · 경敬 · 문文에서 일어나 말기에 이르러 막되고 거친 야野, 미신적인 귀鬼, 경박한 사僿로 변질된 까닭에 왕조교체가 일어난 것으로 파악했다. 이는 동중서의 역사 순환론을 약간 변형시킨 것으로 그가 문질교대설文質交代說을 역설한 것과 불가분의 관련을 맺고 있다. 그의 '문'은 인위적인 세련됨, '질'은 자연적인 질박함을 뜻한다. 상반되는 문과 질이 교대로 나타나면서 역사문화의 특성이 바뀐다는 것이 요지다. 왕조의 교체를 역사문화의 성쇠로 해석한 것은 나름대로 일리가 있다.

제자백가諸子百家의 치국평천하 방략에서 볼 때 《사기》에 표출된 사마천의 입장은 매우 다원적이다. 때로는 유가儒家에서 역설하는 왕도王道의 입장에 서기도 하고, 때로는 법가法家 또는 병가兵家에서 말하는 패도覇道의 입장에 서 있기도 한다. 통상 왕도와 패도를 둘러싼 제자백가의 논쟁을 왕패지변王霸之辨이라 한다. 춘추전국시대 당시 논쟁을 주도적으로 이끈 당사자는 왕도를 주장한 유가와 패도를 역설한 법가였다. 춘추전국시대를 상징하는 패도覇道의 '패'는 가죽으로 만든 갑옷과 안장 등을 비에 적신다는 뜻의 박霸 자에 달빛을 좇아 야간에 행군한다는 뜻의 월月 자를 결합시켜 만든 글자다.

전국시대 말기에 공자사상을 집대성한 순자荀子가 왕도가 바람직하지만 난세에는 패도를 통해 천하를 통일하는 것도 가하다고 언급한 것은 '패'의 의미를 통찰했기 때문이다. 실제로 그는 유가의 일원으로 활약했지만 법가사상을 적극 수용했다는 점에서 맹자孟子와 구별된다. 그가 '왕패지변'을 가장 체계적으로 정리한 것도 이런 맥락에서 이해할 수 있다. 《순자荀子》〈왕제王制〉의 해당 대목이다.

예로써 다스리는 자는 왕자王者, 바른 정사를 행사하는 자는 패자霸者, 민심을 얻는 자는 안자安者, 백성을 착취하는 자는 망자亡者가 된다. 왕자는 백성을 부유하게 만들고, 패자는 선비를 부유하게 만들고, 안자는 대부를 부유하게 만들고, 망자는 군주 개인의 창고를 부유하게 만든다.

사마천이 《사기》〈화식열전貨殖列傳〉에서 빈궁하게 살면서도 일할 생각도 하지 않은 채 입만 열면 인의仁義를 이야기하는 유가를 질타한 이유가 여기에 있다. 외양상 빈궁한 모습은 닮은 듯해도 청고하게 사는 도인은 이와 차원이 다르다. 사마천도 도인에 대해서는 나름의 존경을 표했다. 〈화식열전〉의 해당 구절이다.

도인처럼 세상을 등지고 깊은 산속에 사는 것도 아니면서 오랫동안 빈천한 처지에 놓여 있다. 그런데도 입만 열면 인의를 이야기하는 자들이 있다. 이 역시 부끄럽기 짝이 없는 일이다.

도인은 깊은 산속에서 맑고 고결하게 살기에 아예 비판의 대상에서 제외한 것이다. 사마천의 이런 입장은 부와 이익을 중시하는 이른바 중부重富 내지 중리重利의 견해를 천명한 것이나 다름없다. 이는 사상사적으로 관자管子로부터 시작된 것이다. 이를 상가商家라고 한다. 사농공상의 최하위에 있는 상업을 농업만큼이나 중시하고, 부국강병의 요체를 상업에서 찾은 것이 특징이다. 최초의 정치경제학파에 해당한다. 《사기》〈화식열전〉은 《관자管子》에서 비롯된 상가의 이념을 집대성해놓은 희대의 걸작에 해당한다.

그럼에도 상가는 수천 년 동안 천시되었다. 덕치를 기치로 내걸고 왕도를 역설한 맹자와 그를 추종한 성리학자들로 인한 것이었다. 이들의 입장에서 볼 때 상가는 천박한 중상重商의 입장을 취했다는 비난을 면하기 어려웠다. 실제로 반고班固는 《한서》〈사마천전〉에서 사마천의 이런 입장을 크게 비판했다.

사마천은 《사기》를 쓸 때 《춘추좌전》과 《국어》에 근거하면서, 《세본》과 《전국책戰國策》을 채택하고, 《초한춘추楚漢春秋》를 풀이하는 등 한나라 전기까지의 일을 자세히 기록했다. 특히 진한秦漢시대에 관한 기록이 매우 상세하다. 그는 유가 경전의 내용을 주워 담고 여러 왕조의 사적을 기록하는 과정에서 소략한 부분이 있었고, 때로는 어긋나 거슬리거나 용납되지 않는 부분이 있었다. 그러나 그는 널리 자료를 수집하고, 경전의 내용을 훤히 아는 등 수천 년에 달하는 고금의 역사를 두루 꿰었으니 참으로 근면하다 할 것이다. 그럼에도 시비를 논하고 성인을 언급하면서 심히 잘못된 점이 많았다. 대도를 논하면서 도가를 앞세우며 유가의 육경六卿을 뒤에 놓고, 유협遊俠을 앞세우고 뜻 있는 처사處士를 뒤에 놓아 간웅奸雄을 돋보이게 하고, 〈화식열전〉을 편제함으로써 권세와 이익을 숭상하며 인의를 경시하고 빈천을 부끄럽게 여기도록 만든 것이 그렇다. 이는 《사기》의 폐단이라고 할 것이다.

그러나 사마천은 결코 천박한 장사꾼처럼 세리勢利를 좇으며 빈천을 부끄럽게 여긴 인물이 아니었다. 그는 오히려 도인처럼 살았다. 죽음보다 더한 궁형을 당하고도 기필코 부친의 유업인 《사기》의 저술을 매듭지은 사실이 이를 뒷받침한다. 사마천은 기본적으로 이익을 좋아하고 손해를 극도로 꺼리는 호리오해好利惡害를 인간의 본성으로 파악했다. 이는《관자》의 키워드인 경세제민經世濟民과 부국강병 논리의 대전제이기도 하다.《관자》〈판법해版法解〉의 해당 대목이다.

> 무릇 백성은 이익을 좋아하고 손해를 싫어하는 호리오해에서 벗어난 적이 없다. 천하의 백성과 더불어 이익을 향유하고자 하는 자는 천하의 백성이 지지하고, 천하의 이익을 독점하고자 하는 자는 천하의 백성이 제거하려 든다. 천하의 백성이 제거하려 들면 설령 잠시 성공할지라도 반드시 패망하고 만다. 천하의 백성이 지지하면 아무리 높은 자리에 앉아 있을지라도 결코 위태롭지 않다. 흔히 "보위를 안정시키는 관건은 천하의 백성과 더불어 이익을 향유하는 데 있다"고 말하는 이유다.

관중管仲을 사상의 시조로 삼은 상가는 바로 인간의 호리오해를 통찰한 까닭에 부 자체를 긍정적으로 평가했다. 애덤 스미스A. Smith가《국부론The Wealth of Nations》에서 개개인의 이익추구 행위를 자본주의의 출발로 간주한 것과 맥을 같이한다. 사마천은 제환공齊桓公이 사상 첫 패업을 이룬 것은 경제력 때문이고, 진시황이 천하를 통일한 것도 경제가 밑거름이 되었기에 가능했다고 보았다. 이는 상업을 농업 못지않게 중시한 관자사상을 그대로 수용한 결과다.《관자》에서 시작한 사상 최초의 정치경제학파인 상가가《사기》〈화식열전〉에서 이론적 완성을 보았다고 평하는 이유다.

한무제가 유학을 유일무이한 관학으로 인정하는 이른바 독존유

術獨尊儒術을 선언한 상황에서 인간이 부를 추구하는 행보는 전혀 사악한 것이 아니고, 오히려 인간의 자연스러운 본성에 해당한다고 주장한 것은 놀라운 일이다. 사마천은 〈화식열전〉을 통해 호리오해를 성악설이나 성선설처럼 선악의 시비대상으로 삼아서는 안 된다는 입장을 피력했다.

원래 사마천은 왕조의 창업이 나라를 훔친 뒤 찬역행위를 인의로 포장하는 것에 불과하다는 사실을 통찰하고 있었다. 〈화식열전〉에서 본성인 호리오해에 충실할 것을 적극 권한 이유다. 제왕 못지않게 풍요롭게 사는 이른바 소봉素封의 길이 그것이다. 소봉은 사마천이 독창적으로 만들어낸 말이다. 관직이나 녹봉 혹은 작위와 봉지封地 등의 수입이 없으면서도 그것을 지닌 사람들과 비견될 만한 즐거움을 누리는 경우를 말한다. 통상 '무관의 제왕'으로 해석하고 있다. 농공상의 서민을 통칭한 것이기는 하나 가장 빠르게 거부가 되는 길이 상업에 있는 만큼, 상인을 지칭한 말로 해석해도 무방하다.

사마천이 사농공상의 차별이 엄존하던 시절에 최하층 상인을 두고 소봉 운운한 이유는 무엇일까? 그의 소봉론은 크게 두 가지 전제 위에 출발하고 있다. 첫째, 거만의 재산을 지니면 제왕과 다를 바 없는 즐거움을 누릴 수 있다는 점이다. 이는 기본적으로 부에서 비롯된 금력金力이 제왕의 권력 못지않다는 사실을 통찰한 결과다. 둘째, 사람이 부유해지면 인의가 절로 따라온다는 점이다. 제왕의 자리도 당초에는 찬탈에 지나지 않았다는 사실을 통찰한 주장이다. 사마천이 《사기》에서 〈화식열전〉에 이어 〈자객열전刺客列傳〉과 〈유협열전遊俠列傳〉 등을 잇달아 편제한 것도 결코 우연으로 볼 수 없다. 〈유협열전〉의 다음 대목은 소봉이 나오게 된 배경을 잘 설명해준다.

사람들이 흔히 말하기를, "무엇으로 인의를 알 수 있는가? 나에게 이익을 준 자가 곧 유덕자有德者다"라고 한다. 백이伯夷와 숙제叔齊는 주나라가 은나라를 찬탈한 것에 반발해 수양산雎陽山에서 굶어 죽었지만 후대인은 이를 이유로 주문왕周文王과 주무왕周武王을 비난하지 않았다. 도척은 흉포한 자였지만 그 무리는 그의 의리가 무궁하다고 칭송했다. 이로써 보면 "갈고리를 훔치는 절구자竊鉤者는 주륙을 당하지만 나라를 훔치는 절국자竊國者는 왕후장상이 된다. 왕후장상이 되는 자의 집에 곧 인의가 존재한다"는 이야기가 결코 허언이 아니다.

절구자 운운은 《장자莊子》〈거협胠篋〉에 나오는 구절을 돌려 표현한 것이다. 〈유협열전〉의 이 대목은 위정자들의 위선적인 인의를 폭로한 천고의 명문장에 해당한다. 왕조가 뒤바뀌는 난세에는 군웅들 모두 겉으로는 인의를 내걸고 구세제민救世濟民을 이야기한다. 그러나 그 내막을 보면 인의는 양두구육羊頭狗肉(양머리를 내걸고 개고기를 파는 것)에 지나지 않는다. 이기면 모든 것이 미화되어 '만세萬歲의 구세주'가 되고, 패하면 모든 것이 폄하되어 '만고의 역적'이 된다.

장자莊子와 사마천 모두 권력의 흑막을 통찰한 셈이다. 단지 두 사람은 난세의 시기를 사는 해법이 달랐을 뿐이다. 장자는 세속의 명리를 초월한 가운데 천지자연과 함께 청고한 도인으로 사는 무위자연無爲自然을 주장했다. 이에 반해 사마천은 절국자에게 머리를 숙일 필요 없이 부를 쌓아 소봉처럼 살 것을 권했다. 도가와 상가가 나뉘는 갈림길이 여기에 있다.

장자와 사마천은 인의의 가면 뒤에 숨어 있는 역사의 실체와 권력의 흑막을 통찰했다는 점에서 궤를 같이한다. 장자는 《장자》〈도척

盜跖〉에서 도척과 공자를 등장시켜 이를 신랄하게 풍자했다. 사마천은 〈유협열전〉을 통해 자신에게 덕을 베푼 사람이 인의를 행하는 사람이라는 향리유덕響利有德 속담으로 이를 풍자했다. 모두 입만 열면 인의를 이야기하는 거짓 군자들의 가면을 벗겨내 역사의 실체와 권력의 흑막을 폭로했다는 점에서 같다. 사실 이들의 폭로는 세인들의 시각과 입장을 대신한 것이기도 했다. 그런 점에서 사마천의 소봉론은 혁명적인 내용을 포함하고 있었다.

원래 동양은 한무제의 독존유술 선언 이후 수천 년 동안 백성에게 의義만 말하고 이利는 입 밖에 내지 못하도록 하는 기만의 역사로 점철되었다. 중국의 초대 사회과학원장을 지낸 곽말약郭沫若은 공자를 혁명가로 규정한 바 있다. 공자가 학덕學德을 연마한 군자만이 위정자의 자격이 있다고 역설한 것을 논거로 들었다. 사마천의 소봉론역시 공자의 군자론이 사인士人을 겨냥한 것과 달리 농공상 등 서민을 겨냥했다는 점만 다를 뿐 기본취지만큼은 똑같다.

중국이 G2로 부상한 것을 계기로 공자가 중국문명의 아이콘으로 부활하고, '사회주의 시장경제'의 원리를 〈화식열전〉의 상가이론에서 찾고자 하는 열풍이 일게 된 것도 결코 우연으로 볼 수 없다. 사마천이 나라를 훔쳐 왕후장상이 된 자의 집에 곧 인의가 존재한다는 독설을 했던 것도 이런 맥락에서 이해할 필요가 있다. 그는 권력의 흑막 속에 감추어 있는 위정자들의 거짓된 모습에 현혹되지 말고 소봉이 되어 주어진 삶을 최대한 즐기라고 권한 것이다.

사마천이 《사기》를 저술하면서 진시황 사후 반란의 불씨를 지폈던 진승陳勝의 일대기를 〈열전列傳〉이 아닌 〈세가世家〉에 편제한 사실이 이를 뒷받침한다. 진승은 "왕후장상에 씨가 따로 있는가!"라고 역설하며 반기를 든 최초의 평민 출신 반란군 수장이다. 사마천이 상가이론을 집대성한 〈화식열전〉을 열전의 맨 마지막에 편제한 것도 이런 맥락에서 이해할 필요가 있다. 자신의 과격한 주장이 기득권 세력의 집중공격 대상이 되는 것을 피하기 위한 심모원려深謀遠慮의 일환일 공산이 크다.

《사기》에 나타나는 서술상의 특징은 명분 못지않게 현실을 중시한 데 있다. 한고조漢高祖 유방劉邦과 맞서 싸운 항우項羽의 사적을 〈세가〉가 아닌 〈본기本紀〉에 실었을 뿐 아니라 〈고조본기高祖本紀〉 앞에 배치한 것이 대표적이다. 비록 패하기는 했으나 한때 유방에 앞서 천하를 호령한 사실을 적극 수용한 결과다. 2대 황제인 혜제惠帝를 명목뿐인 허수아비 황제로 간주해 〈본기〉를 편제하지 않은 것은 물론 사실상의 여제女帝로 군림해 후대인의 지탄을 받은 여후呂后를 〈본기〉에 편제한 것도 같은 맥락이다. 《사기》가 전한의 7대 황제인 한무제 때 집필된 점을 감안할 때 일면 위험하기조차 한 편제였다. 역사적 사실과 정치현실을 중시한 결과로 보인다.

항우의 격을 너무 낮출 경우 그에게 늘 패했던 한고조 유방의 격은 더욱 낮아지게 된다. 항우를 높일 경우 그를 패사시킨 한고조 유방의 격은 더욱 높아진다. 한나라 왕실도 내심 이같이 생각해 〈항우본기項羽本紀〉를 크게 문제 삼지 않은 것으로 보인다. 〈여후본기呂后本紀〉도 같은 맥락에서 이해할 수 있다. 비록 여후가 유씨劉氏의 천하를 뒤엎고 여씨呂氏의 천하를 만들고자 하는 모반의 배경이 된 것은 사실이나 어디까지나 창업주인 한고조 유방의 아내이고 한혜제의 생모였다. 한혜제가 오래 살았다면 여씨 천하를 만들려던 생각을 하지 않았을 수도 있다. 한나라 왕실의 입장에서는 내심 불만이 있어도 공식적으로 거론하는 것이 매우 부담스러웠을 것이다. 〈항우본기〉와 〈여후본기〉의 편제를 이상하게 볼 필요가 없다는 이야기다.

〈세가〉의 편제도 유사한 의문이 제기되고 있다. 공식적으로는 제후들의 사적에 대한 기록이라고 밝혔음에도 제후가 아닌 공자는 물론 반란군의 괴수에 지나지 않은 진승을 〈세가〉에 넣은 것이 그렇다. 실제로 반고는 이를 정면으로 문제 삼고 나섰다.《한서》를 편제하면서 진승은 말할 것도 없고 항우조차 반란군의 괴수로 간주하며 진승과 하나로 묶어 〈열전〉에 끼워 넣은 것이 그렇다. 그러나 이런 조치는 분명 지나친 것이다.

공자는 중국뿐 아니라 동아시아 전체의 사표師表로 칭송을 받은 인물이다. 사마천이 공자를 〈세가〉가 아닌 〈본기〉에 편제한 것은 공자의 학문과 사상적 업적이 그 어떤 황제보다 더 위대하다는 판단에 따른 것이다. 자공子貢을 비롯해 자로子路와 안회顏回 등 공자 제자들의 사적을 따로 〈중니제자열전仲尼弟子列傳〉에 수록한 사실이 이를 뒷받침한다. 제후도 아닌 인물을 그의 제자들과 함께 〈세가〉와 〈열전〉에 따로 나누어 기록한 인물은 공자가 유일하다. 공자에 대한 사마천의 존경심이 어느 정도였는지 대략 짐작할 수 있다.

〈열전〉은《사기》의 꽃에 해당한다. 〈열전〉은 총 130편 가운데 절반 이상인 일흔 편에 달한다. 〈본기〉 열두 편, 〈세가〉 서른 편, 〈표表〉 열 편, 〈서書〉 여덟 편인 점을 감안할 때《사기》에서 〈열전〉이 차지하는 비중을 알 수 있다. 후대인들 역시 비록《사기》를 통독하지 못했을지라도 〈열전〉만큼은 필독서처럼 읽었다. 현재 시중에 나온 수많은 번역본 가운데 〈열전〉만 따로 번역한 책이 서점가에 많이 출간된 사실이 이를 방증한다. 여기에는 〈열전〉의 내용이 당대 지식인에게 좋은 귀감으로 작용한 점도 있지만, 그보다 근본적인 이유가 있다.

〈본기〉 및 〈세가〉는 연대기 성격을 띠는 까닭에 문체가 〈열전〉에 비해 상대적으로 딱딱하다. 〈본기〉의 경우는 더욱 그렇다. 그러나 〈열전〉은 문체에 부담이 없다. 해당 인물이 생전에 어떤 삶의 궤적을 보였고, 무슨 생각을 했는지 여부에 초점을 맞춘 결과다. 사마천의 붓끝이 〈열전〉에서 마치 하나의 곡을 연주하듯 천의무봉天衣無縫의 필세筆勢를 자랑한 배경이 여기에 있다. 독자들이 〈열전〉에 몰입하는 이유다. 등장인물에 대한 묘사가 마치 눈앞에 살아 움직이는 것처럼 생생하다. 〈열전〉에 등장하는 인물은 매우 다양하다. 정치가·학자·군인·자객·해학가·실업가 등 일세를 풍미했던 모든 인물이 망라되어 있다. 당시의 정치·경제·역사·문화 등을 파악하는 데 큰 도움을 주고 있다.

가장 주목할 만한 것은 거만의 부를 이룬 소봉의 일화를 다룬 〈화식열전〉이다. 〈화식열전〉은 단순히 소봉의 일화를 소개하는 데 그친 것이 아니라 국가공동체를 유지하는 정치·경제의 기본이론을 담고 있다. 필부에게 제왕 못지않은 삶을 영위하는 비결로 열심히 노력해 소봉의 길로 나아가라고 주문한 것이 그렇다. 치국평천하는 부국강병에서 나오고, 부국강병은 백성의 창고가 온갖 재화와 곡식으로 가득 찬 부민富民에서 출발한다는 정치경제의 철칙을 언급한 셈이다. 이것이 바로 21세기 현재 경제학으로 표현되고 있는 경세제민의 기본이념이기도 하다. 〈화식열전〉은 경세제민이 바로 부민에서 출발하고 있다는 사실을 여러 소봉의 일화를 통해 자상하고도 알기 쉽게 설명하고 있다. 〈화식열전〉을 상가의 이론을 집대성한 최고의 걸작으로 평하는 이유다. 역대 사서 가운데 이런 〈열전〉은 두 번 다시 나타나지 않았다. 현재까지 "〈열전〉을 읽지 않으면 《사기》를 읽지 않은 것과 같다"는 이야기가 회자하는 것도 이런 맥락에서 이해할 수 있다.

〈열전〉은 《사기》를 집필한 목적과 배경 등을 종합적으로 정리해놓은 〈태사공자서〉로 끝을 맺고 있다. 〈태사공자서〉의 '태사공'은 공직도 아니고, 사마천의 자칭도 아니다. 한나라 때 사관으로는 오직 태사령밖에 없었다. 그렇다면 이 명칭은 어디서 온 것일까? 민국시대의 사학자 전목錢穆은 《태사공고증太史公考證》에서 《사기》의 원래 이름이 《태사공太史公》인 데서 찾았다. 〈태사공자서〉의 명칭은 후대인이 태사공을 토대로 유추한 것이라는 지적이다.

〈열전〉이 주나라 백성이 되는 것을 부끄럽게 여겨 수양산에 들어가 굶어 죽은 백이와 숙제를 다룬 〈백이열전伯夷列傳〉에서 시작해 〈태사공자서〉로 끝나는 것은 의미심장하다. 많은 학자들은 〈백이열전〉을 맨 앞에 배치한 것은 이들의 삶을 통해 자신의 억울한 처지와 부조리한 세상사에 대한 울분을 토로한 것으로 분석하고 있다. 뒤이어 관중의 삶을 다룬 〈관안열전管晏列傳〉 등이 배치된 것과 관련해서도 온갖 비판과 치욕을 참아내며 끝내 세상에 이름을 떨친 관중·오자서伍子胥·오기·장의張儀·이사李斯 등을 통해 세인들을 고취하고자 한 것으로 보고 있다. 나아가 서문 성격을 띤 〈태사공자서〉를 오히려 발문처럼 맨 끝에 배치한 것에 대해서도 《사기》를 저술하게 된 동기와 배경 등을 독자들에게 선명히 각인시키기 위한 것으로 풀이하고 있다. 이런 서술을 제발題跋이라 한다.

큰 틀에서 보면 〈본기〉와 〈세가〉 및 〈열전〉은 사람의 이야기를 다루고 있다는 점에서 하나로 묶인다. 단지 신분상으로 제왕과 제후,

일반인의 차이만 있을 뿐이다. 〈서〉와 〈표〉는 이와 성격을 달리한다. 〈서〉는 예악 등의 문물, 천문과 역법 등의 과학, 치수治水와 평준平準 등의 정책을 다루고 있다. 백과사전과 국가정책보고서 성격을 동시에 띤다. 가장 주목되는 것은 물가의 통제를 비롯한 경제정책 전반을 다루고 있는 〈평준서平準書〉다. 이는 앞서 언급한 〈화식열전〉과 쌍벽을 이룬다. 〈화식열전〉이 정치·경제 이론서에 해당한다면, 〈평준서〉는 재정 및 경제정책 전반에 대한 분석보고서에 가깝다. 《사기》를 흉내 낸 역대 사서가 〈화식열전〉은 편제하지 않으면서도 예외 없이 〈평준서〉의 다른 이름인 〈식화지〉를 편제한 것도 이런 맥락에서 이해할 수 있다. 역대 왕조 모두 유가 이념을 좇아 중농重農에 초점을 맞춘 까닭에 중상에 입각한 〈화식열전〉의 편제를 꺼렸다. 그러나 국가재정을 포함한 일련의 경제정책은 왕조의 흥망과 직결된 까닭에 이전 왕조의 〈식화지〉를 편제해 거울로 삼지 않을 수 없었다. 수천 년 동안 《관자》와 《사기》〈화식열전〉이 무시 내지 간과된 것도 이런 맥락에서 이해할 수 있다.

〈표〉는 역대 제왕과 제후의 연표를 정리해놓은 것이다. 흔히 〈십표十表〉로 불린다. 전설적인 제왕인 황제黃帝에서 시작해 《사기》가 완성되는 한무제까지의 역사를 모두 열 개의 표로 정리한 결과다. 크게 세계世系를 기록한 세표世表와 연대기 형식의 연표年表, 월 단위의 월표月表 등 세 가지 유형으로 대별된다. 세표는 오제五帝를 비롯해 하·은·주 삼대의 역대 제왕의 세계를 요약해놓은 것이다. 월표는 〈진초지제월표秦楚之際月表〉가 유일하다. 다루고 있는 기간은 항우와 유방이 천하를 놓고 다툰 7년에 지나지 않는다. 이처럼 짧은 기간 내에 너무 많은 사건이 일거에 일어났다. 이를 연표로 기록할 경우 표가 매우 난삽해지는 까닭에 사마천은 월 단위로 끊어서 기록했다. 나머지는 모두 연표다.

《사기》의 주석서 가운데 가장 대표적인 것으로 통상 남북조시대 남조 송나라의 배인裴駰이 쓴《사기집해史記集解》, 당나라 측천무후則天武后 때 장수절張守節이 쓴《사기정의史記正義》, 당나라 현종 때 사마정司馬貞이 쓴《사기색은史記索隱》을 들 수 있다. 이른바 삼가주다.《사기집해》는 현존 최고最古의 주석서다. 사마천이 활약한 시대로부터 약 600년 뒤에 나왔다. 내용이 가장 풍부하다.《사기색은》은 삼가주 가운데 가장 정밀하다.《사기정의》는 명분을 중시한 유가의 입장을 선명히 드러낸 것이 특징이다. 실제로 장수절은《사기정의》에서《사기》가 굳이 130편으로 구성된 배경을 이같이 분석한 바 있다.

> 모두 합해 130편인 것은 1년이 열두 달로 되어 있고 윤달의 나머지가 있는 것을 본뜬 결과다. 태사공이 오품五品을 만든 것은 하나라도 없애서는 안 된다는 취지다. 천지의 이치를 통찰하고 경계하도록 권장함으로써 후대의 본보기로 삼고자 했기 때문이다.

오품 운운은 〈본기〉·〈표〉·〈서〉·〈세가〉·〈열전〉 등의 분류가 인륜의 부모·형제·자식을 본떴기 때문이라는 것이다. 보다 구체적으로 설명하면 우선 〈본기〉를 열두 편으로 나눈 것은 1년이 열두 달로 구성된 것을 흉내 낸 결과다. 〈표〉를 열 편으로 구성한 것은 열 개의 천간天幹 가운데 양陽에 해당하는 강일剛日, 음陰에 해당하는 유일柔日이 각각 5일이 되는 점을 감안한 결과다. 〈서〉를 여덟 편으로 나눈 이유는 1년이 크게 여덟 절기로 나뉘어 있는 것을 본뜬 것이다. 〈세가〉가 서른 편인 이유는 한 달이 30일이고, 수레의 바퀴살이 서른 개로 만들어진 점을 감안한 것이다. 〈열전〉이 일흔 편인 이유는 1년을 오행설五行說에 입각해 5로 나눌 경우 72가 나온 데서 비롯된 것이다. 굳이 일흔 편으로 한 것은 70이 모든 수를 상징하는데다 나머지 2는 윤달처럼 무시해도 좋다는 차원에서 나왔다는 것이다. 이런 해석은 억지에 가깝다. 삼가주 가운데 《사기정의》의 주석이 상대적으로 빈약한 느낌을 주는 것도 역사적 사실을 유가의 명분론 내지 음양오행설에 입각해 해석하고자 하는 그의 이런 성향과 무관치 않을 것이다.

 《사기》의 편제를 개괄적으로 살펴보면 다음과 같다. 본서는 편의상 권을 편으로 표현했으나 〈본기〉는 총 열두 권으로 구성되어 있다. 권 1 〈오제본기五帝本紀〉, 권 2 〈하본기夏本紀〉, 권 3 〈은본기殷本紀〉, 권 4 〈주본기周本紀〉, 권 5 〈진본기秦本紀〉, 권 6 〈진시황본기秦始皇本紀〉, 권 7 〈항우본기〉, 권 8 〈고조본기〉, 권 9 〈여태후본기呂太后本紀〉, 권 10 〈효문본기孝文本紀〉, 권 11 〈효경본기〉, 권 12 〈효무본기〉가 그것이다. 〈표〉는 총 열두 권이다. 권 13 〈삼대세표三代世表〉, 권 14 〈십이제후연표十二諸侯年表〉, 권 15 〈육국연표六國年表〉, 권 16 〈진초지제월표〉, 권 17 〈한흥이래제후왕연표漢興以來諸侯王年表〉, 권 18 〈고조공신후자연표高祖功臣侯者年表〉, 권 19 〈혜경간후자연표惠景間侯者年表〉, 권 20 〈건원이래후자연표建元以來侯者年表〉, 권 21 〈건원이래왕자후자연표建元已來王子侯者年表〉, 권 22 〈한흥이래장상명신연표〉가 그것이다.
 〈서〉는 총 여덟 권이다. 전래의 예악을 논한 권 23 〈예서〉와 권 24 〈악서〉, 병도兵道와 열두 개의 음률을 다룬 권 25 〈율서〉, 열두 달의 역법 체계를 언급한 권 26 〈역서曆書〉, 천문의 이치를 상세히 분석한 권 27 〈천관서天官書〉, 황제의 봉선 의식을 기록한 권 28 〈봉선서封禪書〉, 수리水利의 중요성을 역설한 권 29 〈하거서河渠書〉, 물가의 안정과 재정정책을 정리한 권 30 〈평준서〉가 그것이다.

〈세가〉는 춘추전국시대 및 전한 초기 제후의 역사를 담고 있다. 총 서른 권이다. 권 31 〈오태백세가吳太伯世家〉, 권 32 〈제태공세가齊太公世家〉, 권 33 〈노주공세가魯周公世家〉, 권 34 〈연소공세가燕召公世家〉, 권 35 〈관채세가管蔡世家〉, 권 36 〈진기세가陳杞世家〉, 권 37 〈위강숙세가衛康叔世家〉, 권 38 〈송미자세가宋微子世家〉, 권 39 〈진세가晉世家〉, 권 40 〈초세가楚世家〉, 권 41 〈월왕구천세가越王句踐世家〉, 권 42 〈정세가鄭世家〉, 권 43 〈조세가趙世家〉, 권 44 〈위세가魏世家〉, 권 45 〈한세가韓世家〉, 권 46 〈전경중완세가田敬仲完世家〉, 권 47 〈공자세가孔子世家〉, 권 48 〈진섭세가陳涉世家〉, 권 49 〈외척세가外戚世家〉, 권 50 〈초원왕세가楚元王世家〉, 권 51 〈형연세가荊燕世家〉, 권 52 〈제도혜왕세가齊悼惠王世家〉, 권 53 〈소상국세가蕭相國世家〉, 권 54 〈조상국세가曹相國世家〉 권 55 〈유후세가留侯世家〉, 권 56 〈진승상세가陳丞相世家〉, 권 57 〈강후주발세가絳侯周勃世家〉, 권 58 〈양효왕세가梁孝王世家〉, 권 59 〈오종세가五宗世家〉, 권 60 〈삼왕세가〉가 그것이다.

〈열전〉은 총 일흔 권이다. 권 61 〈백이열전〉, 권 62 〈관안열전〉, 권 63 〈노자한비열전老子韓非列傳〉, 권 64 〈사마양저열전司馬穰苴列傳〉, 권 65 〈손자오기열전孫子吳起列傳〉, 권 66 〈오자서열전伍子胥列傳〉, 권 67 〈중니제자열전〉, 권 68 〈상군열전商君列傳〉, 권 69 〈소진열전蘇秦列傳〉, 권 70 〈장의열전張儀列傳〉, 권 71 〈저리자감무열전樗里子甘茂列傳〉 권 72 〈양후열전穰侯列傳〉, 권 73 〈백기왕전열전白起王翦列傳〉, 권 74 〈맹자순경열전孟子荀卿列傳〉, 권 75 〈맹상군열전孟嘗君列傳〉, 권 76 〈평원군우경열전平

原君虞卿列傳〉, 권 77 〈위공자열전魏公子列傳〉, 권 78 〈춘신군열전春申君列傳〉, 권 79 〈범수채택열전范睢蔡澤列傳〉, 권 80 〈악의열전樂毅列傳〉, 권 81 〈염파인상여열전廉頗藺相如列傳〉, 권 82 〈전단열전田單列傳〉, 권 83 〈노중련추양열전魯仲連鄒陽列傳〉 권 84 〈굴원가생열전屈原賈生列傳〉, 권 85 〈여불위열전呂不韋列傳〉 권 86 〈자객열전〉, 권 87 〈이사열전李斯列傳〉, 권 88 〈몽념열전蒙恬列傳〉, 권 89 〈장이진여열전張耳陳餘列傳〉, 권 90 〈위표팽월열전魏豹彭越列傳〉, 권 91 〈경포열전黥布列傳〉, 권 92 〈회음후열전淮陰侯列傳〉, 권 93 〈한신노관열전韓信盧綰列傳〉, 권 94 〈전담열전田儋列傳〉, 권 95 〈번역등관열전樊酈滕灌〉, 권 96 〈장승상열전張丞相列傳〉, 권 97 〈역생육가열전酈生陸賈列傳〉, 권 98 〈부근괴성열전〉, 권 99 〈유경숙손통열전劉敬叔孫通列傳〉, 권 100 〈계포난포열전季布欒布列傳〉, 권 101 〈원앙조조열전袁盎鼂錯列傳〉, 권 102 〈장석지풍당열전張釋之馮唐列傳〉, 권 103 〈만석장숙열전萬石張叔列傳〉, 권 104 〈전숙열전田叔列傳〉, 권 105 〈편작창공열전扁鵲倉公列傳〉, 권 106 〈오왕비열전吳王濞列傳〉, 권 107 〈위기무안후열전魏其武安侯列傳〉, 권 108 〈한장유열전韓長孺列傳〉, 권 109 〈이장군열전李將軍列傳〉, 권 110 〈흉노열전匈奴列傳〉, 권 111 〈위장군표기열전衛將軍驃騎列傳〉, 권 112 〈평진후주부열전平津侯主父列傳〉, 권 113 〈남월열전南越列傳〉, 권 114 〈동월열전東越列傳〉, 권 115 〈조선열전朝鮮列傳〉, 권 116 〈서남이열전西南夷列傳〉, 권 117 〈사마상여열전司馬相如列傳〉, 권 118 〈회남형산열전淮南衡山列傳〉, 권 119 〈순리열전循吏列傳〉, 권 120 〈급정열전汲鄭列傳〉, 권 121 〈유림열전儒林列傳〉, 권 122 〈혹리열전酷吏列傳〉, 권 123 〈대원열전大宛列傳〉, 권 124 〈유협열전〉, 권 125 〈영행열전佞幸列傳〉, 권 126 〈골계열전滑稽列傳〉, 권 127 〈일자열전〉, 권 128 〈귀책열전龜策列傳〉, 권 129 〈화식열전〉, 권 130 〈태사공자서〉가 그것이다.

양계초梁啓超는 《사기》 130편 가운데 〈항우본기〉·〈신릉군열전〉·
〈염파인상여열전〉·〈노중련추양열전〉·〈회음후열전〉·〈위기무안후열
전〉·〈이장군열전〉·〈흉노열전〉·〈화식열전〉·〈태사공자서〉를 10대
명편으로 선정한 바 있다. 나름대로 수긍할 만하다. 《사기》 가운데
굳이 10대 명편을 들라면 〈진시황본기〉·〈항우본기〉·〈평준서〉·〈관
안열전〉·〈여불위열전〉·〈자객열전〉·〈이사열전〉·〈회음후열전〉·
〈화식열전〉·〈태사공자서〉를 들고 싶다.

《사기》는 역사적 사실을 충실히 반영한 대표적인 사서에 속한다.
이를 단적으로 보여주는 예가 바로 은나라 관련 기술이다. 은나라는
사마천이 활약한 전한과 대략 1,000년 가까운 간격이 있다. 예로부
터 많은 사람이 은나라에 대한 기술에 의문을 제기한 이유다. 그러
나 20세기에 들어와 은허殷墟에서 발굴된 갑골문을 해독한 결과 은
나라 역대 왕의 이름과 순서가 《사기》의 기술과 거의 일치한다는
사실이 입증되었다. 갑골문 연구의 대가인 사학자 왕국유王國維가
〈은대 복사에 보이는 선왕 선공에 대한 고찰〉이라는 논문에서 이를
최초로 밝혀냈다. 은나라의 존재가 최초의 고대 왕국으로 존재한 사
실이 공식적으로 인정받게 된 순간이다. 〈은본기〉가 큰 기여를 한 셈
이다.

《사기》는 후대의 사학 발전에 지대한 공헌을 했다. 이전의 사학적
성과를 종합한 인물 중심의 역사 기술인 기전체紀傳體를 탄생시킨 것
이 그렇다. 일찍이 청대의 역사가 조익趙翼은 역사평론서인 《이십이
사차기二十二史箚記》에서 기전체의 의미를 이같이 설명한 바 있다.

사마천은 고금을 참작해 범례를 정하고 통사를 서술했다. 〈본기〉로 제왕을 기록하고, 〈세가〉로 봉국封國을 기술하고, 〈십표〉로 연대기를 작성하고, 〈팔서八書〉로 제도를 밝히고, 〈열전〉으로 인물을 드러냈다. 이런 다섯 가지 양식으로 한 시대의 군신과 정사의 선악득실을 한 권에 결집시켰다. 기전체 형식이 세상에 나오자 역대 사관 모두 《사기》의 범위를 벗어날 수 없었다. 실로 사서의 완결판에 해당한다.

그러나 기전체는 이런 뛰어난 점이 있음에도 지나치게 정통론에 치우쳐 있다는 지적을 받고 있다. 실제로 이는 주자학의 역사관인 이른바 정윤론正閏論의 근거가 되었다. 기전체는 난세의 분열시대를 기술할 때 일정한 한계를 드러낼 수밖에 없다. 기전체로 된 역대 정사가 예외 없이 앞선 왕조를 폄하하고 분열시대를 일과성 혼란기로 기술해놓은 것이 그 증거다. 정통을 고집한 데 따른 생래적인 한계다. 《사기》 역시 춘추전국시대를 일과성 혼란기로 간주했다. 천명의 교체를 '하·은·주·한漢'으로 간주한 결과다. 이는 명백한 역사왜곡으로, 〈본기〉뿐 아니라 〈열전〉의 기술에서도 그대로 관철되고 있다.

편년체 사서는 중요한 사건을 시간대별로 체계적으로 정리해놓음으로써 간명성과 종합성을 기하고 있다. 정통성을 전제로 한 기전체와 근본적인 차이가 있다. 기전체에서는 역사적으로 매우 중요한 인물이라도 주인공 자리를 차지하지 못하면 〈세가〉나 〈열전〉으로 밀려날 수밖에 없다. 《춘추좌전》과 《자치통감》이 천하통일 이전의 열국을 공평히 다루고 있는 것과 대비된다. 기전체의 결정적인 약점이다. 그러나 해당 인물과 사건이 일목요연하게 정리되어 있는 것은 기전체의 큰 장점이다. 기전체와 편년체는 상호 보완관계에 있다.

《사기》는《춘추좌전》과 더불어 자타가 공인하는 '인간학의 보고'에 해당한다. 총 130권 52만 6,500자 가운데 약 9할이 온통 사람에 관한 이야기로 꾸며져 있는 것이 그렇다. 사마천이 춘추전국시대는 물론 한무제의 치세 역시 꿈과 희망과 믿음을 상실한 난세로 간주한 결과다. 덕분에 독자들은《사기》를 통해 물러나고 나아가는 진퇴의 지혜를 비롯해 부조리한 세상에 관한 안목 등을 키울 수 있다. 예로부터 많은 사람이《사기》를 두고 역사를 거울로 삼아 수신제가와 치국평천하의 이치를 깨닫는 사감史鑑의 전형으로 간주한 이유다.《사기》가 사감의 전형으로 남을 수 있었던 것은 자신의 기구한 삶을 '문학적 사서'로 승화시킨 사마천의 헌신적인 노력 덕분이다.

〈본기〉는 전설적인 제왕인 황제부터 사마천이 《사기》를 집필할 당시 제왕인 한무제까지 무수히 명멸한 역대 제왕들의 사적을 다루고 있다. 제목이 암시하듯 《사기》의 근간을 이루는 부분이다. 역대 모든 사서가 해당 왕조의 군왕을 중심으로 기술된 만큼 〈본기〉가 사서의 주축을 이룬 것은 지극히 자연스러운 일이다. 〈본기〉가 역대 제왕의 사적을 연대기처럼 기술해놓은 이유다.

그러나 〈본기〉는 단순한 연대기가 아니다. 〈열전〉 못지않게 등장인물이 생생히 살아 움직이고 있다. 대표적인 것이 바로 〈항우본기〉다. 사면초가四面楚歌에 몰린 항우가 비통한 심경으로 〈해하가垓下歌〉를 부르는 장면을 마치 영화를 보듯이 정밀하게 묘사해놓았다. 항우가 한고조 유방보다 후대인에게 더욱 깊은 인상을 남길 수 있었던 이유는 전적으로 《사기》 덕분이라 할 수 있다. 《사기》가 불후의 사서로 남을 수 있었던 이유도 이런 절절한 묘사와 무관치 않을 것이다.

일각에서 《사기》를 '문학적 사서'로 비판하고 있으나 《사기》는 바로 이런 문체 덕분에 당대 최고의 사서로 평가받는 동시에 뛰어난 문학서의 일원으로 대접받고 있다. 〈항우본기〉에는 이 밖에도 깊은 감명을 안겨주는 대목이 매우 많다. 천하를 호령하는 패왕霸王이 되는 데 결정적인 공헌을 한 거록지전巨鹿之戰과 유방의 항복을 받는 홍문연鴻門宴 장면은 사면초가와 더불어 〈항우본기〉의 압권에 해당한다. 후대의 내로라하는 시인과 묵객墨客이 이를 시제詩題와 화제畵題로 삼아 많은 명작을 쏟아낸 것이 그 증거다.

〈본기〉는 기본적으로 유가의 대표적인 역사서인《서경》을 비롯해 《춘추좌전》과《국어》,《세본》,《전국책》의 내용을 토대로 한 것이다. 《장자》와《맹자孟子》및《한비자韓非子》등의 제자백가서는 물론《여씨춘추呂氏春秋》와《예기禮記》및《회남자淮南子》등의 고전도 두루 인용되어 있다. 〈본기〉의 첫 편으로 〈삼황본기三皇本紀〉가 아닌 〈오제본기〉가 나오게 된 근본배경이다. 삼황三皇은 신화에 지나지 않으나 황제를 비롯해 요순堯舜 등은 실존 인물로 간주한 결과다. 오제를 실존 인물로 간주한 것 자체를 탓할 수는 없다. 관점에 따라 얼마든지 다른 해석이 가능하기 때문이다. 전설적인 왕국인 하나라를 다룬 〈하본기〉도 비슷한 관점에서 이해할 수 있다.

그러나 최초의 고대 왕국인 은나라를 다룬 〈은본기〉를 비롯해 사마천의 활동시점을 기준으로 볼 때 비교적 가까운 시기에 존재했던 주나라를 다룬 〈주본기〉는 〈오제본기〉·〈하본기〉와 성격을 달리한다. 실존했던 나라와 역대 제왕을 다루고 있기 때문이다. 특히 〈주본기〉의 경우가 그렇다. 청대 고증학자에 의해 후대인의 위작으로 밝혀진《서경》의 내용을 그대로 옮겨놓은 〈하본기〉와 달리 정통 사서로 분류되는《춘추좌전》과《국어》등을 대거 인용한 덕분이다.

〈은본기〉는《시경詩經》〈상송商頌〉에서 은나라 시조 설契의 전설을 취했고, 창업주인 탕왕湯王 이후는《서경》과《시경》의 기록을 고루 택했다. 훗날 은나라 역대 제왕에 대한 은허의 갑골문 기록이 〈은본기〉와 유사한 이유는 전적으로《시경》을 거의 그대로 인용한 덕분이다.《시경》은 유가 경전 가운데 공자 때 정립된 것으로 사료적 가치가 매우 크다. 위서에 불과한《서경》을 대거 채택했으면 커다란 낭패를 볼 수 있었다.

〈주본기〉의 기록은 〈은본기〉에 비해 상대적으로 더욱 자세하다.《주서周書》등 관련 기록이 많이 남아 있었던 덕분이다. 주유왕周幽王 이전은《국어》, 주평왕周評王 이후는《춘추좌전》, 주위열왕周威烈王 이후는《전국책》이 주로 인용되었다. 문체에 약간씩 차이가 나는 이유다.

〈진본기〉는 진秦나라의 역사를 다룬 것으로 진시황이 사상 최초로 천하통일을 이룬 것을 높이 평가해놓았다. 진나라를 정통으로 간주한 결과다. 한고조 유방은 항우와 마찬가지로 초나라 출신이다. 뿌리가 진나라가 아닌 초나라에 있다. 그렇다면 〈진본기〉 대신 〈초본기〉를 편제하는 것이 상식에 부합한다. 그런데도 사마천은 진나라를 정통으로 간주해 〈진본기〉를 편제한 것이다. 명분보다 현실을 중시한 사마천의 사관이 여실히 드러나는 대목이다. 〈항우본기〉를 편제한 것과 취지를 같이한다.

최근 학자들의 연구에 따르면 진나라에 재상의 직책이 마련된 이후 이름이 남은 스물다섯 명의 재상 가운데 타국 출신이 열일곱 명에 달하고, 평민 출신도 아홉 명이나 되었다. 본국 출신은 단 한 명의 이름만 남아 있을 뿐이다. 진나라가 천하통일의 주역이 된 배경에 바로 이런 개방적인 자세가 뒷받침되었음을 보여준다. 〈진본기〉와

〈진시황본기〉의 사료적 가치가 선명히 드러나는 대목이다.

한나라 건국 이후를 다루고 있는 〈고조본기〉·〈여후본기〉·〈효문본기〉·〈효경본기〉·〈효무본기〉 가운데 〈효경본기〉와 〈효무본기〉는 도중에 그 내용이 사라져 후대인의 보완작업을 통해 비로소 골격을 갖출 수 있었다. 〈효경본기〉는 《한서》〈경제기景帝紀〉, 〈효무본기〉는 《사기》〈봉선서〉를 대거 인용해놓은 것이다. 상대적으로 기록이 부실한 느낌을 주는 이유다.

주목할 것은 한나라 건국 이전을 다루고 있는 〈고조본기〉의 내용 가운데 일부가 〈항우본기〉를 비롯해 〈회음후열전〉의 관련 대목과 적잖은 차이를 보이고 있는 점이다. 후대인에 의해 첨삭 내지 윤색이 이루어졌을 가능성을 암시한다. 초한전이 전개되는 시기인 이른바 초한지제를 검토할 때는 반드시 〈고조본기〉의 기록을 〈항우본기〉와 〈회음후열전〉 및 〈경포열전〉 등의 관련 대목과 비교·검토해야 역사적 사실을 찾아낼 수 있다. 관련 구절의 각주에 이를 상세히 언급해놓았다.

| 차례 |

일러두기

- 이 책은 사마천司馬遷의 《사기史記》 가운데 권 1 〈오제본기五帝本紀〉부터 권 12 〈효무본기孝武本紀〉까지 이르는 부분을 완역한 것이다.
- 각 권 도입부에 있는 해제와 본문 주석은 역자의 글이다. 또한 본문은 역자가 소 제목을 붙이고 구분했다.
- 번역은 원문에 충실하되, 독자의 이해를 돕기 위해 풀어 썼다.
- 인명·지명·서명 등의 한자어는 원칙적으로 처음 나올 때만 병기했다.
- 본문의 전집이나 총서, 단행본 등은 《 》로, 개별 작품이나 편명 등은 〈 〉로 표기 했다.

오제본기

五帝本紀

오제五帝는 중국 신화에 나오는 전설적인 제왕을 지칭한다. 내용에 관해서는 이설이 분분하다. 가장 유력한 것이 '춘추시대 오제설'이다. 황제 헌원軒轅과 전욱顓頊 고양高陽, 제곡帝嚳 고신高辛, 도당씨陶唐氏로 불리는 제요帝堯 방훈放勳, 유우씨有虞氏로 불리는 제순帝舜 중화重華 등이 그것이다. 사마천이 이를 좇았다. 이에 대해 '전국 초기 오제설'은 복희伏羲·신농神農·황제·요·순을 들고 있다. '전국 후기 오제설'은 태호太昊·염제炎帝·황제·소호少昊·전욱으로 본다. 그밖에도 소호·전욱·제곡·요·순으로 보는 '전한시대 오제설'이 있다.

학자들은 전국시대 말기에 이미 전설적인 제왕을 세 명 또는 다섯 명으로 요약하는 풍조가 만연했다고 보고 있다. 오제에 관한 전설은 전한 전기 때 사실상 정리되었다고 볼 수 있다. 하·은·주 3대 앞에 두고 역사적 사실로 간주하는 풍조가 만연한 결과다. 오제가 삼황보다 일찍 정리된 데에는 오행설이 결정적인 영향을 미쳤다. 삼황은 이후 오제와 관련한 여타 전설이 훗날 다시 정리된 것이다. 사마천이 〈삼황본기〉를 생략한 채 〈오제본기〉만 편제한 것도 이런 맥락에서 접근할 필요가 있다.

전한 초기 천황天皇·지황地皇·인황人皇을 삼황으로 간주하는 설이 등장한 후 전한 말기에 이르러 수인燧人·복희·신농을 삼황으로 간주하는 견해가 널리 유포되었다. 《백호통白虎通》이 이를 좇았다. 그러나 후한 이후 반인반수半人半獸의 모습을 한 복희·여화女媧·신농을 삼황으로 보는 견해가 유행했다. 후한 말기에 나온 참위서讖緯書 《춘추원명포春秋元命苞》가 대표적이다. 기왕의 전설에 도교의 미신적인 색채가 가미된 결과다. 이때부터 삼황을 오제보다 더 오래된 시대의 군왕으로 간주하는 견해가 보편화했다. 당나라 때 사마정이 《사기색은》을 펴내면서 〈오제본기〉 앞에 복희·여와·신농을 삼황으로 간주한 〈삼황본기〉를 별도로 만들어 임의로 끼워 넣은 것이 그렇다. 사서의 후퇴에 해당한다.

황제본기

황제黃帝*는 원래 소전少典 부족의 후손으로 성은 공손公孫, 이름은 헌원이다. 태어나면서 신령스러웠고, 생후 이내 말을 했다. 어려서부터 매우 영리했고, 자라면서 성실하고 영민했다. 어른이 되어서는 널리 보고 들어 사리분별이 명확했다. 헌원의 시대에 이르러 염제 신농씨神農氏의 세력이 쇠미해졌다. 제후들이 서로 침탈하며 백성百姓을 포학하게 대했다.** 신농씨는 이들을 정벌치 못했다. 대신 헌원이 창과 방패 등 무기 사용을 익혀 신농씨에게 조공을 바치지 않는 제후들을 쳤다. 제후들 모두 헌원에게 복종했다. 다만 치우蚩尤는 매우 포학했던 까닭에 토벌치 못했다. 염제가 제후들을 치려 하자 제후들 모두 헌원에게 귀의했다. 헌원이 덕을 닦고 군사를 정비했다. 오기五氣를 연구하고, 오곡五穀을 심어 백성을 다독이고, 사방의 땅을 측량하고 정비했다. 이어 곰[熊]·큰곰[羆]·비휴[貔貅]·추[貙]·범[虎] 등을 훈련시켜 판천阪泉의 들에서 염제와 싸웠다. 누차 싸운 뒤 비로소 뜻을 이루었다. 치우가 다시 난을 일으키며 명을 듣지 않자 황제가 제후의

---

* 황제는 중국 신화에 나오는 한족漢族의 시조다. 오행설에서 말하는 토덕土德에 해당하고, 색깔로는 흙을 상징하는 노란색이다. 황제黃帝의 황黃 명칭은 여기서 나왔다. 음양설과 달리 오행설은 미신적이다. 사마천은 오제의 전설은 삼황과 달리 역사적 사실에 가깝다고 보았으나 오제 역시 후대인이 오행설에 입각해 만들어낸 것에 지나지 않는다.

** 백성은 백관百官을 의미한다. 당시 관직을 부족 단위로 세습한 까닭에 관직명을 성씨로 삼았다. 원래 고대의 성씨는 성姓과 씨氏가 명확히 구분되었다. 성은 기본 줄기, 씨는 가지에 해당했다. 주나라 이전에는 일반인의 경우 성도 씨도 없었지만, 귀족의 경우는 성 이외에 따로 씨를 사용했다. 원래 봉국인 제후국의 군주와 그 가족만 성을 사용할 수 있었다. 여기서 다시 봉읍封邑 내지 관직을 받을 경우 이를 씨로 삼았다. 이후 봉읍과 관직의 명칭이 계속 바뀌는 바람에 부친과 자식의 씨가 달라지는 경우가 생기는가 하면 성이 다른데도 씨가 같아지는 경우도 생기게 되었다. 진나라 이후 성과 씨를 통합한 성씨를 사용하게 되었다. 전설상의 제왕에 씨를 붙인 것도 이런 맥락에서 이해할 수 있다. 대표적인 경우가 신농씨다.

군사를 동원해 탁록涿鹿의 들에서 싸워 결국 치우를 잡아 죽였다. 제후들 모두 헌원을 받들어 천자로 삼고 신농씨를 대신했다. 그가 황제다.

이후 세상에 황제에게 순종하지 않는 자가 있으면 토벌하고, 평정한 뒤에는 바로 철군했다. 또 산을 개간해 길을 통하게 했다. 하루도 편히 지낸 적이 없을 정도였다. 동쪽으로 해변까지 나갔다가 환산丸山과 태산인 대종岱宗에 오르고, 서쪽으로 공동산空桐山에 이르러 계두산雞頭山에 오르고, 남쪽으로 장강에 이르러 웅산熊山과 상산湘山에 오르고, 북쪽으로 훈육葷粥*을 내쫓고 부산釜山에서 제후들을 소집해 부절符節을 맞추어본 뒤 탁록의 평원平原에 도읍을 정했다. 황제는 일정한 거처 없이 이리저리 옮겨 다녔다. 주둔하는 곳마다 병영을 지어 스스로를 지켰다. 관직 이름을 모두 운雲 자로 지었고, 군사도 운사雲師로 불렀다. 좌우의 대감大監을 두어 각지의 제후들을 감독하게 했다.

천하가 화평해지자 할 일이 적어졌다. 그러나 귀신과 산천에 제사 지내는 봉선은 전에 비해 더 많아졌다. 황제는 하늘로부터 보위를 상징하는 보배로운 솥인 보정寶鼎과 시간과 절기를 추산하는 나뭇가지인 신책神策을 얻었다. 풍후風后·역목力牧·상선常先·대홍大鴻 등을 대신으로 발탁해 백성을 다스렸다. 천지의 사계절 운행 법칙에 순응해 음양의 변화를 예측하고, 살아 있는 자를 양육하며, 죽은 자를 장사 지내는 제도를 연구하고, 나라 존망의 이치를 고찰했다. 때맞추어

● 북쪽 민족으로 훈육獯鬻으로 표현하기도 한다. 하나라 때는 훈육薰育, 주나라 때는 험윤獫狁, 진한 때는 흉노匈奴로 불리었다. 모두 사람을 뜻하는 고대 알타이어 훈xun을 음사音寫한 것이다.

여러 곡식과 초목을 심어 덕화가 금수와 곤충까지 두루 미쳤다. 일월성신日月星辰과 물결, 토석, 금은보화를 두루 연구해 백성에 이익이 되게 했다. 그는 열심히 생각하고 실천하며 청취하고 관찰했다. 물과 불, 재물을 아껴 썼다. 오행에서 노란색으로 상징되는 토덕의 상서로운 징조가 있었기에 '황제'로 칭했다.

황제에게 스물다섯 명의 아들이 있었다. 스스로 성씨를 세운 자가 열네 명이다. 황제는 헌원의 언덕에 살면서 서릉족西陵族의 딸을 아내로 맞이했다. 그녀가 유조嫘祖다. 유조는 황제의 정실로서 두 아들을 낳았다. 이들의 후손 모두 천하를 얻었다. 맏아들은 현효玄囂, 즉 청양靑陽이다. 청양은 강수江水의 제후가 되었다. 둘째는 창의昌意다. 약수若水의 제후가 되었다. 촉산씨蜀山氏의 딸을 아내로 얻었다. 그녀의 이름은 창복昌僕이다. 창복은 고양을 낳았다. 고양은 성스러운 덕을 지니고 있었다. 황제가 죽자 교산橋山에 장사 지냈다. 그의 손자이자 창의의 아들 고양이 제위에 올랐다. 그가 전욱이다.

●● 黃帝者, 少典之子, 姓公孫, 名曰軒轅. 生而神靈, 弱而能言, 幼而徇齊, 長而敦敏, 成而聰明. 軒轅之時, 神農氏世衰. 諸侯相侵伐, 暴虐百姓, 而神農氏弗能征. 於是軒轅乃習用干戈, 以征不享, 諸侯咸來賓從. 而蚩尤最爲暴, 莫能伐. 炎帝欲侵陵諸侯, 諸侯咸歸軒轅. 軒轅乃修德振兵, 治五氣, 蓺五種, 撫萬民, 度四方, 教熊羆貔貅貙虎, 以與炎帝戰於阪泉之野. 三戰, 然後得其志. 蚩尤作亂, 不用帝命. 於是黃帝乃徵師諸侯, 與蚩尤戰於涿鹿之野, 遂禽殺蚩尤. 而諸侯咸尊軒轅爲天子, 代神農氏, 是爲黃帝. 天下有不順者, 黃帝從而征之, 平者去之, 披山通道, 未嘗寧居. 東至于海, 登丸山, 及岱宗. 西至于空桐, 登雞頭. 南至于江, 登熊·湘. 北逐葷粥, 合符釜山, 而邑于涿鹿之阿. 遷徙往來無常

處, 以師兵爲營衛. 官名皆以雲命, 爲雲師. 置左右大監, 監于萬國. 萬
國和, 而鬼神山川封禪與爲多焉. 獲寶鼎, 迎日推筴. 舉風后・力牧・常
先・大鴻以治民. 順天地之紀, 幽明之占, 死生之說, 存亡之難. 時播百
穀草木, 淳化鳥獸蟲蛾, 旁羅日月星辰水波土石金玉, 勞勤心力耳目,
節用水火材物. 有土德之瑞, 故號黃帝. 黃帝二十五子, 其得姓者十四
人. 黃帝居軒轅之丘, 而娶於西陵之女, 是爲嫘祖. 嫘祖爲黃帝正妃, 生
二子, 其後皆有天下, 其一曰玄囂, 是爲青陽, 青陽降居江水. 其二曰昌
意, 降居若水. 昌意娶蜀山氏女, 曰昌僕, 生高陽, 高陽有聖德焉. 黃帝
崩, 葬橋山. 其孫昌意之子高陽立, 是爲帝顓頊也.

전욱본기

전욱 고양은 황제의 손자이자 창의의 아들이다. 성정이 침착해 지
략에 뛰어났고, 사리에도 밝았다. 적당한 곳을 택해 곡물을 기르고,
우주의 운행을 좇아 계절에 맞게 일을 하고, 귀신의 권위에 의탁해
예의를 정하고, 백성을 교화하고, 깨끗하고 정성스러운 자세로 천지
신령에게 제사를 올렸다. 북쪽으로 유릉幽陵, 남쪽으로 교지交阯, 서
쪽으로 유사流沙, 동쪽으로 반목蟠木까지 다다랐다. 각종 동식물과 크
고 작은 산천의 신을 포함해 해와 달이 비치는 곳이면 어디든 승복
해 귀속치 않은 곳이 없었다. 전욱은 궁선窮蟬이라는 아들을 낳았다.
전욱이 죽자 현효의 손자인 고신이 즉위했다. 그가 제곡이다.

●● 帝顓頊高陽者, 黃帝之孫而昌意之子也. 靜淵以有謀, 疏通而知
事. 養材以任地, 載時以象天, 依鬼神以制義, 治氣以敎化, 絜誠以祭

祀. 北至于幽陵, 南至于交阯, 西至于流沙, 東至于蟠木. 動靜之物, 大小之神, 日月所照, 莫不砥屬. 帝顓頊生子曰窮蟬. 顓頊崩, 而玄囂之孫高辛立, 是爲帝嚳.

제곡본기

　　제곡 고신은 황제의 증손으로, 부친은 교극蟜極이다. 교극의 부친은 현효고, 현효의 부친은 바로 황제다. 현효와 교극 모두 보위에 오르지 못했다가 고신 때에 와서야 즉위할 수 있었다. 고신은 전욱 족속의 후예인 족자族子다. 고신은 나면서 신령스러워 스스로 자신의 이름을 말했다. 널리 은덕을 베풀어 남을 이롭게 하면서 자신의 이익을 꾀하지 않았다. 귀가 밝아 먼 곳의 일까지 잘 알았고, 눈이 밝아 자잘한 일까지 잘 관찰했다. 하늘의 뜻에 순종했고 백성의 절박한 요구를 잘 알았다. 인자하면서도 위엄이 있었고, 은혜로우면서도 신의가 있었다. 깨끗하게 자신을 수양한 까닭에 천하가 순종했다. 땅의 산물을 얻어 아껴서 썼고, 백성을 정성으로 가르쳐 이들을 이롭게 이끌었다. 일월의 운행을 헤아려 역법을 만들어 해를 보내거나 맞이했고, 귀신을 밝혀 공손히 섬겼다. 용모는 아름다웠고 덕은 고상했다. 행동은 천시에 부합했고, 의복은 선비와 다름이 없었다. 제곡은 대지에 물을 대는 것처럼 치우침 없이 천하에 두루 은덕을 베풀었다. 덕분에 해와 달이 비치는 곳과 비바람이 이르는 곳 모두 그에게 복종했다. 진봉씨陳鋒氏의 딸을 아내로 맞아 아들 방훈을 낳았다. 또 추자씨娵訾氏의 딸을 아내로 맞아 아들 지摯를 낳았다. 제곡이 세상을 떠난 후 지가 보위를 이었다. 지가 정사를 제대로 보지 못하자 이내 동생 방훈이 뒤를 이었다. 그가 요堯다.

●● 帝嚳高辛者, 黃帝之曾孫也. 高辛父曰蟜極, 蟜極父曰玄囂, 玄囂 父曰黃帝. 自玄囂與蟜極皆不得在位, 至高辛卽帝位. 高辛於顓頊爲族 子. 高辛生而神靈, 自言其名. 普施利物, 不於其身. 聰以知遠, 明以察 微. 順天之義, 知民之急. 仁而威, 惠而信, 脩身而天下服. 取地之財而 節用之, 撫教萬民而利誨之, 歷日月而迎送之, 明鬼神而敬事之. 其色 鬱鬱, 其德嶷嶷. 其動也時, 其服也士. 帝嚳溉執中而遍天下, 日月所 照, 風雨所至, 莫不從服. 帝嚳娶陳鋒氏女, 生放勳. 娶娵訾氏女, 生摯. 帝嚳崩, 而摯代立. 帝摯立, 不善, 而弟放勳立, 是爲帝堯.

당요본기

요가 방훈이다. 하늘처럼 인자하고 신처럼 지혜로웠다. 사람들은 마치 태양에 의지하는 것처럼 그에게 가까이 다가갔고, 만물을 촉촉 이 적시는 비구름을 보듯이 그를 우러러보았다. 부유했으나 교만하 지 않고, 존귀했으나 태만하지 않았다. 노란색 모자를 쓰고 흑색의 옷을 입고 흰 말이 끄는 붉은 마차를 탔다. 큰 덕을 밝혀 구족을 친하 게 했다. 구족이 화목하자 백성의 직분과 공적을 분명히 밝혔다. 백 성의 직분과 공적이 밝게 드러나자 모든 봉국이 서로 화합했다. 요 는 대신인 희씨義氏와 화씨和氏에게 명해 하늘을 공경해 따르고, 일월 성신의 운행법칙을 헤아려 백성에게 농사의 적기를 신중히 가르치 게 했다.

희중義仲에게는 양곡暘谷으로 불리는 욱이郁夷에 머물며 아침에 떠오르는 태양을 공손히 맞이하고 봄농사를 때맞추어 하게 했다. 또 낮과 밤의 길이가 같은 날 황혼 무렵에 조성鳥星이 정남쪽 하늘에 나타나는 시각을 관찰해 정확한 춘분春分을 판단하게 했다. 당시는 백성이 들로 흩어져 농사를 지었고, 새나 짐승은 교미를 해 새끼를 낳았다. 희숙義叔에게는 남쪽 교외에 머물며 여름 농사에 맞추어 공경스럽게 해의 길이를 관찰하게 했다. 낮이 가장 긴 날 황혼 무렵에 화성火星이 정남쪽 하늘에 나타나는 시각을 잡아 정확한 하지夏至를 정하게 했다. 당시는 아직도 백성이 계속 농사에 바빴고, 새나 짐승은 털갈이를 하느라 가죽에 털이 적었다.

화중和仲에게는 매곡昧谷으로 불리는 서쪽 땅에 머물며 지는 해를 공손히 배웅하고 가을 농사의 일정을 잘 안배하게 했다. 밤과 낮의 길이가 같은 날 황혼 무렵 허성虛星이 정남쪽 하늘에 나타나는 시각을 관찰해 정확한 추분秋分을 정하게 했다. 당시는 백성이 편하며 즐거웠고, 새나 짐승은 털이 새로 났다. 화숙和叔에게는 유도幽都로 불리는 북쪽 땅에 머물며 겨울에 곡식을 저장하는 일에 신경을 쓰게 했다. 낮의 길이가 가장 짧은 날 황혼 무렵 묘성昴星이 정남쪽 하늘에 나타나는 시각을 잡아 정확한 동지冬至의 날짜를 정하게 했다.

당시 백성은 겨울을 따뜻하게 지냈고, 새나 짐승은 따뜻한 솜털이 났다. 1년을 366일로 정하고, 3년에 한 번씩 윤달을 이용해 사계절의 오차를 바로잡았다. 요는 백관의 체계를 잘 정비한 덕분에 많은 공적을 일시에 세울 수 있었다. 만년에 이르러 요가 말했다.

"누가 나의 정사를 이을 수 있겠는가?"

방제가 대답했다.

"장남 단주丹朱가 사리에 통달했고 이치에 밝습니다."

요가 말했다.

"아, 그는 덕이 없고 싸움을 좋아하니 쓸 수가 없다."

또 말했다.

"누가 좋겠는가?"

환두讙兜가 대답했다.

"공공共工이 백성을 널리 모아 여러 업적을 세우고 있으니 그를 발탁할 만합니다."

요가 말했다.

"공공은 말은 잘하지만 마음씀씀이가 한쪽으로 치우쳐 있고, 겉으로만 공손할 뿐 하늘을 기만하니 쓸 수가 없다."

또 말했다.

"아, 사악四嶽이여! 거센 홍수가 하늘까지 넘치고 거대한 물줄기가 산을 감싸고 언덕까지 덮치자 백성이 크게 우려하고 있다. 홍수를 다스릴 수 있는 자가 없겠는가?"

모두 입을 모아 말했다.

"곤鯀이 할 수 있습니다."

요가 말했다.

"곤은 명을 어기고 동족간의 화목을 깨뜨린 까닭에 쓸 수가 없다."

사악이 말했다.

"그는 매우 뛰어납니다. 한 번 써본 후 잘못되면 그때 쓰지 않아도 될 것입니다."

요가 사악의 말을 좇아 곤을 발탁했다. 곤은 치수한 지 9년이 지나도록 공적을 이루지 못했다. 요가 말했다.

"아, 사악이여! 내가 재위한 지 70년이 되었다. 그대 가운데 누가 천명에 순응해 나의 자리를 맡을 수 있겠는가?"

사악이 대답했다.

"저희는 덕행이 적어 보위를 욕되게 할 것입니다."

요가 말했다.

"고귀한 친족에서 멀리 떨어져 홀로 사는 은자에 이르기까지 발탁할 만한 자가 있으면 천거하도록 하시오."

사람들이 입을 모아 말했다.

"백성 중에 아내도 없이 혼자 사는 자가 있으니, 우虞 땅의 순舜입니다."

요가 말했다.

"그런가? 나도 그 사람 이야기를 들었다. 그는 어떤 사람인가?"

사악이 대답했다.

"그는 장님의 아들입니다. 아비는 완고하고 어미는 거짓말을 잘하고 동생은 교만합니다. 그럼에도 그는 효성을 다하며 이들과 화목하게 지냈습니다. 결국 이들 모두 점차 착해져 간악한 일을 하지 않게 되었습니다."

요가 말했다.

"내가 그를 한번 시험해보겠다."

요는 자신의 두 딸을 그에게 시집을 보낸 뒤 두 딸을 대하는 그의 덕행을 관찰했다. 순은 요의 두 딸을 신분을 낮추어 자신이 살고 있는 규예嬀汭 일대로 내려오게 한 후 부인의 도리를 다하게 했다. 요는 순의 이런 행동이 마음에 들었다. 곧 순에게 오전五典을 신중히 교도하게 했다. 오전이 널리 퍼진 이유다. 요는 다시 순에게 백관의 일을 총괄하게 했다. 백관의 일이 절도 있게 행해졌다. 또 순에게 사문四門에서 손님을 접대하도록 하자 빈객들을 화목하게 대했다. 제후들과 먼 곳에서 온 손님 모두 순을 공경했다. 요는 또 순에게 깊은 산림과 하천, 연못에 관한 일을 맡기면서 사나운 바람과 폭풍우를 접하게 했다. 그러나 순은 한 번도 일을 그르치지 않았다. 순을 성인으로 생각한 요가 불러 말했다.

"그대는 일을 꾀하면 면밀히 하고, 말을 하면 공적을 이루었소. 그같이 한 지 벌써 3년이 지났소. 보위에 오르도록 하시오."

순은 자신의 덕망이 아직 백성을 감복시키기에 부족하다며 사양했다가 정월 초하루에 문조文祖의 묘당에서 보위를 이어받았다. 문조는 요의 시조다. 요는 연로해지자 순에게 천자의 정사를 대신하게 한 뒤 이같이 하는 것이 하늘의 뜻에 부합하는지 여부를 관찰했다. 순이 천문관측 기구인 선기璇璣와 옥형玉衡으로 하늘의 형상을 열심히 관찰해 일월과 오성五星을 뜻하는 칠정七政의 위치를 바로잡았다. 이어 상제에게 인간의 여러 일을 보고하는 제사[類祀]를 올리고, 천지를 주관하는 육종六宗에게 제물祭物을 불에 태우는 제사인 인사禋祀를 올리고, 산천에 멀리 바라보며 지내는 망사望祀를 올리고, 여러 신에게 두루 제사를 올렸다. 또 제후들이 소지한 옥으로 만든 신표인 오서五瑞를 거두었다가 길일과 길월을 택해 사악과 제후들을 접견한 뒤 다시 부절을 쪼개주는 식으로 등급에 맞추어 나누어주었다.

이해 2월, 동쪽을 순수巡狩(임금이 나라 안을 살피고 돌아다니는 일)했다. 태산에 이르러서도 장작을 태워 하늘에 제사를 올리고, 다른 산천에도 순서대로 망사를 올렸다. 당시 동쪽의 제후들을 접견하면 계절과 한 달의 날짜를 바로잡았다. 음률과 도량형도 통일했다. 또 오례五禮를

제정하면서 오옥五玉과 삼백三帛, 이생二生, 일사一死**˙**를 예물로 바치
게 했다. 오옥은 알현이 끝나면 곧바로 돌려주었다.

　5월에 남쪽, 8월에 서쪽, 11월에 북쪽을 순수했다. 모두 처음과 똑
같이 했다. 돌아와서는 요의 조묘와 부친의 묘당으로 가 소를 제물
로 바치며 제사를 올렸다. 순은 5년에 한 번씩 순수했다. 4년 동안은
여러 제후가 와 조회를 하게 했다. 모든 제후에게 나라를 다스리는
방법을 말해주었고, 제후들의 실적을 명확히 살펴 그 공로에 따라
수레와 의복을 상으로 내렸다. 전국을 열두 개 주州로 나누고, 물길이
잘 통하게 했다.**˙˙** 또 법전에 따라 형벌을 내렸다. 오형五刑에 해당하
는 죄를 지은 자는 유배형으로 죄를 낮추어 관대히 처리했다.**˙˙˙** 관가
에서는 채찍으로 형을 집행했고, 학교에서는 회초리로 체벌했다. 고
의로 죄를 지은 자가 아니면 돈으로 속죄하도록 했다. 재난이나 과
실에 의한 죄는 용서하고, 고의적인 범죄와 중범죄는 형벌을 가하게
했다. 순은 늘 관원들에게 이같이 당부했다.

● 《사기집해》는 후한 말기에 활약한 정현鄭玄의 주를 인용해 오옥을 다섯 가지 상서로운 기
물인 오서五瑞로 풀이했다. 또 삼백을 후한 중엽에 활약한 마융馬融의 주를 인용해 세 가지 색
깔의 비단으로 새겼다. 《사기정의》는 정현의 주를 인용해 이생을 희생으로 바치는 새끼 양인
고羔와 기러기인 안雁으로 풀이했다. 또 일사를 마융의 주를 인용해 죽여서 제단에 올리는 꿩
인 사치死雉로 해석했다.
●● 요순 당시 열두 개 주는 우임금이 만든 아홉 개 주 이전의 명칭으로 기주冀州·연주兗州·
청주青州·서주徐州·형주荊州·양주揚州·예주豫州·양주梁州·옹주雍州·유주幽州·병주幷州·
영주營州를 말한다. 물론 후대인이 만들어낸 것이다. 실질적으로는 한무제 때 양주梁州 대신
익주益州, 영주 대신 교주交州를 끼워 넣어 만든 것이 사실상 첫 번째 열두 개 주에 해당한다.
●●● 오형은 《서경》〈순전舜典〉의 유유오형流宥五刑에서 나왔다. 주나라 때의 형서刑書인 《여형
呂刑》에 얼굴에 먹물을 뜨는 묵형墨刑 내지 경형黥刑, 코를 베는 의형劓刑, 거세하는 궁형, 발
뒤꿈치를 베는 월형刖刑 내지 비형剕刑, 목숨을 빼앗는 살형殺刑 내지 대벽大辟을 오형으로
들었다. 수문제隋文帝는 예부터 내려온 형벌을 정리해 《개황률開皇律》을 펴냈다. 이때 태형笞
刑·장형杖刑·도형徒刑·유형流刑·사형의 오형을 확립했다. 명나라 때는 《대명률大明律》의
규정 이외에도 매우 사적인 사사賜死·육시戮屍·환형轘刑·기시형棄市刑·효시梟示·단근斷
筋·압슬壓膝·난장형亂杖刑·낙형烙刑·전도주뢰형剪刀周牢刑·주장당문형朱杖撞問刑 등을 행
했다.

"신중히 행하라, 신중히 행하라! 형벌은 오로지 신중히 해야 한다."

환두가 요에게 공공을 천거했을 때 요는 쓸 수 없다고 말하면서도 토목사업을 총괄하는 공사工師로 발탁했다. 공공은 과연 멋대로 행동하고 사악한 행동을 일삼았다. 사악이 곤을 천거해 홍수를 다스리게 했을 때 요는 또 안 된다고 했으나 사악이 억지로 그를 시험해보자고 청해 결국 시험해보았으나 그는 아무런 공도 세우지 못했다. 이로 인해 백관들 마음이 편치 않았다. 삼묘三苗가 장강과 회수淮水 사이의 강회江淮와 여러 주에서 누차 난을 일으켰다. 당시 순은 순수를 마치고 돌아와 요에게 공공을 북쪽 유릉으로 내쳐 북적北狄을 교화하게 하고, 환두를 남쪽 숭산崇山으로 내쳐 남만을 교화하게 하고, 삼묘를 서쪽 삼위산三危山으로 내쳐 서융을 교화하게 하고, 곤을 멀리 동쪽 우산羽山으로 내쳐 동이를 교화하게 하자고 건의했다. 네 죄인을 징벌하자 천하가 모두 복종했다.

요는 보위에 오른 지 70년 만에 순을 얻었고, 20년이 지나 나이가 들자 순에게 천자의 정사를 대신 맡도록 하면서 하늘에 순을 천거했다. 요는 보위를 물려준 지 28년 만에 죽었다. 백성은 마치 부모를 잃은 듯 슬퍼했다. 삼년상을 치르는 동안 사방의 모든 사람이 음악을 연주하지 않는 것으로 그를 기렸다. 요는 생전에 아들 단주가 불초해 천하를 이어받기에 부족하다는 것을 알았던 까닭에 권력을 순에게 넘겨주기로 했다. 순에게 보위를 넘겨주면 천하의 모든 사람들이 이익을 얻고 단주만 손해를 보지만, 단주에게 보위를 넘겨주면 천하의 모든 사람이 손해를 보고 단주만 이익을 얻는다는 것을 알았다. 그가 말했다.

"결코 세상의 모든 사람이 손해를 보게 하고 한 사람만 이익을 얻게 할 수는 없다!"

천하를 순에게 넘겨준 이유다. 요가 죽고 삼년상을 마치자 순은 단주에게 천하를 양보하고 남하南河의 남쪽으로 피했다. 제후들이 조근할 때 단주에게 가지 않고 순에게 왔다. 소송을 거는 사람들도 단주가 아닌 순을 찾아와 해결을 부탁했다. 덕을 찬양하는 자들도 단주가 아닌 순의 공덕을 찬양했다. 순이 말했다.

"하늘의 뜻이다!"

그러고는 도성으로 가 천자의 자리에 올랐다. 그가 순임금이다.

●● 帝堯者, 放勳. 其仁如天, 其知如神. 就之如日, 望之如雲. 富而不驕, 貴而不舒. 黃收純衣, 彤車乘白馬. 能明馴德, 以親九族. 九族旣睦, 便章百姓. 百姓昭明, 合和萬國. 乃命羲·和, 敬順昊天, 數法日月星辰, 敬授民時. 分命羲仲, 居郁夷, 曰暘谷. 敬道日出, 便程東作. 日中, 星鳥, 以殷中春. 其民析, 鳥獸字微. 申命羲叔, 居南交. 便程南爲, 敬致. 日永, 星火, 以正中夏. 其民因, 鳥獸希革. 申命和仲, 居西土, 曰昧谷. 敬道日入, 便程西成. 夜中, 星虛, 以正中秋. 其民夷易, 鳥獸毛毨. 申命和叔. 居北方, 曰幽都. 便在伏物. 日短, 星昴, 以正中冬. 其民燠, 鳥獸氄毛. 歲三百六十六日, 以閏月正四時. 信飭百官, 衆功皆興. 堯曰, "誰可順此事?" 放齊曰, "嗣子丹朱開明." 堯曰, "吁! 頑凶, 不用." 堯又曰, "誰可者?" 讙兜曰, "共工旁聚布功, 可用." 堯曰, "共工善言, 其用僻, 似恭漫天, 不可." 堯又曰, "嗟, 四嶽, 湯湯洪水滔天, 浩浩懷山襄陵, 下民其憂, 有能使治者?" 皆曰鯀可. 堯曰, "鯀負命毀族, 不可." 嶽曰, "異哉, 試不可用而已." 堯於是聽嶽用鯀. 九歲, 功用不成. 堯曰, "嗟! 四嶽, 朕在位七十載, 汝能庸命, 踐朕位?" 嶽應曰, "鄙德忝帝位." 堯曰, "悉擧貴戚及疏遠隱匿者." 衆皆言於堯曰, "有矜在民間, 曰虞舜." 堯曰, "然,朕聞之. 其何如?" 嶽曰, "盲者子. 父頑, 母嚚, 弟傲, 能和以孝, 烝烝治, 不至奸." 堯曰, "吾其試哉." 於是堯妻之二女, 觀其德於二女. 舜飭下二女於嬀汭, 如婦禮. 堯善之, 乃使舜愼和五典, 五典能從. 乃遍入百官, 百官時序. 賓於四門, 四門穆穆, 諸侯遠方賓客皆敬. 堯使舜入山林川澤, 暴風雷雨, 舜行不迷. 堯以爲聖, 召舜曰, "女謀事至而言可績, 三年矣. 女登帝位." 舜讓於德不懌. 正月上日, 舜受終於文祖. 文祖者, 堯大祖也. 於是帝堯老, 命舜攝行天子之政, 以觀天命. 舜乃在璿璣玉衡, 以齊七政. 遂類于上帝, 禋于六宗, 望于山川, 辯于群神. 揖五瑞, 擇吉月日, 見四嶽諸牧, 班瑞. 歲二月, 東巡狩, 至於岱宗, 祡, 望秩於山川. 遂見東方君長, 合時月正日, 同律度量衡, 脩五禮五玉三帛二生一死爲摯, 如五器, 卒乃復. 五月, 南巡狩. 八月, 西巡狩. 十一月, 北巡狩, 皆如初. 歸, 至于祖禰廟, 用特牛禮. 五歲一巡狩, 群后四朝. 徧告以言, 明試以功, 車服以庸. 肇十有二州, 決川. 象以典刑, 流宥五刑, 鞭作官刑, 撲作教刑, 金作贖刑. 眚烖過, 赦. 怙終賊, 刑. 欽哉, 欽哉, 惟刑之靜哉! 讙兜進言共工, 堯曰不可而試之工師, 共工果淫辟. 四嶽擧鯀治鴻水, 堯以爲不可, 嶽彊請試之, 試之而無功, 故百姓不便. 三苗在江淮・荊州數爲亂. 於是舜歸而言於帝, 請流共工於幽陵, 以變北狄. 放讙兜於崇山, 以變南蠻. 遷三苗於三危, 以變西戎. 殛鯀於羽山, 以變東夷, 四罪而天下咸服. 堯立七十年得舜, 二十年而老, 令舜攝行天子之政, 薦之於天. 堯辟位凡二十八年而崩. 百姓悲哀, 如喪父母. 三年, 四方莫擧樂, 以思堯. 堯知子丹朱之不肖, 不足授天下, 於是乃權授舜. 授舜, 則天下得其利而丹朱病. 授丹朱, 則天下病而丹朱得其利. 堯曰, "終不以天下之病而利一人", 而卒授舜以天下. 堯崩, 三年之喪畢, 舜讓辟丹朱於南河之南. 諸侯朝覲者不之丹朱而之舜, 獄訟者不之丹朱而之舜, 謳

歌者不謳歌丹朱而謳歌舜. 舜曰 '天也', 夫而後之中國踐天子位焉, 是
爲帝舜.

우순본기

　우순虞舜의 이름은 중화다. 중화의 부친은 고수瞽叟이고, 고수의 부
친은 교우橋牛, 교우의 부친은 구망句望, 구망의 부친은 경강敬康, 경강
의 부친은 궁선, 궁선의 부친은 전욱, 전욱의 부친은 창의다. 전욱에
서 순에 이르기까지 모두 7대가 흐른 셈이다. 궁선에서 순에 이르기
까지는 모두 일반 서인庶人이다. 순의 부친 고수는 맹인이다. 순의 모
친이 죽자 고수는 다시 부인을 맞이해 아들 상象을 낳았다. 상은 매
우 오만했다. 고수는 후처의 자식을 편애해 늘 순을 죽이고자 했다.
순은 이를 피해 도망 다녔다. 순이 어쩌다 작은 잘못이라도 저지르
면 곧 벌을 받았다. 순은 늘 부친과 계모에게 순종하며 잘 모셨고, 동
생 상에게도 잘 대했다. 날마다 독실하고 성실하게 살면서 조금도
게으름을 피우지 않은 것이 그렇다.

　순은 기주 출신이다. 역산歷山에서 농사를 지었고, 뇌택雷澤에서 고
기를 잡았고, 하빈河濱에서 도자기를 빚었고, 수구壽丘에서 일용기구
를 만들었다. 틈이 나면 부하負夏로 가 장사를 했다. 순의 아비 고수
는 무도했고, 계모는 거짓말을 잘했고, 동생 상은 교만했다. 이들 모
두 순을 죽이고자 했다. 순은 늘 공손하게 자식 된 도리를 잃지 않았
고, 아우에게는 형의 도리를 다했다. 순을 죽이려 해도 죽일 수 없었
던 이유다. 순은 이들에게 일이 있어 자신을 찾으면 곧바로 달려가

늘 이들 곁에 있어주었다.

순은 나이 스물여덟에 효성이 지극하다고 소문이 났고, 서른 살에 요가 발탁할 만한 사람이 있느냐고 물었을 때 사악이 입을 모아 천거한 덕분에 요로부터 "좋다"는 승낙을 받았다. 요는 두 딸을 순에게 보내 집안에서의 행동을 살폈고, 아홉 명의 아들을 보내 함께 생활하도록 하면서 집 밖에서의 행동을 관찰했다. 순은 규예에 기거하면서 집안 생활에 더욱 조심스럽게 행동했다. 요의 두 딸 역시 고귀한 신분을 이유로 감히 순의 가족에게 오만하게 대하는 일이 없었고, 부녀의 도리를 다했다. 요가 보낸 아홉 명의 아들 역시 더욱 성실해졌다.

순이 역산에서 농사를 짓자 인근 사람 모두 서로 밭의 경계를 양보했고, 뇌택에서 고기를 잡자 인근 사람 모두 서로 장소를 양보했다. 하빈에서 그릇을 굽자 하빈에서 나오는 그릇치고 조악한 물품이 단 하나도 없었다. 순이 사는 곳은 1년이 지나면 마을, 2년이 지나면 읍, 3년이 지나면 도시가 되었다. 순에게 갈포로 만든 옷인 치의締衣와 거문고를 내리면서 창고를 지어주고 소와 양을 부상으로 내주었다.

그럼에도 고수는 여전히 순을 죽이고자 했다. 하루는 순에게 창고에 올라가 벽토를 바르게 한 뒤 아래서 불을 질렀다. 순은 두 개의 삿갓으로 불길을 막으며 창고에서 뛰어내려 도주함으로써 죽음을 면했다. 고수가 또 순에게 우물을 파게 했다. 순은 우물을 파면서 밖으로 나올 수 있는 구멍을 함께 팠다. 순이 우물 깊이 파 들어가자 고수와 상은 함께 흙을 퍼부어 우물을 메웠다. 순이 몰래 파놓은 구멍을 통해 밖으로 나와 달아났다. 고수와 상은 크게 기뻐하며 순이 이미 죽었으리라 여겼다. 상이 말했다.

"본래 이 계책은 제가 생각해낸 것입니다."

상은 부모와 함께 순의 재산을 나누어 가지기 위해 말했다.

"순의 아내인 요의 두 딸과 거문고는 제가 가지고, 소와 양과 창고는 부모님에게 나누어 드리겠습니다."

순의 방에 머물며 거문고를 뜯었다. 순이 집으로 돌아와 그 모습을 보았다. 상이 크게 놀라 겸연쩍은 마음에 말했다.

"저는 형 생각에 한참 가슴 아파하고 있었습니다."

순이 말했다.

"그래, 나를 그토록 생각해주었구나!"

이후 순은 더욱 정중히 고수를 섬기고 동생 상을 사랑하면서 근면히 일했다. 요가 순을 시험 삼아 5전을 집행하거나 백관을 통솔하는 일을 맡겼다. 순이 모든 일을 뜻하는 바대로 잘 처리했다.

옛날 고양씨 전욱에게 뛰어난 재주를 지닌 여덟 명의 재자才子가 있었다. 세인들은 이들에게 은혜를 입고 있었던 까닭에 이들을 '팔개八愷'로 칭했다. 고신씨 제곡에게도 여덟 명의 재자가 있었다. 세인들은 이들을 '팔원八元'으로 칭했다. 이 열여섯 재자의 후손은 대대로 미덕을 쌓아 선조의 명성을 조금도 훼손하지 않았다. 요의 대에 이르렀으나 요는 이들을 제대로 발탁하지 못했다. 그러나 순은 팔개를 발탁해 후토后土를 맡기면서 모든 일을 관리하게 했다. 이들은 모든 일을 때맞추어 적절한 순서대로 행했다. 팔원도 발탁해 사방에 오교五敎를 전파하게 했다. 부친은 위엄 있게, 모친은 자애롭게, 형은 우애 있게, 동생은 공손하게, 자식은 효성 있게 처신하도록 만들었다. 집안이 화목해지고 세상이 태평해진 이유다.

전에 제홍씨帝鴻氏로 불린 황제黃帝에게 못난 후손이 있었다. 이 후손은 삿되고 어그러진 짓을 감추며 흉악한 짓을 즐겨 행했다. 사람들이 그를 혼돈渾沌으로 불렀다. 소호씨少暭氏에게도 못난 후손이 있었다. 이 후손은 신의를 저버리고 충직함을 미워하며 나쁜 말을 잘 꾸몄다. 사람들이 그를 궁기窮奇로 불렀다. 전욱에게도 못난 후손이 있었다. 이 후손은 아무리 해도 교화할 수 없었고, 좋은 말을 해주어도 알아듣지 못했다. 사람들이 그를 도올檮杌로 불렀다. 이 삼흉三凶의 족속은 대대로 세인들의 근심거리였다. 요의 시대에 이르러서도 그들을 제거하지 못했다. 이후 진운씨縉雲氏에게도 못난 후손이 있었다. 이 후손은 음식과 재물을 크게 탐했다. 사람들이 그를 도철饕餮로 불렀다. 사람들이 그를 미워해 앞서 말한 삼흉과 동일시했다. 순이 사문을 관장하면서 사방에서 오는 빈객의 접대를 맡았을 때 이 사흉의 족속을 사방의 변경인 사예四裔로 유배 보내면서 짐승의 형상을 한 산신을 제어하도록 명했다. 사문이 활짝 열리고 흉악한 자들이 없어졌다는 이야기가 나온 이유다.

순이 대록大麓을 맡았을 때 열풍烈風과 뇌우雷雨가 일었으나 일을 그르치지는 않았다. 요는 순이 능히 천하를 물려받을 만하다는 사실을 알았다. 나이가 들자 순에게 천자의 정사를 대신 맡도록 하면서 사방을 시찰하게 한 배경이다. 순이 발탁되어 국정을 맡은 지 20년이 되자 요는 순에게 자신을 대신해 정사를 돌보게 했다. 순이 정사를 대신한 지 8년 만에 요가 죽었다. 순은 요의 삼년상을 마친 후 단주에게 보위를 양보했으나 천하는 모두 순에게 귀의했다.

우禹 · 고요皐陶 · 설 · 후직后稷 · 백이 · 기夔 · 용龍 · 수倕 · 익益 · 팽조彭祖 등은 요 때 발탁되었으나 전문적인 직책을 맡지는 못했다. 순은 요의 시조인 문조의 사당에 참배한 뒤 사악의 건의를 좇아 사문을 개

방했다. 사방 백성의 민의가 잘 소통된 이유다. 열두 개 주의 장관에게는 제왕이 갖추어야 할 덕행에 관해 의논하게 했다. 두터운 덕을 베풀고 아첨하는 사람을 멀리하면 만이蠻夷들도 이내 따르게 될 것이라고 일러주었다. 순이 사악에게 말했다.

"그 누구든 치적을 쌓고 천명을 집행해 요임금의 공적을 크게 빛낼 수만 있다면 그에게 관직을 맡겨 나를 돕도록 부탁할 것이오."

모두 입을 모아 말했다.

"우를 사공司空으로 삼으면 선왕의 공을 빛낼 수 있습니다."

순이 우에게 말했다.

"아, 그렇겠소! 우여, 그대가 물과 땅을 다스리면서 오직 이 일에만 힘써주시오."

그러나 우는 머리를 조아려 절하며 후직과 설, 고요에게 양보하고자 했다. 순이 말했다.

"되었소. 그만 임지로 가도록 하시오!"

그러고는 후직에게 말했다.

"기棄여, 백성이 지금 굶주림에 처해 있으니 그대는 후직의 자리를 맡아 백성에게 여러 곡식을 심는 법을 가르치도록 하시오."

설에게 말했다.

"설이여, 백관이 화친하지 않고 오품이 순조롭게 지켜지지 않으니 그대가 사도의 자리를 맡아 오교의 가르침을 공경히 전파하면서 백성을 두루 감화하도록 하시오."

또 고요에게 말했다.

"고요여, 지금 만이가 우리를 침공하고 나쁜 무리가 나라 안팎에서 악행을 저지르고 있으니 그대가 형을 관장하는 옥관의 우두머리인 사士의 자리를 맡아 오형을 이용해 죄인들을 공정히 다스리도록 하시오. 죄의 경중에 따라 세 곳에서 집행하고[三就],[•] 오형의 형량을 낮추어 유배형으로 처결할 경우 차등에 귀양을 보낼 세 곳의 유배지를 만들도록 하시오 공명정대하게 처리해 사람들이 믿고 따를 수 있도록 하시오."

순이 물었다.

"누가 백공百工을 관장하는 여공予工의 자리를 맡을 수 있겠소?"

모두 입을 모아 대답했다.

"수垂가 할 수 있습니다."

수를 공공에 임명했다. 순이 또 물었다.

"누가 산과 강의 초목과 금수를 다스릴 수 있겠소?"

모두 입을 모아 대답했다.

"익益이 할 수 있습니다."

익을 우虞로 삼았다. 익이 머리를 조아리며 주호朱虎와 웅비熊羆 등에게 양보하고자 했다. 순이 말했다.

"되었소. 그대가 적합하오."

그러고는 주호와 웅비를 익의 보좌로 삼았다. 순이 물었다.

"아, 사악이여! 그 누가 하늘과 땅과 귀신에게 제사를 지내는 삼례三禮를 관장할 수 있겠소?"

모두 입을 모아 대답했다.

"백이가 할 수 있습니다."

• 형을 가하는 세 곳으로 나아간다는 의미다. 《사기집해》는 후한 중엽에 활약한 마융의 주를 인용해 대역죄는 가장 먼 곳, 그다음 죄는 저잣거리, 나머지 동족에 관한 죄는 비밀리에 형을 집행하는 전사씨甸師氏에게 보낸다는 뜻으로 풀이했다.

순이 말했다.

"아, 백이여! 그대를 질종秩宗으로 삼겠소. 새벽부터 밤늦게까지 몸가짐을 공손히 해야 하고, 정직하고 정숙하며 청결한 모습을 지니도록 하시오."

백이가 기夔와 용龍에게 양보하고자 했다. 순이 말했다.

"좋소! 기를 전악典樂으로 삼을 터이니 귀족의 자제들을 잘 가르치도록 하시오. 강직하면서도 온화하고, 관대하면서도 엄격하고, 간략하면서도 오만해서는 안 될 것이오. 시부詩賦는 마음의 생각을 표현한 것이고, 노래는 음조를 길게 늘인 것이고, 소리는 가사를 길게 늘이는 것이고, 음률은 소리를 조화롭게 하는 것이오. 팔음이 잘 어울리게 하고 서로 어긋나지 않게 해 신과 사람이 함께 듣고 화합할 수 있도록 만드시오."

기가 말했다.

"아, 제가 돌로 만든 각종 악기를 치면 모든 짐승이 춤을 추도록 하겠습니다."

순이 말했다.

"용이여! 나는 참언하는 말과 속이는 행위를 싫어하오. 내 백성을 놀라게 하기 때문이오. 그대를 납언納言에 임명하도록 하겠소. 밤낮으로 나의 명을 전하고, 백성의 의견을 수렴하는 데 힘써주시오."

또 말했다.

"아, 그대 스물두 명은 공경으로써 시의에 맞게 천하를 다스리는 일을 적극 도와주시오."•

• "그대 스물두 명"의 원문은 여이십유이인女二十有二人이다. 여女는 이인칭 대명사 여汝와 같다. 유有는 10단위 이상의 숫자를 표현할 때 사용하는 조사다. 스물두 명을 두고 여러 설이

그러고는 3년에 한 번씩 이들의 공적을 살폈다. 세 번 살핀 결과로 강등시키거나 승진시키자 경향의 백관들 업적이 하나같이 올라갔다. 순은 삼묘의 부족을 나누어 각자 다른 곳으로 떠나게 했다. 이 스물두 명은 각자 공을 세웠다. 고요는 형법을 주관하는 대리大理가 되어 판단이 공평했다. 백성 모두 심복하고 사실을 있는 그대로 알 수 있게 되었다. 백이가 예의를 주관하자 위아래가 모두 겸손해졌다. 수가 공사工師가 되자 모든 기술공이 좋은 성적을 냈다. 익이 산림과 천택을 관리하자 산과 못과 강이 개발되었다. 기가 농사를 관장하자 각종 곡식이 풍성하게 자랐다. 설이 사도를 주관하자 백성이 서로 화목해지고 단결했다. 용이 빈객 접대를 맡자 먼 곳에서도 사람들이 찾아왔다. 열두 개 주의 지방장관이 힘써 일하자 아홉 개 주 가운데 누구도 감히 도망치거나 명을 거역하는 자가 없었다.

특히 우의 공적이 가장 컸다. 그는 전국 아홉 개의 산을 개간했고, 아홉 개의 호수를 통하게 했다. 아홉 개의 강의 물길을 통하게 했고, 전국 아홉 개 주를 확정했다. 각 지역이 직분에 맞추어 특산품을 가지고 와 조공한 배경이다. 모두 해당 땅의 실정에 맞았다. 당시 영토는 사방 5,000리나 되었고, 황복荒服까지 이르렀다. 남쪽으로 교지와 북발北發, 서쪽으로 융戎·석지析枝·거수渠廋·거氐·강羌, 북쪽으로 산융山戎·발發 식신息愼, 동쪽으로 장長과 조이鳥夷 등의 부족을 회유했다. 사해 안의 천하 사람들 모두 순의 공적을 칭송했다. 우가 〈구초九招〉의 악곡을 짓고 진기한 물건을 바치자 봉황이

있다. 이때 임명한 우禹와 설 및 후직 등 열 명과 십이목十二牧이라는 설을 비롯해 사악四嶽과 구관九官 및 십이목이라는 설 등이 그것이다. 《사기집해》는 마융의 주를 인용해 우禹 이하 여섯 명과 십이목 및 사악으로 풀이했다. 이 설이 가장 그럴듯하다.

날아와 하늘을 맴돌았다. 천하에 덕을 밝히는 것 모두 우 때부터 시작되었다.

순은 스무 살 때 효자로 명성을 떨쳤고, 스무 살 때 요에 의해 발탁되었고, 쉰여덟 때 요가 세상을 떠났고, 예순한 살 때 요의 뒤를 이어 즉위했다. 순은 제위를 이어받은 지 39년 만에 남쪽을 순행하며 시찰하다가 창오蒼梧의 들에서 숨을 거두었다. 그를 강남江南의 구의산九疑山에 장사 지냈다. 그곳이 바로 영릉零陵이다.

순이 보위에 올랐을 때 수레에 천자의 깃발을 꽂고 부친 고수에게 인사를 올리러 갔다. 그 태도가 매우 정중했다. 자식 된 도리를 다한 것이다. 동생 상을 제후에 봉한 것도 같은 취지에서 나왔다. 순의 아들 상균商均은 재목이 아니었다. 순은 미리 하늘에 우를 천거한 지 17년 만에 죽었다. 삼년상을 마치자 우 역시 순이 요의 아들 단주에게 보위를 양보한 것처럼 순의 아들 상균에게 양보했다. 제후들 모두 우에게 복종한 뒤에야 비로소 우는 즉위했다. 그는 요의 아들 단주와 순의 아들 상균에게 봉토를 내려주며 조상에게 제사를 올리게 했다. 또 이들에게 천자의 아들이 입는 옷을 입고, 예악도 천자의 것을 사용하도록 허용했다. 이들은 빈객의 신분으로 천자를 배견했고, 천자는 이들을 신하로 대하지 않았다. 모두 우가 감히 권력을 독점하지 않았음을 나타낸 것이다.

황제에서 순과 우에 이르기까지 모두 소전의 후손으로 같은 성에서 나왔다. 그럼에도 그 국호는 각자 달리했다. 각자 밝은 덕을 분명히 밝히고자 한 것이다. 황제는 유웅有熊, 전욱은 고양, 제곡은 고신, 요는 도당, 순은 유우, 우는 하후로 불리었다. 씨는 달리했지만 성은 모두 사씨姒氏였다. 설은 상商나라의 시조로 성이 자씨子氏다.* 기弃는 주周나라의 시조로 성이 희씨다.

●● 虞舜者, 名曰重華. 重華父曰瞽叟, 瞽叟父曰橋牛, 橋牛父曰句望, 句望父曰敬康, 敬康父曰窮蟬, 窮蟬父曰帝顓頊, 顓頊父曰昌意, 以至舜七世矣. 自從窮蟬以至帝舜, 皆微爲庶人. 舜父瞽叟盲, 而舜母死, 瞽叟更娶妻而生象, 象傲. 瞽叟愛後妻子, 常欲殺舜, 舜避逃. 及有小過, 則受罪. 順事父及後母與弟, 日以篤謹, 匪有解. 舜, 冀州之人也. 舜耕歷山, 漁雷澤, 陶河濱, 作什器於壽丘, 就時於負夏. 舜父瞽叟頑, 母嚚, 弟象傲, 皆欲殺舜. 舜順適不失子道, 兄弟孝慈. 欲殺, 不可得. 卽求, 嘗在側. 舜年二十以孝聞. 三十而帝堯問可用者, 四嶽咸薦虞舜, 曰可. 於是堯乃以二女妻舜以觀其內, 使九男與處以觀其外. 舜居嬀汭, 內行彌謹. 堯二女不敢以貴驕事舜親戚, 甚有婦道. 堯九男皆益篤. 舜耕歷山, 歷山之人皆讓畔. 漁雷澤, 雷澤上人皆讓居. 陶河濱, 河濱器皆不苦窳. 一年而所居成聚, 二年成邑, 三年成都. 堯乃賜舜絺衣, 與琴, 爲築倉廩, 予牛羊. 瞽叟尙復欲殺之, 使舜上塗廩, 瞽叟從下縱火焚廩. 舜乃以兩笠自扞而下, 去, 得不死. 後瞽叟又使舜穿井, 舜穿井爲匿空旁出. 舜既入深, 瞽叟與象共下土實井, 舜從匿空出, 去. 瞽叟·象喜, 以舜爲已死. 象曰, "本謀者象." 象與其父母分, 於是曰, "舜妻堯二女, 與琴, 象取之. 牛羊倉廩予父母." 象乃止舜宮居, 鼓其琴. 舜往見之. 象

● 설은 은나라의 시조를 지칭하는 말이다. 설偰의 약자로 설卨과 같다. 설은 크게 네 가지 발음이 있다. 계약을 뜻할 때는 계, 거란 부족 내지 국명인 글단契丹을 뜻할 때는 글, 삶을 위해 애쓰고 고생하거나 멀리 떨어져 서로 소식이 끊긴 상황인 결활契闊을 뜻할 때는 결, 은나라 시조 이름으로 사용될 때는 설로 읽는다. 탕왕이 세운 은나라는 고고학적으로 증명된 중국 최초의 고대왕국으로 처음에는 지금의 하남성河南城 상구현商丘縣인 박亳 땅에 도읍했다. 이후 계속 천도하다가 반경盤庚 때 지금의 하남성 안양시安陽市인 은 땅으로 옮긴 뒤 더는 천도하지 않았다. 은나라로도 불리게 된 이유다. 문헌에 따라 상과 은을 혼용해 사용하고 있으나 본서는 은으로 통일했다.

鄂不懌, 曰, "我思舜正鬱陶!" 舜曰, "然, 爾其庶矣!" 舜復事瞽叟愛弟彌謹. 於是堯乃試舜五典百官, 皆治. 昔高陽氏有才子八人, 世得其利, 謂之"八愷". 高辛氏有才子八人, 世謂之"八元". 此十六族者, 世濟其美, 不隕其名. 至於堯, 堯未能舉. 舜舉八愷, 使主后土, 以揆百事, 莫不時序. 舉八元, 使布五教于四方, 父義, 母慈, 兄友, 弟恭, 子孝, 内平外成. 昔帝鴻氏有不才子, 掩義隱賊, 好行凶慝, 天下謂之渾沌. 少暤氏有不才子, 毁信惡忠, 崇飾惡言, 天下謂之窮奇. 顓頊氏有不才子, 不可教訓, 不知話言, 天下謂之檮杌. 此三族世憂之. 至于堯, 堯未能去. 縉雲氏有不才子, 貪于飲食, 冒于貨賄, 天下謂之饕餮. 天下惡之, 比之三凶. 舜賓於四門, 乃流四凶族, 遷于四裔, 以御螭魅, 於是四門辟, 言毋凶人也.

舜入于大麓, 烈風雷雨不迷, 堯乃知舜之足授天下. 堯老, 使舜攝行天子政, 巡狩. 舜得舉用事二十年, 而堯使攝政. 攝政八年而堯崩. 三年喪畢, 讓丹朱, 天下歸舜. 而禹·皋陶·契·后稷·伯夷·夔·龍·倕·益·彭祖自堯時而皆舉用, 未有分職. 於是舜乃至於文祖, 謀于四嶽, 辟四門, 明通四方耳目, 命十二牧論帝德, 行厚德, 遠佞人, 則蠻夷率服. 舜謂四嶽曰, "有能奮庸美堯之事者, 使居官相事?" 皆曰, "伯禹爲司空, 可美帝功." 舜曰, "嗟, 然! 禹, 汝平水土, 維是勉哉." 禹拜稽首, 讓於稷·契與皋陶. 舜曰, "然, 往矣." 舜曰, "棄, 黎民始饑, 汝后稷播時百穀." 舜曰, "契, 百姓不親, 五品不馴, 汝爲司徒, 而敬敷五教, 在寬." 舜曰, "皋陶, 蠻夷猾夏, 寇賊奸軌, 汝作士, 五刑有服, 五服三就. 五流有度, 五度三居, 維明能信." 舜曰, "誰能馴予工?" 皆曰垂可. 於是以垂爲共工. 舜曰, "誰能馴予上下草木鳥獸?" 皆曰益可. 於是以益爲朕虞. 益拜稽首, 讓于諸臣朱虎·熊羆. 舜曰, "往矣, 汝諧." 遂以朱虎·熊䰠爲佐. 舜曰, "嗟! 四嶽, 有能典朕三禮?" 皆曰伯夷可. 舜曰, "嗟! 伯夷, 以汝爲秩宗, 夙夜維敬, 直哉維靜絜." 伯夷讓夔·龍. 舜曰, "然. 以夔爲典樂, 敎稚子, 直而溫, 寬而栗, 剛而毋虐, 簡而毋傲. 詩言意, 歌長言, 聲依永, 律和聲, 八音能諧, 毋相奪倫, 神人以和." 夔曰, "於! 予擊石拊石, 百獸率舞." 舜曰, "龍, 朕畏忌讒說殄僞, 振驚朕衆, 命汝爲納言, 夙夜出入朕命, 惟信." 舜曰, "嗟! 女二十有二人, 敬哉, 惟時相天事." 三歲一考功, 三考絀陟, 遠近衆功咸興. 分北三苗. 此二十二人咸成厥功, 皋陶爲大理, 平, 民各伏得其實. 伯夷主禮, 上下咸讓. 垂主工師, 百工致功. 益主虞, 山澤辟. 棄主稷, 百穀時茂. 契主司徒, 百姓親和. 龍主賓客, 遠人至. 十二牧行而九州莫敢辟違. 唯禹之功爲大, 披九山, 通九澤, 決九河, 定九州, 各以其職來貢, 不失厥宜. 方五千里, 至于荒服. 南撫交阯·北發, 西戎·析枝·渠廋·氐·羌, 北山戎·發·息愼, 東長·鳥夷, 四海之內咸戴帝舜之功. 於是禹乃興九招之樂, 致異物, 鳳皇來翔. 天下明德皆自虞帝始. 舜年二十以孝聞, 年三十堯擧之, 年五十攝行天子事, 年五十八堯崩, 年六十一代堯踐帝位. 踐帝位三十九年, 南巡狩, 崩於蒼梧之野. 葬於江南九疑, 是爲零陵. 舜之踐帝位, 載天子旗, 往朝父瞽叟, 夔夔唯謹, 如子道. 封弟象爲諸侯. 舜子商均亦不肖, 舜乃豫薦禹於天. 十七年而崩. 三年喪畢, 禹亦乃讓舜子, 如舜讓堯子. 諸侯歸之, 然後禹踐天子位. 堯子丹朱, 舜子商均, 皆有疆土, 以奉先祀. 服其服, 禮樂如之. 以客見天子, 天子弗臣, 示不敢專也. 自黃帝至舜·禹, 皆同姓而異其國號, 以章明德. 故黃帝爲有熊, 帝顓頊爲高陽, 帝嚳爲高辛, 帝堯爲陶唐, 帝舜爲有虞. 帝禹爲夏后而別氏, 姓姒氏. 契爲商, 姓子氏. 弃爲周, 姓姬氏.

태사공은 평한다.

"학자들이 오제를 칭송한 지 오래되었다. 《상서》에는 요 이후의 일만 기재되어 있다. 여러 제자백가가 황제에 관해 말했지만 그 문장은 우아하지 못했고, 온당하지도 못했다. 현귀하고 학식 있는 자들은 이를 말하기를 꺼렸다. 유생 가운데 일부는 공자가 전한 〈재여문오제덕宰予問五帝德〉과 〈제계성帝系姓〉에 대해서는 전하지 않기도 한다. 나는 일찍이 서쪽으로 공동산에 이르고, 북쪽으로 탁록을 지나왔다. 동쪽으로 바다까지 가고, 남쪽으로 장강과 회수를 건넌 적이 있다. 때로 현지의 고로故老(나이가 많고 덕이 높은 사람)들이 자주 황제와 요순 등을 칭송하는 곳을 가보면 그곳의 풍속과 교화는 다른 곳과 달랐다. 이를 총괄해보면 고문의 내용에 위배되지 않는 것이 비교적 당시의 사실에 가깝다. 나는 전에 《춘추》와 《국어》를 읽어보았다. 여기에는 〈재여문오제덕〉과 〈제계성〉을 명확히 밝혀놓은 점이 뚜렷이 드러난다. 다만 사람들이 이를 깊이 고찰하지 않았을 뿐이다. 거기에 기술된 내용은 결코 허황된 것이 아니다.

《서경》에는 빠진 대목이 많다. 빠진 대목은 가끔 다른 책에서 발견되고는 한다. 배우기를 좋아하고 생각을 깊이 해 내심 그 뜻을 알고 있는 사람이 아닌 바에는 견문이 좁은 사람에게 이런 이야기를 한다는 것은 실로 어려운 일이다. 나는 자료를 수집하고 순서에 맞게 편제하면서 그 가운데 비교적 우아한 것들을 골랐다. 그런 내용을 토대로 〈오제본기〉를 지으면서 〈본기〉의 첫머리로 삼았다."

● 태사공을 사마천의 부친 사마담으로 보는 견해도 있으나 《사기정의》는 사마천이 스스로를 지칭한 것으로 풀이했다. 이를 좇았다. 태사는 사서의 편찬, 천문과 역법, 제사 등을 관장한 직책이다. 고대의 축사祝史가 제사를 전담하는 축관祝官과 사서 편찬을 전담하는 사관으로 분화되는 과정에서 등장했다.

●● 太史公曰, "學者多稱五帝, 尙矣. 然尙書獨載堯以來. 而百家言黃帝, 其文不雅馴, 薦紳先生難言之. 孔子所傳宰予問五帝德及帝系姓, 儒者或不傳. 余嘗西至空桐, 北過涿鹿, 東漸於海, 南浮江淮矣, 至長老皆各往往稱黃帝·堯·舜之處, 風敎固殊焉, 總之不離古文者近是. 予觀春秋·國語, 其發明五帝德·帝系姓章矣, 顧弟弗深考, 其所表見皆不虛. 書缺有間矣, 其軼乃時時見於他說. 非好學深思, 心知其意, 固難爲淺見寡聞道也. 余幷論次, 擇其言尤雅者, 故著爲本紀書首."

하본기
夏本紀

사마천은 전설상의 왕국에 불과한 하나라를 역사 속의 왕국으로 간주했다. 〈하본기〉를 편제한 이유다. 오제를 역사 속의 실제 인물로 간주해 〈오제본기〉를 편제한 것과 같은 취지다. 그러나 중국학계의 집요한 노력에도 아직까지 하나라를 최초의 왕국으로 간주할 만한 고고학적 출토물이 나오지 않고 있다. 이 때문에 세계의 고고학자들이 중국 최초의 고대 왕국으로 하나라가 아닌 은나라로 간주한다.

실제로 하나라에 관한 많은 전설은 은나라의 전설을 그대로 복제한 것이 많다. 후대인이 오제의 전설 뒤에 곧바로 최초의 고대왕국인 은나라를 연결시키는 것은 적잖은 문제가 있다고 판단해 가공의 고대왕국인 하나라를 덧붙였을 가능성을 암시한다.

전설에 따르면 하나라의 건국 시조는 순임금 밑에서 치수를 담당했던 우禹다. 우는 황하의 범람을 막은 공으로 순임금으로부터 보위를 선양받고 하나라를 건설한다. 사마천은 《서경》의 〈우공禹公〉과 〈고요모皐陶謨〉를 대거 참조해 〈하본기〉를 만들었다. 그러나 청대 학자들의 고증이 증명하듯이 《서경》은 후대인의 위작이다. 이를 토대로 만든〈하본기〉역시 역사적 사실과 동떨어진 전설에 불과할 뿐이다. 전국시대 초기에 활약한 묵적墨翟을 시조로 전국시대 말기 사상계를 풍미한 묵가墨家는 우를 최고의 성인으로 떠받들었다. 서민과 다름없는 삶을 영위한 우의 전설이 묵가의 기본취지와 맞아떨어졌기 때문이다.

이후 공자를 시조로 한 유가는 우보다 시기적으로 앞선 요순을 성군으로 떠받들며 열세를 일거에 만회하고자 했다. 유가가 맹자의 등장을 계기로 인仁과 예禮를 역설한 공자의 가르침을 벗어나 묵가처럼 의義를 역설하게 된 근본배경이 여기에 있다. 맹자가 유독 요순을 강조한 사실이 이를 뒷받침한다.《논어論語》의 맨 끝에 편제된〈요왈堯曰〉이 맹자를 추종하는 후대 유가의 위작으로 간주되는 것도 이런 맥락에서 이해할 수 있다.

고금동서를 막론하고 전설상의 성군을 강조하면 할수록 정치는 현실과 동떨어진 사변으로 전락하게 된다. 난세에는 이내 국가의 패망으로 이어진다. 맹자의 주장을 맹종하며 요순을 최고의 성군으로 간주한 송대의 성리학이 결국 사변적인 이념논쟁을 부추겨 당쟁의 격화로 인한 국가패망을 자초한 것이 그렇다. 조선조의 패망은 이를 답습한 대표적인 사례에 속한다. 역사를 비현실적인 성군을 미화한 신화 및 전설과 엄격히 구분해야 하는 이유가 여기에 있다. 모두 전설에 불과한 우와 요순 등을 역사적 인물로 간주한 후과다. 그런 점에서〈하본기〉는〈오제본기〉와 더불어 사실史實을 중시하는 사학의 발전을 결정적으로 가로막은 걸림돌에 해당한다.

하나라 우왕은 이름이 문명文命이다. 부친은 곤鯀이고, 곤의 부친은 전욱이다. 전욱의 부친은 창의이고, 창의의 부친은 황제다. 우는 곧 황제의 현손玄孫으로 전욱의 손자에 해당한다. 우의 증조부 창의와 부친 곤은 보위에 오르지 못하고 다른 사람의 신하가 되었다. 요 때 홍수가 하늘까지 흘러넘쳤다. 거대한 물줄기가 산을 둘러싸고 언덕까지 덮쳐 백성이 크게 우려했다. 요가 치수에 능한 자를 구하자 여러 신하와 사악이 말했다.

"곤이면 할 수 있습니다."

"곤은 명을 어기고 종족에게 피해를 입힌 까닭에 쓸 수 없다."

사악이 말했다.

"비교해보면 그보다 더 현명한 자가 없습니다. 원컨대 대왕代王은 그를 시험 삼아 써보십시오."

요가 사악의 말을 듣고 곤을 발탁해 물을 다스리게 했다. 그러나 9년 동안 홍수가 끊이지 않았는데도 곤은 전혀 업적을 내지 못했다. 당시 요가 천하의 사업을 계승할 인물을 구하다가 다시 순을 얻었다. 순은 발탁되자 이내 천자를 대신해 정사를 다스렸다. 각지를 시찰하다가 곤이 치수에 공적이 없는 것을 발견하고는 곧바로 산으로 추방해 거기서 죽게 했다. 천하 사람들 모두 순이 곤을 주살한 것을 옳게 여겼다. 당시 순은 곤의 아들 우를 발탁한 뒤 곤의 뒤를 잇게 했다. 요가 죽자 순이 사악에게 물었다.

"요임금의 공적으로 크게 빛내려면 누구에게 관직을 맡기는 것이 좋겠소?"

모두 입을 모아 대답했다.

"백우伯禹를 사공으로 삼으면 요임금의 공적을 크게 빛낼 수 있을 것입니다."

순이 말했다.

"아, 그렇겠소!"

그러고는 우에게 명했다.

"우여, 그대는 물과 땅을 다스리는 데 힘쓰도록 하라!"

우가 머리를 조아려 절하며 설·후직·고요 등에게 양보했다. 순이 말했다.

"그대는 속히 가서 이를 주관하도록 하라!"

우는 총명하고 부지런했다. 그의 덕은 어긋남이 없었고, 그의 인자함은 가히 사람들과 친애할 만했고, 그의 말은 가히 믿을 만했다. 목소리는 음률처럼 화기애애했고, 행동은 법도에 맞은 까닭에 최고의 선비인 상사上士의 칭송을 받았다. 힘쓰고 애쓰는 모습은 백관의 모범인 기강紀綱이 될 만했다.• 우는 마침내 익 및 후직과 함께 순의 명을 받들었다. 제후와 백관에게 일꾼을 동원해 땅을 메우게 했던 것이 그렇다.•• 이들은 직접 산으로 올라가 말뚝을 세워 표시를 하고, 높은 산과 광활한 하천을 측정하며 이름을 붙였다. 우는 부친 곤이 공적을 이루지 못해 죽임을 당한 것을 슬퍼한 까닭에 노심초사하며 부지런히 일했다. 밖에서 13년을 지내는 동안 자기 집 대문 앞을 지나면서도 감히 들어가지 않았다. 거친 옷과 음식을 입고 먹으면

• "최고의 선비인 상사의 칭송을 받았다"의 원문은 칭이출稱以出이다. 《대대례기大戴禮記》〈오제덕五帝德〉에는 출出이 상사로 되어 있다. 죽간에 종서로 쓴 까닭에 상사가 출로 와전된 것이다. 이를 《사기색은》은 "공평히 처리하는 권형權衡이 순의 몸에서 비롯되었다"고 풀이하면 된다고 했다. 상사로 해석하는 것이 옳다. "일거일동에 규칙을 지키면서 기강이 될 만했다"의 원문은 미미목목亹亹穆穆, 위강위기爲綱爲紀다. 여기의 미亹는 힘쓰고, 목穆은 삼간다는 의미다. 위기위강은 중요한 기율紀律과 법강法綱이 된다는 뜻이다.
•• "땅을 메우게 했다"의 원문은 부토傳土다. 《서경》에는 땅을 파거나 메워 치수사업을 벌인다는 뜻의 부토敷土로 되어 있다. 부敷와 부傳는 서로 통한다.

서도 귀신을 섬길 때 공경을 다했다. 허름한 집에 살면서 절약한 비용은 수로를 파는 데 썼다. 육로는 수레, 수로는 배를 이용했다. 진창길은 썰매를 타고 다녔고, 산길은 바닥에 쇠를 박은 신을 신고 다녔다.● 왼손에는 물바늘과 먹줄을 들고, 오른손에는 그림쇠와 곱자를 들고 다녔다. 사계절에 맞추어 아홉 개 주를 개척하고, 구도九道를 소통시키고, 구택九澤을 건설하고, 구산九山의 산길을 뚫었다. 우는 익에게 명해 백성에게 벼를 나누어주게 했다. 낮고 습한 땅에 벼를 심을 수 있게 되었다. 후직에게 명해 백성에게 부족한 식량을 나누어주게 했다. 식량이 모자라는 곳은 남는 곳에서 조절해 공급함으로써 여러 봉국이 균형을 이루게 했다. 또 각지를 순시하며 그 땅에 알맞은 특산물을 공물로 정했다. 운송에 필요한 산천의 편리함도 고려했다.

●● 夏禹, 名曰文命. 禹之父曰鯀, 鯀之父曰帝顓頊, 顓頊之父曰昌意, 昌意之父曰黃帝. 禹者, 黃帝之玄孫而帝顓頊之孫也. 禹之曾大父昌意及父鯀皆不得在帝位, 爲人臣. 當帝堯之時, 鴻水滔天, 浩浩懷山襄陵, 下民其憂. 堯求能治水者, 群臣四嶽皆曰鯀可. 堯曰, "鯀爲人負命毀族, 不可." 四嶽曰, "等之未有賢於鯀者, 願帝試之." 於是堯聽四嶽, 用鯀治水. 九年而水不息, 功用不成. 於是帝堯乃求人, 更得舜. 舜登用, 攝行天子之政, 巡狩. 行視鯀之治水無狀, 乃殛鯀於羽山以死. 天下皆以舜之誅爲是. 於是舜舉鯀子禹, 而使續鯀之業. 堯崩, 帝舜問四嶽曰, "有能成美堯之事者使居官?" 皆曰, "伯禹爲司空, 可成美堯之功." 舜曰, "嗟, 然!" 命禹, "女平水土, 維是勉之." 禹拜稽首, 讓於契·后稷·皋陶.

● "진창길은 썰매를 타고 다니고, 산길은 바닥에 쇠를 박은 신을 신고 다녔다"의 원문은 니행승취泥行乘橇, 산행승국山行乘檋이다. 취橇를 《사기정의》는 형태는 배와 같으나 짧고 작으며 양쪽 머리가 약간 올라온 일종의 진흙썰매로 해석했다. 국檋은 바닥에 쇠를 박은 신을 뜻한다.

舜曰, "女其往視爾事矣." 禹爲人敏給克勤, 其德不違, 其仁可親, 其言可信, 聲爲律, 身爲度, 稱以出, 亹亹穆穆, 爲綱爲紀. 禹乃遂與益·后稷奉帝命, 命諸侯百姓興人徒以傅土, 行山表木, 定高山大川. 禹傷先人父鯀功之不成受誅, 乃勞身焦思, 居外十三年, 過家門不敢入. 薄衣食, 致孝于鬼神. 卑宮室, 致費於溝淢. 陸行乘車, 水行乘船, 泥行乘橇, 山行乘檋. 左準繩, 右規矩, 載四時, 以開九州, 通九道, 陂九澤, 度九山. 令益予衆庶稻, 可種卑溼. 命后稷予衆庶難得之食. 食少, 調有餘相給, 以均諸侯. 禹乃行相地宜所有以貢, 及山川之便利.

당시 우는 기주부터 치수사업을 시작했다. 기주 내에서 먼저 호구산壺口山을 다스린 뒤 양산梁山과 기산岐山을 다스렸다. 다시 태원太原 일대를 잘 정비한 데 이어 태악산太嶽山 남쪽까지 이르렀다. 담회覃懷를 성공적으로 다스리고, 장하漳河에 이르렀다.• 기주의 땅은 희고 부드러웠다. 부세賦稅는 1등급이나 흉년에는 2등급이고, 전답은 5등급이다.•• 상수常水와 위수衛水가 물길대로 흐르고 대륙택大陸澤도 잘 다스려졌다.••• 오이족鳥夷族의 공물은 가죽이었고, 기주의 공물은 발해渤海의 오른쪽에 있는 갈석산碣石山에서 황하로 운송되었다.

제수濟水와 황하 사이는 연주다. 구하九河 모두 소통되고, 뇌하雷夏

• "장하"의 원문은 횡장衡漳이다. 《사기집해》는 공안국孔安國의 주를 인용해 황하로 횡류橫流해 유입한 까닭에 이런 이름이 붙었다고 풀이했다. 저울대를 뜻하는 횡衡은 가로로 되어 있는 까닭에 횡橫과 통한다.
•• "부세는 1등급이나 흉년에는 2등급이고, 전답은 5등급이다"의 원문은 부상상착賦上上錯, 전중중田中中이다. 착錯을 《사기집해》는 공안국의 주를 인용해 수확이 좋지 못하다는 뜻의 잡雜으로 풀이하면서 제2등급의 세금을 매기는 것으로 해석했다. 《서경》 〈우공禹貢〉에 따르면 아홉 개 주의 전답과 부세는 상상上上·상중上中·상하上下·중상中上·중중中中·중하中下·하상下上·하중下中·하하下下 등 모두 9등급으로 나누었다.
••• 상수의 원래 이름은 항수恒水다. 항산恒山에서 발원한 결과다. 한문제 유항劉恒의 이름을 꺼려 항산은 상산常山, 항수는 상수로 바뀌었다.

는 큰 호수가 되었다. 옹수瀦水와 저수沮水가 합류해 호수로 들어가고, 땅에는 뽕나무를 심어 누에를 길렀다. 비로소 백성이 산언덕에서 평지로 옮겨 살 수 있게 되었다. 연주의 땅은 검고 비옥해 풀이 무성하고 나무가 크게 자랐다. 전답은 6등급이고, 부세는 9등급이다. 13년 동안 치수를 잘한 덕에 다른 주와 같게 되었다. 이곳의 공물은 옻나무와 견사, 대광주리에 담은 무늬 있는 견직물이다. 이 공물들은 제수와 탑수濕水에서 배에 실려 황하로 운송되었다.

바다와 태산 사이는 청주다. 우이嵎夷가 잘 다스려지고 유수濰水와 치수가 잘 소통되었다. 청주의 땅은 희고 비옥했다. 해변은 넓은 개펄이 있었고, 소금기가 많았다. 전답은 3등급이고, 부세는 4등급이다. 이곳의 공물은 소금과 가는 갈포, 여러 해산물, 태산의 계곡에서 생산되는 견사와 대마와 납과 소나무와 괴석, 내이萊夷에서 생산된 축산물, 대광주리에 담은 누에실인 비염사䉟翁絲가 있다. 이 공물들은 문수汶水에서 배에 실려 제수로 운송되었다.

바다와 태산, 회수 사이는 서주다. 회수와 기수沂水가 잘 다스려지자 몽산蒙山과 우산에 나무를 심을 수 있었다. 대야택大野澤에 물이 모이는 까닭에 동원東原이 낮고 평평해졌다. 서주의 땅은 붉고 비옥한 점토여서 초목이 점차 무성해졌다. 전답은 2등급이고, 부세는 5등급이다. 공물은 오색토와 우산의 계곡에서 생산되는 꿩, 역산嶧山의 남쪽에서 홀로 자라는 오동나무, 사수泗水 강변의 부석浮石으로 만든 경쇠, 회이淮夷의 진주와 어류, 대광주리에 담은 흑백의 견직물이다.•

• "회이의 진주와 어류"의 원문은 회이빈주기어淮夷蠙珠臮魚다. 회이를 《사기집해》는 정현의 주를 인용해 회수 주변에 사는 이민족의 거주지를 지칭한다고 풀이했다. 《사기색은》은 빈주蠙珠가 빈주濱珠 내지 비주毗珠로 된 판본도 있다고 했다. 기臮는 접속사 여與와 통하는 기臮의 고자古字라고 했다.

이 공물들은 회수와 사수에서 배에 실려 황하로 운송되었다.

회수와 바다 사이는 양주揚州다. 팽려택彭蠡澤에 물을 모으자 철새가 날아와 번식했다. 삼강三江이 바다로 흘러들자 진택震澤이 안정되었다.● 화살용 대나무인 전죽이 넓게 자란다. 풀이 무성하며 나무 또한 크게 자라고, 땅은 습기가 많은 진흙이다. 전답은 9등급이고, 부세는 7등급이나 풍년에는 6등급이다. 공물은 3종의 금속과 옥돌, 전죽, 상아, 가죽, 깃털, 검정소의 꼬리, 도이족島夷族이 입는 풀로 짠 옷인 훼복卉服, 대광주리에 담은 오색 비단이 있다. 천자의 명이 있으면 잘 포장한 귤과 유자도 공물로 바쳤다. 이 공물들은 장강과 바다를 따라 회수와 사수로 운송되었다.

형산에서 형산 남쪽 사이는 형주다. 장강과 한수가 여기서 모여 바다로 흘러들게 하자 구강九江의 물길이 바로잡혔다. 타수沱水와 잠수潛水 모두 물길대로 흐르자 운택雲澤과 몽택夢澤이 잘 다스려졌다. 형주의 땅은 습기가 많은 진흙땅이다. 전답은 8등급, 부세는 3등급이다. 공물은 깃털, 검정소의 꼬리, 상아, 가죽, 3종의 금속, 참죽나무[杶], 산뽕나무[榦], 향나무[栝], 잣나무[柏], 숫돌[礪砥], 노석砮石(화살촉 만드는 돌), 단사丹砂였다. 균죽箘竹(화살 만드는 대나무)과 노죽簵竹 및 호목楛木(화살 만드는 싸리)은 세 봉국에서 바치는 공물 가운데 이름 있는 것이다. 보따리에 싼 가시 돋친 풀[菁茅], 대광주리에 담긴 검붉은 비단[玄纁]과 꿰미로 엮은 진주[璣組]도 있다. 천자의 명이 있으면 구강의 큰 거북도 바쳤다. 이 공물들은 장강과 타수·잠수·한수에서 배에 실려 낙

● 삼강을 《사기색은》은 위소韋昭가 송강宋江·전당강錢塘江·포양강浦陽江을 지칭한다고 풀이했으나 《지리지地理志》를 좇아 회계會稽의 오현吳縣 일대에서 동해東海로 유입되는 남강南江, 단양丹陽의 무호蕪湖에서 발원하는 중강中江, 회계에 북쪽으로 흐르다가 동해로 유입하는 북강北江으로 보는 것이 옳다고 했다.

수錐水를 지나 남하로 운송되었다.

형산과 황하 사이는 예주다. 이수伊水·낙수·전수瀍水·간수澗水 모두 황하로 들어가게 했다. 형파滎播를 호수로 만들어, 하택荷澤의 물길이 트이게 하자 명도택明都澤도 잘 다스려졌다. 예주의 땅은 부드럽고, 지대가 낮은 곳은 비옥한 흑토. 전답은 4등급이고, 부세는 2등급이나 1등급일 때도 있다. 공물은 옻나무, 견사, 갈포, 모시, 대광주리에 담은 가는 솜이다. 천자의 명이 있으면 경쇠를 가는 숫돌도 바쳤다. 이 공물들은 낙수에서 배에 실려 황하로 운송되었다.

화산華山의 남쪽과 흑수黑水 사이는 양주梁州다. 민산岷山과 파총산嶓冢山 모두 식물을 심을 수 있게 되었다. 타수와 잠수의 물길을 잘 이끈 덕분이다. 채산蔡山과 몽산도 잘 다스려졌다. 덕분에 화이족和夷族에게도 이로움이 있었다. 양주의 땅은 청흑색이다. 전답은 7등급이다. 부세는 8등급이나 풍년에는 7등급, 흉년에는 9등급이다. 공물은 아름다운 옥돌[璆]·철·은·강철·노석·경쇠·곰·말곰·여우·삵·융단 등이다. 서경산西傾山의 공물은 환수桓水를 따라 운송되었다. 나머지 공물은 잠수에서 배에 실린 뒤 면수를 지나 위수로 들어갔다가 황하를 건넜다.•

흑수와 서하西河 사이는 옹주다. 약수는 이미 서쪽으로 소통되었고, 경수涇水는 위수渭水로 흘러들어 합쳐졌다. 칠수漆水와 저수를 위수로 흘러들게 하자 풍수灃水도 함께 위수로 흘러들었다. 형산과 기산의 길을 뚫자 그 길이 종남산終南山과 돈물산敦物山에서 조서산鳥鼠山에 이르게 되었다. 고원과 저지대, 도야택都野澤에 이르기까지 모두

• "황하를 건넜다"의 원문은 난우하亂于河 다. 《사기집해》는 공안국의 주를 인용해 난亂을 곧바로 강을 가로지르는 정절류正絕流로 풀이했다.

이익을 내게 되었다. 삼위三危도 사람이 살 수 있도록 잘 개발되었다. 삼묘의 질서도 크게 안정되었다. 옹주의 땅은 노란색이고 부드럽다. 전답은 1등급이고, 부세는 6등급이다. 공물은 아름다운 옥돌[璆]과 임琳, 낭간琅玕이다. 이 공물들은 적석산積石山에서 배에 실린 뒤 용문 아래의 서하로 운송되어 위수의 만에 모였다. 곤륜昆侖·석지·거수에서 바친 융단도 있었다. 서융의 질서가 바로잡힌 덕분이다.

당시 우는 구강에 이어 구산도 개통했다. 견산汧山은 기산으로 뻗어나가 형산까지 이어졌고, 황하도 뛰어넘었다. 호구산은 뇌수산雷首山을 지나 태악사太嶽山까지 이어졌다. 지주산砥柱山은 석성산析城山에 연접해 왕옥산王屋山까지 이어졌다. 태항산太行山은 상산을 지나 갈석산으로 이어져 바다로 들어갔다. 서경산은 주어산朱圉山과 조서산을 지나 화산까지 이어졌다. 웅이산熊耳山은 외방산外方山과 동백산桐柏山을 지나 부미산負尾山까지 이어졌다. 파총산을 개통해 형산까지 이르게 하고, 내방산內方山은 대별산大別山까지 이르게 했다. 문산汶山은 그 남쪽을 형산까지 이르게 했고, 다시 구강을 지나 부천원敷淺原에 이어지게 했다.

또 우는 구천九川을 소통시켰다. 약수는 합려合黎에 이르게 했고, 나머지 물줄기는 유사택流沙澤으로 들어가게 했다. 흑수는 물길을 따라 삼위산을 거쳐 남해로 갔다. 황하는 물길을 이끌어 적석산에서 용문산으로 흐르다가 남쪽으로 화산 북쪽을 거쳐 동쪽 지주산에 이른 뒤 다시 동쪽 맹진盟津에 이르게 했다. 거기서 다시 동쪽으로 낙수를 지나 대비산大邳山에 이른 뒤 북쪽으로 강수를 지나 대륙택에 이르게 했다. 이어 북쪽으로 아홉 줄기의 지류로 나뉜 후 다시 합류해 역하逆河가 되어 바다로 흘러들게 했다. 파총산에서 시작하는 양

수潢水는 물길을 따라 동쪽으로 흘러 한수와 합류했다. 다시 동쪽으로 흘러 창랑수滄浪水가 되어 삼서수三澨水를 거쳐 대별산으로 흘러간 뒤 남쪽으로는 장강으로 들어갔고, 동쪽으로는 호수에 모여 팽려택이 되었다가 다시 동쪽으로 흘러 북강北江을 이루어 바다로 들어가게 했다.

민산에서 시작되는 장강은 동쪽으로 나뉜 지류가 타수가 되고, 다시 동쪽으로 예수醴水에 이르러 구강을 지나 동릉東陵에 이르렀다. 이어 동쪽으로 흐르다가 북쪽으로 비스듬히 흘러 팽려택에 모이고, 다시 동쪽으로 흘러 중강을 이루었다가 바다로 들어가게 했다. 연수沇水는 물길을 따라 동쪽으로 흘러 제수가 되어 황하로 들어갔다. 하수가 흘러 넘쳐 형택滎澤을 이루고, 다시 동쪽으로 도구陶丘의 북쪽을 지나 동쪽 하택에 이르렀다가 동북쪽으로 흘러 문수와 합류한 뒤 재차 동북쪽으로 흘러 바다로 들어가게 했다. 회수의 물길을 이끌어 동백산에서 시작해 동쪽으로 흐르게 하자 사수 및 기수와 합류했다가 다시 동쪽으로 흘러 바다로 들어갔다. 위수의 물길을 이끌어 조서동혈산鳥鼠同穴山에서 시작해 동쪽으로 흐르게 하자 풍수와 합류했다가 동북쪽으로 흘러 경수에 이르고, 다시 동쪽으로 흘러 칠수와 저수를 지나 황하로 들어갔다. 낙수의 물길을 이끌어 웅이산에서 시작해 동북쪽으로 흐르게 하자 간수 및 전수와 합쳐 동쪽으로 흘러 이수와 합류한 뒤 다시 동북쪽으로 흐르다가 황하로 들어갔다.

이처럼 우가 산과 물을 잘 다스리자 아홉 개 주가 모두 똑같아져 사방의 외딴 곳에서도 사람이 살 수 있게 되었다. 구산은 나무를 솎아내 길을 열었고, 구천은 발원지까지 모두 잘 소통시켰고, 구택 모두 제방을 쌓았다. 천하의 모든 사람이 한곳으로 모이고, 각종 물자

를 관할하는 육부六府가 잘 다스려진 이유다.• 모든 땅은 조건에 맞게
등급을 정해 조세를 신중히 거두었다. 3등급의 기준을 토대로 전국
의 조세체계를 완성한 배경이다. 당시 순은 제후와 백관들에게 땅과
성씨를 내려주며 이같이 말했다.

"공경하고 기뻐하며 덕행을 앞세우도록 하라.•• 나의 정령政令을 거
역하지 마라!"

천자의 국도 밖 500리를 전복甸服이라 한다. 국도에서 100리 이내
는 부세로 볏단을 바치고, 200리 이내는 곡식의 이삭을 바치고, 300리
이내는 곡식의 낟알을 바치고, 400리 이내는 빻지 않은 조를 바치고,
500리 이내는 곱게 빻은 쌀을 부세로 바치게 했다. 전복 밖의 주위
500리는 후복侯服이라 한다. 전복에서 100리 이내는 경대부卿大夫의
채읍采邑, 200리 이내는 왕의 일에 종사하는 소국의 읍지, 300리 이내
는 제후국의 봉토다. 후복 밖의 주위 500리는 수복綏服이라 한다. 후
복에서 300리 이내는 정황을 살펴 문치文治로 교화하고, 나머지 200리
는 무력을 떨쳐 나라를 지킨다. 수복 밖의 주위 500리는 요복要服이
라 한다. 수복에서 300리 이내는 이족夷族의 지역이고, 나머지 200리
는 죄인을 추방하는 곳이다. 요복 밖의 주위 500리는 황복이라 한다.
요복에서 300리 이내는 만족蠻族의 지역이다. 나머지 200리는 중죄
인의 유배지다. 동쪽은 바다에 임해 있고, 서쪽은 흐르는 모래[流沙]
로 덮여 있다. 북쪽에서 남쪽에 이르기까지 교화의 덕이 천하에 널
리 퍼졌다. 순이 우에게 붉은 기운이 도는 검은 홀[玄圭]을 하사해 제

• 육부를 《사기집해》는 공안국의 주를 인용해 금속·나무·물·불·토지·곡물을 지칭한다
고 풀이했다.
•• "공경하고 기뻐하며 덕행을 앞세우도록 하라"의 원문은 지이덕선祗台德先이다. 지祗는 공
경恭敬의 뜻이고, 이台는 기뻐한다는 의미일 때는 '이'로 읽는다. 이怡와 같다.

후로 삼으면서 치수사업의 성공을 천하에 널리 알렸다. 천하가 크게 태평해진 이유다.

●● 禹行自冀州始. 冀州, 旣載壺口, 治梁及岐. 旣脩太原, 至于嶽陽. 覃懷致功, 至於衡漳. 其土白壤. 賦上上錯, 田中中, 常·衛旣從, 大陸旣爲. 鳥夷皮服. 夾右碣石, 入于海. 濟·河維沇州, 九河旣道, 雷夏旣澤, 雍·沮會同, 桑土旣蠶, 於是民得下丘居土. 其土黑墳, 草繇木條. 田中下, 賦貞, 作十有三年乃同. 其貢漆絲, 其篚織文. 浮於濟·漯, 通於河.

海岱維靑州, 嵎夷旣略, 濰·淄其道. 其土白墳, 海濱廣潟, 厥田斥鹵. 田上下, 賦中上. 厥貢鹽絺, 海物維錯, 岱畎絲·枲·鉛·松·怪石, 萊夷爲牧, 其篚檿絲. 浮於汶, 通於濟.

海岱及淮維徐州, 淮·沂其治, 蒙·羽其藝. 大野旣都, 東原底平. 其土赤埴墳, 草木漸包. 其田上中, 賦中中. 貢維土五色, 羽畎夏狄, 嶧陽孤桐, 泗濱浮磬, 淮夷蠙珠臮魚, 其篚玄纖縞. 浮于淮·泗, 通于河.

淮海維揚州, 彭蠡旣都, 陽鳥所居. 三江旣入, 震澤致定. 竹箭旣布. 其草惟夭, 其木惟喬, 其土塗泥. 田下下, 賦下上上雜. 貢金三品, 瑤·琨·竹箭, 齒·革·羽·旄, 島夷卉服, 其篚織貝, 其包橘·柚錫貢. 均江海, 通淮·泗.

荊及衡陽維荊州, 江·漢朝宗于海. 九江甚中, 沱·涔已道, 雲土·夢爲治. 其土塗泥. 田下中, 賦上下. 貢羽·旄·齒·革, 金三品, 杶·榦·栝·柏, 礪·砥·砮·丹, 維箘·簵·楛, 三國致貢其名, 包匭菁茅, 其篚玄纁璣組, 九江入賜大龜. 浮于江·沱·涔·于漢, 踰于雒, 至于南河.

荊河惟豫州, 伊·雒·瀍·澗旣入于河, 滎播旣都, 道荷澤, 被明都. 其土壤, 下土墳壚. 田中上, 賦雜上中. 貢漆·絲·絺·紵, 其篚纖絮, 錫貢磬錯. 浮於雒, 達於河.

華陽黑水惟梁州, 汶·嶓旣蓺, 沱·涔旣道, 蔡·蒙旅平, 和夷底績. 其土青驪. 田下上, 賦下中三錯. 貢璆·鐵·銀·鏤·砮·磬, 熊·羆·狐·貍·織皮. 西傾因桓是來, 浮于潛, 踰于沔, 入于渭, 亂于河.

黑水西河惟雍州, 弱水旣西, 涇屬渭汭. 漆·沮旣從, 灃水所同. 荊·岐已旅, 終南·敦物至于鳥鼠. 原隰底績, 至于都野. 三危旣度, 三苗大序. 其土黃壤. 田上上, 賦中下. 貢璆·琳·琅玕. 浮于積石, 至于龍門西河, 會于渭汭. 織皮昆侖·析支·渠搜, 西戎卽序.

道九山, 汧及岐至于荊山, 踰于河, 壺口·雷首至于太嶽, 砥柱·析城至于王屋, 太行·常山至于碣石, 入于海, 西傾·朱圉·鳥鼠至于太華, 熊耳·外方·桐柏至于負尾, 道嶓冢, 至于荊山, 內方至于大別, 汶山之陽至衡山, 過九江, 至于敷淺原. 道九川, 弱水至於合黎, 餘波入于流沙. 道黑水, 至于三危, 入于南海. 道河積石, 至于龍門, 南至華陰, 東至砥柱, 又東至于盟津, 東過雒汭, 至于大邳, 北過降水, 至于大陸, 北播爲九河, 同爲逆河, 入于海. 嶓冢道瀁, 東流爲漢, 又東爲蒼浪之水, 過三澨, 入于大別, 南入于江, 東匯澤爲彭蠡, 東爲北江, 入于海. 汶山道江, 東別爲沱, 又東至于醴, 過九江, 至于東陵, 東迆北會于匯, 東爲中江, 入于梅. 道沇水, 東爲濟, 入于河, 泆爲滎, 東出陶丘北, 又東至于荷, 又東北會于汶, 又東北入于海. 道淮自桐柏, 東會于泗·沂, 東入于海. 道渭自鳥鼠同穴, 東會于灃, 又東北至于涇, 東過漆·沮, 入于河. 道雒自熊耳, 東北會于澗·瀍, 又東會于伊, 東北入于河. 於是九州攸同, 四奧旣居, 九山栞旅, 九川滌原, 九澤旣陂, 四海會同. 六府甚脩, 衆土交正, 致愼財賦, 咸則三壤成賦. 中國賜土姓, "祇台德先, 不距朕行."

令天子之國以外五百里甸服, 百里賦納總, 二百里納銍, 三百里納秸服, 四百里粟, 五百里米. 甸服外五百里侯服, 百里采, 二百里任國, 三百里諸侯. 侯服外五百里綏服, 三百里揆文敎, 二百里奮武衛. 綏服外五百里要服, 三百里夷, 二百里蔡. 要服外五百里荒服, 三百里蠻, 二百里流. 東漸于海, 西被于流沙, 朔·南暨, 聲敎訖于四海. 於是帝錫禹玄圭, 以告成功于天下. 天下於是太平治.

고요는 형법을 관장하는 사士가 되어 백성을 다스렸다. 순이 조회할 때 우·백이·고요 모두 순 앞에서 서로 의견을 나누었다. 먼저 고요가 말했다.

"실로 도덕에 따라 일을 처리하면 꾀하는 일이 분명해지고 보필하는 자들은 화합할 것입니다."

우가 물었다.

"그렇소. 어찌하면 되겠소?"

고요가 대답했다.

"아, 그 자신이 신중하고 오랫동안 수양해 구족을 돈독히 하면 많은 현자가 힘써 보좌할 것입니다. 가까운 데서 먼 곳까지 잘 다스릴 수 있는 길은 오직 여기에 있을 뿐입니다."

우가 그의 훌륭한 말에 감사했다.

"옳은 말이오!"

고요가 말했다.

"아, 인재를 알아볼 수 있으면 백성을 편하게 할 수 있습니다."

우가 말했다.

"아, 모든 것이 이와 같다면 요도 어려워했소. 인재를 알아보는 능력은 지혜로운 일이오. 지혜가 있으면 인재를 관원으로 임명할 수 있소. 백성을 편히 해주는 일은 은혜로운 일이오. 은혜가 있으면 백성이 우러르며 따르도록 만들 수 있소. 지혜롭고 은혜로울 수 있다면 어찌 환두를 걱정하고, 어찌 남쪽의 유묘有苗(남쪽 오랑캐인 묘족)를 내쫓고, 어찌 교묘한 말과 꾸미는 얼굴빛으로 아첨하는 자를 두려워하겠소?"

고요가 말했다.

"그렇습니다. 아, 일을 행할 때는 아홉 가지 덕이 있어야 하고, 말을 할 때도 덕이 있어야 합니다."

이어 말했다.

"일을 할 때는 이같이 해야 합니다. 관대하면서도 준엄하고, 부드러우면서도 주관이 있어야 하고, 성실하면서도 공손하고, 조리가 있으면서도 경건하고, 부드러우면서도 굳세고, 곧으면서도 온화하고, 간략하면서도 분명하고, 과단성이 있으면서도 성실하고, 용감하면서도 의로워야 합니다. 이 아홉 가지 덕행을 꾸준히 펴서 밝히면 모든 일이 잘 처리될 것입니다.

경대부가 매일 이 가운데 세 가지 덕행을 베풀어 아침부터 저녁까지 신중히 노력하면 영지를 보유할 수 있습니다. 제후가 이 가운데 여섯 가지 덕행을 엄숙하고 공손히 실행해 성실히 일을 처리하면 나라를 보전할 수 있습니다. 천자가 이를 종합해 널리 시행하면서 아홉 가지 덕을 모두 행할 수 있으면 뛰어난 인재가 관직에 있게 되고, 모든 관원이 엄숙하고 신중해집니다. 사람들 또한 간사하고 음란하며 기묘한 꾀를 부리지 않게 됩니다. 정반대로 적절치 못한 자가 관직을 차지하면 천하 대사를 어지럽히게 됩니다. 하늘이 죄 있는 자

를 벌할 때는 오형을 다섯 가지 죄에 적용합니다. 저의 말이 실행될
수 있겠습니까?"

우가 말했다.

"그대의 말은 그대로 실행되어 공적을 이룰 수 있을 것이오!"

고요가 말했다.

"제가 지혜롭지는 못하나 도로써 다스리는 정사를 곁에서 돕고자
합니다."

순이 우에게 말했다.

"그대 또한 좋은 의견을 말해보시오."

우가 절하고 나서 대답했다.

"아, 제가 무슨 말을 하겠습니까? 저는 매일 부지런히 일할 생각만
하고 있습니다."

고요가 우에게 물었다.

"무엇을 부지런히 일한다고 하는 것입니까?"

우가 대답했다.

"홍수가 하늘까지 흘러넘치고, 거대한 물줄기가 산을 둘러싸고 언
덕까지 덮치자 백성 모두 물을 걱정했습니다. 저는 육로는 수레, 수
로는 배를 타고 다니게 했습니다. 또 진창은 썰매, 산은 바닥에 쇠를
박은 신발을 신고 다니게 했고, 산을 다니며 나무를 베어 길을 열게
했습니다. 익과 함께 백성에게 곡식과 물고기를 나누어주었고, 구천
을 뚫어 바다로 흐르게 하고, 크고 작은 도랑을 준설해 강으로 흐르
게 했습니다. 또 직과 함께 백성에게 부족한 식량을 주었고, 식량이
모자란 곳은 남는 곳에서 조절해 부족함을 보충해주면서 풍족한 곳
으로 옮겨가 살게 했습니다. 백성 모두 생활이 안정되고, 천하가 두

루 잘 다스려진 이유입니다."

고요가 칭송했다.

"옳습니다. 그것이 바로 그대의 훌륭한 덕입니다!"

우가 말했다.

"아, 군주여! 보위를 신중히 하고 거동을 편히 하며 보좌하는 신하에게 덕행이 있으니 천하가 그 맑은 뜻에 크게 응할 것입니다. 밝은 덕행으로 천명을 기다리면 하늘이 거듭 복을 내릴 것입니다."

순이 말했다.

"아, 훌륭한 신하여, 훌륭한 신하여! 신하는 나의 다리와 팔, 귀와 눈 같은 존재다. 내가 좌우의 백성을 돕고자 하니 그대들은 나를 도와주시오. 나는 옛사람의 법도를 본받아 일월성신에 따라 무늬 있는 복장을 만들고자 하니 그대들은 그 제도를 밝히도록 하시오. 또한 육률六律과 오성五聲, 팔음八音을 듣고 정사의 잘잘못을 살피고, 오덕五德에 부합하는 말을 하고자 하니 그대들은 잘 듣고 내가 치우치지 않도록 곁에서 도와주시오. 그대들은 면전에서는 아첨하고 물러나서는 비난하는 일을 해서는 안 되오. 사방에서 보좌하는 신하는 공경하도록 할 것이오. 참언과 아첨으로 총애받는 신하들은 군주의 덕이 널리 베풀어지면 모두 깨끗해질 것이오."

우가 말했다.

"옳습니다. 군주가 제때 일을 하지 않고, 선인과 악인을 함께 임용하면 공을 이룰 수 없습니다."

순이 말했다.

"단주처럼 교만해서는 안 되오. 그는 제멋대로 노는 것만 좋아해 물이 없소. 그런데도 배를 띄우고, 집안에서 무리를 지어 주색을 탐했소. 대가 끊어진 이유요. 나는 이런 행위를 용납할 수 없었소."

우가 말했다.

"저는 도산씨塗山氏의 딸을 아내로 맞이하고도 치수 문제로 인해 나흘 만에 집을 떠나게 되었습니다. 아들 계가 태어났지만 돌볼 수 없었습니다. 그러나 덕분에 치수사업을 성공리에 마무리했습니다. 경성 근교에 오복五服을 설치해 사방 5,000리에 이르게 하고, 전국 열두 개 주에 지방장관을 임명했습니다. 밖으로는 사해에 이르기까지 다섯 제후국의 우두머리인 오장五長을 두어 각자 공을 세우게 했습니다. 오직 삼묘만이 완고해 공을 세우지 않았으니 군주는 이를 유념하십시오."

순이 말했다.

"나의 덕행은 바로 그대의 공에 의해 점차 이루어진 것이오."

고요는 우의 덕을 공경해 백성 모두에게 우를 본받게 했다. 명을 따르지 않는 자는 형벌을 가했다. 순의 덕이 크게 빛난 이유다. 당시 기夔가 음악을 연주하자 조상의 혼령이 강림하고, 제후들은 서로 양보하고, 새와 짐승도 춤을 추었다. 〈소소簫韶〉의 아홉 마디 연주가 끝나자 봉황이 날아오고, 온갖 짐승이 춤을 추고, 모든 관원이 화합했다. 이를 본 순이 노래를 지었다.

하늘의 명 받들어 행하려면
시대 흐름과 기미를 살펴야지

또 이같이 노래했다.

신하가 기뻐해 일해야
천자인 원수 분발하고
대소 관원도 화락하지.

고요가 두 손을 모아 절하고 머리를 조아리며 소리 높여 말했다.
"유념하십시오. 신하와 백성을 이끌고 나라의 일을 크게 일으키되
신중히 법도를 준수해 삼가 공경하도록 하십시오."
이어 가사를 바꿔 노래했다.

천자인 원수 영명하면
대신도 현명하게 되고
만사 또한 평안해지지

순이 화답하기 위해 또 노래했다.

원수가 작은 일에 매달리면
대신들 또한 나태해지고
만사 역시 버려지고 말지

순이 절하며 말했다.
"그렇소, 가 공경하도록 하시오!"
이후 천하가 모두 우의 밝은 법도와 악곡을 받들었다. 사람들이
그를 산천의 신령을 주재하는 인물로 삼은 이유다.

●● 皐陶作士以理民. 帝舜朝, 禹·伯夷·皐陶相與語帝前. 皐陶述其謀曰, "信其道德, 謀明輔和." 禹曰, "然, 如何?" 皐陶曰, "於! 愼其身脩, 思長, 敦序九族, 衆明高翼, 近可遠在已." 禹拜美言, 曰, "然." 皐陶曰, "於! 在知人, 在安民." 禹曰, "吁! 皆若是, 惟帝其難之. 知人則智, 能官人, 能安民則惠, 黎民懷之. 能知能惠, 何憂乎驩兜, 何遷乎有苗, 何畏乎巧言善色佞人?" 皐陶曰, "然, 於! 亦行有九德, 亦言其有德." 乃言曰, "始事事, 寬而栗, 柔而立, 願而共, 治而敬, 擾而毅, 直而溫, 簡而廉, 剛而實, 彊而義, 章其有常, 吉哉. 日宣三德, 蚤夜翊明有家. 日嚴振敬六德, 亮采有國. 翕受普施, 九德咸事, 俊乂在官, 百吏肅謹. 母教邪淫奇謀. 非其人居其官, 是謂亂天事. 天討有罪, 五刑五用哉. 吾言底可行乎?" 禹曰, "女言致可績行." 皐陶曰, "余未有知, 思贊道哉." 帝舜謂禹曰, "女亦昌言." 禹拜曰, "於, 予何言! 予思日孳孳." 皐陶難禹曰, "何謂孳孳?" 禹曰, "鴻水滔天, 浩浩懷山襄陵, 下民皆服於水. 予陸行乘車, 水行乘舟, 泥行乘橇, 山行乘檋, 行山栞木. 與益予衆庶稻鮮食. 以決九川致四海, 浚畎澮致之川. 與稷予衆庶難得之食. 食少, 調有餘補不足, 徙居. 衆民乃定, 萬國爲治." 皐陶曰, "然, 此而美也." 禹曰, "於, 帝! 愼乃在位, 安爾止. 輔德, 天下大應. 淸意以昭待上帝命, 天其重命用休." 帝曰, "吁, 臣哉, 臣哉! 臣作朕股肱耳目. 予欲左右有民, 女輔之. 余欲觀古人之象. 日月星辰, 作文繡服色, 女明之. 予欲聞六律五聲八音, 來始滑, 以出入五言, 女聽. 予卽辟, 女匡拂予. 女無面諛. 退而謗予. 敬四輔臣. 諸衆讒嬖臣, 君德誠施皆淸矣." 禹曰, "然. 帝卽不時, 布同善惡則母功." 帝曰, "母若丹朱傲, 維慢遊是好, 母水行舟, 朋淫于家, 用絕其世. 予不能順是." 禹曰, "予辛壬娶塗山, 辛壬癸甲, 生啓予不子, 以故能成水土功. 輔成五服, 至于五千里, 州十二師, 外薄四海, 咸建五長, 各道有功. 苗頑不卽功, 帝其念哉." 帝曰, "道吾德, 乃女功序之也."

皋陶於是敬禹之德, 令民皆則禹. 不如言, 刑從之. 舜德大明. 於是夔行樂, 祖考至, 群后相讓, 鳥獸翔舞, 簫韶九成, 鳳皇來儀, 百獸率舞, 百官信諧. 帝用此作歌曰, "陟天之命, 維時維幾." 乃歌曰, "股肱喜哉, 元首起哉, 百工熙哉!" 皋陶拜手稽首揚言曰, "念哉, 率爲興事, 慎乃憲, 敬哉!" 乃更爲歌曰, "元首明哉, 股肱良哉, 庶事康哉!" 舜又歌曰, "元首叢脞哉, 股肱惰哉, 萬事墮哉!" 帝拜曰, "然, 往欽哉!" 於是天下皆宗禹之明度數聲樂, 爲山川神主.

　순은 하늘에 우를 천거해 계승자로 삼았다. 17년 뒤 순이 죽었다. 삼년상이 끝나자 우가 보위를 사양하고 순의 아들 상균을 피해 양성陽城으로 갔다. 천하의 제후 모두 상균을 떠나 우를 알현하러 왔다. 우가 마침내 천자에 즉위해 남면南面해 천하 신민의 알현을 받았다. 국명을 하후, 성을 사씨姒氏라고 했다.•

　우는 즉위한 뒤 고요를 발탁해 하늘에 천거하고 정사를 맡기고자 했다. 그러나 고요가 이내 죽고 말았다. 고요의 후손을 영英과 육六 땅에 봉하고, 어떤 후손은 허許 땅에 봉했다. 이어 익益을 발탁해 정사를 맡겼다. 10년 뒤 우가 동쪽을 순시하다가 회계에 이르러 죽었다. 우는 죽기 직전 천하를 익에게 넘겨주었다. 삼년상이 끝나자 익이 우의 아들 계에게 보위를 넘기고 뒤로 물러나 기산箕山의 남쪽에서 살았다. 우의 아들 계啓는 현명했다. 천하의 마음이 모두 그에게 돌아간

• 하후는 왕조의 명칭이자 성씨다. 왕조의 명칭을 성씨로 삼은 결과다. 약칭이 하夏다. 중국이 스스로를 미화한 중화의 화華는 하夏를 미화한 화하華夏의 약칭이다. 《죽서기년竹書紀年》에 따르면 하나라 군주의 호칭은 후계后啓·후예后羿·후소강后少康·후걸后桀처럼 后가 접두어처럼 덧붙어 있다. 后가 왕王 내지 군君의 뜻으로 사용되었음을 알 수 있다. 하후는 곧 하왕夏王을 뜻하는 셈이다.

이유다. 우가 세상을 떠나며 익에게 보위를 넘겨주었지만 익은 우를 보좌한 기간이 짧아 천하의 신임을 얻지 못했다. 제후들 모두 익을 떠나 계를 알현하며 이같이 말했다.

"우리의 군주인 우왕의 아들이시다!"

마침내 계가 보위에 올랐다. 그가 하나라 제2대 군주인 계다. 하나라 군주 계는 우의 아들로 모친은 도산씨의 딸이다. 유호씨有扈氏가 불복하자 계가 토벌에 나서 감甘 땅에서 크게 싸웠다. 전쟁에 임박해 〈감서甘誓〉를 짓고 육군六軍의 장수들을 소집해 훈계했다. 그는 〈감서〉에서 이같이 말했다.

아, 육군을 통솔하는 사람들이여! 나는 그대들에게 맹서하며 고한다. 유호씨가 무력을 믿고 오행의 규율을 업신여기고, 하늘과 땅 및 사람의 바른 도리를 포기한 까닭에 하늘이 그를 멸하려 한다. 지금 나는 공손히 하늘의 징벌을 집행할 뿐이다. 왼쪽에 있는 병사가 왼쪽을 치지 않거나 오른쪽에 있는 병사가 오른쪽을 치지 않으면 이는 천명을 따르지 않는 것이다. 말을 부리는 병사들이 말을 잘 몰지 못하면 이 또한 천명을 받들지 않는 것이다. 천명을 따르면 종묘宗廟에서 상을 내릴 것이나 그러지 못한 자는 사직社稷에서 목을 베고 자녀들을 노비로 삼거나 죽일 것이다!

마침내 계가 유호씨를 멸망시키자 천하의 제후들 모두 찾아와 알현했다. 계가 죽자 맏아들 태강太康이 즉위했다. 그가 정사를 소홀히 해 나라를 잃자 그의 다섯 형제가 낙수의 북쪽에서 그를 기다리다가 〈오자지가五子之歌〉를 지었다. 태강이 죽자 동생 중강仲康이 즉위했다.

그가 중강제다. 그의 재위 때 희씨와 화씨가 지나치게 주색에 빠져 계절과 일력日曆을 어지럽혔다. 윤胤이 나서 이들을 정벌하고 〈윤정胤正〉을 지었다. 중강이 죽자 아들 상相이 즉위했다. 상이 죽자 아들 소강少康이 즉위했다. 소강이 죽자 아들 여予가 즉위했다. 여가 죽자 아들 괴槐가 즉위했다. 괴가 죽자 아들 망芒이 즉위했다. 망이 죽자 아들 설泄이 즉위했다. 설이 죽자 아들 불항不降이 즉위했다. 불항이 죽자 아들 경扃이 즉위했다. 경이 죽자 아들 근厪이 즉위했다. 근이 죽자 불항의 아들 공갑孔甲이 즉위했다. 그가 공갑제다.

공갑은 즉위 후 귀신에게 제사 지내는 것을 즐겼고, 음란한 행동을 일삼았다. 하후씨의 덕이 쇠락해지자 제후들이 배신하기 시작했다. 하늘이 두 마리 용을 내려보냈다. 암컷과 수컷이다. 공갑은 용을 기를 줄 몰랐고, 용을 기를 줄 아는 부족인 환룡씨豢龍氏도 구하지 못했다. 요임금의 일족인 도당씨가 쇠망한 후 요의 후손인 유루劉累라는 자가 있었다. 그가 환룡씨에게 용을 길들이는 법을 배워 공갑을 섬겼다. 공갑이 그에게 어룡씨御龍氏라는 성씨를 주고, 축융씨 계통인 시위豕韋 후손의 봉지를 받게 했다. 암컷 용 한 마리가 죽자 유루가 공갑에게 이를 먹게 했다. 공갑이 사람을 보내 다시 용을 구해오라 하자 유루가 두려운 나머지 다른 곳으로 떠나버렸다. 공갑이 사후 아들 고皐, 고 사후 아들 발發, 발 사후 아들 이계履癸가 즉위했다. 그가 하나라 마지막 군주인 걸桀이다.

걸은 치세 때 공갑 이래 대다수 제후가 하나라를 배신한 상황인데도 덕행에 힘쓰지 않고, 무력으로 백성을 해쳤다. 백성이 더욱 견디기 어려워했다. 걸은 은족殷族의 우두머리인 탕湯을 소환해 하대夏臺에 가두었다가 이내 석방했다. 탕이 덕을 닦자 제후들 모두 그에게 귀의했다. 마침내 탕이 군사를 이끌고 가 걸을 쳤다. 걸이 명조鳴條로 달아났으나 끝내 쫓겨나 떠돌다가 죽었다. 걸이 사람들에게 말했다.

"내가 하대에서 탕을 죽이지 않아 결국 이 지경에 이르게 된 것을 후회한다!"

얼마 후 탕이 보위에 올라 하나라의 천하를 차지했다. 이어 하나라의 후손을 제후에 봉했다. 주나라 때는 하나라 후손을 기杞에 봉했다.

●● 帝舜薦禹於天, 爲嗣. 十七年而帝舜崩. 三年喪畢, 禹辭辟舜之子商均於陽城. 天下諸侯皆去商均而朝禹. 禹於是遂卽天子位, 南面朝天下, 國號曰夏后, 姓姒氏. 帝禹立而擧皋陶薦之, 且授政焉, 而皋陶卒. 封皋陶之後於英·六, 或在許. 而后擧益, 任之政. 十年, 帝禹東巡狩, 至于會稽而崩. 以天下授益. 三年之喪畢, 益讓帝禹之子啓, 而辟居箕山之陽. 禹子啓賢, 天下屬意焉. 及禹崩, 雖授益, 益之佐禹日淺, 天下未洽. 故諸侯皆去益而朝啓, 曰, "吾君帝禹之子也". 於是啓遂卽天子之位, 是爲夏后帝啓.

夏后帝啓, 禹之子, 其母塗山氏之女也. 有扈氏不服, 啓伐之, 大戰於甘. 將戰, 作甘誓, 乃召六卿申之. 啓曰, "嗟! 六事之人, 予誓告女, 有扈氏威侮五行, 怠棄三正, 天用勦絶其命. 今予維共行天之罰. 左不攻于左, 右不攻于右, 女不共命. 御非其馬之政, 女不共命. 用命, 賞于祖, 不用命, 僇于社, 予則帑僇女." 遂滅有扈氏. 天下咸朝. 夏后帝啓崩, 子帝太康立. 帝太康失國, 昆弟五人, 須于洛汭, 作五子之歌. 太康崩, 弟中康立, 是爲帝中康. 帝中康時, 羲·和湎淫, 廢時亂日. 胤往征之, 作胤征. 中康崩, 子帝相立. 帝相崩, 子帝少康立. 帝少康崩, 子帝予立. 帝予崩, 子帝槐立. 帝槐崩, 子帝芒立. 帝芒崩, 子帝泄立. 帝泄崩, 子帝不降立. 帝不降崩, 弟帝扃立. 帝扃崩, 子帝廑立. 帝廑崩, 立帝不降之子孔甲, 是爲帝孔甲. 帝孔甲立, 好方鬼神, 事淫亂. 夏后氏德衰, 諸侯畔之. 天降龍二, 有雌雄, 孔甲不能食, 未得豢龍氏. 陶唐旣衰, 其后有劉累, 學擾龍于豢龍氏, 以事孔甲. 孔甲賜之姓曰御龍氏, 受豕韋之後. 龍一雌死, 以食夏后. 夏后使求, 懼而遷去. 孔甲崩, 子帝皋立. 帝皋崩, 子帝發立. 帝發崩, 子帝履癸立, 是爲桀. 帝桀之時, 自孔甲以來而諸侯多畔夏, 桀不務德而武傷百姓, 百姓弗堪. 迺召湯而囚之夏臺, 已而釋之. 湯修德, 諸侯皆歸湯, 湯遂率兵以伐夏桀. 桀走鳴條, 遂放而死. 桀謂人曰, "吾悔不遂殺湯於夏臺, 使至此." 湯乃踐天子位, 代夏朝天下. 湯封夏之後, 至周封於杞也.

태사공은 평한다.

"우왕은 성이 사씨다. 후손들이 각처에 분봉되어 국호를 성씨로 삼았다. 이후 하후씨·유호씨·유남씨有男氏·짐심씨斟尋氏·동성씨彤城氏·포씨褒氏·비씨費氏·기씨杞氏·증씨繒氏·신씨辛氏·명씨冥氏·짐과씨斟戈氏 등으로 나뉘었다. 공자가 사계절과 절기를 기록한 하나라의 역서曆書를 바로잡은 덕분에 학자들은 하나라의 음력체계인 하소정夏小正을 활용하며 후대로 전할 수 있었다. 우순과 하우夏禹 때 비로소 공물과 조세 제도를 갖추었다. 혹자는 우왕이 강남에서 제후들과 만나 공적을 심사하다 그곳에서 세상을 떠난 까닭에 명칭이 회계會稽가 되었다고 한다. 회계는 모여서 심사하는 회계會計와 뜻이 같다."

●● 太史公曰, "禹爲姒姓, 其後分封, 用國爲姓, 故有夏后氏·有扈氏·有男氏·斟尋氏·彤城氏·褒氏·費氏·杞氏·繒氏·辛氏·冥氏·斟氏戈氏. 孔子正夏時, 學者多傳夏小正云. 自虞·夏時, 貢賦備矣. 或言禹會諸侯江南, 計功而崩, 因葬焉, 命曰會稽. 會稽者, 會計也."

권 3

은본기
殷本紀

은나라는 고고학적으로 증명된 중국 최초의 고대 왕국에 해당한다. 은허에서 출토된 정鼎 등의 뛰어난 청동 기물이 이를 뒷받침한다. 당시는 청동기시대의 절정기에 해당한다. 은나라가 철기를 먼저 사용한 주족周族에 의해 패망한 것도 이런 맥락에서 이해할 수 있다. 청동 기물의 제작에 관한 한 최상의 경지에 오른 탓에 철기 도입에 적극 나서지 않은 것이 화근이었다.

주목할 것은 사마천이 〈은본기〉를 편제하면서 위서에 불과한 《서경》이외에도 최초의 역사서에 해당하는 《춘추좌전》과 《국어》등을 적극 참조한 점이다. 사가의 면모가 여실히 드러나기 시작한 대목이다.

하지만 은나라 역시 최초의 고대 왕국이라는 사실이 증명되기는 했으나 건국 배경 및 왕국의 존속 등에 관해서는 많은 부분이 여전히 베일에 싸여 있다. 《춘추좌전》과 《국어》모두 주나라 이후의 역사만 다루고 있기 때문이다. 다만 청동 기물에 새겨진 명문銘文과 갑골문 등의 해독을 통해 왕국의 실체가 조금씩 밝혀지고 있다.

탕왕본기

은나라 시조인 설의 모친은 간적簡狄이다. 유융씨有娀氏 부족의 딸이며 제곡의 둘째 부인이다. 당초 간적 등 세 명이 목욕을 갔다가 제비가 알을 떨어뜨린 것을 보게 되었다. 간적이 이를 받아 삼켜 잉태해 낳은 자식이 바로 설이다. 설은 장성해 하나라 우의 치수를 도와 공을 세웠다. 순이 설에게 말했다.

"백관이 화친하지 않고 오품이 순조롭게 지펴지지 않고 있소. 그대가 사도司徒를 맡아 오교의 가르침을 공경히 전파해 백성을 감화시키도록 하시오."

순은 설에게 상商 땅을 봉하고, 자씨를 성으로 내려주었다. 설은 당요·우순·하우의 치세 때 흥기해 그 공적이 백성에게 뚜렷이 나타났다. 덕분에 백관들이 평안해졌다. 설 사후 아들 소명昭明, 소명 사후 아들 상토相土, 상토 사후 아들 창약昌若, 창약 사후 아들 조어曹圉, 조어 사후 아들 명冥, 명 사후 아들 진振, 진 사후 아들 미微, 미 사후 아들 보정報丁, 보정 사후 아들 보을報乙, 보을 사후 아들 보병報丙, 보병 사후 아들 주임主壬, 주임 사후 아들 주계主癸, 주계 사후 아들 천을天乙이 즉위했다. 그가 은나라 시조 성탕成湯이다.•

성탕의 시대는 설에서 탕왕까지 모두 여덟 번 천도했다. 탕은 당

• 성탕은 천을의 또 다른 이름이다. 성은 자성子姓이다. 흔히 탕왕은 일곱 개의 이름이 있다고 전한다. 리履·탕·성탕·무탕武湯·상탕商湯·천을·천을탕天乙湯이 그것이다. 은허의 갑골문에는 성成·당唐·태을大乙로 나온다. 주나라 갑골문과 청동제 정鼎에 새겨진 금문金文에는 성당成唐으로 나온다. 천을·태을·고조을高祖乙은 은나라 후손들이 제사를 지낼 때 사용한 탕왕의 묘호廟號다. 후대의 일부 문헌은 묘호를 태조太祖, 시호諡號를 무왕武王으로 기록해놓았다.

초 박 땅에 도읍을 정했다.● 이는 선왕 제곡을 좇아 그의 옛 땅에 도읍을 정한 결과다. 그는 〈제고帝誥〉를 지었다. 이후 탕은 제후들을 차례로 쳤다. 갈葛의 우두머리 갈백葛伯이 하늘에 제사를 올리지 않은 까닭에 그를 가장 먼저 쳤다. 탕이 말했다.

"내가 전에 말했듯이 맑은 물을 바라보면 자신의 모습을 볼 수 있는 것처럼 백성을 살펴보면 그 나라가 제대로 다스려지는지 여부를 알 수 있다."

재상인 이윤伊尹이 말했다.

"현명하십니다! 훌륭한 말을 귀담아 들으면 나라를 다스리는 방략이 훨씬 나아질 것입니다. 군주가 백성을 자식처럼 아끼면 선을 행하는 자들이 모두 왕궁으로 몰려들 것입니다. 더욱 노력하도록 하십시오."

탕이 갈의 우두머리에게 말했다.

"그대가 천명을 공손히 받들지 않으면 내가 큰 형벌로 처단할 것이고, 결코 사면하는 일이 없을 것이다!"

〈탕정湯征〉을 지은 이유다. 이윤의 관직은 재상에 해당하는 아형阿衡이다. 이윤이 탕을 만나고자 했으나 방법이 없자 유신씨有莘氏의 딸이 시집갈 때 함께 딸려가는 노복인 잉신媵臣이 되어 솥과 도마를 메고 탕에게 갔다. 그는 음식의 맛을 예로 들어 설득함으로써 탕이 덕으로 세상을 다스리는 왕도를 행하게 했다. 이를 두고 혹자는 말한다.

● 박 땅은 기원전 1600년경 탕왕이 건립한 은나라의 도성을 말한다. 지금의 하남성 상구현 일대인 남박南亳으로 추정된다. 일각에서는 하남성 언사현偃師縣 일대인 서박西亳으로 보고 있다. 박亳 자의 생성과 관련해 높은 곳에 세운 집이라는 뜻의 고택高宅을 합성한 회의자會意字라는 설과 경성京城의 저택이라는 뜻의 경택京宅을 합성한 회의자라는 설이 대립한다.

"이윤은 벼슬하지 않은 선비인 처사였다. 탕이 사람을 시켜 그를 맞이하고자 했다. 다섯 번이나 거절한 뒤 비로소 탕에게 가 그의 신하가 되어 소왕素王*과 구주九主**에 관해 이야기했다."

탕은 이윤을 발탁해 국정을 담당하게 했다. 당초 이윤은 탕을 떠나 하나라로 간 적이 있다. 하나라가 이미 부패한 것을 보고 다시 박으로 돌아왔다. 북문으로 들어가다가 현신賢臣인 여구女鳩와 여방女房을 만나고는 이내 자신이 돌아온 이유를 설명한 〈여구〉와 〈여방〉을 지었다. 탕이 교외로 나갔다가 사방에 그물을 치고 이같이 기도하는 사람을 만났다.

"천하 사방이 모두 내 그물로 들어오게 해주십시오!"

탕이 탄식했다.

"아, 어찌 모든 것을 한꺼번에 다 잡으려 드는 것인가!"

세 방향에 친 그물을 거두게 하고서는 이같이 축원하게 했다.

"왼쪽으로 가고 싶은 것은 왼쪽으로 가고, 오른쪽으로 가고 싶은 것은 오른쪽으로 가게 한 뒤 내 명을 따르지 않는 것만 내 그물에 들어오게 하소서!"

제후들이 이 소식을 듣고 찬탄했다.

• 소왕을 《사기색은》은 치도治道가 본래 소박한 태소상황太素上皇의 약자로 풀이했다. 그러나 고대의 제왕으로 풀이하는 것이 옳다. 《장자》〈천도天道〉는 제왕의 덕을 지녔으면서도 보위에 앉지 않은 자를 소왕으로 표현했다. 후대에는 공자를 지칭하는 말로 사용했다. 《회남자》〈주술훈主術訓〉이 대표적이다. 전한 때의 왕충王充도 《논형論衡》〈정현定賢〉에서 "공자는 왕 노릇을 하지는 않았으나 소왕의 대업을 《춘추》를 통해 이루었다"고 칭송했다.
•• 구주에 대한 풀이는 다양하다. 《사기집해》는 유향劉向의 《별록別錄》을 인용해 법치를 행하는 법군法君, 독단적인 전군專君, 권력을 신하 등에게 위임하는 수군授君, 천하를 위해 애쓰는 노군勞君, 논공행상이 공평한 등군等君, 교만하게 군림하는 기군寄君, 나라를 망치는 파군破君, 성을 견고히 하면서도 덕을 닦지 않는 고군固君, 어린 나이에 보위에 오른 삼세사군三歲社君으로 풀이했다. 이에 대해 《사기색은》은 삼황과 오제 및 하우를 총칭한 것으로 보았다.

"탕의 덕망이 지극하다. 그 덕이 금수까지 미쳤다!"

당시 하나라 걸이 포학한 정사를 펼치며 주색에 빠져 지내자 제후 곤오씨昆吾氏가 반기를 들었다. 탕이 군사를 일으키고 제후들을 이끌자 이윤도 함께 따라나섰다. 탕은 직접 도끼를 들고 곤오를 정벌한 뒤 하나라 걸까지 치고자 했다. 그가 말했다.

"여러분, 모두 이리 와 내 말을 들으시오. 나처럼 보잘것없는 사람이 감히 난을 일으키고자 하는 것이 아니오. 하나라가 많은 죄를 지었기 때문이오. 그대들이 나를 원망하는 소리를 들었소. 그러나 하나라가 죄를 지었으니 나는 상제의 뜻이 두려워 하나라를 정벌하지 않을 수 없게 되었소.• 하나라가 죄를 많이 지어 하늘이 나에게 그를 벌하라고 명한 것이오. 지금 여러분 가운데 '우리 군주가 우리를 불쌍히 여기지 않아 농사를 그만두고 전쟁에 참여하게 되었다'고 말하는 사람이 있을 것이오.•• 또 개중에는 '하나라 걸이 죄를 지었다는데 도대체 무슨 죄를 지은 것이오?'라고 말하는 사람도 있을 것이오. 하나라 왕은 백성이 농사짓는 데 쓸 힘을 모두 소진시키고, 나라의 재물을 약탈했소. 백성이 나태해지고 서로 화목하지 못한 이유요. '저 태양은 언제 지려는 것인가? 나는 차라리 너와 함께 사라지리라!'고 말하는 지경에 이르게 되었소. 하나라의 덕이 이와 같으니 지금 내가 반드시 가야 하오. 내가 하늘의 징벌을 대신하도록 도와주면 그

• "정벌하지 않을 수 없게 되었소"의 원문은 불감부정不敢不正이다. 정正은 정政과 같은 뜻으로 정벌할 정征과 통한다. 《사기집해》는 공안국의 주를 인용해 정을 토벌할 주誅의 의미로 새겼다.
•• "농사를 그만두고 전쟁에 참여하게 되었다"의 원문은 사아색사이이할정舍我穡事而割政이다. 《사기집해》는 공안국의 주를 인용해 '할정割政'을 백성의 삶의 근거를 박탈하는 할박割剝으로 풀이했다. 이에 대해 20세기 중엽에 활약한 양균여楊筠如는 《상서핵고尙書覈詁》에서 '할정'을 해를 끼치며 정벌에 나서도록 하는 해정害征의 의미로 풀이해야 한다고 주장했다. 이를 좇았다.

대들에게 큰 상을 내릴 것이오. 그대들은 내 말을 믿어도 되오. 나는 결코 약속을 저버리는 사람이 아니오. 만일 그대들이 내 말을 따르지 않으면 나는 그대들을 죽이거나 노비로 삼고, 결코 용서하지 않을 것이오!"

탕이 이를 전령관인 영사令師에게 알려 〈탕서湯誓〉를 짓게 했다. 당시 탕이 스스로 "나는 무력이 뛰어나다"고 말한 까닭에 사람들이 그를 무왕으로 불렀다. 걸이 유융有娀의 옛터에서 패한 뒤 명조로 달아났다. 하나라 군사가 거듭 패했다. 탕이 걸에게 충성을 바친 제후국인 삼종三葼을 쳐 많은 보물을 획득했다.• 탕의 신하인 의백義伯과 중백仲伯이 〈전보典寶〉를 지었다. 탕이 하나라를 정벌한 뒤 하나라의 신사를 옮기려 했으나 여의치 않자 〈하사夏社〉를 지었다. 이윤이 탕의 승리를 포고하자 제후들이 모두 복종했다. 탕이 천자의 자리에 올라 천하를 평정했다. 탕이 박으로 개선하는 길에 태권도泰卷陶에 이르자 중루中𤳳•• 가 〈고명誥命〉••• 을 지었다. 탕은 하나라의 정령을 폐지하고 박으로 돌아와 〈탕고湯誥〉를 지었다. 여기서 그는 제후들에게 이같이 경계했다.

"3월, 왕이 직접 동교東郊로 나가 여러 제후에게 고하기를, '백성을 위해 공을 세우지 못하거나 자신의 직무에 최선을 다하지 않는 자는 내가 정벌할 것이니 나를 원망하지 말라'고 했다. 왕이 또 이르기를, '옛날 하우와 고요는 오랫동안 밖에서 일하며 백성을 위해 많은 공

• 삼종을 《사기집해》는 공안국의 주를 인용해 "삼종은 나라 이름으로 걸이 달아나자 보호한 제후국이다. 지금의 정도定陶다"라고 했다. 정도는 지금의 산동성山東城 정도현이다.

•• 중루를 《사기집해》는 공안국의 주를 인용해 《서경》에 나오는 중훼仲虺를 지칭한다고 풀이했다. 《사기색은》은 루𤳳는 보루를 뜻하는 루壘와 같다고 했다.

••• 〈고명〉은 황제가 관원을 봉할 때 내리는 문서를 말한다. 고서誥書와 같다. 고誥는 대의로써 백성에게 유시諭示하는 것처럼 위에서 아래로 고한다는 뜻이다.

을 세웠다. 덕분에 백성이 편히 살 수 있었다. 이들은 동쪽 장강, 북쪽 제수, 서쪽 황하, 남쪽 회수 등 사독四瀆을 다스려 물길이 잘 흐르게 했다. 덕분에 만민이 거처를 얻게 되었다. 또 후직에게 파종하는 방법을 전해주어 농민들이 온갖 곡식을 경작하게 했다. 이 세 출신 모두 백성을 위해 공을 세운 덕분에 이 후대 모두 나라를 얻을 수 있었다. 옛날 치우는 그 대부들과 함께 난을 일으켰으나 하늘이 이들을 돕지 않은 선례가 있다. 선왕의 가르침을 좇기 위해 힘써야 하는 이유가 이와 같다'고 했다. 또 '무도하면 그대들에게 나라를 보유치 못하게 할 터이니 그때 가 나를 원망하는 일이 없도록 하라!'고 했다."

이윤이 〈함유일덕咸有一德〉을 지었고, 사공으로 있던 구단咎單은 〈명거明居〉를 지었다. 탕이 역법을 개정하고, 복색을 바꿔 백색을 숭상했다. 낮에 조회를 했다.

●● 殷契, 母曰簡狄, 有娀氏之女, 爲帝嚳次妃. 三人行浴, 見玄鳥墮其卵, 簡狄取呑之, 因孕生契. 契長而佐禹治水有功. 帝舜乃命契曰, "百姓不親, 五品不訓, 汝爲司徒而敬敷五敎, 五敎在寬." 封于商, 賜姓子氏. 契興於唐 · 虞 · 大禹之際, 功業著於百姓, 百姓以平. 契卒, 子昭明立. 昭明卒, 子相土立. 相土卒, 子昌若立. 昌若卒, 子曹圉立. 曹圉卒, 子冥立. 冥卒, 子振立. 振卒, 子微立. 微卒, 子報丁立. 報丁卒, 子報乙立. 報乙卒, 子報丙立. 報丙卒, 子主壬立. 主壬卒, 子主癸立. 主癸卒, 子天乙立, 是爲成湯.

成湯, 自契至湯八遷. 湯始居亳, 從先王居, 作帝誥. 湯征諸侯. 葛伯不祀, 湯始伐之. 湯曰, "予有言, 人視水見形, 視民知治不." 伊尹曰, "明哉! 言能聽, 道乃進. 君國子民, 爲善者皆在王官. 勉哉, 勉哉!" 湯曰, "汝不能敬命, 予大罰殛之, 無有攸赦." 作湯征. 伊尹名阿衡. 阿衡欲奸湯而無由, 乃爲有莘氏媵臣, 負鼎俎, 以滋味說湯, 致于王道. 或曰, 伊尹處士, 湯使人聘迎之, 五反然後肯往從湯, 言素王及九主之事. 湯擧任以國政. 伊尹去湯適夏. 旣醜有夏, 復歸於亳. 入自北門, 遇女鳩·女房, 作女鳩女房. 湯出, 見野張網四面, 祝曰, "自天下四方皆入吾網." 湯曰, "嘻, 盡之矣!" 乃去其三面, 祝曰, "欲左, 左. 欲右, 右. 不用命, 乃入吾網." 諸侯聞之, 曰, "湯德至矣, 及禽獸." 當是時, 夏桀爲虐政淫荒, 而諸侯昆吾氏爲亂. 湯乃興師率諸侯, 伊尹從湯, 湯自把鉞以伐昆吾, 遂伐桀. 湯曰, "格女衆庶, 來, 女悉聽朕言. 匪台小子敢行擧亂, 有夏多罪, 予維聞女衆言, 夏氏有罪. 予畏上帝, 不敢不正. 今夏多罪, 天命殛之. 今女有衆, 女曰, '我君不恤我衆, 舍我嗇事而割政'. 女其曰, '有罪, 其奈何?' 夏王率止衆力, 率奪夏國. 有衆率怠不和, 曰, '是日何時喪? 予與女皆亡!' 夏德若茲, 今朕必往. 爾尚及予一人致天之罰, 予其大理女. 女母不信, 朕不食言. 女不從誓言, 予則帑僇女, 無有攸赦." 以告令師, 作湯誓. 於是湯曰, "吾甚武", 號曰武王. 桀敗於有娀之虛, 桀犇於鳴條, 夏師敗績. 湯遂伐三㚇, 俘厥寶玉, 義伯·仲伯作典寶. 湯旣勝夏, 欲遷其社, 不可, 作夏社. 伊尹報. 於是諸侯畢服, 湯乃踐天子位, 平定海內. 湯歸至于泰卷陶, 中壘作誥. 旣絀夏命, 還亳, 作湯誥, "維三月, 王自至於東郊. 告諸侯群后, '毋不有功於民, 勤力迺事. 予乃大罰殛女, 毋予怨.' 曰, '古禹·皋陶久勞于外, 其有功乎民, 民乃有安. 東爲江, 北爲濟, 西爲河, 南爲淮, 四瀆已修, 萬民乃有居. 后稷降播, 農殖百穀. 三公咸有功于民, 故后有立. 昔蚩尤與其大夫作亂百姓, 帝乃弗予, 有狀. 先王言不可不勉.' 曰, '不道, 毋之在國, 女毋我怨.'" 以令諸侯. 伊尹作咸有一德, 咎單作明居. 湯乃改正朔, 易服色, 上白, 朝會以畫.

은왕본기

    탕왕이 세상을 떠났을 때 태자 태정太丁은 즉위도 하지 못한 채 죽었다. 태정의 동생인 외병外丙이 즉위한 이유다. 그가 외병제다. 외병제가 즉위 3년 만에 죽자 그의 동생 중임中壬이 즉위했다. 중임이 즉위 4년 만에 죽자 이윤은 태정의 아들 태갑太甲을 즉위시켰다. 태갑은 탕왕의 직계 장손이다. 그가 태갑제다. 태갑의 즉위 원년에 이윤은 〈이훈伊訓〉·〈사명肆命〉·〈조후徂后〉를 지었다. 태갑이 즉위한 지 3년이 되자 포학해졌다. 탕의 법령을 따르지 않고 도덕을 문란하게 했다. 이윤이 그를 동궁桐宮으로 내쫓고 3년 동안 섭정攝政하면서 제후들의 조회를 받았다. 태갑이 3년 동안 동궁에 머물며 자신의 잘못을 뉘우치고 훌륭한 인물이 되었다. 이윤이 그를 영접해 정권을 돌려주었다. 태갑이 덕을 닦자 제후들 모두 복종하게 되었고, 백성 또한 평안해졌다. 이윤이 태갑의 공적을 칭송하기 위해 〈태갑훈太甲訓〉 세 편을 지었고, 태갑을 기려 태종太宗으로 칭했다.

    태종이 죽자 아들 옥정沃丁이 즉위했다. 옥정제 때 이윤이 죽었다. 그를 박에 장사 지내고, 구단이 이윤의 행적을 통해 후대인을 깨우치기 위해 〈옥정〉을 지었다. 옥정이 죽자 동생 태경太庚이 즉위했다. 그가 태경제다. 태경이 죽자 아들 소갑小甲이 즉위했다. 소갑이 죽자 동생 옹기雍己가 즉위했다. 그가 옹기제다. 당시 은나라의 도가 쇠해졌다. 제후 가운데 알현에 참석하지 않는 자가 나오게 되었다. 옹기가 죽자 동생 태무太戊가 즉위했다. 그가 태무제다. 태무는 즉위 후 이척伊陟을 재상으로 삼았다. 박에서 뽕나무와 닥나무가 함께 자라나기 시작했을 때 하룻밤 사이 한 아름이 넘게 커지는 일이 일어났다. 태무가 두려워하며 이척에게 연유를 물었다. 이척이 대답했다.

"신이 듣건대 요사스러움도 덕행을 이기지 못한다고 했습니다. 군주의 정사에 잘못은 없었는지요? 군주는 덕을 닦는 데 힘쓰십시오."

태무가 이척의 말을 좇자 불길한 징조인 뽕나무가 말라 죽었다. 이척이 가늘게 쪼갠 대나무로 점을 치는 방법을 발견한 무함巫咸에게 공을 돌리며 칭송했다. 무함이 왕의 집안을 다스리는 데 공이 있었다. 그가 〈함애咸艾〉와 〈태무太戊〉를 지었다. 태무가 태묘에서 이척을 칭송하며 그를 신하가 아닌 스승 내지 친구로 대했다. 이척이 이를 사양하며 〈원명原命〉을 지었다. 태무의 치세 때 은나라가 다시 부흥했다. 제후들이 은나라에 복종하자 태무를 중종中宗으로 칭했다.

중종이 죽자 아들 중정中丁이 즉위했다. 중정은 오隞 땅으로 천도했다. 나중에 다시 하단갑河亶甲이 상相으로 도읍을 옮겼고, 조을祖乙이 또 형邢 땅으로 천도했다. 중정이 죽자 동생 외임外壬이 즉위했다. 그가 외임제다. 〈중정仲丁〉은 글에 빠진 부분이 있어 온전하지 못하다. 외임이 죽자 동생 하단갑이 즉위했다. 그가 하단갑제다. 그의 치세 때 은나라가 다시 쇠락하기 시작했다. 하단갑이 죽자 아들 조을이 즉위했다. 그가 즉위하자 은나라가 다시 흥기했다. 당시 무현巫賢이 정무를 담당했다. 조을이 죽자 아들 조신祖辛이 즉위했다. 조신이 죽자 동생 옥갑沃甲이 즉위했다. 그가 옥갑제다. 옥갑이 죽자 그의 형 조신의 아들 조정祖丁이 즉위했다. 그가 조정제다. 조정이 죽자 옥갑의 아들 사촌동생 남경南庚이 즉위했다. 그가 남경제다. 남경이 죽자 조정의 아들 양갑陽甲이 즉위했다. 그가 양갑제다. 양갑 때 은나라가 다시 쇠퇴하기 시작했다.

중정 이후 적자嫡子 상속제가 폐지되고 형제와 형제의 아들로 보위를 이었다. 보위계승 문제로 서로 다투자 9대 동안 어지러웠다. 제후들이 다시 알현하러 오지 않은 이유다. 양갑이 죽자 동생 반경이 즉위했다. 그가 반경제다. 반경의 치세 때 은나라는 이미 하북河北에 도읍해 있었다. 반경은 다시 하남河南의 옛 탕왕 도읍으로 옮기고자 했다. 그러나 결국 다섯 번이나 천도했지만 확고히 정해진 곳이 없었다. 은나라 백성이 이를 크게 우려하며 원망했다. 더는 옮기려 하지 않은 이유다. 반경이 제후와 대신 들을 설득했다.

"옛날 고귀하고 명철한 탕왕은 그대들의 선조와 함께 힘을 모아 천하를 안정시켰다. 그분들의 법도는 따를 만한 것인데도 지금 이를 버려두고 힘쓰지 않으면 어찌 탕왕의 덕정을 본받을 수 있겠소?"

하남으로 옮겨 박을 정돈하고 탕왕의 정사를 재현했다. 백성 모두 안정을 되찾고, 은나라 역시 다시 흥하게 되었다. 제후들 모두 알현하러 왔으니 이는 탕왕의 덕정을 따라했기 때문이다. 반경이 죽자 동생 소신小辛이 즉위했다. 그가 소신제다. 소신이 즉위한 후 은나라가 다시 쇠락했다. 백성이 반경을 사모해 〈반경〉 세 편을 지었다.

소신이 죽자 동생 소을小乙이 즉위했다. 그가 소을제다. 소을이 죽자 아들 무정武丁이 즉위했다. 무정은 즉위하자마자 은나라를 중흥하고자 했으나 마땅한 보필을 찾지 못했다. 3년 동안 아무 말도 하지 않은 채 정사를 재상인 총재家宰에게 맡기고 나라의 기풍을 유심히 관찰했다. 하루는 무정이 꿈속에서 한 성인을 만났다. 이름을 열說이라고 했다. 이후 꿈에서 본 사람을 대신과 관원들 사이에서 열심히 찾아보았으나 허사였다. 백관에게 명해 재야에서 찾아보게 했다. 마침내 부험傳險에서 열을 찾아냈다. 당시 열은 죄를 짓고 노역에 동원되어 부험에서 길을 닦고 있었다. 무정에게 보이자 무정이 크게 기뻐했다.

"바로 이 사람이다!"

무정이 부열과 이야기를 나누어보자 과연 성인이었다. 곧바로 발탁해 재상으로 삼았다. 은나라가 잘 다스려진 이유다. 무정은 부험의 지명에서 성씨를 따 부열傅說이라고 불렀다. 무정이 탕왕에게 제사를 올린 다음날, 꿩 한 마리가 날아와 세발솥인 정의 손잡이 부분에 앉아 울었다. 무정이 불길하게 여기자 대신 조기祖己가 말했다.

"군주는 두려워하지 말고 먼저 정사부터 바르게 다스리십시오."

또 이같이 진언했다.

"무릇 하늘은 백성을 감찰하면서 이들의 도의로써 기준을 삼습니다. 하늘이 내려준 수명에 장단은 있어도 하늘이 백성을 요절케 하거나 도중에 백성의 목숨을 끊는 일은 없습니다. 그러나 백성이 덕을 따르지 않고 죄를 인정하지 않을 때는 하늘이 재앙 등의 경고를 내려 바로잡습니다. 그때 비로소 사람들은 한탄하기를, '이를 어찌할 것인가?'라고 합니다. 아, 군주의 직분은 백성을 공경하며 하늘의 뜻을 잇는 데 있습니다. 제사를 지낼 때는 정해져 내려온 제사의 규례를 좇아야 합니다. 버려야 할 잘못된 도를 신봉치 마십시오."

무정이 정사를 바로잡고 은덕을 베풀자 천하 백성이 모두 즐거워했다. 은나라의 치도 역시 크게 흥하게 되었다. 무정이 죽자 아들 조경祖庚이 즉위했다. 조기는 무정이 상서롭지 못했던 꿩을 계기로 덕정을 베푼 일을 기리기 위해 그의 종묘를 세우고 고종高宗으로 칭하고, 〈고종융일高宗肜日〉과 〈고종지훈高宗之訓〉을 지었다.

조경이 죽자 동생 조갑祖甲이 즉위했다. 그가 갑제다. 조갑은 음란한 행동을 일삼았다. 은나라가 다시 쇠퇴한 이유다. 조갑이 죽자 아들 늠신廩辛이 즉위했다. 늠신이 죽자 동생 경정庚丁이 즉위했다. 그가 경정제다. 경정이 죽자 아들 무을武乙이 즉위했다. 당시 은나라가 다시 박을 떠나 하북으로 천도했다. 무을은 무도해 우상을 만들고 이를 천신天神으로 불렀다. 그는 우상과 도박을 하면서 다른 사람에게 심판을 보게 했다. 천신이 지면 천신을 크게 모욕했다. 가죽 주머니를 만들어 피를 가득 채운 뒤 높이 매달고 활로 쏘는 식이었다. 이를 사천射天으로 칭했다. 무을은 황하와 위수 사이로 수렵을 떠났다가 문득 천둥이 치자 벼락을 맞아 죽고 말았다. 아들 태정이 즉위했다. 태정이 죽자 아들 을乙이 즉위했다. 을제가 즉위하면서 은나라 왕조가 더욱 쇠락했다.

무을의 장자는 미자微子 계啓다. 생모가 정실이 아닌 까닭에 태자가 되지 못했다. 작은아들은 이름이 신辛이다. 생모가 무을의 정실인 까닭에 태자가 되었다. 무을이 죽자 뒤를 이었다. 그가 신제辛立다. 세상에서는 그를 의로움과 선함을 해친다는 뜻의 주紂로 불렀다. 주는 타고난 바탕이 총명하고 말재주가 뛰어났다. 일처리도 신속하고 힘 또한 출중해 맨손으로 맹수와 싸울 정도였다. 그의 지혜는 신하의 간언이 필요치 않을 정도로 뛰어났고, 말재주는 자신의 허물을 교묘히 감출 수 있을 정도였다.

그는 자신의 재능을 자부해 천하에 명성을 떨치고자 했다. 다른 사람들은 모두 자신보다 못하다고 여긴 탓이다. 그는 술과 음악을 지나치게 즐겼다. 여색도 크게 밝혔다. 특히 달기妲己를 총애했다. 그녀의 말은 무엇이든 들어주었다. 그는 사연師涓에게 음탕한 음악을 작곡하게 하고, 도성 조가朝歌 인근의 기녀원인 북리北里에서 추는 저속한 춤과 음탕한 음악을 새로 만들게 했다. 또 세금을 무겁게 매겨

녹대鹿臺를 돈으로 가득 채우고, 거교鉅橋를 곡물로 가득 채우게 했다. 게다가 사방에서 개와 말, 기이한 애완물을 두루 수집해 궁실을 가득 메웠다. 사구沙丘•에 있는 원림園林과 대臺를 크게 확장한 뒤 사방에서 수집한 야수와 새들을 이곳에 방사했다. 그는 귀신도 우습게 알았다. 사구에 수많은 악공을 불러들이고 술로 연못을 만들어 즐기는 주지육림酒池肉林을 행했다. 빽빽하게 들어선 나무들처럼 고기를 매달아놓고 벌거벗은 남녀들이 그 안에서 서로 쫓아다니는 식의 놀이를 즐기면서 밤이 새도록 음주가무를 질탕하게 즐겼다. 백성의 원성이 치솟고, 제후들의 배신이 잇따르자 그는 형벌을 강화했다. 기름을 칠한 기둥 아래 불을 피워놓고 기둥 위를 걷게 하는 포락지형炮烙之刑까지 만들어냈다.

이 와중에 서백西伯으로 있던 주문왕 희창姬昌을 비롯해 구후九侯와 악후鄂侯 등을 재상인 삼공三公으로 삼았다. 구후가 자신의 아름다운 딸을 바쳤다. 구후의 딸이 음탕한 짓을 싫어하자 대로한 주가 그녀를 죽인 뒤 구후는 산 채로 포를 떠서 소금에 절였다. 악후가 강하게 만류하며 따지자 악후까지 포를 떠서 죽였다. 희창이 이 소식을 듣고는 몰래 탄식했다. 숭후崇侯 호虎가 이 사실을 알고 주에게 일러바쳤다. 주가 희창을 유리羑里에 가두었다. 희창의 신하 굉요閎夭 등이

● 사구의 유적지는 현재 하북성 광종현廣宗縣 태평대촌太平臺村에 있다. 통상 사구평대沙丘平臺로 불린다. 사구평대를 두고 《사기집해》는 서광의 주를 인용해 사구는 장안에서 2,000여 리 떨어진 곳이고, 사구궁은 전국시대 말기 조무령왕이 죽임을 당한 곳이고, 평대는 사구궁 내의 누대樓臺로 풀이했다. 사구평대는 세 가지로 유명하다. 첫째, 은나라 마지막 왕 주가 이곳에 대를 쌓고 진기한 동식물을 키웠다. 둘째, 기원전 295년 진시황과 함께 전국시대 당시 막강한 무력을 과시했던 조나라 무령왕武靈王이 공자 성成 및 이태李兌가 지휘하는 군사의 포위로 인해 사구궁 안에서 아사했다. 셋째, 기원전 201년 진시황이 다섯 번째 천하순행 도중에 이곳에서 숨을 거두었다.

미녀와 진기한 보물, 준마 등을 구해 주에게 바쳤다. 희창이 주의 사면을 받고 목숨을 구한 배경이다. 희창은 출옥 후 낙수 서쪽의 땅을 바치며 포락지형을 폐지하라고 청했다. 주가 이를 허락한 뒤 희창에게 궁시弓矢와 부월斧鉞 등을 하사하며 주변 제후국에 대한 토벌 권한을 부여했다. 희창이 서백에 봉해진 이유다.

주는 비중費中을 신임해 정사를 맡겼다. 비중은 아첨으로 사적인 이익을 챙겼다. 그는 이런 방면에 탁월한 재능을 지녔다. 은나라 백성이 그를 멀리한 이유다. 주는 여기서 한 걸음 더 나아가 악명 높은 오래惡來를 기용했다. 오래는 다른 사람을 헐뜯는 데 능했다. 제후들이 은나라와 더욱 멀어진 배경이다.

희창이 귀국한 뒤 드러나지 않게 덕을 베풀고 선정을 행하자 많은 제후가 주를 등지고 희창을 좇았다. 그의 세력이 점차 강해지면서 주의 위세는 점차 줄어들게 되었다. 상용商容은 현자였다. 백성이 그를 기꺼이 좇은 이유다. 그러나 주는 그를 발탁하지 않았다. 이때 희창이 주에게 충성을 바치는 기국飢國을 쳐 멸했다. 주의 신하인 조이祖伊는 이 소식을 듣고는 주나라가 강성해지는 것을 근심한 끝에 두려운 나머지 곧 주에게 달려가 이같이 간했다.

"하늘이 이미 우리 은나라의 운명을 끊으려 하기에 혜안을 지닌 사람에게 물어보고, 거북점을 쳐보아도 감히 앞으로 길하게 될 것인지 여부를 알 수 없습니다. 이는 선왕들이 우리 후손을 보우하지 않는 것이 아니라 군주가 음란하고 포학한 까닭에 스스로 하늘과의 관계를 끊은 탓입니다. 하늘이 우리를 버린 것이나 다름없습니다. 우리는 백성이 편히 먹지도 못하게 했고, 하늘의 뜻을 헤아리거나 이해하지도 못했고, 법도를 따르지도 않았습니다. 지금 우리 백성 가운데 군주의 멸망을 원치 않는 사람이 없습니다. 입을 모아 말하기를, '하늘은 어찌해서 재앙을 내리지 않고, 대명大命은 어찌해서 아직 나타나지 않는 것인가?'라고 합니다. 장차 군주는 어찌할 생각입니까?"

주가 반문했다.

"내가 태어나서 보위에 오른 것이 어찌 천명에 따른 것이 아니겠소?"

조이가 돌아오며 탄식했다.

"주에게는 간할 수 없다!"

희창이 죽자 주무왕으로 즉위한 아들 희발姬發이 동쪽으로 은나라 정벌에 나섰다. 맹진에 이르렀을 때 은나라에 등을 돌리고 주나라를 좇은 제후가 800명이나 되었다. 제후들이 주무왕에게 말했다.

"이제 능히 주를 칠 수 있습니다."

주무왕이 반대했다.

"그대들은 아직 천명을 모르고 있소."

그러고는 다시 돌아갔다. 당시 주는 더욱 음란한 모습을 보였다. 미자 계가 누차 간했으나 듣지 않았다. 그는 천자를 보좌하는 대신인 태사 및 소사少師와 상의한 뒤 은나라를 떠났다. 그러나 비간比干은 "신하는 설령 죽을지라도 군주에게 간하지 않을 수 없다"면서 계속 주에게 강력히 간했다. 주가 대로했다.

"성인의 심장에는 일곱 개의 구멍이 있다고 들었다!"

그러고는 비간의 배를 갈라 그의 심장을 꺼내보였다. 기자箕子가 크게 두려워해 미친 척하며 남의 노비가 되고자 했으나 주가 그를 잡아 가두었다. 은나라 태사와 소사는 제기祭器와 악기를 들고 주나라로 달아났다. 이를 계기로 마침내 주무왕이 제후들을 이끌고 주를 쳤다. 주 역시 군사를 동원해 은나라 도성 근교인 목야牧野에서 대항했다. 갑자일, 주의 군사가 패했다. 주는 성안으로 달아나 녹대로 올라간 뒤 보옥으로 장식한 옷을 뒤집어쓴 채 불 속으로 뛰어들어 자진했다. 주무왕이 주의 목을 베어 태백기大白旗에 매달았다. 주의 애첩인 달기도 죽였다. 또 기자를 석방하고, 비간의 묘에 봉분을 해주고, 상용이 살던 마을을 표창했다. 이어 주의 아들로 자가 녹보祿父인 무경武庚에게 봉토를 나누어주고 은나라 제사를 받들게 했다. 무경이 반경의 정령을 행하자 은나라 유민들이 크게 기뻐했다.

주무왕이 천자의 자리에 올랐다. 후대인들이 그를 제帝로 부르지 않고 왕王으로 낮추어 불렀다. 은나라 후예를 제후로 삼아 주나라에 귀속시켰다. 주무왕이 죽자 무경과 관숙管叔, 채숙蔡叔 등이 합세해 난을 일으켰다. 주무왕의 뒤를 이어 보위에 오른 주성왕周成王이 숙부인 주공에게 명해 이들을 토벌하게 했다. 이어 미자 계를 송나라에 봉해 은나라의 후대를 잇게 했다.

●● 湯崩, 太子太丁未立而卒, 於是酒立太丁之弟外丙, 是爲帝外丙. 帝外丙卽位三年, 崩, 立外丙之弟中壬, 是爲帝中壬. 帝中壬卽位四年, 崩, 伊尹酒立太丁之子太甲. 太甲, 成湯適長孫也, 是爲帝太甲. 帝太甲元年, 伊尹作伊訓, 作肆命, 作徂后. 帝太甲旣立三年, 不明, 暴虐, 不遵湯法, 亂德, 於是伊尹放之於桐宮. 三年, 伊尹攝行政當國, 以朝諸侯. 帝太甲居桐宮三年, 悔過自責, 反善, 於是伊尹酒迎帝太甲而授之政. 帝太甲修德, 諸侯咸歸殷, 百姓以寧. 伊尹嘉之, 酒作太甲訓三篇, 襃帝太甲, 稱太宗. 太宗崩, 子沃丁立. 帝沃丁之時, 伊尹卒. 旣葬伊尹於亳, 咎單遂訓伊尹事, 作沃丁. 沃丁崩, 弟太庚立, 是爲帝太庚. 帝太庚崩, 子帝小甲立. 帝小甲崩, 弟雍己立, 是爲帝雍己. 殷道衰, 諸侯或

不至. 帝雍己崩, 弟太戊立, 是爲帝太戊. 帝太戊立伊陟爲相. 亳有祥桑
穀共生於朝, 一暮大拱. 帝太戊懼, 問伊陟. 伊陟曰, "臣聞妖不勝德, 帝
之政其有闕與? 帝其修德." 太戊從之, 而祥桑枯死而去. 伊陟贊言于巫
咸. 巫咸治王家有成, 作咸艾, 作太戊. 帝太戊贊伊陟于廟, 言弗臣, 伊
陟讓, 作原命. 殷復興, 諸侯歸之, 故稱中宗. 中宗崩, 子帝中丁立. 帝
中丁遷于隞. 河亶甲居相. 祖乙遷于邢. 帝中丁崩, 弟外壬立, 是爲帝外
壬. 仲丁書闕不具. 帝外壬崩, 弟河亶甲立, 是爲帝河亶甲. 河亶甲時,
殷復衰. 河亶甲崩, 子帝祖乙立. 帝祖乙立, 殷復興. 巫賢任職. 祖乙崩,
子帝祖辛立. 帝祖辛崩, 弟沃甲立, 是爲帝沃甲. 帝沃甲崩, 立沃甲兄祖
辛之子祖丁, 是爲帝祖丁. 帝祖丁崩, 立弟沃甲之子南庚, 是爲帝南庚.
帝南庚崩, 立帝祖丁之子陽甲, 是爲帝陽甲. 帝陽甲之時, 殷衰. 自中丁
以來, 廢適而更立諸弟子, 弟子或爭相代立, 比九世亂, 於是諸侯莫朝.

　帝陽甲崩, 弟盤庚立, 是爲帝盤庚. 帝盤庚之時, 殷已都河北, 盤庚渡
河南, 復居成湯之故居, 迺五遷, 無定處. 殷民咨胥皆怨, 不欲徙. 盤庚
乃告諭諸侯大臣曰, "昔高后成湯與爾之先祖俱定天下, 法則可修. 舍
而弗勉, 何以成德!" 乃遂涉河南, 治亳, 行湯之政, 然後百姓由寧, 殷
道復興. 諸侯來朝, 以其遵成湯之德也. 帝盤庚崩, 弟小辛立, 是爲帝小
辛. 帝小辛立, 殷復衰. 百姓思盤庚, 迺作盤庚三篇. 帝小辛崩, 弟小乙
立, 是爲帝小乙. 帝小乙崩, 子帝武丁立. 帝武丁卽位, 思復興殷, 而未
得其佐. 三年不言, 政事決定於冢宰, 以觀國風. 武丁夜夢得聖人, 名曰
說. 以夢所見視群臣百吏, 皆非也. 於是迺使百工營求之野, 得說於傅
險中. 是時說爲胥靡, 築於傅險. 見於武丁, 武丁曰是也. 得而與之語,
果聖人, 舉以爲相, 殷國大治. 故遂以傅險姓之, 號曰傅說. 帝武丁祭
成湯, 明日, 有飛雉登鼎耳而呴, 武丁懼. 祖己曰, "王勿憂, 先修政事."

祖己乃訓王曰, "唯天監下典厥義, 降年有永有不永, 非天夭民, 中絶其命. 民有不若德, 不聽罪, 天旣附命正厥德, 乃曰其奈何. 嗚呼! 王嗣敬民, 罔非天繼, 常祀毋禮于棄道." 武丁修政行德, 天下咸驩, 殷道復興. 帝武丁崩, 子帝祖庚立. 祖己嘉武丁之以祥雉爲德, 立其廟爲高宗, 遂作高宗肜日及訓. 帝祖庚崩, 弟祖甲立, 是爲帝甲. 帝甲淫亂, 殷復衰. 帝甲崩, 子帝廩辛立. 帝廩辛崩, 弟庚丁立, 是爲帝庚丁. 帝庚丁崩, 子帝武乙立. 殷復去亳, 徙河北. 帝武乙無道, 爲偶人, 謂之天神. 與之博, 令人爲行. 天神不勝, 乃僇辱之. 爲革囊, 盛血, 卬而射之, 命曰'射天'. 武乙獵於河渭之閒, 暴雷, 武乙震死. 子帝太丁立. 帝太丁崩, 子帝乙立. 帝乙立, 殷益衰.

　帝乙長子曰微子啓, 啓母賤, 不得嗣. 少子辛, 辛母正后, 辛爲嗣. 帝乙崩, 子辛立, 是爲帝辛, 天下謂之紂. 帝紂資辨捷疾, 聞見甚敏, 材力過人, 手格猛獸, 知足以距諫, 言足以飾非, 矜人臣以能, 高天下以聲, 以爲皆出己之下. 好酒淫樂, 嬖於婦人. 愛妲己, 妲己之言是從. 於是使師涓作新淫聲, 北里之舞, 靡靡之樂. 厚賦稅以實鹿臺之錢, 而盈鉅橋之粟. 益收狗馬奇物, 充仞宮室. 益廣沙丘苑臺, 多取野獸蜚鳥置其中. 慢於鬼神. 大冣樂戲於沙丘, 以酒爲池, 縣肉爲林, 使男女倮相逐其閒, 爲長夜之飲. 百姓怨望而諸侯有畔者, 於是紂乃重刑辟, 有炮格之法. 以西伯昌·九侯·鄂侯爲三公. 九侯有好女, 入之紂. 九侯女不憙淫, 紂怒, 殺之, 而醢九侯. 鄂侯爭之彊, 辨之疾, 并脯鄂侯. 西伯昌聞之, 竊嘆. 崇侯虎知之, 以告紂, 紂囚西伯羑里. 西伯之臣閎夭之徒, 求美女奇物善馬以獻紂, 紂乃赦西伯. 西伯出而獻洛西之地, 以請除炮格之刑. 紂乃許之, 賜弓矢斧鉞, 使得征伐, 爲西伯. 而用費中爲政. 費中善諛, 好利, 殷人弗親. 紂又用惡來. 惡來善毀讒, 諸侯以此益疏. 西伯歸, 乃陰修德行善, 諸侯多叛紂而往歸西伯. 西伯滋大, 紂由是稍失權重. 王子比干諫, 弗聽. 商容賢者, 百姓愛之, 紂廢之. 及西伯伐飢國, 滅之, 紂之臣祖伊聞之而咎周, 恐, 犇告紂曰, "天旣訖我殷命, 假人元龜, 無敢知吉, 非先王不相我後人, 維王淫虐用自絶, 故天棄我, 不有安食, 不虞知天性, 不迪率典. 今我民罔不欲喪, 曰'天曷不降威, 大命胡不至?' 今王其奈何?" 紂曰, "我生不有命在天乎!" 祖伊反, 曰, "紂不可諫矣." 西伯旣卒, 周武王之東伐, 至盟津, 諸侯叛殷會周者八百. 諸侯皆曰, "紂可伐矣." 武王曰, "爾未知天命." 乃復歸. 紂愈淫亂不止. 微子數諫不聽, 乃與大師·少師謀, 遂去. 比干曰, "爲人臣者, 不得不以死爭." 迺強諫紂. 紂怒曰, "吾聞聖人心有七竅." 剖比干, 觀其心. 箕子懼, 乃詳狂爲奴, 紂又囚之. 殷之大師·少師乃持其祭樂器犇周. 周武王於是遂率諸侯伐紂. 紂亦發兵距之牧野. 甲子日, 紂兵敗. 紂走入, 登鹿臺, 衣其寶玉衣, 赴火而死. 周武王遂斬紂頭, 縣之大白旗. 殺妲己. 釋箕子之囚, 封比干之墓, 表商容之閭. 封紂子武庚·祿父, 以續殷祀, 令修行盤庚之政. 殷民大說. 於是周武王爲天子. 其後世貶帝號, 號爲王. 而封殷後爲諸侯, 屬周. 周武王崩, 武庚與管叔·蔡叔作亂, 成王命周公誅之, 而立微子於宋, 以續殷後焉.

태사공은 평한다.

"나는 《시경》〈송頌〉을 토대로 은나라 설의 사적을 기술했다. 탕왕 이후의 일은 《서경》과 《시경》에서 취했다. 설의 성은 자씨였으나 후세가 여러 나라로 나뉘어 봉해진 까닭에 각자 나라 이름을 성씨로 삼았다. 은씨殷氏·내씨來氏·송씨宋氏·공동씨空桐氏·치씨稚氏·북은씨北殷氏·목이씨目夷氏 등이 그렇다. 공자가 말하기를, '은나라 제후가 타는 수레인 노路가 가장 빼어나다. 은나라는 금덕金德으로 건국했다고 생각해 백색을 숭상했다'고 했다."

●● 太史公曰, "余以頌次契之事, 自成湯以來, 采於書詩. 契爲子姓, 其後分封, 以國爲姓, 有殷氏·來氏·宋氏·空桐氏·稚氏·北殷氏·目夷氏. 孔子曰, '殷路車爲善. 而色尙白.'"

권 4

주본기
周本紀

〈주본기〉는 도성을 서쪽 호경鎬京에서 동쪽 낙양으로 옮기는 동천東遷을 전후로 그 이전 시기인 서주西周와 그 이후 시기인 동주東周를 모두 다루고 있다. 방점은 서주에 찍혀 있다. 일명 '춘추전국시대'로 불리는 동주시대는 주나라 왕실이 명목뿐인 천자로 전락한 까닭에 특별히 기록할 일이 많지 않았던 탓이다. 이른바 춘추오패春秋五霸와 전국칠웅戰國七雄으로 불린 제후국이 사실상 천하를 호령한 결과다.

그렇다고 춘추전국시대 당시 주나라 왕실이 전혀 쓸모가 없는 나라였던 것은 아니다. 춘추시대 전 시기를 포함해 전국시대 말기까지 '천자天子' 호칭은 오직 주나라 왕실만 보유하고 있었다. 천하를 호령하는 권력은 비록 춘추오패와 전국칠웅이 행사했을지라도 권위만큼은 여전히 주나라 왕실이 행사했다. 중원中原 진晉나라를 찬탈한 뒤 삼분해 성립한 한韓 · 위魏 · 조趙 등 이른바 삼진三晉이 주나라 왕실의 재가를 받은 뒤 비로소 제후국의 일원이 된 사실이 이를 상징적으로 보여준다. 전국시대의 개막은 여기서 시작되었다.

그런 점에서 춘추전국시대는 권력과 권위가 하나로 합치되지 않고 따로 놓은 명실상리名實相離의 시대였다고 규정할 수 있다. 춘추전국시대에 신하가 군주를 시해하고, 마침내 보위마저 빼앗아 나라를 찬탈하는 시군찬위弑君篡位가 빈발한 것도 이런 맥락에서 이해할 수 있다.

주목할 것은 이 시기에 제자백가가 등장해 인간이 생각할 수 있는 온갖 유형의 난세 타개 방략을 제시한 점이다. 이른바 백가쟁명百家爭鳴이다. 21세기 현재까지 명멸한 모든 종류의 학문과 사상 등이 이때 나왔다. 춘추전국시대가 무려 550년 동안 지속된 결과다. 이는 삼국시대의 다섯 배에 이르는 시기다. 동서고금을 통틀어 가장 긴 난세에 해당한다. 〈주본기〉는 서주시대에 방점이 찍혀 있는 까닭에 춘추전국시대와 거의 일치하는 동주시대의 역사는 상대적으로 〈진본기〉에 자세히 실려 있는 편이다. 진秦나라를 제외한 열국의 역사는 〈세가〉에 소상히 소개되어 있다. 춘추전국시대의 전체적인 윤곽을 제대로 파악하기 위해서는 〈주본기〉와 〈진본기〉 및 〈세가〉를 함께 읽어야 한다고 말하는 이유다.

후직본기

주나라 시조 후직의 원래 이름은 버릴 기棄의 옛 글자인 기弃다. 모친
은 유태씨有邰氏의 딸로 강원姜原으로 불리었다. 제곡의 정실이다. 강
원이 들에 나갔다가 거인의 발자국을 보게 되었다. 문득 마음이 흥
분되어 이를 밟고자 했다. 발자국을 밟자 마치 아기를 가진 듯 몸이
꿈틀거렸다. 달을 다 채워 아들을 낳았다. 불길하게 생각되어 비좁은
골목에 버렸으나 말이나 소가 모두 피해 지나가면서 밟지 않았다.
다시 아이를 숲 속에 버리려 했으나 마침 산속에 사람이 많아 부득
이 장소를 옮겨 도랑의 얼음 위에 버렸다. 날짐승들이 날개로 아기
를 덮고 깃을 깔아주었다. 강원이 이를 신기하게 생각해 아기를 데
려다가 키웠다. 당초 아기를 버리려 했던 까닭에 이름을 기弃로 지었
다. 기는 어린 시절 특출해 큰 인물의 기개가 있는 듯했다. 놀이를 하
면서도 삼과 콩 심기를 좋아했다. 그가 심은 삼과 콩은 모두 잘 자랐
다. 성인이 되자 더욱 농경에 힘썼다. 땅의 특성을 잘 살펴 곡식을 심
어야 할 땅에 심었다. 백성 모두 이를 본받았다. 요임금이 소문을 듣
고 농업을 관장하는 농사農師로 발탁했다. 세인들 모두 그 혜택을 입
는 공을 이루었다. 순임금이 말했다.

"기여, 백성이 굶주림에 처해 있으니 그대 후직은 때맞추어 오곡
을 심도록 하라."

이어 태邰에 봉하고, 후직으로 칭했다. 따로 희씨 성을 내렸다. 후
직이 활약한 시기는 도陶와 당 땅에 나라를 세운 요임금을 비롯해 우
땅의 순임금, 하나라 우왕의 시대다. 모두 아름다운 덕을 쌓았다.

후직인 기가 죽자 아들 부줄不窋이 뒤를 이었다. 부줄의 재위 말년

에 하나라의 정사가 쇠락했다. 농사를 관장하는 후직의 자리를 없애고 농사에 힘쓰지 않은 것이 그렇다. 관직을 잃은 부줄이 융적戎翟의 땅으로 들어갔다. 부줄이 죽자 아들 국鞠이 즉위했다. 국이 죽자 아들 공류公劉가 즉위했다. 공류는 융적의 땅에서 살았다. 후직의 사업을 다시 익혀 농경에 힘쓰고, 사방으로 돌아다니며 땅의 특성을 살폈다. 칠수와 저수로부터 위수 건너편까지 목재를 채취해 사용했다. 덕분에 떠돌아다니는 자에게도 재물이 생기고, 고향에 머무는 자에게도 재물이 쌓이게 되었다. 백성이 그의 선정에 기대게 된 이유다. 그의 덕을 사모하는 사람이 많아지면서 귀순하는 자들 또한 크게 늘어났다. 주나라의 치도가 이때부터 흥기한 배경이다. 시인들은 노래를 지어 그의 덕을 기렸다. 공류가 죽자 아들 경절慶節이 즉위했다. 도읍을 빈豳에 정했다.

경절 사후 아들 황복皇僕, 황복 사후 아들 차불差弗, 차불 사후 아들 훼유毀隃, 훼유 사후 아들 공비公非, 공비 사후 아들 고어高圉, 고어 사후 아들 아어亞圉, 아어 사후 아들 공숙조류公叔祖類, 공숙조류 사후 아들 고공단보古公亶父가 즉위했다. 고공단보는 후직과 공유의 사업을 다시 익히면서 덕을 쌓고 의를 행했다. 백성 모두 그를 받든 이유다. 훈육과 융적이 고공단보를 치며 재물을 요구하자 이들에게 재물을 내주었다. 얼마 후 이들이 다시 치며 땅과 백성을 요구하자 백성 모두 분개하며 싸우고자 했다. 고공단보가 만류했다.

"백성이 군주를 옹립하는 것은 자신들을 이롭게 하기 위한 것이오. 지금 융적이 우리를 치는 것은 우리의 땅과 백성 때문이오. 백성이 나에게 속하든, 그들에게 속하든 무슨 차이가 있겠소? 백성이 나를 위해 싸우고자 하면 이는 백성의 부친과 아들을 죽여가면서 군주

노릇을 하는 꼴이 되오. 차마 그리할 수는 없소."

그러고는 데리고 있던 하속下屬을 이끌고 빈을 떠나 칠수와 저수를 건너고, 양산을 넘어 기산岐山 아래 정착했다. 빈의 백성 모두 늙은 이를 부축하고 어린아이 손을 잡아끄는 부로휴약扶老攜弱의 모습으로 기산의 고공단보에게 귀의했다. 이웃나라 백성도 고공단보가 어질다는 소문을 듣고 대거 귀의했다. 고공단보는 융적의 풍속을 물리치면서 성곽과 집을 짓고, 읍을 나누어 백성을 정착시켰다. 또 오관五官의 관제를 정비했다. 백성 모두 노래를 지어 그의 덕을 칭송했다.

●● 周后稷, 名弃. 其母有邰氏女, 曰姜原. 姜原爲帝嚳元妃. 姜原出野, 見巨人跡, 心忻然說, 欲踐之, 踐之而身動如孕者. 居期而生子, 以爲不祥, 弃之隘巷, 馬牛過者皆辟不踐, 徙置之林中, 適會山林多人, 遷之, 而棄渠中冰上, 飛鳥以其翼覆薦之. 姜原以爲神, 遂收養長之. 初欲棄之, 因名曰弃. 弃爲兒時, 屹如巨人之志. 其遊戲, 好種樹麻·菽, 麻·菽美. 及爲成人, 遂好耕農, 相地之宜, 宜穀者稼穡焉, 民皆法則之. 帝堯聞之, 擧弃爲農師, 天下得其利, 有功. 帝舜曰, "弃, 黎民始飢, 爾后稷播時百穀." 封弃於邰, 號曰后稷, 別姓姬氏. 后稷之興, 在陶唐·虞·夏之際, 皆有令德. 后稷卒, 子不窋立. 不窋末年, 夏后氏政衰, 去稷不務, 不窋以失其官而犇戎狄之閒. 不窋卒, 子鞠立. 鞠卒, 子公劉立. 公劉雖在戎狄之閒, 復脩后稷之業, 務耕種, 行地宜, 自漆·沮度渭, 取材用, 行者有資, 居者有畜積, 民賴其慶. 百姓懷之, 多徙而保歸焉. 周道之興自此始, 故詩人歌樂思其德. 公劉卒, 子慶節立, 國於豳. 慶節卒, 子皇僕立. 皇僕卒, 子差弗立. 差弗卒, 子毀隃立. 毀隃卒, 子公非立. 公非卒, 子高圉立. 高圉卒, 子亞圉立. 亞圉卒, 子公叔祖類立. 公叔祖類卒, 子古公亶父立. 古公亶父復脩后稷·公劉之業, 積德行義, 國人皆戴之. 薰育戎狄攻之, 欲得財物, 予之. 已復攻, 欲得地與民. 民皆怒, 欲戰. 古公曰, "有民立君, 將以利之. 今戎狄所爲攻戰, 以吾地與民. 民之在我, 與其在彼, 何異. 民欲以我故戰, 殺人父子而君之, 予不忍爲." 乃與私屬遂去豳, 度漆·沮, 踰梁山, 止於岐下. 豳人擧國扶老攜弱, 盡復歸古公於岐下. 及他旁國聞古公仁, 亦多歸之. 於是古公乃貶戎狄之俗, 而營築城郭室屋, 而邑別居之. 作五官有司. 民皆歌樂之, 頌其德.

주문왕본기

고공단보에게는 장남 태백太伯과 차남 우중虞仲이 있었다. 아내 태강太姜이 낳은 막내아들 계력季歷은 태임太任을 아내로 맞이했다. 태강과 태임 모두 어질었다. 태임이 훗날 주문왕이 된 희창을 낳았다. 희창을 낳을 때 붉은 새가 단서丹書를 물고 방 안으로 날아오는 성스러운 길조가 있었다. 고공단보가 말했다.

"나의 대에 나라를 흥하게 만들 자가 나올 것이라고 했다. 이는 창에게 해당하는 것인가?"

태백과 우중은 고공단보가 계력을 후계자로 세우려는 것을 알고 형만荊蠻으로 달아난 뒤 문신을 하고 단발을 했다. 계력에게 보위를 양보하고자 한 것이다. 고공단보가 죽자 계력이 즉위했다. 그가 공계公季다. 공계는 고공단보가 남긴 법도를 잘 닦고 성심껏 의를 행했다. 제후들이 그를 좇았다. 공계가 죽자 아들 희창이 즉위했다. 그가 서백이다. 서백은 사후 주문왕으로 불리었다. 서백은 후직과 공류의 사업을 따르고, 고공단보와 공계의 법도를 본받았다. 오로지 어진 정사를 펼쳐 늙은이를 공경하고 어린 사람에게 사랑을 베풀었다. 어진 사람에게는 예로써 자신을 낮추었다. 낮에는 식사할 겨를도 없이 재사才士를 접대했다. 재사들이 대거 그에게 귀순한 이유다. 당초 백이와 숙제는 고죽孤竹에 살았다. 서백이 노인을 잘 봉양한다는 소문을 듣고 함께 서백에게 귀의했다. 태전太顚·굉요·산의생散宜生·육자鬻子·신갑대부辛甲大夫 등도 모두 서백을 찾아가 귀의했다. 숭후 호가 은나라 주에게 서백을 무함했다.

"서백이 선행을 행하며 덕을 쌓자 제후들이 그에게 기울어지고 있습니다. 장차 군주에게 이롭지 못할 것입니다."

주가 이내 구실을 붙여 서백을 유리에 가두었다. 굉요 등이 이를 크게 걱정했다. 곧 유신씨의 미녀, 여융驪戎의 아름다운 준마, 유웅씨劉熊氏의 수레 아홉 대를 끌기 위해 필요한 서른여섯 필의 명마, 그밖에 진기한 보물 등을 구한 뒤 주의 총애를 입는 비중을 통해 주에게 바쳤다. 주가 크게 기뻐했다.

"이 가운데 하나만으로도 서백을 풀어주기에 충분한데, 하물며 이토록 많은 경우이겠는가!"

서백을 사면하면서 동시에 궁시와 부월 등을 내렸다. 서백에게 봉국을 정벌할 수 있는 권한을 부여한 것이다. 주가 말했다.

"서백을 비난한 자는 숭호 호다."

서백이 낙수 서쪽 땅을 바치면서 주에게 포락지형 폐지를 건의하자 주가 이를 허락했다. 당시 서백은 몰래 선행을 베풀었다. 제후들 모두 그를 찾아와 공정한 판결을 부탁한 이유다. 우와 예芮 땅 사람들이 어떤 일로 송사를 벌이다가 해결할 길이 없자 주나라로 왔다. 주나라 국경 안으로 들어가자 농부들은 서로 밭의 경계를 양보하고,

백성 모두 나이가 많은 사람에게 양보하는 모습을 보였다. 우와 예 사람들은 미처 서백을 만나기도 전에 서로 부끄러워하며 말했다.

"우리가 다투는 것은 주나라 백성이 부끄러워하는 바이니 가서 뭐 하겠는가? 오직 부끄러움만 더할 뿐이다!"

그러고는 그냥 되돌아간 뒤 서로 양보하는 선에서 타협하고 헤어 졌다. 제후들이 이 소문을 듣고 말했다.

"서백은 아마도 천명을 받은 군주인 듯하다!"

이듬해, 서백이 견융犬戎을 쳤다. 그 이듬해, 밀수密須를 쳤다. 다시 그 이듬해, 기국耆國을 격파했다. 은나라 대신 조이가 이 소식을 듣고 두려워하며 주에게 고하자 주가 호언했다.

"내게 천명이 있지 않은가? 그가 과연 무엇을 할 수 있겠는가!"

이듬해, 서백이 우邘를 쳤다. 그 이듬해, 숭후 호를 정벌하고 풍읍豊 邑을 건설한 뒤 기산 아래서 이곳으로 천도했다.● 다시 그 이듬해, 서 백이 죽자 태자 희발이 즉위했다. 그가 주무왕이다. 서백은 50년 동 안 재위했다. 대략 유리에 갇혀 있을 때《역易》의 팔괘八卦를 이용해 육십사괘六十四卦를 만들어낸 듯하다. 후대의 문인들은 서백이 대략 천명을 받은 해에 왕을 칭하고, 우와 예의 송사를 해결했을 것으로 본다. 이후 10년이 지나 그가 죽었다. 시호는 문왕文王이다. 서백 희창

● 풍읍은 주문왕이 숭후 호를 정벌한 뒤 지금의 섬서성 장안 서남쪽 풍하灃河 서쪽에 세운 최초의 도읍이다. 풍酆으로 표현하기도 한다.《시경》〈대아大雅, 문왕유성文王有聲〉에 풍의 명 칭이 처음으로 나온다. 이후 주무왕이 이웃한 호경으로 재차 천도했으나 영대靈臺 등이 존재 한 풍읍의 궁정을 없애지는 않았다. 후대인들이 풍읍과 호경을 묶어 풍호灃鎬로 표현한 이유 다. 진나라도 진효공秦孝公 때 상앙의 건의에 따라 풍호의 곁에 함양을 세우고 그곳으로 천도 했다. 한고조 유방도 함양 인근의 장안에 도읍했다. 장안은 당나라 때까지 일부 왕조가 낙양 으로 천도한 시기를 제외하고는 계속 역대 왕조의 도성이 되었다. 서주 때부터 계산하면 근 2,000년 동안 천하의 정치문화 중심지로 존재한 셈이다.

은 생전에 법도를 개정하고, 은나라 역법을 개정해 세수歲首를 음력 1월에서 12월로 바꾸었다. 또 조부인 고공단보를 높여 태왕太王으로 추존하고, 부친인 공계를 왕계王季로 높였다. 대략 주나라 왕업이 태왕 고공단보로부터 시작되었다고 보았기 때문인 듯하다.

●● 古公有長子曰太伯, 次曰虞仲. 太姜生少子季歷, 季歷娶太任, 皆賢婦人, 生昌, 有聖瑞. 古公曰, "我世當有興者, 其在昌乎?" 長子太伯·虞仲知古公欲立季歷以傳昌, 乃二人亡如荊蠻, 文身斷髮, 以讓季歷. 古公卒, 季歷立, 是爲公季. 公季脩古公遺道, 篤於行義, 諸侯順之. 公季卒, 子昌立, 是爲西伯. 西伯曰文王, 遵后稷·公劉之業, 則古公·公季之法, 篤仁, 敬老, 慈少. 禮下賢者, 日中不暇食以待士, 士以此多歸之. 伯夷·叔齊在孤竹, 聞西伯善養老, 盍往歸之. 太顚·閎夭·散宜生·鬻子·辛甲大夫之徒皆往歸之. 崇侯虎譖西伯於殷紂曰, "西伯積善累德, 諸侯皆嚮之, 將不利於帝." 帝紂乃囚西伯於羑里. 閎夭之徒患之. 乃求有莘氏美女, 驪戎之文馬, 有熊九駟, 他奇怪物, 因殷嬖臣費仲而獻之紂. 紂大說, 曰, "此一物足以釋西伯, 況其多乎!" 乃赦西伯, 賜之弓矢斧鉞, 使西伯得征伐. 曰, "譖西伯者, 崇侯虎也." 西伯乃獻洛西之地, 以請紂去炮格之刑. 紂許之. 西伯陰行善, 諸侯皆來決平. 於是虞·芮之人有獄不能決, 乃如周. 入界, 耕者皆讓畔, 民俗皆讓長. 虞·芮之人未見西伯, 皆慙, 相謂曰, "吾所爭, 周人所恥, 何往爲, 祇取辱耳." 遂還, 俱讓而去. 諸侯聞之, 曰, "西伯蓋受命之君". 明年, 伐犬戎. 明年, 伐密須. 明年, 敗耆國. 殷之祖伊聞之, 懼, 以告帝紂. 紂曰, "不有天命乎? 是何能爲!" 明年, 伐邘. 明年, 伐崇侯虎. 而作豐邑, 自岐下而徙都豐. 明年, 西伯崩, 太子發立, 是爲武王. 西伯蓋卽位五十年. 其囚羑里, 蓋益易之八卦爲六十四卦. 詩人道西伯, 蓋受命之年稱王而斷虞

芮之訟. 後十年而崩, 謚爲文王. 改法度, 制正朔矣. 追尊古公爲太王,
公季爲王季, 蓋王瑞自太王興.

주무왕본기

　　주무왕은 즉위 후 태공망太公望 여상呂尙을 군사 및 용병 등의 자문
에 응하는 군사軍師로 삼고, 동생인 주공 단을 곁에 두고 국정자문에
응하는 보국輔國에 임명했다. 소공召公과 필공畢公 등은 곁에서 보좌
하며 주문왕이 남긴 유업을 배워 널리 펼치는 일을 했다. 주무왕 9년,
주무왕이 부왕인 주문왕의 능묘가 있는 필원畢原에서 제사를 올린
뒤 동쪽으로 가 군대를 사열하고 맹진에 이르렀다. 나무로 주문왕의
신주를 만들어 사령부가 있는 중군中軍의 수레에 실었다. 주무왕 스
스로 '태자 발發'을 칭하면서 주문왕의 명을 받들어 토벌에 나선 것
이라고 했다. 감히 멋대로 행동하지 않은 이유다. 주무왕은 사마司
馬·사도·사공을 비롯해 부절을 받은 관원인 제절諸節에게 이같이 말
했다.

　　"몸을 단정히 하고 언행을 조심하며 성실히 노력하시오. 나는 무
지하나 선조 덕분에 미천한 몸으로 선조의 공덕을 이어받게 되었소.
상벌을 바르게 해 공적을 논하도록 하겠소."

　　그러고는 마침내 군사를 일으켰다. 군사인 상보尙父 여상이 제후들
에게 호령했다.

　　"그대들은 사병을 모은 뒤 배를 띄워 출동하도록 하시오. 나중에
도착하는 자는 목을 벨 것이오."

주무왕이 강을 건너 중간 지점에 이르렀을 때 흰 물고기가 튀어 올라 주무왕의 배 안으로 들어왔다. 주무왕이 몸을 굽혀 집어든 뒤 제사를 올렸다. 강을 다 건너자 불덩이가 하늘에서 떨어졌다. 주무왕이 머무는 지붕에 이르러 까마귀로 변했다. 색은 붉었고, 소리는 혼령을 부르는 듯했다. 기일을 정하지 않았는데도 맹진에 모인 제후가 800명이나 되었다. 제후들이 입을 모아 말했다.

"이제 은나라 주는 칠 만합니다!"

주무왕이 말했다.

"그대들은 아직 천명을 모르오. 아직 정벌할 수 없소!"

그러고는 군사를 이끌고 돌아갔다. 2년 뒤 은나라 주가 더욱 어지럽고 포학한 모습을 보였다. 왕자 비간을 죽이고, 기자를 감금했다는 소식이 들렸다. 음악을 관장하는 태사 자疵와 소사小史 강彊이 악기를 가슴에 품고 주나라로 망명했다. 주무왕이 제후들에게 말했다.

"은나라가 무거운 죄를 지었으니 이제는 정벌하지 않을 수 없소!"

주문왕의 위패를 받든 채 병거兵車 300승乘, 정예병인 호본虎賁 3,000명, 갑옷으로 무장한 갑사甲士 4만 5,000명을 이끌고 동쪽으로 은나라 주를 토벌하러 나섰다. 주무왕 11년 12월 무오일, 주무왕의 군사가 맹진을 넘자 제후들의 군사가 모두 모였다. 주무왕이 말했다.

"모두 부지런히 힘쓰고, 게으름을 피우지 마라!"

곧 〈태서太誓〉를 지어 병사들에게 고했다.

"지금 은나라 주는 자기 부인의 말만 듣고 스스로 천명을 끊었다. 천지의 바른 도인 삼정三正을 훼손하고 부모 형제를 멀리했다. 또 선조의 음악을 버리고 음란한 노래를 만들어 바른 소리를 어지럽히며 부인만 기쁘게 만들었다. 이제 내가 삼가 다 함께 천벌을 집행하려

한다. 힘을 내시오! 두 번 다시 기다릴 수 없고, 세 번 다시 기다릴 수 는 없다."

2월 갑자일, 동이 틀 무렵 주무왕이 아침 일찍 상商의 교외 목야에 이르러 맹서했다. 왼손에 누런 도끼, 오른손에 백색의 깃발을 들고 휘두르며 말했다.

"멀리서 와주었소, 서쪽의 병사들이여!"

이어 말했다.

"아, 나의 제후들이여! 사도 · 사마 · 사공 · 아려亞旅 · 사씨師氏 · 천부 장千夫長 · 백부장百夫長, 그리고 용庸 · 촉蜀 · 강 · 모鞏 · 미微 · 노纑 · 팽彭 · 복濮의 병사들이여! 창을 높이 들고, 방패를 나란히 하고, 창을 치켜 드시오! 내가 맹서하겠소."

그러고는 이같이 맹서했다.

"옛말에 이르기를, '암탉은 새벽에 울지 않으니 암탉이 새벽에 울 면 집이 망한다'고 했소. 지금 은나라 주는 오직 부인의 말만 듣고 스 스로 선조에게 지내는 제사를 그만두고 나라를 어지럽혔소. 또한 친 족은 발탁하지 않으면서 오히려 죄를 많이 짓고 도망쳐온 자들을 존 중하고 대우했소. 이들은 백성에게 포학하게 대하고 은나라에서 온 갖 악행을 저질렀소. 지금 나는 하늘의 징벌을 그대들과 함께 집행 할 것이오. 오늘 싸움에서는 예닐곱 걸음을 나갈 때마다 곧바로 멈 추어 대열을 맞추시오. 그대들은 이 군령을 지키도록 노력하시오! 네 번, 다섯 번, 여섯 번, 일곱 번 공격한 뒤 곧바로 멈추어 정렬하도 록 하시오! 이 명을 반드시 지키도록 노력하시오! 그대들이여, 용맹 스럽기가 호랑이 같고, 곰 같고, 승냥이 같고, 이무기 같아야 하오! 은나라 도성의 교외에서 항복하는 자는 거부하거나 죽이지 마시오.

이들을 서쪽으로 데려가 써먹을 것이니 애써주시오. 그대들이여, 애쓰지 않으면 오히려 그대들에게 화가 미칠 것이오!"

맹서가 끝나자 집결한 제후들의 병거 4,000승이 교외의 넓은 들에 도열했다. 은나라 주는 주무왕이 왔다는 소리를 듣고는 70만 대군을 보내 이들의 진격을 막았다. 주무왕이 여상에게 명해 100명의 용사를 이끌고 가서 싸움을 걸게 했다.• 이어 대졸人卒이 주의 군사를 향해 돌진했다. 당시 은나라 군사는 숫자만 많았을 뿐 싸울 마음이 없었다. 내심 주무왕의 군사가 속히 쳐들어오기를 바랐다. 무기를 거꾸로 돌려 싸우면서 길을 열어준 이유다. 주무왕이 돌격하자 주의 군사가 일거에 무너지며 주를 배신했다. 주가 황급히 달아나 녹대 위로 올라갔다. 이어 보석으로 치장한 옷을 뒤집어쓰고는 불 속으로 뛰어들어 자진했다. 주무왕이 커다란 백기를 들고 제후들을 지휘하자 제후들 모두 주무왕에게 절했다. 주무왕이 제후들에게 손을 모아 인사하자 제후들 모두 이를 좇아 행했다. 주무왕이 은나라에 이르자 은나라 백성 모두 교외에서 기다리고 있었다. 주무왕이 여러 신하를 시켜 은나라 백성에게 이같이 말하게 했다.

"하늘이 복을 내렸다!"

은나라 백성 모두 두 번 절하며 머리를 조아리자 주무왕이 답례했다. 마침내 성으로 들어가 주가 죽은 장소에 이르렀다. 주무왕이 직접 주의 시신을 향해 화살을 세 번 쏜 뒤 마차에서 내려 가벼운 검으로 시신을 내리쳤다. 이어 누런 도끼로 주의 머리를 베어 커다란 백기에 매달았다. 또 은나라 주가 총애한 두 명의 애첩을 찾았다. 두 애

• "싸움을 걸게 했다"의 원문은 치사致師다. 이는 전쟁을 하기에 앞서 소수의 정예병으로 적을 격분케 만들어 싸움을 거는 것을 의미한다.

첩은 이미 목을 매 자진한 뒤였다. 주무왕이 화살을 세 번 쏘고 검으로 내리친 뒤 흑색 도끼로 목을 베어 작은 백기에 매달았다. 주무왕이 성을 나와 다시 군진으로 돌아갔다.

이튿날 도로를 정비하고 사당과 궁궐을 수리하게 했다. 때가 되자 100명의 용사가 큰 깃발을 메고 앞서서 나갔고, 주무왕의 동생 숙진탁叔振鐸은 수레를 진열하고, 주공 단은 큰 도끼를 쥐고, 필공은 작은 도끼를 쥐고서 주무왕의 좌우에 섰다. 산의생·태전·굉요 모두 검을 들고 호위했다. 주무왕이 성안으로 들어가 사당의 남쪽을 향해 부대의 왼쪽에 서자 좌우 모두 이를 좇았다. 주문왕의 아들 모숙정毛叔鄭은 정화수를 받쳐 들고, 주무왕의 막냇동생 위강숙衛康叔 봉封은 자리를 깔고, 소공 석奭은 비단 예물의 봉헌을 돕고, 여상은 제물로 사용할 희생을 이끌었다. 재상 윤일尹佚이 축문을 읽었다.

"은나라 마지막 후손 주는 선왕의 밝은 덕을 모두 없애고, 신령을 모욕해 제사를 지내지 않고, 은나라 백성을 어리석고 난폭하게 다루었습니다. 그 죄악을 상제에게 명백히 고합니다."

주무왕이 말했다.

"신은 천명을 받고 은나라를 변혁했습니다. 이제 하늘의 영명한 명을 받들도록 하겠습니다."

다시 두 번 절하고 머리를 조아린 후 떠났다. 주무왕은 주의 아들 무경에게 봉지를 내리며 은나라 유민을 다스리게 했다. 또 은나라가 막 평정되어 아직 안정되지 못했기에 자신의 동생 관숙 선鮮과 채숙 탁度에게 명해 무경을 돕게 했다. 이어 소공 석에게 명해 기자를 석방하도록 하고, 필공에게는 감옥에 갇혀 있는 백성을 석방하도록 했다. 상용이 살던 마을에도 상을 내렸다. 남궁괄南宮括에게 녹대의 재물과 거교의 곡식을 풀어서 가난하고 무력한 백성을 구제하도록 했다. 남궁괄과 사일史佚에게 명해 구정九鼎과 보옥을 진열하도록 하고, 굉요에게 비간의 묘에 봉분을 올리도록 했다. 제사를 관장하는 종축宗祝에게는 전사한 병사를 위해 제사를 올리게 했다. 그러고는 마침내 전쟁의 종식을 선언한 뒤 서쪽으로 철군했다.

당시 주무왕은 사방을 순수하며 정사를 펼친 내용을 기록한 〈무성武成〉을 지었다. 제후를 봉하고 은나라의 제사 그릇 등을 골고루 나누어주며 〈분은지기물分殷之器物〉을 지었다. 주무왕은 선대 성군을 기리기 위해 신농의 후손을 초焦, 황제의 후손을 축祝, 요의 후손을 계薊, 순의 후손을 진陳, 우의 후손을 기杞에 봉했다. 이어 공신과 모사謀士에 대한 논공행상을 했다. 군사 여상이 가장 먼저 제후에 봉해졌다. 여상을 영구營丘에 도읍한 제나라, 동생 주공 단을 곡부曲阜에 도읍한 노나라, 소공 석을 계薊에 도읍한 연나라에 봉했다. 또 동생 숙선을 관管, 동생 숙탁을 채蔡에 봉했다. 나머지 사람도 세운 공의 등급을 좇아 차례로 각지에 봉했다. 이어 아홉 개 주의 군주인 구목九牧을 소집한 뒤 빈 땅의 언덕에 올라 은나라의 옛 도읍을 바라보았다. 주나라로 돌아온 뒤에도 밤늦도록 잠들지 못했다. 주공 단이 처소로 가 물었다.

"어째서 잠들지 못하는 것입니까?"

주무왕이 대답했다.

"그대에게 말해주겠소. 하늘이 은나라 제사를 받지 않았으니 내가 태어나기 이전부터 지금에 이르기까지 60년 동안 괴물[夷羊]이 교외에 나타나고, 해충[蜚鴻]이 들판에 가득 찼소.* 하늘이 은나라의 제사를 받지 않았기에 마침내 오늘과 같은 성공을 이루게 되었소. 은나라가 천명을 받아 막 건립되었을 때 발탁된 현인이 360명이나 되었소. 그러나 이후 그 업적이 드러나지도 않고, 버려지지도 않은 채 오늘에 이르게 되었소. 하늘이 주나라 보우하는지 아직 확신할 수 없는데 어찌 잠을 잘 겨를이 있겠소?"

이어 말했다.

"하늘이 주나라를 보우한 덕분에 하늘에 의지해 은나라 주를 제거했듯이 모든 악인을 찾아내어 벌할 것이오. 밤낮으로 노력해 나의 서쪽 땅을 안정시키고 일을 공정히 처리해 그 덕을 사방에 비추도록 하겠소. 낙수에서 이수까지는 지세가 평탄하고 험하지 않아 하나라가 정착한 곳이오. 남쪽으로 삼도三塗를 바라보고, 북쪽으로 태항산 주변을 바라보고, 황하를 살펴보았소. 이어 낙수와 이수 유역을 바라보니 그곳서 멀지 않은 곳에 도읍인 천실天室을 세우기에 적합했소."

그러고는 동도東都인 낙읍洛邑을 조성한 뒤 떠나갔다. 화산의 남쪽에 말을 방목하고, 도림桃林의 들판에 소를 방목하고, 무기와 병사를 거두어들이고 군사를 해산해 다시는 무기와 병사를 사용하지 않을 뜻을 천하에 알렸다. 주무왕은 은나라를 이긴 지 2년이 지난 뒤 기자에게 은나라가 패망한 이유를 물었다. 기자는 차마 은나라의 죄악을

● "이양"의 원문은 큰 사슴을 뜻하는 미록麋鹿으로 되어 있다. 그러나 《사기집해》는 서진西晉 때 활약한 서광徐廣의 주를 인용해 《주서》와 《수소자隨巢子》에는 괴물을 뜻하는 이양이 교외에 있다는 뜻의 이양재목夷羊在牧으로 되어 있다고 했다. 문맥상 길조를 뜻하는 미록보다 흉조를 뜻하는 이양으로 바꿔 해석하는 것이 옳다. 비홍만야蜚鴻滿野의 '비홍'을 《사기색은》은 후한 말기에 활약한 고유高誘의 주를 인용해 메뚜기를 닮은 해충인 멸몽蠛蠓으로 풀이했다. 《수소자》에도 비홍이 해충을 뜻하는 비습飛拾으로 되어 있다. 이에 대해 《사기정의》는 원문 그대로 해석할 것을 주장했다. 미록재목麋鹿在牧은 혈뜯는 소인배들이 조정에 가득해 군자들이 교외로 밀려나와 있고, 비홍만야蜚鴻滿野 역시 현자들이 들판에 방기되어 있다는 뜻으로 해석해야 한다는 것이다. 일리 있는 해석이기는 하나 문맥의 흐름과 원문에 해당하는 《수소자》의 구절 등을 감안할 때 《사기색은》의 주석을 좇는 것이 타당하다.

말할 수 없어 국가존망의 이치를 고했다. 주무왕 역시 난처해 하늘의 이치에 관해 물었다. 주무왕이 병이 들었을 때 천하가 아직 안정되지 않았다. 대신들이 모두 두려워하며 경건히 점을 쳤다. 주공 단이 목욕재계한 뒤 자신이 주무왕 대신 죽거나 병에 걸리겠다고 빌며 제사를 올렸다. 주무왕의 병세가 잠시 호전되었다. 이후 주무왕이 죽고 태자 송誦이 즉위했다. 그가 주성왕이다.

●● 武王卽位, 太公望爲師, 周公旦爲輔, 召公·畢公之徒左右王, 師脩文王緖業. 九年, 武王上祭于畢. 東觀兵, 至于盟津. 爲文王木主, 載以車, 中軍. 武王自稱太子發, 言奉文王以伐, 不敢自專. 乃告司馬·司徒·司空·諸節, "齊栗, 信哉! 予無知, 以先祖有德臣, 小子受先功, 畢立賞罰, 以定其功." 遂興師. 師尙父號曰, "總爾衆庶, 與爾舟楫, 後至者斬." 武王渡河, 中流, 白魚躍入王舟中, 武王俯取以祭. 旣渡, 有火自上復于下, 至于王屋, 流爲烏, 其色赤, 其聲魄云. 是時, 諸侯不期而會盟津者八百諸侯. 諸侯皆曰, "紂可伐矣." 武王曰, "女未知天命, 未可也." 乃還師歸. 居二年, 聞紂昏亂暴虐滋甚, 殺王子比干, 囚箕子. 太師疵·少師彊抱其樂器而犇周. 於是武王徧告諸侯曰, "殷有重罪, 不可以不畢伐." 乃遵文王, 遂率戎車三百乘, 虎賁三千人, 甲士四萬五千人, 以東伐紂. 十一年十二月戊午, 師畢渡盟津, 諸侯咸會. 曰, "孳孳無怠!" 武王乃作太誓, 告于衆庶, "今殷王紂乃用其婦人之言, 自絶于天, 毀壞其三正, 離逖其王父母弟, 乃斷棄其先祖之樂, 乃爲淫聲, 用變亂正聲, 怡說婦人. 故今予發維共行天罰. 勉哉夫子, 不可再, 不可三!" 二月甲子昧爽, 武王朝至于商郊牧野, 乃誓. 武王左杖黃鉞, 右秉白旄, 以麾. 曰, "遠矣西土之人!" 武王曰, "嗟! 我有國家君, 司徒·司馬·司空, 亞旅·師氏, 千夫長·百夫長, 及庸·蜀·羌·髳·微·纑·彭·濮人, 稱

爾戈, 比爾幹, 立爾矛, 予其誓." 王曰, "古人有言'牝雞無晨. 牝雞之晨,
惟家之索'. 今殷王紂維婦人言是用, 自棄其先祖肆祀不答, 昏棄其家
國, 遺其王父母弟不用, 乃維四方之多罪逋逃是崇是長, 是信是使, 俾
暴虐于百姓, 以姦軌于商國. 今予發維行天之罰. 今日之事, 不過六
步七步, 乃止齊焉, 夫子勉哉! 不過於四伐五伐六伐七伐, 乃止齊焉,
勉哉夫子! 尙桓桓, 如虎如羆, 如豺如離, 于商郊, 不禦克犇, 以役西土,
勉哉夫子! 爾所不勉, 其于爾身有戮."

　誓已, 諸侯兵會者車四千乘, 陳師牧野. 帝紂聞武王來, 亦發兵七十
萬人距武王. 武王使師尙父與百夫致師, 以大卒馳帝紂師. 紂師雖衆,
皆無戰之心, 心欲武王亟入. 紂師皆倒兵以戰, 以開武王. 武王馳之, 紂
兵皆崩畔紂. 紂走, 反入登于鹿臺之上, 蒙衣其殊玉, 自燔于火而死. 武
王持大白旗以麾諸侯, 諸侯畢拜武王, 武王乃揖諸侯, 諸侯畢從. 武王
至商國, 商國百姓咸待於郊. 於是武王使群臣告語商百姓曰, "上天降
休!" 商人皆再拜稽首, 武王亦答拜. 遂入, 至紂死所. 武王自射之, 三發
而后下車, 以輕劍擊之, 以黃鉞斬紂頭, 縣大白之旗. 已而至紂之嬖妾
二女, 二女皆經自殺. 武王又射三發, 擊以劍, 斬以玄鉞, 縣其頭小白之
旗. 武王已乃出復軍. 其明日, 除道, 脩社及商紂宮. 及期, 百夫荷罕旗
以先驅. 武王弟叔振鐸奉陳常車, 周公旦把大鉞, 畢公把小鉞, 以夾武
王. 散宜生·太顚·閎夭皆執劍以衛武王. 旣入, 立于社南大卒之左, 左
右畢從. 毛叔鄭奉明水, 衛康叔封布茲, 召公奭贊采, 師尙父牽牲. 尹佚
筴祝曰, "殷之末孫季紂, 殄廢先王明德, 侮蔑神祇不祀, 昏暴商邑百姓,
其章顯聞于天皇上帝." 於是武王再拜稽首, 曰, "膺更大命, 革殷, 受天
明命." 武王又再拜稽首, 乃出. 封商紂子祿父殷之餘民.

　武王爲殷初定未集, 乃使其弟管叔鮮·蔡叔度相祿父治殷. 已而命

召公釋箕子之囚. 命畢公釋百姓之囚, 表商容之閭. 命南宮括散鹿臺之財, 發鉅橋之粟, 以振貧弱萌隸. 命南宮括·史佚展九鼎保玉. 命閎夭封比干之墓. 命宗祝享祠于軍. 乃罷兵西歸. 行狩, 記政事, 作武成. 封諸侯, 班賜宗彝, 作分殷之器物. 武王追思先聖王, 乃褒封神農之後於焦, 黃帝之後於祝, 帝堯之後於薊, 帝舜之後於陳, 大禹之後於杞. 於是封功臣謀士, 而師尙父爲首封. 封尙父於營丘, 曰齊. 封弟周公旦於曲阜, 曰魯. 封召公奭於燕. 封弟叔鮮於管, 弟叔度於蔡. 餘各以次受封. 武王徵九牧之君, 登豳之阜, 以望商邑. 武王至于周, 自夜不寐. 周公旦卽王所, 曰, "曷爲不寐?" 王曰, "告女, 維天不饗殷, 自發未生於今六十年, 麋鹿在牧, 蜚鴻滿野. 天不享殷, 乃今有成. 維天建殷, 其登名民三百六十夫, 不顯亦不賓滅, 以至今. 我未定天保, 何暇寐!" 王曰, "定天保, 依天室, 悉求夫惡, 貶從殷王受. 日夜勞來定我西土, 我維顯服, 及德方明. 自洛汭延于伊汭, 居易毋固, 其有夏之居. 我南望三塗, 北望嶽鄙, 顧詹有河, 粵詹雒·伊, 毋遠天室." 營周居于雒邑而後去. 縱馬於華山之陽, 放牛於桃林之虛, 偃干戈, 振兵釋旅, 示天下不復用也. 武王已克殷, 後二年, 問箕子殷所以亡. 箕子不忍言殷惡, 以存亡國宜告. 武王亦醜, 故問以天道. 武王病. 天下未集, 群公懼, 穆卜, 周公乃祓齋, 自爲質, 欲代武王, 武王有瘳. 後而崩, 太子誦代立, 是爲成王.

주성왕본기

주공 단은 섭정에 임하면서 주성왕이 어리고 주나라가 막 천하를 평정한 까닭에 혹여 제후들이 배신할까 두려워 신중히 정사를 펼쳤

다. 당시 두 동생인 관숙과 채숙은 주공을 크게 의심한 나머지 마침
내 무경과 합세해 주나라를 배신하고 난을 일으켰다. 주공은 주성왕
의 명을 받들어 평정에 나섰다. 이내 무경과 관숙을 죽이고, 채숙을
귀양 보냈다. 미자 개에게 명해 은나라를 계승한 송나라를 세우게
했다. 나머지 은나라 유민은 모두 거두어 막냇동생 봉에게 보낸 뒤
위강숙에 봉했다. 이때 주무왕의 아들 진당숙晉唐叔이 상서로운 곡식
[嘉穀]을 얻어 주성왕에게 바쳤다. 주성왕이 이를 병영에 있는 주공에
게 보냈다. 주공은 동쪽 땅에서 그것을 받은 뒤 천자의 명을 선포했
다. 당초 관숙과 채숙이 주나라를 배신하고 반기를 든 후 주공은 3년
만에 이를 평정했다.

〈대고大誥〉를 지은 뒤 〈미자지명微子之命〉·〈귀화歸禾〉·〈가화嘉禾〉·
〈강고康誥〉·〈주고酒誥〉·〈자재梓材〉 등을 차례로 지었다. 당시의 일이
이들 글에 자세히 기록되어 있다. 주공이 정무를 집행한 지 7년이 지
나자 주성왕이 성년이 되었다. 주공은 주성왕에게 정권을 돌려주는
반정反政을 행한 뒤 북면北面하는 신하의 자리로 돌아갔다. 당시 주성
왕은 풍읍에 머물고 있었다. 곧 소공 석에게 명해 다시 낙읍을 다스
리며 주무왕의 뜻을 계승하게 했다. 이때 주공 단이 다시 점을 치고
잘 살핀 뒤 마침내 풍에 도성을 건립하고, 구정을 그곳에 안치하며
이같이 말했다.

"이곳은 천하의 중심이다. 사방에서 공물을 바치러 오는 거리가
모두 같다!"

그러고는 〈소고召誥〉와 〈낙고洛誥〉를 지었다. 주성왕이 아직 남아
있던 은나라 유민을 그곳으로 옮기자 주공은 주성왕의 명을 알리기
위해 〈다사多士〉와 〈무일無逸〉을 지었다. 소공 석은 태보太保, 주공 단

은 태사太師에 임명되었다. 이때 동쪽으로 회이를 정벌하고 엄奄을 멸한 후 그 군주를 박고薄姑로 이주시켰다. 주성왕이 엄 땅에서 돌아와 종주宗周에 머물며 〈다방多方〉을 지었다. 주성왕은 은나라의 잔존 세력을 멸하고, 회이를 기습한 뒤 풍호로 돌아와 〈주관周官〉을 지었다. 이로써 예의와 음악이 바로잡히고 흥성해졌다. 제도도 바르게 개혁했다. 백성이 서로 화목해지고 칭송의 노래가 울려 퍼진 이유다. 주성왕이 동이를 정벌하자 멀리서 식신이 와 경하했다. 영백榮伯에게 〈회식신지명賄息愼之命〉을 짓게 한 이유다.

주성왕은 임종에 앞서 태자 교釗가 자리를 제대로 맡지 못할까 걱정했다. 소공과 필공에게 명해 제후를 이끌고 와 태자를 옹립하게 했다. 주성왕이 죽자 소공과 필공이 제후들을 이끌고 와 태자 교를 인도해 선왕의 묘에 참배하게 했다. 이때 주문왕과 주무왕이 왕업을 어렵게 이룬 사실을 거듭 고했다. 검약에 힘쓰고, 탐욕을 부리지 말고, 진실한 믿음으로 통치에 임할 것을 권하는 〈고명〉을 지은 이유다. 태자 교가 마침내 즉위하니, 그가 주강왕周康王이다. 주강왕은 주문왕과 주무왕의 위업을 널리 알릴 것을 선포하고 〈강고〉를 지었다. 주성왕과 주강왕의 시대에는 천하가 안정되어 형벌이 40년 넘게 쓰이지 않았다. 주강왕은 천자가 제후를 책봉할 때 내리는 책명策命을 지어 필공에게 내린 후 일부 백성의 성주成周 교외로 이주를 독려케 하고는 〈필명畢命〉을 지었다.

●● 成王少, 周初定天下, 周公恐諸侯畔周, 公乃攝行政當國. 管叔 · 蔡叔群弟疑周公, 與武庚作亂, 畔周. 周公奉成王命, 伐誅武庚 · 管叔, 放蔡叔. 以微子開代殷後, 國於宋. 頗收殷餘民, 以封武王少弟封爲衛康叔. 晉唐叔得嘉穀, 獻之成王, 成王以歸周公于兵所. 周公受禾東土,

魯天子之命. 初, 管·蔡畔周, 周公討之, 三年而畢定, 故初作大誥, 次
作微子之命, 次歸禾, 次嘉禾, 次康誥·酒誥·梓材, 其事在周公之篇.
周公行政七年, 成王長, 周公反政成王, 北面就群臣之位. 成王在豐, 使
召公復營洛邑, 如武王之意. 周公復卜申視, 卒營築, 居九鼎焉. 曰, "此
天下之中, 四方入貢道里均." 作召誥·洛誥. 成王旣遷殷遺民, 周公以
王命告, 作多士·無佚. 召公爲保, 周公爲師, 東伐淮夷, 殘奄, 遷其君
薄姑. 成王自奄歸, 在宗周, 作多方. 旣絀殷命, 襲淮夷, 歸在豐, 作周
官. 興正禮樂, 度制於是改, 而民和睦, 頌聲興. 成王旣伐東夷, 息愼來
賀, 王賜榮伯, 作賄息愼之命. 成王將崩, 懼太子釗之不任, 乃命召公·
畢公率諸侯以相太子而立之. 成王旣崩, 二公率諸侯, 以太子釗見於先
王廟, 申告以文王·武王之所以爲王業之不易, 務在節儉, 毋多欲, 以
篤信臨之, 作顧命. 太子釗遂立, 是爲康王. 康王卽位, 徧告諸侯, 宣告
以文武之業以申之, 作康誥. 故成康之際, 天下安寧, 刑錯四十餘年不
用. 康王命作策, 畢公分居里, 成周郊, 作畢命.

주목왕본기

주강왕이 죽자 아들 주소왕周昭王 하瑕가 즉위했다. 주소왕 때는 왕
도가 점차 쇠약해졌다. 주소왕은 남쪽으로 순수를 나갔다가 돌아오
지 못하고 장강에 빠져 죽었다. 조정에서 부고를 알리지 않고 숨겼
다. 주소왕의 아들 만滿이 뒤를 이어 즉위했다. 그가 주목왕周穆王이
다. 주목왕은 즉위할 때 나이가 이미 쉰 살이었다. 왕도가 쇠약해지
자 주목왕은 주문왕과 주무왕의 도가 쇠약해진 것을 근심했다. 이내

백경伯冏을 태복太僕으로 삼은 뒤 국정을 주의 깊게 살피도록 하고는 〈경명冏命〉을 지었다. 다시 안정을 찾은 이유다. 주목왕이 견융 정벌에 나서려 하자 제공祭公 모보謀父가 간했다.

"안 됩니다. 주선왕은 덕을 밝혔을 뿐 무력을 과시하지 않았습니다. 병력은 평상시에는 신중하게 보유하고 있다가 필요한 때 출동시키는 것이고, 단번에 출동해야 위세가 섭니다. 무력을 과시하면 장난이 되고, 장난으로 무력을 사용하면 위엄이 사라집니다. 시호가 문공文公인 주공 단도 노래하기를, '창과 방패를 거두어들이고 활과 화살을 자루에 넣었네. 아름다운 덕을 닦아서 온 나라에 실행하고, 왕도로써 천하를 보존하리라!'고 했습니다. 선왕은 백성에게 덕을 바르게 하고 성정을 두텁게 하도록 했습니다. 백성의 재물을 풍성하게 하고, 기물을 편리하게 이용하도록 했습니다. 이로움과 해로움의 소재를 분명히 밝히면서 문치를 통해 스스로 수양하도록 한 것입니다. 또한 이익을 추구하며 손해를 피하는 무리피해務利避害를 고취하고, 덕행을 사모하며 형벌을 두려워하는 회덕외위懷德畏威를 지키도록 했습니다. 선왕이 대대로 천하를 보전하며 날로 강해진 이유입니다.

전에 우리 선왕이 대대로 후직의 직책을 맡아 순임금의 우나라와 우왕의 하나라에 종사했습니다. 하나라가 쇠퇴해 후직 벼슬을 없애고 농업에 힘쓰지 않자 선왕 부줄은 관직을 잃고 스스로 융적이 사는 곳으로 피했습니다. 그러나 감히 농업에 태만하지 않고 늘 스스로 덕행을 쌓으며 사업을 지속했습니다. 교훈이 되는 성현의 저서로 수양하며 아침저녁으로 삼가 애쓰고, 돈독하고 성실히 지키고, 충성스러운 마음으로 모든 것을 받들어 실행했습니다. 후대에도 이런 덕이 계승되어 선대의 이름을 더럽히지 않았습니다.

더욱이 주문왕과 주무왕 때에 이르러 전대의 빛나는 업적을 밝히고, 자애와 화목을 더해 신을 섬기고 백성을 보호하자 기뻐하지 않는 자가 없었습니다. 은나라 왕 신辛이 백성에게 큰 죄를 지어 백성이 모두 더는 견딜 수 없어 기꺼이 주무왕을 받들었습니다. 주무왕이 목야에서 은나라 군사와 싸운 이유입니다. 선왕이 무력에 힘쓴 것이 아니라 백성의 고통을 불쌍히 여겨 무력으로 해로움을 제거한 것입니다. 무릇 선왕의 제도에 따르면 나라 안을 전복甸服, 전복 밖을 후복, 제후국 밖을 빈복賓服, 이만夷蠻이 거주하는 일대를 요복要服, 융적이 사는 일대를 황복이라고 합니다.•

전복의 나라는 제祭를, 후복의 나라는 사祀를, 빈복의 나라는 향享을, 요복의 나라는 공貢을, 황복의 나라는 왕王을 행합니다.•• 이는 일제·월사·시향·세공·종왕을 뜻합니다. 선왕은 이런 제사 의식을 거행하면서 일제에 참여하지 않는 자가 있으면 자신의 뜻을 살피고, 월사에 참여하지 않는 자가 있으면 자신의 말을 살피고, 시향에 참여하지 않는 자가 있으면 자신의 정령과 교화를 점검하고, 세공에 참여하지 않는 자가 있으면 자신의 명분을 살피고, 종왕에 참여하지

• 융적의 적翟은 적狄과 같다.《원화성찬元和姓纂》과《통지通志》〈씨족략氏族略〉에 따르면 상고上古 때 중원의 북쪽에 훗날 적국翟國으로 불린 적족翟族이 살았다. 적국은 춘추시대 당시 이웃한 진나라에 의해 패망했다. 훗날 진나라가 한·위·조로 삼분되고 이후 다시 진秦나라에 의해 패망하는 와중에 중원에 들어와 살던 적국의 사람들은 전국 각지로 옮겨가 살면서 나라 이름을 자신의 성씨로 삼았다. 당시 북쪽에 사는 사람들은 적翟 자를 '적'으로 읽었으나, 남쪽으로 이주한 사람들은 '적'으로 읽었다.
••《사기집해》는 위소의 주를 인용해 제는 날마다 제사 지내는 일제日祭, 사는 달마다 제사 지내는 월사月祀, 향은 시절마다 제수祭需를 올리는 시향時享, 공은 해마다 공물을 바치는 세공歲貢, 왕은 제후왕諸侯王이 죽을 때까지 천자를 알현하는 의무를 행하는 종왕終王으로 풀이했다.

않는 나라가 있으면 자신의 덕을 수양하고, 매사를 순리에 맞게 행했는데도 가까이 다가오지 않는 자가 있으면 형률을 다듬었습니다.

예컨대 끝내 일제에 참여하지 않는 자에게는 법에 따라 징벌하는 형刑을 행하고, 끝내 월사에 참여하지 않는 자에게는 무력시위로 징벌하는 벌伐을 행하고, 끝내 시향에 참여하지 않는 자에게는 군대를 보내 정벌하는 정征을 행하고, 끝내 세공에 참여하지 않는 자에게는 위엄 있게 꾸짖는 양讓을 행하고, 끝내 종왕에 참여하지 않는 자에게는 훈계하며 타이르는 고告를 행했습니다. 형벌을 내리는 법인 형벌지벽刑罰之辟, 공벌에 나서는 군사인 공벌지병攻伐之兵, 토벌의 준비조치인 정토지비征討之備, 위엄 있게 나무라는 명령인 위양지명威讓之命, 훈계하며 타이르는 글인 문고지사文告之辭가 존재한 이유입니다. 명령을 포고하고 타이르며 권해도 오지 않으면 더욱 자신의 덕을 수양해야 하고, 결코 백성을 원정에 동원해서는 안 됩니다. 이같이 해야 가까이서 군주의 명을 듣지 않는 자가 없게 되고, 멀리서 복종하지 않는 자가 없게 됩니다.

견융은 우두머리인 대필大畢과 백사伯士가 귀순한 이후 자신들의 직무처럼 군주를 왕으로 받들며 알현하러 오고 있습니다. 군주가 '나는 제수를 바치지 않는 죄를 물어 이들을 쳐 무위武威를 보여주겠다'고 말하는 것은 선왕의 훈계를 저버리고 선왕의 제도를 파괴하는 것이 아니겠습니까? 신은 견융이 돈독한 기풍을 세우고, 옛날의 덕을 따르며 줄곧 순박함과 견고함을 지킨다고 들었습니다. 이들은 우리를 능히 막을 수 있을 것입니다."

그러나 주목왕은 기어이 이들을 쳐 흰 이리[白狼] 네 마리와 흰 사슴[白鹿] 네 마리를 포획해 돌아왔다. 이로부터 황복의 나라가 알현을 오지 않았다. 제후 가운데 따르지 않는 자들이 나타나자 보후甫侯가 주목왕에게 이를 고하고 형법을 제정했다. 주목왕이 말했다.

"자, 이리로 오라. 봉국과 봉토가 있는 제후들이여! 그대들에게 형률을 신중히 다루는 법을 일러주겠다. 지금 그대들은 백성을 평안하게 만들고자 하면서 인재가 아닌 그 무엇을 택하고, 형률이 아닌 그 무엇을 받들고, 공평이 아닌 그 무엇에 근거할 것인가? 원고와 피고가 오면 법관은 오사五辭로 심리하고, 오사가 타당하고 믿을 만하면 오형으로 처벌하고, 오형으로 판결하기 어려우면 오벌五罰로 대치하고, 오벌에 불복하면 오과五過로 바로잡도록 하라.•

오과의 병폐는 권력과 연줄이 작용하는 관옥官獄과 내옥內獄에 있다. 이 경우 관원의 죄는 범법자와 같으므로 진상을 철저히 조사해 처벌해야 한다. 오형의 적용에 의심이 가면 사면하고, 오벌의 적용에 의심이 가도 사면하고 사안을 면밀히 살펴 판결해야 한다. 판결이 타당해야 백성이 따른다. 심문할 때는 근거가 있어야 한다. 의심이 남아 있는 상황에서 임의로 판결해서는 안 된다. 하늘의 위엄을 공경히 받드는 자세로 임해야 하는 이유다.

예컨대 뜸을 뜨는 경형의 죄를 지었으나 의심이 가면 용서하고 벌금 100환鍰을 부과하되 그 죄를 소상히 조사해야 한다.•• 코를 베는

• 오사를 《사기정의》는 《한서》〈형법지〉를 인용해 글의 내용을 살피는 사청辭聽, 안색을 살피는 색청色聽, 기세를 살피는 기청氣聽, 귀로 듣는 이청耳聽, 눈으로 살피는 목청目聽을 들었다. 《주례周禮》는 언사가 정직하지 못하면 말이 많고, 눈이 정직하지 못하면 눈빛이 흐리고, 귀가 정직하지 못하면 대답에 일관성이 없고, 안색이 정직하지 못하면 벌겋게 달아오르고, 기세가 정직하지 못하면 기침을 자주 한다고 했다. 오벌과 오과를 《사기집해》는 공안국의 주를 인용해 오벌은 벌금을 내고 속죄하는 것, 오과는 형벌을 과하지 않고, 과실로 처리해 방면하는 것으로 풀이했다.

•• "벌금 100환"의 원문은 기벌백쇄其罰百率다. 쇄率를 《사기집해》는 서광의 주를 인용해 환으로 풀이했다. 공안국은 환을 황철黃鐵 6량兩으로 해석했다. 《사기색은》은 환을 무게 6량을

의형에 해당하는 죄를 지었으나 의심이 가면 용서하고 벌금 200환을 부과하되 그 죄를 소상히 조사해야 한다.[*] 무릎관절을 바르는 빈형臏刑의 죄를 지었으나 의심이 가면 용서하고 벌금 333환을 부과하되 그 죄를 소상히 조사해야 한다.[**] 생식기를 거세하는 궁형의 죄를 지었으나 의심이 가면 용서하고 벌금 500환을 부과하되 그 죄를 소상히 조사해야 한다. 목을 베는 대벽大辟의 죄를 지었으나 의심이 가면 용서하고 벌금 1,000환에 부과하되 그 죄를 소상히 조사해야 한다. 묵형의 조항은 1,000가지, 의형은 1,000가지, 빈형의 종류는 500가지, 궁형의 종류는 300가지, 대벽형의 종류는 200가지다. 오형의 조항은 모두 3,000가지인 셈이다."

이를 〈보형甫刑〉으로 명명했다. 주목왕이 재위 55년에 죽고 아들 주공왕周共王 예호繄扈가 즉위했다. 주공왕이 경수 부근에서 노닐 때 밀강공密康公이 그를 수행했다. 세 여인이 밀강공에게 몸을 맡겨왔다. 밀강공의 모친이 훈계했다.[***]

"그 여인들을 왕에게 바치도록 해라. 짐승이 세 마리면 군群, 사람이 셋이면 중衆, 여인이 셋이면 찬粲이라 한다. 왕은 사냥할 때 많은 짐승을 잡아서는 안 되고, 제후는 행차할 때 수레에서 내려 한쪽 이야기만 하는 무리와 사안을 논의해서는 안 된다. 왕도 비빈妃嬪을 맞이할 때 한집안에서 세 명의 여인을 동시에 취할 수 없다. 더구나 세

뜻하는 렬鋝과 같다고 했다.
● "벌금 200환"의 원문은 기벌배쇄其罰倍灑다. 《사기집해》는 서광의 주를 인용해 쇄灑가 다섯 배를 뜻하는 사䢃로 된 판본이 있다고 했다. 공안국은 배백倍百은 곧 200환에 해당한다며 쇄를 100환으로 간주했다.
●● "벌금 333환"의 원문은 기벌배차其罰倍差다. 《사기집해》는 마음의 주를 인용해 배차를 400환에 400의 33분의 1을 더한 것이라고 했다. 이에 대해 《사기정의》는 그럴 경우 궁형보다 더 무거운 형벌이 된다며 333환 2량으로 보았다. 여기서는 대략 333환으로 표기했다.
●●● 《사기집해》는 《열녀전列女傳》을 인용해 밀강공 모친의 성씨가 외씨隗氏라고 했다.

명의 여인 모두 미인이다. 사람들이 이 미녀들을 일거에 너에게 바쳤으니, 네가 무슨 덕으로 이들을 감당할 수 있겠는가? 왕도 감당할 수 없는데 하물며 너 같은 소추小醜야 더 말할 것이 있는가? 소추가 보물을 지니고 있으면 반드시 망하게 된다."

그러나 밀강공은 세 명의 여인을 왕에게 바치지 않았다. 1년 뒤 주 공왕이 밀국을 멸했다. 주공왕 사후 아들 주의왕周懿王 간䠊이 즉위했다. 주의왕 때 주나라 왕실이 점차 쇠약해졌다. 시인들이 시를 지어 이를 풍자했다.

●● 康王卒, 子昭王瑕立. 昭王之時, 王道微缺. 昭王南巡狩不返, 卒 於江上. 其卒不赴告, 諱之也. 立昭王子滿, 是爲穆王. 穆王卽位, 春秋 已五十矣. 王道衰微, 穆王閔文武之道缺, 乃命伯冏申誡太僕國之政, 作冏命. 復寧. 穆王將征犬戎, 祭公謀父諫曰, "不可. 先王燿德不觀兵. 夫兵戢而時動, 動則威, 觀則玩, 玩則無震. 是故周文公之頌曰, '載戢 干戈, 載櫜弓矢, 我求懿德, 肆于時夏, 允王保之.' 先王之於民也, 茂正 其德而厚其性, 阜其財求而利其器用, 明利害之鄕, 以文脩之, 使之務 利而辟害, 懷德而畏威, 故能保世以滋大. 昔我先王世后稷以服事虞‧ 夏. 及夏之衰也, 棄稷不務, 我先王不窋用失其官, 而自竄於戎狄之閒. 不敢怠業, 時序其德, 遵脩其緒, 脩其訓典, 朝夕恪勤, 守以敦篤, 奉以 忠信. 奕世載德, 不忝前人. 至于文王‧武王, 昭前之光明而加之以慈 和, 事神保民, 無不欣喜. 商王帝辛大惡于民, 庶民不忍, 訢載武王, 以 致戎于商牧. 是故先王非務武也, 勸恤民隱而除其害也. 夫先王之制, 邦內甸服, 邦外侯服, 侯衛賓服, 夷蠻要服, 戎翟荒服. 甸服者祭, 侯服 者祀, 賓服者享, 要服者貢, 荒服者王. 日祭, 月祀, 時享, 歲貢, 終王. 先王之順祀也, 有不祭則脩意, 有不祀則脩言, 有不享則脩文, 有不貢則脩名, 有不王則脩德, 序成而有不至則脩刑. 於是有刑不祭, 伐不祀, 征不享, 讓不貢, 告不王. 於是有刑罰之辟, 有攻伐之兵, 有征討之備, 有威讓之命, 有文告之辭. 布令陳辭而有不至, 則增脩於德, 無勤民於遠. 是以近無不聽, 遠無不服. 今自大畢·伯士之終也, 犬戎氏以其職來王, 天子曰'予必以不享征之, 且觀之兵', 無乃廢先王之訓, 而王幾頓乎? 吾聞犬戎樹敦, 率舊德而守終純固, 其有以禦我矣."王遂征之, 得四白狼四白鹿以歸. 自是荒服者不至. 諸侯有不睦者, 甫侯言於王, 作脩刑辟. 王曰, "吁, 來! 有國有土, 告汝祥刑. 在今爾安百姓, 何擇非其人, 何敬非其刑, 何居非其宜與? 兩造具備, 師聽五辭. 五辭簡信, 正於五刑. 五刑不簡, 正於五罰. 五罰不服, 正於五過. 五過之疵, 官獄內獄, 閱實其罪, 惟鈞其過. 五刑之疑有赦, 五罰之疑有赦, 其審克之. 簡信有衆, 惟訊有稽. 無簡不疑, 共嚴天威. 黥辟疑赦, 其罰百率, 閱實其罪. 劓辟疑赦, 其罰倍灑, 閱實其罪. 臏辟疑赦, 其罰倍差, 閱實其罪. 宮辟疑赦, 其罰五百率, 閱實其罪. 大辟疑赦, 其罰千率, 閱實其罪. 墨罰之屬千, 劓罰之屬千, 臏罰之屬五百, 宮罰之屬三百, 大辟之罰其屬二百, 五刑之屬三千."命曰甫刑. 穆王立五十五年, 崩, 子共王繄扈立. 共王遊於涇上, 密康公從, 有三女犇之. 其母曰, "必致之王. 夫獸三爲群, 人三爲衆, 女三爲粲. 王田不取群, 公行不下衆, 王御不參一族. 夫粲, 美之物也. 衆以美物歸女, 而何德以堪之? 王猶不堪, 況爾之小醜乎! 小醜備物, 終必亡."康公不獻, 一年, 共王滅密. 共王崩, 子懿王艱立. 懿王之時, 王室遂衰, 詩人作刺.

주여왕본기

주의왕 사후 동생 벽방辟方이 즉위했다. 그가 주효왕周孝王이다. 주
효왕 사후 제후들이 다시 주의왕의 태자 섭燮을 세웠다. 그가 주이왕
周夷王이다. 주이왕이 죽자 아들 주여왕周厲王 호胡가 즉위했다. 주여
왕은 30년 동안 재위하면서 이권을 탐내고 영이공榮夷公을 가까이했
다. 대부 예량부芮良夫가 간했다.

"왕실이 장차 몰락할 듯합니다. 영이공은 산천을 관리하는 데 따
른 이익을 독점하면서 큰 재앙이 닥치리라는 것을 모릅니다. 이익은
만물에서 생기는 것으로, 천지가 함께 소유하는 것입니다. 독점하면
폐해가 많아집니다. 천지만물은 모든 사람이 함께 써야 하는 것이니,
어찌 한 사람이 독점할 수 있겠습니까? 이익을 독점하면 많은 사람
의 분노를 초래합니다. 그리되면 큰 재앙에 대비할 수 없습니다. 영
이공이 이런 식으로 대왕을 가르치고 있으니 어찌 왕업을 오래도록
지킬 수 있겠습니까?

무릇 군왕은 이익을 이끌어내 위아래 모든 사람에게 공평히 베풀
어야 합니다. 귀신과 사람, 그리고 만물이 각자 적당함을 얻지 못하
는 일이 없게 하고, 행여 원망이 이르게 될까 날마다 근심하고 두려
워해야 합니다. 〈송〉에 이르기를, '문덕文德이 높은 후직을 생각하니,
저 하늘과 짝이 될 만하네. 우리 백성 스스로 서게 만드니 모두 그분
을 본받네'라고 했습니다. 또 〈대아〉에 이르기를, '두루 복을 내리니
주나라의 천하가 되었네'라고 했습니다. 이는 이익을 두루 나누며
환난을 두려워한 것이 아니겠습니까? 주나라가 지금까지 이어져온
이유입니다.

대왕이 재물을 독차지하는 것을 배우는 것이 과연 옳은 것입니까? 필부가 이익을 독점해도 '도적'이라고 칭하는데, 대왕이 이를 행하면 따르는 사람이 드물 것입니다. 영이공을 등용하면 주나라는 반드시 패망할 것입니다."

주여왕이 듣지 않고 기어이 영이공을 경사卿士로 삼아 국사를 주관하게 했다. 주여왕은 포악하고 사치하며 교만했다. 백성이 그를 비난한 이유다. 소강공召康公의 후손인 소목공召穆公 호虎가 간했다.

"백성이 명을 감당치 못합니다."

주여왕이 화를 내며 위衛나라 무사巫師를 불러 비난하는 자들을 감시케 하고, 무사가 보고하면 곧바로 그들을 죽였다. 비난하는 자가 줄어들기는 했으나 제후들이 알현하러 오지 않은 이유다. 주여왕 34년, 왕이 더욱 엄하게 단속하자 사람들은 감히 말을 꺼내지 못했다. 길에서 만나면 서로 눈짓만 했다. 주여왕이 기뻐하며 소목공 호에게 말했다.

"내가 비방을 엄금하자 그 누구도 감히 비난하지 못하게 되었다!"

소목공 호가 간했다.

"이는 억지로 막은 것입니다. 백성의 입을 막는 것은 물을 막는 것보다 어렵습니다. 물이 막혔다가 터지면 다치는 사람이 매우 많습니다. 백성도 마찬가지입니다. 물은 터서 흐르게 하고, 백성은 말을 하도록 이끌어야 합니다. 천자는 정사를 펼 때 공경에서 일반 관원에 이르기까지 모든 관원에게 시를 바치게 하고, 악관에게 곡을 지어 바치게 하고, 사관에게 이전의 정사를 적은 사서를 바치게 하고, 악사에게 잠언을 바치게 하고, 눈동자가 없는 장님[瞍]에게 부賦를 봉헌케 하고, 눈동자가 있는 청맹과니[矇]에게 시부詩賦를 암송하게 하고, 백관에게 수시로 간하게 하고, 백성에게 세간의 이야기를 위로 전달케 하고, 좌우 시종에게 간을 살피는 책임을 다하게 하고, 친척에게 군왕의 과실을 보완하며 살피게 하고, 악태사樂太師인 소경 고瞽와 사서를 관장하는 태사에게 악곡과 상서를 통해 천자를 바르게 인도하고, 늙은 신하에게 이 모든 것을 정리해 바치도록 합니다. 이후 군왕은 이를 참작해 일을 행합니다. 그래야 정사는 잘 행해지고 사리에 어긋나지 않게 됩니다.

백성에게 입이 있는 것은 대지에 산천이 있어 쓸모 있는 것이 모두 여기서 나오는 것과 같습니다. 또 대지에 평야·습지·옥토가 있어 의식衣食이 모두 여기서 나오는 것과 같습니다. 백성이 마음껏 말하게 하면 잘하고 못한 일이 모두 여기서 비롯됩니다. 선행을 통해 일이 어긋나지 않도록 미연에 방지하는 것은 대지에서 재물을 생산해 의식을 충족시키는 것과 같습니다. 무릇 백성은 속으로 생각한 것을 입으로 말하고, 이를 하나의 견해로 삼아 실행합니다. 이들의 입을 막고자 할 경우 과연 며칠이나 그럴 수 있겠습니까?"

주여왕이 듣지 않았다. 이후 주나라에는 감히 말하는 자가 없게 되었다. 3년이 지나자 마침내 백성이 서로 합세해 난을 일으킨 뒤 주여왕을 쳤다. 주여왕이 황급히 체彘 땅으로 달아났다. 당시 주여왕의 태자 정靜은 소목공 호의 집에 숨었다. 백성이 소문을 듣고 마침내 그 집을 포위했다. 소목공 호가 말했다.

"전에 내 누차 군왕에게 간했지만 군왕이 듣지 않다가 끝내 이런 재난에 이르게 되었다. 지금 태자를 죽이면 군왕은 나를 원수로 여겨 원망하며 화내지 않겠는가? 무릇 군주를 모시는 사람은 위험에 처할지라도 군주를 원망하지 않고, 군주가 책망할지라도 성내지 않는 법이다. 하물며 천자를 섬기는 경우이겠는가?"

곧 자신의 아들을 태자로 꾸몄다. 덕분에 태자는 위기에서 벗어날 수 있었다.

●● 懿王崩, 共王弟辟方立, 是爲孝王. 孝王崩, 諸侯復立懿王太子燮, 是爲夷王. 夷王崩, 子厲王胡立. 厲王卽位三十年, 好利, 近榮夷公. 大夫芮良夫諫厲王曰, "王室其將卑乎? 夫榮公好專利而不知大難. 夫利, 百物之所生也, 天地之所載也, 而有專之, 其害多矣. 天地百物皆將取焉, 何可專也? 所怒甚多, 而不備大難. 以是敎王, 王其能久乎? 夫王人者, 將導利而布之上下者也. 使神人百物無不得極, 猶日怵惕懼怨之來也. 故頌曰 '思文后稷, 克配彼天, 立我蒸民, 莫匪爾極'. 大雅曰 '陳錫載周'. 是不布利而懼難乎, 故能載周以至于今. 今王學專利, 其可乎? 匹夫專利, 猶謂之盜, 王而行之, 其歸鮮矣. 榮公若用, 周必敗也." 厲王不聽, 卒以榮公爲卿士, 用事. 王行暴虐侈傲, 國人謗王. 召公諫曰, "民不堪命矣." 王怒, 得衛巫, 使監謗者, 以告則殺之. 其謗鮮矣, 諸侯不朝. 三十四年, 王益嚴, 國人莫敢言, 道路以目. 厲王喜, 告召公曰, "吾能弭謗矣, 乃不敢言." 召公曰, "是鄣之也. 防民之口, 甚於防水. 水壅而潰, 傷人必多, 民亦如之. 是故爲水者決之使導, 爲民者宣之使言. 故天子聽政, 使公卿至於列士獻詩, 瞽獻曲, 史獻書, 師箴, 瞍賦, 矇誦, 百工諫, 庶人傳語, 近臣盡規, 親戚補察, 瞽史敎誨, 耆艾脩之, 而后王斟酌焉, 是以事行而不悖. 民之有口也, 猶土之有山川也, 財用於是乎出, 猶其有原隰衍沃也, 衣食於是乎生. 口之宣言也, 善敗於是乎興. 行善而備敗, 所以産財用衣食者也. 夫民慮之於心而宣之於口, 成而行之. 若壅其口, 其與能幾何?" 王不聽. 於是國莫敢出言, 三年, 乃相與畔, 襲厲王. 厲王出犇於彘. 厲王太子靜匿召公之家, 國人聞之, 乃圍之. 召

公曰, "昔吾驟諫王, 王不從, 以及此難也. 今殺王太子, 王其以我爲讎
而懟怒乎? 夫事君者, 險而不讎懟, 怨而不怒, 況事王乎!" 乃以其子代
王太子, 太子竟得脫.

주유왕본기

주여왕이 체 땅으로 달아난 이후 소목공이 주공과 함께 정무를 관
리했다. 이를 공화共和라고 한다.• 공화 14년, 주여왕이 체 땅에서 죽
었다. 소목공의 집에서 자란 태자 정靜을 두 재상이 옹립했다. 그가
주선왕周宣王이다. 주선왕 즉위 후 두 재상이 그를 보좌해 정사를 돌
보았다. 주선왕이 선왕인 주문왕과 주무왕·주성왕·주경왕周頃王의
유풍을 본받자 제후들이 다시 주나라를 섬겼다. 주선왕 12년, 노무
공魯武公이 알현차 왔다. 주선왕이 천무千畝 지역에서 행하는 군왕의
농경 행사인 적전籍田 의식을 수행하지 않자 괵문공虢文公이 충고했
다. 주선왕이 듣지 않았다. 주선왕 39년, 천무에서 전쟁이 일어났다.
주선왕의 군사가 서융의 별종別種인 강씨姜氏에게 대패했다. 주선왕
은 남양南陽에서 다시 군사를 잃게 되자 태원에서 징병하고자 했다.
이를 위해 먼저 호구를 조사하자 대부 중산보仲山甫가 덕정도 펼치지

● 공화의 실체에 대한 해석이 분분하다. 사마천은 소목공 호가 주공과 함께 정무를 총괄한
것을 공화라고 했다. 이에 대해《사기색은》은《급총기년汲冢紀年》을 인용해 공백共伯 화和가
섭정한 것을 뜻한다고 풀이했다.《사기정의》에 인용된《노련자魯連子》도 유사한 해석을 해놓
았다. 그러나《사기정의》는《노련자》와《급총기년》의 해석은 모두 위무공衛武公 화和와 그에
의해 죽임을 당한 친형 공백共伯의 일을 주왕실의 찬사와 혼동한 데 따른 것이라고 지적했다.
그러면서 위소의 주를 인용해 주여왕이 체 땅으로 망명한 후 여러 공경대부가 함께 정사를
돌본 것이 공화라며 사마천과 유사한 주장을 펼쳤다. 위소의 주석이 가장 이치에 맞다.

않은 채 호구 조사에 나서는 것을 강력히 반대했다.

"백성의 호구를 조사해서는 안 됩니다."

주선왕이 듣지 않고 끝내 호구를 조사했다. 주선왕 46년, 주선왕이 죽고 아들 주유왕 궁생宮湦이 즉위했다. 주유왕 2년, 서주의 도성과 부근의 삼천三川 유역에 지진이 발생했다. 백양보伯陽甫가 이같이 고했다.

"주나라가 망하려 합니다. 무릇 천지의 기운은 그 질서를 잃지 않아야 합니다. 만일 질서를 잃었다면 이는 사람이 어지럽힌 것입니다. 양기가 아래로 숨어 나올 수 없고, 음기가 눌러 양기가 올라올 수 없으면 지진이 일어납니다. 지금 삼천 유역에 지진이 일어난 것은 양기가 그 자리를 잃고 음기에 눌린 것입니다. 양기가 자리를 잃고 음기 아래에 있으면 수원이 막히고, 수원이 막히면 그 나라는 반드시 망하게 됩니다. 무릇 물이 잘 흐르고 땅이 기름져야 백성이 쓸 수 있는 것입니다. 땅이 기름지지 않으면 백성이 쓸 재물이 모자라게 되니 어찌 망하지 않을 수 있겠습니까? 전에 이수와 낙수가 말라 하나라가 망했고, 황하가 말라 은나라가 망했습니다. 오늘 주나라의 덕역시 하나라나 은나라 말기와 같아 그 하류의 수원이 다시 막혔고, 막히니 말라버릴 것이 뻔합니다. 무릇 나라는 산천에 의지할 수밖에 없으니 산이 무너지고 하천이 마르는 것은 망국의 징조입니다. 하천이 마르면 산이 무너지게 마련입니다. 나라가 망하면 10년 이내가 될 것입니다. 10이 숫자의 끝이기 때문입니다. 하늘이 버리면 10년을 넘지 못합니다."

이해에 세 하천이 말랐고, 기산이 무너졌다. 주유왕 3년, 주유왕은 포사褒姒를 총애했다. 포사가 아들 백복伯服을 낳자 주유왕은 태자를 폐위시키려 했다. 태자의 모친은 신후申侯의 딸로 왕후가 되었다. 이후 주유왕은 포사를 총애한 나머지 신후申后와 태자 의구宜臼를 폐위한 뒤 포사를 왕후, 백복을 태자로 세우고자 했다. 태사 백양伯陽이 사서를 읽고 말했다.

"주나라가 패망할 것이다."

전에 하나라가 쇠망할 때 신룡神龍 두 마리가 하나라 군주의 뜰에 머물며 이같이 말했다.

"우리는 포褒의 선왕들이다."

하나라 군주가 점을 쳤다. 용 두 마리를 죽이거나 쫓아버려야 하며, 머무는 것도 불길하다는 점괘가 나왔다. 다시 점을 쳤다. 용의 침을 받아 보관하면 길하다고 했다. 제물을 올리고 글을 지어 용에게 기원했다. 용은 사라지고 침만 남았다. 이를 상자에 넣고 땅에 남은 흔적을 없앴다. 하나라가 패망하자 이 상자가 은나라에 전해졌다. 은나라가 패망하자 다시 주나라에 전해졌다. 3대에 이르기까지 상자를 감히 열어보지 못했다. 주여왕의 말기에 이르러 상자를 열어보았다. 용의 침이 뜰로 흘러 지워지지 않았다. 주여왕이 아녀자들을 발가벗겨 큰소리로 떠들게 했다. 용의 침이 검은 자라로 변한 뒤 왕의 비빈들이 있는 후궁으로 기어들어갔다. 후궁에 있던 여서 일곱 살 어린 비녀婢女가 자라와 마주쳤다. 시집갈 나이가 되자 남자와 접촉하지 않았는데도 아이를 낳았다. 후궁의 비녀가 두려운 나머지 아이를 내다 버렸다. 주선왕 때 어린 여자애들이 이런 동요를 불렀다.

산뽕나무 활, 기나무 화살주머니
장차 주나라를 패망케 만들리라

주선왕이 이 노래를 듣고 이 활과 화살주머니를 파는 부부를 잡아 죽이게 했다. 부부가 달아나는 길에 후궁의 계집종이 낳아서 버린 이상한 아기가 있는 것을 발견했다. 밤에 아이 우는 소리를 듣자 슬프고 불쌍한 생각에 아이를 거두어 포褒 땅으로 달아났다. 포 땅의 군주가 주유왕에게 죄를 짓자 후궁의 비녀가 버렸던 여인을 주선왕에게 바치며 용서를 구했다. 버려진 여인은 포 땅에서 성장한 까닭에 포사로 불렸다. 주유왕 3년, 주유왕이 후궁으로 갔다가 포사를 총애하게 되었다. 포사가 아들 백복을 낳았다. 주유왕이 신후와 태자를 폐하고 포사를 왕후, 백복을 태자로 세웠다. 태사 백양이 탄식했다.

"화가 닥쳤으나 어쩔 도리가 없다!"

포사는 잘 웃지 않았다. 주유왕이 온갖 방법으로 그녀를 웃게 만들려 했으나 허사였다. 주유왕이 마침내 봉화와 큰 북을 만든 뒤 봉화를 올리게 했다. 제후들 모두 달려왔지만 적은 없었다. 포사가 마침내 크게 웃었다. 주유왕이 기뻐하며 누차 봉화를 올렸다. 이런 일이 잦아지자 아무도 이를 믿지 않았다. 제후들은 더욱 오지 않았다. 주유왕이 괵석보虢石父를 왕실의 경卿으로 삼아 정사를 맡겼다. 백성 모두 이를 원망했다. 괵석보는 위인이 간사하고, 아첨을 잘하고, 이익을 탐했다. 그런데도 주유왕이 그를 중용한 것이다.

신후申后가 폐해지고 태자가 궁에서 쫓아내자 태자의 외조부인 신후申侯가 대로한 나머지 증繒과 서이西夷 및 견융과 합세해 주유왕을 쳤다. 주유왕이 봉화를 올려 군사를 소집했으나 아무도 오지 않았다. 신후가 마침내 주유왕을 여산驪山 아래서 죽인 뒤 포사를 생포하고, 주나라 보물을 모두 노략질했다. 제후들이 뒤늦게 달려가 주유왕의 태자 의구를 옹립했다. 그가 주평왕이다. 주나라의 제사를 계속 받들게 된 배경이다.

●● 召公·周公二相行政, 號曰 '共和'. 共和十四年, 厲王死于彘. 太
子靜長於召公家, 二相乃共立之爲王, 是爲宣王. 宣王卽位, 二相輔之,
脩政, 法文·武·成·康之遺風, 諸侯復宗周. 十二年, 魯武公來朝. 宣王
不脩籍於千畝, 虢文公諫曰不可, 王弗聽. 三十九年, 戰于千畝, 王師敗
績于姜氏之戎. 宣王旣亡南國之師, 乃料民於太原. 仲山甫諫曰, "民不
可料也." 宣王不聽, 卒料民. 四十六年, 宣王崩, 子幽王宮湦立. 幽王二
年, 西周三川皆震. 伯陽甫曰, "周將亡矣. 夫天地之氣, 不失其序, 若過
其序, 民亂之也. 陽伏而不能出, 陰迫而不能蒸, 於是有地震. 今三川實
震, 是陽失其所而塡陰也. 陽失而在陰, 原必塞, 原塞, 國必亡. 夫水土
演而民用也. 土無所演, 民乏財用, 不亡何待! 昔伊·洛竭而夏亡, 河竭
而商亡. 今周德若二代之季矣, 其川原又塞, 塞必竭. 夫國必依山川, 山
崩川竭, 亡國之徵也. 川竭必山崩. 若國亡不過十年, 數之紀也. 天之所
棄, 不過其紀." 是歲也, 三川竭, 岐山崩. 三年, 幽王嬖愛襃姒. 襃姒生
子伯服, 幽王欲廢太子. 太子母申侯女, 而爲后. 後幽王得襃姒, 愛之,
欲廢申后, 幷去太子宜臼, 以襃姒爲后, 以伯服爲太子. 周太史伯陽讀
史記曰, "周亡矣." 昔自夏后氏之衰也, 有二神龍止於夏帝庭而言曰,
"余, 襃之二君." 夏帝卜殺之與去之與止之, 莫吉. 卜請其漦而藏之, 乃
吉. 於是布幣而策告之, 龍亡而漦在, 櫝而去之. 夏亡, 傳此器殷. 殷亡,
又傳此器周. 比三代, 莫敢發之, 至厲王之末, 發而觀之. 漦流于庭, 不
可除. 厲王使婦人裸而譟之. 漦化爲玄黿, 以入王后宮. 後宮之童妾旣
齔而遭之, 旣笄而孕, 無夫而生子, 懼而棄之. 宣王之時童女謠曰, "檿
弧箕服, 實亡周國." 於是宣王聞之, 有夫婦賣是器者, 宣王使執而戮
之. 逃於道, 而見鄕者後宮童妾所棄妖子出於路者, 聞其夜啼, 哀而收

之, 夫婦遂亡, 犇於褒. 褒人有罪, 請入童妾所棄女子者於王以贖罪. 棄
女子出於褒, 是爲褒姒. 當幽王三年, 王之後宮見而愛之, 生子伯服, 竟
廢申后及太子, 以褒姒爲后, 伯服爲太子. 太史伯陽曰, "禍成矣, 無可
奈何!" 褒姒不好笑, 幽王欲其笑萬方, 故不笑. 幽王爲烽燧大鼓, 有寇
至則擧烽火. 諸侯悉至, 至而無寇, 褒姒乃大笑. 幽王說之, 爲數擧烽
火. 其後不信, 諸侯益亦不至. 幽王以虢石父爲卿, 用事, 國人皆怨. 石
父爲人佞巧善諛好利, 王用之. 又廢申后, 去太子也. 申侯怒, 與繒·西
夷犬戎攻幽王. 幽王擧烽火徵兵, 兵莫至. 遂殺幽王驪山下, 虜褒姒,
盡取周賂而去. 於是諸侯乃卽申侯而共立故幽王太子宜臼, 是爲平王,
以奉周祀.

동주본기

주평왕이 즉위한 후 융적을 피해 동쪽 낙읍雒邑으로 천도했다. 주
평왕 때 주나라 왕실은 쇠약해지고, 제후들 가운데 강력한 무력을
지닌 나라가 약소국을 병탄했다. 제·초楚·진秦·진晉이 강대해졌다.
천하의 정사는 방백方伯에 의해 좌우되었다.• 주평왕 49년, 노은공魯
隱公이 즉위했다. 주평왕 51년, 주평왕 사후 태자 예보洩父가 일찍 죽
은 까닭에 태자의 아들 임林이 즉위했다. 그가 주환왕周桓王이다. 주환

• 방백은 원래 각 지역에 봉지를 받은 제후를 뜻한다.《주례》가 왕실에 의해 제후로 삼은 자
를 백伯으로 규정한 것이 그렇다. 여기의 방백을《사기집해》는 정중鄭衆의 주를 인용해 천자
를 대신해 천하를 호령하는 패자의 의미로 풀이했다. 우두머리를 뜻하는 백伯이 패자의 의미
로 사용될 때는 백이 아닌 패로 읽어야 한다. 춘추오패를 오패五霸 이외에도 오패五伯로 표현
하는 것이 그렇다.

왕은 주평왕의 손자다. 주환왕 3년, 정장공鄭莊公이 알현했으나 주환왕이 예로 대하지 않았다. 주환왕 5년, 정장공이 화가 난 나머지 왕실의 허락도 없이 노나라와 허전許田을 바꾸었다. 허전은 천자가 태산에서 제사를 올리는 용도로 사용되는 밭이다.

주환왕 8년, 노나라 사람이 노은공을 죽이고 노환공魯桓公을 옹립했다. 주환왕 13년, 주환왕이 정나라를 치자 정나라 군사가 주환왕에게 화살을 쏘아 다치게 했다. 주환왕이 달아나 돌아갔다. 주환왕 23년, 주환왕이 죽고 아들 주장왕周莊王 타佗가 즉위했다. 주장왕 4년, 주공 흑견黑肩이 주장왕을 죽이고 왕자 극克을 세우고자 했다. 왕실의 대부 신백辛伯이 주장왕에게 고하자 주장왕은 주공 흑견을 죽였다. 왕자 극이 연燕나라로 달아났다. 주장왕 15년, 주장왕이 죽자 아들 주희왕周釐王 호제胡齊가 즉위했다. 주희왕 3년, 제환공이 처음으로 패자가 되었다.

주희왕 5년, 주희왕이 죽고 아들 주혜왕周惠王 낭閬이 즉위했다. 당초 주장왕이 총애한 요씨姚氏가 아들 퇴頹를 낳았다. 퇴 역시 주장왕의 총애를 입었다. 주혜왕이 즉위한 지 2년이 되던 해에 대신의 정원을 빼앗아서 사냥터를 만들었다. 변백邊伯을 비롯한 다섯 명의 대부가 난을 일으켰다. 연나라 및 위衛나라 군사를 불러들여 주혜왕을 치고자 했다. 주혜왕이 온읍溫邑으로 달아났다가 얼마 후 정나라의 역성櫟城으로 옮겼다. 주희왕의 동생 퇴가 대신 들어섰다. 여러 음악과 역대 왕조인 육대六代의 무악舞樂으로 구성된 편무偏舞로 경축했다. 정나라와 괵나라 군주가 노했다. 주혜왕 4년, 정나라와 괵나라 군주가 주왕 퇴를 쳐 죽이고 다시 주혜왕을 옹립했다. 주혜왕 10년, 제환공을 패伯로 삼았다.

주혜왕 25년, 주혜왕이 죽고 아들 주양왕周襄王 정鄭이 즉위했다. 원래 주양왕의 생모는 일찍 죽었다. 계모를 혜후惠后로 받든 이유다. 혜후가 숙대叔帶를 낳고 주혜왕의 총애를 입었다. 주양왕 정이 이를 두려워했다. 주양왕 3년, 숙대가 융·적과 합세해 주양왕을 치려고 했다. 이를 알게 된 주양왕이 숙대를 죽이려 하자 숙대가 제나라로 달아났다. 제환공이 관중에게 명해 주나라를 침공한 융을 평정케 하고, 따로 습붕隰朋에게 명해 진晉나라에서 융을 평정하게 했다. 주양왕이 상경上卿의 예로 관중을 대하자 관중이 사양했다.

"신은 자리가 낮은 관원입니다. 우리 제나라에는 천자가 임명한 상경인 국씨國氏와 고씨高氏가 있습니다. 이들이 봄가을로 왕명을 받들기 위해 알현을 올 때 군왕은 어떤 예로 이들을 대할 것입니까? 제후의 신하인 배신陪臣으로서 신은 감히 사양하고자 합니다."

주양왕이 말했다.

"그대는 짐의 외숙에 해당하는 제나라의 사자이고, 큰 공을 세웠소. 짐의 명을 거역치 마시오."

관중은 결국 하경下卿의 대접을 받고 돌아갔다. 주양왕 9년, 제환공이 죽었다. 주양왕 12년, 숙대가 다시 주나라로 돌아갔다. 주양왕 13년, 정나라가 활滑나라를 쳤다. 주양왕이 유손遊孫과 백복을 보내 활나라를 치지 말 것을 청했다. 정나라는 오히려 이들을 가두어버렸다. 당시 정문공은 주혜왕이 복위한 후 괵공에게만 옥으로 된 술잔을 보내고 선공 정여공勵公에게는 보내지 않은 것을 원망하고 있었다. 또 주양왕이 위衛나라와 활나라를 비호하는 것을 못마땅해 했다. 주나라 왕실의 사자인 백복을 가둔 이유다. 주양왕이 노한 나머지 적翟의 힘을 빌려 정나라를 치려고 했다. 대부 부신富辰이 만류했다.

"주나라 왕실은 동천할 때 진晉나라와 정나라의 힘을 빌렸습니다. 왕자 퇴가 난을 일으켰을 때도 정나라가 평정해주었습니다. 지금 사소한 원한 때문에 정나라를 버리려는 것입니까?"

주양왕이 듣지 않았다. 주양왕 15년, 주양왕이 적나라 군사를 이끌고 정을 쳤다. 이때 적나라의 지원을 고마워한 나머지 적나라 여인을 왕후로 맞이하고자 했다. 부신이 또 간했다.

"평왕平王·환왕桓王·장왕莊王·혜왕惠王이 모두 정나라에 은혜를 입었습니다. 군왕은 가까운 나라를 버리고 적나라를 가까이하려고 합니다. 이는 불가한 일입니다."

주양왕이 듣지 않았다. 주양왕 16년, 주양왕이 적후翟后를 내치자 적나라 군사가 쳐들어와 담백譚伯을 죽였다. 부신이 말했다.

"내가 몇 차례나 간했으나 따르지 않았다. 만일 내가 나가서 싸우지 않으면 군왕은 내가 자신을 원망해 그런다고 여기지 않겠는가?"

그러고는 부하를 이끌고 나가 싸우다가 전사했다.

당초 혜후는 왕자 숙대를 세우기 위해 무리와 함께 적나라 군사에게 길을 열어주었다. 적나라 군사가 침공한 배경이다. 주양왕이 정나라로 달아나자 정나라는 그를 범氾 땅에 머물게 했다. 왕자 숙대는 보위에 오른 뒤 주양왕이 내쳤던 적후를 아내로 맞이해 온 땅에서 살았다. 주양왕 17년, 주양왕이 진晉나라에 도움을 청했다. 진문공은 주양왕을 맞아들이면서 숙대를 죽였다. 주양왕이 진문공에게 제후가 조회 때 사용하는 옥으로 만든 홀인 규珪, 울금초鬱金草로 만든 제사용 술인 창鬯, 활과 화살인 궁시를 하사하고 패伯로 삼았다. 또 하내河內의 땅을 떼어주었다. 주양왕 20년, 진문공이 주양왕을 부르자 주양왕이 진晉나라의 온읍인 하양河陽과 정나라에 있는 천토踐土에서 만났다. 진문공이 제후들을 이끌고 와 알현했다. 사서는 제후가 천자를 부른 사실을 꺼려 "천왕이 하양에 순수했다"고 에둘러 기록했다.

주양왕 24년, 진문공이 죽었다. 주양왕 31년, 진목공秦穆公이 죽었다. 주양왕 32년, 주양왕이 죽고 아들 주경왕周頃王 임신王臣이 즉위했다. 주경왕이 6년 만에 죽자 아들 주광왕周匡王 반班이 즉위했다. 주광왕이 6년 만에 죽고 동생 유瑜가 즉위했다. 그가 주정왕周定王이다. 주정왕 원년, 초장왕이 육혼陸渾의 오랑캐를 치고 낙읍에 주둔했다. 사람을 보내 구정을 초나라로 옮길 수 있는지 여부를 물었다. 주정왕이 대부 왕손만王孫滿을 보내 좋은 말로 대응하게 했다. 초나라 군사가 이내 물러갔다. 주정왕 10년, 초장왕이 정나라를 포위했다. 정나라 군주가 항복했다가 이내 원래의 모습으로 돌아갔다. 주정왕 16년, 초장왕이 죽었다. 주정왕 21년, 주정왕이 죽고 아들 주간왕周簡王 이夷가 즉위했다. 주간왕 13년, 진晉나라가 군주 진여공晉厲公을 죽였다. 주나라에서 공자 주周를 영입해 진도공晉悼公으로 옹립했다.

주간왕 14년, 주간왕이 죽고 아들 주영왕周靈王 설심泄心이 즉위했다. 주영왕 24년, 제나라 대부 최저崔杼가 군주 제장공齊莊公을 죽였다. 주영왕 27년, 주영왕이 죽고 아들 주경왕周景王 귀貴가 즉위했다. 주경왕 18년, 왕후가 낳은 태자가 총명했으나 일찍 죽었다. 주경왕 20년, 주경왕이 아들 조朝를 총애해 태자로 세우고자 했다. 이때 주경왕이 문득 죽은 것이다. 왕자 개丐의 무리가 왕자 조와 보위를 놓고 다투었다. 백성이 주경왕의 맏아들 맹猛을 옹립하자 왕자 조가 맹을 죽였다. 맹을 주도왕周悼王으로 추시追諡하며 애도했다. 진晉나라가 왕자 조를 치고 왕자 개를 옹립했다. 그가 주경왕周敬王이다.

주경왕 원년, 진晉나라가 주경왕을 주나라로 들여보내고자 했다.

왕자 조가 즉위하는 바람에 입국하지 못하고 택澤 땅에 머물렀다. 주경왕 4년, 진나라가 제후들을 이끌고 주경왕을 주나라로 들여보내자 왕자 조가 신하의 자리로 물러났다. 제후들이 주나라를 위해 성을 쌓아주었다. 주경왕 16년, 왕자 조의 무리가 다시 난을 일으키자 주경왕이 진나라로 달아났다. 주경왕 17년, 진정공晉定公이 마침내 주경왕을 다시 주나라로 들여보냈다. 주경왕 39년, 제나라 권신 전상田常이 군주인 제간공齊簡公을 죽였다. 주경왕 41년, 초나라가 진陳나라를 멸했다. 공자가 죽었다.

주경왕 42년, 주경왕이 죽고 아들 주원왕周元王 인仁이 즉위했다. 주원왕이 8년 만에 죽고 아들 주정왕周定王 개介가 즉위했다. 주정왕 16년, 삼진이 지백智伯을 멸하고 그의 땅을 나누어 가졌다. 주정왕 28년, 주정왕이 죽고 장자 거질去疾이 즉위했다. 그가 주애왕周哀王이다. 주애왕은 석 달 동안 재위했다. 동생 숙叔이 주애왕을 죽이고 대신 즉위한 탓이다. 그가 주사왕周思王이다. 주사왕은 다섯 달 동안 재위했다. 동생 외가 다시 주사왕을 죽이고 대신 즉위한 탓이다. 그가 주고왕周考王이다. 세 왕 모두 주정왕의 아들이다. 주고왕이 재위 15년 만에 죽고 아들 주위열왕 오午가 즉위했다. 주고왕은 생전에 자신의 동생을 하남에 봉한 바 있다. 그가 주환공周桓公이다. 그는 주공의 관직을 이어받았다. 주환공 사후 아들 주위공周威公, 주위공 사후 아들 주혜공周惠公이 즉위했다. 주혜공은 막내아들을 공鞏 땅에 봉해 주나라 왕을 받들게 했다. 그가 동주혜공東周惠公이다.

주위열왕 23년, 구정이 진동했다. 주나라 왕실이 진晉나라 권신이 세운 한韓·위魏·조를 제후국으로 정식 승인했다. 주위열왕 24년, 주위열왕이 죽고 아들 주안왕周安王 교驕가 즉위했다. 이해에 도적이 초성왕楚聲王을 죽였다. 주안왕이 재위 26년 만에 죽자 왕자 주열왕周烈王 희喜가 즉위했다. 주열왕 2년, 주나라 태사 담儋이 진헌공秦獻公을 만나 이같이 예언했다.

"주나라와 진나라는 원래 하나였으나 이후 나뉘었습니다. 나뉜 지 500년 뒤에 다시 합할 것이고, 합친 지 17년 뒤에 패왕이 출현할 것입니다."

주열왕 10년, 주열왕이 죽고 동생 편扁이 즉위했다. 그가 주현왕周顯王이다. 주현왕 5년, 진헌공을 치하하고 그에게 방백의 칭호를 내렸다. 주현왕 9년, 주현왕이 진효공에게 주문왕과 주무왕에 제사 드린 고기를 보내 패자로 인정했다. 주현왕 25년, 진秦나라가 주나라 땅에서 제후를 소집했다. 주현왕 26년, 주나라가 진효공에게 방백의 칭호를 내렸다. 주현왕 33년, 진혜문공을 치하했다. 주현왕 35년, 진혜문공에게 주문왕과 주무왕에 제사 드린 고기를 보냈다. 주현왕 44년, 진혜문공이 왕을 칭하자 다른 제후들 역시 왕을 칭했다. 주현왕 48년, 주현왕이 죽고 아들 주신정왕周慎靚王 정定이 즉위했다. 주신정왕은 재위 6년 만에 죽고 아들 주난왕周赧王 연延이 즉위했다. 주난왕 때 주나라가 동서로 나뉘었다. 주난왕이 도읍을 서주로 옮겼다.•

●● 平王立, 東遷于雒邑, 辟戎寇. 平王之時, 周室衰微, 諸侯彊幷弱, 齊·楚·秦·晉始大, 政由方伯. 四十九年, 魯隱公卽位. 五十一年, 平王崩, 太子洩父蚤死, 立其子林, 是爲桓王. 桓王, 平王孫也. 桓王三年,

---

• 《사기색은》에 인용된 고유는 서주가 하남의 왕성王城, 동주가 낙양인 성주에 도읍했다고 보았다. 그러나《사기색은》은 주난왕이 미약했던 탓에 주나라가 동서로 나뉘었고, 동주는 하남, 동주는 공 땅에 도읍했다고 풀이했다. 이에 대해《사기정의》는 주경왕周敬王 때 왕성에서 동쪽 성주로 천도했다가 10대 후손인 주난왕 때 성주에서 다시 서쪽 왕성으로 옮겼다고 했다.

鄭莊公朝, 桓王不禮. 五年, 鄭怨, 與魯易許田. 許田, 天子之用事太山田也. 八年, 魯殺隱公, 立桓公. 十三年, 伐鄭, 鄭射傷桓王, 桓王去歸. 二十三年, 桓王崩, 子莊王佗立. 莊王四年, 周公黑肩欲殺莊王而立王子克. 辛伯告王, 王殺周公. 王子克犇燕. 十五年, 莊王崩, 子釐王胡齊立. 釐王三年, 齊桓公始霸. 五年, 釐王崩, 子惠王閬立. 惠王二年. 初, 莊王嬖姬姚, 生子穨, 穨有寵. 及惠王卽位, 奪其大臣園以爲囿, 故大夫邊伯等五人作亂, 謀召燕·衛師, 伐惠王. 惠王犇溫, 已居鄭之櫟. 立釐王弟穨爲王. 樂及徧舞, 鄭·虢君怒. 四年, 鄭與虢君伐殺王穨, 復入惠王. 惠王十年, 賜齊桓公爲伯. 二十五年, 惠王崩, 子襄王鄭立. 襄王母蚤死, 後母曰惠后. 惠后生叔帶, 有寵於惠王, 襄王畏之. 三年, 叔帶與戎·翟謀伐襄王, 襄王欲誅叔帶, 叔帶犇齊. 齊桓公使管仲平戎于周, 使隰朋平戎于晉. 王以上卿禮管仲. 管仲辭曰, “臣賤有司也, 有天子之二守國·高在. 若節春秋來承王命, 何以禮焉. 陪臣敢辭.” 王曰, “舅氏, 余嘉乃勳, 毋逆朕命.” 管仲卒受下卿之禮而還. 九年, 齊桓公卒. 十二年, 叔帶復歸于周. 十三年, 鄭伐滑, 王使遊孫·伯服請滑, 鄭人囚之. 鄭文公怨惠王之入不與厲公爵, 又怨襄王之與衛滑, 故囚伯服. 王怒, 將以翟伐鄭. 富辰諫曰, “凡我周之東徙, 晉·鄭焉依. 子穨之亂, 又鄭之由定, 今以小怨棄之!” 王不聽. 十五年, 王降翟師以伐鄭. 王德翟人, 將以其女爲后. 富辰諫曰, “平·桓·莊·惠皆受鄭勞, 王棄親親翟, 不可從.” 王不聽. 十六年, 王絀翟后, 翟人來誅, 殺譚伯. 富辰曰, “吾數諫不從. 如是不出, 王以我爲懟乎?” 乃以其屬死之.

初, 惠后欲立王子帶, 故以黨開翟人, 翟人遂入周. 襄王出犇鄭, 鄭居王于氾. 子帶立爲王, 取襄王所絀翟后與居溫. 十七年, 襄王告急于晉, 晉文公納王而誅叔帶. 襄王乃賜晉文公珪鬯弓矢, 爲伯, 以河內地與晉. 二十年, 晉文公召襄王, 襄王會之河陽·踐土, 諸侯畢朝, 書諱曰 '天王狩于河陽'. 二十四年, 晉文公卒. 三十一年, 秦穆公卒. 三十二年, 襄王崩, 子頃王壬臣立. 頃王六年, 崩, 子匡王班立. 匡王六年, 崩, 弟瑜立, 是爲定王. 定王元年, 楚莊王伐陸渾之戎, 次洛, 使人問九鼎. 王使王孫滿應設以辭, 楚兵乃去. 十年, 楚莊王圍鄭, 鄭伯降, 已而復之. 十六年, 楚莊王卒. 二十一年, 定王崩, 子簡王夷立. 簡王十三年, 晉殺其君厲公, 迎子周於周, 立爲悼公. 十四年, 簡王崩, 子靈王泄心立. 靈王二十四年, 齊崔杼弒其君莊公. 二十七年, 靈王崩, 子景王貴立. 景王十八年, 后太子聖而蚤卒. 二十年, 景王愛子朝, 欲立之, 會崩, 子丐之黨與爭立, 國人立長子猛爲王, 子朝攻殺猛. 猛爲悼王. 晉人攻子朝而立丐, 是爲敬王. 敬王元年, 晉人入敬王, 子朝自立, 敬王不得入, 居澤. 四年, 晉率諸侯入敬王于周, 子朝爲臣, 諸侯城周. 十六年, 子朝之徒復作亂, 敬王犇于晉. 十七年, 晉定公遂入敬王于周. 三十九年, 齊田常殺其君簡公. 四十一年, 楚滅陳. 孔子卒. 四十二年, 敬王崩, 子元王仁立. 元王八年, 崩, 子定王介立. 定王十六年, 三晉滅智伯, 分有其地. 二十八年, 定王崩, 長子去疾立, 是爲哀王. 哀王立三月, 弟叔襲殺哀王而自立, 是爲思王. 思王立五月, 少弟嵬攻殺思王而自立, 是爲考王. 此三王皆定王之子. 考王十五年, 崩, 子威烈王午立. 考王封其弟于河南, 是爲桓公, 以續周公之官職. 桓公卒, 子威公代立. 威公卒, 子惠公代立, 乃封其少子於鞏以奉王, 號東周惠公. 威烈王二十三年, 九鼎震. 命韓·魏·趙爲諸侯. 二十四年, 崩, 子安王驕立. 是歲盜殺楚聲王. 安王立二十六年, 崩, 子烈王喜立. 烈王二年, 周太史儋見秦獻公曰, "始周與秦國合而別, 別五百載復合, 合十七歲而霸王者出焉." 十年, 烈王崩, 弟扁立, 是爲顯王. 顯王五年, 賀秦獻公, 獻公稱伯. 九年, 致文武胙於秦孝公. 二十五年, 秦會諸侯於周. 二十六年, 周致伯於秦孝公. 三十三年, 賀秦惠王. 三十五年, 致文武胙於秦惠王. 四十四年, 秦惠王稱王. 其後諸侯皆爲王. 四十八年, 顯王崩, 子愼靚王定立. 愼靚王立六年, 崩, 子赧王延立. 王赧時東西周分治. 王赧徙都西周.

난왕본기

　서주무공西周武公의 태자 공共이 죽었을 때 적자는 없고 다섯 명의 서자만 있었다. 초나라 대신 사마전司馬翦이 초왕楚王에게 건의했다.

　"차라리 주나라에 땅을 주고 공자 구咎를 도와 태자가 되도록 청하는 것이 나을 것입니다."

　대신 좌성左成이 반대했다.

　"안 됩니다. 주나라가 만일 듣지 않으면 그대의 지략은 물거품이 되고 주나라와 더욱 멀어질 것입니다. 차라리 주나라 왕에게 누구를 세우려는지 물어본 뒤 사마전에게 넌지시 일러주고, 사마전이 초나라가 세우고자 하는 사람에게 땅을 주어 돕겠다고 청하도록 하는 것이 더 낫습니다."

　과연 서주는 공자 구를 태자로 옹립했다. 주난왕 8년, 진秦나라가 의양宜陽을 치자 초나라는 의양을 구했다. 이후 초나라는 주나라가 진나라를 돕고 있다고 여겨 주나라를 치려고 했다. 종횡가 소대蘇代가 주나라를 위해 초왕에게 유세했다.

　"어째서 주나라가 진秦나라와 친한 것이 화근이 된다고 생각하는 것입니까? 주나라가 진나라를 위해 출병한 군사가 초나라를 위해 출병했을 때보다 많은 것은 바로 주나라가 진나라의 품 안으로 들어간 것과 같습니다. 세상에서 '주진周秦'이라 부르는 것이 그 증거입니다. 주나라는 스스로 문제를 해결할 수 없으면 분명 진나라에 항복할 것입니다. 이는 진나라가 주나라를 취할 묘책이기도 합니다. 제가 대왕을 위해 계책을 일러주겠습니다. 주나라가 진나라에 기울어도 잘 대해주고, 그러지 않을지라도 잘 대해주면 됩니다. 그러면 주나라는 진나라와 소원해질 것입니다. 주나라가 진나라와 관계를 끊으면 분명 초나라에 항복할 것입니다."

진秦나라가 동주와 서주 사이의 길을 빌려서 한韓나라를 치려고 했다. 주나라는 길을 빌려주자니 한나라가 두려웠고, 그러지 않자니 진나라가 두려웠다. 대부 사염史厭이 주난왕에게 말했다.

"어째서 사람을 한韓나라 공숙公叔에게 보내 유세하기를, '진나라가 감히 주나라 영토를 넘어 한나라를 치고자 하는 것은 동주를 믿기 때문이다. 그대는 어찌해서 주나라에 땅을 주지 않고, 초나라에 인질을 보내지 않는 것인가? 땅을 주고 인질을 보내면 진나라는 반드시 초나라를 의심하며 주나라를 믿지 않을 것이고, 한나라도 공격당할 일이 없을 것이다'라고 하지 않는 것입니까?

또 진나라에 사람을 보내 유세하기를, '한나라가 억지로 주나라에 땅을 주는 것은 장차 진나라에게 주나라를 의심케 만들려는 속셈이다. 주나라는 감히 땅을 받지 않을 수 없을 것이다'라고 하십시오. 그러면 진나라는 분명 할 말이 없을 것이고, 주나라에게 한나라가 주는 땅을 받지 말라고 이야기할 수도 없을 것입니다. 이같이 되면 한나라로부터는 땅을 받고, 진나라로부터는 양해를 얻을 수 있을 것입니다."

진나라가 서주의 군주를 불렀다. 서주의 군주가 가고 싶지 않아 한나라 왕에게 사람을 보내 이같이 말하게 했다.•

"진나라가 서주의 군주를 부른 것은 한나라의 남양을 치려는 속셈입니다. 대왕은 어찌해서 남양에 군사를 보내지 않는 것입니까? 그러면 서주의 군주는 이를 구실로 진나라에 가지 않겠다고 거절할 수 있습니다. 서주의 군주가 진나라에 가지 않으면 진나라는 결코 황하를 넘어 남양을 치지 못할 것입니다."

동주와 서주가 싸울 때 한나라가 서주를 도왔다. 동주를 위해 어떤 자가 한나라 왕에게 말했다.

"서주는 원래 천자의 나라로 좋은 그릇과 귀한 보물이 많습니다. 대왕이 출병하지 않으면 동주는 감격해하고, 서주는 도움을 청할 것입니다. 그러면 서주의 보물이 모두 한나라로 들어오게 됩니다."

당시 동주의 주난왕은 이름만 왕일 뿐이었다. 초나라가 한나라의 옹씨雍氏 땅을 포위하자 한나라는 동주에서 갑옷과 곡식을 징발했다. 동주의 주난왕이 두려운 나머지 소대를 불러 이를 알렸다. 소대가 말했다.

"군주는 이에 대해 무슨 걱정을 하는 것입니까? 신이 가서 한나라가 주나라의 갑옷과 곡식을 징발치 못하도록 만들고, 나아가 고도성高都城을 손에 넣을 수 있도록 만들겠습니다."

주난왕이 고마움을 표했다.

"그리할 수만 있다면 그대의 말을 좇아 국사를 처리하겠소."

소대가 한나라 상국相國을 만나 이같이 말했다.

• 《사기색은》은 《전국책》을 인용해 한나라 왕이 아닌 위魏나라 왕에게 유세했다고 지적했다.

"초나라는 옹씨를 포위할 때 석 달을 기한으로 삼았습니다. 지금 다섯 달이 지나도록 함락시키지 못하는 것은 초나라가 지쳤다는 뜻입니다. 지금 상국이 주나라에서 갑옷과 식량을 징발하는 것은 초나라에게 당신들이 지쳤다는 것을 알려주는 셈입니다."

한나라 상국이 말했다.

"일리가 있는 말이오. 사자의 출발을 멈추도록 하겠소."

소대가 또 말했다.

"어째서 고도성을 주나라에 주지 않는 것입니까?"

한나라 상국이 크게 화를 냈다.

"내가 주나라에서 갑옷과 곡식을 징발하지 않는 것으로도 이미 충분하오. 무슨 이유로 주나라에 고도성을 내주어야 하는 것이오?"

소대가 말했다.

"고도성을 주나라에 내주면 주나라는 허리를 굽혀 한나라에 의지할 것입니다. 또 진나라가 이 소문을 들으면 분명 주나라에 크게 화를 내며 주나라와 내왕을 하지 않을 것입니다. 이는 이미 파괴된 고도성을 이용해 완전한 동주를 얻는 격입니다. 그런데도 주지 않으려는 것입니까?"

"좋소."

그러고는 고도성을 주나라에 내주었다. 주난왕 34년, 소려蘇厲가 주나라 군주에게 고했다.

"진秦나라가 한나라와 위나라를 쳐 위나라 장수 사무師武를 격파하고, 북쪽으로 조나라의 인藺과 이석離石을 빼앗은 것은 모두 백기白起가 지휘한 결과입니다. 그는 용병에 능하고 하늘의 뜻도 받았습니다. 그는 지금 또 군사를 이끌고 낙양 인근의 이관새伊闕塞를 나와 양梁나라를 치려고 합니다. 양나라가 무너지면 주나라가 위험해집니다.

대왕은 어찌해서 사람을 백기에게 보내 유세하기를, '초나라에 양유기養由基라는 명궁이 있다. 그는 활을 매우 잘 쏜다. 버들잎에서 100보 떨어져 쏠지라도 백발백중이다. 좌우에서 지켜보던 수천 명의 사람 모두 실로 잘 쏜다고 입을 모으곤 했다. 그때 곁에 있던 빈객이 말하기를, 〈훌륭하다, 내가 활쏘기를 가르칠 만하다〉고 했다. 대로한 양유기가 활을 놓고 검을 집어 든 채 묻기를, 〈빈객 주제에 어떻게 나에게 활쏘기를 가르칠 수 있다는 것인가?〉라고 했다. 빈객이 대답하기를, '그대에게 왼손으로 버티고 오른손을 구부리는 활 쏘는 자세를 가르칠 수 있다는 것이 아니다. 버들잎에서 100보 떨어져 활을 쏘아 백발백중한다고 해도, 잘 쏘고 난 후 쉬지 않으면 기력이 쇠해지고 힘이 달려 마침내 활은 휘고 화살은 구부러지게 된다. 그때 단 한 발이라도 맞히지 못하면 백발백중이라는 이전의 공적은 모두 쓸모없게 된다'고 했다. 지금 한나라와 위나라를 쳐 위나라 장수 사무를 격파하고, 북쪽으로 조나라의 인과 이석을 빼앗았으니 그대의 공이 매우 크다. 지금 또 군사를 이끌고 이관새를 나온 뒤 동주와 서주를 지나 한나라를 등진 채 양나라를 치려고 한다. 이번에 승리하지 못하면 앞서 세운 공이 모두 사라질 것이다. 차라리 병을 핑계대고 출전하지 않는 것만 못하다'고 하지 않는 것입니까?"

주난왕 42년, 진나라가 화양華陽의 약조를 어겼다. 주나라 대신 마범馬犯이 주나라 군주에게 장담했다.

"양나라를 불러 주나라에 성을 쌓도록 하십시오."

곧 양나라 왕에게 이같이 유세했다.

"주나라 군주가 병이 나 죽으면 저는 반드시 죽게 될 것입니다. 저는 구정을 대왕에게 바치도록 청할 생각입니다. 대왕이 구정을 손에 넣으면 신을 살려주십시오."

"좋소."

양나라 왕이 마침내 그에게 군사를 주어 주나라를 지키게 했다. 이를 구실로 마범이 진소양왕秦昭襄王에게 유세했다.

"양나라가 주나라에 와 있는 것은 주나라의 변경을 지키려는 것이 아니라, 실은 토벌하려는 것입니다. 시험 삼아 군대를 국경으로 보내 한번 살펴보도록 하십시오."

진나라가 과연 군대를 출동시켰다. 마범이 다시 양나라 왕에게 말했다.

"주나라 군주의 병이 심합니다. 구정을 보내는 일은 주나라 군주의 허락을 받은 후 신이 다시 회답하고자 합니다. 지금 대왕이 군사를 주나라로 보낸 까닭에 제후들 모두 의심을 하고 있습니다. 앞으로 어떤 일을 할지라도 믿지 않을 것입니다. 차라리 병사들에게 주나라에 성을 쌓게 해 속셈을 감추느니만 못합니다."

"좋소."

그러고는 마침내 주나라에 성을 쌓게 했다. 주난왕 45년, 주나라에 와 있는 진나라의 빈객이 동주 소문군昭文君의 아들인 공자 주최周取에게 말했다.•

"공이 진나라 왕의 효성을 칭송하며 응應 땅을 진나라 태후太后의

• 주최가 다음 구절에는 주취周聚로 나온다. 이를 《사기집해》는 서광의 주를 인용해 취取는 취聚의 고자古字라고 했다. 《사기》의 일부 판본에는 최取가 최最로 나온다. 현대 중국어 발음에서 취聚는 쥐ju, 최取와 최最는 쭈이zui다. 청대의 고증학자 양옥승梁玉繩은 《한서인표고漢書人表考》에서 남북조시대 이후 최最와 최取가 혼용되었다고 했다. 남북조시대 이전에는 최取가 취로 읽히다가 이후에는 최로 발음되었을 공산이 크다. 그러므로 주최로 읽는 것이 옳다.

식읍으로 보내는 것이 좋을 것이오. 그리하면 진왕은 분명 기뻐할 것이고, 공은 진나라와 친분을 쌓게 될 것이오. 두 나라의 사이가 좋아지면 주나라 군주는 틀림없이 공의 공적으로 생각할 것이오. 그러나 사이가 나빠지면 주나라 군주에게 진나라에 의탁하도록 권한 사람은 분명 죄인이 될 것이오."

진나라가 동주를 치자 주최가 진소양왕에게 말했다.

"군주를 위해 계책을 말씀드리면 주나라를 치지 않는 것이 좋습니다. 주나라를 치는 것은 실로 이롭지 않을 뿐 아니라 천하를 두렵게 만들 뿐입니다. 천하가 진나라를 두려워하면 틀림없이 동쪽으로 제나라와 연합할 것입니다. 진나라 군사가 주나라를 치다가 지치면 천하가 제나라와 연합할 것이고, 그러면 진나라는 천하를 통일할 길이 없습니다. 천하가 진나라를 지치게 만들려고 군주에게 주나라를 치도록 권한 것입니다. 진나라가 세인들의 계책대로 지치면 정령政令을 실행할 길이 없습니다."

주난왕 58년, 삼진이 진秦나라에 저항했다. 동주가 상국을 진나라로 보냈으나 진나라가 무시한 까닭에 도중에 되돌아갔다. 빈객이 동주의 상국에게 말했다.

"진나라가 공을 무시하는 것인지, 아니면 중시하는 것인지 아직 알 수 없습니다. 진나라는 지금 삼진의 사정을 가장 알고 싶어 합니다. 공이 속히 진나라 왕을 알현해 '군주에게 동쪽 사정을 들려드리고자 합니다'라고 말하는 것이 좋을 것입니다. 그러면 진나라 왕은 틀림없이 공을 중시할 것입니다. 공을 중시하는 것은 곧 진나라가 주나라를 중시한다는 것이고, 동시에 주나라가 진나라의 환심을 얻는 것이기도 합니다. 제나라가 주나라를 중시하게 된 것은 본래 주최가 일찍이 제나라에서 신임을 얻었기 때문입니다. 이같이 되면 주나라는 늘 강국과 우호관계를 잃지 않을 수 있습니다."

진나라가 주나라를 믿고 군사를 보내 삼진을 쳤다. 주난왕 59년, 진나라가 한나라의 양성과 부서負黍를 빼앗았다. 서주가 두려운 나머지 진나라를 배신한 뒤 제후들과 합종했다. 천하의 정예부대를 이궐伊闕로 보내 진나라를 공격했다. 이로 인해 진나라 군사는 양성을 통과할 수 없게 되었다. 진소양왕이 대로해 장수 규摎를 보내 서주를 쳤다. 서주의 군주가 진나라로 달려가 머리를 조아리며 용서를 빌었다. 주나라의 서른여섯 개의 성읍과 주민 3만 명을 바친 이유다. 진나라가 이를 받아들인 뒤 서주의 군주를 돌려보냈다. 동주의 주난왕이 죽자 동주의 백성이 동쪽으로 달아났다. 진나라가 구정을 비롯해 귀중한 기물을 빼앗고, 서주공西周公을 탄호憚狐로 내쫓았다.* 7년 뒤 진장양왕秦莊襄王이 동주를 멸했다. 동주와 서주 모두 진나라에 귀속되었다. 주나라가 완전히 패망한 까닭에 제사를 이을 수 없게 되었다.

●● 西周武公之共太子死, 有五庶子, 毋適立. 司馬翦謂楚王曰, "不如以地資公子咎, 爲請太子." 左成曰, "不可. 周不聽, 是公之知困而交疏於周也. 不如請周君孰欲立, 以微告翦, 翦請令楚賀資之以地." 果立公子咎爲太子. 八年, 秦攻宜陽, 楚救之. 而楚以周爲秦故, 將伐之. 蘇代爲周說楚王曰, "何以周爲秦之禍也? 言周之爲秦甚於楚者, 欲令周入秦也, 故謂'周秦'也. 周知其不可解, 必入於秦, 此爲秦取周之精者也. 爲王計者, 周於秦因善之, 不於秦亦言善之, 以疏之於秦. 周絶於秦, 必入於郢矣." 秦借道兩周之間, 將以伐韓, 周恐借之畏於韓, 不

● 탄호를《사기집해》는 서광의 말을 인용해 탄憚은 탄憚과 같고, 탄호취憚狐聚는 인접한 양인취陽人聚와 더불어 모두 낙양 남쪽 150리쯤에 위치했다고 풀이했다.

借畏於秦. 史厭謂周君曰, "何不令人謂韓公叔曰'秦之敢絶周而伐韓者, 信東周也. 公何不與周地, 發質使之楚?'秦必疑楚不信周, 是韓不伐也. 又謂秦曰'韓彊與周地, 將以疑周於秦也, 周不敢不受.'秦必無辭而令周不受, 是受地於韓而聽於秦." 秦召西周君, 西周君惡往, 故令人謂韓王曰, "秦召西周君, 將以使攻王之南陽也, 王何不出兵於南陽? 周君將以爲辭於秦. 周君不入秦, 秦必不敢踰河而攻南陽矣." 東周與西周戰, 韓救西周. 或爲東周說韓王曰, "西周故天子之國, 多名器重寶. 王案兵毋出, 可以德東周, 而西周之寶必可以盡矣." 王叔謂成君. 楚圍雍氏, 韓徵甲與粟於東周, 東周君恐, 召蘇代而告之. 代曰, "君何患於是. 臣能使韓毋徵甲與粟於周, 又能爲君得高都." 周君曰, "子苟能, 請以國聽子." 代見韓相國曰, "楚圍雍氏, 期三月也, 今五月不能拔, 是楚病也. 今相國乃徵甲與粟於周, 是告楚病也." 韓相國曰, "善. 使者已行矣." 代曰, "何不與周高都?" 韓相國大怒曰, "吾毋徵甲與粟於周亦已多矣, 何故與周高都也?" 代曰, "與周高都, 是周折而入於韓也, 秦聞之必大怒忿周, 卽不通周使, 是以獘高都得完周也. 曷爲不與?" 相國曰, "善." 果與周高都. 三十四年, 蘇厲謂周君曰, "秦破韓‧魏, 撲師武, 北取趙藺‧離石者, 皆白起也. 是善用兵, 又有天命. 今又將兵出塞攻梁, 梁破則周危矣. 君何不令人說白起乎? 曰'楚有養由基者, 善射者也. 去柳葉百步而射之, 百發而百中之. 左右觀者數千人, 皆曰善射. 有一夫立其旁, 曰, '善, 可教射矣.' 養由基怒, 釋弓搤劍, 曰, '客安能教我射乎?'客曰, '非吾能教子支左詘右也. 夫去柳葉百步而射之, 百發而百中之, 不以善息, 少焉氣衰力倦, 弓撥矢鉤, 一發不中者, 百發盡息.'今破韓‧魏, 撲師武, 北取趙藺‧離石者, 公之功多矣. 今又將兵出塞, 過兩周, 倍韓, 攻梁, 一舉不得, 前功盡棄. 公不如稱病而無出'."

　四十二年, 秦破華陽約. 馬犯謂周君曰, "請令梁城周." 乃謂梁王曰, "周王病若死, 則犯必死矣. 犯請以九鼎自入於王, 王受九鼎而圖犯." 梁王曰, "善." 遂與之卒, 言戍周. 因謂秦王曰, "梁非戍周也, 將伐周也. 王試出兵境以觀之." 秦果出兵. 又謂梁王曰, "周王病甚矣, 犯請後可而復之. 今王使卒之周, 諸侯皆生心, 後舉事且不信. 不若令卒爲周城, 以匿事端." 梁王曰, "善." 遂使城周. 四十五年, 周君之秦客謂周最(最)曰, "公不若譽秦王之孝, 因以應爲太后養地, 秦王必喜, 是公有秦交. 交善, 周君必以爲公功. 交惡, 勸周君入秦者必有罪矣." 秦攻周, 而周最謂秦王曰, "爲王計者不攻周. 攻周, 實不足以利, 聲畏天下. 天下以聲畏秦, 必東合於齊. 兵獘於周. 合天下於齊, 則秦不王矣. 天下欲獘秦, 勸王攻周. 秦與天下獘, 則令不行矣." 五十八年, 三晉距秦. 周令其相國之秦, 以秦之輕也, 還其行. 客謂相國曰, "秦之輕重未可知也. 秦欲知三國之情. 公不如急見秦王曰'請爲王聽東方之變', 秦王必重公. 重公, 是秦重周, 周以取秦也, 齊重, 則固有周聚以收齊, 是周常不失重國之交也." 秦信周, 發兵攻三晉. 五十九年, 秦取韓陽城負黍, 西周恐, 倍秦, 與諸侯約從, 將天下銳師出伊闕攻秦, 令秦無得通陽城. 秦昭王怒, 使將軍摎攻西周. 西周君犇秦, 頓首受罪, 盡獻其邑三十六, 口三萬. 秦受其獻, 歸其君於周. 周君·王赧卒, 周民遂東亡. 秦取九鼎寶器, 而遷西周公於憚狐. 後七歲, 秦莊襄王滅東西周. 東西周皆入于秦, 周既不祀.

　태사공은 평한다.

　"학자들 모두 주나라가 은나라 주를 정벌한 뒤 낙읍에 머물렀다고 한다. 그러나 실상을 보면 그렇지 않다. 주무왕이 낙읍을 세운 뒤 주성왕이 소공에게 머물기에 적당한지 여부를 점치게 한 후 그곳에 구정을 옮겨놓았다. 이후 주나라는 다시 풍호에 도성을 세웠다. 견융이 침공해 주유왕을 죽이자 주나라가 동쪽 낙읍으로 천도했다. '주공이 필畢 땅에 장사 지내다'는 구절에서 필은 호경의 동남쪽에 있는 두중杜中을 말한다. 진秦나라가 주나라를 멸하고, 다시 한나라가 들어서고 90여 년이 지난 뒤 천자가 태산에서 제사 지내려고 동쪽으로 순수하며 하남에 이르러 주나라의 후손을 찾았다. 후손 가嘉를 찾아낸 뒤 사방 30리를 봉했다. 그를 주자남군周子南君으로 칭하면서 열후列侯의 반열에 올렸다. 주나라 선조의 제사를 계속 모시게 된 배경이다."

●● 太史公曰, "學者皆稱周伐紂, 居洛邑, 綜其實不然. 武王營之, 成王使召公卜居, 居九鼎焉, 而周復都豐·鎬. 至犬戎敗幽王, 周乃東徙于洛邑. 所謂 '周公葬我於畢', 畢在鎬東南杜中. 秦滅周. 漢興九十有餘載, 天子將封泰山, 東巡狩至河南, 求周苗裔, 封其後嘉三十里地, 號曰周子南君, 比列侯, 以奉其先祭祀."

진본기
秦本紀

사마천이 〈주본기〉에 이어 〈진본기〉를 편제한 것은 무력이 지배한 춘추전국시대를 대표한 나라가 바로 진秦나라였다고 판단한 결과 다. 그의 판단은 객관적 사실에 입각한 것으로 높이 평가할 만하다. 그의 이런 행보는 성리학을 집대성한 주희朱熹가 사마광의 《자치통 감》을 요약한 《통감강목通鑑綱目》을 펴내면서 삼국시대의 기년紀年 을 유비劉備의 촉나라 연호로 표시한 것과 대비된다. 열국의 역사를 기술할 때 어느 한 나라를 특정해 정통으로 간주하는 이런 입장을 통상 정윤론이라 한다. 역사의 전개를 '정통 대 이단'의 대립으로 본 결과다. 사서를 기전체로 구성하는 이런 사관은 사마천의 《사 기》에서 비롯되었다.

전한의 등장으로 인해 '만고의 폭군'으로 몰린 진시황의 모국 진秦 나라를 〈본기〉에 편제한 것은 놀라운 일이다. 한고조 유방이 초나 라 출신인 점을 감안하면 한나라의 뿌리는 초나라에 있다고 할 수 있다. 그렇다면 〈진본기〉 대신 〈초본기〉를 편제하는 것이 논리적으 로 타당하다. 그럼에도 사마천은 〈주본기〉의 뒤에 〈초본기〉가 아닌 〈진본기〉를 편제했다. 사실史實을 중시한 사가의 면목이 여실히 드러나는 대목이다.

사마천의 이런 입장은 〈항우본기〉를 〈고조본기〉의 앞에 편제하고, 〈고조본기〉 뒤에 〈여태후본기〉를 편제한 사실을 통해서도 거듭 확인할 수 있다. 도덕적인 평가 내지 정치적인 판단을 배제하고 오직 역사적 사실에 충실하고자 하는 신념이 있었기에 가능한 일이다. 21세기 현재에 이르기까지 동양에서 사마천이 '역사의 아버지'를 뜻하는 사성史聖으로 일컬어지는 것도 이와 무관할 수 없다.

주목할 것은 〈진본기〉의 내용이 최초의 편년체 사서인 《춘추좌전》을 위시해 이른바 국별체國別體 사서의 효시로 꼽히는 《국어》와 그 후속편인 《전국책》 등의 정통 사서를 저본으로 삼고 있는 점이다. 《사기》를 정통 사서의 일원으로 끌어올리고자 하는 사마천의 열정이 진하게 묻어나는 대목이다. 시종 한나라 왕실의 입장에서 전한 시대의 역사를 기록한 《한서》의 편제방식이 《사기》와 커다란 차이를 보이는 것도 이런 맥락에서 이해할 수 있다. 《한서》가 〈항우본기〉를 〈본기〉가 아닌 〈열전〉으로 끌어내린 것이 대표적이다.

왕조의 구미에 맞추어 역사적 사실을 임의로 가위질한 사서를 흔히 예사穢史라고 한다. '더러운 사서'라는 뜻이다. 《한서》는 예사의 대표적인 사례에 속한다. 일본의 저명한 사학자 사다케 야스히코佐竹靖彦는 "춘추필법을 견지한 것은 《사기》뿐이고, 《한서》는 역사왜곡의 단초를 열었다"고 정리했다.

진조본기

진秦나라 선조는 전욱제顓頊帝의 후예로, 이름은 여수女修다. 여수가 베를 짤 때 제비가 알을 떨어뜨렸다. 여수가 이 알을 먹고 아들 대업大業을 낳았다. 대업은 소전의 딸 여화를 아내로 맞았다. 여화는 대비大費를 낳았고, 대비는 우禹와 함께 물을 다스렸다. 치수에 성공하자 순임금이 우에게 현규玄圭를 내렸다. 우가 이를 받으면서 이같이 대답했다.

"저 홀로 이룰 수 있었던 것이 아니고, 대비가 도와준 덕분입니다."

순임금이 말했다.

"아, 비費야, 우를 도와 공을 이루었으니 그대에게 깃발을 장식하는 흑색 끈인 조유皁游를 내린다. 장차 그대의 후손이 번창할 것이다."

그러고는 요씨 미녀를 아내로 삼게 했다. 대비는 조유를 공손히 받들며 순임금을 도와 조수鳥獸를 조련했다. 조수가 모두 그에 의해 잘 길들여졌다. 그가 백예柏翳다. 순임금은 그에게 영씨嬴氏 성을 내렸다. 대비는 아들 둘을 낳았다. 한 아들은 대렴大廉이라 불린다. 그는 조속씨鳥俗氏의 선조가 되었다. 다른 아들은 약목若木이다. 그는 비씨의 선조가 되었다. 약목의 현손 비창費昌이다. 그의 후손은 중원 또는 이적夷狄의 땅에 살았다. 비창은 걸왕 때 하나라를 떠나 은나라에 귀순해 탕왕을 위해 수레를 몰았다. 명조에서 하나라 걸을 격파했다.

대렴의 현손은 맹희孟戲와 중연中衍이다. 이들은 모습이 새를 닮았으나 사람의 말을 했다. 태무가 이들의 이야기를 듣고 이들에게 수레를 몰게 할 생각으로 점을 쳤다. 점괘가 길하게 나왔다. 이들에게 수레를 몰게 하고 아내를 얻어주었다. 태무 이래로 중연의 후손들은 마침내 대대로 공을 세우고 은나라를 도왔다. 영씨가 대부분 지위가 높고 귀하게 되어 결국 제후의 반열에 들어섰다. 중연의 현손은 중휼中潏이다. 서융西戎 땅에 살면서 서수西垂를 지켰다. 그는 비렴蜚廉을 낳았고, 비렴은 오래를 낳았다. 오래는 힘이 장사였고, 비렴은 달리기를 잘했다. 이들 부자는 자신들의 재주와 힘으로 은나라 주를 섬겼다. 주무왕은 은나라 주를 토벌할 때 오래도 함께 죽였다. 당시 비렴은 은나라 주를 위해 북방으로 출사했다가 석곽石槨을 얻었다.• 돌아와보니 은나라 주가 이미 죽어 보고할 곳이 없었다. 곧 곽태산霍太山에 제단을 쌓은 뒤 혼령에게 보고하는 도중에 문득 석관石棺 하나를 얻었다. 석관에 이같이 새겨져 있었다.

천제가 비렴을 은나라의 재난에서 벗어나게 하고, 비렴에게 석관을 하사해 씨족을 번창하게 할 것이다!

비렴이 죽자 곽태산에 장사 지냈다. 비렴에게는 또 계승季勝이라 불리는 아들이 있었다. 계승은 맹증孟增을 낳았다. 맹증은 주성왕의 총애를 입었으니, 그가 바로 택고랑宅皋狼이다. 고랑은 형보衡父, 형보는 조보造父를 낳았다. 조보는 말을 잘 다룬 덕에 주목왕周繆王의 총애를 입었다. 주목왕은 기驥·온려溫驪·화류驊騮·녹이騄耳 등 네 필의 준마를 얻어 서쪽으로 순수를 떠났다. 크게 즐거워한 탓에 돌아오는

• "북방으로 출사했다가 석곽을 얻었다"의 원문은 석북방石北方이다. 석石을 《사기집해》는 서광의 주를 인용해 황보밀皇甫謐이 '석'을 석곽으로 주석한 바가 있다고 했다. 《사기색은》은 '석' 아래 아무런 글자가 없어 문장이 성립되지 않는다며 원문의 일부가 탈락했을 가능성을 제기했다. 일부 번역본은 임의로 '북방에서 석곽을 만들었다'고 풀이했으나 문맥상 '북방으로 출사했다가 석곽을 얻었다'고 풀이하는 것이 합리적이다.

것조차 잊었다. 이 와중에 서언왕徐偃王이 난을 일으켰다. 조보가 주목왕의 수레를 하루에 1,000리씩 쉬지 않고 몰았다. 덕분에 쉽게 난을 평정했다. 주목왕이 조성趙城을 조보에게 봉읍으로 내렸다. 조보의 일족은 이후 조씨趙氏가 되었다. 비렴이 계승을 낳은 지 5대째가 되는 조보 때에 이르러 조성에서 따로 살게 된 셈이다. 훗날 조나라의 건국 시조가 되는 조최趙衰가 바로 그의 후손이다.

당초 오래는 비렴의 아들인데 요절했다. 그에게 여방女防이라는 아들이 있었다. 여방은 방고旁皋, 방고는 태궤太幾, 태궤는 대락大駱, 대락은 비자非子를 낳았다. 모두 조보가 주목왕의 총애를 입은 덕에 조성에 살며 조씨의 성을 유지할 수 있었다. 비자는 견구犬丘에 살았다. 말과 가축을 좋아했고, 또 사육과 번식에도 뛰어났다. 견구 사람들이 주효왕에게 이런 사실을 말하자 주효왕이 비자를 불러 견수汧水와 위수 사이에서 말을 사육하게 했다. 말이 대량으로 번식된 이유다. 주효왕은 비자를 대락의 후계자로 삼고자 했다. 그러나 신후의 딸이 대락의 아내가 되어 아들 성成을 낳자 그가 적자가 되었다. 신후가 주효왕에게 말했다.

"옛날 저의 선조가 여산에 거주할 때 낳은 딸이 융족戎族 서헌胥軒의 아내가 되어 중휼을 낳았습니다. 융족이 친척 관계가 되어 주나라에 귀의한 이후 서수를 지키자 서수가 태평해졌습니다. 이제 제가 다시 대락에게 딸을 주어 적자인 성을 낳았습니다. 저와 대락이 거듭 혼인을 맺어 서융족西戎族이 모두 귀의한 덕분에 대왕이 보위에 오를 수 있었습니다. 대왕은 그 점을 잘 생각해보십시오."

주효왕이 말했다.

"옛날 백예가 순임금을 위해 가축을 관리했는데 번식을 잘해 봉토를 하사받고 영씨 성을 받았다. 지금 그 후손들 역시 나를 위해 말을 많이 번식시켰으니, 나는 그들에게 땅을 나누어주어 부용국附庸國으로 삼을 생각이다."

그러고는 진秦나라 땅을 비자에게 봉지로 내리고, 다시 영씨의 제사를 잇게 하고는 진영秦嬴으로 불렀다. 또 신후의 딸이 낳은 아들 성을 원래 그대로 대락의 적자로 삼아 서융과 우호적인 관계를 유지했다. 이후 진영은 진후秦侯를 낳았다. 진후는 재위 10년 만에 죽었다. 진후는 공백公伯을 낳았고, 공백은 재위 3년 만에 죽었다. 공백은 진중秦仲을 낳았다. 진중이 자리에 오른 지 3년 만에 주여왕周厲王이 무도해 제후들 가운데 배신하는 자가 나타났다. 서융도 주나라 왕실에 반기를 들고 견구의 대락 일족을 멸했다.

주선왕周宣王이 즉위한 후 진중을 대부로 삼아 서융을 토벌하고자 했으나 서융이 진중을 죽였다. 진중은 자리에 오른 지 23년 만에 서융에게 목숨을 잃은 것이다. 그에게는 아들 다섯이 있었다. 맏아들이 진장공秦莊公이다. 주선왕은 진장공의 다섯 형제를 불러 7,000명의 병사를 주고 서융을 치게 했다. 이들은 명을 충실히 수행해 서융을 격파했다. 주선왕이 진중의 후손에게 상을 내리면서 이들의 선조인 대락의 봉지 견구까지 아우르게 했다. 이들을 서수의 대부로 삼은 이유다. 진장공은 일족의 옛 땅인 서쪽 견구 일대에 살면서 세 아들을 낳았다. 맏아들이 세보世父다. 세보가 말했다.

"서융이 나의 조부인 진중을 죽였다. 내가 서융의 왕을 죽이지 않으면 봉읍으로 돌아갈 수 없다."

세보는 서융을 치기 위해 아우 진양공秦襄公에게 자리를 양보했다. 진양공이 태자가 된 이유다. 진장공이 재위 44년 만에 죽자 태자인 진양공이 즉위했다. 진양공 원년, 진양공의 여동생 무영穆嬴이 풍왕豐王의 처가 되었다. 진양공 2년, 서융이 견구를 포위했다. 세보가 서융을 쳤다가 오히려 포로가 되었다. 1년여 뒤 서융이 세보를 돌려보냈다. 진양공 7년 봄, 주유왕이 포사를 총애한 나머지 태자를 폐하고 포사의 아들을 태자로 삼았다. 거짓 봉화로 누차 제후들을 속이자 제후들이 주유왕을 배신했다. 서융의 일파인 견융이 신후와 합세해 주나라를 쳐 주유왕을 여산 아래서 죽였다. 진양공이 군사를 이끌고 가 주나라를 구원하며 전력을 다한 덕분에 공을 세웠다. 주나라 왕실이 견융의 반란을 피해서 동쪽의 낙읍雒邑으로 천도할 때도 군사를 이끌고 주평왕을 호위했다. 주평왕이 진양공을 제후로 삼아 기산岐山의 서쪽 땅을 내리며 이같이 약속했다.

"서융은 무도해 우리의 기산과 풍읍 일대를 빼앗았다. 진나라가 서융을 쳐 그들을 물리치면 그 땅을 가지게 될 것이다."

주평왕이 서약한 뒤 진양공에게 봉지와 작위를 내린 이유다. 진양공은 이때 처음으로 나라를 가지게 되었다. 여타 제후들과 사절을 교환하고, 서로 방문하며 예물을 바치는 예[聘享]를 행한 배경이다. 이때 그는 검은색 갈기에 몸이 붉은 어린 말[駵駒]을 비롯해 털빛이 누런 황우黃牛와 숫양[羝羊]을 각각 세 마리씩 사용해 서치西畤에서 상제上帝에게 제사를 올렸다. 진양공 12년, 진양공이 서융을 토벌하기 위해 기산까지 갔다가 그곳에서 죽었다. 진양공은 진문공秦文公을 낳았다. 진문공 원년, 진문공이 서수궁西垂宮에 머물렀다. 진문공 3년, 진문공이 700명의 군사를 이끌고 동쪽으로 사냥을 나갔다. 진문공 4년, 견수와 위수가 만나는 지점에 이른 뒤 진문공이 말했다.

"옛날 주나라가 이곳을 우리 선조인 진영에게 봉국으로 내렸고,

이후 마침내 우리는 제후국이 되었다."

그러고는 그곳이 살기에 적당한지 여부를 점쳤다. 점괘가 길했다. 곧바로 그곳에 도성을 건설했다. 진문공 10년, 부현鄜縣에 천지에 제사를 올리는 제단인 부치鄜畤를 만든 뒤 소와 양, 돼지를 희생으로 삼는 삼뢰三牢의 예로 천지에 제사를 올렸다. 진문공 13년, 처음으로 사관을 두고 국사를 기록하게 했다. 많은 백성이 교화되었다. 진문공 16년, 진문공이 군사를 이끌고 서융을 토벌하자 서융이 패해 달아났다. 주나라의 유민들을 수습해 진나라의 백성으로 삼고 영토를 기산까지 넓혔다. 이어 기산의 동쪽 일대를 주나라에 바쳤다. 진문공 19년, 진보陳寶로 불리는 보석을 얻었다. 진문공 20년, 처음으로 삼족을 멸하는 형벌을 만들었다.•

진문공 27년, 남산의 큰 가래나무를 베자 가래나무 신이 커다란 황소로 변해 풍수豐水로 들어갔다. 진문공 48년, 진문공의 태자가 죽었다. 정공靜公의 시호를 내렸다. 정공의 맏아들이 태자가 되었다. 진문공의 손자다. 진문공 50년, 진문공이 죽자 서산西山에 안장했다. 정공의 아들이 즉위했다. 그가 진영공秦寧公이다. 진영공 2년, 진영공이 기산岐山 인근의 평양平陽으로 천도했다. 군사를 보내 서융이 사는 탕

• 삼족의 범위를 《사기집해》는 두 가지 설을 인용해놓았다. 후한 말기 《한서》에 주석을 가한 장안張晏은 부모와 형제 및 처자로 본 것에 반해 삼국시대 위나라에서 활약한 여순如淳은 부족父族 · 모족母族 · 처족妻族을 총칭한 것으로 보았다. 모반죄 등 중범죄를 저지른 자의 일족을 주살하는 이른바 이족의 기원이 바로 진문공 때 만들어진 삼족에 대한 형벌에서 비롯되었다. 당나라 때 만들어진 형률인 《당률唐律》은 이족을 이삼족夷三族 · 이칠족七族 · 이구족夷九族으로 확대했다. 《통전通典》 〈형제刑制〉에 따르면 이삼족은 부족 · 모족 · 처족을 지칭한다. 이칠족은 부족 · 모족 · 고족姑族, 그리고 죄인 자매의 자식, 죄인 여인의 아들, 사촌의 자식[從子], 처부모를 지칭한다. 증조부에서 증손자까지 7대의 직계 친속을 지칭하는 것으로 보는 견해도 있다. 이구족은 고조부에서 현손까지 9대의 직계 친속을 지칭한다. 방계의 친족은 물론 사촌형제까지 포함한다.

사蕩社를 쳤다.• 진영공 3년, 서융의 일족이 세운 박나라와 싸웠다. 박왕亳王이 서융으로 달아나자 마침내 탕사를 멸했다. 진영공 4년, 노나라 공자 휘翬가 군주인 노은공을 시해했다. 진영공 12년, 진영공이 서융의 일족인 탕씨蕩氏를 치고 그 땅을 빼앗았다. 진영공은 열 살에 등극해 재위 12년 만에 죽었다. 그를 서산에 안장했다.

진영공은 아들 셋을 두었다. 장남인 진무공秦武公이 태자가 되었다. 진무공의 동생 진덕공秦德公의 동복동생이다. 막내인 진출자秦出子는 노희자魯姬子 소생이다. 진영공 사후 대서장大庶長인 불기弗忌・위루威壘・삼보三父 등이 태자를 폐하고 진출자를 옹립했다. 진출자 6년, 삼보 등이 함께 사람을 시켜 진출자를 시해했다. 진출자는 다섯 살에 등극해 재위 6년 만에 죽었다. 삼보 등은 다시 원래의 태자인 진무공을 옹립했다. 진무공 원년, 진무공이 팽희씨彭戲氏를 토벌하기 위해 화산 아래에 이르러 평양성平陽城의 봉궁封宮에 머물렀다.

진무공 3년, 진무공이 삼보 등의 무리를 죽이고 삼족을 멸했다. 이들이 진출자를 시해했기 때문이다. 이해에 정나라 대부 고거미高渠眯••가 군주인 정소공鄭昭公을 시해했다. 진무공 10년, 규邽와 기冀 땅의 융족을 토벌하고, 그곳을 진나라의 현縣으로 삼았다. 진무공 11년, 처음으로 두杜와 정鄭 땅에 현을 두었다. 강족姜族의 일원인 소괵小虢을 멸했다. 진무공 13년, 제나라 대부 관지보管至父와 연칭連稱 등이 군주인 제양공을 죽이고 공손 무지無知를 옹립했다. 진나라가 곽霍・위魏・

• 탕사를《사기색은》은 서융의 군주가 머무는 도성으로 새겼다. 위치와 관련해 일부 판본에 탕두湯杜로 나오고 있는 점에 주목해 서광의 주를 인용하며 탕읍湯邑과 두현杜縣의 경계로 추정했다.
•• 《춘추좌전》에는 고거미高渠彌로 나온다.

경耿나라를 멸했다.•

　제나라 대부 옹름雍廩이 공손 무지와 관지보 등을 죽이고 제환공을 세웠다. 제나라와 진晉나라가 강국이 되었다. 진무공 19년, 진晉나라 곡옥曲沃의 백伯이 본국의 공실公室을 멸하고 처음으로 진후晉侯가 되었다. 제환공이 견鄄 땅에서 제후들과 회맹해 패자가 되었다. 진무공 20년, 진무공이 죽자 옹 땅의 평양에 안장했다. 이때 처음으로 사람을 순장殉葬했다. 순장한 사람은 모두 예순여섯 명이다. 진무공에게 아들이 하나 있었다. 이름은 백白이다. 백은 보위에 오르지 못한 채 평양에 봉해졌다. 진무공의 동생 진덕공이 즉위했다.

　진덕공 원년, 처음으로 옹성雍城의 대정궁大鄭宮에 머물렀다. 소·양·돼지의 희생을 각각 300마리씩 사용해 부치에서 천지에 제사를 올렸다. 옹성에 거주하는 것이 적합한지 여부를 점치자 이런 점괘가 나왔다.

　"후대 자손은 황하에서 말에게 물을 먹이게 될 것이다."

　이해에 양백梁伯과 예백芮伯이 알현을 왔다. 진덕공 2년, 처음으로 복일伏日을 정하고, 개를 잡아 열독熱毒을 제거했다. 진덕공은 서른셋에 보위에 올라서 재위 2년 만에 죽었다. 그는 아들 셋을 두었다. 맏아들이 진선공秦宣公, 둘째 아들이 진성공秦成公, 막내아들이 진목공이다. 맏아들 진선공이 즉위했다. 진선공 원년, 위衛나라와 연나라가 주나라를 쳐 주혜왕을 내쫓고 왕자 퇴穨를 옹립했다. 진선공 3년, 정백鄭伯과 괵숙虢叔이 왕자 퇴를 죽이고 다시 주혜왕을 세웠다. 진선

● 여기의 위魏나라는 전국시대 삼진의 일원인 위나라와 다른 나라로, 지금의 산서성 서예성현 동북쪽에 위치했던 것으로 추정되고 있다.《춘추좌전》〈노민공魯閔公 원년〉조에 위나라가 처음으로 등장한다.

공 4년, 밀치密時를 만들고, 진晉나라와 하양河陽에서 싸워 이겼다.

　진선공 12년, 진선공이 죽었다. 진선공은 아들 아홉 명을 두었으나 모두 보위에 오르지 못했다. 신하들이 진선공의 동생 진성공을 옹립했다. 진성공 원년, 양백과 예백이 알현을 왔다. 제환공이 산융을 치고 고죽에 군사를 주둔시켰다. 진성공은 재위 4년 만에 죽었다. 진성공은 아들 일곱 명을 두었으나 모두 보위에 오르지 못했다. 신하들이 진성공의 동생 진목공秦繆公 임호任好를 옹립했다.•

●● 秦之先, 帝顓頊之苗裔孫曰女脩. 女脩織, 玄鳥隕卵, 女脩呑之, 生子大業. 大業取少典之子, 曰女華. 女華生大費, 與禹平水土. 已成, 帝錫玄圭. 禹受曰, "非予能成, 亦大費爲輔." 帝舜曰, "咨爾費, 贊禹功, 其賜爾皁遊. 爾後嗣將大出." 乃妻之姚姓之玉女. 大費拜受, 佐舜調馴鳥獸, 鳥獸多馴服, 是爲柏翳. 舜賜姓嬴氏. 大費生子二人, 一曰大廉, 實鳥俗氏, 二曰若木, 實費氏. 其玄孫曰費昌, 子孫或在中國, 或在夷狄. 費昌當夏桀之時, 去夏歸商, 爲湯御, 以敗桀於鳴條. 大廉玄孫曰孟戲·中衍, 鳥身人言. 帝太戊聞而卜之使御, 吉, 遂致使御而妻之. 自太戊以下, 中衍之後, 遂世有功, 以佐殷國, 故嬴姓多顯, 遂爲諸侯. 其玄孫曰中潏, 在西戎, 保西垂. 生蜚廉. 蜚廉生惡來. 惡來有力, 蜚廉善走, 父子俱以材力事殷紂. 周武王之伐紂, 幷殺惡來. 是時蜚廉爲紂石北方, 還, 無所報, 爲壇霍太山而報, 得石棺, 銘曰, "帝令處父不與殷亂, 賜爾石棺以華氏." 死, 遂葬於霍太山. 蜚廉復有子曰季勝. 季勝生孟增. 孟增幸於周成王, 是爲宅皋狼. 皋狼生衡父, 衡父生造父. 造父以善御幸於周繆王, 得驥·溫驪·驊騮·騄耳之駟, 西巡狩, 樂而忘歸. 徐

• 진목공의 시호 목繆이 앞 대목에서는 목穆으로 나온다. 목繆은 통상 무로 읽으나 시호로 사용할 때는 목으로 읽는다. 목穆과 같다.

偃王作亂, 造父爲繆王御, 長驅歸周, 一日千里以救亂. 繆王以趙城封造父, 造父族由此爲趙氏. 自蜚廉生季勝已下五世至造父, 別居趙. 趙衰其後也. 惡來革者, 蜚廉子也, 蚤死. 有子曰女防. 女防生旁皋, 旁皋生太幾, 太幾生大駱, 大駱生非子. 以造父之寵, 皆蒙趙城, 姓趙氏. 非子居犬丘, 好馬及畜, 善養息之. 犬丘人言之周孝王, 孝王召使主馬于汧渭之閒, 馬大蕃息. 孝王欲以爲大駱適嗣. 申侯之女爲大駱妻, 生子成爲適. 申侯乃言孝王曰, "昔我先酈山之女, 爲戎胥軒妻, 生中潏, 以親故歸周, 保西垂, 西垂以其故和睦. 今我復與大駱妻, 生適子成. 申駱重婚, 西戎皆服, 所以爲王. 王其圖之." 於是孝王曰, "昔伯翳爲舜主畜, 畜多息, 故有土, 賜姓嬴. 今其後世亦爲朕息馬, 朕其分土爲附庸." 邑之秦, 使復續嬴氏祀, 號曰秦嬴. 亦不廢申侯之女子爲駱適者, 以和西戎. 秦嬴生秦侯. 秦侯立十年, 卒. 生公伯. 公伯立三年, 卒. 生秦仲. 秦仲立三年, 周厲王無道, 諸侯或叛之. 西戎反王室, 滅犬丘大駱之族. 周宣王卽位, 乃以秦仲爲大夫, 誅西戎. 西戎殺秦仲. 秦仲立二十三年, 死於戎. 有子五人, 其長者曰莊公. 周宣王乃召莊公昆弟五人, 與兵七千人, 使伐西戎, 破之. 於是復予秦仲後, 及其先大駱地犬丘幷有之, 爲西垂大夫. 莊公居其故西犬丘, 生子三人, 其長男世父. 世父曰, "戎殺我大父仲, 我非殺戎王則不敢入邑." 遂將擊戎, 讓其弟襄公. 襄公爲太子. 莊公立四十四年, 卒, 太子襄公代立. 襄公元年, 以女弟繆嬴爲豐王妻. 襄公二年, 戎圍犬丘, 世父世父擊之, 爲戎人所虜. 歲餘, 復歸世父. 七年春, 周幽王用襃姒廢太子, 立襃姒子爲適, 數欺諸侯, 諸侯叛之. 西戎犬戎與申侯伐周, 殺幽王酈山下. 而秦襄公將兵救周, 戰甚力, 有功. 周避犬戎難, 東徙雒邑, 襄公以兵送周平王. 平王封襄公爲諸侯, 賜之岐以西之地. 曰, "戎無道, 侵奪我岐·豐之地, 秦能攻逐戎, 卽有其地." 與誓, 封爵之. 襄公於是始國, 與諸侯通使聘享之禮, 乃用騮駒·黃牛·羝羊各三, 祠上帝西畤. 十二年, 伐戎而至岐, 卒. 生文公. 文公元年, 居西垂宮. 三年, 文公以兵七百人東獵. 四年, 至汧渭之會. 曰, "昔周邑我先秦嬴於此, 後卒獲爲諸侯." 乃卜居之, 占曰吉, 卽營邑之. 十年, 初爲鄜畤, 用三牢. 十三年, 初有史以紀事, 民多化者. 十六年, 文公以兵伐戎, 戎敗走. 於是文公遂收周餘民有之, 地至岐, 岐以東獻之周. 十九年, 得陳寶. 二十年, 法初有三族之罪. 二十七年, 伐南山大梓, 豐大特. 四十八年, 文公太子卒, 賜謚爲竫公. 竫公之長子爲太子, 是文公孫也. 五十年, 文公卒, 葬西山. 竫公子立, 是爲寧公. 寧公二年, 公徙居平陽. 遣兵伐蕩社. 三年, 與亳戰, 亳王犇戎, 遂滅蕩社. 四年, 魯公子翬弑其君隱公. 十二年, 伐蕩氏, 取之. 寧公生十歲立, 立十二年卒, 葬西山. 生子三人, 長男武公爲太子. 武公弟德公, 同母魯姬子. 生出子. 寧公卒, 大庶長弗忌·威壘·三父廢太子而立出子爲君. 出子六年, 三父等復共令人賊殺出子. 出子生五歲立, 立六年卒. 三父等乃復立故太子武公. 武公元年, 伐彭戲氏, 至于華山下, 居平陽封宮. 三年, 誅三父等而夷三族, 以其殺出子也. 鄭高渠眯殺其君昭公. 十年, 伐邽·冀戎, 初縣之. 十一年, 初縣杜·鄭. 滅小虢. 十三年, 齊人管至父·連稱等殺其君襄公而立公孫無知. 晉滅霍·魏·耿. 齊雍廩殺無知·管至父等而立齊桓公. 齊·晉爲彊國. 十九年, 晉曲沃始爲晉侯. 齊桓公伯於鄄. 二十年, 武公卒, 葬雍平陽. 初以人從死, 從死者六十六人. 有子一人, 名曰白, 白不立, 封平陽. 立其弟德公. 德公元年, 初居雍城大鄭宮. 以犧三百牢祠鄜畤. 卜居雍. 後子孫飲馬於河. 梁伯·芮伯來朝. 二年, 初伏, 以狗禦蠱. 德公生三十三歲而立, 立二年卒. 生子三人, 長子宣公, 中子成公, 少子穆公. 長子宣公立. 宣公元年, 衛·燕伐周, 出惠王, 立王子穨. 三年, 鄭

伯·虢叔殺子穨而入惠王. 四年, 作密畤. 與晉戰河陽, 勝之. 十二年,
宣公卒. 生子九人, 莫立, 立其弟成公. 成公元年, 梁伯·芮伯來朝. 齊
桓公伐山戎, 次于孤竹. 成公立四年卒. 子七人, 莫立, 立其弟繆公.

목공본기

진목공 임호 원년, 진목공이 직접 군사를 이끌고 모진茅津을 쳐 이
겼다. 진목공 4년, 진목공이 진晉나라에서 부인을 맞아들였다. 그녀
는 진나라 태자 신생申生의 누이였다. 이해에 제환공이 초나라를 치
고 소릉邵陵에 이르렀다. 진목공 5년, 진헌공晉獻公이 우나라와 괵虢나
라를 멸망시켰다. 우나라 군주와 대부 백리해百里奚•를 생포했다. 이
는 진헌공이 백옥白玉과 양마良馬를 우나라 군주에게 뇌물로 준 덕분
이다. 진헌공은 백리해를 잡은 뒤 딸이 진목공에게 시집갈 때 시종
으로 딸려 보냈다. 백리해는 진秦나라를 빠져나와 완宛 땅으로 달아
났다가 초나라 변경 사람에게 붙잡혔다. 백리해가 어진 사람이라는
것을 들은 진목공이 많은 재물로 들여서라도 그를 데려오고자 했다.
초나라 사람이 내주지 않을까 우려되어 사람을 초나라로 보내 이같
이 전했다.

"나의 잉신인 백리해가 귀국에 있소. 검정 숫양의 가죽 다섯 장으
로 그의 몸값을 치르고자 하오."

초나라 사람이 이를 받아들여 백리해를 놓아주었다. 백리해의 나

• 본문은 백리혜百里傒로 되어 있으나 〈세가〉와 〈열전〉은 물론 《춘추좌전》 모두 백리해로
나온다. 〈본기〉의 혜傒는 해奚의 오기다.

이는 이미 일흔 살이 넘었다. 진목공이 백리해를 풀어준 뒤 함께 국사를 논의하고자 했다. 백리해가 사양했다.

"신은 패망한 나라의 신하인데 어찌 자문에 응할 수 있겠습니까?"

진목공이 말했다.

"우나라 군주는 그대를 발탁하지 않아 패망한 것이오. 그대의 죄가 아니오."

고집스럽게 질문하며 백리해와 사흘 동안 이야기를 나누었다. 진목공이 크게 기뻐했다. 그에게 국정을 맡긴 뒤 양 가죽 다섯 장으로 모셔왔다는 취지에서 오고대부五羖大夫로 불렀다. 백리해가 다시 사양했다.

"신은 저의 친구인 건숙蹇叔만 못합니다. 건숙은 현명한데도 세인들이 알아주지 않습니다. 신이 일찍이 천하를 돌아다니다가 제나라에서 곤경에 빠져 질銍 땅의 사람에게 걸식을 할 때 건숙이 거두어주었습니다. 제가 제나라 군주 공손 무지를 섬기려 하자 건숙이 만류했습니다. 덕분에 신은 제나라 내란의 재앙에서 벗어날 수 있었습니다. 주나라로 갔다가 왕자 퇴가 소를 좋아한다기에 소를 기르는 재주로 알현을 청했습니다. 왕자 퇴가 신을 임용하고자 했으나 건숙이 만류했습니다. 덕분에 주나라를 떠나 죽음을 면할 수 있었습니다. 또 우나라 군주를 섬기자 건숙이 누차 만류했습니다. 당시 신은 우나라 군주가 신을 임용하지 않을 것을 알면서도 녹봉과 관직을 탐내 잠시 머물렀습니다. 두 번은 그의 말을 들어서 재난에서 벗어날 수 있었고, 한 번은 듣지 않아 우나라의 재난이 몸에 미치게 되었습니다."

진목공은 사람을 시켜 후한 예물로 건숙을 맞아들인 후 상대부上大夫로 삼았다. 이해 가을, 진목공이 직접 군사를 이끌고 진晉나라를 쳐 하곡河曲에서 싸웠다. 진헌공의 부인 여희驪姬가 일으킨 난으로 태자 신생이 신성新城에서 자진하고, 공자 중이重耳와 이오夷吾가 밖으로 달아났다. 진목공 9년, 제환공이 규구葵丘에서 제후들과 회맹했다. 진헌공이 죽자 여희의 아들 해제奚齊를 세웠다. 대부 이극里克이 그를 죽였다. 대부 순식荀息이 해제의 동생 탁자卓子를 옹립했으나 이극이 다시 탁자와 순식을 죽였다. 이오가 진秦나라에 사람을 보내 진晉나라 입국을 도와달라고 청했다. 진목공이 이를 받아들여 백리해에게 군사를 이끌고 가 이오를 호송하게 했다. 이오가 말했다.

"만일 내가 보위에 오르면 하서河西 땅의 여덟 개의 성을 진秦나라에 떼어주겠소."

이오는 귀국해 즉위한 뒤 대부 비정丕鄭을 진나라에 보내 감사의 뜻만 전하고 약속을 어긴 채 하서 땅의 성을 주지 않았다. 또 자신을 맞아들인 대부 이극을 죽였다. 비정이 이 소식을 듣고는 크게 두려워하며 진목공과 논의했다.

"진晉나라 백성은 이오가 왕이 되는 것을 바라지 않고, 실은 중이가 되기를 바라고 있습니다. 지금 이오가 진秦나라와 맺은 약속을 어기고 이극을 죽인 것은 모두 여생呂甥과 극예郤芮의 계책입니다. 군주는 이익으로 이들을 유혹해 급히 불러들이십시오. 이들이 오면 다시 공자 중이를 진晉나라로 들여보내 옹립하는 것이 낫습니다."

진목공이 이를 받아들였다. 사자를 비정과 함께 귀국시켜 여생과 극예를 불러오게 했다. 비정을 첩자로 의심한 여생과 극예가 이를 이오에게 보고한 뒤 죽여버렸다. 비정의 아들 비표丕豹가 진秦나라로 달아나 진목공에게 말했다.

"진晉나라 군주는 무도해 백성이 따르지 않습니다. 가히 정벌할 수 있습니다."

진목공이 말했다.

"백성이 실로 진나라 군주를 탐탁지 않게 여긴다면 어떻게 대신인 비정을 죽일 수 있겠는가? 대신을 죽인 것은 백성이 도와주었기 때문이다."

비표의 말을 듣지는 않았으나 몰래 비표를 중용했다. 진목공 12년, 제나라 재상 관중과 습붕이 잇달아 죽었다. 이해에 진晉나라에 가뭄이 들자 진秦나라에 식량 원조를 청했다. 비표가 진목공에게 식량을 내주지 말고 기근을 틈타 정벌할 것을 권했다. 진목공이 대부 공손지公孫支에게 묻자 이같이 대답했다.

"기근과 풍년은 교대로 일어나는 일입니다. 주지 않을 수 없습니다."

백리해에게 묻자 이같이 대답했다.

"이오가 군주에게 죄를 진 것이지, 그의 백성이야 무슨 죄가 있습니까?"

진목공이 두 사람의 의견을 받아들여 결국 식량을 내주었다. 식량을 운송하는 배와 수레가 진秦나라 도성 옹성에서 진晉나라 도성 강성絳城까지 이어졌다. 진목공 14년, 진秦나라에 기근이 들자 진晉나라에 식량 원조를 청했다. 진혜공晉惠公 이오가 여러 신하와 이를 상의했다. 대부 괵석虢射•이 말했다.

"기근을 틈타 치면 대공을 이룰 수 있습니다."

진혜공이 그의 말을 좇았다. 진목공 15년, 진혜공이 군사를 일으켜

• 괵석의 석射을 《사기정의》는 석石과 음이 같다고 했다. 석은 화살을 쏘아 맞힌다는 뜻이다. 단순히 쏜다는 뜻의 '사'와 차이가 있다. 재상의 벼슬 이름인 복야僕射를 뜻할 때는 야라고 읽는다.

진秦나라를 쳤다. 진목공도 즉각 군사동원을 명한 뒤 비표를 장수로 삼아 직접 싸우러 나갔다. 이해 9월 임술일, 진혜공 이오와 한韓 땅에서 싸웠다.[•] 진혜공은 자신의 군사를 뒤로한 채 홀로 진격해 진秦나라 군사와 재물을 먼저 쟁탈하고자 했다. 그러나 돌아오는 길에 말이 무게를 이기지 못해 진흙에 빠지고 말았다. 진목공과 그의 부하가 진혜공을 추격했으나 잡지 못하고 오히려 진晉나라 군사에게 포위당했다. 이들의 공격으로 진목공이 부상을 당했다. 이때 전에 기산岐山 아래서 진목공의 양마를 훔쳐 먹은 백성 300명이 위험을 무릅쓰고 진晉나라 군사에게 달려들었다. 포위망이 풀어지자 진목공은 위험에서 벗어난 것은 물론 오히려 진혜공을 사로잡게 되었다. 당초 진목공은 양마를 잃은 적이 있다. 기산 아래의 백성 300명이 이를 잡아먹었다. 관원들이 이들을 체포해 처벌하고자 했으나 진목공이 반대했다.

"군자는 짐승 때문에 사람을 상하게 해서는 안 된다. 내가 들건대 좋은 말고기를 먹으면서 술을 마시지 않으면 몸이 상한다고 했다."

그러고는 모두에게 술을 내리고 사면해주었다. 이후 기산 아래에 사는 300명의 백성은 진秦나라의 거병 소식을 듣고는 모두 종군할 것을 청했다. 이들은 진목공이 포위당한 것을 보고는 무기를 들고 필사적으로 싸운 것이다. 말을 잡아먹고도 오히려 사면된 은덕에 보답한 것이다. 진목공은 진나라 군주를 생포해 돌아와서는 전국에 이런 영을 내렸다.

● 《사기정의》는 《춘추좌전》〈노희공魯僖公 15년〉조를 인용해 한韓은 한원韓原을 지칭한다고 했다. 이어 《춘추좌전》〈노선공 15녀〉조에 나오는 진秦나라 장수 두회杜回 및 진晉나라 대부 위무자魏武子와 관련한 결초보은結草報恩 고사도 한원에서 맞붙은 진秦나라와 진晉나라의 싸움에서 비롯되었다고 했다.

"모두 재계齋戒하고 쉬도록 하라. 내가 장차 진晉나라 군주를 제물로 삼아 상제에게 제사를 올릴 것이다."

주나라 천자가 이 소식을 듣고는 탄식했다.

"진晉나라 군주는 우리나라와 성이 같다."

그러고는 사람을 보내 사면을 청했다. 진목공의 부인은 이오의 누이다. 이 소식을 듣고는 상복을 입은 채 맨발로 달려와 애원했다.

"소첩의 형제들이 서로 통하지 못한 탓에 군주의 명령을 욕되게 만들었습니다."

진목공이 말했다.

"나는 진나라 군주를 사로잡아 공을 이루었다고 여기는데 지금 천자는 사면을 청하고, 부인은 이를 걱정하는구려!"

이내 진혜공과 서약한 뒤 돌려보낼 것을 허락했다. 진혜공을 좋은 숙소로 옮겨 머물게 하면서 소·양·돼지를 각각 일곱 마리씩 잡아 바치는 칠뢰七牢를 보내주었다. 이해 11월, 진혜공 이오를 본국으로 돌려보냈다. 이오가 하서 일대를 바치고, 태자 어圉를 진秦나라에 볼모로 보냈다. 진목공이 태자 어에게 자신의 딸을 시집보냈다. 진秦나라 영토가 동쪽으로 황하까지 이르게 되었다. 진목공 18년, 제환공이 죽었다. 진목공 20년, 진秦나라가 양과 예를 멸했다. 진목공 22년, 진晉나라 태자 어는 부군父君인 진혜공이 병으로 눕게 되었다는 소식을 듣고는 이같이 말했다.

"양은 외가의 나라인데 진秦나라가 멸망시켰다. 나는 형제가 많다. 군주가 죽으면● 진秦나라는 필히 나를 억류할 것이고, 진晉나라도 나

● "군주가 죽으면"의 원문은 군백세후君百歲後다. 백세후는 군왕이나 고관의 죽음을 높여 표현한 것이다. 통상 천자나 황후皇后 태후 등은 붕崩을 쓴다. 공경公卿과 제후왕 등의 죽음은

를 무시한 채 다른 공자를 세울 것이다."

그러고는 도망쳐 돌아갔다. 진목공 23년, 진혜공이 죽자 태자 어가 즉위했다. 진秦나라는 볼모로 있던 어가 달아난 것을 원통해하며 초나라에서 진나라 공자 중이를 맞아들인 뒤 어의 아내를 시집보냈다. 중이가 처음에는 사양했으나 결국 받아들였다. 진목공이 더욱 후한 예로 중이를 대접했다. 진목공 24년 봄, 진秦나라가 사자를 보내 진晉나라 대신들에게 중이의 귀국 추진 사실을 알리자 진나라 대신들이 이를 허락했다. 사람을 시켜 중이를 본국으로 호송했다.

이해 2월, 중이가 즉위했다. 그가 진문공이다. 진문공이 사람을 시켜 태자 어를 죽였다. 태자 어가 진회공晉懷公이다. 이해 가을, 주양왕의 동생 대帶가 적나라 군사를 빌려서 주양왕을 쳤다. 주양왕이 달아나 정鄭나라에 머물렀다. 진목공 25년, 주양왕이 사자를 진秦과 진晉에 보내 이를 알렸다. 진목공이 군사를 이끌고 진문공을 도와 주양왕을 귀국시킨 뒤 대를 죽였다. 진목공 28년, 진문공이 성복城濮에서 초나라 군사를 격파했다. 진목공 30년, 진목공이 진문공을 도와 정나라를 포위했다. 정나라가 진목공에게 사자를 보내 설득했다.

"정나라를 멸망시키고 진晉나라를 후하게 대하면 진晉나라에게는 득이 되지만 진秦나라에는 이익이 없습니다. 진晉나라가 강해지면 장차 우환이 될 것입니다."

홍薨으로 표현한다. 백세百歲·천추千秋·안가晏駕·대행大行·등하登遐·산릉붕山陵崩 등은 천자와 제후왕에게 두루 사용했다. 대부는 졸卒, 선비는 불록不祿, 서민은 사死로 표현했다. 당송 이후 표현이 매우 복잡해졌다. 부모의 죽음을 견배見背·고로孤露·기양棄養 등으로 표현하고, 일반인의 경우도 망고亡故·장면長眠·장서長逝·과세過世·사세謝世·수종壽終·운명殞命·연생捐生·취목就木·합서溘逝·고故·서逝·종終 등으로 표현했다. 불교와 도교에서는 열경涅槃·원적圓寂·좌화坐化·우화羽化·선유僊遊·선서僊逝 등의 표현을 썼다.

진목공이 이내 철군해 돌아왔다. 진晉나라도 철군할 수밖에 없었다. 진목공 32년 겨울, 진문공이 죽었다. 정나라 사람이 진秦나라로 가 정나라를 팔아먹고자 했다.

"저는 정나라의 성문을 맡고 있습니다. 가히 습격할 수 있습니다."

진목공이 백리해와 건숙에게 묻자 이같이 대답했다.

"여러 나라를 거쳐 1,000리 길을 지나 다른 나라를 치는 것은 득이 될 것이 거의 없습니다. 게다가 누군가 정나라를 배신해 말한 것이라면 우리나라 사람도 우리 사정을 정나라에 밀고하지 않으리라는 것을 어찌 알 수 있겠습니까? 불가합니다."

"그대들은 모르오. 나는 이미 결정했소."

그러고는 마침내 군사를 일으켰다. 백리해의 아들 맹명시孟明視를 비롯해 건숙의 아들 서기술西乞術과 백을병白乙丙에게 군사를 이끌게 했다. 출병하는 날, 백리해와 건숙이 통곡했다. 이를 전해 들은 진목공이 대로했다.

"내가 출병하는 날에 통곡하며 군사를 가로막으니 이는 어찌 된 일인가?"

"신들은 감히 군주의 군사를 가로막으려는 것이 아닙니다. 출병하면 저희 자식들도 떠나게 됩니다. 늙은 저희로서는 자식들이 늦게 돌아오면 다시 볼 수 없을 듯해 통곡하는 것입니다."

두 사람이 물러난 뒤 자식들에게 말했다.

"너희 군사가 패하면 틀림없이 효산殽山의 요새일 것이다."

진목공 33년 봄, 진秦나라 군사가 동쪽으로 진격했다. 진晉나라를 거쳐 주나라 도성의 북문北門을 지났다. 주나라 대부 왕손 만滿이 말했다.

"진秦나라 군사들이 무례하니 틀림없이 패할 것이다."

진나라 군사가 활 땅에 이르렀을 때 정나라 상인 현고弦高가 소 열두 마리를 끌고 주나라로 팔러 가다가 진나라 군사를 만났다. 죽거나 포로가 될까 두려운 나머지 소를 바치며 말했다.

"대국이 정나라를 친다고 들었소. 정나라 군주는 착실히 방어준비를 하면서 신에게 명해 소 열두 마리를 끌고 가 진나라 군사를 위로하도록 했소."

진秦나라의 세 장군이 서로 말했다.

"우리가 습격하고자 하는 것을 정나라가 이미 알고 있소. 쳐들어갈지라도 성공치 못할 것이오."

그러고는 철군하면서 활을 함락시켰다. 활은 진晉나라의 변경 성읍이다. 당시 진나라는 진문공이 죽었는데도 아직 장사를 지내지 못하고 있었다. 태자 진양공晉襄公이 대로했다.

"진秦나라는 부친을 잃은 나를 우습게 여기고 있다. 상을 틈타 우리 활 땅을 쳤다."

그러고는 상복을 검게 물들여 입고 군사를 이끌고 효산으로 출격한 뒤 진秦나라 군사의 퇴로를 가로막고 공격을 가해 대승을 거두었다. 진秦나라 군사 가운데 한 명도 달아나지 못했다. 진晉나라 군사가 진秦나라의 세 장수를 생포해 돌아왔다. 진문공의 부인은 진목공의 딸이다. 곧 포로가 된 진秦나라 세 장수를 위해 진양공에게 이같이 청했다.

"진나라 군주는 이 세 명에 대한 원망이 골수에 사무쳐 있을 것이오. 그들을 돌려보내 그가 통쾌하게 삶아 죽이도록 하는 것이 나을 것이오."

진양공이 이를 허락해 세 장수를 돌려보냈다. 세 장수가 돌아오자 진목공이 소복을 입고 교외까지 나와 맞이했다. 그가 울며 말했다.

"내가 백리해와 건숙의 말을 듣지 않아 그대들을 욕되게 만들었소. 그대들이 무슨 죄가 있겠소? 그대들은 이 치욕을 씻기 위해 마음을 다하고 결코 태만하지 마시오."

세 장수의 관직과 녹봉을 회복시킨 뒤 더욱 후대했다. 진목공 34년, 초나라 태자 상신商臣이 부왕인 초성왕을 시해하고 즉위했다. 진목공이 다시 맹명시 등에게 군사를 이끌고 가 진나라를 치게 했다. 팽아彭衙에서 교전했다. 진秦나라 군사가 불리해지자 철군했다. 당시 융왕戎王이 진秦나라에 유여由余를 사자로 보냈다. 유여의 선조는 원래 진晉나라 사람이다. 도중에 융戎 땅으로 달아났으나 유여는 진晉나라 말을 할 줄 알았다. 융왕은 진목공이 현명하다는 소문을 듣자 유여를 보내 진秦나라 동정을 살피고자 한 것이다. 진목공이 유여에게 궁실과 쌓아놓은 재물을 보여주었다. 유여가 말했다.

"이런 궁실과 재물은 귀신이 만들지라도 힘들어할 것이다. 하물며 사람에게 만들게 했으니 백성이 크게 고달팠을 것이다."

진목공이 괴이하게 여겨 물었다.

"중원은 시·서·예·악·법도로 나라를 다스리는데도 늘 난이 일어나오. 지금 융족은 이런 것들도 없소. 그렇다면 무엇으로 다스리는 것이오?"

유여는 웃으며 대답했다.

"그것이 바로 중원에 난리가 일어나는 원인입니다. 상고 때 성인 황제黃帝가 예악과 법도를 만든 이후 솔선수범한 덕에 겨우 작은 다스림[小治]을 이루었습니다. 후대에 이르러 군왕이 날로 교만하고 음란해졌습니다. 이들은 법률의 위력만 믿고 백성을 문책하고 감찰했습니다. 백성이 극도로 피폐해지면 군주를 원망하며 인의를 요구하게 됩니다. 위아래가 서로 다투며 원망하고, 찬탈하며 죽이고, 마침내 멸족에 이르는 것은 모두 이 때문입니다. 융족은 그렇지 않습니다. 윗사람은 순박한 덕으로 아랫사람을 대하고, 아랫사람은 충성으로 윗사람을 받듭니다. 나라의 정사가 마치 자기 한 몸을 다스리는 것처럼 잘 이루어집니다. 그런데도 군민君民 모두 그 원인이 무엇인지 모릅니다. 이것이 바로 성인의 진정한 다스림[大治]입니다."

진목공이 물러나 내사內史 왕료王廖에게 물었다.

"내가 듣건대 이웃나라에 성인이 있으면 나라의 걱정거리가 된다고 했소. 지금 유여의 현명함이 나의 걱정이오. 장차 이를 어찌하면 좋겠소?"

왕료가 대답했다.

"융왕은 외진 곳에 살고 있어 중원의 음악을 들어보지 못했습니다. 군주가 시험 삼아 미색이 뛰어난 여악女樂을 보내 그의 마음을 빼앗으십시오. 이어 유여가 융왕에게 간하게 만들면 이들 사이가 멀어질 것이고, 유여를 이곳에 계속 머물게 해 돌아가지 못하게 하면 시기를 넘기게 될 것입니다. 융왕이 괴이하게 여겨 틀림없이 유여를 의심할 것입니다. 군신 사이에 틈이 생기면 포로로 삼을 수 있습니다. 융왕이 음악을 좋아하면 틀림없이 정사에 태만해질 것입니다."

"좋은 생각이오."

진목공이 유여와 나란히 앉아 같은 그릇의 음식을 나누어 먹고, 융족의 지형과 병력에 관해 자세히 물었다. 이어 내사 왕료에게 명해 열여섯 명의 여악을 융왕에게 보내도록 했다. 융왕이 크게 기뻐하며 해가 다가도록 즐기느라 여악을 돌려보내지 않았다. 이때 비로소 유여를 돌려보냈다. 유여가 누차 간했으나 융왕이 듣지 않았다. 진목공이 계속 사람을 보내 은밀히 유여를 초빙하자 유여가 마침내 융왕을 떠나 진나라에 귀의했다. 진목공이 빈객의 예로 유여를 대접하고, 융족을 정벌할 형세에 관해 물었다.

진목공 36년, 진목공이 맹명시 등을 더욱 후대한 뒤 마침내 이들에게 군사를 이끌고 가 진나라를 치게 했다. 이들은 황하를 건넌 뒤 타고 온 배를 불태워 도하분선渡河焚船을 행했다. 덕분에 진晉나라 군사를 대파하고, 왕관王官과 호鄗를 빼앗아 효산殽山의 패배를 설욕했다. 진晉나라 백성 모두 성을 지키기만 할 뿐 감히 나와서 싸우지 못했다. 진목공이 모진에서 황하를 건넌 뒤 효산전투에서 죽은 병사들을 위해 묘지를 만들었다. 이어 이들을 후하게 장사 지내면서 사흘 동안 곡했다. 이때 군사들 앞에서 이같이 맹서했다.

"아, 병사들이여! 떠들지 말고 내 말을 잘 들어라. 과인이 맹서하며 일러주겠다. 옛사람은 일을 도모할 때 국로國老●의 고견을 따른 덕분에 과오가 없었다."

진목공은 건숙과 백리해의 의견을 받아들이지 않은 것을 거듭 생각하며 이같이 맹서한 것이다. 자신의 과실을 기록해 후대에 전하게

● "국로"의 원문은 황발과파黃髮番番다. 원래는 '백발이 성성하지만 안색은 더욱 붉다'는 뜻이다. 파番를 《사기정의》는 머리가 흴 파皤의 잘못이라고 했으나, 가차假借로 보면 된다. 건숙과 백리해를 지칭한 말이다. 국로는 크게 네 가지 뜻이 있다. 첫째, 나이 일흔 살이 넘어 퇴직한 경대부를 말한다. 《춘추좌전》〈노희공 27년〉조에 용례가 나온다. 둘째, 교화를 담당한 관원을 지칭한다. 《공자가어孔子家語》〈제자행弟子行〉에 사례가 나온다. 셋째, 사직지신社稷之臣을 의미한다. 당나라 때 측천무후가 재상 적인걸狄仁傑을 국로로 부른 바 있다. 넷째, 감초甘草의 별칭이다. 명나라 이시진李時珍의 《본초강목本草綱目》〈감초甘草〉에 모든 약을 조화시키는 공을 세운 약초를 국로라고 칭한다는 표현이 나온다. 여기서는 세 번째 의미로 사용되었다.

한 것이다. 군자들이 이 소식을 듣고 모두 눈물을 흘리며 말했다.

"아, 진목공의 용인술이 실로 용의주도하다. 맹명시가 끝내 승리의 기쁨을 누린 이유가 여기에 있구나!"

진목공 37년, 진秦나라가 유여의 계책을 받아들여 융왕을 토벌하고, 서역의 12개국을 병탄해 1,000리의 땅을 개척했다. 마침내 서융 일대를 제패한 배경이다. 주나라 천자가 진목공에게 대신 소공 과過를 보내 치하하며 금고金鼓를 내렸다. 진목공 39년, 진목공이 죽자 옹 땅에 안장했다. 순장한 사람이 177명이다. 충신인 엄식俺息 · 중항仲行 · 침호鍼虎 등 세 명의 자여씨子輿氏도 포함되었다. 진나라 백성이 이들을 애도해 〈황조黃鳥〉라는 시를 지었다. 군자들이 말했다.

"진목공은 영토를 넓혀서 나라를 부강하게 했다. 동쪽으로 강한 진晉나라를 굴복시키고, 서쪽으로 융족을 제패했다. 그러나 중원 제후들의 맹주는 되지 못했다. 이는 당연한 일이기도 하다. 사후에 백성을 내버리고, 어진 신하를 순장시켰기 때문이다. 옛 선왕은 사후에도 좋은 덕과 법도를 남겼다. 진목공은 오히려 선량한 백성과 신하를 빼앗아가 백성을 애통하게 만들었다. 이로써 진秦나라가 더는 동쪽으로 진출할 수 없다는 사실을 알게 되었다."

●● 繆公任好元年, 自將伐茅津, 勝之. 四年, 迎婦於晉, 晉太子申生姊也. 其歲, 齊桓公伐楚, 至邵陵. 五年, 晉獻公滅虞 · 虢, 虜虞君與其大夫百里傒, 以璧馬賂於虞故也. 旣虜百里傒, 以爲秦繆公夫人媵於秦. 百里傒亡秦走宛, 楚鄙人執之. 繆公聞百里傒賢, 欲重贖之, 恐楚人不與, 乃使人謂楚曰, "吾媵臣百里傒在焉, 請以五羖羊皮贖之.". 楚人遂許與之. 當是時, 百里傒年已七十餘. 繆公釋其囚, 與語國事. 謝曰, "臣亡國之臣, 何足問!" 繆公曰, "虞君不用子, 故亡, 非子罪也." 固

問, 語三日, 繆公大說, 授之國政, 號曰五羖大夫. 百里傒讓曰, "臣不及
臣友蹇叔, 蹇叔賢而世莫知. 臣常遊困於齊而乞食絰人, 蹇叔收臣. 臣
因而欲事齊君無知, 蹇叔止臣, 臣得脫齊難, 遂之周. 周王子頹好牛,
臣以養牛幹之. 及頹欲用臣, 蹇叔止臣, 臣去, 得不誅. 事虞君, 蹇叔止臣.
臣知虞君不用臣, 臣誠私利祿爵, 且留. 再用其言, 得脫, 一不用, 及虞
君難, 是以知其賢." 於是繆公使人厚幣迎蹇叔, 以爲上大夫. 秋, 繆公
自將伐晉, 戰於河曲. 晉驪姬作亂, 太子申生死新城, 重耳·夷吾出犇.
九年, 齊桓公會諸侯於葵丘. 晉獻公卒. 立驪姬子奚齊, 其臣里克殺奚
齊. 荀息立卓子, 克又殺卓子及荀息. 夷吾使人請秦, 求入晉. 於是繆
公許之, 使百里傒將兵送夷吾. 夷吾謂曰, "誠得立, 請割晉之河西八城
與秦." 及至, 已立, 而使丕鄭謝秦, 背約不與河西城, 而殺里克. 丕鄭
聞之, 恐, 因與繆公謀曰, "晉人不欲夷吾, 實欲重耳. 今背秦約而殺里
克, 皆呂甥·郤芮之計也. 願君以利急召呂·郤, 呂·郤至, 則更入重耳
便." 繆公許之, 使人與丕鄭歸, 召呂·郤. 呂·郤等疑丕鄭有閒, 乃言夷
吾殺丕鄭. 丕鄭子丕豹犇秦, 說繆公曰, "晉君無道, 百姓不親, 可伐也."
繆公曰, "百姓苟不便, 何故能誅其大臣? 能誅其大臣, 此其調也." 不
聽, 而陰用豹. 十二年, 齊管仲·隰朋死. 晉旱, 來請粟. 丕豹說繆公勿
與, 因其饑而伐之. 繆公問公孫支, 支曰, "饑穰更事耳, 不可不與." 問
百里傒, 傒曰, "夷吾得罪於君, 其百姓何罪?" 於是用百里傒·公孫支
言, 卒與之粟. 以船漕車轉, 自雍相望至絳. 十四年, 秦饑, 請粟於晉. 晉
君謀之群臣. 虢射曰, "因其饑伐之, 可有大功." 晉君從之. 十五年, 興
兵將攻秦. 繆公發兵, 使丕豹將, 自往擊之. 九月壬戌, 與晉惠公夷吾合
戰於韓地. 晉君棄其軍, 與秦爭利, 還而馬鷙. 繆公與麾下馳追之, 不能
得晉君, 反爲晉軍所圍. 晉擊繆公, 繆公傷. 於是岐下食善馬者三百人

馳冒晉軍, 晉軍解圍, 遂脫繆公而反生得晉君. 初, 繆公亡善馬, 岐下野人共得而食之者三百餘人, 吏逐得, 欲法之. 繆公曰, "君子不以畜産害人. 吾聞食善馬肉不飲酒, 傷人." 乃皆賜酒而赦之. 三百人者聞秦擊晉, 皆求從, 從而見繆公窘, 亦皆推鋒爭死, 以報食馬之德. 於是繆公虜晉君以歸, 令於國, 齊宿, 吾將以晉君祠上帝. 周天子聞之, 曰, "晉我同姓", 爲請晉君. 夷吾姊亦爲繆公夫人, 夫人聞之, 乃衰絰跣, 曰, "妾兄弟不能相救, 以辱君命." 繆公曰, "我得晉君以爲功, 今天子爲請, 夫人是憂." 乃與晉君盟, 許歸之, 更舍上舍, 而饋之七牢. 十一月, 歸晉君夷吾, 夷吾獻其河西地, 使太子圉爲質於秦. 秦妻子圉以宗女. 是時秦地東至河. 十八年, 齊桓公卒. 二十年, 秦滅梁·芮. 二十二年, 晉公子圉聞晉君病, 曰, "梁, 我母家也, 而秦滅之. 我兄弟多, 卽君百歲後, 秦必留我, 而晉輕, 亦更立他子." 子圉乃亡歸晉. 二十三年, 晉惠公卒, 子圉立爲君. 秦怨圉亡去, 乃迎晉公子重耳於楚, 而妻以故子圉妻. 重耳初謝, 後乃受. 繆公益禮厚遇之. 二十四年春, 秦使人告晉大臣, 欲入重耳. 晉許之, 於是使人送重耳. 二月, 重耳立爲晉君, 是爲文公. 文公使人殺子圉. 子圉是爲懷公. 其秋, 周襄王弟帶以翟伐王, 王出居鄭. 二十五年, 周王使人告難於晉·秦. 秦繆公將兵助晉文公入襄王, 殺王弟帶. 二十八年, 晉文公敗楚於城濮. 三十年, 繆公助晉文公圍鄭. 鄭使人言繆公曰, "亡鄭厚晉, 於晉而得矣, 而秦未有利. 晉之彊, 秦之憂也." 繆公乃罷兵歸. 晉亦罷. 三十二年冬, 晉文公卒. 鄭人有賣鄭於秦曰, "我主其城門, 鄭可襲也." 繆公問蹇叔·百里傒, 對曰, "徑數國千里而襲人, 希有得利者. 且人賣鄭, 庸知我國人不有以我情告鄭者乎? 不可." 繆公曰, "子不知也, 吾已決矣." 遂發兵, 使百里傒子孟明視, 蹇叔子西乞術及白乙丙將兵. 行日, 百里傒·蹇叔二人哭之. 繆公聞, 怒曰,

"孤發兵而子沮哭吾軍, 何也?"二老曰, "臣非敢沮君軍. 軍行, 臣子與往, 臣老, 遲還恐不相見, 故哭耳."二老退, 謂其子曰, "汝軍卽敗, 必於殽阨矣."三十三年春, 秦兵遂東, 更晉地, 過周北門. 周王孫滿曰, "秦師無禮, 不敗何待!"兵至滑, 鄭販賣賈人弦高, 持十二牛將賣之周, 見秦兵, 恐死虜, 因獻其牛, 曰, "聞大國將誅鄭, 鄭君謹修守備, 使臣以牛十二勞軍士."秦三將軍相謂曰, "將襲鄭, 鄭今已覺之, 往無及已."滅滑. 滑, 晉之邊邑也. 當是時, 晉文公喪尙未葬. 太子襄公怒曰, "秦侮我孤, 因喪破我滑."遂墨衰絰, 發兵遮秦兵於殽, 擊之, 大破秦軍, 無一人得脫者. 虜秦三將以歸. 文公夫人, 秦女也, 爲秦三囚將請曰, "繆公之怨此三人入於骨髓, 願令此三人歸, 令我君得自快烹之."晉君許之, 歸秦三將. 三將至, 繆公素服郊迎, 嚮三人哭曰, "孤以不用百里傒·蹇叔言以辱三子, 三子何罪乎? 子其悉心雪恥, 毋怠."遂復三人官秩如故, 愈益厚之. 三十四年, 楚太子商臣弑其父成王代立. 繆公於是復使孟明視等將兵伐晉, 戰于彭衙. 秦不利, 引兵歸. 戎王使由余於秦. 由余, 其先晉人也, 亡入戎, 能晉言. 聞繆公賢, 故使由余觀秦. 秦繆公示以宮室·積聚. 由余曰, "使鬼爲之, 則勞神矣. 使人爲之, 亦苦民矣."繆公怪之, 問曰, "中國以詩書禮樂法度爲政, 然尙時亂, 今戎夷無此, 何以爲治, 不亦難乎?"由余笑曰, "此乃中國所以亂也. 夫自上聖黃帝作爲禮樂法度, 身以先之, 僅以小治. 及其後世, 日以驕淫. 阻法度之威, 以責督於下, 下罷極則以仁義怨望於上, 上下交爭怨而相篡弑, 至於滅宗, 皆以此類也. 夫戎夷不然. 上含淳德以遇其下, 下懷忠信以事其上, 一國之政猶一身之治, 不知所以治, 此眞聖人之治也."於是繆公退而問內史廖曰, "孤聞鄰國有聖人, 敵國之憂也. 今由余賢, 寡人之害, 將奈之何?"內史廖曰, "戎王處辟匿, 未聞中國之聲. 君試遺其女樂, 以奪其志, 爲由余請, 以疏其閒, 留而莫遣, 以失其期. 戎王怪之, 必疑由余. 君臣有閒, 乃可虜也. 且戎王好樂, 必怠於政." 繆公曰, "善." 因與由余曲席而坐, 傳器而食, 問其地形與其兵勢盡察, 而後令內史廖以女樂二八遺戎王. 戎王受而說之, 終年不還. 於是秦乃歸由余. 由余數諫不聽, 繆公又數使人閒要由余, 由余遂去降秦. 繆公以客禮禮之, 問伐戎之形. 三十六年, 繆公復益厚孟明等, 使將兵伐晉, 渡河焚船, 大敗晉人, 取王官及鄗, 以報殽之役. 晉人皆城守不敢出. 於是繆公乃自茅津渡河, 封鄗中尸, 爲發喪, 哭之三日. 乃誓於軍曰, "嗟士卒! 聽無譁, 余誓告汝. 古之人謀黃髮番番, 則無所過." 以申思不用蹇叔·百里傒之謀, 故作此誓, 令後世以記余過. 君子聞之, 皆爲垂涕, 曰, "嗟乎, 秦繆公之與人周也, 卒得孟明之慶!" 三十七年, 秦用由余謀伐戎王, 益國十二, 開地千里, 遂霸西戎. 天子使召公過賀繆公以金鼓. 三十九年, 繆公卒, 葬雍. 從死者百七十七人, 秦之良臣子輿氏三人名曰奄息·仲行·鍼虎, 亦在從死之中. 秦人哀之, 爲作歌黃鳥之詩. 君子曰, "秦繆公廣地益國, 東服彊晉, 西霸戎夷, 然不爲諸侯盟主, 亦宜哉. 死而棄民, 收其良臣而從死. 且先王崩, 尚猶遺德垂法, 況奪之善人良臣百姓所哀者乎? 是以知秦不能復東征也."

진공본기

　진목공은 아들이 마흔 명이나 있었다. 태자 앵罃이 뒤를 이었다. 그가 진강공秦康公이다. 진강공 원년, 진목공이 서거했을 때 진양공晉襄公도 죽었다. 진양공의 동생 옹雍은 진秦나라 여인 소생으로 진秦나라에 살았다. 진晉나라 대신 조돈趙盾이 그를 옹립하기 위해 대부 수회隨會를 보내 영접했다. 진秦나라가 군사를 보내 영호令狐까지 호송했다. 그러나 당시 진晉나라 조정은 오히려 진양공의 아들을 옹립하고 진秦나라 군사를 쳤다. 진秦나라 군사가 패하자 수회는 진秦나라로 망명했다. 진강공 2년, 진秦나라가 진晉나라를 쳐 무성武城을 빼앗고 영호의 패배를 설욕했다. 진강공 4년, 진晉나라가 진秦나라를 쳐 소량少梁을 빼앗았다.

진강공 6년, 진秦나라가 진晉나라를 쳐 기마羈馬를 빼앗았다. 하곡에서 교전해 진晉나라 군사를 대파했다. 진晉나라는 망명한 수회가 진秦나라를 도와 장차 난을 일으킬까 두려워했다. 대부 위수여魏讎餘에게 짐짓 진秦나라에 항복한 뒤 수회를 꾀어 함께 돌아오는 계책을 논의했다. 수회가 그 속임수에 넘어가 마침내 환국했다. 진강공이 즉위 12년 만에 죽자 아들 진공공秦共公이 즉위했다.

진공공 2년, 진晉나라 대부 조천趙穿이 군주인 진영공晉靈公을 시해했다. 진공공 3년, 초장왕이 강병을 이끌고 북진해 주나라 도성인 낙읍洛邑에 이른 뒤 왕실에 있는 구정의 무게를 물었다. 진공공이 즉위한 지 5년 만에 죽고 아들 진환공秦桓公이 즉위했다. 진환공 3년, 진秦나라 장수 한 명이 진晉나라 군사에게 패해 포로가 되었다. 진환공 10년, 초장왕이 정나라를 정복하고, 북쪽 황하 부근에서 진晉나라 군사를 격파했다. 초나라가 패자가 되어 제후들과 회맹했다. 진환공 24년, 진여공이 즉위 직후 진환공과 황하를 사이에 두고 회맹했다. 진환공이 돌아온 뒤 맹약을 어기고 적인狄人과 공모해 진나라를 쳤다. 진환공 26년, 진나라가 제후들을 이끌고 진秦나라를 쳤다. 진秦나라 군사가 달아나자 경수까지 추격한 뒤 철군했다. 진환공이 즉위

27년 만에 죽고 아들 진경공秦景公이 즉위했다.

진경공 4년, 진晉나라 대부 난서樂書가 군주인 진여공을 시해했다. 진경공 15년, 정나라를 구하고, 역성에서 진晉나라 군사를 격파했다. 진도공이 제후들의 맹주가 되었다. 진경공 18년, 진도공이 강대해져서 누차 제후들과 회맹했다. 마침내 이들을 이끌고 진격해 진秦나라 군사를 격파했다. 진秦나라 군사가 달아나자 경수를 건너 역림棫林까지 추격했다가 돌아갔다. 진경공 27년, 진경공이 진나라로 가 진평공晉平公과 회맹했으나 얼마 후 또 배신했다. 진경공 36년, 초나라 공자 위圍가 군주를 시해하고 대신 즉위했다. 그가 초영왕楚靈王이다. 진경공의 동복동생인 후자后子 감鍼은 선군인 진환공의 극진한 총애를 입은 덕에 크게 부유했다.* 어떤 자가 후자 감을 무함하자 그가 살해될 것이 두려운 나머지 진晉나라로 달아났다. 재물을 실은 수레가 1,000승이나 되었다. 진평공이 물었다.

"그대는 이처럼 부유한데 어찌해서 스스로 도망친 것이오?"

후자 감이 대답했다.

"진秦나라 군주가 무도해 죽임을 당할까 두려웠습니다. 그가 죽은 뒤에나 돌아갈 생각입니다."

진경공 39년, 초영왕이 강군을 배경으로 신申 땅에서 제후들과 회맹하고 맹주가 된 뒤 제나라 대부 경봉慶封을 죽였다. 진경공이 재위 40년 만에 죽자 아들 진애공秦哀公이 즉위했다. 후자 감이 다시 진秦나라로 돌아갔다. 진애공 8년, 초나라 공자 기질棄疾이 초영왕을 시해하고 대신 즉위했다. 그가 초평왕楚平王이다. 진애공 11년, 초평왕의

---

* 후자 감의 감鍼은 통상 침으로 읽으나 사람 이름으로 사용될 때는 감으로 읽는다.《사기정의》는 겸鉗의 음이라고 했다.

사자가 와 진秦나라 여인을 구했다. 태자 건建의 아내를 맞이하고자한 것이다. 초나라에 도착하자 미모에 반한 초평왕이 오히려 자신의아내로 삼았다. 진애공 15년, 초평왕이 태자 건을 죽이려 하자 태자건이 정나라로 달아났다. 함께 망명한 오자서는 태자 건이 정나라에서 피살되자 태자 건의 아들과 함께 오나라로 달아났다. 진나라 공실의 권력이 쇠약해지고 육경의 세력이 강해지자 서로 권력다툼을벌였다. 진秦과 진晉 두 나라가 오랫동안 싸우지 않은 이유다.

진애공 31년, 오왕 합려闔閭와 오자서가 초나라를 쳤다. 초소왕楚昭王이 수隨나라로 달아나자 오나라 군사가 초나라 도성 영郢으로 진공했다. 초나라 대부 신포서申包胥가 진秦나라로 와 도움을 청하며 일주일 동안 먹지도 않은 채 밤낮으로 울었다. 진秦나라가 병거 500승을보내 초나라를 구하고 오나라 군사를 물리쳤다. 오나라 군사가 철군하자 초소왕이 다시 도성으로 돌아왔다. 진애공은 재위 36년 만에죽었다. 태자 이공夷公이 일찍 죽은 까닭에 이공의 아들이 즉위했다.그가 진혜공이다. 진혜공 원년, 공자가 노나라 재상의 직무를 대행했다. 진혜공 5년, 진나라 육경의 일원인 중항씨中行氏와 범씨范氏가 진晉나라를 배신했다. 진晉나라가 육경의 일원인 지씨智氏와 조간자趙簡子를 보내 이들을 치게 했다. 범씨와 중항씨가 제나라로 달아났다. 진혜공이 재위 10년 만에 죽자 아들 진도공이 즉위했다. 진도공 2년, 제나라 대신 전기田乞가 군주인 유자孺子를 시해하고, 유자의 형 양생陽生을 옹립했다. 그가 제도공齊悼公이다. 진도공 6년, 오나라가 제나라군사를 물리쳤다. 제나라 사람이 진도공을 시해하고, 아들 제간공을옹립했다.

진도공 9년, 진정공과 오왕 부차夫差가 회맹해 황지黃池에서 맹주의 자리를 놓고 다투었다. 결국 오왕 부차가 먼저 삽혈歃血하며 맹주가 되었다. 오나라가 강성해지자 중원 각국을 멸시했다. 진도공 12년, 제나라 권신 전상이 제간공을 시해한 뒤 제간공의 아우인 제평공齊平公을 옹립하고 재상이 되었다. 진도공 13년, 초나라가 진陳나라를 멸했다. 진도공이 재위 14년 만에 죽자 아들 진여공공秦厲共公이 즉위했다. 만세의 사표 공자는 이미 진도공 12년에 죽었다. 진여공공 2년, 촉나라 사람이 와 재물을 바쳤다. 진여공공 16년, 황하 주변에 참호를 팠다. 2만의 병력으로 융족의 대려大荔를 토벌하고, 왕성을 빼앗았다.

진여공공 21년, 처음으로 빈양頻陽에 현을 두었다. 진晉나라가 무성을 빼앗았다. 진여공공 24년, 진晉나라에 내란이 일어났다. 조씨·한씨韓氏·위씨魏氏가 지백을 죽이고 그의 영토를 나누어 가졌다. 진여공공 25년, 지백의 아들 지개智開가 읍민邑民을 이끌고 진秦나라에 항복했다. 진여공공 33년, 융족인 의거義渠를 쳐 그 왕을 포획했다. 진여공공 34년, 일식이 있었다. 진여공공이 죽고 아들 진조공秦躁公이 즉위했다.

진조공 2년, 남정南鄭에서 모반이 일어났다. 진조공 13년, 의거가 진秦나라를 침공해 위남渭南에 이르렀다. 진조공 14년, 조공이 죽고 아우 진회공秦懷公이 즉위했다. 진회공 4년, 군사를 지휘하는 서장庶長의 벼슬에 있는 조鼉가 대신들과 함께 진회공을 포위하자 진회공이 자진했다. 진회공의 태자인 소자昭子는 요절했다. 대신들이 소자의 아들을 세웠다. 그가 진영공秦靈公이다. 진영공은 진회공의 손자다. 진영공 6년, 진晉나라 소량에 성을 쌓자 진秦나라 군사가 이를 쳤다. 진영공 13년, 진秦나라가 적고籍姑에 성을 쌓았다. 이해에 진영공이 죽었으나 그의 아들 진헌공秦獻公이 곧바로 즉위하지 못하고 진영공의 막내 숙부인 도자悼子가 즉위했다. 그가 진간공秦簡公이다. 진간공은 소자의 동생이고, 진회공의 아들이다.

진간공 6년, 처음으로 관원에게 칼을 차게 했다. 또 낙수洛水 부근에 참호를 팠다. 중천重泉에 성을 쌓았다. 진간공 16년, 진간공이 죽고 아들 진혜공이 즉위했다. 진혜공 12년, 아들 출자出子가 태어났다. 진혜공 13년, 촉나라를 쳐 남정을 빼앗았다. 진혜공이 죽자 출자가 즉위했다. 출자 2년, 서장 개改가 하서에서 진영공의 아들 진헌공을 맞이해 옹립한 뒤 출자와 그의 모친을 죽여 깊은 연못에 내던졌다. 진秦나라는 전부터 자주 군주를 바꾼 탓에 군신관계가 어그러지고 혼란스러웠다. 진晉나라가 다시 강대해져 진秦나라의 하서 땅을 빼앗았다. 진헌공 원년, 순장 제도를 폐지했다. 진헌공 2년, 약양櫟陽에 성을 쌓고 천도했다.• 진헌공 4년 정월 경인일, 진효공이 출생했다. 진헌공 11년, 주나라 태사 담이 진헌공을 알현했다.

"본래 주나라와 진秦나라는 하나였으나 나중에 나뉘었습니다. 나뉜 지 500년 뒤 다시 합쳐지고, 합친 지 17년 뒤 천하를 통일하는 패왕이 출연할 것입니다."

진헌공 16년, 겨울에 복숭아꽃이 피었다. 진헌공 18년, 약양에 황금비가 내렸다. 진헌공 21년, 진晉나라와 석문石門에서 교전해 6만 명을 참수했다. 주나라 천자가 수놓은 예복을 보내 축하했다. 진헌공

• 《사기집해》는 서광의 주를 인용해 약양에 성을 쌓은 뒤 천도했다고 풀이했다. 약양은 진효공 때 도성이 된 함양과 더불어 관중關中의 핵심지역 가운데 하나다. 함양이 항우의 분탕으로 폐허가 된 상황에서는 관중 제1의 도시가 되기도 했다. 초한전 때 한고조 유방이 한중漢中에서 관중으로 진출한 뒤 곧바로 이곳을 임시수도로 삼은 이유다. 약양의 약櫟은 지명으로 읽을 때는 역이 아닌 약으로 읽는 점에 주의할 필요가 있다. 《사기정의》는 《괄지지括地志》를 인용해 당나라 때 약양 고성故城이 옹주에서 동북쪽으로 120리 떨어진 땅에 위치해 있었고, 일명 만년성萬年城으로 불리었다고 기록해놓았다.

23년, 위魏나라와 소량에서 싸워 장수 공손좌公孫痤를 포획했다. 진헌 공 24년, 진헌공이 죽고 아들 진효공이 즉위했다. 그의 나이 스물한 살이었다.

●● 繆公子四十人, 其太子罃代立, 是爲康公. 康公元年. 往歲繆公之卒, 晉襄公亦卒, 襄公之弟名雍, 秦出也, 在秦. 晉趙盾欲立之, 使隨會來迎雍, 秦以兵送至令狐. 晉立襄公子而反擊秦師, 秦師敗, 隨會來犇. 二年, 秦伐晉, 取武城, 報令狐之役. 四年, 晉伐秦, 取少梁. 六年, 秦伐晉, 取羈馬. 戰於河曲, 大敗晉軍. 晉人患隨會在秦爲亂, 乃使魏讎餘詳反, 合謀會, 詐而得會, 會遂歸晉. 康公立十二年卒, 子共公立. 共公二年, 晉趙穿弑其君靈公. 三年, 楚莊王彊, 北兵至雒, 問周鼎. 共公立五年卒, 子桓公立. 桓公三年, 晉敗我一將. 十年, 楚莊王服鄭, 北敗晉兵於河上. 當是之時, 楚霸, 爲會盟合諸侯. 二十四年, 晉厲公初立, 與秦桓公夾河而盟. 歸而秦倍盟, 與翟合謀擊晉. 二十六年, 晉率諸侯伐秦, 秦軍敗走, 追至涇而還. 桓公立二十七年卒, 子景公立. 景公四年, 晉欒書弑其君厲公. 十五年, 救鄭, 敗晉兵於櫟. 是時晉悼公爲盟主. 十八年, 晉悼公彊, 數會諸侯, 率以伐秦, 敗秦軍. 秦軍走, 晉兵追之, 遂渡涇, 至棫林而還. 二十七年, 景公如晉, 與平公盟, 已而背之. 三十六年, 楚公子圍弑其君而自立, 是爲靈王. 景公母弟后子鍼有寵, 景公母弟富, 或讒之, 恐誅, 乃犇晉, 車重千乘. 晉平公曰, "后子富如此, 何以自亡?" 對曰, "秦公無道, 畏誅, 欲待其後世乃歸." 三十九年, 楚靈王彊, 會諸侯於申, 爲盟主, 殺齊慶封. 景公立四十年卒, 子哀公立. 后子復來歸秦. 哀公八年, 楚公子棄疾弑靈王而自立, 是爲平王. 十一年, 楚平王來求秦女爲太子建妻. 至國, 女好而自娶之. 十五年, 楚平王欲誅建, 建亡, 伍子胥犇吳. 晉公室卑而六卿彊, 欲內相攻, 是以久秦晉不相攻. 三十一年, 吳王闔閭與伍子胥伐楚, 楚王亡犇隨, 吳遂入郢. 楚大夫申包胥來告急, 七日不食, 日夜哭泣. 於是秦乃發五百乘救楚, 敗吳師. 吳師歸, 楚昭王乃得復入郢. 哀公立三十六年卒. 太子夷公, 夷公蚤死, 不得立, 立夷公子, 是爲惠公. 惠公元年, 孔子行魯相事. 五年, 晉卿中行·范氏反晉, 晉使智氏·趙簡子攻之, 范·中行氏亡犇齊. 惠公立十年卒, 子悼公立. 悼公二年, 齊臣田乞弒其君孺子, 立其兄陽生, 是爲悼公. 六年, 吳敗齊師. 齊人弒悼公, 立其子簡公. 九年, 晉定公與吳王夫差盟, 爭長於黃池, 卒先吳. 吳彊, 陵中國. 十二年, 齊田常弒簡公, 立其弟平公, 常相之. 十三年, 楚滅陳. 秦悼公立十四年卒, 子厲共公立. 孔子以悼公十二年卒. 厲共公二年, 蜀人來賂. 十六年, 塹河旁. 以兵二萬伐大荔, 取其王城. 二十一年, 初縣頻陽. 晉取武成. 二十四年, 晉亂, 殺智伯, 分其國與趙·韓·魏. 二十五年, 智開與邑人來犇. 三十三年, 伐義渠, 虜其王. 三十四年, 日食. 厲共公卒, 子躁公立. 躁公二年, 南鄭反. 十三年, 義渠來伐, 至渭南. 十四年, 躁公卒, 立其弟懷公. 懷公四年, 庶長鼂與大臣圍懷公, 懷公自殺. 懷公太子曰昭子, 蚤死, 大臣乃立太子昭子之子, 是爲靈公. 靈公, 懷公孫也. 靈公六年, 晉城少梁, 秦擊之. 十三年, 城籍姑. 靈公卒, 子獻公不得立, 立靈公季父悼子, 是爲簡公. 簡公, 昭子之弟而懷公子也. 簡公六年, 令吏初帶劍. 塹洛. 城重泉. 十六年卒, 子惠公立. 惠公十二年, 子出子生. 十三年, 伐蜀, 取南鄭. 惠公卒, 出子立. 出子二年, 庶長改迎靈公之子獻公于河西而立之. 殺出子及其母, 沈之淵旁. 秦以往者數易君, 君臣乖亂, 故晉復彊, 奪秦河西地. 獻公元年, 止從死. 二年, 城櫟陽. 四年正月庚寅, 孝公生. 十一年, 周太史儋見獻公曰, "周故與秦國合而別, 別五百歲復合, 合七十七歲而霸王出." 十六年, 桃冬花. 十八年, 雨金櫟陽. 二十一年, 與晉戰於

石門, 斬首六萬, 天子賀以黼黻. 二十三年, 與魏晉戰少梁, 虜其將公孫
痤. 二十四年, 獻公卒, 子孝公立, 年已二十一歲矣.

효공본기

진효공 원년, 황하와 효산敵山 동쪽에 여섯 개의 강국이 존재했다.
진효공은 제위왕齊威王·초선왕楚宣王·위혜왕魏惠王·연도후燕悼侯·한
애후韓哀侯·조성후趙成侯 등과 어깨를 나란히 했다. 회수와 사수 사이
에는 10여 개 소국이 존재했다. 초나라와 위나라는 진秦나라와 인접
해 있었다. 위나라는 장성長城을 축조했다. 장성은 정현鄭縣에서 시작
해 낙수洛水를 따라 북쪽으로 상군上郡까지 이르렀다. 초나라는 한중
에서 시작해 남쪽 파巴와 검중黔中까지 영토로 삼았다. 주나라 왕실
이 쇠약해지자 제후들은 서로 무력으로 정벌하며 영토를 다투어 병
탄했다. 진秦나라는 편벽한 옹주에 위치하고 있어 중원의 제후들이
모이는 회맹에 참여하지 못했다. 중원의 제후들 역시 이적을 대하듯
진秦나라를 대했다. 진효공이 널리 은혜를 베풀고 고아와 과부를 구
제하고, 군사를 모집하고 논공행상을 분명히 했다. 이어 전국에 이런
영을 내렸다.

옛날 우리의 목공은 기산岐山과 옹 땅에서 덕정을 베풀고 무공武功을
닦았다. 동쪽으로 진晉나라 내란을 평정해 영토가 황하까지 이르렀
다. 서쪽으로 융적을 제패해 영토를 1,000리나 늘리자 주나라 천자가
패자의 칭호를 내리고, 제후들 모두 찾아와 하례를 올렸다. 후대를

위해 대업을 이루었으니 그 공적은 매우 빛나고 아름다웠다. 그러나 이전의 여공·조공·간공·출자 때는 평안치 않아 나라 안의 우환으로 인해 나라 밖의 일을 돌볼 겨를이 없었다. 그 결과 삼진이 우리 선왕이 확장한 하서 땅을 빼앗고, 제후들 역시 우리 진秦나라를 멸시하는 지경에 이르렀다. 이보다 더한 치욕이 없을 것이다.

헌공이 즉위 후 변경을 안정시키고 약양으로 천도해 다스렸다. 동쪽으로 정벌에 나서 목공 때의 영토를 되찾고, 목공의 정령을 정비했다. 과인은 선군의 유지를 생각할 때마다 늘 마음이 아팠다. 빈객과 여러 신하 가운데 진秦나라를 강성하게 만들 탁월한 계책을 내는 자에게는 관직을 높여주고 땅도 나누어줄 것이다.

그러고는 군사를 이끌고 동쪽으로 진격해 섬성陝城을 포위하고, 서쪽으로 진격해 융족의 원왕源王을 베었다. 위衛나라 공자 출신 위앙衛鞅이 인재를 구한다는 구현령求賢令을 듣고 서쪽으로 진秦나라로 와 경감景監을 통해 진효공을 만나고자 했다. 진효공 2년, 주나라 천자가 제사 지내고 남은 고기[胙]를 보내왔다. 진효공 3년, 위앙이 진효공을 만난 자리에서 법령을 바꾸고 형벌을 정비하는 변법수령變法修令과 안으로 농사에 힘쓰면서 밖으로 적과 싸우다 죽은 자의 상벌을 분명히 하는 내경외전內耕外戰을 건의했다. 진효공이 이를 칭찬했다. 대부 감룡甘龍과 두지杜摯 등이 동의하지 않아 서로 논쟁을 벌였다. 진효공이 위앙의 계책을 채용하자 백성 모두 그의 변법으로 인해 고통을 당했다. 그러나 3년 후 백성 모두 그 법을 편하게 여겼다. 진효공이 위앙을 좌서장左庶長에 임명한 이유다. 이는 〈상군열전〉에 자세히 기록되어 있다.

진효공 7년, 진효공이 위혜왕과 두평杜平에서 회맹했다. 진효공 8년, 위나라와 원리元里에서 싸워 이겼다. 진효공 10년, 위앙이 대량조大良造가 되어 군사를 이끌고 가 위나라의 안읍安邑을 포위한 뒤 항복을 얻어냈다. 진효공 12년, 진秦나라가 함양성咸陽城을 조성하며 교령敎令을 새겨 넣은 궐문인 기궐冀闕을 축조한 뒤 마침내 함양으로 천도했다.● 여러 작은 마을을 합쳐 큰 현을 만들고, 현마다 현령縣令 한 사람을 두었다. 전국에 총 마흔한 개의 현이 들어섰다.

이어 논밭의 구획경계를 없애버렸다. 동쪽으로 영토가 낙수를 넘었다. 진효공 14년, 처음으로 군사상 세금 및 부역인 군부軍賦를 거두기 시작했다. 진효공 19년, 주나라 천자가 패자의 칭호를 내렸다. 진효공 20년, 제후들이 모두 와 하례를 올렸다. 진秦나라가 공자 소관少官에게 명해 군사를 이끌고 봉택逢澤으로 가 제후들과 회맹한 뒤 천자를 알현하게 했다. 진효공 21년, 제나라가 마릉馬陵에서 위나라를 격파했다. 진효공 22년, 위앙이 위나라를 쳐 위나라 공자公子 앙卬을 포획했다. 진효공이 위앙을 열후에 봉하고 상군商君으로 칭했다. 진효공 24년, 삼진의 위나라와 안문鴈門에서 싸워 장수 위조魏錯를 포획했다.●● 진효공이 죽고 아들 진혜문군秦惠文君이 즉위했다.

●● 孝公元年, 河山以東彊國六, 與齊威·楚宣·魏惠·燕悼·韓哀·趙成侯並. 淮泗之閒小國十餘. 楚·魏與秦接界. 魏築長城, 自鄭濱洛

● 기궐이 〈상군열전〉에는 기궐궁정冀闕宮庭으로 나온다. 《사기색은》은 기冀를 기記로 해석해 대궐을 뜻하는 위궐魏闕로 보았다. 교령을 궐문에 새기는 것으로 풀이한 것이다. 《사기정의》는 당나라 초기에 활약한 유백장劉伯莊의 주를 인용해 기를 기사記事, 궐을 대궐을 뜻하는 위魏로 풀이했다.
●● 안문을 《사기색은》은 《죽서기년》을 인용해 안문岸門의 잘못으로 보았다. 《사기정의》도 《괄지지》를 인용해 지금의 하남성 허창현許昌縣에 있던 관문으로 추정했다. 안문鴈門은 장성의 주요 관문으로 산서성 대현代縣의 안문산鴈門山에 있다.

以北, 有上郡. 楚自漢中, 南有巴·黔中. 周室微, 諸侯力政, 爭相倂. 秦
僻在雍州, 不與中國諸侯之會盟, 夷翟遇之. 孝公於是布惠, 振孤寡, 招
戰士, 明功賞. 下令國中曰, "昔我繆公自岐雍之閒, 修德行武, 東平晉
亂, 以河爲界, 西霸戎翟, 廣地千里, 天子致伯, 諸侯畢賀, 爲後世開業,
甚光美. 會往者厲·躁·簡公·出子之不寧, 國家內憂, 未遑外事, 三晉
攻奪我先君河西地, 諸侯卑秦·醜莫大焉. 獻公卽位, 鎭撫邊境, 徙治
櫟陽, 且欲東伐, 復繆公之故地, 脩繆公之政令. 寡人思念先君之意, 常
痛於心. 賓客群臣有能出奇計彊秦者, 吾且尊官, 與之分土." 於是乃出
兵東圍陝城, 西斬戎之獂王. 衛鞅聞是令下, 西入秦, 因景監求見孝公.
二年, 天子致胙. 三年, 衛鞅說孝公變法修刑, 內務耕稼, 外勸戰死之賞
罰, 孝公善之. 甘龍·杜摯等弗然, 相與爭之. 卒用鞅法, 百姓苦之, 居
三年, 百姓便之. 乃拜鞅爲左庶長. 其事在商君語中. 七年, 與魏惠王會
杜平. 八年, 與魏戰元里, 有功. 十年, 衛鞅爲大良造, 將兵圍魏安邑, 降
之. 十二年, 作爲咸陽, 築冀闕, 秦徙都之. 幷諸小鄉聚, 集爲大縣, 縣一
令, 四十一縣. 爲田開阡陌. 東地渡洛. 十四年, 初爲賦. 十九年, 天子致
伯. 二十年, 諸侯畢賀. 秦使公子少官率師會諸侯逢澤, 朝天子. 二十一
年, 齊敗魏馬陵. 二十二年, 衛鞅擊魏, 虜魏公子卬. 封鞅爲列侯, 號商
君. 二十四年, 與晉戰鴈門, 虜其將魏錯. 孝公卒, 子惠文君立.

문무본기

진혜문군은 즉위 직후 상앙을 죽였다. 상앙이 진秦나라에서 변법
을 시행할 당시 법이 잘 지켜지지 않았다. 태자가 금령을 어기자 상

앙은 이같이 상주했다.

"법령이 잘 지켜지지 않는 것은 군주의 친족들이 그것을 잘 지키지 않기 때문입니다. 군주가 법령을 제대로 시행하려면 먼저 태자부터 시행해야 합니다. 태자는 경형을 받을 수 없으니 그의 사부가 대신 받아야 합니다."

이후 법령이 널리 행해져 진나라가 잘 다스려졌다. 진효공이 죽고 태자가 즉위했다. 종실의 많은 사람이 상앙을 미워했다. 상앙이 두려운 나머지 달아났으나 이낸 모반죄로 몰려 결국 거열형車裂刑을 받고 시체를 도성에 내걸었다. 진혜문군 원년, 초·한·조·촉의 백성이 와 알현했다. 진혜문군 2년, 주나라 천자가 축하했다. 진혜문군 3년, 진혜문군이 스무 살이 되어 관례冠禮를 치렀다. 진혜문군 4년, 주나라 천자가 주문왕과 주무왕의 제사에 올린 고기를 보내왔다. 제나라와 위나라도 왕을 칭했다. 진혜문군 5년, 음진陰晉 출신 서수犀首가 대량조가 되었다. 진혜문군 6년, 위나라가 음진을 진秦나라에 바치자 이곳을 영진寧秦으로 개명했다.

진혜문군 7년, 공자 앙이 위나라와 싸워 위나라 장수 용가龍賈를 생포하고, 위나라 병사 8만 명을 참수했다. 진혜문군 8년, 위나라가 하서 일대를 바쳤다. 진혜문군 9년, 황하를 건너 분음汾陰과 피씨皮氏를 빼앗고, 위나라 군주와 응 땅에서 회맹했다. 초焦를 포위해 항복시켰다. 진혜문군 10년, 장의가 진나라 재상이 되었다. 위나라가 상군上郡의 열다섯 개 현을 진나라에 바쳤다. 진혜문군 11년, 의거에 현을 두었다. 초와 곡옥을 위나라에 돌려주었다. 의거의 왕이 진나라의 신하가 되었다. 소량을 하양夏陽으로 개명했다. 진혜문군 12년, 처음으로 12월에 납제臘祭를 행했다. 진혜문군 13년 4월 무오일, 위나라 군주가 왕을 칭하자 한나라도 왕을 칭했다. 장의를 보내 섬陝 땅을 빼앗고, 그곳 사람들을 위나라로 내쫓았다. 진혜문군 14년, 왕호王號를 처음으로 칭하면서 이해를 혜문왕 원년으로 고쳤다.

진혜문왕秦惠文王 2년, 장의가 제나라와 초나라 대신과 설상齧桑에서 회맹했다. 진혜문왕 3년, 한나라와 위나라의 태자가 와 알현했다. 장의가 위나라 재상이 되었다. 진혜문왕 5년, 혜문왕이 북하北河까지 순수했다. 진혜문왕 7년, 악지樂池가 진나라 재상이 되었다. 한·조·위·연·제 등이 흉노와 합세해 진나라를 쳤다. 진나라가 서장 질疾을 보내 수어修魚에서 싸우게 했다. 한나라 장수 신치申差를 생포하고, 조나라 공자 갈渴과 한나라 태자 환奐을 무찌르고, 병사 8만 2,000명을 참수했다. 진혜문왕 8년, 장의가 다시 진나라 재상이 되었다. 진혜문왕 9년, 사마조司馬錯가 촉나라를 쳐 멸했다. 조나라의 중도中都와 서양西陽을 빼앗았다.

진혜문왕 10년, 한나라 태자 창蒼이 볼모로 왔다. 한나라의 석장石章을 공략했다. 조나라 장수 이泥를 격퇴하고, 의거의 스물다섯 개의 성을 빼앗았다. 진혜문왕 11년, 저리질樗里疾이 위나라의 초를 쳐 항복시키고, 안문에서 한나라 군사를 격파하고 1만 명을 참수했다. 한나라 장수 서수犀首가 달아났다. 왕자 통通을 촉 땅에 봉했다. 연나라 군주가 재상 자지子之에게 권력을 위임했다. 진혜문왕 12년, 진혜문왕이 위혜왕과 임진臨晉에서 회맹했다. 서장 질이 조나라를 쳐 조나라 장수 장莊을 포획했다. 장의가 초나라 재상이 되었다.

진혜문왕 13년, 서장 장章이 단수丹水 북쪽에서 초나라를 쳐 초나라 장수 굴개屈匄를 생포하고 8만 명을 참수했다. 초나라의 한중을 쳐 600리의 땅을 빼앗고, 한중군漢中郡을 두었다. 초나라 군사가 옹씨를 포위하자 진나라가 서장 질을 보내 한나라를 돕고 동쪽 제나라를 쳤다. 또 장수 도만到滿을 보내 위나라를 도와 연나라를 치게 했다. 진혜문왕 14년, 초나라를 쳐 소릉召陵을 빼앗았다. 융족인 단丹과 리犁가 신하를 칭했다. 촉나라 상국 진장陳壯이 촉후蜀侯를 죽이고 항복했다. 이해에 진혜문왕이 죽고 아들 진무왕秦武王이 즉위했다. 한·위·제·초·월越 등이 모두 진秦나라에 귀의했다.

진무왕 원년, 위혜왕과 임진에서 회맹했다. 촉나라 상국 진장을 죽였다. 장의와 위장魏章이 진나라를 떠나 동쪽 위나라로 갔다. 의거·단·리를 토벌했다. 진무왕 2년, 처음으로 승상丞相을 두었다. 저리질과 감무甘茂가 각각 좌승상左丞相과 우승상右丞相이 되었다. 장의가 위나라에서 죽었다. 진무왕 3년, 진무왕이 한양왕韓襄王과 임진 밖에서 회맹했다. 남공게南公揭가 죽고 저리질이 한나라 재상이 되었다. 진무왕이 감무에게 말했다.

"나는 의전용 수레인 용거容車를 타고 삼천을 지나 주나라 왕실을 살필 수만 있다면 죽어도 여한이 없을 것이다."

이해 가을, 감무와 서장 봉封을 보내 의양을 공격하게 했다. 진무왕 4년, 의양을 점령하고 6만 명을 참수했다. 황하를 건너 무수武邃에 성을 쌓았다. 위나라 태자가 와 알현했다. 진무왕은 힘이 장사여서 힘겨루기를 좋아했다. 역사力士 임비任鄙·오획烏獲·맹열孟說 등이 높은 관직에 오른 이유다. 진무왕이 맹열과 힘겨루기를 하며 주나라 왕실의 정을 들다가 정강이뼈가 부러졌다. 이해 8월, 진무왕이 죽자 맹열이 멸족을 당했다. 진무왕은 위나라 여인을 왕후로 맞았으나 아들이 없었다. 진무왕의 이복동생이 즉위했다. 그가 진소양왕이다.

●● 是歲, 誅衛鞅. 鞅之初爲秦施法, 法不行, 太子犯禁. 鞅曰, "法之

不行, 自於貴戚. 君必欲行法, 先於太子. 太子不可黥, 黥其傅師.”於是
法大用, 秦人治. 及孝公卒, 太子立, 宗室多怨鞅, 鞅亡, 因以爲反, 而
卒車裂以徇秦國. 惠文君元年, 楚·韓·趙·蜀人來朝. 二年, 天子賀.
三年, 王冠. 四年, 天子致文武胙. 齊·魏爲王. 五年, 陰晉人犀首爲大
良造. 六年, 魏納陰晉, 陰晉更名寧秦. 七年, 公子卬與魏戰, 虜其將龍
賈, 斬首八萬. 八年, 魏納河西地. 九年, 渡河, 取汾陰·皮氏. 與魏王會
應. 圍焦, 降之. 十年, 張儀相秦. 魏納上郡十五縣. 十一年, 縣義渠. 歸
魏焦·曲沃. 義渠君爲臣. 更名少梁曰夏陽. 十二年, 初臘. 十三年四月
戊午, 魏君爲王, 韓亦爲王. 使張儀伐取陝, 出其人與魏. 十四年, 更爲
元年. 二年, 張儀與齊·楚大臣會齧桑. 三年, 韓·魏太子來朝. 張儀相
魏. 五年, 王遊至北河. 七年, 樂池相秦. 韓·趙·魏·燕·齊帥匈奴共攻
秦. 秦使庶長疾與戰修魚, 虜其將申差, 敗趙公子渴·韓太子奐, 斬首
八萬二千. 八年, 張儀復相秦. 九年, 司馬錯伐蜀, 滅之. 伐取趙中都·
西陽. 十年, 韓太子蒼來質. 伐取韓石章. 伐敗趙將泥. 伐取義渠二十五
城. 十一年, 樗里疾攻魏焦, 降之. 敗韓岸門, 斬首萬, 其將犀首走. 公
子通封於蜀. 燕君讓其臣子之. 十二年, 王與梁王會臨晉. 庶長疾攻趙,
虜趙將莊. 張儀相楚. 十三年, 庶長章擊楚於丹陽, 虜其將屈丐, 斬首八
萬, 又攻楚漢中, 取地六百里, 置漢中郡. 楚圍雍氏, 秦使庶長疾助韓而
東攻齊, 到滿助魏攻燕. 十四年, 伐楚, 取召陵. 丹·犂臣, 蜀相壯殺蜀
侯來降. 惠王卒, 子武王立. 韓·魏·齊·楚·越皆賓從.

　武王元年, 與魏惠王會臨晉. 誅蜀相壯. 張儀·魏章皆東出之魏. 伐
義渠·丹·犂. 二年, 初置丞相, 樗里疾·甘茂爲左右丞相. 張儀死於魏.
三年, 與韓襄王會臨晉外. 南公揭卒, 樗里疾相韓. 武王謂甘茂曰, “寡
人欲容車通三川, 窺周室, 死不恨矣.”其秋, 使甘茂·庶長封伐宜陽. 四

年, 拔宜陽, 斬首六萬. 涉河, 城武遂. 魏太子來朝. 武王有力好戲, 力士
任鄙・烏獲・孟說皆至大官. 王與孟說擧鼎, 絶臏. 八月, 武王死. 族孟
說. 武王取魏女爲后, 無子. 立異母弟, 是爲昭襄王. 昭襄母楚人, 姓芈
氏, 號宣太后. 武王死時, 昭襄王爲質於燕, 燕人送歸, 得立.

소양본기

　진소양왕의 모친은 초나라 사람이다. 성은 미씨芈氏이고, 선태후宣
太后로 불리었다. 진무왕이 죽을 때 진소양왕은 연나라에 볼모로 있
었다. 연나라가 즉시 환국시켜 즉위할 수 있었다. 진소양왕 원년, 촉
군 엄도현嚴道縣에 봉해진 엄군嚴君 질疾이 승상이 되었다. 감무가 진
나라를 떠나 위나라로 갔다. 진소양왕 2년, 혜성이 나타났다. 서장 장
壯이 대신・제후・공자 등과 함께 모반했다가 모두 주살되었다. 연루
된 혜문후惠文后도 제 명에 죽지 못했다. 도무왕후悼武王后는 위나라로
돌아갔다.

　진소왕양 3년, 진소양왕이 스무 살이 되어 관례를 행했다. 진소양
왕이 초왕과 황극黃棘에서 회맹하고, 상용上庸을 초나라에 돌려주었
다. 진소양왕 4년, 포판蒲阪을 빼앗았다. 다시 혜성이 나타났다. 진소
양왕 5년, 위왕魏王이 응정應亭으로 와 알현했다. 위나라에 포판을 다
시 돌려주었다. 진소양왕 6년, 촉후 휘煇가 반기를 들자 사마조가 촉
나라를 평정했다. 서장 환奐이 초나라를 치고 2만 명을 참수했다. 진
소양왕의 동복동생인 경양군涇陽君이 제나라로 가 인질이 되었다. 일
식이 일어나 낮에도 어두웠다. 진소양왕 7년, 신성을 점령했다. 저리

질이 죽었다. 진소양왕 8년, 장수 미융羋戎을 보내 초나라를 치고, 신시新市를 빼앗았다. 제나라는 장자章子, 위나라는 공손희公孫喜, 한나라는 포연暴鳶을 보내 함께 초나라의 방성方城을 치고 당매唐眛를 생포했다. 조나라가 중산中山을 치자 중산의 왕이 망명했다가 결국 제나라에서 죽었다. 위나라 공자 경勁과 한나라 공자 장長이 제후가 되었다.

진소양왕 9년, 설薛 땅을 봉지로 가진 제나라 대부 맹상군孟嘗君 전문田文이 진나라로 와 승상이 되었다. 서장 환이 초나라를 쳐 여덟 개의 성을 빼앗고 초나라 장수 경쾌景快를 죽였다. 진소양왕 10년, 초회왕楚懷王이 진나라로 와 알현하자 진나라가 그를 억류했다. 맹상군 전문이 진나라 승상 금수金受의 이간질로 면직되고 누완樓緩이 승상이 되었다. 진소양왕 11년, 한·위·조·송·중산 등 5국이 합세해 진나라를 쳤다. 염씨鹽氏까지 왔다가 철군했다. 진나라가 한나라와 위나라에게 황하 이북 및 봉릉封陵의 땅을 주고 강화를 맺었다. 혜성이 다시 나타났다. 초회왕이 조나라로 달아났다가 조나라에서 받아주지 않자 다시 진나라로 돌아왔다. 이내 진나라에서 죽었다. 진나라가 영구를 초나라로 돌려보내 안장하게 했다.

진소양왕 12년, 누완이 면직되자 양후穰侯 위염魏冄이 승상이 되었다. 식량 5만 석을 초나라에 주었다. 진소양왕 13년, 상수向壽가 한나라를 쳐 무시武始를 빼앗았다. 좌경左更 백기가 신성을 공략했다. 오대부 예禮가 진나라에서 위나라로 달아났다. 임비가 한중의 태수가 되었다. 진소양왕 14년, 좌경 백기가 이궐에서 한나라와 위나라를 쳐 24만 명을 참수하고 공손희를 포획하고 다섯 개의 성을 점령했다. 진소양왕 15년, 대양조 백기가 위나라를 쳐 원垣 땅을 빼앗았다. 얼마 후 다시 위나라에 돌려주었다. 초나라를 쳐 완宛 땅을 빼앗았다.

진소양왕 16년, 좌경 사마조가 지軹와 등鄧 땅을 빼앗았다. 위염이 면직되었다. 공자 불市을 완 땅에, 공자 회悝를 등 땅에, 위염을 도 땅에 봉했다. 이들 모두가 제후가 되었다. 진소양왕 17년, 성양군城陽君이 입조했다. 동주의 군주도 알현하러 왔다. 진나라가 원 땅을 포판 및 피씨와 바꾸었다. 진소양왕이 의양으로 갔다. 진소양왕 18년, 좌경 사마조가 원과 하옹河雍을 쳐 교량을 끊고 두 곳을 빼앗았다.

진소양왕 19년, 진소양왕이 서제西帝, 제민왕齊閔王이 동제東帝를 칭했다. 얼마 후 두 나라 모두 제호帝號를 취소했다. 제나라 대부 여례呂禮가 항복해왔다. 제나라가 송나라를 치자 송강왕이 위나라로 달아났다가 온溫 땅에서 죽었다. 임비가 죽었다. 진소양왕 20년, 진소양왕이 한중으로 갔다가 다시 상군上郡과 북하로 갔다. 진소양왕 21년, 좌경 사마조가 위나라 하내를 쳤다. 위나라가 안읍을 진나라에 바쳤다. 진나라가 안읍의 주민을 내쫓고 진나라 사람을 모집해 하동河東으로 이주시킨 뒤 모두 작위를 주었다. 또 사면받은 죄인을 옮겨 살게 했다. 경양군을 완 땅에 봉했다.

진소양왕 22년, 장수 몽무蒙武가 제나라를 쳤다. 하동에 아홉 개 현을 두었다. 진소양왕이 초왕과 완 땅, 조왕趙王과 중양中陽 땅에서 회맹했다. 진소양왕 23년, 도위都尉 사리斯離가 삼진 및 연나라와 합세해 제나라를 쳤다. 제수 서쪽에서 제나라 군사를 격파했다. 진소양왕이 위나라 왕과 선양宣陽, 한나라 왕과 신성에서 회맹했다. 진소양왕 24년, 진소양왕이 언鄢과 양穰 땅에서 초나라 왕과 회맹했다. 진나라가 위나라의 안성安城을 빼앗고 대량大梁까지 쳐들어갔다. 연나라와 조나라가 위나라를 구원하러 오자 진나라 군사가 철군했다. 위염이 승상에서 면직되었다.

진소양왕 25년, 조나라의 두 개 성을 점령했다. 진왕이 한나라 왕과 신성, 위나라 왕과 신명읍新明邑에서 회맹했다. 진소양왕 26년, 죄인을 사면해 양 땅으로 이주시켰다. 양후 위염이 다시 승상이 되었다. 진소양왕 27년, 좌경 사마조가 초나라를 쳤다. 죄인을 사면해 남양으로 이주시켰다. 백기가 조나라를 치고 대代 땅의 광랑성光狼城을 빼앗았다. 사마조에게 농서隴西에서 군사를 징발해 촉나라를 지나 초나라의 검중을 공략하게 했다.

진소양왕 28년, 대량조 백기가 초나라를 쳐 언과 등 땅을 빼앗은 뒤 죄인을 사면해 이주시켰다. 진소양왕 29년, 대량조 백기가 초나라를 쳐 영을 빼앗은 뒤 남군南郡을 두자 초왕이 달아났다. 주나라 군주가 알현 차 진나라로 왔다. 진소양왕이 초왕과 양릉襄陵에서 회맹했다. 백기가 무안군武安君에 봉해졌다. 진소양왕 30년, 촉군의 군수郡守 장약張若이 초나라를 쳐 무군巫郡과 강남을 공략하고 검중군黔中郡을 두었다. 진소양왕 31년, 백기가 위나라를 쳐 두 개 성을 빼앗았다. 초나라 사람이 강남에서 진나라에 반기를 들었다. 진소양왕 32년, 승상 양후가 위나라를 치고 대량까지 이르러 포연의 군사를 격파하고 4만 명을 참수했다. 포연이 달아나자 위나라가 세 개 현을 바치며 강화를 청했다. 진소양왕 33년, 객경客卿 호양胡陽이 위나라의 권성卷城·채양蔡陽·장사長社를 모두 공략했다. 화양에서 망묘芒卯를 쳐 격퇴하고 15만 명을 참수했다. 위나라가 남양을 바치며 강화를 청했다. 진소양왕 34년, 진나라가 위나라와 한나라에 상용 땅을 주어 군郡 하나를 만들게 한 뒤 항복한 남양의 백성을 이주시켰다.

진소양왕 35년, 한·위·초를 도와 연나라를 쳤다. 처음으로 남양군南陽郡을 두었다. 진소양왕 36년, 객경 조竈가 제나라를 치고 강剛과 수壽 일대를 빼앗아 양후에게 주었다. 진소양왕 38년, 중경中更 호양이 조나라의 연여閼與를 쳤으나 빼앗지 못했다. 진소양왕 40년, 도태자悼太子가 위나라에서 죽어서 돌아오자 지양芷陽에 안장했다. 진소양왕 41년 여름, 위나라를 쳐 형구邢丘와 회懷 일대를 빼앗았다. 진소양왕 42년, 안국군安國君이 태자가 되었다. 이해 10월, 선태후가 죽었다. 지양의 여산에 안장했다. 이해 9월, 양후 위염이 도 땅으로 갔다. 진소양왕 43년, 무안군 백기가 한나라를 쳐 아홉 개의 성을 점령하고 5만 명을 참수했다. 진소양왕 44년, 한나라의 남양을 공략했다. 진소양왕 45년, 오대부 분賁이 한나라를 치고 열 개 성을 빼앗았다. 섭양군葉陽君 회悝가 도성을 떠나 봉지로 가다가 도중에 죽었다.

진소양왕 47년, 한나라의 상당上黨을 치자 상당이 조나라에 항복했다. 진나라가 다시 조나라를 쳤다. 조나라가 군사를 보내 반격하자 서로 대치하게 되었다. 진나라가 무안군 백기를 보냈다. 백기가 장평長平에서 조나라 군사를 대파하고 항복한 40만여 명을 모두 죽였다. 진소양왕 48년 10월, 한나라가 원옹垣雍을 바쳤다. 진나라가 군사를 삼군三軍으로 나누었다. 무안군이 돌아왔다. 장수 왕흘王齕이 군사를 이끌고 가 조나라의 피뢰皮牢를 공략했다. 사마경司馬梗이 북진해 태원을 평정하고, 한나라의 상당을 모두 점령했다. 이해 정월, 전투를 멈추고 다시 상당을 지켰다. 이해 10월, 오대부 능陵이 조나라의 한단邯鄲을 쳤다. 진소양왕 49년 정월, 군사를 증원해 오대부 능을 도왔다. 능이 싸움을 잘하지 못했기에 면직시키고, 장수를 왕흘로 바꾸었다. 이해 10월, 장수 장당張唐이 위나라를 쳐 빼앗은 땅을 채위蔡尉가 지키지 못하고 잃자 장당이 돌아와 그 목을 베었다. 진소양왕 50년

10월, 무안군 백기가 죄를 짓고, 사병으로 강등해 음밀陰密로 유배되었다. 장당이 정나라를 공략했다. 이해 12월, 병력을 증원해 분성汾城 부근에 주둔했다. 무안군 백기가 유배를 가는 도중에 자진했다. 왕흘이 조나라 도성 한단을 쳤으나 점령하지 못했다. 이내 군사를 거두어 분성으로 달아난 뒤 두 달여 동안 주둔했다. 이후 다시 삼진의 군사를 쳐 6,000명을 참수했다. 달아나다 황하에 빠져 죽은 삼진의 군사가 2만 명에 달했다.● 이어 분성을 치고, 즉시 장당을 쫓아 영신중寧新中을 점령한 뒤 이름을 안양으로 바꾸었다. 처음으로 황하에 다리를 놓았다.

진소양왕 51년, 장수 규가 한나라를 쳐 양성과 부서를 빼앗고 4만명을 참수했다. 또 조나라를 쳐 20여 개 현을 빼앗고 9만 명을 참수했다. 서주의 군주가 진나라를 배신하고 제후들과 합세한 뒤 정예군을 이끌고 이궐을 나와 진나라를 쳤다. 진나라가 양성과 통하지 못했다. 이내 장수 규를 보내 서주를 쳤다. 서주의 군주가 진나라로 황급히 달려와 항복했다. 머리가 땅에 닿게 절을 하며 죄를 인정한 뒤 서른여섯 개 성과 백성 3만 명을 모두 바쳤다. 진소양왕이 이를 받아들여 서주의 군주를 돌려보냈다.

진소양왕 52년, 주나라 백성이 동쪽으로 달아났다. 주나라 왕실의 보물인 구정을 진나라로 옮겨놓았다. 주나라의 패망이 가시화되었다. 진소양왕 53년, 천하의 모든 나라가 사자를 보내 복종했다. 위나라가 나중에 오자 진나라가 장수 규를 보내 위나라를 치고 오성吳城

● "달아나다 황하에 빠져 죽은 삼진의 군사"의 원문은 진초류사하普楚流死河다. 여기의 초楚를 《사기집해》는 서광의 주를 인용해 주走로 된 판본이 있다고 했다. 《사기정의》는 당시 초나라 군사는 참전치 않았다며 주走의 오자로 보았다.

을 빼앗았다. 한나라 왕이 알현하러 왔다. 위나라 왕도 진나라에 나라를 맡기고 명을 좇았다. 진소양왕 54년, 진소양왕이 옹성의 남쪽 교외에서 상제에게 제사를 올렸다.

진소양왕 56년 가을, 진소양왕이 죽고 아들 진효문왕秦孝文王이 즉위했다. 진효문왕은 생모 당팔자唐八子를 당태후唐太后로 추존하고 선왕인 진소양왕과 합장했다. 한나라 왕이 소복을 입고 조문했다. 다른 제후들도 장군과 승상을 보내 조문하고 상례에 참여했다. 진효문왕 원년, 죄인을 사면하고 선왕 때의 공신을 표창했다. 친척을 후대하고 원유苑囿(왕의 정원)를 개방했다. 이해 10월 기해일, 진효문왕이 복상을 마치고 즉위했으나 사흘 만인 이달 신축일에 죽었다. 그의 아들 진장양왕이 즉위했다.

진장양왕 원년, 죄인을 크게 사면하고 선왕 때의 공신들을 표창했다. 널리 덕을 베풀어 친족을 후대하고 백성에게 은혜를 베풀었다. 동주의 군주가 제후들과 함께 모반을 꾀했다. 진나라가 상국 여불위呂不韋를 보내 이들을 치고 동주의 영토를 모두 병탄했다. 주나라 왕실의 제사를 잇기 위해 양인陽人 일대를 주나라 군주에게 내주어 제사를 받들게 했다. 몽오蒙驁를 보내 한나라를 치자 한나라가 성고成皐와 공 땅을 바쳤다. 진나라 국경이 대량까지 이르게 되었다. 이곳에 처음으로 삼천군三川郡을 두었다.

진장양왕 2년, 몽오를 보내 조나라를 치고 태원을 평정했다. 진장양왕 3년, 몽오는 위나라의 고도高都와 급汲을 공략했다. 또 조나라의 유차楡次·신성·낭맹狼孟을 쳐 서른일곱 개의 성을 빼앗았다. 이해 4월, 일식이 있었다. 왕흘이 상당을 쳐 처음으로 태원군太原郡을 두었다. 위나라 공자 무기無忌가 5국의 군사를 이끌고 진나라를 공격하자 진나라 군사가 하외河外로 퇴각했다. 몽오가 패해 포위를 풀고 철군했다.

이해 5월 병오일, 진장양왕이 죽고 아들 진왕 정政이 즉위했다. 그가 진시황제秦始皇帝다. 진왕 정은 즉위 26년 만에 처음으로 천하를 통일해 36군을 두었다. 칭호를 시황제라고 했다. 시황제는 쉰하나에 죽고 아들 호해胡亥가 즉위했다. 그가 2세二世 황제다. 2세 황제 3년, 제후들이 분분히 일어나 반기를 들었다. 조고趙高가 2세 황제를 죽이고 자영子嬰을 세웠다. 자영이 즉위한 지 한 달여 만에 항우를 비롯한 제후들이 죽이고, 결국 진나라를 멸했다. 이는 〈진시황본기〉에 자세히 기록되어 있다.

●● 昭襄王元年, 嚴君疾爲相. 甘茂出之魏. 二年, 彗星見. 庶長壯與大臣·諸侯·公子爲逆, 皆誅, 及惠文后皆不得良死. 悼武王后出歸魏. 三年, 王冠. 與楚王會黃棘, 與楚上庸. 四年, 取蒲阪. 彗星見. 五年, 魏王來朝應亭, 復與魏蒲阪. 六年, 蜀侯煇反, 司馬錯定蜀. 庶長奐伐楚, 斬首二萬. 涇陽君質於齊. 日食, 晝晦. 七年, 拔新城. 樗里子卒. 八年, 使將軍羋戎攻楚, 取新市. 齊使章子, 魏使公孫喜, 韓使暴鳶共攻楚方城, 取唐昧. 趙破中山, 其君亡, 竟死齊. 魏公子勁·韓公子長爲諸侯. 九年, 孟嘗君薛文來相秦. 奐攻楚, 取八城, 殺其將景快. 十年, 楚懷王入朝秦, 秦留之. 薛文以金受免. 樓緩爲丞相. 十一年, 齊·韓·魏·趙·宋·中山五國共攻秦, 至鹽氏而還. 秦與韓·魏河北及封陵以和. 彗星見. 楚懷王走之趙, 趙不受, 還之秦, 卽死, 歸葬. 十二年, 樓緩免, 穰侯魏冄爲相. 予楚粟五萬石. 十三年, 向壽伐韓, 取武始. 左更白起攻新城. 五大夫禮出亡奔魏. 任鄙爲漢中守. 十四年, 左更白起攻韓·魏於伊闕, 斬首二十四萬, 虜公孫喜, 拔五城. 十五年, 大良造白起攻魏, 取

垣, 復予之. 攻楚, 取宛. 十六年, 左更錯取軹及鄧. 冄免, 封公子市宛,
公子悝鄧, 魏冄陶, 爲諸侯. 十七年, 城陽君入朝, 及東周君來朝. 秦
以垣爲蒲阪·皮氏. 王之宜陽. 十八年, 錯攻垣·河雍, 決橋取之. 十九
年, 王爲西帝, 齊爲東帝, 皆復去之. 呂禮來自歸. 齊破宋, 宋王在魏,
死溫. 任鄙卒. 二十年, 王之漢中, 又之上郡·北河. 二十一年, 錯攻魏
河內. 魏獻安邑, 秦出其人, 募徙河東賜爵, 赦罪人遷之. 涇陽君封宛.
二十二年, 蒙武伐齊. 河東爲九縣. 與楚王會宛. 與趙王會中陽. 二十三
年, 尉斯離與三晉·燕伐齊, 破之濟西. 王與魏王會宜陽, 與韓王會新
城. 二十四年, 與楚王會鄢, 又會穰. 秦取魏安城, 至大梁, 燕·趙救之,
秦軍去. 魏冄免相. 二十五年, 拔趙二城. 與韓王會新城, 與魏王會新
明邑. 二十六年, 赦罪人遷之穰. 侯冄復相. 二十七年, 錯攻楚. 赦罪人
遷之南陽. 白起攻趙, 取代光狼城. 又使司馬錯發隴西, 因蜀攻楚黔中,
拔之. 二十八年, 大良造白起攻楚, 取鄢·鄧, 赦罪人遷之. 二十九年,
大良造白起攻楚, 取郢爲南郡, 楚王走. 周君來. 王與楚王會襄陵. 白
起爲武安君. 三十年, 蜀守若伐楚, 取巫郡, 及江南爲黔中郡. 三十一
年, 白起伐魏, 取兩城. 楚人反我江南. 三十二年, 相穰侯攻魏, 至大梁,
破暴鳶, 斬首四萬, 鳶走, 魏入三縣請和. 三十三年, 客卿胡傷陽攻魏
卷·蔡陽·長社, 取之. 擊芒卯華陽, 破之, 斬首十五萬. 魏入南陽以和.
三十四年, 秦與魏·韓上庸地爲一郡, 南陽免臣遷居之. 三十五年, 佐
韓·魏·楚伐燕. 初置南陽郡. 三十六年, 客卿竈攻齊, 取剛·壽, 予穰
侯. 三十八年, 中更胡傷陽攻趙閼與, 不能取. 四十年, 悼太子死魏, 歸
葬芷陽. 四十一年夏, 攻魏, 取邢丘·懷. 四十二年, 安國君爲太子. 十
月, 宣太后薨, 葬芷陽酈山. 九月, 穰侯出之陶. 四十三年, 武安君白起
攻韓, 拔九城, 斬首五萬. 四十四年, 攻韓南郡陽, 取之. 四十五年, 五

大夫賈攻韓, 取十城. 葉陽君悝出之國, 未至而死. 四十七年, 秦攻韓上黨, 上黨降趙, 秦因攻趙, 趙發兵擊秦, 相距. 秦使武安君白起擊, 大破趙於長平, 四十餘萬盡殺之. 四十八年十月, 韓獻垣雍. 秦軍分爲三軍. 武安君歸. 王齕將伐趙武安皮牢, 拔之. 司馬梗北定太原, 盡有韓上黨. 正月, 兵罷, 復守上黨. 其十月, 五大夫陵攻趙邯鄲. 四十九年正月, 益發卒佐陵. 陵戰不善, 免, 王齕代將. 其十月, 將軍張唐攻魏, 爲蔡尉捐弗守, 還斬之. 五十年十月, 武安君白起有罪, 爲士伍, 遷陰密. 張唐攻鄭, 拔之. 十二月, 益發卒軍汾城旁. 武安君白起有罪, 死, 齕攻邯鄲, 不拔, 去, 還奔汾軍二月餘. 攻晉軍, 斬首六千, 晉楚流死河二萬人. 攻汾城, 卽從唐拔寧新中, 寧新中更名安陽. 初作河橋. 五十一年, 將軍摎攻韓, 取陽城·負黍, 斬首四萬. 攻趙, 取二十餘縣, 首虜九萬. 西周君背秦, 與諸侯約從, 將天下銳兵出伊闕攻秦, 令秦毋得通陽城. 於是秦使將軍摎攻西周. 西周君走來自歸, 頓首受罪, 盡獻其邑三十六城, 口三萬. 秦王受獻, 歸其君於周. 五十二年, 周民東亡, 其器九鼎入秦. 周初亡. 五十三年, 天下來賓. 魏後, 秦使摎伐魏, 取吳城. 韓王入朝, 魏委國聽令. 五十四年, 王郊見上帝於雍. 五十六年秋, 昭襄王卒, 子孝文王立.

尊唐八子爲唐太后, 而合其葬於先王. 韓王衰絰入弔祠, 諸侯皆使其將相來弔祠, 視喪事. 孝文王元年, 赦罪人, 修先王功臣, 襃厚親戚, 弛苑囿. 孝文王除喪, 十月己亥卽位, 三日辛丑卒, 子莊襄王立. 莊襄王元年, 大赦罪人, 修先王功臣, 施德厚骨肉而布惠於民. 東周君與諸侯謀秦, 秦使相國呂不韋誅之, 盡入其國. 秦不絶其祀, 以陽人地賜周君, 奉其祭祀. 使蒙驁伐韓, 韓獻成皋·鞏. 秦界至大梁, 初置三川郡. 二年, 使蒙驁攻趙, 定太原. 三年, 蒙驁攻魏高都·汲, 拔之. 攻趙楡次·新城·狼孟, 取三十七城. 四月日食. 四年王齕攻上黨. 初置太原郡. 魏將無忌率五國兵擊秦, 秦卻於河外. 蒙驁敗, 解而去. 五月丙午, 莊襄王卒, 子政立, 是爲秦始皇帝. 秦王政立二十六年, 初并天下爲三十六郡, 號爲始皇帝. 始皇帝五十一年而崩, 子胡亥立, 是爲二世皇帝. 三年, 諸侯並起叛秦, 趙高殺二世, 立子嬰. 子嬰立月餘, 諸侯誅之, 遂滅秦. 其語在始皇本紀中.

태사공은 평한다.

"진나라 선조의 성은 영씨다. 후손이 각지에 봉해져 봉국의 이름을 성씨로 삼았다. 서씨徐氏·담씨郯氏·거씨莒氏·종려씨終黎氏·운엄씨運奄氏·도구씨菟裘氏·장량씨將梁氏·황씨黃氏·강씨江氏·수어씨修魚氏·백명씨白冥氏·비렴씨蜚廉氏·진씨秦氏 등이 있다. 진나라에는 선조 조보가 조성에 봉해진 까닭에 조씨가 된 경우도 있다."

●● 太史公曰, "秦之先爲嬴姓. 其後分封, 以國爲姓, 有徐氏·郯氏·莒氏·終黎氏·運奄氏·菟裘氏·將梁氏·黃氏·江氏·脩魚氏·白冥氏·蜚廉氏·秦氏. 然秦以其先造父封趙城, 爲趙氏."

진시황본기

秦始皇本紀

사마천이 〈진본기〉에 이어 〈진시황본기〉를 편제한 것도 도덕 내지 정치적 평가의 잣대를 들이대기에 앞서 역사적 사실에 충실하고자 한 것이다. 〈진시황본기〉의 첫머리에 진시황을 "진장양왕의 아들" 이라고 못 박은 사실이 이를 뒷받침한다. 그럼에도 오랫동안 〈진시황본기〉가 진시황을 여불위의 아들로 간주하는 논거로 악용되는 일이 일어났다. 이는 〈진시황본기〉의 말미에 후대인이 덧붙인 "효명제왈孝明帝曰"의 기사로 인한 것이다.

"효명제왈"은 《한서》의 저자 반고가 후한의 효명황제孝明皇帝 유장劉莊에게 올린 표문表文을 말한다. 그는 이 표문의 첫 대목에 진시황을 여정呂政으로 기록해놓았다. 이는 《사기》 전 편을 통해 유일무이한 것이다.

주목할 것은 반고가 아무런 논거도 없이 진장양왕의 아들이 아닌 여불위의 아들로 단정한 점이다. 이는 사가라면 결코 취해서는 안 되는 자세다. 사마천은 진시황을 객관적으로 평가하기 위해 노력했다. 진시황의 공과를 가감 없이 상세히 소개해놓은 사실이 이를 뒷받침한다.

당시에도 진시황을 여불위의 아들로 간주하는 이야기가 나돌았다. 《사기》의 모든 기록이 증명하듯이 사마천은 항간에 나도는 이야기일지라도 일리가 있으면 빠짐없이 실어놓았다. 그럼에도 진시황에 관해서만큼은 항간의 이야기에 귀를 기울이지 않았다. 황당한 이야기로 간주해 무시한 것이다.

그렇다고 그가 진시황을 비호한 것도 아니다. 〈여불위열전〉에서 여불위가 진시황의 실부實父인 양 묘사하고 사평에 진나라의 패망 원인을 왕도의 폐기와 사적인 권력의 만연에서 찾은 가의賈誼의 〈과진론過秦論〉을 그대로 기록한 것이 그렇다. 객관성을 유지하고자 한 것으로 볼 수 있다. 사실史實에 충실하고자 하는 사마천의 기본입장이 선명히 드러나는 대목이다.

진시황은 진장양왕의 아들이다. 진장양왕이 인질이 되어 조나라에 있을 때 여불위의 첩을 보고 반해 그녀를 아내로 맞이한 뒤 진시황을 낳았다. 진시황은 진소양왕 48년 정월에 한단에서 태어났다. 이름을 정政, 성을 조趙라고 했다.* 열세 살이 되던 해에 진장양왕이 죽자 뒤를 이어 진왕秦王이 되었다. 당시 진나라는 이미 파촉巴蜀과 한중을 통합한 데 이어 완 땅을 넘어 초나라의 옛 도성인 영을 점거해 남군을 둔 상황이었다. 북쪽으로는 상군上郡 동쪽을 거두어 하동·태원·상당 등을 점령했다. 동쪽으로는 형양滎陽까지 이르러 동주와 서주를 멸하고 삼천군을 두었다. 여불위는 재상이 되어 10만 호를 봉토로 받고, 문신후文信侯로 불리었다. 그는 널리 빈객과 유사遊士를 초빙해 천하를 통합하고자 했다. 이사가 여불위의 사인舍人이 된 배경이다. 몽오·왕의王齮·표공麃公 등이 장군이 되었다. 진왕 정은 나이가 어린데다 막 즉위한 터라 국사를 대신들에게 맡겨 처리하게 했다. 진시황이 즉위한 해에 진양晉陽에서 반란이 일어났다.

진왕 정 원년, 장수 몽오가 진양의 반란을 평정했다. 진왕 정 2년, 표공이 군사를 이끌고 권卷 땅을 쳐 3만여 명을 참수했다. 진왕 정 3년, 몽오가 한나라를 쳐 열세 개 성을 점령했다. 이해에 왕의가 죽었다. 이해 10월, 장수 몽오가 위나라의 창暢과 유궤有詭를 쳤다. 이해에 큰 기근이 있었다. 진왕 정 4년, 창과 유궤를 함락시켰다. 이해 3월, 군사를 거두었다. 볼모로 가 있던 진나라의 태자가 조나라에서 돌아왔고, 조나라의 태자도 본국으로 돌아갔다.

● 《사기집해》는 서광의 주를 인용해 진시황의 이름이 정正으로 된 판본이 있다고 지적하면서, 후한 말기에 활약한 송충宋忠의 주를 인용해 정월에 태어난 까닭에 정正으로 지었다고 풀이했다. 《사기색은》은 《계본系本》을 인용해 진시황의 이름이 원래 정政이었다고 했다. 고대에는 정政과 정正이 혼용되었다.

이해 10월 경인일, 메뚜기 떼가 동쪽에서 날아와 하늘을 뒤덮었다. 전염병이 크게 돌았다. 식량 1,000석을 바친 백성에게는 작위 한 등급을 하사했다. 진왕 정 5년, 장수 몽오가 위나라를 쳐 산조酸棗·연·허虛·장평·옹구雍丘·산양성山陽城을 공략하고 스무 개 성을 빼앗았다. 이곳에 처음으로 동군東郡을 두었다. 이해 겨울, 천둥이 쳤다. 진왕 정 6년, 한·위·조·위衛·초 등 5국이 합세해 진나라를 치고 수릉壽陵을 점령했다. 진나라가 출병하자 5국이 군사를 거두었다. 진나라가 위衛나라를 점령하고 동군까지 쳐들어가자 위나라 군주 각角이 일족을 이끌고 거주지를 야왕野王으로 옮겼다. 험한 산세에 의지해 하내를 지키고자 한 것이다.

진왕 정 7년, 혜성이 먼저 동쪽에서 나타났다가 다시 북쪽에 나타났다. 이해 5월, 혜성이 서쪽에 나타났다. 용龍·고孤·경도慶都를 공격하던 장수 몽오가 죽자 군사를 돌려 급 땅을 쳤다. 혜성이 다시 서쪽에 16일 동안 나타났다. 진장양왕의 생모인 하태후夏太后가 죽었다. 진왕 정 8년, 진왕의 아우 장안군長安君 성교成蟜가 군사를 이끌고 조나라를 치다가 반기를 들었다. 결국 둔류屯留에서 죽임을 당하고, 군관들 역시 모두 참수되었다. 둔류의 백성을 임조臨洮로 옮겨 살게 했다. 성교가 영루營壘에서 자진하자 둔류와 포고蒲鶮에서 반란에 참여했던 군졸들 모두 시체가 찢기는 육시를 당했다.* 황하가 범람해 물고기들이 대거 육지로 올라왔다. 사람들이 수레를 비운 채 거듭 말을 재촉해 동쪽으로 가 먹을 것을 찾았다.** 노애嫪毐가 장신후長信侯

● "성교가 영루에서 자진하자"의 원문은 장군벽사將軍壁死다. 여기의 벽壁은 영루를 쌓고 저항했다는 뜻의 동사로 사용된 것이다. 포고를 《사기집해》는 서광의 주를 인용해 포갈蒲鶮로 된 판본이 있다고 했다. 포고를 《사기정의》가 한 개의 지명으로 파악한 것과 달리 《사기집해》 및 《사기색은》은 포와 고의 두 개 지명으로 파악했다.

로 봉해졌다. 노애에게 산양山陽 땅을 하사해 그곳에 살게 했다. 궁실, 수레와 말, 의복, 원유, 말을 내달리며 하는 사냥[馳獵] 등을 노애가 멋대로 했다. 크고 작은 일이 모두 노애의 손에 의해 결정된 배경이다. 이어 하서의 태원군을 더해주어 노애의 봉국으로 삼게 했다.

진왕 정 9년, 혜성이 나타나서 간혹 하늘을 가로질렀다. 위나라의 원과 포양蒲陽을 쳤다. 이해 4월, 진왕이 옹 땅에 유숙했다. 4월 기유일, 진왕이 관례를 행하고 검을 찼다. 장신후 노애가 반란을 일으키려다가 발각되었다. 진왕의 옥새와 조태후의 인장을 위조해 도성의 군사 및 호위군사, 관아의 기병, 융적의 우두머리, 궁중에 있던 가신家臣들을 동원해 기년궁蘄年宮을 치려고 했다. 진왕 정이 이를 알고 진소양왕의 외손인 초나라 공자 출신의 상국 창평군昌平君과 창문군昌文君에게 군사를 일으켜 노애를 치게 했다. 양측이 함양에서 싸웠다. 수백 명을 참수했다. 진왕 정이 이들에게 모두 작위를 내리고, 참전한 환관에게도 작위를 한 등급씩 올려주었다. 노애 등이 패주하자 곧바로 전국에 영을 내려 노애를 생포하는 자는 100만 냥, 죽이는 자는 50만 냥을 포상하겠다고 했다. 결국 노애 등이 모두 잡혔다. 위위衛尉 갈竭, 내사 사肆, 좌익佐弋 갈竭, 중대부령中大夫令 제齊 등 20여 명이 모두 효수梟首되었고, 사지는 수레에 의해 찢긴 뒤 전시되었다. 이들의 일족 모두 주살되었다.

가신 및 죄가 가벼운 자는 종묘제사에 필요한 땔감을 3년 동안 하는 형벌인 귀신형鬼薪刑에 처해졌다. 작위를 삭탈당하고 촉군蜀郡으

●● "수레를 비운 채 거듭 말을 재촉해"의 원문은 경거중마輕車重馬다. 일부 번역본이 중重에 초점을 맞추어 "빈 마차와 살찐 말을 몰고"로 번역했으나 문맥이 어색하다. 《사기집해》는 서광의 주를 인용해 일부 판본에는 중重이 빠져 있다고 했다. 중 자를 빼고 번역하거나, 경輕과 중重을 동사로 번역해 "수레를 비운 채 거듭 말을 재촉해"로 번역하는 것이 문맥에 부합한다.

로 쫓겨난 자가 4,000여 호나 되다. 모두 방릉房陵으로 이주해 살았다. 이해 4월에 한파가 심해 얼어 죽은 자가 있었다. 진나라 장수 양단화楊端和가 위나라의 연씨衍氏를 쳤다. 혜성이 서쪽에 나타났다가 다시 북쪽에 나타났다. 북두성에서 남쪽으로 80일 동안 나타났다. 진왕 정 10년, 상국 여불위가 노애의 반란에 연루되어 면직되었다. 환의桓齮가 장군이 되었다. 제나라와 조나라에서 사자가 조회에 오자 연회를 베풀었다. 제나라 출신 모초茅焦가 진왕 정에게 말했다.

"진나라가 장차 천하통일을 대업으로 삼고자 하나 대왕은 생모인 태후를 유배시켰다는 오명을 듣고 있습니다. 이를 들은 제후들이 그로 인해 진나라를 배신할까 두렵습니다."

진왕 정이 옹 땅에서 태후를 맞아들여 함양에 머물게 했다가, 다시 감천궁甘泉宮에 기거하도록 조치했다. 진왕 정이 진나라에 와 있는 유세객들을 대거 조사해 추방하고자 했다. 이사가 상서해 부당함을 고하자 진왕 정이 〈축객령逐客令〉을 거두었다. 이사가 진왕 정에게 먼저 한나라를 취해 다른 나라들에게 위협을 가할 것을 건의했다. 진왕 정이 이사에게 명해 한나라를 공략하게 했다. 한나라 왕이 걱정 끝에 한비자韓非子와 함께 진나라를 약화시키는 방안을 논의했다. 대량 출신 병법가 울료자尉繚子가 와 진왕 정에게 말했다.

"진나라가 강대해지면서 제후들은 일개 군현郡縣의 우두머리와 같아졌습니다. 신은 다만 제후들이 합종해 군대를 모아 문득 공격해올까 두렵습니다. 이는 지백·부차·제민왕齊湣王이 패망한 까닭입니다. 원컨대 대왕은 재물을 아끼지 말고 대신들에게 나누어주어 그들의 계책을 혼란스럽게 만드십시오. 그러면 불과 30만 금金만 써도 제후들을 일거에 소탕할 수 있을 것입니다."

진왕 정이 이를 좇았다. 울료자를 만날 때 대등한 예절로 대했다. 의복과 음식을 똑같이 한 것이 그렇다. 울료자가 주변 사람에게 말했다.

"진왕 정은 높은 콧등, 긴 눈, 매 같은 가슴, 승냥이 같은 목소리에 덕이 부족하오. 더구나 마음이 호랑이와 이리 같아, 곤궁한 때는 쉽게 다른 사람 아래로 들어가지만 일단 뜻을 얻으면 역시 쉽게 사람을 잡아먹을 것이오. 나는 서민 신분인데도 늘 스스로 몸을 낮추고 있소. 만일 천하통일의 뜻을 이루면 천하인 모두 그의 노비가 될 것이오. 더불어 오래도록 교유할 수는 없소."

그러고는 이내 떠나려 했다. 진왕 정이 이를 알고는 한사코 머물 것을 권유하며 울료자를 군사를 총괄하는 국위國尉로 삼았다. 그의 계책을 채택한 이유다. 이때 이사가 정권을 장악했다. 진왕 정 11년, 왕전王翦·환의·양단화가 업鄴 땅을 쳐 아홉 개 성을 빼앗았다. 왕전이 조나라의 연여와 요양橑楊을 친 뒤 그곳의 군사를 하나로 통합했다. 왕전이 18일 동안 군사를 통솔했다. 군사 가운데 급료가 연간 100석인 두식斗食 이하의 군사는 집으로 돌려보내고, 열 명 가운데 두 명을 선발해 종군하게 했다. 업과 안양을 취한 뒤 환의가 그곳 군사를 통솔했다.

진왕 정 12년, 문신후 여불위가 죽자 몰래 장례를 치렀다. 여불위의 사인舍人으로 장례에 참여한 자 가운데 삼진 출신은 변경으로 내쫓고, 진나라 출신으로 녹봉이 600석 이상인 자는 관직을 삭탈한 뒤 방릉으로 이주하게 했다. 녹봉이 500석 이하로 장례에 참여하지 않은 자는 방릉에 옮겨 살게 하고 관직은 삭탈하지 않았다. 이후 국사를 처리하면서 노애와 여불위처럼 정도를 좇지 않은 자는 일족을 명부에 기록해 관의 노예로 삼는 예가 여기서 만들어졌다. 이해 가을, 촉군으로 옮긴 노애의 가신들에게 부세와 요역을 면제해주었다. 천하에 큰 가뭄이 들었다. 6월부터 시작되어 8월에 비가 내릴 때까지 지속되었다.

●● 秦始皇帝者, 秦莊襄王子也. 莊襄王爲秦質子於趙, 見呂不韋姬, 悅而取之, 生始皇. 以秦昭王四十八年正月生於邯鄲. 及生, 名爲政, 姓趙氏. 年十三歲, 莊襄王死, 政代立爲秦王. 當是之時, 秦地已幷巴·蜀·漢中, 越宛有郢, 置南郡矣, 北收上郡以東, 有河東·太原·上黨郡, 東至滎陽, 滅二周, 置三川郡. 呂不韋爲相, 封十萬戶, 號曰文信侯. 招致賓客遊士, 欲以幷天下. 李斯爲舍人. 蒙驁·王齮·麃公等爲將軍. 王年少, 初卽位, 委國事大臣. 晉陽反, 元年, 將軍蒙驁擊定之. 二年, 麃公將卒攻卷, 斬首三萬. 三年, 蒙驁攻韓, 取十三城. 王齮死. 十月, 將軍蒙驁攻魏氏暢·有詭. 歲大饑. 四年, 拔暢·有詭. 三月, 軍罷. 秦質子歸自趙, 趙太子出歸國. 十月庚寅, 蝗蟲從東方來, 蔽天. 天下疫. 百姓內粟千石, 拜爵一級. 五年, 將軍驁攻魏, 定酸棗·燕·虛·長平·雍丘·山陽城, 皆拔之, 取二十城. 初置東郡. 冬雷. 六年, 韓·魏·趙·衛·楚共擊秦, 取壽陵. 秦出兵, 五國兵罷. 拔衛, 迫東郡, 其君角率其支屬徙居野王, 阻其山以保魏之河內. 七年, 彗星先出東方, 見北方, 五月見西方. 將軍驁死. 以攻龍·孤·慶都, 還兵攻汲. 彗星復見西方十六日. 夏太后死. 八年, 王弟長安君成蟜將軍擊趙, 反, 死屯留, 軍吏皆斬死, 遷其民於臨洮. 將軍壁死, 卒屯留·蒲鶡反, 戮其屍. 河魚大上, 輕車重馬東就食. 嫪毐封爲長信侯. 予之山陽地, 令毐居之. 宮室車馬衣服苑囿馳獵恣毐. 事無小大皆決於毐. 又以河西太原郡更爲毐國. 九年, 彗星見, 或竟天. 攻魏垣·蒲陽. 四月, 上宿雍. 己酉, 王冠, 帶劍. 長信侯毐作亂而覺, 矯王御璽及太后璽以發縣卒及衛卒·官騎·戎翟君公·舍人, 將欲攻蘄年宮爲亂. 王知之, 令相國昌平君·昌文君發卒攻毒. 戰咸陽, 斬首數百, 皆拜爵, 及宦者皆在戰中, 亦拜爵一級. 毒等敗走. 卽令國中, 有生得毒, 賜錢百萬, 殺之, 五十萬. 盡得毒等. 衛尉竭·內史肆·佐弋竭·中大夫令齊等二十人皆梟首. 車裂以徇, 滅其宗. 及其舍人, 輕者爲鬼薪. 及奪爵遷蜀四千餘家, 家房陵. 四是月寒凍, 有死者. 楊端和攻衍氏. 彗星見西方, 又見北方, 從斗以南八十日. 十年, 相國呂不韋坐嫪毒免. 桓齮爲將軍. 齊·趙來置酒. 齊人茅焦說秦王曰, "秦方以天下爲事, 而大王有遷母太后之名, 恐諸侯聞之, 由此倍秦也." 秦王乃迎太后於雍而入咸陽, 復居甘泉宮. 大索, 逐客, 李斯上書說, 乃止逐客令. 李斯因說秦王, 請先取韓以恐他國, 於是使斯下韓. 韓王患之. 與韓非謀弱秦. 大梁人尉繚來, 說秦王曰, "以秦之彊, 諸侯譬如郡縣之君, 臣但恐諸侯合從, 翕而出不意, 此乃智伯·夫差·湣王之所以亡也. 願大王毋愛財物, 賂其豪臣, 以亂其謀, 不過亡三十萬金, 則諸侯可盡." 秦王從其計, 見尉繚亢禮, 衣服食飮與繚同. 繚曰, "秦王爲人, 蜂准, 長目, 摯鳥膺, 豺聲, 少恩而虎狼心, 居約易出人下, 得志亦輕食人. 我布衣, 然見我常身自下我. 誠使秦王得志於天下, 天下皆爲虜矣. 不可與久遊." 乃亡去. 秦王覺, 固止, 以爲秦國尉, 卒用其計策. 而李斯用事. 十一年, 王翦·桓齮·楊端和攻鄴, 取九城. 王翦攻閼與·橑楊, 皆幷爲一軍. 翦將十八日, 軍歸斗食以下, 什推二人從軍取鄴安陽, 桓齮將. 十二年, 文信侯不韋死, 竊葬. 其舍人臨者, 晉人也逐出之, 秦人六百石以上奪爵, 遷, 五百石以下不臨, 遷, 勿奪爵. 自今以來, 操國事不道如嫪毒·不韋者籍其門, 視此. 秋, 復嫪毒舍人遷蜀者. 當是之時, 天下大旱, 六月至八月乃雨.

진왕 정 13년, 환의가 조나라의 평양을 쳐 조나라 장수 호첩扈輒을 죽이고 10만 명을 참수했다. 진왕 정이 하남에 행차했다. 이해 정월, 혜성이 동쪽에 나타났다. 이해 10월, 환의가 조나라를 쳤다. 진왕 정 14년, 평양에서 조나라 군사를 격파해 의안宜安을 빼앗고, 조나라 장수를 죽였다. 환의가 평양과 무성을 평정했다. 한비자가 진나라에 사자로 파견되었다. 진나라가 이사의 계책을 써 한비자를 억류했다. 한비자가 운양雲陽에서 옥사했다. 한나라 왕이 신하가 되기를 청했다.

진왕 정 15년, 진왕 정이 군사를 크게 일으켰다. 군사 가운데 일부는 업에 이르렀고, 또 일부는 태원에 이르러 낭맹을 빼앗았다. 이해에 지진이 발생했다. 진왕 정 16년 9월, 군대를 출동시켜 한나라 남양을 인수하고, 내사 등騰을 대리 남양태수로 삼았다. 처음으로 남자 나이를 호적에 등록하게 했다. 위나라가 땅을 진나라에 바쳤다. 진나라가 여읍麗邑을 두었다. 진왕 정 17년, 내사 등이 한나라를 쳐 한나라 왕 안安을 생포했다. 한나라 영토를 모두 몰수해 군郡으로 삼고 영천潁川으로 불렀다. 이해에 지진이 있었다. 화양태후華陽太后가 죽었다. 백성이 큰 기근을 겪었다.

진왕 정 18년, 군사를 크게 일으켜 조나라를 쳤다. 왕전이 상지上地의 군사를 이끌고 가 정형井陘을 쳤고, 양단화가 하내의 군사를 이끌면서 강외羌瘣와 함께 조나라를 치고, 한단성을 포위했다. 진왕 정 19년, 왕전과 강외가 조나라의 동양東陽을 모두 공략한 뒤 조나라 왕 천遷을 생포했다. 이어 군사를 이끌고 연나라를 치기 위해 중산에 주둔했다. 진왕 정이 한단으로 간 뒤 일찍이 자신이 조나라에서 태어날 때 외가와 원한이 있던 자를 모두 산 채로 묻었다. 이후 태원과 상군을 거쳐 도성으로 돌아왔다. 진시황의 모친인 조태후가 죽었다. 조나라 공자 가가 종족 수백 명을 이끌고 대 땅으로 가 스스로 대왕代王을 칭한 후 동쪽 연나라와 합세해 군사를 상곡上谷에 주둔시켰다. 이해에 큰 기근이 있었다. 진왕 정 20년, 연나라 태자 단丹이 진나라 군사의 연나라 침공을 우려한 나머지 자객 형가荊軻를 시켜 진왕 정을 척살하고자 했다. 형가가 척살을 시도할 때 진왕 정이 이를 알고 형가를 죽인 뒤 사지를 찢어 백성에게 보였다. 이어 왕전과 신승辛勝에게 명해 연나라를 치게 했다. 연나라와 대나라가 합세해 진나라 군사를 쳤다. 진나라 군사가 역수易水 서쪽에서 연나라 군사를 격파했다.

진왕 정 21년, 왕분王賁이 초나라를 쳤다. 진왕 정이 군사를 더 많이 징발해 왕전에게 보냈다. 마침내 연나라 태자의 군사를 격파하고, 연나라 도성인 계성薊城을 점령한 뒤 태자 단의 목을 얻었다. 연왕燕王 희喜가 동쪽으로 가 요동遼東을 거둔 뒤 그곳에서 왕 노릇을 했다. 왕전이 늙고 병든 것을 핑계로 사임하고 귀향했다. 신정新鄭에서 반란이 일어났다. 창평군을 초나라의 옛 도성인 영으로 옮겨 살게 했다. 큰 눈이 내렸다. 높이가 두 자 다섯 치나 되었다.

진왕 정 22년, 왕분이 위나라를 치면서 하구河溝의 물을 끌어들여 대량성大梁城 안으로 들여보냈다. 대량성이 무너지자 위나라 왕이 항복을 청했다. 위나라 땅을 모두 빼앗았다. 진왕 정 23년, 진왕이 왕전을 다시 불러 억지로 장군의 직책을 맡게 했다. 왕전에게 명해 초나라를 치게 하자, 마침내 진현陳縣 남쪽부터 평여平輿까지 공략하고 초나라 왕을 생포했다. 진왕 정이 영과 진현까지 행차했다. 초나라 장수 항연項燕이 창평군을 세워 초나라 왕으로 삼고, 회수 남쪽에서 반기를 들었다.

진왕 정 24년, 왕전과 몽무가 초나라 군사를 격파했다. 창평군이 죽자 항연도 마침내 자진했다. 진왕 정 25년, 진왕 정이 크게 거병한 뒤 왕분에게 이들을 이끌고 연나라의 요동을 치게 했다. 마침내 연왕 희를 생포했다. 돌아오는 도중에 대나라를 쳐 대왕 가를 포로로 잡았다. 왕전이 마침내 초나라의 강남 일대를 평정해 월나라 군주를 항복시켰다. 거기에 회계군會稽郡을 두었다. 이해 5월, 천하에 크게 연회를 열어 먹고 마시는 대포大酺를 허락했다.● 진왕 정 26년, 제나라 왕 건建과 상국 후승后勝이 군사를 일으켜 서쪽 변경을 지키며 진나라와 왕래하지 않았다. 진왕 정이 왕분에게 명해 연나라에서 남진해 제나라를 치게 했다. 이내 제왕 건을 생포했다.

●● 十三年, 桓齮攻趙平陽, 殺趙將扈輒, 斬首十萬. 王之河南. 正月, 彗星見東方. 十月, 桓齮攻趙. 十四年, 攻趙軍於平陽, 取宜安, 破之, 殺其將軍. 桓齮定平陽·武城. 韓非使秦, 秦用李斯謀, 留非, 非死雲陽. 韓王請爲臣. 十五年, 大興兵, 一軍至鄴, 一軍至太原, 取狼孟. 地動. 十六年九月, 發卒受地韓南陽假守騰. 初令男子書年. 魏獻地於秦. 秦置麗邑. 十七年, 內史騰攻韓, 得韓王安, 盡納其地, 以其地爲郡, 命曰穎川. 地動. 華陽太后卒. 民大饑. 十八年, 大興兵攻趙, 王翦將上地, 下井陘, 端和將河內, 羌瘣伐趙, 端和圍邯鄲城. 十九年, 王翦·羌瘣盡定取趙地東陽, 得趙王. 引兵欲攻燕, 屯中山. 秦王之邯鄲, 諸嘗與王生趙時母家有仇怨, 皆阬之. 秦王還, 從太原·上郡歸. 始皇帝母太后崩. 趙公子嘉率其宗數百人之代, 自立爲代王, 東與燕合兵, 軍上谷. 大饑. 二十年, 燕太子丹患秦兵至國, 恐, 使荊軻刺秦王. 秦王覺之, 體解

● 대포의 포酺를 《사기집해》는 소림蘇林의 주를 인용해 3월 상사일上巳日에 물 위에 배를 띄우고 먹고 마시는 진류陳留 일대의 풍속으로 풀이했다. 《사기정의》는 크게 연회를 베풀어 서로 즐기는 행사로 해석했다.

軻以徇, 而使王翦·辛勝攻燕. 燕·代發兵擊秦軍, 秦軍破燕易水之西. 二十一年, 王賁攻薊荊. 乃益發卒詣王翦軍, 遂破燕太子軍, 取燕薊城, 得太子丹之首. 燕王東收遼東而王之. 王翦謝病老歸. 新鄭反. 昌平君徙於郢. 大雨雪, 深二尺五寸. 二十二年, 王賁攻魏, 引河溝灌大梁, 大梁城壞, 其王請降, 盡取其地. 二十三年, 秦王復召王翦, 彊起之, 使將擊荊. 取陳以南至平輿, 虜荊王. 秦王遊至郢陳. 荊將項燕立昌平君爲荊王, 反秦於淮南. 二十四年, 王翦·蒙武攻荊, 破荊軍, 昌平君死, 項燕遂自殺. 二十五年, 大興兵, 使王賁將, 攻燕遼東, 得燕王喜. 還攻代, 虜代王嘉. 王翦遂定荊江南地, 降越君, 置會稽郡. 五月, 天下大酺. 二十六年, 齊王建與其相后勝發兵守其西界, 不通秦. 秦使將軍王賁從燕南攻齊, 得齊王建.

진왕 정이 막 천하를 통일한 뒤 상국 및 어사御史에게 명했다.

"전에 한나라 왕은 영토와 옥새를 바치면서 번신藩臣이 되기를 청했다가 얼마 후 약속을 어기고 조나라 및 위나라와 함께 진나라를 배신했다. 군사를 일으켜 곧바로 이들을 토벌하고 그 왕을 생포한 이유다. 과인은 잘 조치했다고 여기며 전쟁이 끝나기를 바랐다. 조나라 왕은 상국 이목李牧을 사자로 보내 맹약하기에 볼모로 있던 그의 아들을 돌려보냈다. 그러나 얼마 후 약속을 어기고 태원에서 우리 진나라에 반기를 들었다. 군사를 일으켜 곧바로 이들을 토벌하고 그 왕을 생포한 이유다. 조나라 공자 가가 스스로 대왕에 즉위했기에 또 군사를 일으켜 이들을 공격해 멸했다. 위나라 왕은 처음에는 복종키로 약속했다가 얼마 후 한나라 및 조나라와 함께 진나라 습격을 모의했다. 군사를 일으켜 이들을 주살하고, 마침내 격파한 이유다. 초나라 왕은 청양 서쪽 땅을 헌납했으나 얼마 후 약속을 어기고 진나라 남군을 쳤다. 군사를 일으켜 이들을 주살하고 그 왕을 사로 잡아 마침내 초나라 땅을 평정한 이유다. 연나라 왕은 어리석고 문란해 태자 단이 몰래 형가를 자객으로 보내 과인을 죽이려 했다. 군사를 일으켜 단을 주살하고 연나라를 멸한 이유다. 제나라 왕은 후승의 계책을 사용해 진나라와 왕래를 끊고 반란을 일으키고자 했다. 군대를 보내 주살하고 그 왕을 사로잡아 제나라 땅을 평정한 이유다. 과인이 보잘것없는 몸으로 군사를 일으켜 폭란暴亂을 토벌할 수 있었던 것은 조상의 혼령이 돌보았기 때문이다. 육국六國의 왕이 모두 자신들의 죄를 승복하자 천하가 크게 안정되었다. 이제 명호名號를 바꾸지 않으면 그간의 공업功業이 드러나지 못한 채 후대에 전해지게 된다. 그대들은 제호를 논의하도록 하라."

승상 왕관王綰, 어사대부御史大夫 풍겁馮劫, 정위廷尉 이사 등이 입을 모아 말했다.

"옛날 오제 때는 땅이 사방 천리에 지나지 않았고, 그 바깥의 후복이나 이복夷服의 제후들 가운데 어떤 자는 알현하고, 어떤 때는 그러지 않았습니다. 천자가 이들을 제압할 수 없었던 이유입니다. 이제 폐하陛下*가 의로운 군사를 일으켜 남은 적을 주살해 천하를 평정했습니다. 또 전국에 군현을 설치해 법령을 하나로 통일시켰습니다. 이는 상고 이래 일찍이 없었던 일로 오제라 할지라도 감히 미치지 못하는 것입니다. 신들이 삼가 박사들과 더불어 논의하기를, '옛날에는

● 폐하 호칭의 연원을 《사기집해》는 채옹蔡邕의 주를 인용해 여러 신하들이 천자와 이야기할 때 감히 천자의 언행을 바로 앞에서 지적하는 지척指斥을 행할 수 없는 까닭에 계단 아래서 말한 데서 나오게 되었다고 풀이했다.

천황·지황·태황泰皇이 있었다. 이 삼황 가운데 태황이 가장 존귀했다.'고 했습니다. 신들이 죽음을 무릅쓰고 존호尊號를 올리고자 합니다. 왕을 태황, 명命을 제制, 영令을 조詔라고 하십시오. 또 천자가 스스로를 칭할 때는 짐朕이라고 칭하십시오."

진왕 정이 말했다.

"태泰 자를 없애고 황皇 자를 취한 뒤 상고 때의 제帝 호칭을 채택해 황제로 칭할 것이다. 다른 것은 논의한 대로 시행하도록 하라."

여러 신하가 명한 바대로 상주하자 이내 재가했다.

"좋다."

이어 선왕인 진장양왕을 태상황太上皇으로 추존한 뒤 이같이 분부했다.

"짐이 듣건대 태고太古 때는 호號만 있고 시호는 없었으나, 중고中古 때에 이르러 생전에 호만 있다가 사후 생전의 행적에 의거해 시호를 정했다고 한다. 그렇다면 자식이 아비를 논의하고, 신하가 군주를 논의하는 것이 된다. 이는 심히 언급할 가치조차 없는 것이니 짐은 이를 받아들이지 않겠다. 이후 시호를 정하는 법을 폐지하도록 한다. 짐은 최초로 황제가 되었으니 시황제에 해당한다. 후대는 숫자를 세어서 2세 내지 3세를 칭해 만세에 이르기까지 길이 전하도록 하라."

진시황은 오덕이 순환하는 순서를 헤아린 결과 주나라는 화덕火德을 얻고, 진나라는 주나라를 대신했으니 주나라의 화덕이 이기지 못하는 수덕水德을 좇아야 한다고 여겼다.'' 바야흐로 이제는 수덕이 시

● 태황을 《사기색은》은 천황과 지황 밑에 태황이 있는 까닭에 곧 인황에 해당한다고 했다. 이는 "삼황 가운데 태황이 가장 존귀했다"는 구절과 배치된다. 진시황이 태황의 호칭을 거부한 것도 이런 맥락에서 이해할 수 있다.
●● 오덕설五德說은 상생相生과 상극相剋의 논리 위에 서 있다. 목생화木生火·화생토火生土·

작한다고 여겨 1년의 시작인 세수를 음력 10월로 바꾸고, 조정의 하례식을 모두 10월 초하루에 거행했다. 의복, 깃발, 부절의 색 또한 흑색을 숭상했다. 숫자는 6을 기초로 했다. 부절·법관法冠을 모두 6촌寸으로 했다. 가마의 너비도 6척尺으로 정했다. 6척을 1보步라고 하고, 수레 한 대를 말 여섯 필이 끌게 했다. 또 황하黃河를 덕수德水로 바꿔 수덕의 시작을 나타냈다. 강인하고 엄한 자세로 모든 일을 법에 따라 결정했다. 각박한 자세로 인의·은덕·우호 등을 배제해야 오덕의 명수命數에 부합된다고 여겼다. 법령을 엄히 시행한 까닭에 범법자는 오랫동안 죄를 용서받지 못했다. 승상 왕관 등이 건의했다.

"제후들을 이제 막 평정했고, 연과 제 및 초 땅은 너무 멉니다. 번왕藩王을 두지 않으면 이들 지역을 제대로 다스릴 수 없습니다. 청컨대 황자皇子들을 번왕으로 세우는 것을 허락해주십시오."

진시황이 여러 신하에게 명해 이를 상의하게 했다. 여러 신하 모두 그리하는 것이 유리하다고 여겼다. 정위 이사가 반대했다.

"주문왕과 주무왕은 많은 자제들과 일족을 왕으로 봉했습니다. 이후 후손들이 점차 소원해지고 멀어져 서로 치고 받는 것이 마치 원수 같았습니다. 제후들이 서로 죽이고 정벌하는데도 주나라 천자는 이를 금지시킬 수 없었습니다. 이제 천하가 폐하의 신령 덕에 하나로 통일되어 모두 군현이 되었습니다. 황자나 공신에게 나라의 부세로 후한 상을 내리면 이들을 능히 쉽게 다스릴 수 있습니다. 천하에

토생금土生金·금생수金生水·수생목水生木이 상생설이다. 목극토木剋土·토극수土剋水·수극화水剋火·화극금火剋金·금극목金剋木이 상극설이다. 상극설에 따를 경우 주나라가 화덕이라면 이를 이길 수 있는 것은 수극화水剋火의 이치에 따라 수덕이 된다. 진나라가 수덕을 자처하며 흑색을 숭상한 이유다. 이후 한나라도 상극설의 토극수 논리를 좇아 수덕을 제압하는 토덕에 의해 새 왕조를 창업했다고 여겨 노란색을 숭상하게 되었다.

다른 마음을 품지 않도록 하는 것이 천하를 안녕케 하는 계책입니다. 제후를 두는 것은 이롭지 않습니다."

시황제가 동조했다.

"전쟁이 멈추지 않아 천하가 모두 고통받고 있는 것은 후왕侯王이 있기 때문이다. 선조의 신령 덕에 이제 막 천하를 평정했다. 또다시 봉국을 세우는 것은 다시 전쟁의 싹을 심는 것이다. 안녕과 휴식을 구하는 것이 어찌 어렵지 않겠는가! 정위의 의견이 옳다."

천하를 서른여섯 개 군으로 나눈 뒤 군마다 군수와 군위郡尉 및 군감郡監 등을 둔 이유다.* 백성을 뜻하는 민民을 수덕의 이치를 좇아 검수黔首로 바꿔 부르게 했다. 이어 전국에 큰 연회를 베풀어 즐기게 했다. 천하의 병기를 수집해 함양에 모은 뒤 이를 녹여 종을 거는 틀인 종거鍾鐻와 열두 개의 동인銅人을 만들었다. 무게가 각각 1,000석에 달했다. 모두 궁궐 안에 놓아두었다. 법률과 도량형을 통일한 뒤 수레는 바퀴 폭을 동일하게 하고, 문자는 하나로 통일해 소전체小篆體를 쓰도록 했다.** 영토는 동쪽으로 동해와 조선, 서쪽으로 임도臨洮

● 《사기집해》에 따르면 당시 36군의 명단은 다음과 같다. 내사군內史郡·한중군·북지군北地郡·농서군隴西郡·상군上郡·태원군·하동군河東郡·상당군上黨郡·운중군雲中郡·안문군雁門郡·대군代郡·삼천군·한단군邯鄲郡·남양군·영천군潁川郡·낭야군琅邪郡·사수군泗水郡·동군·요서군遼西郡·요동군遼東郡·상곡군上谷郡·어양군漁陽郡·거록군鉅鹿郡·우북평군右北平郡·구강군九江郡·회계군·장군鄣郡·민중군閩中郡·남해군南海郡·상군象郡·계림군桂林郡·파군巴郡·촉군·검중군·남군·장사군長沙郡 등이다. 《사기정의》는 《풍속통風俗通》을 인용해 주나라 때는 천하를 사방 1,000리 단위로 나누어 100개의 현縣을 두고 현 밑에 네 개의 군郡을 두었다고 했다. 진시황은 이를 뒤집어 '군' 밑에 '현'을 배속시킨 뒤 군수에게 1만 호 이상 큰 현의 현령과 1만 호 이하 작은 현의 현장縣長을 감독하게 했다.
●● "수레의 바퀴 폭을 통일했다"의 원문은 거동궤車同軌다. 동同은 바퀴 폭을 동일하게 만들었다는 뜻의 동사로 사용된 것이다. 황제의 명을 신속히 전달하고자 한 것이다. 간선도로의 경우 그 폭이 50미터에 달했다. 바퀴 폭을 동일하게 만들지 않는 불궤不軌가 모반의 뜻을 지니게 된 것도 이런 맥락에서 이해할 수 있다. 소전체는 당시 사용되고 있던 대전체大篆體가 너무 번잡해 간소화한 것이다. 이것이 오늘날 중국 한자의 원형이다. 문자의 통일은 중앙집권적 관료제를 위해 반드시 필요한 전제조건이었다. '문자의 통일'은 2,000년이 훌쩍 지난 지금

와 강중羌中*, 남쪽으로 북향호北嚮戶, 북쪽으로 황하를 요새로 삼아 음산陰山을 아우르고 요동까지 이르렀다. 전국의 부호富豪 12만 호를 함양으로 이주시켰다. 조묘祖廟 · 장대궁章臺宮 · 상림원上林苑이 모두 위수의 남쪽 언덕에 있었다. 모두 진나라가 제후들을 평정할 때마다 그 나라의 궁실을 모방해 함양의 북쪽 산기슭에 지은 것이다. 궁궐은 남쪽으로 위수에 닿아 있어 옹문雍門에서 동쪽으로 경수와 위수까지 이르렀다. 궁궐 사이는 구름다리와 주각周閣으로 서로 이어져 있고, 제후들로부터 빼앗은 미인과 종고鍾鼓가 이곳을 가득 채웠다.

　●● 秦初幷天下, 令丞相 · 御史曰, "異日韓王納地效璽, 請爲藩臣, 已而倍約, 與趙 · 魏合從畔秦, 故興兵誅之, 虜其王. 寡人以爲善, 庶幾息兵革. 趙王使其相李牧來約盟, 故歸其質子. 已而倍盟, 反我太原, 故興兵誅之, 得其王. 趙公子嘉乃自立爲代王, 故擧兵擊滅之. 魏王始約服入秦, 已而與韓 · 趙謀襲秦, 秦兵吏誅, 遂破之. 荊王獻靑陽以西, 已而畔約, 擊我南郡, 故發兵誅, 得其王, 遂定其荊地. 燕王昏亂, 其太子丹乃陰令荊軻爲賊, 兵吏誅, 滅其國. 齊王用后勝計, 絶秦使, 欲爲亂, 兵吏誅, 虜其王, 平齊地. 寡人以眇眇之身, 興兵誅暴亂, 賴宗廟之靈, 六王咸伏其辜, 天下大定. 今名號不更, 無以稱成功, 傳後世. 其議帝號." 丞相綰 · 御史大夫劫 · 廷尉斯等皆曰, "昔者五帝地方千里, 其外侯服夷服諸侯或朝或否, 天子不能制. 今陛下興義兵, 誅殘賊, 平定天下, 海內爲郡縣, 法令由一統, 自上古以來未嘗有, 五帝所不及. 臣等謹與博

까지도 중국을 단일국가로 묶는 데 결정적인 배경으로 작용하고 있다.
● 임도의 도洮를 일부 번역본이 '조'로 표기했으나 도로 읽는 것이 옳다. 도하洮河는 황하 상류 우안右岸의 커다란 지류다. 청해성靑海省 황하 남쪽 몽골족 자치구의 서쪽 산록에서 발원한다.

士議曰, '古有天皇, 有地皇, 有泰皇, 泰皇最貴.' 臣等昧死上尊號, 王爲泰皇. 命爲制, 令爲詔, 天子自稱曰 '朕'." 王曰, "去泰, 著皇, 采上古帝位號, 號曰 '皇帝'. 他如議." 制曰, "可." 追尊莊襄王爲太上皇. 制曰, "朕聞太古有號毋諡, 中古有號, 死而以行爲諡. 如此, 則子議父, 臣議君也, 甚無謂, 朕弗取焉. 自今已來, 除諡法. 朕爲始皇帝. 後世以計數, 二世三世至于萬世, 傳之無窮." 始皇推終始五德之傳, 以爲周得火德, 秦代周德, 從所不勝. 方今水德之始, 改年始, 朝賀皆自十月朔. 衣服旄旌節旗皆上黑. 數以六爲紀, 符·法冠皆六寸, 而輿六尺, 六尺爲步, 乘六馬. 更名河曰德水, 以爲水德之始. 剛毅戾深, 事皆決於法, 刻削毋仁恩和義, 然後合五德之數. 於是急法, 久者不赦. 丞相綰等言, "諸侯初破, 燕·齊·荊地遠, 不爲置王, 毋以塡之. 請立諸子, 唯上幸許." 始皇下其議於群臣, 群臣皆以爲便. 廷尉李斯議曰, "周文武所封子弟同姓甚衆, 然後屬疏遠, 相攻擊如仇讎, 諸侯更相誅伐, 周天子弗能禁止. 今海內賴陛下神靈一統, 皆爲郡縣, 諸子功臣以公賦稅重賞賜之, 甚足易制. 天下無異意, 則安寧之術也. 置諸侯不便." 始皇曰, "天下共苦戰鬪不休, 以有侯王. 賴宗廟, 天下初定, 又復立國, 是樹兵也, 而求其寧息, 豈不難哉! 廷尉議是." 分天下以爲三十六郡, 郡置守·尉·監. 更名民曰 '黔首'. 大酺. 收天下兵, 聚之咸陽, 銷以爲鍾鐻, 金人十二, 重各千石, 置廷宮中. 一法度衡石丈尺. 車同軌. 書同文字. 地東至海暨朝鮮, 西至臨洮·羌中, 南至北嚮戶, 北據河爲塞, 並陰山至遼東. 徙天下豪富於咸陽十二萬戶. 諸廟及章臺·上林皆在渭南. 秦每破諸侯, 寫放其宮室, 作之咸陽北阪上, 南臨渭, 自雍門以東至涇·渭, 殿屋複道周閣相屬. 所得諸侯美人鍾鼓, 以充入之.

진시황 27년, 진시황이 농서, 북지北地를 순행하고, 계두산을 지나 회중궁回中宮을 경유했다. 위수 남쪽에 신궁信宮을 지은 뒤 얼마 후 신궁을 극묘極廟로 개명했다. 북극성을 상징하고자 한 것이다. 극묘에서 여산까지 길을 뚫고, 감천궁의 전전前殿을 지었다. 길 양쪽에 담이 있는 군사용 도로[甬道]를 쌓아 함양까지 통하게 했다. 이해에 작위를 한 등급씩 올려주었다. 전국 각지에 신속히 도달하기 위한 치도馳道를 닦았다. 진시황 28년, 진시황이 동쪽으로 군현을 순행하다가 추역산鄒嶧山에 올라 비석을 세웠다. 노魯 땅의 유생들과 상의해 비석에 진나라의 공덕을 칭송하는 내용을 새겼다. 봉선을 비롯해 산천에 제사 지내는 망제望祭 등을 논의했다. 그러고는 마침내 태산에 올라 비석을 세운 뒤 제단을 쌓고 하늘에 제사 지냈다. 제사를 마치고 산을 내려오다가 문득 바람이 몰아쳐 나무 아래서 잠시 쉬었다. 그 나무를 오대부에 봉했다. 이어 양보산梁父山에서 땅에 제사 지내고, 비석을 세워 글을 새겼다. 비문의 내용이다.

황제가 제위에 올라 제도를 만들고 법을 밝히자 신하들은 몸을 닦고 근신했다. 즉위 26년에 처음으로 천하를 통일하자 복종하지 않는 자가 없었다. 황제가 직접 먼 곳의 백성을 위해 순행해 마침내 이 태산에 올라 동쪽 끝까지 두루 바라보았다. 수종하던 신하들이 공적과 사업의 근원을 생각하며 황제의 공덕을 기리며 찬양했다. 치국治國의 도가 행해지자 모든 일이 마땅함을 얻고, 모든 법식法式이 존재하게 되었다. 대의가 아름답게 드러나 후대에 널리 전해지고, 영원토록 계승되어 변함이 없을 것이다. 황제는 직접 성덕을 베풀어 천하를 평정한 뒤에도 정사를 조금도 게을리하지 않았다. 아침 일찍 일어나 밤늦게 자면서[夙興夜寐] 천하를 이롭게 할 원대한 계획을 세우고, 백성을 가르침과 깨우치는 교회敎誨 사업에 전념했다. 경전의 이치를 두루 가르치자 원근이 모두 다스려지고, 백성 모두 황제의 성스러운 뜻을 받들고, 귀천이 분명히 갈리고, 남녀가 예의를 따르고, 자신의 직분을 신중하게 받들었다. 안팎이 밝게 구분되고 깨끗하지 않은 것이 없으니 후대까지 그 덕정이 이어질 것이다. 교화의 영향이 무궁한 까닭에 황제가 남긴 조칙을 받들어 영원히 이어지도록 하는 일에 거듭 신중을 기하도록 하라.

이어 발해를 끼고 동쪽으로 갔다. 황현黃縣과 추현腄縣을 지나 성산成山의 정상에 이르고 지부산之罘山에 올랐다.• 그곳에 비석을 세우고 진나라 공덕을 노래한 후 떠났다. 이어 남쪽으로 낭야산琅邪山에 올라 크게 기뻐하며 석 달 동안 머물렀다. 백성 3만 호를 낭야산 아래로 이주시킨 뒤 12년 동안 요역을 면제시켜주었다. 낭야대琅邪臺를 지은 뒤 비석을 세워 진나라 공덕을 노래하고, 뜻을 얻은 심경을 비문에 이같이 새겨 넣었다.

즉위 28년, 황제의 호칭이 처음으로 사용되었다. 법도를 바로잡아 만물의 준칙으로 삼고, 인사를 밝히자 부자 사이가 화목해지고, 성지聖智와 인의가 그 이치를 분명히 드러냈다. 동쪽 땅을 순행하고 군사들을 살펴보았다. 대사大事를 다 마친 뒤 바닷가까지 왕림했다. 황제의 공적은 천하대사의 근본을 부지런히 힘쓴 데 있다. 농업을 숭상하고

• "성산의 정상에 이르렀다"의 원문은 궁성산窮成山이다. 《사기정의》는 궁窮을 정상에 오르는 등극登極으로 풀이했다.

상업을 억제하자 백성이 부유해졌고, 천하의 백성이 마음을 하나로 뜻을 모았다. 각종 기물의 도량을 통일하고, 문자의 서체를 통일했다. 무릇 해와 달이 비추는 곳과 배와 수레가 다니는 곳 모두 황제의 명을 받드니 뜻을 얻지 못하는 자가 없었다. 사시의 변화를 좇아 일을 한 것은 오직 황제뿐이었다. 다른 풍속을 바로잡기 위해 산을 넘고 물을 건넜다.

백성을 가엾게 여겨 조석으로 게으름을 피우지 않았고, 의혹을 제거하기 위해 법령을 제정했다. 백성 모두 법으로 금한 일을 피할 줄 알게 된 이유다. 지방장관의 직무가 명백히 나뉘어 모든 정무가 쉽게 다스려졌다. 모든 조치가 타당해 바르지 않은 것이 없었던 이유다. 황제가 명찰해 사방을 두루 살피니 존귀하고 비천한 사람 모두 분수를 넘지 않았다. 간사함을 용납하지 않자 모두 충정과 선량함을 힘써 구했다. 대소사를 막론하고 힘을 다해 감히 태만하거나 소홀히 함이 없었던 이유다.

원근을 막론하고 설령 편벽된 곳에 사는 자일지라도 오로지 엄숙하고 장중한 모습을 보였다. 또 바르고 정직하며 돈독하고 충성스러워하는 일이 꾸준히 지속되었다. 황제의 덕으로 사방 끝까지 안정시킨 덕분이다. 난을 일으킨 자들을 쳐 폐해를 제거하고, 이로움을 일으켜 복을 이루었다. 노역을 줄이고 때맞추어 일을 조절하자 산업이 번성했다. 백성이 평안해지자 무기를 사용하지 않게 되었다. 부모와 형제 및 처자 등 육친六親이 서로 의지하며 보살피니 도적도 사라졌다. 백성이 교화를 기쁘게 받들고, 법령과 제도를 모두 이해했다. 천지사방이 모두 황제의 영토였다. 서쪽으로 유사를 건너고, 남쪽으로 북호北戶의 끝까지 이르고, 동쪽으로 동해를 포함하고, 북쪽으로 대하大夏를 지났다. 사람의 발자취가 이르는 곳 가운데 신하를 칭하지 않는 자가 없었다. 황제의 공적은 오제를 뛰어넘고, 은덕은 소와 말에까지 미쳤다. 은덕을 받지 않은 자가 없어 각자 평안한 생활을 영위한 이유다. 오직 진나라 군왕만 천하를 보유한 덕분에 황제를 칭할 수 있었다. 동쪽 땅을 어루만지고 낭야琅邪에 이르렀다. 열후인 무성후武城侯 왕리王離와 통무후通武侯 왕분을 비롯해 열후처럼 봉지가 없는 윤후倫侯인 건성후建成侯 조해趙亥와 창무후昌武侯 성成, 무신후武信侯 풍무택馮毋擇, 승상인 외림隗林과 왕관, 경卿인 이사와 왕무王戊, 오대부인 조영趙嬰과 양규楊樛 등이 황제를 모시다가 해상에서 황제의 공덕을 논의했다.

"옛 제왕은 영토가 사방 1,000리에 불과했다. 제후들은 자신의 봉토를 지키면서 일부는 입조하고 일부는 그리하지 않았다. 서로 침공하며 폭란을 일삼고, 잔혹한 정벌이 그치지 않았는데도 오히려 금석金石에 글을 새겨 자신을 기념했다. 옛 오제와 삼황 때는 하는 것과 가르치는 것이 달라 분명치 않았다. 귀신의 위세를 빌려 먼 곳을 속였다. 그러나 실제가 명분과 달랐기에 오래가지 못했다. 군왕이 미처 죽기도 전에 제후들이 모반하고, 법령이 실행되지 않은 이유다. 지금 황제가 천하를 통일해 군현을 설치한 덕에 천하가 평안해졌다. 종묘를 밝히고, 도덕을 실천한 덕에 존호의 취지가 크게 이루어졌다. 여러 신하가 서로 황제의 성덕을 노래하며 금석에 새겨 후대의 본보기로 삼고자 한다."

일을 마친 뒤 제나라 출신 서불徐市 등이 상서했다.

바다 가운데 세 개의 신산神山이 있습니다. 봉래산蓬萊山·방장산方丈山·영주산瀛洲山이 그것입니다. 거기에 신선이 살고 있습니다. 청컨대 재계한 뒤 동남동녀童男童女를 이끌고 신선을 찾아 나설 수 있도록 허락해주십시오.

서불을 시켜 수천 명의 동남동녀와 함께 바다로 들어가 신선을 찾게 했다. 진시황이 돌아오면서 팽성彭城을 지날 때 재계하고 사당에서 기도한 후 사수에 빠진 주정周鼎을 꺼내기 위해 1,000여 명의 인부를 물속으로 들여보냈다. 그러나 정을 찾지 못했다. 서남쪽으로 회수를 건너 형산衡山과 남군으로 간 뒤 장강을 따라 상산사湘山祠에 이르렀다. 마침 큰 바람을 만나서 하마터면 강을 건너지 못할 뻔했다. 진시황이 박사들에게 물었다.

"상군湘君은 어떤 신인가?"

박사들이 대답했다.

"요임금의 딸로 순임금의 아내가 되었습니다. 죽어서 이곳에 묻혔다고 합니다."

진시황이 크게 노해 죄수 3,000명을 보내 상산의 나무를 모두 베게 했다. 산이 붉은 벌거숭이가 되었다. 시황제가 남군에서 무관武關을 거쳐 도성으로 돌아왔다. 진시황 29년, 시황제가 동쪽으로 행차했다. 양무현陽武縣의 박랑사博狼沙에 이르렀을 때 강도의 습격을 받아 크게 놀랐다. 자객을 잡으려 했으나 잡지 못했다. 천하에 명을 내려 열흘 동안 대대적으로 수색하게 했다. 지부산에 올라 비석에 글을 새겼다. 비문의 내용은 이렇다.

즉위 29년 음력 2월 봄, 바야흐로 봄기운이 일어나는 때 황제가 동쪽으로 순수하다 지부산에 올라 대해大海를 바라보았다. 시종하던 신하들이 경치를 찬양하며 황제의 업적을 생각하며 창업의 공적을 칭송했다. 위대한 성군이 치도를 행하고, 법도를 마련하고, 기강을 분명히 밝혔다. 밖으로는 제후들을 교화하고, 널리 예악제도와 은덕을 베풀어 대의와 도리를 밝혔다. 육국의 군주들이 사악하고 탐욕스러워 만족할 줄 모르자 학살이 멈추지 않았다. 황제가 백성을 불쌍히 여겨 마침내 군사를 일으켜 침으로써 무덕武德을 크게 떨쳤다. 의에 입각해 주살하고, 신의에 맞게 행동하자 황제의 위엄이 사방의 먼 곳까지 빛났다. 제후들 가운데 신복臣服하지 않는 자가 없었다. 강포强暴를 삶아 제거하는 팽멸烹滅을 행하고, 백성을 널리 구제해 천하를 두루 안정시켰다. 밝은 법도를 널리 베풀어 천하를 다스리니 영원한 모범이 되었다. 실로 성대하구나! 온 천하가 황제의 성스러운 뜻을 이어받았다. 여러 신하가 황제의 성덕을 노래하며 비석에 새겼다. 변치 않는 본보기로 만들어 후대에 전하고자 한 것이다.

동관東觀에서 또 비문을 새겼다. 내용은 이렇다.

즉위 29년, 황제가 봄에 유람에 나서 먼 곳까지 두루 살폈다. 해변에 이르러 지부산에 올라 새벽에 떠오르는 태양을 바라보았다. 광활하고 아름다운 광경을 바라볼 때 시종하는 신하들 모두 황제의 공적을 생각하며 치도가 지극히 밝은 사실을 상기했다. 당초 황제는 성법聖法을 시행할 때 안으로는 나라 정사를 깨끗이 하고, 밖으로는 강포한 자들을 주살했다. 무위를 떨쳐 사방을 진동시키고, 육국의 군주를 사로잡아 제거하는 금멸擒滅을 행했다. 천하를 통일해 재해를 멈추게 하고, 전쟁을 영원히 그치게 했다. 황제는 덕을 밝혀 천하를 다스리면서 보고 듣는 일을 게을리하지 않았다. 대의를 전면에 내세우고, 각종 기물을 설치하고, 신분에 따라 다른 장식과 깃발을 만들었다. 신하들은 본분을 준수하며 각자 해야 할 바를 숙지한 까닭에 일을 할 때 혐오나 의혹이 없었다. 백성은 교화되고, 원근의 법도가 같아지자 늙도록 죄를 짓지 않았다. 일상적인 직무가 이미 정해졌으니 후손이 이를 이어가면 성스러운 다스림[聖治]이 오래도록 계승될 것이다. 여러 신하들이 황제의 성덕을 노래하며 지부산에 비석을 세워 새겨 넣을 것을 청했다.

얼마 후 낭야까지 갔다가 상당을 거쳐 도성으로 돌아왔다. 진시황 30년, 나라에 별다른 일이 없었다. 진시황 31년 12월, 음력 12월인 납월臘月의 명칭을 하나라 때의 가평嘉平으로 고쳤다.● 리里마다 백성에게 쌀 여섯 석과 양 두 마리씩 내렸다. 진시황이 함양을 미행하려고 무사 네 명과 함께 한밤중에 궁궐을 나섰다가 난지蘭池에서 도적을 만나 위험에 빠졌다. 무사들이 도적을 쳐 죽였다. 이로 인해 관중을 20여 일 동안 샅샅이 뒤졌다. 이해에 쌀 1석 값이 1,600전錢이나 했다. 진시황 32년, 시황제가 갈석산으로 갔다가 연나라 출신 방사方士 노생盧生을 시켜 신선인 선문羨門과 고서를 찾게 했다. 갈석산의 산문山門에 비문을 새겼다. 성곽을 허물고 제방을 팠다. 비문에 이같이 썼다.

● 납월의 납臘은 원래 한 해의 끝에 지내는 제사의 명칭이다. 전한 때 나온 응소應劭의 《풍속통의風俗通義》에 따르면 하나라 때는 가평, 은나라 때는 청사淸祀, 주나라 때는 대랍大臘으로 표현했다. 한나라는 납으로 약칭했다. 납은 수렵할 렵獵과 같은 뜻이다. 한 해 끝에 들에서 금수를 잡아 조상의 사당에 바친 데서 납 용어가 나오게 되었다.

마침내 황제가 군사를 일으켜 무도한 자를 주벌하고 반역한 자를 제거했다. 무치武治로 포악한 반역자를 멸하고, 문치로 죄 없는 자들을 보호했다. 민심이 기꺼이 복종한 이유다. 공로를 헤아려 소나 말에게까지 상을 내리니 황제의 은덕이 천하에 널리 베풀어졌다. 황제가 위엄을 떨치고 덕으로 제후들을 합쳐 처음으로 천하를 통일해 태평하게 만들었다. 성곽을 허물고 하천의 제방을 파 서로 통하게 하고, 험난하고 막힌 길을 제거했다. 지세가 이미 평탄해져 백성의 요역이 없어지자 천하가 두루 평안했다. 남자는 밭에서 즐겨 밭을 갈고, 여인은 집안일에 힘썼다. 매사에 각기 그 순서가 있었던 이유다. 황제의 은덕이 모든 산업에 미치고, 오래도록 서로 협력해 밭을 경작하자 평안한 삶을 누리지 않는 자가 없었다. 여러 신하가 황제의 공덕을 노래하며 비석에 새겼다. 본보기로 만들어 후대에 전하고자 한 것이다.

시황제가 술법을 닦는 도사인 방사 한종韓終·후공侯公·석생石生을 시켜 신선이 복용하는 장생불사의 약을 구하게 했다. 북쪽 변경을 순수한 뒤 상군上郡을 거쳐 도성으로 돌아왔다. 연나라 출신 방사 노생이 신선을 찾기 위해 바다로 나갔다가 돌아와 귀신에 관한 일로 인해 참위서인《녹도서錄圖書》를 바쳤다.

"진나라를 망하게 할 자는 호胡다."

시황제가 장수 몽념蒙恬을 시켜 군사 30만 명을 이끌고 가 북쪽 호인胡人을 치게 했다. 하남 일대를 공략했다. 진시황 33년, 전에 죄를 짓고 달아난 포망인逋亡人, 빈궁한 나머지 처가로 들어가 노비처럼 일하는 데릴사위인 췌서贅壻, 앉아서 장사를 하는 고인賈人 등을 징발해 육량陸梁 일대를 공략했다. 계림군·상군·남해군 등을 두었다. 죄를 지어 유배된 자들을 보내 지키게 했다. 서북쪽으로 흉노를 가려내 쫓아버렸다. 유중楡中에서 황하를 따라 동쪽 음산에 이르기까지 마흔네 개 현을 설치했다. 황하 가에 성곽을 쌓아 요새로 삼았다. 몽념에게 명해 황하를 건넌 뒤 고궐高闕·양산陽山·북가北假 일대를 빼앗게 했다. 요새를 쌓고 융인戎人을 몰아내게 했다. 유배된 자들을 이주시켜 새로 설치된 현을 채웠다. 명을 내려 제사를 금지시켰다. 혜성이 서쪽에 나타났다.

●● 二十七年, 始皇巡隴西·北地, 出雞頭山, 過回中. 焉作信宮渭南, 已更命信宮爲極廟, 象天極. 自極廟道通酈山, 作甘泉前殿. 築甬道, 自咸陽屬之. 是歲, 賜爵一級. 治馳道. 二十八年, 始皇東行郡縣, 上鄒嶧山. 立石, 與魯諸儒生議, 刻石頌秦德, 議封禪望祭山川之事. 乃遂上泰山, 立石, 封, 祠祀. 下, 風雨暴至, 休於樹下, 因封其樹爲五大夫. 禪梁父. 刻所立石, 其辭曰, "皇帝臨位, 作制明法, 臣下脩飭. 二十有六年, 初并天下, 罔不賓服. 親巡遠方黎民, 登茲泰山, 周覽東極. 從臣思跡, 本原事業, 祇誦功德. 治道運行, 諸産得宜, 皆有法式. 大義休明, 垂于後世, 順承勿革. 皇帝躬聖, 旣平天下, 不懈於治. 夙興夜寐, 建設長利, 專隆敎誨. 訓經宣達, 遠近畢理, 咸承聖志. 貴賤分明, 男女禮順, 愼遵職事. 昭隔內外, 靡不淸淨, 施于後嗣. 化及無窮, 遵奉遺詔, 永承重戒." 於是乃並勃海以東, 過黃·腄, 窮成山, 登之罘, 立石頌秦德焉而去. 南登琅邪, 大樂之, 留三月. 乃徙黔首三萬戶琅邪臺下, 復十二歲. 作琅邪臺, 立石刻, 頌秦德, 明得意. 曰, 維二十八年, 皇帝作始. 端平法度, 萬物之紀. 以明人事, 合同父子. 聖智仁義, 顯白道理. 東撫東土, 以省卒士. 事已大畢, 乃臨于海. 皇帝之功, 勤勞本事. 上農除末, 黔首是富. 普天之下, 摶心揖志. 器械一量, 同書文字. 日月所照, 舟輿所載. 皆終其命, 莫不得意. 應時動事, 是維皇帝. 匡飭異俗, 陵水經地. 憂恤黔首, 朝夕不懈. 除疑定法, 咸知所辟. 方伯分職, 諸治經易. 舉錯必當, 莫不如畫. 皇帝之明, 臨察四方. 尊卑貴賤, 不踰次行. 姦邪不容, 皆務貞良. 細大盡力, 莫敢怠荒. 遠邇辟隱, 專務肅莊. 端直敦忠, 事業有常. 皇帝之德, 存定四極. 誅亂除害, 興利致福. 簡事以時, 諸產繁殖. 黔首安寧, 不用兵革. 六親相保, 終無寇賊. 驩欣奉敎, 盡知法式. 六合之內, 皇帝之土. 西涉流沙, 南盡北戶. 東有東海, 北過大夏. 人跡所至, 無不臣者. 功蓋五帝, 澤及牛馬. 莫不受德, 各安其宇. 維秦王兼有天下, 立名爲皇帝, 乃撫東土, 至于琅邪. 列侯武城侯王離·列侯通武侯王賁·倫侯建成侯趙亥·倫侯昌武侯成·倫侯武信侯馮毋擇·丞相隗林·丞相王綰·卿李斯·卿王戊·五大夫趙嬰·五大夫楊樛從, 與議於海上. 曰, "古之帝者, 地不過千里, 諸侯各守其封域, 或朝或否, 相侵暴亂, 殘伐不止, 猶刻金石, 以自爲紀. 古之五帝三王, 知敎不同, 法度不明, 假威鬼神, 以欺遠方, 實不稱名, 故不久長. 其身未歿, 諸侯倍叛, 法令不行. 今皇帝幷一海內, 以爲郡縣, 天下和平. 昭明宗廟, 體道行德, 尊號大成. 群臣相與誦皇帝功德, 刻于金石, 以爲表經." 旣已, 齊人徐市等上書, 言海中有三神山, 名曰蓬萊·方丈·瀛洲, 僊人居之. 請得齋戒, 與童男女求之. 於是遣徐市發童男女數千人, 入海求僊人. 始皇還, 過彭城, 齋戒禱祠, 欲出周鼎泗水. 使千人沒水求之, 弗得. 乃西南渡淮水, 之衡山·南郡. 浮江, 至湘山祠. 逢大風, 幾不得渡. 上問博士曰, "湘君何神?" 博士對曰, "聞之, 堯女, 舜之妻, 而葬此." 於是始皇大怒, 使刑徒三千人皆伐湘山樹, 赭其山. 上自南郡由武關歸. 二十九年, 始皇東遊. 至陽武博狼沙中, 爲盜所驚. 求弗得, 乃令天下大索十日. 登之罘,

刻石. 其辭曰, "維二十九年, 時在中春, 陽和方起. 皇帝東遊, 巡登之
罘, 臨照于海. 從臣嘉觀, 原念休烈, 追誦本始. 大聖作治, 建定法度, 顯
箸綱紀. 外敎諸侯, 光施文惠, 明以義理. 六國回辟, 貪戾無厭, 虐殺不
已. 皇帝哀衆, 遂發討師, 奮揚武德. 義誅信行, 威燀旁達, 莫不賓服. 烹
滅彊暴, 振救黔首, 周定四極. 普施明法, 經緯天下, 永爲儀則. 大矣哉!
宇縣之中, 承順聖意. 群臣誦功, 請刻于石, 表垂于常式." 其東觀曰,
"維二十九年, 皇帝春遊, 覽省遠方. 逮于海隅, 遂登之罘, 昭臨朝陽. 觀
望廣麗, 從臣咸念, 原道至明. 聖法初興, 清理疆內, 外誅暴彊. 武威旁
暢, 振動四極, 禽滅六王. 闡幷天下, 甾害絶息, 永偃戎兵. 皇帝明德, 經
理宇內, 視聽不怠. 作立大義, 昭設備器, 咸有章旗. 職臣遵分, 各知所
行, 事無嫌疑. 黔首改化, 遠邇同度, 臨古絶尤. 常職旣定, 後嗣循業,
長承聖治. 群臣嘉德, 祗誦聖烈, 請刻之罘." 旋, 遂之琅邪, 道上黨入.
三十年, 無事. 三十一年十二月, 更名臘曰 '嘉平'. 賜黔首里六石米,
二羊. 始皇爲微行咸陽, 與武士四人俱, 夜出逢盜蘭池, 見窘, 武士擊殺
盜, 關中大索二十日. 米石千六百. 三十二年, 始皇之碣石, 使燕人盧生
求羨門·高誓. 刻碣石門. 壞城郭, 決通隄防. 其辭曰, "遂興師旅, 誅戮
無道, 爲逆滅息. 武殄暴逆, 文復無罪, 庶心咸服. 惠論功勞, 賞及牛馬,
恩肥土域. 皇帝奮威, 德幷諸侯, 初一泰平. 墮壞城郭, 決通川防, 夷去
險阻. 地勢旣定, 黎庶無繇, 天下咸撫. 男樂其疇, 女修其業, 事各有序.
惠被諸産, 久並來田, 莫不安所. 群臣誦烈, 請刻此石, 垂著儀矩." 因
使韓終·侯公·石生求僊人不死之藥. 始皇巡北邊, 從上郡入. 燕人盧
生使入海還, 以鬼神事, 因奏錄圖書, 曰 '亡秦者胡也'. 始皇乃使將軍
蒙恬發兵三十萬人北擊胡, 略取河南地. 三十三年, 發諸嘗逋亡人·贅
婿·賈人略取陸梁地, 爲桂林·象郡·南海, 以適遣戍. 西北斥逐匈奴.

自楡中並河以東, 屬之陰山, 以爲三四十四縣, 城河上爲塞. 又使蒙恬渡河取高闕·陶陽山·北假中, 築亭障以逐戎人. 徙謫, 實之初縣. 禁不得祠. 明星出西方.

진시황 34년, 시황제가 정직하지 못한 옥리獄吏를 유배 보내 장성을 수축하거나, 남월南越 일대를 지키게 했다. 함양궁咸陽宮에서 연회를 베풀자 박사 일흔 명이 앞으로 나와 축수祝壽했다. 복야 주청신周靑臣이 나서 이같이 기렸다.

"전에 진나라 땅은 사방 1,000리에 불과했습니다. 이후 폐하의 신령과 밝은 성덕에 의지해 천하를 평정하고 만이를 몰아냈습니다. 일월이 비추는 곳 모두 복종하지 않는 자가 없게 된 이유입니다. 이제 봉국을 군현으로 삼자 사람마다 절로 안락하고, 전쟁의 근심이 사라지고, 공덕을 만세까지 전하게 되었습니다. 상고 이래 그 어떤 군주도 폐하의 위엄과 덕망에는 미치지 못했습니다."

진시황제는 기뻐했다. 제나라 출신 박사 순우월淳于越이 나서 이같이 말했다.

"신이 듣건대 은나라와 주나라는 1,000여 년 동안 지속하면서 자제와 공신을 봉해 왕실을 보위하게 했습니다. 이제 폐하는 천하를 보유했지만 자제들은 필부로 존재할 뿐입니다. 만일 나라를 찬탈한 제나라의 권신 전상이나 진晉나라의 육경 같은 자들이 문득 나타나면 황제를 보필할 자가 없으니 장차 어찌 구할 수 있겠습니까? 일을 하면서 옛사람을 본받지 않고 오랫동안 유지했다는 이야기는 아직 들어본 적이 없습니다. 지금 주청신이 눈앞에서 아부하며 폐하의 과실을 무겁게 만들고 있으니 충성스러운 신하가 아닙니다."

진시황제가 대신들에게 이를 논의하게 했다. 승상 이사가 이처럼 말했다.

　"오제가 치국의 방법을 서로 중복되지 않게 하고, 하·은·주 삼대三代가 서로 답습하지 않으면서 각기 상이한 방법으로 천하를 다스린 이유는 서로 반대했기 때문이 아니라 시대가 변해 방법이 달라졌기 때문입니다. 이제 폐하가 대업을 이루어 만세의 공덕을 세웠으니, 이는 실로 어리석은 유생들이 알 수 있는 것이 아닙니다. 하물며 순우월이 말한 것은 삼대의 일이니, 어찌 본받을 만한 것이겠습니까?

　전에 제후들이 서로 다툰 까닭에 높은 관직과 후한 녹봉으로 유사들을 초빙했습니다. 이제 천하가 안정되어 법령이 통일되고, 백성은 집안에서 농공農工에 힘쓰고, 선비들은 법령과 금령을 학습하고 있습니다. 그런데도 유생들은 지금의 것을 배우지 않고 옛것만 배워 현세를 비난하며 백성을 미혹시키고 있습니다. 승상인 신 이사가 죽음을 무릅쓰고 고하고자 합니다. 옛날에는 천하가 혼란스러워도 천하를 통일할 자가 없었습니다. 제후들이 다투어 거병한 뒤 입을 모아 옛일을 근거로 지금을 비난하고, 허망한 말로 실질을 어지럽히고, 사람마다 사사로운 학문을 근거로 위에서 만든 제도를 비난했습니다. 이제 황제가 천하를 통일해 흑백을 가리고, 모든 것이 지존至尊 한 사람에 의해 결정되도록 했습니다. 그런데도 사사로운 학문을 근거로 조정의 법령과 교화를 비난하고, 법령을 들으면 각자 법령을 논의하고, 조정에 들어와서는 내심 반감을 품으면서 나가서는 길거리에서 논의하고, 군주에게 자신을 과시해 명예를 구하면서 기이한 주장을 내세워 자신을 높이고, 아랫사람을 이끌어 비방을 조성할 뿐입니다.

이를 금하지 않으면 위로는 황제의 위세가 떨어지고, 아래로는 붕당朋黨이 만들어질 것입니다. 응당 이를 금지시켜야 이로울 것입니다. 신이 사관에게 명해 진나라의 기록이 아닌 모든 서적을 태워버리도록 청하겠습니다. 박사관博士官의 직무를 수행하는 자가 아닌데도 감히 시서詩書 및 제자백가의 저서를 소장하고 있으면 모두 지방장관에게 보내 불태우도록 하십시오. 이어 감히 두 명 이상 모여 시서를 이야기하면 저잣거리에서 처형해 백성에게 본보기를 보이고, 옛것으로 지금을 비난하는 자가 있으면 일족을 모두 주살하고, 이런 자들을 보고도 검거하지 않는 관원은 같은 죄로 다스리도록 하십시오. 명이 내려진 지 한 달이 지나도 서적을 태우지 않는 자는 경형을 내린 뒤 성벽을 쌓는 성단형城旦刑에 처하십시오. 없애지 않아도 되는 서적은 의약·점복·종수種樹 등에 관한 것뿐입니다. 만일 법령을 배우고자 하는 자가 있다면 관원을 스승으로 삼도록 하십시오.”

시황제가 영을 내렸다.

“가하다.”

진시황 35년, 도로를 정비했다. 구원九原을 지나 운양까지 산을 깎고 골짜기를 메워 곧바로 통하게 했다. 시황제는 함양에 많은 사람이 사는데도 궁궐이 지나치게 작다고 여겨 이같이 명했다.

“짐이 듣건대 주문왕은 풍경豐京, 주무왕은 호경에 도읍했다고 한다. 풍경과 호경 사이가 제왕의 도읍지다.”

위수의 남쪽 상림원에 궁궐을 지었다. 먼저 아방阿房에 전전을 건축했다. 동서의 넓이가 500보, 남북의 길이가 50장丈이다. 위쪽에 1만 명이 앉을 수 있었다. 아래쪽에는 5장 높이의 깃발을 세울 수 있었다. 사방으로 말이 달릴 수 있는 길을 만들어 궁궐 아래에서 남산南山까지 이르게 했다. 남산 봉우리에 궐루闕樓를 세워 표지로 삼았다. 또 복도를 만들어 아방에서 위수를 건너 함양까지 이르게 했다. 북극성·각도성閣道星이 은하수를 건너 영실성營室星에 이르는 모양을 상징했다.

아방궁은 끝내 완성되지 않았다. 완성된 후 좋은 이름으로 명명하고자 했다. 아방에 궁궐을 지었기에 천하 사람들이 이를 아방궁으로 불렀다. 궁형과 도형을 받은 70만여 명의 죄수를 둘로 나누어 아방궁을 짓게 하거나, 여산에 능묘를 만들게 했다. 북산北山에서 석재石材를 캐내고, 촉과 형荊 땅에서 목재를 운반해 이곳까지 이르게 했다. 관중에 궁궐 300채를 지었다. 함곡관函谷關 바깥에는 400여 채의 궁궐을 지었다. 동해 연변의 구산朐山에 비석을 세우고, 진나라 국경의 동문東門으로 삼았다. 3만 호를 여읍으로 이주시키고, 5만 호를 운양으로 이주시켜 10년 동안 부세와 요역을 면제해주었다. 방사 노생이 시황제에게 유세했다.

"신들이 영지靈芝와 선약僊藥, 신선을 찾아다녔으나 매번 찾지 못했습니다. 마치 무엇인가 이를 방해하는 듯합니다. 제 소견으로는 황제가 때로 신분을 숨긴 채 미행하면서 악귀를 물리치면 진인眞人이 올 것입니다. 머무는 곳을 신하들이 알면 신선의 출현이 방해받습니다. 진인은 물에 들어가도 젖지 않고, 불에 들어가도 타지 않고, 구름을 타고 다니고, 천지와 더불어 영원합니다. 지금 황제가 천하를 다스리고 있으나 아직은 안정을 이루지 못하고 있습니다. 원컨대 황제가 거처하는 궁궐을 다른 사람이 알지 못하게 하면 거의 불사약을 얻을 수 있을 것입니다."

시황제가 말했다.

"짐은 평소 진인을 흠모했소. 이제부터 스스로 진인을 칭하며 짐이라고 부르지 않겠소."

곧 명을 내려 함양 인근 200리 안에 있는 궁궐 207곳을 구름다리와 용도甬道로 서로 연결시켰다. 휘장·종고·미인으로 그곳을 가득 채웠다. 모두 등록된 부서에 있도록 하고, 다른 곳으로 옮겨가지 못하게 했다. 황제가 행차해 머물 때 그 거처를 말하는 자는 모두 사형에 처했다. 진시황이 양산궁梁山宮에 행차했을 때 산 위에 승상을 수종하는 거기車騎가 많은 것을 보고 언짢아했다. 황궁의 어떤 자가 이를 승상에게 귀띔하자 승상이 거기의 숫자를 줄였다. 진시황이 대로했다.

"이는 궁중의 누군가가 내 말을 누설한 것이다."

하나씩 심문했으나 죄를 인정하는 자가 없었다. 당시 곁에 있던 자들을 모두 잡아 죽이도록 명했다. 이후 황제가 행차한 곳을 아는 자가 없었다. 황제가 정무를 처리하고, 여러 신하가 결재를 받는 일이 모두 함양에서 이루어졌다. 한韓나라 출신 방사 후생侯生이 노생과 상의했다.

"시황제는 천성적으로 고집이 세고 사납다. 남의 말을 듣지 않고 멋대로 한다. 제후에서 일어나 천하를 통일한 까닭에 마음먹은 대로 일을 행하고, 예부터 자기보다 나은 자는 없다고 여긴다. 전적으로 옥리를 중용한 까닭에 옥리 모두 황제의 총애를 입었다. 박사는 비록 일흔 명에 이르지만 인원만 갖추었을 뿐 중용되지는 못했다. 승상과 대신 모두 이미 결정된 일을 받아들이기만 할 뿐 사실상 황제에 의해 모든 일이 처리되고 있다. 황제가 형벌과 살육으로 위엄 세우기를 좋아하자 천하가 죄를 두려워하며 녹봉에만 연연할 뿐 감히 충성을 다하려 하지 않는다. 황제는 자신의 허물을 들으려 하지 않으니 날마다 교만해지고, 아랫사람은 해를 입을까 두려워 속이고 기만하며 아부만을 일삼고 있다.

진나라 법률에는 두 가지 이상의 방술方術을 쓰지 못하게 되어 있다. 방술에 영험이 없으면 곧바로 사형에 처해진다. 별의 형상과 구름의 기운을 관측하는 자가 300명에 이른다. 모두 훌륭한 선비이나 두려워하고 꺼리며 아첨만 할 뿐 감히 황제의 허물을 직언하지 못하고 있다. 천하의 일은 대소사를 막론하고 모두 황제에 의해 결정되고 있다. 황제가 읽어야 할 문서는 중량을 저울질해야 할 정도로 많다. 밤낮으로 정해놓은 양이 있어 이에 이르지 못하면 휴식을 취할 수조차 없다. 권세를 탐하는 것이 이 정도에 이르렀으니 그를 위해 선약을 구해주어서는 안 될 것이다."

그러고는 곧바로 달아났다. 시황제는 후생과 노생이 달아났다는 소식을 듣고 대로했다.

"내가 전에 천하의 쓸모없는 책들을 거두어 모두 불태우게 하고, 문학과 방술을 익힌 선비를 대거 부른 것은 태평한 시대를 만들고자 한 것이고, 방사를 부른 것은 방술을 배우고 익혀 선약을 구하고자 한 것이다. 지금 들으니 방사 한종은 떠난 뒤 소식이 없고, 서불 등은 거만의 금전을 쓰고도 선약을 구하지 못한 채 온갖 간사한 이익을 챙긴다는 이야기만 들린다. 내가 노생 등을 존중해 많은 상을 내렸으나 이제는 나를 비방하며 나의 부덕不德을 가중시키고 있다. 내가 사람을 시켜 함양에 있는 제생諸生[*] 가운데 혹여 요망한 말로 백성을

● 제생은 명청 때 오직 유생만을 뜻하는 것으로 의미가 축소되었으나 진한 때만 하더라도 제자백가를 공부하는 모든 자를 의미했다. 진시황이 제생을 적발하라고 명한 점에 주목할 필

어지럽게 만드는 자가 있는지 조사하도록 했다."

이내 어사를 시켜 이런 자들을 적발하게 하자 이들은 서로가 서로를 고발했다. 금령을 범한 자가 460명이었다. 이들 모두 함양에 생매장하고, 천하에 널리 알렸다. 후대인을 경계시키고자 한 것이다. 또 더 많은 자를 징발해 변경을 지키게 했다. 시황제의 장자 부소扶蘇가 간했다.

"이제 막 천하가 평정된 까닭에 먼 곳의 백성은 아직 따르지 않고, 유생들은 시서를 암송하며 공자를 본받고 있습니다. 지금 황제가 법을 엄하게 해 이들을 옭아매니 신은 천하가 불안해할까 두렵습니다. 황상은 이를 깊이 살피십시오."

시황제가 크게 노여워하며 부소를 북쪽 상군上郡으로 보내 몽념을 감시하게 했다.

●● 三十四年, 適治獄吏不直者, 築長城及南越地. 始皇置酒咸陽宮, 博士七十人前爲壽. 僕射周靑臣進頌曰, "他時秦地不過千里, 賴陛下神靈明聖, 平定海內, 放逐蠻夷, 日月所照, 莫不賓服. 以諸侯爲郡縣, 人人自安樂, 無戰爭之患, 傳之萬世. 自上古不及陛下威德." 始皇悅. 博士齊人淳于越進曰, "臣聞殷周之王千餘歲, 封子弟功臣, 自爲枝輔. 今陛下有海內, 而子弟爲匹夫, 卒有田常·六卿之臣, 無輔拂, 何以相救哉? 事不師古而能長久者, 非所聞也. 今靑臣又面諛以重陛下之過, 非忠臣." 始皇下其議. 丞相李斯曰, "五帝不相復, 三代不相襲, 各以治, 非其相反, 時變異也. 今陛下創大業, 建萬世之功, 固非愚儒所知.

요가 있다. 갱유坑儒 당시 유생들이 진시황의 제국체제를 큰소리로 비판하고 다니지만 않았어도 일부 방사들만 처벌받았을 공산이 컸다. 그러나 유생들의 평소 행동으로 인해 이런 소탕령에 가장 많이 연루되었다. 갱유사건은 결코 유생을 탄압하기 위해 일어난 사건이 아니었다.

且越言乃三代之事, 何足法也? 異時諸侯並爭, 厚招遊學. 今天下已定, 法令出一, 百姓當家則力農工, 士則學習法令辟禁. 今諸生不師今而學古, 以非當世, 惑亂黔首. 丞相臣斯昧死言, 古者天下散亂, 莫之能一, 是以諸侯並作, 語皆道古以害今, 飾虛言以亂實, 人善其所私學, 以非上之所建立. 今皇帝幷有天下, 別黑白而定一尊. 私學而相與非法教, 人聞令下, 則各以其學議之, 入則心非, 出則巷議, 誇主以爲名, 異取以爲高, 率群下以造謗. 如此弗禁, 則主勢降乎上, 黨與成乎下. 禁之便. 臣請史官非秦記皆燒之. 非博士官所職, 天下敢有藏詩·書·百家語者, 悉詣守·尉雜燒之. 有敢偶語詩書者棄市. 以古非今者族. 吏見知不擧者與同罪. 令下三十日不燒, 黥爲城旦. 所不去者, 醫藥卜筮種樹之書. 若欲有學法令, 以吏爲師." 制曰, "可." 三十五年, 除道, 道九原抵雲陽, 塹山堙谷, 直通之. 於是始皇以爲咸陽人多, 先王之宮廷小, 吾聞周文王都豐, 武王都鎬, 豐鎬之閒, 帝王之都也. 乃營作朝宮渭南上林苑中. 先作前殿阿房, 東西五百步, 南北五十丈, 上可以坐萬人, 下可以建五丈旗. 周馳爲閣道, 自殿下直抵南山. 表南山之顚以爲闕. 爲復道, 自阿房渡渭, 屬之咸陽, 以象天極閣道絶漢抵營室也. 阿房宮未成, 成, 欲更擇令名名之. 作宮阿房, 故天下謂之阿房宮. 隱宮徒刑者七十餘萬人, 乃分作阿房宮, 或作麗山. 發北山石槨, 乃寫蜀·荊地材皆至. 關中計宮三百, 關外四百餘. 於是立石東海上朐界中, 以爲秦東門. 因徙三萬家麗邑, 五萬家雲陽, 皆復不事十歲. 盧生說始皇曰, "臣等求芝奇藥僊者常弗遇, 類物有害之者. 方中, 人主時爲微行以辟惡鬼, 惡鬼辟, 眞人至. 人主所居而人臣知之, 則害於神. 眞人者, 入水不濡, 入火不爇, 陵雲氣, 與天地久長. 今上治天下, 未能恬倓. 願上所居宮毋令人知, 然后不死之藥殆可得也." 於是始皇曰, "吾慕眞人, 自謂眞人, 不稱朕." 乃令咸陽之旁二百里內宮觀二百七十復道甬道相連, 帷帳鍾鼓美人充之, 各案署不移徙. 行所幸, 有言其處者, 罪死. 始皇帝幸梁山宮, 從山上見丞相車騎衆, 弗善也. 中人或告丞相, 丞相後損車騎. 始皇怒曰, "此中人泄吾語." 案問莫服. 當是時, 詔捕諸時在旁者, 皆殺之. 自是後莫知行之所在. 聽事, 群臣受決事, 悉於咸陽宮. 侯生盧生相與謀曰, "始皇爲人, 天性剛戾自用, 起諸侯, 幷天下, 意得欲從, 以爲自古莫及己. 專任獄吏, 獄吏得親幸. 博士雖七十人, 特備員弗用. 丞相諸大臣皆受成事, 倚辨於上. 上樂以刑殺爲威, 天下畏罪持祿, 莫敢盡忠. 上不聞過而日驕, 下懾伏謾欺以取容. 秦法, 不得兼方不驗, 輒死. 然候星氣者至三百人, 皆良士, 畏忌諱諛, 不敢端言其過. 天下之事無小大皆決於上, 上至以衡石量書, 日夜有呈, 不中呈不得休息. 貪於權勢至如此, 未可爲求僊藥." 於是乃亡去. 始皇聞亡, 乃大怒曰, "吾前收天下書不中用者盡去之. 悉召文學方術士甚衆, 欲以興太平, 方士欲練以求奇藥. 今聞韓衆去不報, 徐市等費以巨萬計, 終不得藥, 徒姦利相告日聞. 盧生等吾尊賜之甚厚, 今乃誹謗我, 以重吾不德也. 諸生在咸陽者, 吾使人廉問, 或爲訞言以亂黔首." 於是使御史悉案問諸生, 諸生傳相告引, 乃自除犯禁者四百六十餘人, 皆阬之咸陽, 使天下知之, 以懲後. 益發謫徙邊. 始皇長子扶蘇諫曰, "天下初定, 遠方黔首未集, 諸生皆誦法孔子, 今上皆重法繩之, 臣恐天下不安. 唯上察之." 始皇怒, 使扶蘇北監蒙恬於上郡.

진시황 36년, 형혹熒惑이 심성心星를 침범했다. 운성隕星이 동군에 떨어졌다. 땅에 닿자 돌이 되었다. 백성 가운데 누군가 그 돌에 이같이 새겼다.

진시황이 죽으면 땅이 나뉠 것이다.

시황제가 그 말을 듣고는 곧 어사를 보내 일일이 심문하도록 했다. 실토하는 자가 없자 돌 주변에 살던 자들을 모두 잡아 죽이고, 돌을 불태워 없애버렸다. 시황제는 언짢은 나머지 박사를 시켜 〈선진인시仙眞人詩〉를 짓게 하고, 천하 순수 때 가는 곳마다 전령傳令과 악사들에게 이를 연주하고 노래하게 했다. 이해 가을, 사자가 관동關東으로부터 오다가 밤중에 화음華陰의 평서平舒로 난 길을 지나게 되었다. 어떤 자가 벽옥璧玉을 쥐고 사자를 막으며 이같이 말했다.

"나를 대신해 이를 함양에 있는 수신水神 호지군滈池君에게 가져다주시오."

이어 말했다.

"금년에 조룡祖龍이 죽을 것이다."

사자가 그 까닭을 묻자 벽옥을 놓고 문득 사라졌다. 사자가 벽옥을 받들고 귀경한 뒤 시황제에게 그 일을 상세히 보고했다. 시황제가 오랫동안 묵묵히 있다가 말했다.

"산의 귀신은 본래 1년 동안의 일만 알고 있을 뿐이다."

또 조정을 물러나면서 이같이 말했다.

"조룡은 결국 인간의 조상일 뿐이다."

그러고는 어부御府에게 명해 벽옥을 조사하게 했다. 진시황이 즉위 28년에 순수할 때 장강을 건너다가 빠뜨린 그 벽옥이었다. 진시황이 이를 점치게 했다. 이동하는 것이 길하다는 점괘가 나왔다. 북하와 유중에 3만 호를 이주시키고 가구마다 작위 한 등급을 내렸다. 진시황 37년 10월 계축일, 시황제가 순수에 나서자 좌승상 이사가 수행하고 우승상 풍거질馮去疾이 도성을 지켰다. 막내아들 호해가 부러워하며 함께 가기를 청하자 이를 허락했다. 이해 11월, 운몽雲夢에 이르러 구의산에서 순임금을 제사 지낸 뒤 장강의 물줄기를 타고 아래로 내려갔다. 적가籍柯를 바라보며 해저海渚를 건넜다. 단양을 지나 전당에 이르렀다. 다시 절강浙江에 이르러 물결이 거세지자 서쪽으로 120리를 더 가 강폭이 좁은 곳에서 건넜다. 회계산會稽山에 올라 하나라 우왕에게 제사 지내고 남해를 바라보다 그곳에 비석을 세워 진나라의 공덕을 노래했다. 비문에 이같이 썼다.

황제가 빛나는 공덕으로 천하를 통일하니 그 은덕과 혜택이 오래되었다. 즉위 37년에 직접 천하를 순수하며 두루 먼 지방까지 유람하고, 회계산에 올라 풍속과 습관을 두루 살폈다. 백성이 공경하며 흠모했다. 여러 신하가 황제의 공덕을 노래하고 치적을 생각하며 황제의 고명함을 회상했다. 진나라에 성왕이 즉위해 처음으로 형벌의 명칭을 제정하고, 옛날의 전장제도를 명백히 밝혔다. 처음으로 법제를 공평하게 하고, 맡은 바 직책을 신중하게 구분했다. 덕분에 영원불변한 기초를 세웠다.

육국의 왕들은 멋대로 배신하고, 탐욕스러우며 포악하고, 오만하며 사나웠다. 또 무리를 이끌고 막강한 힘을 과시하고자 했다. 포악하며 방자하고, 힘만 믿고 교만해 누차 군사를 일으켰다. 몰래 첩자를 보내 합종을 꾀하고 그릇된 행위를 일삼았다. 안으로는 이들의 간사한 모략을 꾸미고, 밖으로는 변경을 치니 마침내 큰 재앙이 일어났다. 의로운 위엄으로 이들을 주살하고, 흉포하고 어그러진 것을 제거하자 난을 일으킨 도적들이 모두 멸망했다. 성덕이 깊고 넓어 천하인 모두 그 은덕을 끝없이 입었다.

황제가 천하를 통일하고 모든 일을 두루 듣자 원근 모두 맑아졌다. 만물을 이치를 좇아 관리하고 사실을 살펴 검증하자 모두 명분을 바로 할 수 있었다. 귀천을 막론하고 법을 공평히 적용하며 선악을 막론하고 앞에서 명백히 진술케 하자 숨길 일이 없게 되었다. 삼가 스스로 성찰하도록 규정하며 의를 행했다. 자식이 있는데도 재가하는 것은 죽은 지아비를 배신하는 부정한 짓으로 여겼다. 내외를 구별하고 음탕을 금하자 남녀가 순결하고 진실해졌다. 지어미가 있는데도 다른 여자와 관계를 맺는 남자는 죽여도 죄가 되지 않도록 하자 남자는 규범을 준수했다. 지아비를 버리고 재가한 여인은 자식들이 어미로 인정하지 않게 하자 모두 교화되어 정숙해졌다.

위대한 정사가 베풀어지자 풍속이 변화하고, 천하가 교화를 이어받아 뛰어난 정사의 혜택을 입었다. 백성 모두 법도를 지키고 화목하게 지내며 서로 권면하자 명을 좇지 않는 자가 없게 되었다. 백성이 수양하며 순수해져 사람마다 기꺼이 법도를 따르며 태평한 삶을 영위했다. 후대인이 법을 공경히 받들고, 뛰어난 정사가 끝없이 이어지자 수레와 배가 기울어지지 않듯이 나라가 전복되지 않았다. 수행한 신하들이 황제의 공덕을 노래하며 비석에 새겼다. 빛나는 공적이 비문을 통해 영원히 전해지기를 바란다.

돌아오는 길에 오현을 지나 강승현江乘縣에서 강을 건넜다. 해안을 따라 북쪽으로 올라가 낭야에 이르렀다. 방사 서불 등이 바다로 들어가 선약을 구했으나 몇 년 동안 얻지 못하고 비용만 크게 허비했다. 책망을 두려워해 거짓으로 말했다.

"봉래의 선약은 구할 수 있습니다. 그러나 늘 커다란 상어인 대교大鮫로 인해 어려움을 당하는 까닭에 도달치 못하고 있습니다. 원컨대 활을 잘 쏘는 궁사와 함께 가서 대교가 나타나면 곧바로 연노連弩(여러 발을 연달아 발사하는 활)로 쏠 수 있게 해주십시오."

진시황이 꿈에 해신海神과 싸웠다. 그 모습이 마치 사람의 형상과 같았다. 꿈을 해석하는 박사에게 물어보자 이같이 대답했다.

"수신은 원래 볼 수 없는 것이나 대어나 교룡蛟龍으로 징후를 찾을 수 있습니다. 지금 황제가 공경한 자세로 제사를 지냈는데도 이런 악신惡神이 나타났습니다. 이 악신을 제거해야만 선신善神이 임할 수 있습니다."

바다에 들어가는 자에게 대어를 잡는 기구를 휴대하게 했다. 스스로 연노를 가지고 대어를 기다렸다가 쏘고자 했다. 낭야에서 북쪽 영성산榮成山에 이르렀으나 대어는 보이지 않았다. 지부산에 이르러 대어가 나타났다. 화살을 쏘아 한 마리를 죽였다. 마침내 바다를 따라 서쪽으로 갔다. 시황제가 평원진平原津에 이르러서 병이 났다. 죽는다는 말을 싫어한 까닭에 여러 신하도 감히 이를 말하지 못했다. 황제의 병이 날로 심해지자 옥새를 찍은 조서를 써 장자 부소에게 보내며 이같이 일렀다.

속히 돌아와 장례를 하고, 함양에 안장하도록 하라!

조서를 밀봉해 성지聖旨를 집행하는 중거부령中車府令 조고의 관부에 놓아둔 채 사자에게 주지 않았다. 이해 7월 병인일, 시황제가 사구의 평대에서 죽었다. 승상 이사는 황제가 외지에서 서거한 까닭에 공자들이 보위를 놓고 다투고, 이로 인해 천하에 변란이 일어날까 두려워했다. 서거 사실을 비밀로 하고 발상發喪하지 않은 이유다. 시황제의 관을 통풍이 잘되고 누워 갈 수 있는 온량거輼涼車에 실은 뒤 전에 총애받던 환관을 참승驂乘으로 삼아 이르는 곳마다 황제에게 음식을 올리게 했다. 신하들이 전과 다름없이 국사를 상주하면 환관이 수레 안에서 결재했다. 오직 호해와 조고 및 총애받던 환관 대여섯 명만이 시황제의 서거 사실을 알고 있었다. 호해는 전에 조고가 자신에게 서법書法 · 옥률獄律 · 법령 등을 가르친 적이 있어 그를 사적으로 총애했다. 조고는 호해 및 이사 등과 몰래 모의한 뒤 시황제가 부소에게 보내고자 한 새서璽書를 뜯었다. 승상 이사가 사구에서 진시황의 조칙을 받은 것처럼 꾸며 호해를 태자로 삼았다. 동시에 공자 부소와 몽념에게 보내는 새서를 다시 만들었다. 이들의 죄목을 열거하며 자진을 명하는 내용이었다. 이에 관한 내용은 〈이사열전〉에 자세히 기록되어 있다.

이사 일행은 계속 전진해 마침내 정형으로부터 구원久原에 도착했다. 마침 여름철이어서 황제의 시신을 실은 온량거에서 시신이 썩느라 악취가 났다. 수행 관원에게 소금에 절여 말린 고기 한 석을 싣게 했다. 시신의 악취와 어물 냄새를 구분하지 못하게 한 것이다. 결국 직도直道를 이용해 함양에 이른 뒤 발상했다. 태자 호해가 보위를 계승해 2세 황제로 즉위했다. 이해 9월, 여산에 시황제를 안장했다. 당초 시황제는 즉위 직후 수릉을 만들기 위해 여산을 뚫는 치산治山 작업을 벌였다. 천하통일 이후에는 전국에서 이송되어온 70만여 명을 동원해 묘를 깊이 파고, 구리물을 부어 틈을 메운 뒤 외곽外槨을 두었다. 모형으로 만든 궁관宮觀 · 백관 · 기기奇器 · 진괴珍怪를 운반해 안을 가득 채웠다. 장인匠人에게 명해 자동으로 발사되는 쇠뇌를 설치해 놓고, 도굴을 위해 접근하는 자가 있으면 발사하게 했다. 수은水銀으로 백천百川·강하江河·대해를 만들었다. 기계로 수은을 주입해 마치 내처럼 흘러가게 했다. 위로는 천문, 아래로는 지리의 모습을 갖추었다. 사람을 닮은 고기의 기름으로 양초를 만들어 오랫동안 꺼지지 않게 했다. 2세 황제 호해가 말했다.

"선제의 후궁들 가운데 자식이 없는 자를 궁궐 밖으로 내쫓는 것은 옳지 않다."

그러고는 명을 내려 모두 순장시켰다. 죽은 자가 매우 많았다. 매장이 끝나자 어떤 자가 말했다.

"장인이 기계를 만들었고, 그 일에 참여한 노비들도 모두 이를 알고 있습니다. 이들의 숫자가 많아서 누설될까 우려됩니다."

상례가 끝나고 보물도 이미 모두 매장되자 묘로 통하는 길[墓道]의 가운데 문을 폐쇄하고, 이어 바깥문을 내렸다. 장인과 노비 들이 빠져나오지 못하게 한 것이다. 실제로 빠져나오는 자가 없었다. 묘지 밖에 풀과 나무를 심자 묘지가 마치 산과 같았다.

●● 三十六年, 熒惑守心. 有墜星下東郡, 至地爲石, 黔首或刻其石曰 '始皇帝死而地分'. 始皇聞之, 遣御史逐問, 莫服, 盡取石旁居人誅之, 因燔銷其石. 始皇不樂, 使博士爲僊眞人詩, 及行所遊天下, 傳令樂人 謌弦之. 秋, 使者從關東夜過華陰平舒道, 有人持璧遮使者曰, "爲吾遺 滈池君." 因言曰, "今年祖龍死." 使者問其故, 因忽不見, 置其璧去. 使 者奉璧具以聞. 始皇黙然良久, 曰, "山鬼固不過知一歲事也." 退言曰, "祖龍者, 人之先也." 使御府視璧, 乃二十八年行渡江所沈璧也. 於是 始皇卜之, 卦得遊徙吉. 遷北河楡中三萬家. 拜爵一級. 三十七年十月癸丑, 始皇出遊. 左丞相斯從, 右丞相去疾守. 少子胡亥愛慕請從, 上許之. 十一月, 行至雲夢, 望祀虞舜於九疑山. 浮江下, 觀籍柯, 渡海渚. 過丹陽, 至錢唐. 臨浙江, 水波惡, 乃西百二十里從狹中渡. 上會稽, 祭大禹, 望于南海, 而立石刻頌秦德. 其文曰, '皇帝休烈, 平一宇內, 德惠脩長. 三十有七年, 親巡天下, 周覽遠方. 遂登會稽, 宣省習俗, 黔首齋莊. 群臣誦功, 本原事跡, 追首高明. 秦聖臨國, 始定刑名, 顯陳舊章. 初平法式, 審別職任, 以立恆常. 六王專倍, 貪戾傲猛, 率衆自彊. 暴虐恣行, 負力而驕, 數動甲兵. 陰通間使, 以事合從, 行爲辟方. 內飾詐謀, 外來侵邊, 遂起禍殃. 義威誅之, 殄熄暴悖, 亂賊滅亡. 聖德廣密, 六合之中, 被澤無疆. 皇帝并宇, 兼聽萬事, 遠近畢清. 運理群物, 考驗事實, 各載其名. 貴賤并通, 善否陳前, 靡有隱情. 飾省宣義, 有子而嫁, 倍死不貞. 防隔內外, 禁止淫泆, 男女絜誠. 夫爲寄豭, 殺之無罪, 男秉義程. 妻爲逃嫁, 子不得母, 咸化廉清. 大治濯俗, 天下承風, 蒙被休經. 皆遵度軌, 和安敦勉, 莫不順令. 黔首脩絜, 人樂同則, 嘉保太平. 後敬奉法, 常治無極, 輿舟不傾. 從臣誦烈, 請刻此石, 光垂休銘.' 還過吳, 從江乘渡. 並海上, 北至琅邪. 方士徐市等入海求神藥, 數歲不得, 費多, 恐譴, 乃詐曰, "蓬萊藥可得, 然常爲大鮫魚所苦, 故不得至, 願請善射與俱, 見則以連弩射之." 始皇夢與海神戰, 如人狀. 問占夢, 博士曰, "水神不可見, 以大魚蛟龍爲候. 今上禱祠備謹, 而有此惡神, 當除去, 而善神可致." 乃令入海者齎捕巨魚具, 而自以連弩候大魚出射之. 自琅邪北至榮成山, 弗見. 至之罘, 見巨魚, 射殺一魚. 遂並海西. 至平原津而病. 始皇惡言死, 群臣莫敢言死事. 上病益甚, 乃爲璽書賜公子扶蘇曰, "與喪會咸陽而葬." 書已封, 在中車府令趙高行符璽事所, 未授使者. 七月丙寅, 始皇崩於沙丘平臺. 丞相斯爲上崩在外, 恐諸公子及天下有變, 乃

祕之, 不發喪. 棺載轀涼車中, 故幸宦者參乘, 所至上食. 百官奏事如
故, 宦者輒從轀涼車中可其奏事. 獨子胡亥·趙高及所幸宦者五六人
知上死. 趙高故嘗敎胡亥書及獄律令法事, 胡亥私幸之. 高乃與公子胡
亥·丞相斯陰謀破去始皇所封書賜公子扶蘇者, 而更詐爲丞相斯受始
皇遺詔沙丘, 立子胡亥爲太子. 更爲書賜公子扶蘇·蒙恬, 數以罪, 其
賜死. 語具在李斯傳中. 行, 遂從井陘抵九原. 會暑, 上轀車臭, 乃詔從
官令車載一石鮑魚, 以亂其臭. 行從直道至咸陽, 發喪. 太子胡亥襲位,
爲二世皇帝. 九月, 葬始皇酈山. 始皇初卽位, 穿治酈山, 及幷天下, 天
下徒送詣七十餘萬人, 穿三泉, 下銅而致槨, 宮觀百官奇器珍怪徙臧滿
之. 令匠作機弩矢, 有所穿近者輒射之. 以水銀爲百川江河大海, 機相
灌輸, 上具天文, 下具地理. 以人魚膏爲燭, 度不滅者久之. 二世曰, "先
帝後宮非有子者, 出焉不宜." 皆令從死, 死者甚衆. 葬旣已下, 或言工
匠爲機, 臧皆知之, 臧重卽泄. 大事畢, 已臧, 閉中羨, 下外羨門, 盡閉工
匠臧者, 無復出者. 樹草木以象山.

2세 황제 원년, 황제의 나이 스물한 살이었다. 조고를 낭중령郎中令
으로 삼아 국사를 돌보게 했다. 2세 황제가 조령詔令을 내려 시황제
의 침묘寢廟에 바치는 희생과 산천에 드리는 제사 및 여러 제사에 쓰
이는 일체의 예물을 늘렸다. 대신들에게 명해 시황제의 묘를 존숭하
는 문제를 논의하게 했다. 대신들 모두 머리를 조아리며 말했다.

"옛날 천자는 칠묘七廟, 제후는 오묘, 대부는 삼묘를 두어 만년이
지나도 허물지 못하도록 했습니다. 지금 시황제의 묘는 지극히 높은
극묘입니다. 전국 각지에서 공물을 바치고 희생을 늘려 예를 두루
갖추고 있는 까닭에 더할 것이 없습니다. 선왕의 묘는 서옹西雍 또는

함양에 있습니다. 천자는 예법에 따라 응당 시황제의 묘에만 직접 잔을 받들어 제사를 지내야 합니다. 진양공秦襄公 이하의 묘는 모두 헐어 없애야 합니다. 지금 설치되어 있는 것은 칠묘입니다. 대신들에게 예에 맞추어 제사를 올리게 하고, 시황제의 묘를 높여 황제의 조묘로 삼으십시오. 황제는 스스로 짐을 칭하십시오."

2세 황제가 조고와 논의했다.

"짐이 나이가 어리고 이제 막 즉위한 터라 백성이 아직 따르지 않고 있소. 선제先帝는 군현을 순수함으로써 국력의 강대함을 과시하고, 위엄으로 천하를 복종시켰소. 짐이 편히 지내면서 순수하지 않으면 약하게 보여 천하를 다스릴 길이 없을 것이오."

이듬해 봄, 2세 황제가 동쪽 지방으로 군현을 순수하자 이사가 수행했다. 갈석산에 이른 뒤 바다를 끼고 남쪽으로 순수해 회계산에 이르렀다. 시황제가 건립한 비석에 모두 글자를 새기고, 비석의 측면에 수행한 신하들의 이름을 새기고, 선제의 업적과 성덕을 밝혔다. 2세 황제가 말했다.

"금석에 새겨진 것은 모두 시황제가 남긴 업적이오. 황제라는 칭호를 이어받아 사용하면서 금석에 새긴 글귀에 시황제를 칭하지 않으면 오랜 세월이 흐른 뒤 혹여 후대의 황제가 한 것처럼 보일 수 있소. 그러면 시황제의 업적과 성덕을 밝힐 수가 없을 것이오."

승상 이사와 풍거질, 어사대부 덕德이 죽음을 무릅쓰고 청했다.

"신 등이 황제의 조서를 비석에 자세히 새겨 그 연유를 명백히 밝히도록 허락해주십시오. 신 등은 죽음을 무릅쓰고 청합니다."

"좋소."

그러고는 요동으로 갔다가 돌아왔다. 당시 2세 황제는 조고의 건의를 좇아 법령을 공표했다. 그러고는 몰래 조고와 상의했다.

"대신들은 따르지 않고, 관원들은 아직도 세력이 강하오. 게다가 여러 공자는 기필코 나와 권력을 다투려 하고 있소. 어찌해야 좋소?"

조고가 대답했다.

"신이 실로 말씀드리고자 했으나 지금껏 감히 그러지 못했습니다. 선제의 대신 모두 여러 대에 걸쳐 명망을 떨친 귀인貴人들입니다. 누대에 걸쳐 공을 쌓고 대대로 수고한 사실이 전해져 내려온 지 오래되었습니다. 지금 폐하가 비천한 신을 다행히 높은 자리에 앉힌 덕분에 궁중의 일을 맡게 되었습니다. 대신들은 이를 못마땅하게 여겨 겉으로만 따를 뿐 속으로는 불복하고 있습니다. 이제 폐하가 순수하는 도중 각 군현의 군수와 군위 가운데 죄 지은 자를 색출해 처형하면 크게는 천하에 위엄을 떨치고, 작게는 주상이 평소 못마땅하게 여긴 자들을 제거할 수 있습니다. 지금은 문덕을 따를 때가 아니라 여전히 무공으로 결단할 때입니다. 원컨대 폐하가 시세를 좇으면서 의심치 않으면 대신들 또한 함부로 모의할 겨를이 없을 것입니다. 현군은 버려진 인재를 그러모아 비천한 자도 귀하게 만들고, 빈곤한 자도 부유하게 만들고, 멀어진 사람도 가까이 오게 만듭니다. 그러면 상하가 서로 마음을 합쳐 나라가 평안해질 것입니다."

"좋소."

즉시 대신과 여러 공자를 처형했다. 또 죄와 과를 들추어내 황제를 가까이서 모시는 소관인 삼랑三郎까지 연좌해 체포했다. 이로써 제대로 자리를 지킬 수 있는 자가 없게 되었다.* 여섯 명의 공자는

● 삼랑을 《사기색은》은 중랑中郎·외랑外郎·산랑散郎으로 풀이했다. 《사기정의》는 《한서》 〈백관표百官表〉를 인용해 외랑 대신 의랑議郎을 들면서, 황제 주변의 낭중과 거랑車郎 및 호랑

두현에서 도륙되었다. 공자 장려將閭의 형제 세 명은 내궁內宮에 감금되어 있다가 논죄하는 바람에 나중에 처형되었다. 2세 황제가 사자를 보내 장려에게 말했다.

"공자는 신하의 도리를 다하지 않았다. 그 죄는 사형이 마땅하다. 형리刑吏가 형을 집행할 것이다."

장려가 말했다.

"궁중 예법에서 나는 이제까지 감히 예식을 집행하는 빈찬賓贊(예와 의식을 관장하는 관원)의 지시를 따르지 않은 적이 없다. 조정의 순서에서도 아직 감히 예절을 어긴 적이 없다. 황제의 명을 받들어 응대할 때도 감히 실언한 적이 없다. 어찌해서 신하 된 도리를 다하지 못했다고 하는 것인가? 죄명이라도 알고 죽고자 한다."

사자가 대답했다.

"신은 죄명을 논하는 데 참여할 수 없습니다. 다만 조서를 받들어 삼가 일을 처리할 뿐입니다."

장려가 하늘을 쳐다보며 큰소리로 세 번 외쳤다.

"하늘이여, 나는 죄가 없습니다!"

형제 세 명 모두 눈물을 흘리며 칼을 뽑아 자진했다. 종실들 모두 두려움에 몸을 떨었다. 대신들의 간언은 비방으로 여겨졌다. 고관들은 녹봉과 직위[祿位]를 지키기 위해 몸을 사렸고, 백성은 두려움에 몸서리쳤다. 이해 4월, 2세 황제가 함양으로 돌아와 말했다.

"선제는 함양의 조정이 좁다고 여겨 아방궁을 지으셨소. 궁실과 당堂이 미처 완성되기도 전에 선제가 붕어崩御하는 바람에 공사를 중

戶郎 등의 삼장三將을 지칭하기도 한다고 풀이했다.

단한 채 인부들을 모두 여산으로 보내 능묘의 봉분을 만드는 복토復
土 작업을 하도록 했소. 여산의 일이 모두 끝난 지금 아방궁의 건축
을 내버려두면 않으면 이는 선제가 행한 일이 잘못되었다고 말하는
것이 되오."

이에 아방궁을 다시 짓기 시작했다. 밖으로는 사방의 오랑캐를 다
독인 까닭에 시황제의 정책과 다르지 않았다. 건장한 사병 5만 명을
징발해 함양에 주둔시켰다. 이들에게 활쏘기를 익히고 군견·군마·
금수를 조련하게 했다. 그러나 먹어야 할 사람은 많은데 식량이 부
족했다. 각 군현에 양곡과 사료의 조달을 명했다. 이를 운반하는 인
부들은 식량을 직접 조달해야만 했다. 함양을 중심으로 300리 이내
의 지역은 다른 곡식을 먹을 수 없게 했다. 법의 집행이 더욱 각박하
고 심해진 이유다.

●● 二世皇帝元年, 年二十一. 趙高爲郞中令, 任用事. 二世下詔, 增
始皇寢廟犧牲及山川百祀之禮. 令群臣議尊始皇廟. 群臣皆頓首言曰,
"古者天子七廟, 諸侯五, 大夫三, 雖萬世世不軼毀. 今始皇爲極廟, 四
海之內皆獻貢職, 增犧牲, 禮咸備, 毋以加. 先王廟或在西雍, 或在咸
陽. 天子儀當獨奉酌祠始皇廟. 自襄公已下軼毀. 所置凡七廟. 群臣以
禮進祠, 以尊始皇廟爲帝者祖廟. 皇帝復自稱朕." 二世與趙高謀曰,
"朕年少, 初卽位, 黔首未集附. 先帝巡行郡縣, 以示彊, 威服海內. 今晏
然不巡行, 卽見弱, 毋以臣畜天下." 春, 二世東行郡縣, 李斯從. 到碣
石, 並海, 南至會稽, 而盡刻始皇所立刻石, 石旁著大臣從者名, 以章先
帝成功盛德焉, 皇帝曰, "金石刻盡始皇帝所爲也. 今襲號而金石刻辭
不稱始皇帝, 其於久遠也如後嗣爲之者, 不稱成功盛德." 丞相臣斯·
臣去疾·御史大夫臣德昧死言, "臣請具刻詔書刻石, 因明白矣. 臣昧死

請.”制曰,“可.”遂至遼東而還. 於是二世乃遵用趙高, 申法令. 乃陰與
趙高謀曰,“大臣不服, 官吏尚彊, 及諸公子必與我爭, 爲之奈何?”高
曰,“臣固願言而未敢也. 先帝之大臣, 皆天下累世名貴人也, 積功勞世
以相傳久矣. 今高素小賤, 陛下幸稱擧, 令在上位, 管中事. 大臣鞅鞅,
特以貌從臣, 其心實不服. 今上出, 不因此時案郡縣守尉有罪者誅之,
上以振威天下, 下以除去上生平所不可者. 今時不師文而決於武力, 願
陛下遂從時毋疑, 卽群臣不及謀. 明主收擧餘民, 賤者貴之, 貧者富之,
遠者近之, 則上下集而國安矣.”二世曰,“善.”乃行誅大臣及諸公子,
以罪過連逮少近官三郎, 無得立者, 而六公子戮死於杜. 公子將閭昆弟
三人囚於內宮, 議其罪獨後. 二世使使令將閭曰,“公子不臣, 罪當死,
吏致法焉.”將閭曰,“闕廷之禮, 吾未嘗敢不從賓贊也, 廊廟之位, 吾未
嘗敢失節也, 受命應對, 吾未嘗敢失辭也. 何謂不臣? 願聞罪而死.”使
者曰,“臣不得與謀, 奉書從事.”將閭乃仰天大呼天者三, 曰,“天乎! 吾
無罪!”昆弟三人皆流涕拔劍自殺. 宗室振恐. 群臣諫者以爲誹謗, 大
吏持祿取容, 黔首振恐. 四月, 二世還至咸陽, 曰,“先帝爲咸陽朝廷小,
故營阿房宮. 爲室堂. 未就, 會上崩, 罷其作者, 復土酈山. 酈山事大畢,
今釋阿房宮弗就, 則是章先帝擧事過也.”復作阿房宮. 外撫四夷, 如始
皇計. 盡徵其材士五萬人爲屯衛咸陽, 令敎射狗馬禽獸. 當食者多, 度
不足, 下調郡縣轉輸菽粟芻槀, 皆令自齎糧食, 咸陽三百里內不得食其
穀. 用法益刻深.

이해 7월, 수자리를 서야 하는 수졸戍卒 진승 등이 옛 초나라 땅에
서 반기를 들고 장초張楚*를 칭했다. 진승 스스로 초왕이 되어 진현에
주둔한 뒤 여러 장수를 각지로 보내 땅을 점령하게 했다. 진나라 관

원들에게 고초를 당하던 산동 각지의 젊은이가 해당 지역의 군수와 군위·현령·현승縣丞 등을 죽이고 반란을 일으켜 이에 동조했다. 이들은 서로 자리에 올라 후왕을 칭했다. 서로 연합해 서쪽 함양을 향해 진격하며 진나라 토벌을 기치로 내세웠다. 그 수가 이루 헤아릴 수가 없을 정도로 많았다. 동쪽으로 보낸 알자謁者들이 돌아와서 이런 사실을 보고하자 2세 황제가 노해 이들을 하옥시켰다. 이후 다른 사자가 이르자 2세 황제가 물었다. 이같이 대답했다.

"저 도적 떼는 각 군의 군수와 군위가 추격해 모두 잡아들였으니, 염려할 것이 없습니다."

2세 황제가 기뻐했다. 당시 진승의 부장部將 무신武臣은 스스로 조왕이 되었고, 옛 위나라 왕실의 위구魏咎는 위왕이 되었다. 옛 제나라 왕실의 전담田儋은 제왕齊王이 되었다. 패공沛公 유방은 패현沛縣에서 군사를 일으켰고, 초나라 명문가 출신 항량項梁은 회계군에서 군사를 일으켰다. 2세 황제 2년 겨울, 진승이 파견한 주장周章 등이 서쪽으로 진격해 희수戲水에 이르렀다.•• 병력이 10만 명에 달했다. 2세 황제가 크게 놀라 여러 신하에게 물었다.

"어찌하면 좋겠소?"

소부少府 장함章邯이 대답했다.•••

• 장초를 《사기집해》는 이기李奇의 주를 인용해 '초나라를 크게 확장한다'는 뜻을 지닌 장대초국張大楚國의 줄임말로 풀이했다.
•• 원문 지희至戲의 희戲를 《사기집해》는 홍농호弘農湖의 서쪽 경계를 언급한 응소와 희정戲亭 일대의 하천 명칭으로 파악한 맹강孟康의 말을 인용해놓았다. 《사기정의》는 《괄지지》를 인용해 여산에서 발원한 희수로 파악했다.
••• 소부는 산과 바다 및 못 등에서 나는 수입과 황실의 수공업을 관장하는 부서로 구경九卿의 하나. 일각에서는 장한으로 읽고 있으나 인명일 때는 함으로 읽으므로 장함이 옳다. 안사고顏師古는 《한서》 〈고제기高帝記〉의 주에서 함邯의 음을 '하감반下廿反'이라고 했다. 통상 함邯은 한으로 읽는다. 조나라 도성 한단邯鄲이 대표적이다. 한단은 한산邯山의 맥이 이곳에서 그친다는 뜻의 단鄲과 결합해 만들어진 명칭이다.

"도적이 이미 여기에 이르렀고 그 숫자가 많은데다 기세가 강대합니다. 가까운 고을에서 군사를 징발하기엔 이미 때가 늦었습니다. 여산에 죄수들이 많이 있으니 청컨대 이들에게 사면한 뒤 무기를 주어 도적을 치도록 하십시오."

2세 황제가 천하에 대사령大赦令을 내린 뒤 장함에게 이들을 이끌고 주장의 군사를 격파하도록 했다. 장함이 이내 조양정曹陽亭에서 주장을 죽였다. 2세 황제는 또 장사長史 사마흔司馬欣과 동예董翳에게 명해 장함을 도와 도적을 치게 했다. 이들은 진승을 성보城父에서 도륙하고, 항량을 정도에서 격파하고, 위구를 임제臨濟에서 죽였다. 초나라 땅 도적들의 명장이 죽자 장함은 여세를 몰아 북으로 황하를 건너 거록巨鹿으로 가 조왕 헐歇 등을 공략했다. 조고가 2세 황제에게 권했다.

"선제는 천하를 다스린 지 오래되었기에 여러 신하가 감히 그릇된 짓을 하거나 사악한 말을 진언하지 못했습니다. 지금 폐하는 젊고, 이제 막 즉위한 상황입니다. 어찌해서 조정에서 공경들과 함께 국사를 결정하는 것입니까? 일이 잘못되면 신하들에게 약점을 보이게 됩니다. 원래 천자가 짐이라 칭하는 것은 소리만 듣고 조짐을 알게 한다는 취지에서 나온 것입니다•."

2세 황제가 늘 궁중에 머물며 조고와 함께 모든 국사를 결정한 이

• "소리만 듣고 조짐을 알게 한다"의 원문은 고불문성固不聞聲이다.《사기색은》은 고문성固聞聲으로 된 판본도 있다고 했다. 문맥상 모습을 드러내지 않고 소리만 듣게 한다는 뜻의 고불현문성固不見聞聲을 잘못 베낀 듯하다.《사기색은》은 천자의 자칭인 짐을 두고 '늘 궁중에 머무는 황제가 모습을 드러내지 않은 채 그 소리만을 듣게 함으로써 신하들에게 그 뜻을 헤아리도록 했다'는 취지로 풀이했다. 조고가 짐의 원래 의미를 조짐에서 찾은 것은 비록 사욕에서 비롯된 것이기는 하나 탁견이다.

유다. 이후 공경들이 천자를 알현할 기회가 드물어졌다. 도적들이 갈수록 많아지자 관중의 병사들을 징발해 동쪽으로 가 도적을 토벌하는 일이 끊이지 않았다. 우승상 풍거질, 좌승상 이사, 장군 풍겁이 간했다.

"관동 일대에서 도적의 무리가 일시에 일어났습니다. 진나라가 군사를 일으켜 토벌하자 죽거나 달아난 자가 매우 많습니다. 그러나 아직 이들을 완전히 평정하지 못했습니다. 도적이 많아지는 것은 모두 수자리를 서거나 각종 요역을 이행하는 것이 고달프고, 부세가 과중하기 때문입니다. 원컨대 아방궁 건조를 일시 중단하고, 변방의 군역軍役과 운송의 요역을 줄여주십시오."

2세 황제가 말했다.

"짐이 듣건대 한비자는 말하기를, '요순은 나무를 베어다가 깎지도 않은 채로 서까래를 만들었고, 짚으로 지붕을 이으면서 처마 끝도 잘라내지 않았다. 질그릇에 밥을 담아 먹고 질그릇에 물을 담아 마셨으니 설령 문지기의 봉양이라고 해도 이보다 궁핍하지는 않았을 것이다. 우왕은 용문을 뚫어 대하와 통하게 하고, 황하의 막힌 물길을 터 바다로 흐르게 했다. 직접 가래를 들고 흙을 다듬으며 둑을 쌓은 바람에 정강이의 털이 닳아 없어질 지경이 되었다. 노비의 수고도 이보다 심하지는 않을 것이다'라고 했다. 무릇 천하를 얻어 귀하게 된 자는 하고자 하는 바를 마음 내키는 대로 다할 수 있다. 군주가 엄중히 법을 밝히면 아랫사람들이 감히 그릇된 짓을 하지 못하게 된다. 천하를 제어하는 이유다. 순임금과 하나라 우왕은 천자의 귀한 몸이었는데 직접 궁핍하고 고단한 현실에 처해 백성을 위해 모든 것을 희생했으니 오히려 무엇을 본받을 수 있겠는가?

짐은 존귀하기가 만승萬乘의 천자이나 실상이 없다. 천승千乘의 친위대와 만승의 군대를 조직해 나의 칭호와 이름에 걸맞게 하려고 한다. 선제는 제후의 신분에서 일어나 천하를 병탄하고, 천하가 평정된 후에는 밖으로 사방 오랑캐를 물리쳐 변경을 안정시키고, 안으로 궁실을 지어 대업을 이루었음을 내보였다. 그대들도 선제의 공업을 보았을 것이다. 이제 짐이 즉위한 후 2년 사이에 도적 떼가 여기저기서 일어났다. 그런데도 그대들은 이를 막지 못하고, 이제 와서는 선제가 시작한 사업마저 버리려고 한다. 이는 위로 선제에게 보답하지 못하고, 아래로 짐에게 충성을 다하지 않는 것이다. 이러고도 무슨 까닭에 자리를 차지하고 있는 것인가?"

그러고는 풍거질·이사·풍겁을 옥리에게 넘겨 이들의 죄를 심문하게 했다. 풍거질과 풍겁이 자진하며 말했다.

"장상將相은 모욕을 당하지 않는 법이다."

이사는 결국 옥에 갇혀서 오형을 받았다. 2세 황제 3년, 장함 등이 군사를 이끌고 가 거록을 포위했다. 초나라 상장군上將軍 항우가 군사를 이끌고 거록으로 달려가 구원했다. 이해 겨울, 조고가 승상이 된 뒤 마침내 이사를 심판해 처형했다. 2세 황제 2년인 이듬해 여름, 장함 등이 싸움에서 누차 패퇴했다. 2세 황제가 사자를 보내 장함을 질책했다. 장함이 두려운 나머지 장사 사마흔을 보내 하명을 청했다. 조고가 만나주지도 않으면서 오히려 불신했다. 사마흔이 두려움에 떨며 황급히 달아났다. 조고가 급히 사람을 보내 체포하게 했으나 미치지 못했다. 사마흔이 장함에게 고했다.

"조고가 조정에서 정사를 장악하고 있습니다. 장군은 공을 세워도 죽고, 세우지 못해도 죽을 것입니다."

항우가 진나라 군사를 기습해 장수 왕리를 포획했다. 장함 등이 마침내 군사를 이끌고 항복했다. 이해 8월 기해일, 조고가 반란을 일으키고자 했다. 여러 신하가 듣지 않을까 염려되자 먼저 이들을 시험해보고자 했다. 2세 황제에게 사슴을 바치며 말했다.

"이것은 말입니다."

2세 황제 호해가 웃으며 말했다.

"승상이 틀렸소. 사슴을 말이라 한 것이오."

그리고는 주변의 군신에게 물었다. 어떤 자는 묵묵히 있으면서 대꾸를 하지 않았고, 어떤 자는 말이라고 대답해 조고에게 아부했다. 또 어떤 자는 사슴이라고 말했다. 조고는 은밀히 사슴이라고 말한 자를 기억해두었다가 이내 법을 빌려 무함했다. 이후 신하들이 모두 조고를 두려워했다. 조고는 전에 누차 이같이 말한 바 있다.

"관동의 도적은 결코 아무 일도 할 수 없을 것이다!"

당시 항우는 진나라 장수 왕리 등을 거록에서 생포한 뒤 계속 진격했다. 장함 등은 당초 여러 번 패하자 거듭 상서해 원군을 청했다. 연·조·제·초·한·위는 모두 자립한 상황이었다. 함곡관 동쪽 모두 진나라 관원을 배신하고 이들 제후에게 호응했다. 제후들이 군사를 이끌고 서진한 이유다. 유방도 수만 명의 군사를 이끌고 무관을 함락시킨 뒤 사람을 보내 조고와 몰래 접촉했다. 당시 조고는 2세 황제가 노하자 형벌이 자신에게 미칠까 두려워한 나머지 병을 핑계로 조회에 나가지 않았다. 2세 황제는 자신의 수레 왼쪽을 끄는 좌참마左驂馬를 물어뜯는 백호를 죽이는 꿈을 꾸었다. 마음이 언짢고 괴이해 점쟁이에게 묻자 이같이 해몽했다.

"경수의 수신水神이 재앙을 일으키고 있습니다."

2세 황제가 망이궁望夷宮에서 재계한 뒤 경수의 신에게 제사를 올리기 위해 백마 네 필을 경수에 빠뜨렸다. 사자를 보내 조고에게 도적 토벌에 관한 일을 문책하자 조고가 두려운 나머지 몰래 사위인 함양령咸陽令 염락閻樂 및 아우 조성趙成과 논의했다.

"황제가 간언을 받아들이지 않더니 이제 사태가 급박해지자 책임을 우리 가문으로 돌리려고 한다. 나는 천자를 폐위한 뒤 공자 자영을 세울 생각이다. 공자 자영은 어질고 겸손해 백성이 모두 그의 말을 따르고 있다."

그러고는 낭중령에게 궁내에서 호응하게 했다. 이어 짐짓 큰 도적이 있다는 구실로 염락을 시켜 관원을 불러 모으고 군사를 동원케 한 뒤 염락의 모친을 압박해 자신의 부중府中에 머물게 했다. 염락에게 군사 1,000여 명을 주어 망이궁의 전문殿門으로 가 위령衛令과 복야를 포박하게 했다.

"도적이 여기까지 들어왔는데 어찌해서 막지 않는 것인가?"

위령이 대답했다.

"궁궐 주변에 군사를 배치한 까닭에 매우 삼엄합니다. 어떻게 도적들이 감히 궁내로 들어올 수 있겠습니까?"

염락이 위령을 베어 죽이고는 곧바로 장수들을 이끌고 궁내로 들어가 이리저리 활을 쏘아댔다. 낭관郞官과 환관 들이 크게 놀라 혹자는 도망치고, 혹자는 맞서 싸웠다. 대항하는 자들이 잇달아 죽임을 당했다. 죽은 자가 수십 명에 달했다. 낭중령과 염락이 함께 안으로 들어가 휘장으로 가려진 옥좌를 향해 활을 쏘았다. 2세 황제가 대로해 좌우의 시신侍臣을 불렀으나 측근들 모두 두려운 나머지 감히 나서 싸우려 하지 않았다. 곁에 환관 한 명이 있었으나 2세 황제를 시종만 할 뿐 감히 달아나지 못했다. 2세 황제가 안으로 들어가 물었다.

"그대는 어찌해서 진즉 나에게 고하지 않아 사태가 이 지경에 이르도록 만들었는가?"

환관이 대답했다.

"신은 감히 고하지 않은 덕에 지금까지 목숨을 보전한 것입니다. 신이 일찍 고했다면 이미 주살당했을 것입니다. 어찌 지금까지 살아남을 수 있겠습니까?"

염락이 2세 황제 앞으로 나아가 죄상을 열거했다.

"족하足下*는 교만하고 방자했소. 사람을 무도하게 주살한 까닭에 천하가 모두 족하를 배신했소. 족하는 스스로 어찌하는 것이 좋은지 생각해보시오."

2세 황제가 제안했다.

"승상을 만나볼 수 있겠소?"

"안 되오."

"나는 일개 군郡을 얻어 그곳의 왕이 되고자 하오."

허락되지 않았다.

"만호후萬戶侯가 되고자 하오."

이 역시 허락되지 않았다. 2세 황제가 애원했다.

"처자를 이끌고 서민이 되어 여러 공자처럼 어울리고 싶소."

염락이 말했다.

"신은 승상의 명을 받아 천하를 위해 그대를 주벌하고자 온 것이오. 족하가 설령 여러 말을 할지라도 나는 감히 고할 수 없소."

● 족하를 《사기집해》는 채옹의 주를 인용해 신하들과 사서士庶 등이 자신을 낮추며 윗사람을 높여 칭할 때 전하·각하·족하·시자侍者·집사執事 등으로 표현한다고 풀이했다.

그러고는 병사들에게 명해 앞으로 나아가게 하자 2세 황제가 이내 자진했다.

●● 七月, 戌卒陳勝等反故荊地, 爲 "張楚". 勝自立爲楚王, 居陳, 遣諸將徇地. 山東郡縣少年苦秦吏, 皆殺其守尉令丞反, 以應陳涉, 相立爲侯王, 合從西鄉, 名爲伐秦, 不可勝數也. 謁者使東方來, 以反者聞二世. 二世怒, 下吏. 後使者至, 上問, 對曰, "群盜, 郡守尉方逐捕, 今盡得, 不足憂." 上悅. 武臣自立爲趙王, 魏咎爲魏王, 田儋爲齊王. 沛公起沛. 項梁擧兵會稽郡. 二年冬, 陳涉所遣周章等將西至戲, 兵數十萬. 二世大驚, 與群臣謀曰, "奈何?" 少府章邯曰, "盜已至, 衆彊, 今發近縣不及矣. 酈山徒多, 請赦之, 授兵以擊之." 二世乃大赦天下, 使章邯將, 擊破周章軍而走, 遂殺章曹陽. 二世益遣長史司馬欣·董翳佐章邯擊盜, 殺陳勝城父, 破項梁定陶, 滅魏咎臨濟. 楚地盜名將已死, 章邯乃北渡河, 擊趙王歇等於鉅鹿. 趙高說二世曰, "先帝臨制天下久, 故群臣不敢爲非, 進邪說. 今陛下富於春秋, 初卽位, 奈何與公卿廷決事? 事卽有誤, 示群臣短也. 天子稱朕, 固不聞聲." 於是二世常居禁中, 與高決諸事. 其後公卿希得朝見, 盜賊益多, 而關中卒發東擊盜者毋已. 右丞相去疾·左丞相斯·將軍馮劫進諫曰, "關東群盜並起, 秦發兵誅擊, 所殺亡甚衆, 然猶不止. 盜多, 皆以戌漕轉作事苦, 賦稅大也. 請且止阿房宮作者, 減省四邊戌轉." 二世曰, "吾聞之韓子曰, '堯舜采椽不刮, 茅茨不翦, 飯土塯, 啜土形, 雖監門之養, 不觳於此. 禹鑿龍門, 通大夏, 決河亭水, 放之海, 身自持築臿, 脛毋毛, 臣虜之勞不烈於此矣.' 凡所爲貴有天下者, 得肆意極欲, 主重明法, 下不敢爲非, 以制御海內矣. 夫虞·夏之主, 貴爲天子, 親處窮苦之實, 以徇百姓, 尚何於法? 朕尊萬乘, 毋其實, 吾欲造千乘之駕, 萬乘之屬, 充吾號名. 且先帝起諸侯, 兼天下, 天下已定, 外攘四夷以安邊竟, 作宮室以章得意, 而君觀先帝功業有緒. 今朕卽位二年之閒, 群盜並起, 君不能禁, 又欲罷先帝之所爲, 是上毋以報先帝, 次不爲朕盡忠力, 何以在位?"下去疾·斯·劫吏, 案責他罪. 去疾·劫曰, "將相不辱."自殺. 斯卒囚, 就五刑. 三年, 章邯等將其卒圍鉅鹿, 楚上將軍項羽將楚卒往救鉅鹿. 冬, 趙高爲丞相, 竟案李斯殺之. 夏, 章邯等戰數卻, 二世使人讓邯, 邯恐, 使長史欣請事. 趙高弗見, 又弗信. 欣恐, 亡去, 高使人捕追不及. 欣見邯曰, "趙高用事於中, 將軍有功亦誅, 無功亦誅."項羽急擊秦軍, 虜王離, 邯等遂以兵降諸侯. 八月己亥, 趙高欲爲亂, 恐群臣不聽, 乃先設驗, 持鹿獻於二世, 曰, "馬也."二世笑曰, "丞相誤邪? 謂鹿爲馬."問左右, 左右或默, 或言馬以阿順趙高. 或言鹿者, 高因陰中諸言鹿者以法. 後群臣皆畏高. 高前數言"關東盜毋能爲也", 及項羽虜秦將王離等鉅鹿下而前, 章邯等軍數卻, 上書請益助, 燕·趙·齊·楚·韓·魏皆立爲王, 自關以東, 大氐盡畔秦吏應諸侯, 諸侯咸率其衆西鄉. 沛公將數萬人已屠武關, 使人私於高, 高恐二世怒, 誅及其身, 乃謝病不朝見. 二世夢白虎齧其左驂馬, 殺之, 心不樂, 怪問占夢. 卜曰, "涇水爲祟."二世乃齋於望夷宮, 欲祠涇, 沈四白馬. 使使責讓高以盜賊事. 高懼, 乃陰與其壻咸陽令閻樂·其弟趙成謀曰, "上不聽諫, 今事急, 欲歸禍於吾宗. 吾欲易置上, 更立公子嬰. 子嬰仁儉, 百姓皆載其言."使郎中令爲內應, 詐爲有大賊, 令樂召吏發卒, 追劫樂母置高舍. 遣樂將吏卒千餘人至望夷宮殿門, 縛衛令僕射, 曰, "賊入此, 何不止?"衛令曰, "周廬設卒甚謹, 安得賊敢入宮?"樂遂斬衛令, 直將吏入, 行射, 郎宦者大驚, 或走或格, 格者輒死, 死者數十人. 郎中令與樂俱入, 射上幄坐幃. 二世怒, 召左右, 左右皆惶擾不鬭. 旁有宦者一人, 侍不敢去. 二世入內, 謂曰, "公何不

蚤告我? 乃至於此!"宦者曰, "臣不敢言, 故得全. 使臣蚤言, 皆已誅,
安得至今?"閻樂前卽二世數曰, "足下驕恣, 誅殺無道, 天下共畔足下,
足下其自爲計."二世曰, "丞相可得見否?"樂曰, "不可."二世曰, "吾
願得一郡爲王."弗許. 又曰, "願爲萬戶侯."弗許. 曰, "願與妻子爲黔
首, 比諸公子."閻樂曰, "臣受命於丞相, 爲天下誅足下, 足下雖多言,
臣不敢報."麾其兵進. 二世自殺.

2세 황제가 자진하자 염락이 곧바로 돌아가 조고에게 보고했다.
조고가 여러 대신과 공자를 모두 불러 모았다. 이어 2세 황제를 주벌
한 상황을 알렸다.

"진나라는 원래 일개 왕국이었소. 시황제가 천하를 통일해 다스린
까닭에 제帝를 칭하게 되었소. 이제 육국이 다시 독립해 진나라 영토
가 크게 줄어들었소. 헛되이 제를 칭해서는 안 될 것이오. 이전처럼
왕을 칭하는 것이 옳을 것이오."

그러고는 2세 황제의 사촌형제 자영을 진왕秦王으로 삼았다.* 2세

● "2세 황제 형의 아들 자영"의 원문은 이세지형공자영二世之兄子公子嬰이다. 자영의 실체를
두고 이설이 분분하다. 오랫동안 진시황의 장자인 부소의 아들로 해석했다. 그러나《사기》와
《한서》의 원문을 포함해《사기》의 삼가주·안사고의 주석에는 자영을 부소의 아들로 언급한
대목이 없다. 부소를 죽인 조고가 부소의 아들을 옹립했을 가능성은 거의 없다고 보는 것이
옳다. 양선군楊善群과 옥거상王蘧常 등은〈이사열전〉에 나오는 "조고가 진시황의 동생 시황제
를 불러 옥새를 주었다"는 구절을 논거로 자영을 진시황제의 동생으로 보았으나 이 또한 무
리다. 기록에 따르면 진시황의 유일한 동생으로 성교가 있으나 그는 이미 오래전에 죽었다.
일각에서〈육국연표〉에 나오는 고립이세형자영高立二世兄子嬰 구절을 근거로 '호해의 형 자
영'으로 풀이하고 있으나 이 또한 무리다. 호해가 즉위할 때 부소를 포함한 열일곱 명의 형은
모두 제거된 것으로 본다. 이개원李開元과 마백비馬百非 등은 자영을 진시황의 동생인 성교가
낳은 아들 즉 진시황의 조카로 본다.〈육국연표〉에 나오는 형兄을 종형從兄, 〈이사열전〉의 시
황제始皇弟는 시황제자始皇帝子를 잘못 기입한 것으로 풀이한 결과나. 호해가 형제자매를 제
거할 때 자영은 어린 사촌형제였기에 살아남을 수 있었다는 것이다. 현재로서는 이 설이 가
장 그럴듯하다.

황제 호해는 백성의 예로 두현 남쪽의 의춘원宜春苑에 장사 지냈다. 조고는 자영에게 재계한 뒤 사당에 절하고 옥새를 인수하게 했다. 재계한 지 닷새째 되던 날, 자영이 아들 두 명과 논의했다.

"승상 조고가 2세 황제를 망이궁에서 시해한 뒤 신하들이 자신을 죽일까 두려워한 나머지 짐짓 대의를 내세워 나를 보위에 앉히려 한다. 조고는 초나라와 약조해 진나라 종실을 멸망시키고 관중의 왕이 되려 한다고 들었다. 이제 나에게 재계해 사당에 절하도록 한 것은 사당 안에서 나를 죽이려는 것이다. 내가 병을 핑계로 가지 않으면 승상이 반드시 직접 데리러 올 것이다. 그때 그를 없애버리도록 하자."

조고가 사람을 시켜 몇 차례 자영을 불렀으나 자영이 가지 않았다. 과연 조고는 자신이 직접 와 이같이 말했다.

"종묘에 절하는 의식은 중대한 일입니다. 군주는 어찌해서 이를 행하지 않는 것입니까?"

자영이 마침내 조고를 재궁齋宮에서 척살한 뒤 그의 삼족을 죽여 함양의 백성에게 본보기로 보여주었다. 자영이 보위에 오른 지 46일이 되던 날, 초나라 장수 패공 유방이 진나라 군사를 격파하고 무관으로 진입했다. 이내 파상霸上에 이른 뒤 사람을 보내 자영에게 항복을 요구했다. 자영이 곧바로 인수의 끈을 목에 감고, 백마가 끄는 흰 수레를 타고, 천자의 옥새와 부절을 받들고, 지도軹道 부근에서 항복했다. 유방이 마침내 함양에 입성해 궁실의 부고府庫를 봉하고, 파상으로 돌아와서 주둔했다. 한 달여 뒤 항우가 이끄는 제후의 군사가 당도했다. 맹주가 된 항우가 자영과 진나라의 여러 공자를 비롯한 왕족들을 살해했다. 이어 함양의 백성을 살육하고, 궁실을 불태우고,

자녀들을 포획하고, 진귀한 보화와 재물을 몰수해 제후들과 나누어 가졌다. 진나라를 멸한 뒤 영토를 삼분해 옹왕雍王·새왕塞王·적왕翟 王을 세웠다. 이를 삼진三秦으로 불렀다. 항우가 서초패왕西楚霸王이 되어 정령을 주관하고 천하를 나누어 제후왕을 봉했다. 이로써 진나 라는 멸망하고 말았다. 5년 뒤 천하는 한나라에 의해 평정되었다.

●● 閻樂歸報趙高, 趙高乃悉召諸大臣公子, 告以誅二世之狀. 曰, "秦故王國, 始皇君天下, 故稱帝. 今六國復自立, 秦地益小, 乃以空名 爲帝, 不可. 宜爲王如故, 便." 立二世之兄子公子嬰爲秦王. 以黔首葬 二世杜南宜春苑中. 令子嬰齋, 當廟見, 受王璽. 齋五日, 子嬰與其子二 人謀曰, "丞相高殺二世望夷宮, 恐群臣誅之, 乃詳以義立我. 我聞趙高 乃與楚約, 滅秦宗室而王關中. 今使我齋見廟, 此欲因廟中殺我. 我稱 病不行, 丞相必自來, 來則殺之." 高使人請子嬰數輩, 子嬰不行, 高果 自往, 曰, "宗廟重事, 王柰何不行?" 子嬰遂刺殺高於齋宮, 三族高家以 徇咸陽. 子嬰爲秦王四十六日, 楚將沛公破秦軍入武關, 遂至霸上, 使 人約降子嬰. 子嬰卽係頸以組, 白馬素車, 奉天子璽符, 降軹道旁. 沛公 遂入咸陽, 封宮室府庫, 還軍霸上. 居月餘, 諸侯兵至, 項籍爲從長, 殺 子嬰及秦諸公子宗族. 遂屠咸陽, 燒其宮室, 虜其子女, 收其珍寶貨財, 諸侯共分之. 滅秦之後, 各分其地爲三, 名曰雍王·塞王·翟王, 號曰 三秦. 項羽爲西楚霸王, 主命分天下王諸侯, 秦竟滅矣. 後五年, 天下 定於漢.

태사공은 평한다.

"진나라 선조 백예는 일찍이 요순시대에 공을 세워 봉지와 성을 하사받았다. 이후 하나라와 은나라 때에 이르러서는 점차 쇠퇴해 이리저리 흩어졌다. 주나라가 쇠할 무렵 마침내 진나라가 흥기해 서쪽 변경에 도읍을 정했다. 이후 진목공 이래 차츰 제후들을 병탄해 마침내 시황제가 등장했다. 시황제는 스스로 자신의 공적이 오제를 뛰어넘고, 영토는 삼왕三王 때보다 넓다고 여겼다. 이들과 동등하게 비교되는 것을 수치로 여긴 이유다. 한나라 초기 가생賈生의 〈과진론〉 내용은 실로 뛰어나다! 그는 〈과진론〉에서 이같이 말했다.

진나라는 산동 제후들의 30여 군郡을 병탄해 나루터와 관문을 수리하고, 험난한 요새지에 근거해 갑옷과 병기를 정비한 뒤 그곳을 굳게 지켰다. 그러나 진승이 이리저리 흩어졌던 수졸 수백 명을 규합해 팔을 걷어붙이고 큰소리치며 반기를 들었다. 활과 창 등의 무기 대신 호미와 서까래와 몽둥이 등을 들고 민가를 닥치는 대로 약탈하며 천하를 횡행했다. 진나라 백성은 험난한 형세 덕에 방비를 제대로 하지 않아 관문과 성 밖의 다리도 닫지 않았다. 긴 창을 이용해 적을 찌르지도 않고, 강한 활을 사용해 적을 쏘지도 않았다. 초나라 군사가 깊숙이 쳐들어가 홍문鴻門에서 싸웠지만 가로막는 장애물도 없었다. 이때 산동이 크게 시끄러워져 제후들이 일거에 봉기하고, 호걸들이 잇달아 자립했다. 진나라가 장함을 시켜 군사를 이끌고 동쪽을 정벌케 하자, 장함은 이를 틈타 삼군의 병력에 의지해 밖에서 제후들과 협상하며 주상에게 반기를 들었다. 위기 때 신하들을 믿을 수 없다는 사실을 여기서 볼 수 있다. 자영은 즉위 이후에도 끝내 깨닫지 못했다. 그에게 평범한 군주의 재능이 있고 중간 정도의 재능을 지닌 장상의 보좌가 있었다면 비록 산동이 어지러웠을지라도 진나라의 영토는 온전히 보전되고, 종묘제사 또한 끊어지지 않았을 것이다.

진나라의 영토는 산을 등진 채 황하를 두르고 있어 매우 견고한 요새의 나라였다. 진목공 이후 시황제에 이르기까지 20여 명의 군주는 늘 제후의 패자가 되었다. 이 어찌 역대 군주가 모두 현능했기 때문이겠는가? 그 지리적 형세가 그러했기 때문이다. 더구나 천하는 일찍이 마음과 힘을 모아 진나라를 친 적이 있다. 당시 현명하고 지혜로운 자들이 일거에 모여들었고, 뛰어난 장수가 군사를 지휘했고, 현능한 재상이 각자 지혜와 계책을 나누었다. 그런데도 진나라의 험준한 지세에 막혀 진격할 수 없었다. 진나라가 이들을 맞아들여 싸우기 위해 관문을 활짝 열어놓자 100만의 연합군 병사가 패주하다 결국 궤멸되고 말았다. 이 어찌 용력과 지혜가 모자랐기 때문이겠는가? 지형이 불리하고 지세가 유리하지 못했기 때문이다. 이후 진나라는 작은 읍을 병탄해 큰 성을 이루고, 험준한 요새에 진주鎭駐해 보루를 높이 쌓은 채 싸우지 않고, 관문을 닫아건 채 요새를 거점으로 삼고, 무기를 걸머진 채 방비했다. 제후들은 필부에서 몸을 일으킨 자들로, 서로 이익을 좇아 연합했을 뿐이다. 천하에 뜻을 둔 군왕인 소왕素王의 덕행을 찾을 수 없었던 이유다. 이들은 서로 교분이 두텁지도 않았고, 부하들 역시 이들을 따르지 않았다. 진나라 멸망을 명분으로 삼았으나 실제로는 자신들의 이익을 위해 움직였다. 이들은 진나라가 험난한 요새로 둘러싸여 침범하기 어렵다는 사실을 알았다면 반드시 군사를 퇴각시켰을 것이다. 이후 자신의 나라를 안정시키며 백성을 쉬게 하고, 다른 나라들이 쇠퇴하기를 기다려 약소한 나라를 거두고, 피폐한 나라를 도와 대국의 제후를 호령할 줄 알았다면 천하에 뜻을 얻지 못할까 근심하지는 않았을 것이다. 천자가 되어 고귀해지고 천하를 소유해 부유해졌는데도 사로잡히는 몸이 된 것은 패망을 구하는 방법이 잘못되었기 때문이다.

진시황은 자만한 나머지 남에게 자문을 구하지 않고, 끝내 잘못을 저지르고도 고칠 줄 몰랐다. 2세 황제는 부황의 잘못을 그대로 이어받아 고치지 않았고, 포악무도해 화를 가중시켰다. 자영은 외톨이로 가까운 피붙이가 없었다. 위태롭고 약했으나 보필하는 신하가 없었다. 이 세 군주는 미혹되었는데도 죽는 날까지 깨닫지 못했다. 그러니 패망 또한 당연한 일이 아니겠는가? 당시 세상에 생각이 깊고 시세의 변화를 아는 인물이 없었던 것은 아니다. 그럼에도 과감하게 충성을 다해 황제의 잘못을 막지 못했다. 이는 진나라의 습속에 꺼리고 피해야 할 금기가 많아 충성스러운 간언을 하는 자는 말이 끝나기도 전에 목숨을 잃었기 때문이다. 천하의 선비들에게 귀를 기울여 듣게만 하고, 발을 모은 채 입을 꾹 다물고 아무 말도 하지 못하게 한 결과다. 이로 인해 세 군주가 정도를 잃어도 충신들은 감히 간하지 않았고, 지사智士들은 감히 계책을 내지 않았다. 천하가 어지러운데도 간악한 일이 군주에게 알려지지 못했으니, 이 어찌 슬픈 일이 아니겠는가?

선왕은 언로言路를 막는 것이 곧 나라를 망치는 것임을 알았다. 공경대부와 선비를 두어 법령을 정비하고 형벌을 정해 천하를 다스린 이유다. 나라가 강성할 때는 포악한 행동을 금하고 난을 일으킨 자를 죽여 천하를 복종시켰다. 나라가 약할 때는 오패가 토벌에 나서 제후들이 순종했다. 영토가 줄어들면 안으로 지키고, 밖으로 의지해 사직을 보존했다. 진나라가 강성할 때는 법이 번잡하고 형벌이 엄격해 천하가 두려워했다. 그러나 일단 쇠약해지자 백성이 원망하며 천하가 배신했다. 주나라는 5등급의 작위 제도로 정도를 얻은 덕분에 1,000여 년 동안 나라의 명맥을 유지했다. 그러나 진나라는 본말本末

을 모두 상실했기에 오래가지 못했다. 이로써 보건대 안존安存과 위망危亡 사이에는 현격한 차이가 있다. 속담[野諺]에 이르기를, "전의 역사를 잊지 않으면 뒤의 역사의 스승이 된다"고 했다. 군자가 나라를 다스릴 때는 상고 때를 자세히 살펴 당대에 증험해보고, 세상사를 참작해 성쇠의 이치를 이해하고, 권세의 적합함을 세심히 살펴 거취에 기준이 있다. 변화하는 때를 좇은 덕분에 오래도록 계승되고 나라가 태평했던 것이다.

진효공은 효산崤山과 함곡관의 험준한 요새에 의거해 옹주를 지키고, 군주와 신하가 굳게 지키며 주나라 왕실을 엿보았다. 천하를 석권하고, 보자기로 싸듯 온 세상을 모두 차지하고, 사해를 주머니 속에 쓸어 넣고, 천지의 팔방을 집어삼킬 마음이 있었던 것이다. 이때 상앙이 진효공을 보좌하며 안으로는 법제를 정비하고 백성이 농사일과 길쌈에 힘쓰게 했다. 수비하는 군비를 갖춘 것이다. 또 밖으로는 연횡책을 구사했다. 열국이 서로 다투게 만든 것이다. 덕분에 진나라 백성은 팔짱을 낀 채 서하 밖의 영토를 차지할 수 있었다.

진효공 사후 진혜문왕과 진무왕 등은 진효공이 남긴 사업[遺業]과 전해준 계책[遺冊]을 좇아 남쪽으로 한중을 합치고, 서쪽으로 파촉을 빼앗고, 동쪽으로 기름진 땅을 베어 받아 요해처가 될 만한 여러 군郡을 손에 넣었다. 열국의 제후들은 크게 두려워하며 동맹을 맺고, 진나라의 세력을 약화시킬 방법을 논의했다. 진기한 그릇과 중요한 보물, 산물이 많은 기름진 땅을 아끼지 않으면서 천하의 훌륭한 재사들을 불러들인 뒤 합종책으로 교분을 맺고 하나로 뭉친 이유다.

당시 제나라에는 맹상군, 조나라에는 평원군平原君, 초나라에는 춘신군春申君, 위나라에는 신릉군信陵君이 있었다. 네 명 모두 총명하고 지혜로우며, 충성스럽고 믿음직했다. 또 마음이 너그럽고 온후해 백성을 사랑할 줄 알았고, 현인을 존경하며 선비를 중히 여겼다. 이들은 합종책을 맺어 연횡책을 깨뜨렸다. 한韓·위魏·연·초·제·조·송·위衛·중산의 병사를 하나로 합친 이유다.

당시 육국의 인재 가운데 영월寧越·서상徐尚·소진蘇秦·두혁杜赫 등은 계책을 세웠다. 또 제명齊明·주최周最·진진陳軫·소활召滑·누완·척경翟景●·소려·악의樂毅 등은 각국의 의견을 소통시켰다. 이밖에 오기吳起·손빈孫臏·대타帶佗·아량兒良·왕료·전기田忌·염파廉頗·조사趙奢 등은 군사를 통솔했다. 이들은 진나라의 열 배가 되는 땅과 100만 대군을 이끌고 함곡관을 두드리며 진나라를 공격했다. 진나라 병사들이 관문을 활짝 열고 안으로 끌어들이자 한·위·연·초·제·조·송·위·중산의 9국 병사들은 감히 앞으로 나아가지 못하고 뒷걸음치다 달아났다. 진나라는 화살 하나, 화살촉 하나 허비하지 않고도 천하의 제후들을 곤경에 빠뜨린 것이다. 합종책의 언약은 깨지고, 앞다투어 땅을 베어 진나라에 바친 배경이다.

진나라는 여세를 몰아 피폐해진 9국을 제압하고, 달아난 자들의 뒤를 쫓아 북쪽으로 추격하자 나뒹구는 시체가 100만이 넘었고 흐르는 피에 큰 방패가 떠다닐 정도가 되었다.●● 진나라는 자신들의 이익에 따라 편리한 대로 천하를 요리해 열국의 산하를 갈가리 찢어놓았

● 척경을 《사기색은》은 미상未詳이라 했으나 많은 학자들은 《전국책》〈위책〉에 나오는 위나라 상국 척강翟強으로 본다. 척翟은 성씨로 사용될 때는 척, 이름으로 사용될 때는 적으로 읽는다. 중국어 음에서 척은 zhai, 적은 di로 읽는다.
●● "흐르는 피에 큰 방패가 떠다닐 정도가 되었다"의 원문은 유혈표로流血漂鹵다. 로鹵는 통상 소금이나 개펄을 의미하나 천자의 의장儀仗을 뜻하기도 한다. 《사기집해》는 서광의 주를 인용해 방패 순楯으로 풀이했다. 원래 유혈표로 표현은 《서경》〈주서, 무성武成〉에 나오는 혈류표저血流漂杵 표현을 변용한 것이다. 죽은 병사의 피에 절구공이가 떠다닐 정도가 되었다는 뜻이다. 《맹자》〈진심盡心 하〉도 이를 인용한 바 있다.

다. 강국은 항복을 청하고, 약국은 신하의 예를 갖추어 입조했다. 뒤를 이은 진효문왕과 진장양왕 때는 재위기간이 짧았던 탓에 나라에 큰일이 일어나지 않았다.

이후 시황제 때에 이르러 진효공·진혜문왕·진무왕·진소양왕·진효문왕·진장양왕 등 여섯 선왕의 유업[餘烈]을 계승해 긴 채찍을 휘두르며 천하를 제어했다. 동주과 서주를 집어삼키고 제후들을 멸망시킨 뒤 스스로 천자의 자리에 올라 천하를 다스렸다. 회초리와 몽둥이를 들고 천하를 채찍질하자 그 위세가 사해를 진동시켰다.• 남으로 백월百越의 땅을 취해 계림군과 상군을 두자 백월의 군주가 머리를 숙이고 목에 줄을 맨 채 목숨을 진나라 하리下吏에게 맡기게 되었다. 장수 몽념에게 북쪽에 만리장성을 쌓아 변경을 지키게 하고, 흉노를 700여 리 밖으로 몰아내자 호인이 감히 남쪽으로 내려와 말을 방목하지 못했고, 육국의 병사들도 감히 활을 당겨 진나라에 설욕할 엄두를 내지 못했다. 시황제가 선왕의 도를 폐기하고, 제자백가의 저서를 불살라 백성을 어리석게 만든 배경이다.

또 이름 있는 성을 무너뜨리면서 호걸을 죽이고, 모든 병기를 함양으로 거두어들인 뒤 녹여서 종을 만들거나 열두 개의 동인을 만들어 천하의 백성을 약화시켰다. 이어 화산을 깎아 성을 만들고, 황하를 파해자垓字를 만들고, 1억 장이나 되는 높은 성에 웅거해 깊이를 헤아릴 수 없는 골짜기를 굽어보며 방비를 굳게 했다. 뛰어난 장수와 강한 쇠뇌가 요새를 지키고, 믿을 만한 신하를 두고, 정예병이 날카로운 병

• "회초리와 몽둥이를 들고 천하를 채찍질하자"의 원문은 집추부이편태천하執棰拊以鞭笞天下다. 《사기집해》는 서광의 주를 인용해 부拊를 몽둥이를 뜻하는 박拍으로 풀이했다. 《사기색은》은 〈과진론〉 원본에 고박槁樸으로 나온다고 했으나 〈과진론〉 역시 부로 되어 있다.

기를 늘어세운 채 '누구냐?'를 외치는[誰何] 삼엄한 경계를 펼치자 천하가 이로써 안정되었다. 시황제는 내심 관중의 견고함을 1,000리에 달하는 철옹성[金城千里]로 여겨 자손만대가 제업帝業을 이을 것으로 생각했다. 시황제 사후에도 진나라의 위세는 풍속을 달리하는 먼 곳까지 진동시켰다.

원래 진승은 깨진 항아리 주둥이로 창을 삼고 새끼줄을 엮어 문으로 삼던[甕牖繩樞] 빈민 출신이다. 노비처럼 미천한 백성으로 살다가 수자리에 징발된 무리였다. 재능도 일반인에 미치지 못했다. 공자·묵자와 같은 현명함도 없고, 도주陶朱·의돈猗頓처럼 부를 지닌 것도 아니었다. 그런데도 행군하는 틈에 끼어 움직이다 마침내 반기를 든 것이다. 그는 지칠 대로 지쳐서 사방으로 흩어진 군사를 이끌고 수백 명을 통솔하면서 가던 길을 바꿔 진나라를 쳤다. 나무를 베어 무기로 삼고, 장대를 높이 세워 깃발로 삼았다. 천하 사람들이 구름처럼 모여들어 이에 호응하고, 양식을 짊어진 채 그림자처럼 그를 쫓았다. 마침내 산동의 호걸들이 일거에 들고 일어나 진나라의 왕족을 제거했다.

무릇 진나라의 천하는 작지도, 약하지도 않았다. 옹주를 비롯해 효산과 함곡관의 견고함도 이전과 같았다. 나아가 진승의 지위 역시 제·초·연·조·한·위·송·위衞·중산의 군주보다 존귀하지도 않았다. 호미와 고무래, 창과 창의 자루는 갈고리 창이나 긴 창보다 날카롭지도 않았다. 또 변경의 수자리로 유배된 무리도 9국의 병사들보다 강하지 못했다. 심모원려와 행군 및 용병의 계책도 이전의 모사에 미치지 못했다. 그러나 성공과 실패가 다르게 나타났고, 이룩한 업적 또한 상반되었다. 산동 육국의 위세를 진승의 기량 및 권력 등과 비교하면 결코 같다고 말할 수 없는데도 그리된 것이다.*

당초 진나라도 작은 영토와 천승의 제후 실력에서 출발했다. 그러나 아홉 개 주 가운데 진나라의 옹주를 제외한 산동 여덟 개 주州의 제후를 불러들여 같은 반열인데도 조회를 받은 지 100여 년이 되었다. 이후 천하를 한집으로 삼고 효산과 함곡관을 궁궐로 삼게 되었다. 일개 필부가 난을 일으키자 천자의 나라를 상징하는 사당인 칠묘가 무너지고, 천자가 남의 손에 죽임을 당해 천하의 웃음거리가 된 것은 무슨 까닭인가? 인의를 베풀지 않은데다, 천하를 탈취하고 지키는 공격과 수비의 형세가 달랐기 때문이다.

진나라가 천하를 통일해 열국을 병탄하고 남면해 제帝를 칭하며 천하를 다스리자, 천하의 선비들이 바람에 날리듯 앞다투어 진나라를 찾아왔다. 이는 무슨 까닭인가? 대답은 이러하다. 근래 들어 왕자王者가 사라진 지 오래되었다. 주나라 왕실의 지위가 낮아지고, 오패는 이미 죽어 천자의 명이 천하에 행해지지 않았다. 제후들이 무력으로 다른 나라를 친 이유다. 강국은 약국을 침탈하고, 대국은 소국을 괴롭혔다. 전쟁이 끊이지 않아 군사와 백성 모두 지치고 피폐해졌다. 지금 진나라가 남면해 천하를 다스린 것은 곧 윗자리에 천자가 존재하게 된 것을 뜻한다. 억조창생億兆蒼生의 근원으로 선량하기 짝이 없는 원원지민元元之民**은 목숨을 평안히 보전할 수 있기를 바랐다. 마

● "기량 및 권력 등과 비교하면"의 원문은 탁장혈대度長絜大, 비권양력比權量力이다. 여기의 탁장度長은 그 길이를 헤아린다는 뜻이고, 혈대絜大는 새끼줄을 이용해 사물의 둘레를 잰다는 의미다. 비권양력比權量力은 권력을 비교하며 재본다는 뜻이다. 이 문장은 결국 장단과 대소를 비교해 차이를 따진다는 의미다.

●● 《사기색은》은 《전국책》에 언급된 고유의 주를 인용해 원원지민의 원원元元을 선善으로 풀이하면서, 요찰姚察의 주를 다시 한 번 인용해 옛사람들은 선을 만물의 기본인 원元으로 파악한 까닭에 이러한 표현이 나왔다고 해석했다.

음을 비우고 황상을 우러러보지 않는 자가 없었던 이유다. 이때 위엄을 지니고 공업을 굳건히 하자 안위와 존망의 관건이 여기에 달려 있게 되었다. 진시황은 탐욕스럽고 비루한 마음을 품고 독단적인 지모智謀를 행했다. 공신들을 믿지 않고, 선비와 백성을 가까이하지 않고, 왕도를 폐기하고[廢王道] 사사롭게 권력을 휘두르며[立私權], 사적인 문서를 금한 채 형법을 가혹하게 적용하고, 계책과 무력을 앞세우며 인의를 뒤로 미루고, 포악한 정사로 천하를 다스리기 시작한 것 등이 그렇다.

무릇 천하를 병탄할 때는 계책과 무력을 중하게 여기고, 천하가 안정되었을 때는 권력에 순종하는 것을 귀하게 여긴다. 이는 천하를 얻을 때[取天下]와 천하를 지키는 때[守天下]의 통치술이 다르다는 것을 의미한다. 진나라는 전국시대를 거쳐 천하를 통일했음에도 통치술을 바꾸지 않고, 정치를 개혁하지도 않았다. 이는 천하를 얻고 지키는 것에 차이가 없었다는 것을 뜻한다. 홀로 고립되어 천하를 소유했기에 그 멸망은 서서 기다릴 수 있을 정도로 빨랐다. 만일 시황제가 과거 대의 일들을 헤아리고, 은나라와 주나라의 사적을 거울로 삼아 정사를 제어했으면 이후 설령 방자하고 교만한 군주가 나올지라도 나라가 기울고 위태로워지는 환난은 없었을 것이다. 삼왕이 천하를 세워 그 명성을 아름답게 드러내고 공업을 길이 전한 것과 대비된다.

2세 황제가 즉위했을 때 천하인 가운데 목을 길게 내밀고 그 정사를 지켜보지 않은 자가 없었다. 추위에 떠는 자에게는 짧은 누더기 옷[短褐]도 도움이 되고, 굶주린 자에게는 술지게미[糟糠]도 달게 여겨지는 법이다. 천하 백성의 애달픈 하소연은 새로이 즉위하는 군주에게 오히려 밑거름이 되는 것이다. 고달픈 백성에게는 인정을 베풀기가 쉽다는 것을 의미한다.

만일 2세 황제가 평범한 군주[庸君]일지라도 충신과 현인을 임용하고, 군신이 한마음으로 세상의 우환을 걱정하고, 소복을 입은 채 선제의 잘못을 바로잡고, 경지를 백성에게 고루 나누어주며 공신의 후손에게 식읍을 내리고, 제후국을 세운 뒤 군주를 옹립해 천하를 예로 다스리고, 사면령을 내려 감옥을 비우고, 형벌을 면제해 죄인의 처와 딸을 노비로 삼는 추한 죄명을 없앤 뒤 각기 고향으로 돌아가게 하고, 창고와 곳간을 열어 재물과 돈을 나누어주어 의지할 곳 없는 고아와 홀아비 및 곤궁한 자를 구휼하고, 세금을 가볍게 하고 노역을 줄여 백성의 긴급한 사정을 도와주고, 법령을 간략히 하고, 형벌을 줄여 죄인의 후손을 유지시키고, 천하의 백성이 스스로 새롭게 함으로써 태도를 고치고 언동을 삼가해 모든 사람의 기대를 만족시키고, 위엄 있는 인덕仁德으로 천하와 함께했으면 모두 그 곁으로 모여들었을 것이다. 그러면 천하의 백성이 모두 기뻐하고, 각자 자신이 처한 자리에서 평안히 생업을 즐기며 오직 변란이 일어날까 우려했을 것이다. 설령 교활한 자가 존재할지라도 군주를 배신할 마음을 먹지 못하고, 모반을 꾀하는 신하도 간계를 감출 길이 없고, 사납고 어지러운 간악함도 그쳤을 것이다.

그런데도 2세 황제는 이와 같이 행하지 않고, 오히려 포악무도한 짓을 되풀이해 종묘와 백성에게 해를 끼치면서 아방궁을 다시 짓기 시작했다. 나아가 형벌을 번잡하게 해 사형을 엄하게 하고, 관원을 다스리면서 가혹함이 심하고 상벌 또한 형평을 잃었다. 게다가 세금 징수에 한도가 없었고, 천하에 일이 많아 관원들이 감당할 수조차 없었다. 백성이 곤궁한데도 군주는 구휼에 나서지 않았다. 간사함과 거짓이 한꺼번에 일어나 상하가 서로 책임을 미루고, 죄지은 자가 많아져 형벌을 받은 자들이 거리에서 서로를 볼 수 있을 정도로 끝없이 이어진 이유다. 천하의 백성 모두 큰 고통을 당할 수밖에 없었다. 군후君侯와 공경公卿은 물론 서민에 이르기까지 모두 스스로 위태롭게 여기는 마음을 품게 된 이유다. 고달프고 고통스러운 현실 속에서 모두 자리가 불안해진 까닭에 쉽게 동요했다. 진승이 탕왕과 주무왕처럼 현능하지도 않고, 공후公侯의 존귀한 신분이 아닌데도 대택大澤에서 한번 팔을 걷어붙이자 천하의 백성이 일거에 호응한 것은 바로 백성이 위기에 처해 있었기 때문이다.

선왕은 시작과 끝의 변화를 보고 존망의 기미를 알았다. 목민牧民의 이치는 단지 백성을 편안히 하는 데 있다는 사실을 통찰한 결과다. 이리하면 설령 천하에 비록 정도를 거스르는 신하가 있을지라도 틀림없이 이에 호응하는 자가 없을 것이다. 흔히 이르기를, '안정된 백성은 더불어 의를 행할 만하고, 위기에 처한 백성은 더불어 비리를 행하는 것이 용이하다'라고 한다. 이는 바로 이를 말한 것이다. 지존의 천자가 되어 천하를 보유하는 부를 지녔는데도 죽음을 면치 못한 것은 기울어지는 것을 바로잡는 방법이 잘못되었기 때문이다. 2세 황제의 잘못이 바로 여기에 있다.

진나라 역사를 요약하면 진양공秦襄公은 즉위 후 12년 동안 재위했고, 처음으로 천지에 제사를 올리는 서치를 만들었다. 사후 서수에 묻혔다. 진문공秦文公을 낳았다. 진문공은 즉위 후 서수궁에 머물렀다. 재위 50년 만에 죽고 서수에 묻혔다. 진정공秦靜公을 낳았다. 진정공은 즉위하지 못한 채 죽었다. 진헌공秦獻公을 낳았다. 진헌공은

22년 동안 재위했고, 주로 서신읍西新邑에 머물렀다. 사후 아酇 땅에 묻혔다. 진무공·진덕공·출자를 낳았다. 출자는 6년 동안 재위했고, 주로 서릉西陵에 머물렀다. 서장 불기와 위루, 삼보 등 세 명이 도적을 이끌고 가 비연鄜衍에서 출자를 시해했다. 출자를 아 땅에 장사 지낸 뒤 진무공이 즉위했다. 진무공은 12년 동안 재위했고, 주로 평양의 봉궁에 머물렀다. 사후 선양취宣陽聚의 동남쪽에 묻혔다. 이때 세 명의 서장이 처벌되었다. 이후 진덕공은 2년 동안 재위했고, 주로 옹 땅의 대정궁에 머물렀다. 진선공과 진성공 및 진목공을 낳았다. 사후 양陽 땅에 묻혔다. 처음으로 복일을 정해 나쁜 기운을 다스렸다.

진선공은 12년 동안 재위했고, 주로 양궁陽宮에 머물렀다. 사후 양 땅에 묻혔다. 처음으로 윤월閏月을 기록했다. 진성공은 4년 동안 재위했고, 주로 옹현雍縣의 궁궐에 머물렀다. 사후 양 땅에 묻혔다. 당시 제나라는 산융과 고죽을 쳤다. 진목공은 39년 동안 재위했다. 주나라 천자가 그를 서쪽의 패자로 승인했다. 옹현에 묻혔다. 진목공은 저인著人에게 배웠다. 진강공을 낳았다. 진강공은 12년 동안 재위했고, 주로 옹현의 고침高寢에 머물렀다. 사후 구사㽏社에 묻혔다. 진공공을 낳았다. 진공공은 5년 동안 재위했고, 주로 옹현의 고침에 머물렀다. 사후 진강공의 남쪽에 묻혔다. 진환공을 낳았다. 진환공은 27년 동안 재위했고, 주로 옹현의 태침太寢에 머물렀다. 사후 의리구義里丘 북쪽에 묻혔다. 진경공을 낳았다. 진경공은 40년 동안 재위했고, 주로 옹현의 고침에 머물렀다. 사후 구리丘里의 남쪽에 묻혔다. 진필공秦畢公을 낳았다.

진필공은 36년 동안 재위했고, 거리車里의 북쪽에 묻혔다. 진이공秦夷公을 낳았다. 진이공은 즉위하지 못한 채 좌궁左宮에 묻혔다. 진혜공을 낳았다. 진혜공은 10년 동안 재위했고, 사후 거리에 묻혔다. 진도공을 낳았다. 진도공은 15년 동안 재위했고, 사후 진경공의 서쪽에 묻혔다.* 옹 땅에 성을 쌓았다. 진여공공을 낳았다.** 진여공공은 34년 동안 재위했고, 입리入里에 묻혔다. 진조공과 진회공秦懷公을 낳았다. 즉위한 지 10년째 되던 해에 혜성이 나타났다. 진조공은 14년 동안 재위했고, 수침受寢에 머물렀다. 진도공의 남쪽에 묻혔다. 즉위하던 해에 혜성이 나타났다. 진회공은 진晉나라에서 돌아와 즉위했다. 4년 동안 재위했고, 사후 약양의 어씨圉氏에 묻혔다. 진영공秦靈公을 낳았다. 진회공은 신하들이 포위하자 자진했다. 진숙령공秦肅靈公은 진소자秦昭子의 아들이다. 주로 경양涇陽에 머물렀다. 10년 동안 재위했고, 진도공의 서쪽에 묻혔다. 진간공을 낳았다.

진간공은 진晉나라에서 돌아와 즉위했다. 15년 동안 재위했고, 진경공의 서쪽에 묻혔다. 진혜공을 낳았다. 즉위한 지 7년째 되던 해에 백관들이 처음으로 칼을 차게 되었다. 진혜공은 13년 동안 재위했고, 사후 능어陵圉에 묻혔다. 진출공秦出公을 낳았다. 진출공은 재위 2년 만에 자진했고, 옹현에 묻혔다. 진헌공秦獻公은 23년 동안 재위했고, 사후 효어囂圉에 묻혔다. 진효공을 낳았다. 진효공은 24년 동안 재위했고, 사후 제어弟圉에 묻혔다. 진혜문왕을 낳았다. 즉위한 지 13년째 되던 해에 처음으로 함양에 도읍했다. 진혜문왕은 27년 동안 재위했고, 사후 공릉公陵에 묻혔다. 진도무왕秦悼武王을 낳았다. 진도무왕은

• 본문에는 진회공秦僖公으로 되어 있으나 이는 진경공의 오기다. 진경공의 이름은 정확히 알려져 있지 않다. 《춘추분기春秋分紀》에는 석石으로 나온다. 《세본》은 후后 백거伯車로 잘못 기재되어 있다.
•• 본문에는 진랄공공秦剌龔公으로 되어 있다. 번역문은 〈진본기〉를 좇아 진여공공으로 바꿔 놓았다.

4년 동안 재위했고, 사후 영릉永陵에 묻혔다. 진소양왕은 56년 동안 재위했고, 사후 채양茝陽에 묻혔다. 진효문왕을 낳았다. 진효문왕은 1년 동안 재위했고, 사후 수릉에 묻혔다. 진장양왕을 낳았다. 진장양왕은 3년 동안 재위했고, 사후 채양에 묻혔다. 시황제를 낳았다. 시황제는 여불위를 상국으로 삼았다.

주요 사건을 보면 진헌공 7년, 처음으로 저잣거리인 시市를 만들었다. 진헌공 10년, 호구를 등록케 하고, 5호를 1오伍로 편성했다. 진효공 16년, 복숭아와 자두[桃李]가 겨울에 꽃을 피웠다. 혜문왕은 열아홉에 즉위했다. 즉위 이듬해에 처음으로 화폐를 발행했다. 이때 막 태어난 갓난아기가 말하기를, "진나라는 장차 천하의 제왕이 될 것이다"라고 했다. 진도무왕은 열아홉에 즉위했다. 즉위 3년에 위수의 물빛이 사흘 동안 붉게 변했다. 진소양왕은 열아홉에 즉위했다. 즉위 4년에 처음으로 논밭 사이에 길[阡陌]을 개설했다. 진효문왕은 쉰세 살에 즉위했다. 진장양왕은 서른두 살에 즉위했다. 즉위 이듬해에 태원 일대를 빼앗았다. 진장양왕 원년에 대사령을 내리고 선왕의 공신을 표창해 덕을 베풀고, 가까운 친족을 후대하고, 백성에게 은혜를 베풀었다. 동주가 제후들과 합세해 진나라를 치려 하자 상국 여불위를 보내 이들을 토벌한 뒤 영토를 병탄했다. 그러나 동주의 제사를 단절시키지는 않았다. 양인의 땅을 내주고 주나라 선왕의 제사를 받들게 했다.

시황제는 37년 동안 재위했고, 사후 여읍에 묻혔다. 2세 황제를 낳았다. 시황제는 열세 살에 즉위했다. 2세 황제는 3년 동안 재위했고, 사후 의춘宜春에 묻혔다. 조고는 승상이 되어 안무후安武侯에 봉해졌다. 2세 황제는 열두 살에 즉위했다. 이상은 진양공에서 2세 황제에 이르기까지 610년 동안의 사건을 개략적으로 언급한 것이다.

●● 太史公曰, "秦之先伯翳, 嘗有勳於唐虞之際, 受土賜姓. 及殷夏之閒微散. 至周之衰, 秦興, 邑于西垂. 自繆公以來, 稍蠶食諸侯, 竟成始皇. 始皇自以爲功過五帝, 地廣三王, 而羞與之侔. 善哉乎賈生推言之也! 曰, 秦幷兼諸侯山東三十餘郡, 繕津關, 據險塞, 修甲兵而守之. 然陳涉以戍卒散亂之衆數百, 奮臂大呼, 不用弓戟之兵, 鉏櫌白梃, 望屋而食, 橫行天下. 秦人阻險不守, 關梁不闔, 長戟不刺, 彊弩不射. 楚師深入, 戰於鴻門, 曾無藩籬之艱. 於是山東大擾, 諸侯並起, 豪俊相立. 秦使章邯將而東征, 章邯因以三軍之衆要市於外, 以謀其上. 群臣之不信, 可見於此矣. 子嬰立, 遂不寤. 藉使子嬰有庸主之材, 僅得中佐, 山東雖亂, 秦之地可全而有, 宗廟之祀未當絶也. 秦地被山帶河以爲固, 四塞之國也. 自繆公以來, 至於秦王, 二十餘君, 常爲諸侯雄. 豈世世賢哉? 其勢居然也. 且天下嘗同心幷力而攻秦矣. 當此之世, 賢智並列, 良將行其師, 賢相通其謀, 然困於阻險而不能進, 秦乃延入戰而爲之開關, 百萬之徒逃北而遂壞. 豈勇力智慧不足哉? 形不利, 勢不便也. 秦小邑幷大城, 守險塞而軍, 高壘毋戰, 閉關據阨, 荷戟而守之. 諸侯起於匹夫, 以利合, 非有素王之行也. 其交未親, 其下未附, 名爲亡秦, 其實利之也. 彼見秦阻之難犯也, 必退師. 安土息民, 以待其敝, 收弱扶罷, 以令大國之君, 不患不得意於海內. 貴爲天子, 富有天下, 而身爲禽者, 其救敗非也. 秦王足己不問, 遂過而不變. 二世受之, 因而不改, 暴虐以重禍. 子嬰孤立無親, 危弱無輔. 三主惑而終身不悟, 亡, 不亦宜乎? 當此時也, 世非無深慮知化之士也, 然所以不敢盡忠拂過者, 秦俗多忌諱之禁, 忠言未卒於口而身爲戮沒矣. 故使天下之士, 傾耳而聽, 重足而立, 拑口而不言. 是以三主失道, 忠臣不敢諫, 智士不敢謀,天下已亂, 姦不上聞, 豈不哀哉! 先王知雍蔽之傷國也, 故置公卿大夫士, 以飾法設刑, 而天下治. 其彊也, 禁暴誅亂而天下服. 其弱也, 五伯征而諸侯從. 其削也, 內守外附而社稷存. 故秦之盛也, 繁法嚴刑而天下振, 及其衰也, 百姓怨望而海內畔矣. 故周五序得其道, 而千餘歲不絶. 秦本末並失, 故不長久. 由此觀之, 安危之統相去遠矣. 野諺曰, "前事之不忘, 後事之師也". 是以君子爲國, 觀之上古, 驗之當世, 參以人事, 察盛衰之理, 審權勢之宜, 去就有序, 變化有時, 故曠日長久而社稷安矣. 秦孝公據郩函之固, 擁雍州之地, 君臣固守而窺周室, 有席卷天下, 包擧宇內, 囊括四海之意, 并吞八荒之心. 當是時, 商君佐之, 內立法度, 務耕織, 修守戰之備, 外連衡而諸侯, 於是秦人拱手而取西河之外. 孝公旣沒, 惠王・武王蒙故業, 因遺冊, 南兼漢中, 西擧巴・蜀, 東割膏腴之地, 收要害之郡. 諸侯恐懼, 會盟而謀弱秦, 不愛珍器重寶肥美之地, 以致天下之士, 合從締交, 相與爲一. 當是時, 齊有孟嘗, 趙有平原, 楚有春申, 魏有信陵. 此四君者, 皆明知而忠信, 寬厚而愛人, 尊賢重士, 約從離衡, 并韓・魏・燕・楚・齊・趙・宋・衛・中山之衆. 於是六國之士有寧越・徐尙・蘇秦・杜赫之屬爲之謀, 齊明・周最・陳軫・昭滑・樓緩・翟景・蘇厲・樂毅之徒通其意, 吳起・孫臏・帶佗・兒良・王廖・田忌・廉頗・趙奢之朋制其兵. 常以十倍之地, 百萬之衆, 叩關而攻秦. 秦人開關延敵, 九國之師逡巡遁逃而不敢進. 秦無亡矢遺鏃之費, 而天下諸侯已困矣. 於是從散約解, 爭割地而奉秦. 秦有餘力而制其敝, 追亡逐北, 伏尸百萬, 流血漂鹵. 因利乘便, 宰割天下, 分裂河山, 彊國請服, 弱國入朝. 延及孝文王・莊襄王, 享國日淺, 國家無事. 及至秦王, 續六世之餘烈, 振長策而御宇內, 吞二周而亡諸侯, 履至尊而制六合, 執棰拊以鞭笞天下, 威振四海. 南取百越之地, 以爲桂林・象郡, 百越之君俛首係頸, 委命下吏. 乃使蒙恬北築長城而守藩籬, 卻匈奴七百餘里, 胡人不敢南下而牧馬, 士不敢彎弓而報怨. 於是廢先王之道, 焚百家之言, 以愚黔首. 墮名城, 殺豪俊, 收天下之兵聚之咸陽, 銷鋒鑄鐻, 以爲金人十二, 以弱黔首之民. 然後斬華爲城, 因河爲津, 據億丈之城, 臨不測之谿以爲固. 良將勁弩守要害之處, 信臣精卒陳利兵而誰何, 天下以定. 秦王之心, 自以爲關中之固, 金城千里, 子孫帝王萬世之業也. 秦王既沒, 餘威振於殊俗.

陳涉, 甕牖繩樞之子, 甿隷之人, 而遷徙之徒, 才能不及中人, 非有仲尼·墨翟之賢, 陶朱·猗頓之富, 躡足行伍之閒, 而倔起什伯之中, 率罷散之卒, 將數百之衆, 而轉攻秦. 斬木爲兵, 揭竿爲旗, 天下雲集響應, 贏糧而景從, 山東豪俊遂並起而亡秦族矣. 且夫天下非小弱也, 雍州之地, 郩函之固自若也. 陳涉之位, 非尊於齊·楚·燕·趙·韓·魏·宋·衛·中山之君, 鉏櫌棘矜, 非銛於句戟長鍛也, 適戍之衆, 非抗於九國之師, 深謀遠慮, 行軍用兵之道, 非及鄉時之士也. 然而成敗異變, 功業相反也. 試使山東之國與陳涉度長絜大, 比權量力, 則不可同年而語矣. 然秦以區區之地, 千乘之權, 招八州而朝同列, 百有餘年矣. 然后以六合爲家, 郩函爲宮, 一夫作難而七廟墮, 身死人手, 爲天下笑者, 何也? 仁義不施而攻守之勢異也. 秦幷海內, 兼諸侯, 南面稱帝, 以養四海, 天下之士斐然鄉風, 若是者何也? 曰, 近古之無王者久矣. 周室卑微, 五霸既歿, 令不行於天下, 是以諸侯力政, 彊侵弱, 衆暴寡, 兵革不休, 士民罷敝. 今秦南面而王天下, 是上有天子也. 既元元之民冀得安其性命, 莫不虛心而仰上, 當此之時, 守威定功, 安危之本在於此矣. 秦王懷貪鄙之心, 行自奮之智, 不信功臣, 不親士民, 廢王道, 立私權, 禁文書而酷刑法, 先詐力而後仁義, 以暴虐爲天下始. 夫幷兼者高詐力, 安定者貴順權, 此言取與守不同術也. 秦離戰國而王天下, 其道不易, 其政不改, 是其所以取之守之者無異也. 孤獨而有之, 故其亡可立而待. 借使秦王計上世之事, 並殷周之跡, 以制御其政, 後雖有淫驕之主而未有傾危之患也. 故三王之建天下, 名號顯美, 功業長久. 今秦二世立, 天下莫不引領而觀其政. 夫寒者利裋褐而飢者甘糟糠, 天下之嗷嗷, 新主之資也. 此言勞民之易爲仁也. 鄉使二世有庸主之行, 而任忠賢, 臣主一心而憂海內之患, 縞素而正先帝之過, 裂地分民以封功臣之後, 建國立君以禮天下, 虛囹圄而免刑戮, 除去收帑汙穢之罪, 使各反其鄉里, 發倉廩, 散財幣, 以振孤獨窮困之士, 輕賦少事, 以佐百姓之急, 約法省刑以持其後, 使天下之人皆得自新, 更節修行, 各愼其身, 塞萬民之望, 而以威德與天下, 天下集矣. 卽四海之內, 皆讙然各自安樂其處, 唯恐有變, 雖有狡猾之民, 無離上之心, 則不軌之臣無以飾其智, 而暴亂之姦止矣. 二世不行此術, 而重之以無道, 壞宗廟與民, 更始作阿房宮, 繁刑嚴誅, 吏治刻深, 賞罰不當, 賦斂無度, 天下多事, 吏弗能紀, 百姓困窮而主弗收恤. 然後姦僞並起, 而上下相遁, 蒙罪者衆, 刑戮相望於道, 而天下苦之. 自君卿以下至于衆庶, 人懷自危之心, 親處窮苦之實, 咸不安其位, 故易動也. 是以陳涉不用湯武之賢, 不藉公侯之尊, 奮臂於大澤而天下響應者, 其民危也. 故先王見始終之變, 知存亡之機, 是以牧民之道, 務在安之而已. 天下雖有逆行之臣, 必無響應之助矣. 故曰, "安民可與行義, 而危民易與爲非", 此之謂也. 貴爲天子, 富有天下, 身不免於戮殺者, 正傾非也. 是二世之過也. 襄公立, 享國十二年. 初爲西畤. 葬西垂. 生文公. 文公立, 居西垂宮. 五十年死, 葬西垂. 生靜公. 靜公不享國而死. 生憲公. 憲公享國十二年, 居西新邑. 死, 葬衙. 生武公·德公·出子. 出子享國六年, 居西陵. 庶長弗忌·威累·參父三人, 率賊賊出子鄙衍, 葬衙. 武公立. 武公享國二十年. 居平陽封宮. 葬宣陽聚東南. 三庶長伏其罪. 德公立. 德公享國二年. 居雍大鄭宮. 生宣公·成公·繆公. 葬陽. 初伏, 以御蠱. 宣公享國十二年. 居陽宮. 葬陽. 初志閏月. 成公享國四年, 居雍之宮. 葬陽. 齊伐山戎·孤竹. 繆公享國三十九年. 天子致霸. 葬雍. 繆公學著人. 生康公. 康公享國十二年. 居雍高寢. 葬竘社. 生共公. 共公享國五年, 居雍高寢. 葬康公南. 生桓公. 桓公享國二十七年. 居雍太寢. 葬義里丘北. 生景公. 景公享國四十年. 居雍高寢, 葬丘里南. 生畢公. 畢公享國三十六年. 葬車里北. 生夷公. 夷公不享國. 死, 葬左宮. 生惠公. 惠公享國十年. 葬車里康景. 生悼公. 悼公享國十五年. 葬僖公西. 城雍. 生剌龔公. 剌龔公享國三十四年. 葬入里. 生躁公·懷公. 其十年, 彗星見. 躁公享國十四年. 居受寢. 葬悼公南. 其元年, 彗星見. 懷公從晉來. 享國四年. 葬櫟圉氏. 生靈公. 諸臣圍懷公, 懷公自殺. 肅靈公, 昭子子也. 居涇陽. 享國十年. 葬悼公西. 生簡公. 簡公從晉來. 享國十五年. 葬僖公西. 生惠公. 其七年. 百姓初帶劍. 惠公享國十三年. 葬陵圉. 生出公. 出公享國二年. 出公自殺, 葬雍. 獻公享國二十三年. 葬囂圉. 生孝公. 孝公享國二十四年. 葬弟圉. 生惠文王. 其十三年, 始都咸陽. 惠文王享國二十七年. 葬公陵. 生悼武王. 悼武王享國四年, 葬永陵. 昭襄王享國五十六年. 葬茝陽. 生孝文王. 孝文王享國一年. 葬壽陵. 生莊襄王. 莊襄王享國三年. 葬茝陽. 生始皇帝. 呂不韋相. 獻公立七年, 初行爲市. 十年, 爲戶籍相伍. 孝公立十六年. 時桃李冬華. 惠文王生十九年而立. 立二年, 初行錢. 有新生嬰兒曰 '秦且王'. 悼武王生十九年而立. 立三年, 渭水赤三日. 昭襄王生十九年而立. 立四年, 初爲田開阡陌. 孝文王生五十三年而立. 莊襄王生三十二年而立. 立二年, 取太原地. 莊襄王元年, 大赦,

脩先王功臣, 施德厚骨肉, 布惠於民. 東周與諸侯謀秦, 秦使相國不韋
誅之, 盡入其國. 秦不絶其祀, 以陽人地賜周君, 奉其祭祀. 始皇享國
三十七年. 葬酈邑. 生二世皇帝. 始皇生十三年而立. 二世皇帝享國三
年. 葬宜春. 趙高爲丞相安武侯. 二世生十二年而立. 右秦襄公至二世,
六百一十歲.

반고는 후한의 효명황제 유장의 재위 17년 10월 15일 을축일에 쓴
표문에서 이같이 평했다.[•]

주나라 운수는 이미 오래전에 옮겨갔다. 진나라는 그 인仁이 주나라
를 대신하기에 부족했음에도 천자의 자리를 대신했다. 여불위 소생
인 진시황 여정은 잔인하고 포악했다.[••] 열세 살 때 제후가 되어 천하
를 병탄한 후 멋대로 욕정을 발산하며 종친을 양육했다. 재위 37년
동안 무력을 행사하지 않은 곳이 없었다. 정령을 만들어 후대의 제왕
에게 넘겨주었다. 대략 성인의 위엄을 얻고, 하신河神으로부터 하도河
圖를 손에 넣고, 낭성狼星과 호성狐星에 의지하고, 삼성參星과 벌성伐星
을 본받았기 때문일 것이다. 네 개의 별이 적을 물리치고 스스로 '시
황제'를 칭할 수 있도록 도왔다. 시황제 사후 2세 황제 호해는 너무
어둑해 여산의 능묘 축조공사가 미처 끝나기도 전에 다시 아방궁을

• 《사기정의》에 따르면 후한의 효명황제는 일찍이 《한서》를 쓴 반고의 집을 찾아가 사마천
의 찬贊에 잘못이 없는지 물은 바 있다. 이 글은 가의의 〈과진론〉과 사마천의 찬에 나오는 진
나라 2세 황제의 득실에 관한 이야기를 논평한 것이다. 후대인이 〈진시황본기〉 뒤에 덧붙인
것이 삭제되지 않고 지금까지 전해졌다.
•• 《사기》의 내용 가운데 진시황을 여불위 소생으로 단언한 대목은 이 구절이 유일하다. 진
시황의 이름을 영정嬴政이 아닌 여정呂政으로 기록한 것이 그렇다. 한고조 유방이 세운 한나
라가 진나라를 얼마나 사갈시蛇蠍視했는지를 방증한다.

지어 시황제의 사업을 완수했다. 그러고는 말하기를, "무릇 천하를 얻어 귀하게 된 자는 하고자 하는 바를 마음 내키는 대로 다할 수 있다. 대신들은 이제 와서는 선제가 시작한 사업마저 버리려고 한다"고 했다. 그러고는 이사와 풍거질을 죽이고, 조고를 중용했다.

실로 가슴 아픈 이야기다. 마치 사람의 머리를 하고 짐승 소리를 질러대는 꼴이다. 흉포한 짓을 저지르지 않았으면 자신의 죄로 인해 토벌되지 않았을 것이고, 저지른 죄가 깊고 중하지 않았으면 그토록 허망하게 파멸에 이르지는 않았을 것이다. 황제의 자리에 오른 뒤 오래 머물지도 못하고, 잔학한 짓을 일삼아 파멸을 재촉한 셈이다. 아무리 지형이 유리한 나라를 차지했을지라도 그대로 보존할 수는 없는 일이었다.

자영은 순서를 뛰어넘어 황위를 계승했다. 옥관玉冠을 쓰고, 아름다운 인수印綬인 화불華紱을 차고, 황옥黃屋의 수레를 타고, 백관을 이끌고 칠묘에 참배했다. 그러나 소인배가 어울리지 않는 높은 자리에 올라 직무를 제대로 처리하지 못한 까닭에 당황해하지 않은 적이 없고, 날마다 안일만 추구했다. 자영은 홀로 깊이 생각한 끝에 근심을 없애고자 했다. 마침내 자식들과 계책을 마련한 뒤 교활한 간신 조고를 자신의 집 가까이 유인해 주살했다. 선군을 위해 역적을 토벌한 셈이다. 조고가 죽은 뒤 빈객과 친지 들이 미처 서로의 노고를 위로하지도 못하고, 잔칫상 음식이 미처 목구멍을 내려가지도 못하고, 술이 미처 입술을 적시도 않았는데 초나라 군사가 이미 관중을 도륙하고 진인 유방이 파상에 날아들었다.

자영은 흰 수레에 수대綬帶를 매고, 황제의 부절과 옥새를 받들어 새로운 천자에게 넘겨주었다. 이는 마치 정백이 조상의 영혼을 불러내기 위해 왼손에 모정茅旌, 오른손에 희생을 자르는 데 쓰는 난도鸞刀 등 종묘제사 때 사용하는 도구를 들고 영격에 나서자 초장왕이 군사를 뒤로 물린 것과 같다.• 강물은 일단 터지면 다시 막을 수 없고, 물고기는 한번 썩으면 다시 온전하게 할 방법이 없다. 가의와 사마천은 말하기를, "2세 황제가 평범한 군주에 지나지 않을지라도 중간 수준의 재능을 지닌 장상의 보좌만 받았으면 비록 산동에서 반란이 일어났을지라도 진나라의 영토는 온전히 보전될 수 있었을 것이고, 종묘제사 또한 결코 끊이지 않았을 것이다"라고 했다. 그러나 진나라의 쇠퇴가 이미 오래된 까닭에 천하는 마치 흙더미가 무너지고 기왓장이 부서지는 모습을 보였다[土崩瓦解]. 설령 주공 단의 재주가 있을지라도 더는 지략을 펼칠 도리가 없었다.

가의와 사마천이 자영을 책망한 것은 잘못된 일이다. 세간에 전해진 바에 따르면 "진시황은 죄악을 일으켰고, 호해는 죄악이 극에 이르렀다"고 한다. 이 말은 나름의 일리가 있다. 그러나 자영을 책망하며 진나라의 영토를 보존할 수 있었다고 말하는 것은 이른바 시세의 변화를 통찰하지 못하는 것[不通時變]에 지나지 않는다. 기紀나라 군주 기계紀季가 휴酅 땅을 제나라에 바친 것을《춘추》는 탓하지 않았다. 나는 〈진시황본기〉를 읽다가 자영이 조고를 거열형에 처하는 대목에 이르면, 일찍이 그 결단에 탄복하며 끝내 이루지 못한 그 의지를 애석히 여기지 않은 적이 없다. 자영은 생사의 대의를 갖추었다고 할 수 있다.

●● 孝明皇帝十七年十月十五日乙丑, 曰, "周曆已移, 仁不代母. 秦

• 《춘추공양전》의 구절을 인용한 것이다.《사기집해》는 삼국시대 위나라 하휴何休의 주를 인용해 모정과 난도 모두 종묘제사 때 혼을 부르기 위해 사용하는 도구로 풀이했다.

直其位, 呂政殘虐. 然以諸侯十三, 幷兼天下, 極情縱欲, 養育宗親. 三十七年, 兵無所不加, 制作政令, 施於後王. 蓋得聖人之威, 河神授圖, 據狼·狐, 踏參·伐, 佐政驅除, 距之稱始皇. 始皇旣歿, 胡亥極愚, 酈山未畢, 復作阿房, 以逐前策. 云, '凡所爲貴有天下者, 肆意極欲, 大臣至欲罷先君所爲.' 誅斯·去疾, 任用趙高. 痛哉言乎! 人頭畜鳴. 不威不伐惡, 不篤不虛亡, 距之不得留, 殘虐以促期, 雖居形便之國, 猶不得存. 子嬰度次得嗣, 冠玉冠, 佩華紱, 車黃屋, 從百司, 謁七廟. 小人乘非位, 莫不悅忽失守, 偸安日日, 獨能長念卻慮, 父子作權, 近取於戶牖之閒, 竟誅猾臣, 爲君討賊. 高死之後, 賓婚未得盡相勞, 餐未及下咽, 酒未及濡脣, 楚兵已屠關中, 眞人翔霸上, 素車嬰組, 奉其符璽, 以歸帝者. 鄭伯茅旌鸞刀, 嚴王退舍. 河決不可復壅, 魚爛不可復全. 賈誼·司馬遷曰, '向使嬰有庸主之才, 僅得中佐, 山東雖亂, 云秦之地可全而有, 宗廟之祀未當絶也.' 秦之積衰, 天下土崩瓦解, 雖有周旦之材, 無所復陳其巧, 而以責一日之孤, 誤哉! 俗傳, '秦始皇起罪惡, 胡亥極.' 得其理矣. 復責小子, 秦地可全, 所謂不通時變者也. 紀季以酅, 春秋不名. 吾讀秦紀, 至於子嬰車裂趙高, 未嘗不健其決, 憐其志. 嬰死生之義備矣."

항우본기

項羽本紀

〈항우본기〉는 비록 몇 년에 그쳤지만 젊은 나이에 천하를 호령한 항우의 일대기를 소상히 다루고 있다. 〈항우본기〉를 〈고조본기〉와 비교하면 사마천이 나름대로 연민의 정을 가지고 〈항우본기〉를 편제했음을 확인할 수 있다. 사면초가에 몰렸을 때 부른 것으로 알려진 〈해하가〉를 실어놓은 것이 그렇다. 사마광이 《자치통감》을 편제하면서 항간의 전설로 간주해 누락시킨 것과 대비된다. 한나라 개국조인 유방과 대립한 항우를 〈고조본기〉의 앞에 실은 것도 이런 맥락에서 이해할 수 있다.

사마천이 항우에게 무조건적인 연민의 정을 표한 것은 아니다. 사평에서 자신의 공을 자랑하고, 자신의 지혜만 앞세운 채 옛일을 거울로 삼지 않아 결국 패망에 이르게 되었다고 비판한 것이 그렇다. 그의 통렬한 비판은 "자신의 몸이 동성東城에서 찢겨 죽을 때까지 전혀 깨닫지 못한 채 스스로를 책망치 않았다"고 질타한 데서 극명하게 나타난다. 진시황 사후 나름의 뜻을 세워 천하를 거머쥔 것까지는 좋았으나 이후 자만한 나머지 이내 패망에 이르게 된 것은 전적으로 본인의 책임이라고 지적한 것이다. 이는 나라와 기업과 가

정 및 개인에 이르기까지 고금동서의 모든 성공과 실패에 예외 없이 적용되는 천고의 금언에 해당한다.

〈항우본기〉는 모든 면에서 뛰어난 여건을 갖춘 자가 성공을 거둔 뒤 이내 급전직하해 천하의 웃음거리가 된 배경을 소상히 일러주고 있다. 일각에서 성공학과 대비되는 실패학의 기본 텍스트로 〈항우본기〉보다 더 나은 것이 없다고 말하는 이유다.

항적項籍은 하상下相 출신으로 자는 우羽다. 당초 군사를 일으켰을 때 나이가 스물네 살이었다. 계부季父는 항량이고, 항량의 부친은 초나라 장수 항연이다. 그는 진나라 장수 왕전에게 죽임을 당했다. 항씨는 대대로 초나라 장수가 되어 항項 땅을 봉지로 받았다. 성을 항씨로 한 이유다. 항우는 어렸을 때 글을 배웠으나 다 마치지 못한 채 포기하고 검술을 배웠다. 이 또한 다 마치지 못했다. 항량이 노하자 항우는 말했다.

"글은 이름과 성을 기록하는 것으로 족할 따름입니다. 검 또한 한 사람만을 대적할 뿐이니 깊이 배울 만하지 못합니다. 만인을 대적하는 일을 배우겠습니다."

항량이 병법을 가르치자 항우가 크게 기뻐했다. 그러나 대략 그 뜻만 알고는 또한 끝까지 배우려 하지는 않았다. 항량은 일찍이 약양현에 갇힌 적이 있다. 감옥을 관리하는 기현蘄縣의 옥연獄掾(감옥을 관리하는 아전) 조구曹咎에게 부탁해 약양의 옥연인 사마흔에게 서신을 보낸 덕분에 일을 무사히 마무리할 수 있었다. 이후 항량은 사람을 죽이고 항우와 함께 원수를 피해 오중吳中으로 간 적이 있다. 오중의 현명한 인재들 모두 항량 밑에서 나왔다. 오중에 요역과 상사가 있을 때마다 항량이 늘 주관해 일을 처리했다. 병법을 좇아 빈객과 젊은 이들을 배치해 지휘한 덕분이다. 은밀히 이들의 재능을 알아두었다. 진시황이 회계산을 유람하고 절강을 건널 때 항량이 항우와 함께 그 모습을 지켜보았다. 항우가 말했다.

"저 자리를 빼앗아 대신할 수 있을 것이다!"

항량이 급히 그 입을 막았다.

"함부로 말하지 마라, 삼족이 멸하게 된다!"

그러나 항량은 내심 항우를 범상치 않은 인물로 여겼다. 항우는 키가 8척이 넘고, 힘은 커다란 정鼎을 들어 올릴 만했고, 재주와 기량이 범상치 않았다. 오중의 자제 모두 이미 항우를 두려워했다. 2세 황제 원년 7월, 진승 등이 대택에서 군사를 일으켰다. 이해 9월 회계군의 군수 은통殷通이 항량에게 말했다.

"강서江西 일대가 모두 모반했소. 이는 또한 하늘이 진나라를 멸망시키려는 것이오. 내가 듣건대 먼저 착수하면 남을 제압하고, 나중에 하면 남에게 제압당한다고 했소. 나는 군사를 일으켜 그대와 환초桓楚에게 맡길 생각이오."

당시 환초는 택중澤中에 있었다. 항량이 말했다.

"환초는 이미 달아났습니다. 아무도 그가 있는 곳을 모릅니다. 오직 항우만 알고 있습니다."

그러고는 곧 밖으로 나와 항우에게 검을 지닌 채 처소 밖에서 기다리게 했다. 다시 안으로 들어가 은통과 대좌했다.

"청컨대 항우를 불러 환초를 소환하라고 명을 내리십시오."

"좋소."

항량이 항우를 불러들인 뒤 이내 눈짓을 하며 말했다.

"가히 행할 만하다!"

항우가 검을 뽑아 군수 은통의 머리를 베었다. 항량이 은통의 수급을 들고 그 인수를 찼다. 은통의 부하들이 크게 놀라 우왕좌왕했다. 항우가 쳐서 죽인 자만 거의 100명에 가까웠다. 부중이 크게 놀라 땅에 엎드린 채 감히 일어나지 못했다. 항량이 전에 알던 세력 있는 관원들을 불러 거사의 배경을 설명한 뒤 이내 오중에서 군사를 일으켰다. 이어 수하를 보내 관할 현을 거두고 정예군 8,000명을 얻었다. 항량은 오중의 호걸들을 각각 교위校尉 · 후候 · 사마 등에 임명했다. 발탁되지 못한 누군가가 이유를 묻자 항량이 이같이 대답했다.

"전에 어떤 사람에게 상사가 있을 때 그대에게 일을 맡겨보았다. 그때 일을 잘 처리하지 못했기에 임용하지 않은 것이다."

모든 사람이 탄복했다. 항량이 스스로 회계군의 군수가 되자 항우는 그 비장裨將이 되어 관할 현을 공략했다.[•] 당시 진승의 부하인 광릉廣陵 출신 소평召平이 진승을 위해 광릉을 빼앗고자 했으나 함락시키지 못하고 있었다. 얼마 후 진승이 이미 패주하고 진나라 군사가 장차 자신을 공격해올 것이라는 소문을 듣고는 곧바로 강을 건넌 뒤 진승의 명을 사칭해 항량을 장초의 상주국上柱國에 제수했다.

"강동江東은 이미 평정되었다. 급히 군사를 이끌고 강서로 가 진나라를 치도록 하라!"

항량이 8,000명의 휘하 군사를 이끌고 도강한 뒤 서진했다. 도중에 진영陳嬰이 이미 동양현을 함락시켰다는 소식을 들었다. 사자를 보내 함께 서쪽으로 진격하고자 했다. 진영은 원래 동양현 현령을 돕는 영사令史였다. 평소 현에서 신의가 있고 신중한 덕분에 덕이 있는 자를 뜻하는 장자長者로 불리었다. 동양현의 젊은이들이 현령을 죽인 뒤 수천 명을 모으고는 우두머리로 모실 사람을 논의했다. 마땅한 사람이 없자 이내 진영에게 청했다. 진영이 사양했으나 사람들의 강권으로 결국 현령의 자리를 떠맡게 되었다. 따르는 자가 2만 명이나 되었다. 젊은이들은 진영을 왕으로 세울 요량으로 다른 반란군과 구별하기 위해 푸른 두건을 쓰고는 창두군蒼頭軍을 자칭했다. 진

● "관할 현을 공략했다"의 원문은 순하현徇下縣이다. 《사기집해》는 이기의 주를 인용해 순徇을 공략할 략略으로 풀이했다.

영의 모친이 진영에게 말했다.

"내가 너희 집안의 며느리가 된 이래 아직 너의 조상 가운데 귀하게 된 사람이 있었다는 이야기를 들어보지 못했다. 지금 문득 큰 명성을 얻는 것은 상서롭지 못하다. 차라리 남의 밑에 있는 것이 더 낫다. 거사가 성공하면 후로 삼을 수 있고, 실패할지라도 쉽게 달아날 수 있다. 세인들이 주목하는 대상이 아니기 때문에 가능한 일이다."

진영이 이내 감히 왕이 될 생각을 하지 못한 채 군관에게 말했다.

"항씨는 대대로 명성이 높은 장군 가문 출신이오. 지금 대사를 일으키려면 그가 아니면 안 되오. 우리가 명문가에 기대면 진나라의 패망은 틀림없을 것이오."

무리가 그의 말을 좇아 군사를 이끌고 항량 밑으로 들어갔다. 항량이 회수를 건너자 경포黥布와 포蒲 장군도 군사를 이끌고 항량 휘하로 들어갔다. 모두 6, 7만 명의 군사가 하비下邳에 주둔했다. 당시 진가秦嘉는 이미 경구景駒를 초왕으로 세웠다. 팽성 동쪽에 주둔하면서 항량의 군사를 저지하고자 했다. 항량이 군관에게 말했다.

"진왕陳王이 제일 먼저 봉기했으나 지금 전세는 불리해졌고 그의 행방은 알 길이 없다. 지금 진가가 진왕을 배신하고 경구를 왕으로 내세웠으니 이는 대역무도한 일이다."

그러고는 곧바로 진격해 진가를 쳤다. 진가의 군사가 패주하자 항량이 호릉胡陵까지 추격했다. 반격하던 진가가 하루 만에 전사하자 그의 군사가 항복했다. 경구는 양 땅으로 달아나 그곳에서 죽었다. 항량은 진가의 군사를 손에 넣고 나서 호릉에 진을 쳤다. 장차 군사를 이끌고 서진할 생각이었다. 장함이 이끄는 진나라 군사가 율현栗縣에 이르자 항량이 별장別將 주계석朱雞石과 여번군餘樊君을 시켜 맞서 싸우게 했다. 여번군이 전사하고 주계석의 군사는 패해 호릉으로 달아났다. 항량이 즉시 군사를 이끌고 설현薛縣으로 들어가 주계석을 죽였다. 이에 앞서 항량은 항우에게 별도로 양성襄城을 치게 했다. 양성은 수비가 견고해 쉽게 함락되지 않았다. 그러나 항우는 결국 함락시킨 뒤 저항하던 자를 모두 산 채로 묻었다. 돌아와 이를 보고했다. 항량은 진승이 확실히 죽었다는 소식을 듣고는 여러 별장을 설현에 모아 대책을 논의했다. 패현에서 거병한 패공 유방도 참석했다. 거소居鄛 출신 범증范增은 나이가 일흔 살이었다. 평소 집에 머물며 기책을 내는 것을 좋아했다. 이내 항량을 찾아가 유세했다.

"진승의 패배는 실로 당연합니다. 진나라가 육국을 멸했으나 초나라는 가장 무고하게 당했습니다. 초회왕이 진나라로 가 돌아오지 못한 후 초나라 백성은 오늘까지 초회왕을 가련히 여기고 있습니다. 음양가인 초남공楚南公이 말하기를, '초나라에 세 집밖에 남아 있지 않을지라도 진나라를 멸망시킬 나라는 반드시 초나라일 것이다'라고 했습니다. 지금 진승은 가장 먼저 봉기했는데도 초나라의 후예를 세우지 않고 스스로 왕이 되었습니다. 세력이 오래가지 못한 이유입니다. 지금 그대가 강동에서 거병하자 초나라 사람들이 벌 떼같이 달려와 다투어 귀의하고 있습니다.● 이는 그대가 대대로 장수를 배출한 명문 출신으로 초나라 왕실의 후손을 옹립할 수 있다고 여겼기 때문입니다."

항량이 이를 옳게 여겨 민간에서 남의 양치기 노릇을 하던 초회왕

● "벌 떼같이 달려와"의 원문은 초봉오지楚蠭午之다. 봉은 봉蜂과 같다.《사기색은》은 오午를 사물이 종횡으로 교착하는 것으로 해석했다.《사기집해》는 여순의 주를 인용해 봉오蠭午는 봉기蜂起와 같다고 풀이했다.

의 손자 웅심熊心을 찾아냈다. 곧바로 그를 옹립한 뒤 초회왕으로 불렀다. 백성이 바라던 것을 따른 것이다. 진영陳嬰은 초나라의 상주국이 된 뒤 다섯 개 현을 식읍으로 받고, 초회왕과 함께 우이旴台에 도읍했다.● 항량은 스스로 무신군武信君●●을 칭했다. 몇 달 뒤 항량이 군사를 이끌고 항보亢父를 쳤다. 이때 제나라의 전영田榮 및 사마용저司馬龍且 군사와 합세해 진나라 군사를 대파하고 동아현東阿縣을 구했다. 전영은 곧바로 군사를 이끌고 돌아가 제나라 왕 전가田假를 쫓아냈다. 전가는 초나라, 전가의 상국 전각田角은 조나라로 달아났다. 전각의 동생 전간田閒은 원래 제나라 장수로, 조나라에 머물며 감히 돌아가지 못했다. 전영은 전담의 아들 전불田市을 제나라 왕으로 세웠다. 항량이 동아현 일대에 진을 치고 있던 진나라 군사를 격파한 후 달아나는 진나라 군사를 추격했다. 이때 제나라에 수차례 사자를 보내 함께 서진할 것을 재촉했다. 전영이 이같이 회답했다.

"초나라가 전가, 조나라가 전각과 전간을 죽이면 출병하겠다."

항량이 말했다.

"전가는 동맹국의 왕이다. 처지가 궁해 나를 따라왔는데 차마 죽일 수 없다."

조나라 역시 전각과 전간을 죽이는 것으로 제나라와 흥정하려 하

● 우이를《사기정의》는 회수 주변으로 파악하면서 우이旴眙와 같다고 했다.
●● 무신군의 군君은 경대부를 지칭하는 작호다.《의례儀禮》〈상복喪服〉에 대한 정현의 주에 따르면 천자와 제후, 경대부로서 봉지를 가진 자를 군으로 호칭했다. 춘추전국시대를 통틀어 무신군의 군호를 가진 사람은 모두 네 명이다. 첫째, 전국시대 말기 종횡가로 활약한 장의다. 둘째, 초한전 때 활약한 항량이다. 셋째, 초한전 때 조왕으로 자립한 무신이다. 무안군의 경우는 네 명이 함께 사용했다. 첫째, 전국시대 말기 장의와 함께 종횡가로 활약한 소진이다. 둘째, 전국시대 말기 초나라 장수 항연이다. 셋째, 진시황 때 장수로 활약한 백기다. 넷째, 조나라 장수 이목이다. 조왕은 이목이 진나라 군사를 거듭 격파하자 "나의 백기다!"라고 칭송하며 백기의 군호인 무안군을 하사했다.

지 않았다. 제나라는 끝내 군사를 보내 초나라를 도우려 하지 않았다. 항량이 유방과 항우를 시켜 별도로 성양을 치게 해 많은 사람을 죽였다. 이어 서쪽으로 가 복양濮陽 동쪽에서 진나라 군사를 격파하자 진나라 군사가 패잔병을 거두어 복양으로 들어갔다. 패공 유방과 항우가 정도를 쳤으나 함락시키지 못했다. 이내 그곳을 버리고 서쪽을 쳐 옹구에 이르러 진나라 군사를 대파했다. 이때 이사의 아들 이유李由를 참수했다. 이어 군사를 돌려 외황外黃을 쳤으나 함락시키지 못했다. 항량은 동아현에서 출발해 서쪽 정도에 이를 때까지 두 차례나 진나라 군사를 격파한 데 이어 항우의 무리가 이유의 목을 베자 더욱 진나라를 경시하며 교만한 기색을 드러냈다. 휘하 장수 송의宋義가 항량에게 간했다.

"싸움에서 이겼다고 장수가 교만해지고 병사가 나태해지면 패하는 법입니다. 지금 병사들이 다소 나태해지고 있고, 진나라 군사는 날로 늘어나고 있습니다. 신은 장군을 위해 이 점이 두렵습니다."

항량이 듣지 않고, 송의를 제나라에 사자로 보냈다. 도중에 제나라 사자 고릉군高陵君 현顯을 만났다. 송의가 물었다.

"공은 무신군을 만나려는 것이오?"

"그렇소."

송의가 말했다.

"내가 단언컨대 무신군의 군사는 반드시 패할 것이오. 공은 천천히 가면 죽음을 면하고, 급히 가면 화를 당할 것이오."

과연 진나라는 전 군을 동원해 장함을 지원했다. 장함이 초나라 군사를 정도에서 대파할 때 항량은 전사하고 말았다. 당시 유방과 항우는 외황을 떠나 진류를 치고 있었다. 진류의 수비가 견고해 함락시키지 못했다. 유방과 항우가 상의했다.

"지금 항량의 군사가 대패해 병사들이 두려워하고 있소."

그러고는 여신呂臣의 군사와 함께 군사를 모두 이끌고 동쪽으로 갔다. 여신은 팽성의 동쪽, 항우는 팽성의 서쪽, 유방은 탕군碭郡에 주둔했다.

●● 項籍者, 下相人也, 字羽. 初起時, 年二十四. 其季父項梁, 梁父卽楚將項燕, 爲秦將王翦所戮者也. 項氏世世爲楚將, 封於項, 故姓項氏. 項籍少時, 學書不成, 去學劍, 又不成. 項梁怒之. 籍曰, "書足以記名姓而已. 劍一人敵, 不足學, 學萬人敵." 於是項梁乃敎籍兵法, 籍大喜, 略知其意, 又不肯竟學. 項梁嘗有櫟陽逮, 乃請蘄獄掾曹咎書抵櫟陽獄掾司馬欣, 以故事得已. 項梁殺人, 與籍避仇於吳中. 吳中賢士大夫皆出項梁下. 每吳中有大繇役及喪, 項梁常爲主辦, 陰以兵法部勒賓客及子弟, 以是知其能. 秦始皇帝遊會稽, 渡浙江, 梁與籍俱觀. 籍曰, "彼可取而代也." 梁掩其口, 曰, "毋妄言, 族矣!" 梁以此奇籍. 籍長八尺餘, 力能扛鼎, 才氣過人, 雖吳中子弟皆已憚籍矣. 秦二世元年七月, 陳涉等起大澤中. 其九月, 會稽守通謂梁曰, "江西皆反, 此亦天亡秦之時也. 吾聞先卽制人, 後則爲人所制. 吾欲發兵, 使公及桓楚將." 是時桓楚亡在澤中. 梁曰, "桓楚亡, 人莫知其處, 獨籍知之耳." 梁乃出, 誡籍持劍居外待. 梁復入, 與守坐, 曰, "請召籍, 使受命召桓楚." 守曰, "諾." 梁召籍入. 須臾, 梁眴籍曰, "可行矣!" 於是籍遂拔劍斬守頭. 項梁持守頭, 佩其印綬. 門下大驚, 擾亂, 籍所擊殺數十百人. 一府中皆慴伏, 莫敢起. 梁乃召故所知豪吏, 諭以所爲起大事, 遂擧吳中兵. 使人收下縣, 得精兵八千人. 梁部署吳中豪傑爲校尉·候·司馬. 有一人不得用, 自言於梁. 梁曰, "前時某喪使公主某事, 不能辦, 以此不任用公." 衆乃皆伏.

於是梁爲會稽守, 籍爲裨將, 徇下縣.

廣陵人召平於是爲陳王徇廣陵, 未能下. 聞陳王敗走, 秦兵又且至, 乃渡江矯陳王命, 拜梁爲楚王上柱國. 曰, "江東已定, 急引兵西擊秦." 項梁乃以八千人渡江而西. 聞陳嬰已下東陽, 使使欲與連和俱西. 陳嬰者, 故東陽令史, 居縣中, 素信謹, 稱爲長者. 東陽少年殺其令, 相聚數千人, 欲置長, 無適用, 乃請陳嬰. 嬰謝不能, 遂彊立嬰爲長, 縣中從者得二萬人. 少年欲立嬰便爲王, 異軍蒼頭特起. 陳嬰母謂嬰曰, "自我爲汝家婦, 未嘗聞汝先古之有貴者. 今暴得大名, 不祥. 不如有所屬, 事成猶得封侯, 事敗易以亡, 非世所指名也." 嬰乃不敢爲王. 謂其軍吏曰, "項氏世世將家, 有名於楚. 今欲擧大事, 將非其人, 不可. 我倚名族, 亡秦必矣." 於是衆從其言, 以兵屬項梁. 項梁渡淮, 黥布·蒲將軍亦以兵屬焉. 凡六七萬人, 軍下邳. 當是時, 秦嘉已立景駒爲楚王, 軍彭城東, 欲距項梁. 項梁謂軍吏曰, "陳王先首事, 戰不利, 未聞所在. 今秦嘉倍陳王而立景駒, 逆無道." 乃進兵擊秦嘉. 秦嘉軍敗走, 追之至胡陵. 嘉還戰一日, 嘉死, 軍降. 景駒走死梁地. 項梁已幷秦嘉軍, 軍胡陵, 將引軍而西. 章邯軍至栗, 項梁使別將朱雞石·餘樊君與戰. 餘樊君死. 朱雞石軍敗, 亡走胡陵. 項梁乃引兵入薛, 誅雞石. 項梁前使項羽別攻襄城, 襄城堅守不下. 已拔, 皆阬之. 還報項梁. 項梁聞陳王定死, 召諸別將會薛計事. 此時沛公亦起沛, 往焉. 居鄛人范增, 年七十, 素居家, 好奇計, 往說項梁曰, "陳勝敗固當. 夫秦滅六國, 楚最無罪. 自懷王入秦不反, 楚人憐之至今, 故楚南公曰'楚雖三戶, 亡秦必楚也.' 今陳勝首事, 不立楚後而自立, 其勢不長. 今君起江東, 楚蠭午之將皆爭附君者, 以君世世楚將, 爲能復立楚之後也." 於是項梁然其言, 乃求楚懷王孫心民閒, 爲人牧羊, 立以爲楚懷王, 從民所望也. 陳嬰爲楚上柱國, 封五縣, 與懷王都盱台. 項梁自號爲武信君. 居數月, 引兵攻亢父, 與齊田榮·司馬龍且軍救東阿, 大破秦軍於東阿. 田榮卽引兵歸, 逐其王假. 假亡走楚. 假相田角亡走趙. 角弟田閒故齊將, 居趙不敢歸. 田榮立田儋子市爲齊王. 項梁已破東阿下軍, 遂追秦軍. 數使使趣齊兵, 欲與俱西. 田榮曰, "楚殺田假, 趙殺田角·田閒, 乃發兵." 項梁曰, "田假爲與國之王, 窮來從我, 不忍殺之." 趙亦不殺田角·田閒以市於齊. 齊遂不肯發兵助楚. 項梁使沛公及項羽別攻城陽, 屠之. 西破秦軍濮陽東, 秦兵收入濮陽. 沛公·項羽乃攻定陶. 定陶未下, 去, 西略地至雝丘, 大破秦軍, 斬李由. 還攻外黃, 外黃未下. 項梁起東阿, 西, 北比至定陶, 再破秦軍, 項羽等又斬李由, 益輕秦, 有驕色. 宋義乃諫項梁曰, "戰勝而將驕卒惰者敗. 今卒少惰矣, 秦兵日益, 臣爲君畏之." 項梁弗聽. 乃使宋義使於齊. 道遇齊使者高陵君顯, 曰, "公將見武信君乎?" 曰, "然." 曰, "臣論武信君軍必敗. 公徐行卽免死, 疾行則及禍." 秦果悉起兵益章邯, 擊楚軍, 大破之定陶, 項梁死. 沛公·項羽去外黃攻陳留, 陳留堅守不能下. 沛公·項羽相與謀曰, "今項梁軍破, 士卒恐." 乃與呂臣軍俱引兵而東. 呂臣軍彭城東, 項羽軍彭城西, 沛公軍碭.

　　장함은 항량의 군사를 격파한 뒤 초나라 군사는 크게 근심할 것이 없다고 생각했다. 이내 황하를 건너 조나라를 공격해 크게 쳐부수었다. 당시 조나라는 조헐趙歇이 왕, 진여陳餘가 장수, 장이張耳가 재상으로 있었다. 이들 모두 거록으로 달아났다. 장함이 왕리와 섭간涉閒을 시켜 거록을 포위하게 했다. 자신은 그 남쪽에 진을 친 뒤 용도를 만들어 군량을 조달했다. 당시 진여는 조나라 장수로서 군사 수만 명을 이끌고 거록의 북쪽에 진을 치고 있었다. 이들을 일컬어 하북군

河北軍이라고 했다. 초나라 군사가 정도에서 대패하자 초회왕은 크게 두려워하며 우이를 떠나 팽성으로 간 뒤 항우와 여신의 군사를 합쳐 직접 통솔했다. 이때 여신을 사도, 그의 부친 여청呂青을 영윤令尹으로 삼았다. 또 유방을 탕군의 군수로 삼고 무안후武安侯에 봉한 뒤 탕군의 군사를 거느리게 했다. 당시 전에 송의가 만난 제나라의 사자 고릉군 현이 마침 초나라 군중에 있었다. 그가 초회왕에게 말했다.

"송의는 무신군의 군사가 반드시 패할 것이라고 말했습니다. 과연 며칠 뒤 무신군의 군사가 패했습니다. 미처 싸우기도 전에 미리 패배의 조짐을 읽었으니 가히 병법을 안다고 이를 만합니다."

초회왕이 송의를 불러 대사를 의논하고는 크게 기뻐하며 그를 상장군으로 삼았다. 항우는 노공魯公에 봉해져 차장次將이 되었고, 범증은 말장末將이 되어 조나라를 구원하러 가게 했다. 여러 별장 모두 송의의 휘하에 속하게 되었다. 이들은 경자관군卿子冠軍으로 불리었다.•
초나라 군사가 서진하다가 안양에 이르러 46일 동안 머물며 진격하지 않았다. 항우가 건의했다.

"제가 들으니 진나라 군사가 조왕을 거록에서 포위하고 있다고 합니다. 급히 군사를 이끌고 강을 건너야 합니다. 초나라가 밖을 치고 조나라가 안에서 호응하면 반드시 진나라 군사를 무찌를 수 있습니다."

송의가 반대했다.

"그렇지 않소. 무릇 소를 물어뜯는 등에는 이[蝨]를 죽일 수는 없

• 경자관군의 경자卿子는 남자에 대한 미칭美稱으로 송의에게 내린 존호다. 공자公子 내지 공경公卿을 달리 표현한 것이다. 관군은 최정예 군대를 의미한다. 관冠은 으뜸이라는 뜻이다. 《사기집해》는 서광의 주석을 인용해 경卿이 경慶으로 된 판본이 있다고 했다.

는 법이오. 지금 진나라가 조나라를 치고 있는데, 설령 승리한들 병사들은 이내 피폐해질 것이오. 우리는 그 틈을 타야 하오. 반대로 진나라가 승리하지 못할 경우 우리는 군사를 이끌고 북을 치며 전진해 서쪽을 치면 되오. 그러면 반드시 진나라를 함락시킬 수 있을 것이오. 먼저 진나라와 조나라가 서로 싸우도록 놓아두는 것이 상책이오. 갑옷과 무기로 무장하고 실전을 벌이는 일은 내가 그대만 못하지만, 앉아서 계책을 부리는 일에서는 그대가 나만 못하오."

이어 군중에 영을 내렸다.

"사납기가 호랑이 같거나, 제멋대로 하기가 양 같거나, 탐욕스럽기가 승냥이 같거나, 고집이 세 부릴 수 없는 자는 모두 참수할 것이다."

그러고는 아들 송양宋襄을 제나라로의 재상으로 보내고자 했다. 직접 무염無鹽까지 전송하면서 성대한 연회를 베풀었다. 날은 춥고 비가 많이 내려 병사들은 추위와 굶주림에 떨었다. 항우가 말했다.

"사력을 다해 진나라를 쳐야 하는데 오랫동안 머물며 진격하지 않고 있다. 지금 흉년이 들어 백성은 궁핍하고, 병사들은 토란과 콩으로 연명하고, 군영에는 저장된 군량이 없다. 그런데도 성대한 연회를 벌여 술이나 마시고 있다. 군사를 이끌고 강을 건넌 뒤 조나라 군량을 먹으며 조나라와 합세해 진나라를 칠 생각을 하지 않는 것이다. 그러고는 기껏 말하기를, '그들이 지친 틈을 이용할 것이다'라고만 한다. 강대한 진나라가 지금 막 일어난 조나라를 치면 형세상 반드시 조나라를 뒤엎을 것이다. 조나라가 함락되면 진나라가 더욱 강해질 터인데, 무슨 지친 틈을 이용하겠다는 것인가? 우리 군사가 막 패한 터라 대왕이 좌불안석하며 전 병력을 쓸어 담듯이 해 오로지 장군의 휘하에 속하게 했다. 나라의 안위가 오직 이번 거사에 달려 있다. 그런데도 지금 병사들을 돌보지 않고 사사로운 정만 좇고 있다. 그는 사직지신이 아니다."

항우가 새벽에 상장군 송의를 찾아가 막사에서 송의의 머리를 벤 뒤 군영에 명을 내렸다.

"송의가 제나라와 함께 초나라를 배신할 모의를 꾸몄다. 초왕이 몰래 나에게 명해 그를 주살하게 했다."

장수 모두 두려운 나머지 복종하며 감히 저항하지 못했다. 입을 모아 말했다.

"가장 먼저 초나라를 세운 것은 장수의 집안입니다. 지금 장군은 난신亂臣을 주살한 것입니다."

서로 뜻을 모아 항우를 임시 상장군으로 세웠다. 이어 사람을 시켜 송의의 아들을 제나라까지 쫓아가 죽이게 했다. 이어 환초를 보내 초회왕에게 이를 보고했다. 초회왕이 부득불 항우를 상장군으로 삼고, 당양군當陽君 경포와 포 장군 등을 모두 항우의 예하부대로 배치했다. 경자관군 송의를 죽이자 그 위엄이 초나라를 진동시켰고, 그 명성이 제후들에게도 전해졌다. 항우가 경포와 포 장군에게 명해 병사 2만 명을 이끌고 장하를 건너 거록을 구원하게 했다. 그러나 큰 성과를 거두지 못했다. 이때 진여가 다시 증원을 청했다. 항우는 직접 군사를 이끌고 장하를 건넌 뒤 군사들에게 배를 모두 가라앉히고 솥과 시루를 깨뜨리고[破釜沈船], 막사를 불사르고 사흘분의 군량만 휴대하라[燒廬持三]고 명했다. 병사들에게 필사적으로 싸워 진나라 군사를 격파하기 전에는 추호도 살아 돌아올 마음이 없음을 드러낸 것이다.

거록에 도착하자마자 왕리의 군사를 포위했다. 아홉 번 접전한 끝에 마침내 이들의 용도를 끊어 대승을 거두었다. 소각蘇角을 죽이고 왕리를 생포한 것이 그렇다. 섭간은 항복하지 않고 분신했다. 당시 초나라 군사는 제후의 군사 가운데 으뜸이었다. 당시 거록을 구하기 위해 참전한 제후의 군사는 10여 곳에 영채를 차리고 있었다. 이들 모두 진나라 군사를 두려워한 나머지 감히 함부로 군사를 움직이지 못했다. 항우의 군사가 진나라 군사를 칠 때도 제후군 장수 모두 자신의 영채에서 관전만 했을 뿐이다. 당시 초나라 군사는 한 명이 열 명을 대적하는 일당십一當十의 용맹을 발휘하지 않는 자가 없었다. 승리를 거둔 초나라 군사의 함성이 하늘을 진동시키자 제후의 군사 가운데 두려워하지 않는 자가 없었다. 진나라 군사를 격파한 뒤 항우가 제후군 장수들을 불러 원문轅門 안으로 들어오게 했다. 모두 무릎걸음으로 나오며 감히 고개를 들어 쳐다보지 못했다. 이로써 항우는 비로소 제후군의 실질적인 상장군이 되었다. 제후들 모두 항우의 휘하에 배속되었다.

당시 장함은 극원棘原, 항우는 장하 남쪽에 주둔하고 있었다. 양측 모두 대치한 채 싸우지 않았다. 진나라 군사가 누차 퇴각하자 2세 황제가 사람을 보내 장함을 꾸짖었다. 장함이 두려운 나머지 장사 사마흔을 보내 알현을 청했다. 사마흔이 함양에 이르러 사마문司馬門 앞에서 사흘 동안 머물렀다. 조고는 만나주기는커녕 오히려 불신하는 마음을 품었다. 사마흔은 두려운 나머지 자신의 부대로 돌아가면서 감히 왔던 길로 가지 못했다. 과연 이내 조고가 사람을 시켜 그를 추격하게 했으나 따라잡지 못했다. 사마흔이 돌아와 보고했다.

"조고가 궁중에서 전권을 휘두르고 있습니다. 아래에 있는 자들은 할 수 있는 것이 없습니다. 지금 전쟁에서 이기면 조고는 반드시 우리의 공을 시기할 것이고, 저도 죽음을 면치 못할 것입니다. 원컨대 장군은 곰곰이 생각하기 바랍니다."

진여도 장함에게 서신을 보냈다.

백기는 진나라 장수로서 남으로 언영鄢郢을 정벌하고, 북으로 조나라 장수 마복군馬服君 조괄趙括의 군사를 땅에 묻었습니다. 성을 공격하고 땅을 빼앗는 경우[攻城略地]가 무수히 많은데도 끝내 죽임을 당했습니다. 또 몽념은 진나라 장수로서 북쪽으로 융인을 쫓아내고, 유중 땅 수천 리를 개척했으나 마침내는 양주陽周에서 참살당했습니다. 이는 무슨 까닭이겠습니까? 공이 너무 많아 전공을 세울 때마다 일일이 봉지를 내려줄 수 없기에 법을 구실로 죽인 것입니다. 지금 장군이 진나라 장수가 된 지 3년이 지났습니다. 잃은 병력이 10만을 헤아리고, 봉기하는 제후는 더욱 많아지고 있습니다. 조고는 평소 아첨을 일삼은 지 이미 오래되었습니다. 지금 일이 다급해지고, 또 2세 황제가 자신을 죽일까 우려되자 법을 구실로 장군을 주살하려 합니다. 자신에 관한 2세 황제의 책망을 틀어막는 한편 사람을 보내 장군을 대신함으로써 화에서 벗어나려는 속셈입니다. 장군은 밖에서 머문 지 오래되어 조정과 틈이 크게 벌어져 있습니다. 공을 세워도 죽임을 당하고, 세우지 못해도 죽임을 당할 것입니다. 더구나 하늘이 진나라를 멸하려 한다는 것은 어리석거나 지혜로운 자를 막론하고 모두 아는 일입니다.

지금 장군은 안으로 직간할 수도 없고, 밖으로 망국의 장수가 되어 있습니다. 그런데도 홀로 외로이 오래 버티려고 하니, 이 어찌 슬픈 일이 아니겠습니까? 장군은 어찌해서 군사를 돌려 제후들과 합세한 뒤 진나라 공략을 맹서하고 그 땅을 나누어 가져 왕이 되려 하지 않는 것입니까? 이리하는 것과 도끼로 허리를 베는 기구[鈇質] 위에 엎어지고 처자가 살육당하는 것 가운데 어느 쪽이 낫겠습니까?

장함이 주저하다가 항우에게 몰래 군후軍侯 시성始成을 보내 맹약하고자 했다. 맹약이 이루어지기 직전 항우가 포 장군을 시켜 밤낮으로 군사를 이끌고 삼호三戶를 건너 장하 남쪽에 주둔한 뒤 진나라 군사와 싸워 재차 승기를 잡게 했다. 항우 자신도 나머지 군사를 모두 이끌고 가 오수汙水 가에서 진나라 군사를 대파했다. 장함이 항우에게 사람을 보내 맹약하고자 할 즈음 항우가 군관들을 불러 상의했다.

"군량이 모자라 맹약에 응할 생각이오."

군관들이 입을 모아 찬성했다.

"좋습니다."

항우가 원수洹水의 남쪽 은허에서 장함과 만기로 했다. 맹약이 이루어진 뒤 장함은 항우를 만나 눈물을 흘리며 조고의 악행을 열거했다. 항우가 장함을 옹왕으로 봉하고 초나라 군중에 머물게 했다. 또 장사 사마흔을 상장군으로 삼은 뒤 진나라 군사를 이끌고 선봉에 세웠다. 얼마 후 항우의 군사가 신안新安에 이르렀다. 제후군의 장병들이 전에 요역과 수자리에 동원되어 진나라를 지날 때 진나라 군사가 이들을 가혹하게 대한 적이 있다. 진나라 군사가 항복하자 제후군 장병들이 승세를 틈타 이들을 노비처럼 부리며, 걸핏하면 학대하고 모욕했다. 진나라의 장병들이 삼삼오오 모여 수군거렸다.

"장함 장군 등이 우리를 속여 제후들에게 항복하게 했다. 지금 관

중으로 들어가 진나라를 쳐부수면 매우 좋지만, 그러지 못하면 제후
군은 우리를 포로로 삼아 동쪽으로 퇴각할 것이다. 그러면 진나라는
틀림없이 우리의 부모와 처자를 모두 죽이고 말 것이다."

제후군 장수가 몰래 그 말을 듣고 항우에게 보고했다. 항우가 경
포와 포 장군을 불러 대책을 논의했다.

"진나라 장병은 여전히 그 수가 많은데다 기꺼이 항복한 것이 아
니오. 관중에 이르러 우리의 말을 듣지 않으면 틀림없이 위태롭게
될 것이오. 이들을 죽이고 장함과 장사 사마흔, 도위 동예만 데리고
진나라로 들어가는 것이 나을 것이오."

초나라 군사가 밤에 습격해 진나라 사병 20여만 명을 신안성 남쪽
에 생매장했다.

●● 章邯已破項梁軍, 則以爲楚地兵不足憂, 乃渡河擊趙, 大破之. 當
此時, 趙歇爲王, 陳餘爲將, 張耳爲相, 皆走入鉅鹿城. 章邯令王離・涉
閒圍鉅鹿, 章邯軍其南, 築甬道而輸之粟. 陳餘爲將, 將卒數萬人而軍
鉅鹿之北, 此所謂河北之軍也. 楚兵已破於定陶, 懷王恐, 從盱台之彭
城, 幷項羽・呂臣軍自將之. 以呂臣爲司徒, 以其父呂靑爲令尹. 以沛
公爲碭郡長, 封爲武安侯, 將碭郡兵. 初, 宋義所遇齊使者高陵君顯在
楚軍, 見楚王曰, "宋義論武信君之軍必敗, 居數日, 軍果敗. 兵未戰而
先見敗徵, 此可謂知兵矣." 王召宋義與計事而大說之, 因置以爲上將
軍, 項羽爲魯公, 爲次將, 范增爲末將, 救趙. 諸別將皆屬宋義, 號爲卿
子冠軍. 行至安陽, 留四十六日不進. 項羽曰, "吾聞秦軍圍趙王鉅鹿,
疾引兵渡河, 楚擊其外, 趙應其內, 破秦軍必矣." 宋義曰, "不然. 夫搏
牛之蝱不可以破蟣蝨. 今秦攻趙, 戰勝則兵罷, 我承其敝, 不勝, 則我引
兵鼓行而西, 必擧秦矣. 故不如先鬪秦趙. 夫被堅執銳, 義不如公, 坐而

運策, 公不如義." 因下令軍中曰, "猛如虎, 很如羊, 貪如狼, 彊不可
使者, 皆斬之." 乃遣其子宋襄相齊, 身送之至無鹽, 飮酒高會. 天寒
大雨, 士卒凍饑. 項羽曰, "將戮力而攻秦, 久留不行. 今歲饑民貧, 士
卒食芋菽, 軍無見糧, 乃飮酒高會, 不引兵渡河因趙食, 與趙幷力攻
秦, 乃曰'承其敝'. 夫以秦之彊, 攻新造之趙, 其勢必擧趙. 趙擧而秦
彊, 何敝之承! 且國兵新破, 王坐不安席, 埽境內而專屬於將軍, 國家
安危, 在此一擧. 今不恤士卒而徇其私, 非社稷之臣." 項羽晨朝上將
軍宋義, 卽其帳中斬宋義頭, 出令軍中曰, "宋義與齊謀反楚, 楚王陰
令羽誅之." 當是時, 諸將皆慴服, 莫敢枝梧. 皆曰, "首立楚者, 將軍
家也. 今將軍誅亂." 乃相與共立羽爲假上將軍. 使人追宋義子, 及之
齊, 殺之. 使桓楚報命於懷王. 懷王因使項羽爲上將軍, 當陽君·蒲將
軍皆屬項羽.

項羽已殺卿子冠軍, 威震楚國, 名聞諸侯. 乃遣當陽君·蒲將軍將卒
二萬渡河, 救鉅鹿. 戰少利, 陳餘復請兵. 項羽乃悉引兵渡河, 皆沈船,
破釜甑, 燒廬舍, 持三日糧, 以示士卒必死, 無一還心. 於是至則圍王
離, 與秦軍遇, 九戰, 絶其甬道, 大破之, 殺蘇角, 虜王離. 涉閒不降楚,
自燒殺. 當是時, 楚兵冠諸侯. 諸侯軍救鉅鹿下者十餘壁, 莫敢縱兵. 及
楚擊秦, 諸將皆從壁上觀. 楚戰士無不一以當十, 楚兵呼聲動天, 諸侯
軍無不人人惴恐. 於是已破秦軍, 項羽召見諸侯將, 入轅門, 無不膝行
而前, 莫敢仰視. 項羽由是始爲諸侯上將軍, 諸侯皆屬焉. 章邯軍棘原,
項羽軍漳南, 相持未戰. 秦軍數卻, 二世使人讓章邯. 章邯恐, 使長史欣
請事. 至咸陽, 留司馬門三日, 趙高不見, 有不信之心. 長史欣恐, 還走
其軍, 不敢出故道, 趙高果使人追之, 不及. 欣至軍, 報曰, "趙高用事於
中, 下無可爲者. 今戰能勝, 高必疾妒吾功, 戰不能勝, 不免於死. 願將

軍孰計之." 陳餘亦遺章邯書曰, "白起爲秦將, 南征鄢郢, 北阬馬服, 攻城略地, 不可勝計, 而竟賜死. 蒙恬爲秦將, 北逐戎人, 開楡中地數千里, 竟斬陽周. 何者? 功多, 秦不能盡封, 因以法誅之. 今將軍爲秦將三歲矣, 所亡失以十萬數, 而諸侯並起滋益多. 彼趙高素諛日久, 今事急, 亦恐二世誅之, 故欲以法誅將軍以塞責, 使人更代將軍以脫其禍. 夫將軍居外久, 多內郤, 有功亦誅, 無功亦誅. 且天之亡秦, 無愚智皆知之. 今將軍內不能直諫, 外爲亡國將, 孤特獨立而欲常存, 豈不哀哉! 將軍何不還兵與諸侯爲從, 約共攻秦, 分王其地, 南面稱孤, 此孰與身伏鈇質, 妻子爲僇乎?" 章邯狐疑, 陰使候始成使項羽, 欲約. 約未成, 項羽使蒲將軍日夜引兵度三戶, 軍漳南, 與秦戰, 再破之. 項羽悉引兵擊秦軍汙水上, 大破之. 章邯使人見項羽, 欲約. 項羽召軍吏謀曰, "糧少, 欲聽其約." 軍吏皆曰, "善." 項羽乃與期洹水南殷虛上. 已盟, 章邯見項羽而流涕, 爲言趙高. 項羽乃立章邯爲雍王, 置楚軍中. 使長史欣爲上將軍, 將秦軍爲前行. 到新安. 諸侯吏卒異時故繇使屯戌過秦中, 秦中吏卒遇之多無狀, 及秦軍降諸侯, 諸侯吏卒乘勝多奴虜使之, 輕折辱秦吏卒. 秦吏卒多竊言曰, "章將軍等詐吾屬降諸侯, 今能入關破秦, 大善, 卽不能, 諸侯虜吾屬而東, 秦必盡誅吾父母妻子." 諸侯微聞其計, 以告項羽. 項羽乃召黥布·蒲將軍計曰, "秦吏卒尚衆, 其心不服, 至關中不聽, 事必危, 不如擊殺之, 而獨與章邯·長史欣·都尉翳入秦." 於是楚軍夜擊阬秦卒二十餘萬人新安城南.

당초 항우는 진나라 땅을 공략할 속셈으로 함곡관에 도착했을 때 관문을 지키는 병사의 저지로 들어갈 수 없는데다, 유방이 이미 함양을 함락시켰다는 소식을 비로소 듣게 되었다. 크게 노해 당양군 경포 등을 보내 함곡관을 치게 했다. 항우가 이끄는 연합군이 마침내 관내로 들어가 희수 서쪽에 이르렀다. 당시 유방은 파상에 주둔하고 있었다. 항우와 아직 만나지 못했을 때 유방의 좌사마左司馬 조무상曹無傷이 사람을 시켜 항우에게 이같이 고했다.

"패공이 관중의 왕이 되려고 합니다. 자영을 재상으로 삼은 뒤 진귀한 보물을 모두 차지하려는 속셈입니다."

항우가 대로했다.

"내일 아침 병사들을 잘 먹인 뒤 패공의 군사를 쳐부술 것이다!"

당시 항우의 병사는 40만 명으로 신풍新豐의 홍문*, 유방의 병사는 10만 명으로 파상에 주둔하고 있었다. 범증이 항우에게 말했다.

"유방은 산동에 있을 때만 해도 재물을 탐하고 미색을 밝혔습니다. 그러나 지금 관내에 들어가서는 재물을 취하지도 않고 여인을 가까이하지도 않습니다. 이는 그의 뜻이 작은 데 있지 않다는 것을 말합니다. 제가 사람을 시켜 그 기운을 살펴보았습니다. 모두 용과 범의 기운으로 오색 찬연했습니다. 이는 천자의 기세입니다. 급히 공격을 가해 기회를 잃지 마십시오."

초나라 좌윤左尹 항전項纏은 항우의 계부로 자는 백伯이다. 평소 유후留侯 장량張良과 친하게 지냈다. 당시 장량이 패공 유방을 따랐던 탓에 밤에 패공의 군영으로 달려갔다. 몰래 장량을 만나 자초지종을 고하고 함께 달아날 것을 권했다.

"패공을 따라 죽지 마시오."

● 신풍의 홍문은 지금의 섬서성 임동구성臨潼區城에서 동쪽으로 약 5킬로미터 떨어진 신풍진新豐鎭 홍문보촌鴻門堡村을 말한다. 홍문은 여산에서 흘러내리는 빗물이 빠져나갈 때 북쪽 끝 출구가 문의 형상을 하고 있고, 그 모습이 홍구鴻溝와 닮은 데서 나온 명칭이다. 항우의 군영이 있던 자리는 항왕영項王營으로 불리고 있다.

장량이 말했다.

"나는 한왕韓王을 위해 패공을 따르고 있는 중이오. 패공이 지금 위태롭다고 해서 나만 달아나는 것은 의롭지 못하오. 이를 패공에게 고하지 않을 수 없소."

그러고는 안으로 들어가 유방에게 모두 고했다. 유방이 크게 놀랐다.

"어찌해야 좋소?"

장량이 반문했다.

"누가 대왕에게 함곡관을 막는 계책을 건의한 것입니까?"

유방이 대답했다.

"어떤 소인배 서생이 권하기를, '관문을 막고 제후들을 받아들이지 않으면 진나라의 넓은 땅에서 왕 노릇을 할 수 있을 것입니다'라고 했소. 내가 그 말을 따랐소."

장량이 물었다.

"대왕의 병졸이 항우를 당해낼 수 있다고 봅니까?"

유방이 잠자코 있다가 말했다.

"실로 그렇지 못하오. 장차 이를 어찌하면 좋겠소?"

장량이 대답했다.

"청컨대 항백項伯에게 가서 말하기를, '유방은 감히 항우를 배신하지 않을 것이다'라고 하십시오."

유방이 물었다.

"그대는 어떻게 항백을 알게 된 것이오?"

장량이 대답했다.

"신이 진나라에서 있을 때 그와 어울렸습니다. 항백이 사람을 죽였을 때 신이 그를 살려준 적이 있었습니다. 지금 위급한 일이 생기자 다행히 신을 찾아와 알려주었습니다."

"두 사람 가운데 누가 연장이오?"

"항백이 연장입니다."

유방이 청했다.

"나를 위해 항백을 불러주시오. 내가 그를 형으로 섬기겠소."

장량이 밖으로 나가 항백을 불러들였다. 항백이 곧바로 들어와 유방을 알현했다. 유방이 술잔을 들어 장수를 기원하며 사돈을 맺기로 약속했다.

"나는 관내로 들어온 뒤 추호도 감히 보물을 가까이한 적이 없고, 관원과 백성의 호적을 정리하고, 부고를 관리하며 장군이 오기만 기다렸습니다. 장수를 보내 관문을 지킨 것은 다른 도적의 출몰과 비상사태를 미연에 막고자 한 것입니다. 밤낮으로 장군이 속히 오기를 고대한 이유입니다. 어찌 감히 반역할 수 있겠습니까? 원컨대 그대는 나를 위해 감히 배은망덕한 짓을 할 사람이 아니라는 것을 자세히 말해주십시오."

항백이 이를 허락했다.

"내일 아침 일찍 와서 항왕項王에게 사죄하지 않으면 안 될 것이오."

"좋소!"

항백이 다시 밤에 왔던 길을 되돌아가 군영에 이른 뒤 유방의 말을 낱낱이 항우에게 보고했다.

"유방이 먼저 관중을 격파하지 않았다면 공이 어찌 들어올 수 있겠습니까? 지금 그가 큰 공을 세웠는데도 그를 치면 이는 의롭지 못한 일입니다. 잘 대우해주느니만 못합니다."

항우가 이를 허락했다. 유방이 이튿날 아침 100여 기騎를 이끌고 항우를 만나러 왔다. 홍문에 이르러 사죄했다.

"신은 장군과 함께 죽을힘을 다해 진나라를 쳤습니다. 장군은 하북, 신은 하남에서 싸움을 벌였습니다. 본의 아니게 신이 먼저 관중에 진입해 진나라를 격파하고, 이곳에서 다시 장군을 뵐 수 있게 되었습니다. 지금 소인배의 참언으로 인해 장군과 신 사이에 틈이 벌어졌습니다."

항우가 말했다.

"이는 그대의 좌사마 조무상이 말한 것이오. 그렇지 않았다면 내가 무엇 때문에 이리했겠소?"

항우는 이날 함께 술을 마시기 위해 유방을 머물게 했다. 항우와 항백은 동쪽, 아부亞父는 남쪽을 향해 앉았다. 아부는 범증을 말한다. 당시 유방은 북쪽을 향해 앉고, 장량은 서쪽을 향해 시좌侍坐(임금이 정전正殿에 나갔을 때에 세자가 옆에서 모시고 앉던 일)했다. 범증이 항우에게 누차 눈짓을 하며 차고 있던 옥결玉玦을 들어 속히 유방의 목을 칠 것을 암시했다. 이러기를 세 번 했으나 항우는 묵묵히 응하지 않았다. 범증이 일어나 밖으로 나온 뒤 항우의 사촌 동생인 항장項莊을 불렀다.

"우리 군왕은 사람이 모질지 못하다. 그대는 안으로 들어가 앞에서 축수를 올리고, 축수를 마친 뒤 검무를 청하라. 기회를 틈타 유방을 쳐 죽이면 된다. 그리하지 않으면 그대들 모두 패공의 포로가 되고 말 것이다."

항장이 곧바로 들어가 축수를 올렸다. 축수가 끝난 뒤 이같이 청했다.

"군왕과 패공이 주연을 즐기는데 군중에 취흥을 돋을 만한 것이 없습니다. 신이 검무를 추고자 합니다."

항우가 허락했다.

"좋소."

항장이 검을 뽑아 춤을 추었다. 이때 항백이 곧바로 검을 뽑아 들고 일어나 춤을 추며 계속 몸으로 유방을 감쌌다. 항장이 유방을 치지 못한 이유다. 당시 장량은 군문軍門까지 가 번쾌樊噲를 만났다. 번쾌가 물었다.

"지금 상황이 어떠합니까?"

장량이 대답했다.

"심히 위급하오. 지금 항장이 검을 뽑아 들고 춤을 추고 있소. 계속 패공의 목숨을 노리고 있는 것이오."

번쾌가 말했다.

"실로 급박한 일입니다. 신이 안으로 들어가 패공과 생사를 같이 하고자 합니다."

번쾌가 곧바로 검을 차고 방패를 든 채 군문 안으로 들어갔다. 파수를 서는 위사衛士가 막으며 들여보내려 하지 않았다. 번쾌가 방패로 비껴 치자 위사들은 땅에 엎어졌다. 마침내 안으로 들어가 장막을 들추고 서쪽을 향해 섰다. 눈을 부릅뜬 채 항우를 노려보았다. 머리카락이 위로 솟고, 눈꼬리가 찢어질 대로 찢어졌다. 항우가 칼을 만지며 무릎을 세웠다.

"그대는 무엇을 하는 자인가?"

장량이 대답했다.

"패공의 참승 번쾌입니다."

항우가 말했다.

"장사로다. 술 한 잔을 내리도록 하겠다."•

그러고는 한 말이나 되는 큰 잔에 술을 부어주었다. 번쾌가 감사의 절을 한 뒤 선 채로 마셔버렸다. 항우가 좌우에 명했다.

"그에게 돼지 어깻죽지를 주어라."

사람들이 곧바로 익지 않은 돼지 어깻죽지 하나를 주었다. 번쾌가 방패를 바닥에 엎어놓고 그 위에 돼지 다리를 올려놓은 뒤 칼을 뽑아 썰어서 먹었다. 항우가 물었다.

"장사로다. 더 마실 수 있겠는가?"

번쾌가 대답했다.

"신은 죽음도 피하지 않는데 술 한 잔을 어찌 사양하겠습니까! 진나라 왕은 호랑이나 승냥이의 마음을 가지고 있습니다. 다 죽이지 못할까 우려하는 듯 사람을 마구 죽이고, 형벌을 다 사용하지 못할까 우려하는 듯 사람을 마구 형벌에 처했습니다. 천하가 모두 그에게 등을 돌린 이유입니다. 초회왕이 여러 장수 앞에서 약조하기를, '먼저 진나라를 격파하고 함양에 들어가는 자를 왕으로 세울 것이다'라고 했습니다. 지금 패공은 먼저 진나라를 격파하고 함양에 진입했지만 터럭만한 작은 물건도 감히 가까이한 바가 없습니다. 궁실을 굳게 봉하고 다시 파상으로 철군한 뒤 대왕이 오기를 고대했습니다. 일부러 장수를 보내 관문을 지키게 한 것은 다른 도적들의 출입

● "술 한 잔을 내리도록 하겠다"의 원문은 사지치주賜之卮酒다. 치卮는 술잔을 뜻하는 치卮의 약자다. 치주卮酒는 일배주一杯酒와 같은 말이다. 《전국책》〈제책〉의 화사첨족畫蛇添足 일화에 이 표현이 나온다. 치언卮言은 술이 가득 차면 기울어지게 만든 술잔처럼 주관도 없이 함부로 말하는 것을 뜻한다. 자신의 저서를 겸허히 표현할 때 사용한다. 문학을 논한 명나라 왕세정王世貞의 《예원치언藝苑卮言》이 대표적이다. 《장자》〈우언寓言〉에 치언 표현이 처음으로 나온다.

과 비상사태를 대비한 것입니다. 애써 수고한 공이 이처럼 큰데 봉후封侯의 상을 내리기는커녕 소인배의 참언만 듣고 공을 세운 자를 죽이려 합니다. 이는 멸망한 진나라를 잇는 것일 뿐입니다. 제 생각에는 장군이 그런 일을 해서는 안 된다고 봅니다."

항우가 이에 응답치 않고 말했다.

"앉게."

번쾌가 장량을 따라 앉았다. 번쾌가 앉은 지 얼마 되지 않아 유방이 일어나 측간을 가면서 이들을 밖으로 불러냈다. 유방이 나간 뒤 항우가 도위 진평陳平에게 패공을 불러오게 했다.● 유방이 번쾌에게 물었다.

"지금 하직인사도 하지 않고 나왔으니 어찌하는 것이 좋겠소?"

번쾌가 대답했다.

"큰일을 할 때는 사소한 예절을 돌보지 않고, 큰 예절을 행할 때는 작은 허물을 마다하지 않는 법입니다. 지금 저들이 바야흐로 칼과 도마, 우리는 그 위에 놓인 물고기의 신세가 되어 있습니다. 무슨 인사말을 한다는 것입니까?"

마침내 그곳을 떠나며 장량에게 남아 사죄하게 했다. 장량이 유방에게 물었다.

"대왕은 무슨 선물을 가지고 왔소?"●●

● 한고조 유방은 훗날 자신의 책사로 활약한 진평의 반간계를 이용해 항우를 제압한 바 있다. 홍문지연 당시 항우가 진평을 시켜 밖으로 나간 유방을 불러들인 것은 음미할 만한 대목이다. 만일 항우가 진평을 자신의 책사로 중용했다면 유방이 달아나는 일이 애초부터 불가능했을지도 모를 일이다.
●● 원문은 대왕래하조大王來何操다. 조操는 잡을 집執과 뜻이 같다. 항우와 유방 모두 왕호를 사용한 초회왕 밑에 있었던 점을 감안할 때 여기의 대왕 표현은 시의에 맞지 않는다. 일본학자 사다케 야스히코는 홍문지연 당시 유방이 항복하는 의식의 일환으로 치러졌다고 했다. 유방의 항복을 미화해놓았다는 것이 통설이다. 《사기》에는 한고조 유방을 미화해놓은 대목이 많다.

유방이 말했다.

"흰 옥 한 쌍을 가져와 항우에게 바치고, 옥두玉斗 한 쌍은 아부에게 주려고 했소. 그들이 화가 나 있어 감히 바치지 못했소. 그대가 나를 대신해 바치도록 하시오."

"삼가 받들겠습니다."

당시 항우의 군사는 홍문 아래, 패공의 군사는 파상에 있었다. 서로 40리가량 떨어져 있었다. 유방은 거기를 버려둔 채 몸만 빠져나와 홀로 말에 올랐다. 번쾌와 하후영夏侯嬰·근강靳彊·기신紀信 등 네 명은 검과 방패를 들고 도보로 수행했다. 유방 일행은 여산을 내려와 지양의 샛길을 이용했다. 이에 앞서 유방은 장량에게 이같이 당부했다.

"이 길을 따라가면 우리 군영까지는 20리에 지나지 않소. 내가 군영에 이르렀다고 생각될 즈음 안으로 들어가시오."

유방이 떠난 뒤 샛길을 통해 군영에 이르렀다고 여겨질 즈음 장량이 안으로 들어가 사죄했다.

"패공이 술을 이기지 못해 하직인사를 드리지 못했습니다. 삼가 신 장량에게 흰 옥 한 쌍을 받들어 대왕 족하에게 재배의 예를 올리며 바치고, 옥두 한 쌍은 대장군 족하에게 재배의 예를 올리며 바치게 했습니다."

항우가 물었다.

"패공은 지금 어디에 있는가?"

장량이 대답했다.

"대왕이 심하게 질책하려 한다는 이야기를 듣고 몸만 빠져나가 홀로 떠났습니다. 이미 군영에 당도했을 것입니다."

항우가 흰 옥을 받아 자리 위에 두었다. 범증이 옥두를 받아 땅에 놓고는 칼을 뽑아 깨뜨리며 이같이 탄식했다.

"아, 어린아이[豎子]와는 대사를 도모할 수 없구나. 항우의 천하를 빼앗을 자는 반드시 패공일 것이다. 우리는 이제 그의 포로가 되고야 말리라!"

유방은 군영에 이르자마자 곧바로 조무상을 베었다.

●● 行略定秦地, 函谷關有兵守關, 不得入. 又聞沛公已破咸陽, 項羽大怒, 使當陽君等擊關. 項羽遂入, 至于戲西. 沛公軍霸上, 未得與項羽相見. 沛公左司馬曹無傷使人言於項羽曰, "沛公欲王關中, 使子嬰爲相, 珍寶盡有之." 項羽大怒, 曰, "旦日饗士卒, 爲擊破沛公軍!" 當是時, 項羽兵四十萬, 在新豐鴻門, 沛公兵十萬, 在霸上. 范增說項羽曰, "沛公居山東時, 貪於財貨, 好美姬. 今入關, 財物無所取, 婦女無所幸, 此其志不在小. 吾令人望其氣, 皆爲龍虎, 成五采, 此天子氣也. 急擊勿失." 楚左尹項伯者, 項羽季父也, 素善留侯張良. 張良是時從沛公, 項伯乃夜馳之沛公軍, 私見張良, 具告以事, 欲呼張良與俱去. 曰, "母從俱死也." 張良曰, "臣爲韓王送沛公, 沛公今事有急, 亡去不義, 不可不語." 良乃入, 具告沛公. 沛公大驚, 曰, "爲之柰何?" 張良曰, "誰爲大王爲此計者?" 曰, "鯫生說我曰'距關, 母內諸侯, 秦地可盡王也'. 故聽之." 良曰, "料大王士卒足以當項王乎?" 沛公默然, 曰, "固不如也, 且爲之柰何?" 張良曰, "請往謂項伯, 言沛公不敢背項王也." 沛公曰, "君安與項伯有故?" 張良曰, "秦時與臣遊, 項伯殺人, 臣活之. 今事有急, 故幸來告良." 沛公曰, "孰與君少長?" 良曰, "長於臣." 沛公曰, "君爲我呼入, 吾得兄事之." 張良出, 要項伯. 項伯卽入見沛公. 沛公奉卮酒爲壽, 約爲婚姻, 曰, "吾入關, 秋豪不敢有所近, 籍吏民, 封府庫, 而待將軍. 所以遣將守關者, 備他盜之出入與非常也. 日夜望將軍至, 豈敢反乎! 願伯具言臣之不敢倍德也." 項伯許諾. 謂沛公曰, "旦日不可不蚤自來謝項王." 沛公曰, "諾." 於是項伯復夜去, 至軍中, 具以沛公言報項王. 因言曰, "沛公不先破關中, 公豈敢入乎? 今人有大功而擊之, 不義也, 不如因善遇之." 項王許諾. 沛公旦日從百餘騎來見項王, 至鴻門, 謝曰, "臣與將軍戮力而攻秦, 將軍戰河北, 臣戰河南, 然不自意能先入關破秦, 得復見將軍於此. 今者有小人之言, 令將軍與臣有郤." 項王曰, "此沛公左司馬曹無傷言之, 不然, 籍何以至此." 項王卽日因留沛公與飲. 項王·項伯東嚮坐. 亞父南嚮坐. 亞父者, 范增也. 沛公北嚮坐, 張良西嚮侍. 范增數目項王, 舉所佩玉玦以示之者三, 項王默然不應. 范增起, 出召項莊, 謂曰, "君王為人不忍, 若入前為壽, 壽畢, 請以劍舞, 因擊沛公於坐, 殺之. 不者, 若屬皆且為所虜." 莊則入為壽, 壽畢, 曰, "君王與沛公飲, 軍中無以為樂, 請以劍舞." 項王曰, "諾." 項莊拔劍起舞, 項伯亦拔劍起舞, 常以身翼蔽沛公, 莊不得擊. 於是張良至軍門, 見樊噲. 樊噲曰, "今日之事何如?" 良曰, "甚急. 今者項莊拔劍舞, 其意常在沛公也." 噲曰, "此迫矣, 臣請入, 與之同命." 噲卽帶劍擁盾入軍門. 交戟之衛士欲止不內, 樊噲側其盾以撞, 衛士仆地, 噲遂入, 披帷西嚮立, 瞋目視項王, 頭髮上指, 目眥盡裂. 項王按劍而跽曰, "客何為者?" 張良曰, "沛公之參乘樊噲者也." 項王曰, "壯士, 賜之卮酒." 則與斗卮酒. 噲拜謝, 起, 立而飲之. 項王曰, "賜之彘肩." 則與一生彘肩. 樊噲覆其盾於地, 加彘肩上, 拔劍切而啗之. 項王曰, "壯士, 能復飲乎?" 樊噲曰, "臣死且不避, 卮酒安足辭! 夫秦王有虎狼之心, 殺人如不能舉, 刑人如恐不勝, 天下皆叛之. 懷王與諸將約曰 '先破秦入咸陽者王之'. 今沛公先破秦入咸陽, 豪毛不敢有所近, 封閉宮室, 還軍霸上, 以待大王來. 故遣將守關者, 備他盜出入與非常也. 勞苦而功高如此, 未有封侯之賞, 而聽細說, 欲誅有功之人. 此亡秦之續耳, 竊爲大王不取也." 項王未有以應, 曰, "坐." 樊噲從良坐. 坐須臾, 沛公起如廁, 因招樊噲出. 沛公已出, 項王使都尉陳平召沛公. 沛公曰, "今者出, 未辭也, 爲之奈何?" 樊噲曰, "大行不顧細謹, 大禮不辭小讓. 如今人方爲刀俎, 我爲魚肉, 何辭爲." 於是遂去. 乃令張良留謝. 良問曰, "大王來何操?" 曰, "我持白璧一雙, 欲獻項王, 玉斗一雙, 欲與亞父, 會其怒, 不敢獻. 公爲我獻之" 張良曰, "謹諾." 當是時, 項王軍在鴻門下, 沛公軍在霸上, 相去四十里. 沛公則置車騎, 脫身獨騎, 與樊噲·夏侯嬰·靳彊·紀信等四人持劍盾步走, 從酈山下, 道芷陽閒行. 沛公謂張良曰, "從此道至吾軍, 不過二十里耳. 度我至軍中, 公乃入." 沛公已去, 閒至軍中, 張良入謝, 曰, "沛公不勝桮杓, 不能辭. 謹使臣良奉白璧一雙, 再拜獻大王足下, 玉斗一雙, 再拜奉大將軍足下." 項王曰, "沛公安在?" 良曰, "聞大王有意督過之, 脫身獨去, 已至軍矣." 項王則受璧, 置之坐上. 亞父受玉斗, 置之地, 拔劍撞而破之, 曰, "唉! 豎子不足與謀. 奪項王天下者, 必沛公也, 吾屬今爲之虜矣!" 沛公至軍, 立誅殺曹無傷.

　홍문지연이 있은 지 며칠 뒤 항우가 군사를 이끌고 서진했다. 함양을 도륙하고, 항복한 진나라 왕 자영을 죽이고, 진나라의 궁실을 불태웠다. 불이 석 달 동안 타고도 꺼지지 않았다. 이어 재화와 보물 및 부녀자를 거두어 동쪽으로 돌아왔다. 어떤 자가 항우에게 권했다.

　"관중은 사방이 산하로 막혀 있고 땅이 비옥합니다. 도읍으로 삼아 패왕의 대업을 이룰 만합니다."

　그러나 항우는 진나라 궁실이 이미 모두 불에 탄데다 내심 고향이 그리워 동쪽으로 돌아가고자 했다.

"부귀해진 뒤 귀향하지 않는 것은 마치 비단 옷을 입고 밤길을 가는 것과 같소[衣繡夜行].* 그리하면 누가 이를 알아주겠소?"

항우에게 권한 자가 탄식했다.

"사람들이 말하기를, '초나라 땅 사람들은 목욕한 원숭이가 관冠을 쓴 것일 뿐이다'**라고 했다. 과연 그렇다."

항우가 그 말을 듣고는 그를 팽살烹殺했다. 항우가 사자를 보내 초회왕에게 보고하자 초회왕이 말했다.

"약조대로 할 것이다."

항우가 초회왕을 의제義帝로 높였다. 스스로 패왕이 되기 위해 먼저 여러 장상을 왕으로 삼았다.

"당초 천하에 난이 일어났을 때 임시로 제후의 후예를 즉위시켜 진나라를 토벌했소. 그러나 갑옷을 입고 무기를 든 채 먼저 거사한 뒤 비바람을 맞으며 들에서 지내기를 3년 동안 한 끝에 마침내 진나라를 멸하고 천하를 평정한 것은 모두 여러 장상과 나의 힘 덕분이오. 의제는 비록 황제라고는 하나 공을 세우지 못했으니 그 땅을 나누어 왕으로 삼는 것이 마땅할 것이오."

여러 장수가 입을 모아 말했다.

"옳소."

● 의수야행은 금의야행錦衣夜行의 어원이다. 《한서》〈진승항적전陳勝項籍傳〉은 이 대목을 그대로 옮기면서 의수衣繡를 의금衣錦으로 바꿔놓았다. 이것이 다시 금의야행 성어로 굳었다.
●● "초나라 땅 사람들은 목욕한 원숭이가 관을 쓴 것일 뿐이다"의 원문은 목후이관沐猴而冠이다. 사람의 옷을 입은 원숭이를 의미한다. 《한서》에는 이 말을 한 사람이 진나라 조정에 근무했던 한생韓生으로 나온다. 《한서》〈오피전伍被傳〉에도 이 표현이 나온다. 회남왕淮南王 유안劉安이 모반을 꾀할 때 중랑 오피가 누차 간했음에도 듣지 않자 탄식하기를, "한나라 궁정의 공경과 열후 모두 목후이관에 지나지 않는다!"고 했다.

천하를 나누어 여러 장수를 후왕으로 세웠다. 항우과 범증은 유방이 천하를 차지할까 의심했다. 그러나 이미 그와 강화한데다 약조를 어기는 것도 꺼림칙했다. 더구나 제후들이 배신할까 두려웠다. 두 사람이 은밀히 상의했다.

"파촉은 길이 험하고, 진나라에서 유배를 간 자들 모두 촉 땅에 살고 있다."

그러고는 이같이 선언했다.

"파촉 역시 관중의 땅이다."

유방을 한왕漢王으로 삼아 파촉과 한중에 봉하고, 남정에 도읍하게 했다. 이어 관중 일대를 삼분해 항복한 진나라 장수들을 왕으로 삼은 뒤 유방을 견제하게 했다. 항우는 장함을 옹왕으로 삼아 함양 서쪽에 봉하고, 폐구廢丘에 도읍하게 했다. 장사 사마흔은 원래 약양의 옥연이었던 자로 일찍이 항량에게 은혜를 베푼 적이 있다. 도위 동예는 원래 장함에게 초나라에게 항복할 것을 권한 자였다. 사마흔을 새 왕으로 삼아 함양의 동쪽에서 황하에 이르는 곳에 봉하고, 약양에 도읍하게 했다. 동예를 적왕으로 삼아 상군上郡에 봉하고, 고노高奴에 도읍하게 했다. 위왕 표豹를 이봉移封해 서위왕西魏王으로 삼은 뒤 하동에 봉하고, 평양에 도읍하게 했다.

하구瑕丘 출신 신양申陽은 원래 장이의 총신寵臣이다. 앞장서 하남을 함락시키고 황하 가에서 초나라 군사를 맞아들인 바가 있다. 신양을 하남왕河南王으로 삼고, 낙양에 도읍하게 했다. 한왕韓王 한성韓成은 옛 도읍 그대로 양적陽翟에 도읍하게 했다. 조나라 장수 사마앙司馬卬은 하내를 평정하고 수차례 공을 세웠다. 은왕殷王으로 삼아 하내에 봉하고, 조가에 도읍하게 했다. 조왕 헐은 이봉해 대왕으로 삼았다. 조나라 재상 장이는 원래 현명한데다 관중으로 들어올 때 함께 따라왔다. 장이를 상산왕常山王으로 삼아 조 땅에 봉하고, 양국襄國에 도읍하게 했다. 당양군 경포는 초나라 장수로서 전공이 늘 군중에서 으뜸이었다. 경포를 구강왕九江王으로 삼고, 육현六縣에 도읍하게 했다. 파군鄱君 오예吳芮는 백월을 이끌고 제후군을 도운데다, 관중으로 들어올 때 함께 따라왔다. 오예를 형산왕衡山王으로 삼고, 주邾에 도읍하게 했다.

의제의 주국柱國 공오共敖는 군사를 이끌고 남군을 쳐 공이 많았다. 공오를 임강왕臨江王으로 삼고, 강릉江陵에 도읍하게 했다. 연왕 한광韓廣을 이봉해 요동왕遼東王으로 삼았다. 연나라 장수 장도臧荼는 초나라를 쫓아 조나라를 구하고, 관중으로 들어올 때 함께 따라왔다. 장도를 연왕으로 삼고, 계 땅에 도읍하게 했다. 제왕齊王 전불은 이봉해 교동왕膠東王으로 삼았다. 제나라 장수 전도田都는 제후군과 함께 조나라를 구하고, 관중으로 들어올 때 함께 따라왔다. 전도를 제왕으로 삼고, 임치臨菑에 도읍하게 했다. 진나라에 의해 패망한 제나라의 왕 전건田建의 손자인 전안田安은 항우가 막 황하를 건너 조나라를 구원할 때 제북濟北의 여러 성을 함락시킨 뒤 군사를 이끌고 항우에게 항복했다. 그를 제북왕濟北王으로 삼고, 박양博陽에 도읍하게 했다. 그러나 전영은 누차 항량을 배신하고, 군사를 이끌고 초나라를 쫓아 진나라를 치려 하지 않은 까닭에 봉지를 주지 않았다. 성안군成安君 진여는 장수의 인印을 버리고 관중으로 들어올 때 따르지 않았다. 그러나 평소 현명하다는 명성이 있고, 조나라에 대해서도 공이 있었다. 남피南皮에 있다는 소식을 듣고는 그 부근의 세 개 현에 봉했다. 파군 오예의 휘하장수 매현梅鋗은 공이 많아 10만 호의 후로 삼았다. 항우

는 스스로 보위에 올라서 서초패왕*을 칭하고, 구군九郡을 봉지로 삼
아 팽성에 도읍했다.

●● 居數日, 項羽引兵西屠咸陽, 殺秦降王子嬰, 燒秦宮室, 火三月不
滅, 收其貨寶婦女而東. 人或說項王曰, "關中阻山河四塞, 地肥饒, 可
都以霸." 項王見秦宮皆以燒殘破, 又心懷思欲東歸, 曰, "富貴不歸故
鄕, 如衣繡夜行, 誰知之者!" 說者曰, "人言楚人沐猴而冠耳, 果然." 項
王聞之, 烹說者. 項王使人致命懷王. 懷王曰, "如約." 乃尊懷王爲義帝.
項王欲自王, 先王諸將相. 謂曰, "天下初發難時, 假立諸侯後以伐秦.
然身被堅執銳首事, 暴露於野三年, 滅秦定天下者, 皆將相諸君與籍之
力也. 義帝雖無功, 故當分其地而王之." 諸將皆曰, "善." 乃分天下, 立
諸將爲侯王. 項王·范增疑沛公之有天下, 業已講解, 又惡負約, 恐諸
侯叛之, 乃陰謀曰, "巴·蜀道險, 秦之遷人皆居蜀." 乃曰, "巴·蜀亦關
中地也." 故立沛公爲漢王, 王巴·蜀·漢中, 都南鄭. 而三分關中, 王秦
降將以距塞漢王. 項王乃立章邯爲雍王, 王咸陽以西, 都廢丘. 長史欣
者, 故爲櫟陽獄掾, 嘗有德於項梁, 都尉董翳者, 本勸章邯降楚. 故立司
馬欣爲塞王, 王咸陽以東至河, 都櫟陽, 立董翳爲翟王, 王上郡, 都高
奴. 徙魏王豹爲西魏王, 王河東, 都平陽. 瑕丘申陽者, 張耳嬖臣也, 先
下河南郡, 迎楚河上, 故立申陽爲河南王, 都雒陽. 韓王成因故都, 都陽
翟. 趙將司馬卬定河內, 數有功, 故立卬爲殷王, 王河內, 都朝歌. 徙趙
王歇爲代王. 趙相張耳素賢, 又從入關, 故立耳爲常山王, 王趙地, 都襄
國. 當陽君黥布爲楚將, 常冠軍, 故立布爲九江王, 都六. 鄱君吳芮率百
越佐諸侯, 又從入關, 故立芮爲衡山王, 都邾. 義帝柱國共敖將兵擊南

---

* 사다케 야스히코는 항우가 천하를 손에 넣었을 때의 호칭은 기왕의 서초패왕이 아니라
초왕이라고 했다.

郡, 功多, 因立敖爲臨江王, 都江陵. 徙燕王韓廣爲遼東王. 燕將臧荼從
楚救趙, 因從入關, 故立荼爲燕王, 都薊. 徙齊王田市爲膠東王. 齊將田
都從共救趙, 因從入關, 故立都爲齊王, 都臨菑. 故秦所滅齊王建孫田
安, 項羽方渡河救趙, 田安下濟北數城, 引其兵降項羽, 故立安爲濟北
王, 都博陽. 田榮者, 數負項梁, 又不肯將兵從楚擊秦, 以故不封. 成安
君陳餘棄將印去, 不從入關, 然素聞其賢, 有功於趙, 聞其在南皮, 故因
環封三縣. 番君將梅鋗功多, 故封十萬戶侯. 項王自立爲西楚霸王, 王
九郡, 都彭城.

한고조 원년 4월, 제후들이 휘하 군사를 이끌고 각자 자신의 봉국
으로 갔다. 항우도 함곡관을 나와 자신의 봉국으로 와서는 사자를
시켜 의제를 옮기게 했다.

"옛날 제왕은 영토가 사방 1,000리에 지나지 않았고, 반드시 강의
상류에 머물렀다."

그러고는 사자에게 의제를 장사長沙의 침현郴縣으로 옮기게 했다.
의제의 행차를 재촉하자 의제의 여러 신하가 점차 의제를 배신했다.
이에 은밀히 형산왕과 임강왕을 시켜 의제를 장강 가에서 제거하게
했다. 한왕 한성은 전공이 없었다. 항우는 그가 봉국으로 돌아가지
못하게 하고, 함께 팽성으로 간 뒤 왕을 폐하고 후로 삼았다가 이내
죽였다. 장도는 자신의 봉국으로 가 한광을 요동으로 쫓아내려고 했
다. 한광이 듣지 않자 무종無終에서 격살한 뒤 그 땅을 빼앗아 자신의
봉지로 삼았다.

전영은 항우가 제왕齊王 전불을 교동으로 이봉하고, 제나라 장수
전도를 제왕으로 세웠다는 소식을 듣고는 대로했다. 제왕을 교동으

로 보내지 않은 채 제나라 땅을 점거한 뒤 반란을 일으켜 전도를 맞아 싸운 이유다. 전도는 초나라로 달아나고, 제왕 전불은 항우가 두려운 나머지 교동으로 달아난 뒤 봉국으로 가고자 했다. 전영이 대로해 전불을 추격해 즉묵卽墨에서 죽였다. 이후 스스로 제왕으로 즉위한 뒤 서쪽으로 제북왕 전안을 쳐서 죽이고, 이른바 삼제三齊를 모두 자신의 영토로 삼았다. 전영은 팽월彭越에게 장수의 인장을 주고 양 땅에서 반란을 일으키게 했다. 진여가 몰래 장동張同과 하열夏說을 보내 제왕 전영을 설득했다.

"항우가 천하의 우두머리가 된 것은 불공평한 일입니다. 지금 원래 왕이었던 사람을 추지醜地, 자신의 여러 신하들과 장수들을 선지善地의 왕으로 삼았습니다.• 원래의 군주인 조왕을 쫓아내 북쪽의 대 땅에 거하게 했으니, 저는 있을 수 없는 일이라고 생각합니다. 대왕은 이미 군사를 일으킨 뒤 불의를 좇지 않는다고 들었습니다. 원컨대 대왕은 저에게 군사를 빌려주어 제가 상산을 치고 조왕의 원래 영토를 회복케 한 뒤 저희 조나라를 방패막이로 삼기 바랍니다."

전영이 이를 허락하고 군사를 조나라로 보냈다. 진여가 자신의 봉지인 세 개 현의 군사를 모두 징발한 뒤 제나라 군사와 합세해 상산을 쳐 대승을 거두었다. 장이가 달아나 유방의 한漢나라에 귀의했다. 진여는 조왕 헐을 대 땅에서 맞이해 조나라로 돌아갔다. 조왕 헐이 진여를 대왕으로 내세웠다. 당시 파촉과 한중을 봉지로 받은 유방은 군사를 돌려 삼진三秦을 모두 평정함으로써 관중까지 차지했다. 항우

• 추지와 선지는 황폐한 땅과 비옥한 땅을 의미하는 말로 각각 악지惡地 및 미지美地와 통한다. 《열자》〈설부說符〉와 《한서》〈조충국전趙充國傳〉에 미지 표현이 나온다. 선악과 미추가 통용되었음을 보여준다.

는 유방이 관중을 모두 병탄한 뒤 동진하고자 하고, 제나라와 조나라가 자신을 배신했다는 소식을 듣고 대로했다. 옛 오현의 현령 정창鄭昌을 한왕韓王으로 삼고, 유방의 동진을 저지하게 했다. 또 소공蕭公 각角 등을 시켜 팽월을 공격하게 했다. 팽월이 소공 각 등을 격퇴했다. 유방이 장량에게 명해 한韓나라를 돌아보게 한 뒤 항우에게 서신을 보냈다.

> 나는 직위를 잃었소. 원래의 약조대로 관중을 넘겨주면 곧바로 진격을 멈추어 감히 동쪽으로 나아가지 않을 것이오.

또 제나라와 조나라의 반란을 알리는 서신을 항우에게 보냈다.

> 제나라가 조나라와 합세해 초나라를 멸망시키려고 하오.

항구가 서쪽의 유방을 치려던 생각을 버리고, 북쪽 제나라를 친 이유다. 당시 항우는 구강왕 경포에게 명해 군사를 징발하게 했다. 그러나 경포는 병을 핑계로 나오지 않고, 휘하장수에게 수천 명의 군사를 이끌고 가 돕게 했다. 이로 인해 항우는 내심 경포를 원망하게 되었다. 한고조 2년 겨울, 항우가 마침내 북쪽 성양에 이르자 제나라 전영 역시 군사를 이끌고 나와 전투를 벌였다. 전영이 이기지 못하고 평원으로 달아나자 평원의 백성이 그를 죽였다. 항우가 마침내 북쪽으로 진격해 제나라 성곽과 민가를 불사르고, 항복한 전영의 군사를 생매장하고, 노약자와 부녀 들을 묶어 포로로 삼았다. 이어 제나라의 북해北海까지 토벌했다. 제나라의 대부분 지역이 파괴되고 무너졌다. 제나라 백성이 다시 모여 반기를 들었다. 전영의 동생 전횡田橫이 살아남은 병사 수만 명을 거두어 성양에서 반란을 일으켰다. 항우가 머물며 누차 싸움을 벌였으나 성양성을 함락시키지 못했다.

이해 봄, 유방이 5국의 제후를 압박했다.• 연합군 56만 명을 이끌고 초나라 도성 팽성을 함락시켰다. 항우가 이 소식을 듣고는 여러 장수에게 제나라를 공격케 하고는 자신은 은밀히 정예군 3만 명을 이끌고 남진해 노현魯縣으로 들어갔다가 호릉으로 빠져나왔다. 이해 4월, 유방이 팽성을 점령한 뒤 재화와 보물 및 미녀를 모두 차지하고 날마다 연회를 베풀었다. 항우는 서쪽 소현蕭縣부터 새벽에 한나라 군사를 치고 동진했다. 팽성에 이르렀을 때는 정오 무렵이었다. 기습을 가해 한나라 군사를 대파했다. 한나라 군사 모두 황급히 도망치다가 곡수穀水와 사수에 빠졌다. 빠져 죽은 자가 10만여 명에 달했다. 나머지 군사가 남쪽을 향해 산으로 달아나자 초나라 군사가 추격해 영벽靈壁의 동쪽 수수睢水 가까지 이르렀다. 한나라 군사가 사방으로 달아나다가 초나라 군사에게 밀려 떼죽음을 당했다. 10만 명이 수수에 빠져 죽자 수수가 흐르지 못할 지경이 되었다. 당시 초나라 군사는 유방을 세 겹으로 포위했다. 이때 마침 큰 바람이 서북쪽에서 일어났다. 나무를 부러뜨리고, 집을 뒤집고, 모래와 돌을 날렸다. 사방이 칠흑처럼 어두워지니 초나라 군사를 향해 불어닥치기 시작했다.

• "유방이 5국의 제후를 압박했다"의 원문은 부오제후병部五諸侯兵이다. 《사기집해》는 서광의 주를 인용해 부部가 일부 판본에 겁박할 겁으로 되어 있다고 했다. 《한서》는 겁劫으로 되어 있다. 오제후五諸侯와 관련해 설이 분분하다. 《사기집해》에 따르면 서광은 새塞·적·위魏·은·하남으로 보았다. 응소는 새·적·은·옹·한韓으로 추정했다. 또 위소는 새·적·은·위魏·한韓으로 간주했다. 《사기색은》은 서광의 주장을 좇았다. 《사기정의》는 안사고의 주를 인용해 상산·하남·은·위魏·한韓으로 보았다.

초나라 군사가 혼비백산하자 유방이 가까스로 기병 수십 기를 이끌고 달아날 수 있었다. 패현˙에 들러 가족들을 데리고 서쪽으로 가고자 했다. 초나라 군사가 사람을 보내 패현까지 추격해 유방의 가족을 포획하게 했다. 유방의 가족 모두 황급히 달아나는 바람에 유방과 만나지 못했다. 유방이 도중에 혜제와 노원공주魯元公主를 만났다. 이들을 수레에 태우고 길을 재촉했으나 초나라 기병이 유방의 수레를 급박하게 쫓아왔다. 유방이 다급한 나머지 혜제와 노원공주를 발로 차 수레 아래로 밀쳐 떨어뜨렸다.˙˙ 등공滕公 하후영이 매번 내려가 이들을 다시 수레에 태웠다. 이런 일이 세 번 반복되었다. 하후영이 말했다.

"비록 상황이 다급하기는 하나 더는 내달릴 수 없습니다. 게다가 자식들을 내버리고 어찌하려는 것입니까?"

마침내 기병들의 추적을 벗어난 후 태공太公과 여후를 찾았으나 서로 만나지 못했다. 심이기審食其가 태공과 여후를 모시고 샛길로 가며 유방을 찾다가 오히려 초나라 군사를 만났다. 초나라 군사가 이들을 데리고 돌아와 항우에게 보고했다. 항우가 이들을 늘 군영에

˙〈항우본기〉는 패현으로 기록해놓았지만 〈하후영열전夏侯嬰列傳〉에는 패현에 속해 있는 풍읍으로 써놓았다. 정황상 풍읍으로 보는 것이 옳다.
˙˙ 이 장면을 《사기》〈항우본기〉와 《자치통감》은 밀어서 떨어뜨린다는 뜻의 추타推墮, 《한서》는 발로 찬다는 뜻의 발蹳, 《사기》〈하후영열전〉은 넘어뜨린다는 뜻의 궐蹶로 표현해놓았다. 추타라는 표현이 가장 부드럽고, 발이 가장 격렬하다. 어떤 표현이 당시의 정황에 부합하는지 판단하기는 쉽지 않다. 〈하후영열전〉에 따르면 당시 유방은 화가 난 나머지 자식들을 10여 차례에 걸쳐 참하려고 했다. 하후영이 끝까지 보호해 두 자녀를 위기에서 구할 수 있었다. 〈하후영열전〉과 《한서》는 참하는 대상을 하후영, 《자치통감》은 두 자녀로 기록해놓았다. 위기에 몰려 급히 탈출하는 상황에서 수레를 모는 하후영을 죽이려 했다는 것은 정황상 무리가 있다. 《자치통감》의 기록이 정황에 부합한다. 살기 위해 자식의 목을 치고자 한 것은 비정함의 극치다. 정황상 두 자녀를 수레 밖으로 떨어뜨렸을 때의 거동 역시 《한서》의 표현처럼 발로 찼다는 것이 사실에 부합할 듯하다.

두었다. 당시 여후의 오빠 주여후周呂侯는 한漢나라를 위해 군사를 이끌고 하읍下邑에 주둔하고 있었다. 유방 일행이 샛길로 가 그에게 몸을 의탁한 뒤 조금씩 한나라 병사들을 거두었다. 형양에 이르자 패잔병이 모두 모였다. 관중에 있던 소하蕭何는 징집명부에 없는 노약자까지 모두 징발해 형양으로 보냈다. 덕분에 한나라 군사의 위세가 다시 크게 떨치게 되었다.

당시 초나라 군사는 팽성의 승리를 계기로 여세를 몰아 패주하는 한나라 군사를 추격했다. 형양 남쪽의 경읍京邑과 색읍索邑 사이에서 한나라 군사와 접전했다. 한나라 군사가 초나라 군사를 격파하자 초나라 군사는 더는 형양을 지나 서진하는 것이 불가능했다. 팽성을 구한 항우가 유방을 추격해 형양에 이르렀을 때 제나라 전횡이 혼란한 틈을 타 제나라를 수습한 뒤 전영의 아들 전광田廣을 옹립했다. 유방이 팽성에서 패하자 제후들 모두 다시 초나라에 붙어 한나라를 배신했다. 한나라 군사는 형양에 주둔한 뒤 황하로 이어지는 용도를 만들어 오산敖山 기슭에 만든 거대한 곡물 창고인 오창敖倉으로부터 군량을 제공받았다.

●● 漢之元年四月, 諸侯罷戱下, 各就國. 項王出之國, 使人徙義帝, 曰, "古之帝者地方千里, 必居上遊." 乃使使徙義帝長沙郴縣. 趣義帝行, 其群臣稍稍背叛之, 乃陰令衡山·臨江王擊殺之江中. 韓王成無軍功, 項王不使之國, 與俱至彭城, 廢以爲侯, 已又殺之. 臧荼之國, 因逐韓廣之遼東, 廣弗聽, 荼擊殺廣無終, 幷王其地. 田榮聞項羽徙齊王市膠東, 而立齊將田都爲齊王, 乃大怒, 不肯遣齊王之膠東, 因以齊反, 迎擊田都. 田都走楚. 齊王市畏項王, 乃亡之膠東就國. 田榮怒, 追擊殺之卽墨. 榮因自立爲齊王, 而西擊殺濟北王田安, 幷王三齊. 榮與彭越將軍印, 令反梁地. 陳餘陰使張同·夏說說齊王田榮曰, "項羽爲天下宰, 不平. 今盡王故王於醜地, 而王其群臣諸將善地, 逐其故主趙王, 乃北居代, 餘以爲不可. 聞大王起兵, 且不聽不義, 願大王資餘兵, 請以擊常山, 以復趙王, 請以國爲扞蔽." 齊王許之, 因遣兵之趙. 陳餘悉發三縣兵, 與齊幷力擊常山, 大破之. 張耳走歸漢. 陳餘迎故趙王歇於代, 反之趙. 趙王因立陳餘爲代王. 是時, 漢還定三秦. 項羽聞漢王皆已幷關中, 且東, 齊·趙叛之, 大怒. 乃以故吳令鄭昌爲韓王, 以距漢. 令蕭公角等擊彭越. 彭越敗蕭公角等. 漢使張良徇韓, 乃遺項王書曰, "漢王失職, 欲得關中, 如約卽止, 不敢東." 又以齊·梁反書遺項王曰, "齊欲與趙幷滅楚." 楚以此故無西意, 而北擊齊. 徵兵九江王布. 布稱疾不往, 使將將數千人行. 項王由此怨布也. 漢之二年冬, 項羽遂北至城陽, 田榮亦將兵會戰. 田榮不勝, 走至平原, 平原民殺之. 遂北燒夷齊城郭室屋, 皆阬田榮降卒, 係虜其老弱婦女. 徇齊至北海, 多所殘滅. 齊人相聚而叛之. 於是田榮弟田橫收齊亡卒得數萬人, 反城陽. 項王因留, 連戰未能下.

春, 漢王部五諸侯兵, 凡五十六萬人, 東伐楚. 項王聞之, 卽令諸將擊齊, 而自以精兵三萬人南從魯出胡陵. 四月, 漢皆已入彭城, 收其貨寶美人, 日置酒高會. 項王乃西從蕭, 晨擊漢軍而東, 至彭城, 日中, 大破漢軍. 漢軍皆走, 相隨入穀·泗水, 殺漢卒十餘萬人. 漢卒皆南走山, 楚又追擊至靈壁東睢水上. 漢軍卻, 爲楚所擠, 多殺, 漢卒十餘萬人皆入睢水, 睢水爲之不流. 圍漢王三帀. 於是大風從西北而起, 折木發屋, 揚沙石, 窈冥晝晦, 逢迎楚軍. 楚軍大亂, 壞散, 而漢王乃得與數十騎遁去, 欲過沛, 收家室而西, 楚亦使人追之沛, 取漢王家, 家皆亡, 不與漢王相見. 漢王道逢得孝惠·魯元, 乃載行. 楚騎追漢王, 漢王急, 推墮孝

惠·魯元車下, 滕公常下收載之. 如是者三. 曰, "雖急不可以驅, 奈何棄
之?" 於是遂得脫. 求太公·呂后不相遇. 審食其從太公·呂后間行, 求
漢王, 反遇楚軍. 楚軍遂與歸, 報項王, 項王常置軍中. 是時呂后兄周呂
侯爲漢將兵居下邑, 漢王間往從之, 稍稍收其士卒. 至滎陽, 諸敗軍皆
會, 蕭何亦發關中老弱未傅悉詣滎陽, 復大振. 楚起於彭城, 常乘勝逐
北, 與漢戰滎陽南京·索間, 漢敗楚, 楚以故不能過滎陽而西. 項王之
救彭城, 追漢王至滎陽, 田橫亦得收齊, 立田榮子廣爲齊王. 漢王之敗
彭城, 諸侯皆復與楚而背漢. 漢軍滎陽, 築甬道屬之河, 以取敖倉粟.

한고조 3년, 항우가 누차 한나라 군사의 용도를 쳐 군량을 빼앗았
다. 군량이 부족해진 유방이 두려운 나머지 강화를 청해 형양 서쪽
만 영토로 만들고자 했다. 항우가 응하려 하자 약양후歷陽侯 범증이
간했다.

"지금이야말로 한나라 군사를 쉽게 해치울 때입니다. 지금 놓아주
고 취하지 않으면 나중에 반드시 후회할 것입니다."

항우가 범증과 함께 급히 형양을 포위했다. 유방이 이를 근심하다
가 진평의 계책을 써 범증과 항우를 이간질했다. 항우의 사자가 오
자 태뢰太牢(소·양·돼지고기)의 음식을 준비해 내놓았다가, 항우의 사자
를 보고는 짐짓 크게 놀란 표정을 지었다.

"나는 아부(범증)의 사자인 줄 알았는데 항우의 사자였구나!"

그러고는 음식을 물린 뒤 형편없는 음식[惡食]으로 사자를 대접했
다. 사자가 돌아와 항우에게 보고하자 항우는 범증이 유방과 사통私
通하는 것으로 의심했다. 조금씩 그의 권력을 빼앗기 시작한 이유다.
범증이 대로했다.

"이제 천하의 일이 대략 정해졌으니 앞으로는 군왕 스스로 처리할 수 있을 것입니다. 원컨대 늙은 몸이 사표를 내고 귀향한 뒤 일반 백성으로 살아가도록 허락해주십시오•."

항우가 이를 허락했다. 범증은 팽성에 이르기도 전에 등에 악성 종기가 나 죽었다. 장수 기신이 유방에게 권했다.

"사태가 이미 위급해졌습니다. 청컨대 제가 대왕의 모습으로 꾸며 초나라 군사를 속일 생각입니다. 그 틈을 타 대왕은 빠져나가실 수 있을 것입니다."

유방이 밤중에 형양성의 동문으로 여자 2,000명을 갑옷을 입힌 채 내보내자 초나라 군사가 사방에서 공격해왔다. 기신이 황옥의 수레를 탄 뒤 좌독左纛을 붙이고 밖으로 나가 이같이 말했다.••

"성안에 양식이 떨어져 한왕이 항복하고자 한다."

초나라 군사 모두 만세를 불렀다. 유방은 이 틈을 타 기병 수십 기를 이끌고 형양성의 서쪽 문을 빠져나와 성고로 달아났다. 항우가 기신을 보고 물었다.

"한왕은 어디에 있느냐?"

기신이 말했다.

"한왕은 이미 떠났소."

대로한 항우가 기신에게 불에 태워 죽였다[燒殺]. 당시 유방은 형양 성을 빠져나가면서 어사대부 주가周苛 · 종공樅公 · 위표魏豹에게 형양

• "원컨대 늙은 몸이 사표를 내고 귀향한 뒤 일반 백성으로 살아가도록 허락해주십시오"의 원문은 원사해골귀졸오願賜骸骨歸卒伍다. 여기서 해골骸骨은 사직한 뒤 귀향하는 것을 뜻한다. 졸오卒伍는 5호로 구성된 오와 300호로 구성된 졸을 뜻하는 말로 일반 백성을 상징한다.
•• 좌독은 깃발의 왼쪽에 털이 많은 야크의 꼬리털로 장식한 커다란 깃발을 말한다. 북두칠성을 형상한 것으로 군왕을 상징한다.

을 지키게 했다. 주가와 종공이 상의했다.

"나라를 배신한 왕과는 함께 성을 지키기 어렵다."

그러고는 함께 위표를 죽여버렸다. 초나라 군사가 형양성을 함락시키는 와중에 주가를 생포했다. 항우가 주가에게 말했다.

"나의 장수가 되면 그대를 상장군으로 삼고, 3만 호의 후로 삼을 것이다."

주가가 욕을 해댔다.

"그대가 속히 한나라에 항복하지 않으면 이제 한나라 군사가 그대를 포로로 잡을 것이다. 그대는 결코 한왕의 적수가 될 수 없다."

대로한 항우가 주가를 팽살하고, 종공도 죽였다. 유방은 형양성을 벗어난 뒤 남쪽 완성宛城과 섭현葉縣으로 가 구강왕 경포를 끌어들였다. 함께 행군하면서 병사를 모은 뒤 성고로 다시 들어가 지켰다. 한고조 4년, 항우가 진격해 성고를 포위했다. 유방이 하후영과 함께 성고의 북문을 빠져나온 뒤 황하를 건너 수무修武로 달아나 장이와 병법의 대가인 한신韓信의 군사에 몸을 의탁했다. 여러 장수도 조금씩 성고를 빠져나와 유방의 뒤를 따랐다. 초나라 군사가 마침내 성고를 함락시키고 서쪽으로 진격하고자 했다. 한나라가 군대를 보내 공 땅에서 이들의 진격을 막았다. 초나라 군사가 더는 서진하지 못했다.

당시 팽월은 황하를 건너 동아에서 초나라 군사를 공격해 초나라 장수 설공薛公을 죽였다. 항우가 직접 동쪽으로 진격해 팽월을 쳤다. 유방은 한신의 군사를 손에 넣은 뒤 황하를 건너 남쪽으로 진격하고자 했다. 그러나 정충鄭忠이 간하자 유방은 진격을 멈추고 하내에 방벽을 쌓았다. 이내 유가劉賈에게 군사를 이끌고 가 팽월과 함께 초나라 군량을 불태우게 했다. 항우가 동쪽으로 가 이들을 격파했다. 팽월이 패주했다. 유방이 군사를 이끌고 황하를 건너 다시 성고를 빼앗았다. 덕분에 광무廣武에 주둔하며 오창의 곡식을 먹을 수 있었다. 항우가 동해를 평정한 뒤 다시 서쪽으로 돌아와 한나라 군사에 맞서 광무에 진을 쳤다. 이런 상태로 수개월 동안 대치했다. 팽월이 누차 양 땅에서 반란을 일으켜 초나라의 군량을 끊었다. 항우가 이를 크게 우려했다. 높은 도마를 마련한 뒤 그 위에 태공을 올려놓고는 유방에게 이같이 통고했다.

"지금 속히 항복하지 않으면 태공을 삶아 죽이겠다."

유방이 대꾸했다.

"나와 항우 그대는 모두 북면해 초회왕의 명을 받은 뒤 서로 다짐하기를, '형제가 되기로 약속한다'고 했다. 나의 부친은 곧 그대의 부친이 된다. 그대가 반드시 자신의 부친을 삶고자 하면 내게도 국 한 그릇을 나누어주었으면 한다."

항우가 노해 태공을 죽이려 했다. 항백이 만류했다.

"천하의 일은 아직 알 수 없고, 천하를 도모하는 자는 자신의 집을 돌보지 않는 법입니다. 그를 죽인들 유익한 것이 없고, 오히려 화를 더할 뿐입니다."

항우가 태공을 놓아주었다. 양측이 오랫동안 서로 대치하며 결판을 내지 못했다. 장정들은 행군과 전투로 고달팠고, 노약자들은 수로로 물자를 운반하는 일에 지쳤다. 항우가 유방에게 제의했다.

"천하가 여러 해 동안 흉흉한 것은 오로지 우리 두 사람 때문이다. 원컨대 그대와 겨루어 자웅을 가리고, 애꿎은 천하의 백성을 고달프게 만들지 말자."

유방이 웃으며 거절했다.

"나는 차라리 지혜를 다툴지언정 힘을 다툴 수는 없다."

항우가 장사壯士에게 나가서 도전하게 했다. 한나라에 말을 탄 채 활을 쏘는 기사騎射에 능한 누번樓煩이 있었다. 초나라가 세 번 도전했다. 그때마다 매번 누번이 초나라 장사를 사살했다. 항우가 크게 노해 직접 갑옷을 입은 채 창을 집어 들고 도전했다. 누번이 활을 쏘려 하자 항우가 눈을 부릅뜨고 꾸짖었다. 누번은 눈으로 감히 쳐다보지 못하고, 손으로 감히 화살을 쏘지 못했다. 마침내 진지 속으로 달아나 감히 다시 나오지 못했다. 유방이 사람을 보내 몰래 알아보았다. 그가 항우라는 것을 알고는 크게 놀랐다. 항우가 유방과 가까운 곳으로 나아가 광무산廣武山 골짜기를 사이에 두고 대화를 나누었다. 유방이 그의 죄목을 나열하자, 항우가 노해 일전을 벌이고자 했다. 유방이 응하지 않았다. 항우가 숨겨둔 쇠뇌를 발사해 유방을 맞혔다. 유방이 부상을 입고 성고로 달아났다.

이때 항우는 회음후淮陰侯 한신이 이미 하북을 함락시킨 후 제나라와 조나라까지 무찌르고, 초나라를 치려 한다는 소식을 들었다. 곧 휘하장수 용저龍且에게 한신을 치게 했다. 회음후 한신이 용저와 접전했다. 이때 한신 밑의 기장騎將 관영灌嬰이 나서 초나라 군사를 대파하고 용저마저 죽였다. 한신 스스로 제왕齊王이 되었다. 항우는 용저의 군사가 패했다는 소식을 듣고는 두려운 나머지 우이 출신 무섭武涉을 보내 한신을 설득했다. 한신이 듣지 않았다. 당시 팽월이 다시 반기를 들어 양 땅을 함락시키고 초나라 군사의 군량을 끊어버렸다. 항우가 대사마로 있는 해춘후海春侯 조구 등에게 당부했다.

"성고를 신중히 지키기만 하시오. 한나라 군사가 도전해도 절대 싸우지 말고, 저들의 동진만 막으시오. 나는 보름 이내에 반드시 팽월을 주살하고, 양 땅을 평정한 뒤 다시 장군과 합세하겠소."

　그러고는 곧바로 동진해 진류와 외황을 쳤다. 진류와 달리 외황은 쉽게 함락되지 않았다. 며칠이 지난 후 겨우 항복을 받았다. 대로한 항우가 열다섯 살 이상의 남자를 성의 동쪽으로 끌어오도록 한 뒤 모두 산 채로 땅에 묻으려 했다. 외황 현령의 문객門客 한 사람에게 열세 살 된 아들이 있었다. 그가 항우를 알현했다.

　"팽월이 강압적으로 외황을 위협하자 외황 사람들 모두 두려워한 나머지 짐짓 항복하고는 대왕을 기다렸습니다. 대왕이 와 모두 갱살 하려고 하니 백성이 어찌 귀의할 마음이 생기겠습니까? 이후 여기부 터 동쪽에 있는 양 땅의 10여 개 성읍 모두 두려운 나머지 귀의치 않 을 것입니다."

　항우가 그럴듯하게 여겨 갱살하고자 했던 외황의 백성을 사면했 다. 동쪽으로 수양雎陽에 이르기까지 그 소식을 듣고는 모두 다투어 항복했다. 당시 성고의 초나라 군사는 한나라 군사의 거듭된 도전에 도 꿈적하지 않았다. 한나라 군사가 사람을 시켜 대여섯 날 동안 욕 을 해댔다. 마침내 조구가 대로한 나머지 병사들을 시켜 사수汜水를 건너게 했다. 반쯤 건널 때 한나라 군사가 급습을 가했다. 초나라 군 사를 대파하고 보물을 모두 차지했다. 대사마 조구와 장사 동예, 새 왕 사마흔이 모두 사수 가에서 목을 찔러 자진했다. 원래 조구는 기 현에서 옥리를 지낸 자였다. 장사 사마흔 또한 약양의 옥리로 있던 자였다. 두 사람은 일찍이 항량에게 은덕을 베푼 적이 있어 항우가 신임했다. 당시 항우는 수양에 있었다. 조구의 군사가 패했다는 소식 을 듣고는 곧바로 군사를 이끌고 돌아왔다. 한나라 군사는 종리매鍾 離眛를 형양의 동쪽에서 포위하고 있었다. 항우가 이르자 한나라 군사는 두려워한 나머지 모두 험준한 곳으로 달아났다. 당시 한나라 군사는 오창을 확보한 덕에 식량이 풍부했다. 반면 항우의 군사는 크게 지치고 군량마저 떨어진 상태였다. 유방이 육가陸賈를 시켜 태공의 방면을 설득하게 했다. 항우가 듣지 않았다. 유방이 다시 후공을 보내 천하를 둘로 나누는 방안을 제시했다. 홍구 서쪽을 한나라, 동쪽을 초나라의 영토로 하는 방안이었다. 항우가 이를 받아들였다. 곧 태공과 유방의 처자를 돌려보냈다. 한나라 군사 모두 만세를 외쳤다. 유방이 후공을 평국군平國君에 봉한 뒤 다시는 만나려 하지 않았다. 그러고는 이같이 말했다.

"그는 천하의 변사辯士(말솜씨가 뛰어난 사람)로, 자신이 머무는 나라를 위태롭게 만들 것이다. 평국군이라고 명명한 이유다."

항우는 약조를 마친 뒤 군사를 철수시켜 동쪽으로 돌아갔다. 유방이 서쪽으로 돌아가고자 하자 장량과 진평이 간했다.

"한나라가 거의 천하의 절반을 차지했고, 제후들도 모두 귀의했습니다. 반면 초나라 군사는 지쳐 있고, 군량도 떨어졌습니다. 이는 하늘이 초나라를 망하게 하려는 것입니다. 이 기회를 틈타 빼앗는 것이 낫습니다. 지금 놓아주고 치지 않으면 이는 호랑이를 길러 스스로 화를 남겨두는 일[養虎遺患]에 해당합니다."

유방이 그 말을 좇았다.•

• 홍구를 기점으로 천하를 동서로 쪼개는 강화방안은 약 1년 전 유방이 궁지에 몰려 있을 때 제시한 형양 기점을 양분하는 방안보다 상대적으로 유리하다. 그런데도 왜 이를 성사시킨 후공을 평국군에 봉한 뒤 다시는 만나지 않은 것일까? 사다케는 한신이 장악한 조나라와 제나라를 포함해 팽월의 활동영역이 항우가 관할하는 홍구의 동쪽에 속한 점에 주목했다. 그는 이 조약이 파기를 전제로 한 거짓 강화라고 주장한다. 일종의 사구계詐媾計에 해당한다. 사구계의 1차 목표는 부친을 포함한 가족을 송환하는 것이다. 가족을 송환하기만 하면 곧바로 팽성으로 환군하는 항우군을 급습할 생각이었다는 것이 사다케의 지적이다. 역사적 기록은 없

●● 漢之三年, 項王數侵奪漢甬道, 漢王食乏, 恐, 請和, 割滎陽以西
爲漢. 項王欲聽之. 歷陽侯范增曰, "漢易與耳, 今釋弗取, 後必悔之."
項王乃與范增急圍滎陽. 漢王患之, 乃用陳平計間項王. 項王使者來,
爲太牢具, 舉欲進之. 見使者, 詳驚愕曰, "吾以爲亞父使者, 乃反項王
使者." 更持去, 以惡食食項王使者. 使者歸報項王, 項王乃疑范增與漢
有私, 稍奪之權. 范增大怒, 曰, "天下事大定矣, 君王自爲之. 願賜骸骨
歸卒伍." 項王許之. 行未至彭城, 疽發背而死. 漢將紀信說漢王曰, "事
已急矣, 請爲王誑楚爲王, 王可以間出." 於是漢王夜出女子滎陽東門
被甲二千人, 楚兵四面擊之. 紀信乘黃屋車, 傅左纛, 曰, "城中食盡, 漢
王降." 楚軍皆呼萬歲. 漢王亦與數十騎從城西門出, 走成皋. 項王見紀
信, 問, "漢王安在?" 曰, "漢王已出矣." 項王燒殺紀信. 漢王使御史大
夫周苛 · 樅公 · 魏豹守滎陽. 周苛 · 樅公謀曰, "反國之王, 難與守城."
乃共殺魏豹. 楚下滎陽城, 生得周苛. 項王謂周苛曰, "爲我將, 我以公
爲上將軍, 封三萬戶." 周苛罵曰, "若不趣降漢, 漢今虜若, 若非漢敵
也." 項王怒, 烹周苛, 幷殺樅公. 漢王之出滎陽, 南走宛 · 葉, 得九江王
布, 行收兵, 復入保成皋. 漢之四年, 項王進兵圍成皋. 漢王逃, 獨與滕
公出成皋北門, 渡河走脩武, 從張耳 · 韓信軍. 諸將稍稍得出成皋, 從
漢王. 楚遂拔成皋, 欲西. 漢使兵距之鞏, 令其不得西. 是時, 彭越渡河

으나 항우가 납득할 만한 조건을 제시했다고 보아야 한다. 합의 파기의 책임을 유방에게 돌
릴 경우 한나라는 창업 때부터 사술詐術로 천하를 거머쥔 왕조라는 비난을 면할 길이 없다.
《사기》와 《한서》가 공히 유방이 마지못해 장량과 진평의 간교한 계책을 좇은 것으로 기술해
놓은 근본배경이다. 후공이 평국군에 봉해진 후 몸을 숨긴 것도 바로 이런 맥락에서 접근할
필요가 있다. 후공이 협상 전말을 누설할 경우 유방은 지탄을 면할 길이 없다. 그렇다고 억지
로 후공의 입을 막을 수는 없는 일이다. 최상의 방안은 후공과 세인의 접촉을 끊는 것이다. 후
공이 거짓 강화에 따른 비난을 대신 뒤집어쓴 셈이다. 사가들이 이런 작업에 앞장섰다. 유방
에게 쏟아질 비난을 교묘하게 장량 및 진평에게 떠넘긴 것과 같다. 이 대목은 후대인의 가필
로 보는 것이 옳다.

擊楚東阿, 殺楚將軍薛公. 項王乃自東擊彭越. 漢王得淮陰侯兵, 欲渡河南. 鄭忠說漢王, 乃止壁河內. 使劉賈將兵佐彭越, 燒楚積聚. 項王東擊破之, 走彭越. 漢王則引兵渡河, 復取成皋, 軍廣武, 就敖倉食. 項王已定東海來, 西, 與漢俱臨廣武而軍, 相守數月. 當此時, 彭越數反梁地, 絶楚糧食, 項王患之. 爲高俎, 置太公其上, 告漢王曰, "今不急下, 吾烹太公." 漢王曰, "吾與項羽俱北面受命懷王, 曰'約爲兄弟', 吾翁卽若翁, 必欲烹而翁, 則幸分我一桮羹." 項王怒, 欲殺之. 項伯曰, "天下事未可知, 且爲天下者不顧家, 雖殺之無益, 祇益禍耳." 項王從之. 楚漢久相持未決, 丁壯苦軍旅, 老弱罷轉漕. 項王謂漢王曰, "天下匈匈數歲者, 徒以吾兩人耳, 願與漢王挑戰決雌雄, 毋徒苦天下之民父子爲也." 漢王笑謝曰, "吾寧鬪智, 不能鬪力." 項王令壯士出挑戰. 漢有善騎射者樓煩, 楚挑戰三合, 樓煩輒射殺之. 項王大怒, 乃自被甲持戟挑戰. 樓煩欲射之, 項王瞋目叱之, 樓煩目不敢視, 手不敢發, 遂走還入壁, 不敢復出. 漢王使人閒問之, 乃項王也. 漢王大驚. 於是項王乃卽漢王相與臨廣武閒而語. 漢王數之, 項王怒, 欲一戰. 漢王不聽, 項王伏弩射中漢王. 漢王傷, 走入成皋. 項王聞淮陰侯已擧河北, 破齊・趙, 且欲擊楚, 乃使龍且往擊之. 淮陰侯與戰, 騎將灌嬰擊之, 大破楚軍, 殺龍且. 韓信因自立爲齊王. 項王聞龍且軍破, 則恐, 使盱台人武涉往說淮陰侯. 淮陰侯弗聽. 是時, 彭越復反, 下梁地, 絶楚糧. 項王乃謂海春侯大司馬曹咎等曰, "謹守成皋, 則漢欲挑戰, 愼勿與戰, 毋令得東而已. 我十五日必誅彭越, 定梁地, 復從將軍." 乃東, 行擊陳留・外黃. 外黃不下. 數日, 已降, 項王怒, 悉令男子年十五已上詣城東, 欲阬之. 外黃令舍人兒年十三, 往說項王曰, "彭越彊劫外黃, 外黃恐, 故且降, 待大王. 大王至, 又皆阬之, 百姓豈有歸心? 從此以東, 梁地十餘城皆恐, 莫肯下矣." 項

王然其言, 乃赦外黃當阬者. 東至睢陽, 聞之皆爭下項王. 漢果數挑楚
軍戰, 楚軍不出. 使人辱之, 五六日, 大司馬怒, 渡兵汜水. 士卒半渡, 漢
擊之, 大破楚軍, 盡得楚國貨賂. 大司馬咎·長史翳·塞王欣皆自剄汜
水上. 大司馬咎者, 故蘄獄掾, 長史欣亦故櫟陽獄吏, 兩人嘗有德於項
梁, 是以項王信任之. 當是時, 項王在睢陽, 聞海春侯軍敗, 則引兵還.
漢軍方圍鍾離眜於滎陽東, 項王至, 漢軍畏楚, 盡走險阻. 是時, 漢兵盛
食多, 項王兵罷食絶. 漢遣陸賈說項王, 請太公, 項王弗聽. 漢王復使侯
公往說項王, 項王乃與漢約, 中分天下, 割鴻溝以西者爲漢, 鴻溝而東
者爲楚. 項王許之, 卽歸漢王父母妻子. 軍皆呼萬歲. 漢王乃封侯公爲
平國君. 匿弗肯復見. 曰, "此天下辯士, 所居傾國, 故號爲平國君." 項
王已約, 乃引兵解而東歸. 漢欲西歸, 張良·陳平說曰, "漢有天下太半,
而諸侯皆附之. 楚兵罷食盡, 此天亡楚之時也, 不如因其機而遂取之.
今釋弗擊, 此所謂'養虎自遺患'也." 漢王聽之.

한고조 5년, 유방이 항우를 양하陽夏 남쪽까지 추격해 진을 쳤다.
회음후 한신 및 건성후 팽월과 만나 초나라를 치기로 약속했다. 그
러나 고릉에 이를 때까지 한신과 팽월의 군사가 오지 않았다. 이 틈
을 타 초나라 군사가 쫓아오는 한나라 군사를 대파했다. 유방이 다
시 진지로 들어가 참호를 깊게 판 채 굳게 지켰다. 유방이 장량에게
물었다.

"제후들이 약조를 지키지 않으니 어찌해야 좋소?"

장량이 대답했다.

"초나라 군사가 장차 무너지려 하는데 한신과 팽월은 아직 봉지를
나누어 받지 못했습니다. 그들이 오지 않는 것은 당연합니다. 군왕

이 천하를 그들과 함께 나누면 지금이라도 오게 할 수 있습니다. 그리하지 않으면 앞으로의 일은 알 수 없습니다. 군왕은 진현 동쪽에서 바닷가에 이르는 땅을 한신에게, 수양 이북에서 곡성穀城에 이르는 땅을 팽월에게 주십시오. 이같이 해 그들이 스스로를 위해 싸우게 하면 초나라를 쉽게 격파할 수 있습니다."

"좋소."

곧 사자를 한신과 팽월에게 보냈다.

"힘을 합쳐 초나라를 칩시다. 초나라가 무너지면 진현 동쪽에서 바닷가에 이르는 땅을 제왕에게, 수양 이북에서 곡성에 이르는 땅을 팽 상국에게 주겠소."

한신과 팽월 모두 흔쾌히 수락했다.

"청컨대 지금 진격하십시오."

한신이 곧바로 제나라에서 출병했다. 유가의 군사도 수춘壽春에서 함께 진격해 성보를 도륙하고, 해하垓下에 이르렀다.• 초나라 대사마 주은周殷도 항우를 배신한 뒤 서현舒縣의 군사를 동원해 육현을 도륙했다. 이어 9강의 군사를 동원해 유가와 팽월을 쫓아 해하로 갔다. 이들 모두 항우를 향해 진격했다. 항우의 군사는 해하에 진지를 구축하고 있었다. 군사는 적고 군량은 다 떨어진 상황에서 유방의 한나

• 최근에는 결전의 장소가 해하가 아닌 진성陳城 아래인 진하陳下라는 설이 설득력을 얻고 있다. 〈번역등관열전〉에는 "번쾌가 항적을 진陳에서 포위해 크게 깨뜨렸다", "관영이 한왕과 이향頤鄕에서 만나 항적의 군사를 진하에서 공격해 격파했다", "하후영이 한왕을 수레에 모시고 수행해 항적을 치고 추격해 진에 이르렀다"는 구절이 잇달아 나온다. 또 〈고조공신후자연표〉에는 개국공신 18위에 기록된 고달蠱達이 "도위의 자격으로 참전해 진하에서 항우군을 깨뜨렸다"는 기록이 나온다. 해하가 아닌 진하로 해석해야 그 북쪽에 있던 유방군, 동쪽 이향의 관영군, 남쪽 성보로부터 공격해온 유가와 주은의 군대가 항우를 삼면에서 협공하는 모양이 된다. 항우가 서쪽 해하로 달아날 경우 스스로 초나라에서 완전히 벗어나는 결과가 된다.

라와 한신의 제나라 군사 등이 여러 겹으로 포위했다. 밤에 한나라 군사가 사방에서 모두 초나라 노래를 부르는 이른바 사면초가四面楚歌 상황이 일어났다.˙ 항우가 크게 놀라 탄식했다.

"한나라 군사가 이미 초나라 땅을 모두 빼앗았단 말인가? 어찌해서 초나라 사람이 이토록 많은 것인가?"

항우는 한밤중에 일어나 장중帳中에서 술을 마셨다. 항우에게 우虞라는 미인이 있었다. 극히 총애해 늘 데리고 다녔다. 또 추騅라는 준마가 있었다. 그는 늘 이 말을 타고 다녔다. 항우가 비분강개한 심정으로 스스로 시를 지어 노래했다.˙˙

힘은 산을 뽑고 기개는 세상 덮을 만해
시운이 불리하니 추騅도 나아가지 않는다
추가 나아가지 않으니 어찌해야 좋은가
우여, 우여! 그대를 어찌하란 말인가

항우가 여러 번 읊조리자 우미인이 화답했다.˙˙˙ 항우의 뺨에 몇 줄기 눈물이 흘러내렸다. 좌우가 모두 눈물을 흘리며 차마 쳐다보지 못했다.˙˙˙˙ 항우가 말에 올라타자 휘하장수 가운데 말을 타고 따르는

˙ 사다케는 저서 《항우》에서, 사면초가는 한신의 영역인 제나라 진하에서 전개된 만큼 사면제가四面齊歌로 해석해야 한다고 주장했다. 한신의 공을 깎아내리기 위해 제가齊歌를 초가楚歌로 둔갑시켰다는 것이다.
˙˙ "항우가 비분강개한 심정으로 스스로 시를 지어 노래했다"의 원문은 비가강개悲歌忼慨다. 슬프게 노래하며 의기가 북받쳐 비탄해한다는 뜻이다. 강忼은 강慷과 같다.
˙˙˙ 《사기정의》는 《초한춘추楚漢春秋》를 인용해 우미인이 부른 노래를 이같이 기록해놓았다. "한나라 병사가 이미 초나라를 공략해 사방에서 초나라 노래가 들리네, 대왕의 의기가 다했으니 천첩이 어찌 살아갈 수 있겠는가[漢兵已略地, 四方楚歌聲. 大王意氣盡, 賤妾何聊生]!"
˙˙˙˙ 사다케는 항우가 노래를 부르고, 애첩 우미인이 이에 화답하자 눈물을 흘리며 우미인의 목을 베어 달아나는 등의 이른바 패왕별희霸王別姬 대목은 허구에 지나지 않는다고 주장했

자가 800명가량 되었다. 이날 밤 포위를 뚫고 남쪽으로 질주했다. 날이 밝자 한나라 군사가 비로소 이를 알게 되었다. 기장 관영에게 5,000명의 기병을 이끌고 추격하게 했다. 항우가 회수를 건널 때 따라오는 자는 100여 기로 줄었다. 항우가 음릉陰陵에 이르러 길을 잃었다. 한 농부에게 묻자 농부가 이같이 속였다.

"왼쪽이오."

항우 일행이 왼쪽으로 가다가 큰 늪에 빠졌다. 한나라 군사가 바짝 뒤쫓아왔다. 항우가 다시 군사를 이끌고 동쪽 동성에 이르자 겨우 28기만 남았다. 추격하는 한나라 기병은 수천 기에 달했다. 항우가 내심 도저히 벗어날 수 없었다고 판단해 기병들에게 이같이 호언했다.

"내가 거병한 지 8년이 되었다. 직접 70여 차례의 전투를 벌였다. 나에게 맞선 자는 격파하고, 내가 공격한 자는 굴복시켜 일찍이 패배를 몰랐다. 마침내 천하의 패권을 차지한 이유다. 그러나 지금 결국 이곳에서 곤궁한 지경에 이르게 되었다. 이는 하늘이 나를 망하게 한 것이지, 결코 내가 싸움을 잘못한 탓이 아니다. 오늘 정녕 죽기를 각오하고 통쾌히 싸워 기필코 세 번 승리할 것이다. 우선 그대들을 위해 포위를 뚫고, 이어 적장을 참살하고, 마지막으로 적군의 깃발을 부러뜨리는 것이 그것이다. 이로써 제군들에게 하늘이 나를 망하게 한 것이지, 결코 내가 싸움을 잘못한 탓이 아님을 알도록 할 것이다."

이어 기병을 넷으로 나누어 사방으로 나아가게 했다. 한나라 군사가 겹겹이 포위하자 항우가 기병들에게 말했다.

다. 사마광도 《자치통감》을 편제하면서 이를 설화로 간주해 모두 누락시켰다.

"내가 그대를 위해 저 장수를 벨 것이다."

그러고는 기병들에게 명해 사방으로 말을 달려 내려가도록 했다. 이때 자신의 소재를 숨기기 위해 셋으로 나뉘어 진격했다가 산 동쪽에서 다시 만날 것을 약속했다. 항우가 고함을 지르며 아래로 질주하자 한나라 군사가 마치 바람에 초목이 쓰러지듯이 무너졌다.• 항우가 마침내 한나라 장수 한 명의 목을 베었다. 이후 적천후赤泉侯로 봉해진 한나라 기장 양희楊喜가 항우를 추격하자 항우가 눈을 부릅뜨고 꾸짖었다. 양희와 말이 모두 놀라 몇 리 밖으로 달아나버렸다. 항우는 산의 동쪽에서 다시 자신의 기병들을 만났다. 한나라 군사는 항우의 소재를 알 수 없어 군사를 셋으로 나누어 다시 포위했다. 항우가 말을 달려 한나라 도위 한 명을 참살하고, 100여 명을 죽인 뒤 다시 기병들을 모았다. 그의 기병은 두 명이 죽었을 뿐이었다. 항우가 기병들에게 물었다.

"어떠한가?"

기병들이 모두 엎드려 말했다.

"대왕의 말씀과 꼭 같습니다."

이때 항우는 동쪽으로 가 오강烏江을 건너려고 했다. 오강의 정장亭長이 배를 강 언덕에 대고 기다리다 항우에게 말했다.

"강동이 비록 좁기는 하나 땅이 사방 1,000리이고, 백성의 수가 수십만에 달합니다. 그곳 또한 족히 왕 노릇을 할 만한 곳입니다. 원컨

• "한나라 군사가 마치 바람에 초목이 쓰러지듯이 무너졌다"의 원문은 한군개피미漢軍皆披靡다. 피披는 나뉘거나 쪼개진다는 뜻이다. 《사기정의》는 미靡를 정예한 몸체가 아래를 향해 숙이는 것으로 풀이했다. 피미披靡는 바람이 불 때 초목이 바람에 휩쓸려 엎어지는 것을 말한다. 한무제 때 활약한 사마상여司馬相如가 《상림부上林賦》에서 응풍피미應風披靡로 표현한 것이 대표적이다.

대 대왕은 속히 강을 건너십시오. 지금 저만 배를 가지고 있습니다. 한나라 군사가 올지라도 강을 건널 수 없습니다."

항우가 웃으며 말했다.

"하늘이 나를 망하게 하려는데 내가 강을 건너 무엇을 할 수 있겠는가? 전에 강동의 젊은이 8,000명과 함께 강을 건너 서쪽으로 갔다. 지금 한 사람도 돌아오지 못했는데 설령 강동의 부형들이 불쌍히 여겨 나를 왕으로 옹립한들 무슨 면목으로 그들을 대하겠는가? 설령 그들이 말하지 않을지라도 유독 나만 부끄러운 마음을 지니지 않을 수 있겠는가?"

그러고는 정장에게 이같이 약속했다.

"나는 그대가 장자라는 것을 안다. 나는 5년 동안 이 말을 타고 다녔다. 이 말에 대적할 것은 없다. 하루에도 1,000리를 달린다. 차마 이 말을 죽일 수 없어 그대에게 주도록 하겠다."

이어 기병들에게 모두 말에서 내려 걷게 했다. 항우가 손에 짧은 무기를 들고 싸웠다. 홀로 격살한 한나라 군사의 숫자가 수백 명에 달했다. 그 역시 몸에 10여 군데 부상을 입었다. 이때 한나라 기사마騎司馬 여마동呂馬童을 알아보고는 고개를 돌려 말했다.

"너는 전에 내 부하로 있던 자가 아닌가?"

여마동이 항우를 똑바로 바라보지 못한 채[•] 기병대장 왕예王翳에게 항우를 가리키며 말했다.

"이 사람이 바로 항왕입니다."

항우가 말했다.

[•] "똑바로 바라보지 못한 채"의 원문은 면지面之다. 《사기집해》는 여순의 주를 인용해 면面을 부정시不正視로 풀이했다.

"내가 듣건대 한나라가 나의 머리를 1,000금의 상금과 1만 호의 제후 자리로 산다고 하니, 내가 그대들에게 은혜를 베풀도록 하겠다."

그러고는 스스로 목을 찔러 죽었다.● 왕예가 항우의 머리를 취했다. 다른 기병들이 서로 짓밟으며 항우의 몸을 차지하려 싸우다가 서로 죽인 자가 수십 명이나 되었다. 결국 낭중기郎中騎 양희, 기사마 여마동, 낭중 여승呂勝과 양무楊武가 각각 항우의 몸을 한쪽씩 차지했다. 다섯 명이 차지한 항우의 몸뚱이를 맞추어보니 과연 틀림없었다. 이후 항우의 땅을 다섯으로 나누어 그들에게 나누어주었다. 여마동을 중수후中水侯, 왕예를 두연후杜衍侯, 양희를 적천후, 양무를 오방후吳防侯, 여승을 열양후涅陽侯에 봉했다. 항우가 죽자 초나라 모든 지역이 한나라에 항복했다. 유독 항우의 봉지인 노현의 백성만 그러지 않았다. 당초 유방은 천하의 군사를 이끌고 가 노현을 도륙하고자 했다. 노현의 백성은 예의를 지키며 노왕魯王으로 있던 항우를 위해 목숨을 바쳐 절개를 지키는 사절死節을 행하고자 했다. 유방이 항우의 머리를 가지고 가 노현의 백성에게 보였다. 비로소 노현의 부

● 여기서 장렬한 최후를 표현할 때 사용하는 성어인 오강자진烏江自盡이 나왔다. 1982년 계정산計正山은 학술논문 〈항우는 결국 어디서 죽었나〉에서 항우가 죽은 곳은 오강이 아니라 지금의 안휘성 정원현定遠縣에 있는 동성이고, 자진이 아니라 전사했다는 주장을 폈다. 그는 〈항우본기〉의 기록이 상충하고 있는 점을 집중 조명했다. 첫째, 항우가 동성에 이르렀을 때 겨우 28기밖에 남지 않았고, 스스로 포위망을 빠져나갈 수 없다고 판단했는데 어떻게 동성에서 300리 떨어진 오강까지 갈 수 있는가. 둘째, 오강의 정장은 어떻게 항우가 올 것을 알고 배를 준비했을까. 셋째, 〈고조본기〉에 "한왕이 기병대장 관영에게 항우를 추격해 동성에서 죽이도록 했다. 모두 8만 명을 참수함으로써 마침내 초나라 땅을 공략했다"는 구절이 나온다. 〈번역등관열전〉에도 "관영이 추격전에 나선 끝에 동성에서 항우를 격파하고 휘하 장졸 다섯 명과 함께 항우를 베었다"고 기록되어 있다. 《한서》〈고제기〉에도 "관영이 추격 끝에 항우를 동성에서 베었다"고 되어 있다. 사마천도 〈항우본기〉 사평에서 "5년 후 끝내 나라를 망치고 자신은 동성에서 죽게 되었다"고 기록해놓았다. 인민대 교수 풍기용馮其庸은 계정산의 주장을 뒷받침했다. 그는 〈항우불사오강고項羽不死烏江考〉에서 오강에서 자진했다는 기록은 원나라 때 희곡작가 김인걸金仁傑인 쓴 잡극 〈소하월야추한신蕭何月夜追韓信〉에서 비롯되었다고 지적했다.

형들이 항복했다. 일찍이 초회왕은 항우를 노공으로 봉한 바 있다. 항우가 죽은 뒤 노현이 가장 나중에 항복한 까닭에 노공의 예로 항우를 곡성에 안장했다. 유방이 항우를 위해 장례식에 참석해 곡을 한 뒤[發哀] 떠났다. 항씨 일족을 모두 살려준 이유다. 항백을 사양후射陽侯, 항양項襄을 도후桃侯, 항타項佗를 평고후平皐侯, 또 다른 항씨를 현무후玄武侯에 봉했다.● 모두 항씨였다. 이들에게 모두 유씨 성을 내렸다.

●● 漢五年, 漢王乃追項王至陽夏南, 止軍, 與淮陰侯韓信·建成侯彭越期會而擊楚軍. 至固陵, 而信·越之兵不會. 楚擊漢軍, 大破之. 漢王復入壁, 深塹而自守. 謂張子房曰, "諸侯不從約, 爲之柰何?" 對曰, "楚兵且破, 信·越未有分地, 其不至固宜. 君王能與共分天下, 今可立致也. 卽不能, 事未可知也. 君王能自陳以東傅海, 盡與韓信, 睢陽以北至穀城, 以與彭越, 使各自爲戰, 則楚易敗也." 漢王曰, "善." 於是乃發使者告韓信·彭越曰, "幷力擊楚. 楚破, 自陳以東傅海與齊王, 睢陽以北至穀城與彭相國." 使者至, 韓信·彭越皆報曰, "請今進兵." 韓信乃從齊往, 劉賈軍從壽春行, 屠城父, 至垓下. 大司馬周殷叛楚, 以舒屠六, 擧九江兵, 隨劉賈·彭越皆會垓下, 詣項王. 項王軍壁垓下, 兵少食盡, 漢軍及諸侯兵圍之數重. 夜聞漢軍四面皆楚歌, 項王乃大驚曰, "漢皆已得楚乎? 是何楚人之多也!" 項王則夜起, 飮帳中. 有美人名虞, 常幸從, 駿馬名騅, 常騎之. 於是項王乃悲歌忼慨, 自爲詩曰, "力拔山兮氣蓋世, 時不利兮騅不逝. 騅不逝兮可柰何, 虞兮虞兮柰若何!" 歌數闋, 美人和之. 項王泣數行下, 左右皆泣, 莫能仰視.

● 《사기집해》는 서광의 주를 인용해 〈제후연표〉에 현무후가 나오지 않는다고 했다.

於是項王乃上馬騎, 麾下壯士騎從者八百餘人, 直夜潰圍南出, 馳走. 平明, 漢軍乃覺之, 令騎將灌嬰以五千騎追之. 項王渡淮, 騎能屬者百餘人耳. 項王至陰陵, 迷失道, 問一田父, 田父紿曰'左'. 左, 乃陷大澤中. 以故漢追及之. 項王乃復引兵而東, 至東城, 乃有二十八騎. 漢騎追者數千人. 項王自度不得脫. 謂其騎曰, "吾起兵至今八歲矣, 身七十餘戰, 所當者破, 所擊者服, 未嘗敗北, 遂霸有天下. 然今卒困於此, 此天之亡我, 非戰之罪也. 今日固決死, 願爲諸君快戰, 必三勝之, 爲諸君潰圍, 斬將, 刈旗, 令諸君知天亡我, 非戰之罪也." 乃分其騎以爲四隊, 四嚮. 漢軍圍之數重. 項王謂其騎曰, "吾爲公取彼一將." 令四面騎馳下, 期山東爲三處. 於是項王大呼馳下, 漢軍皆披靡, 遂斬漢一將. 是時, 赤泉侯爲騎將, 追項王, 項王瞋目而叱之, 赤泉侯人馬俱驚, 辟易數里. 與其騎會爲三處. 漢軍不知項王所在, 乃分軍爲三, 復圍之. 項王乃馳, 復斬漢一都尉, 殺數十百人, 復聚其騎, 亡其兩騎耳. 乃謂其騎曰, "何如?" 騎皆伏曰, "如大王言." 於是項王乃欲東渡烏江. 烏江亭長檥船待, 謂項王曰, "江東雖小, 地方千里, 衆數十萬人, 亦足王也. 願大王急渡. 今獨臣有船, 漢軍至, 無以渡." 項王笑曰, "天之亡我, 我何渡爲! 且籍與江東子弟八千人渡江而西, 今無一人還, 縱江東父兄憐而王我, 我何面目見之? 縱彼不言, 籍獨不愧於心乎?" 乃謂亭長曰, "吾知公長者. 吾騎此馬五歲, 所當無敵, 嘗一日行千里, 不忍殺之, 以賜公." 乃令騎皆下馬步行, 持短兵接戰. 獨籍所殺漢軍數百人. 項王身亦被十餘創. 顧見漢騎司馬呂馬童, 曰, "若非吾故人乎?" 馬童面之, 指王翳曰, "此項王也." 項王乃曰, "吾聞漢購我頭千金, 邑萬戶, 吾爲若德." 乃自刎而死. 王翳取其頭, 餘騎相蹂踐爭項王, 相殺者數十人. 最其後, 郎中騎楊喜, 騎司馬呂馬童, 郎中呂勝‧楊武各得其一體. 五人共會其體,

皆是. 故分其地爲五, 封呂馬童爲中水侯, 封王翳爲杜衍侯, 封楊喜爲
赤泉侯, 封楊武爲吳防侯, 封呂勝爲涅陽侯. 項王已死, 楚地皆降漢, 獨
魯不下. 漢乃引天下兵欲屠之, 爲其守禮義, 爲主死節, 乃持項王頭視
魯, 魯父兄乃降. 始, 楚懷王初封項籍爲魯公, 及其死, 魯最後下, 故以
魯公禮葬項王穀城. 漢王爲發哀, 泣之而去. 諸項氏枝屬, 漢王皆不誅.
乃封項伯爲射陽侯. 桃侯·平皋侯·玄武侯皆項氏, 賜姓劉.

태사공은 평한다.

"나는 주생周生*에게서 '순임금의 눈은 아마도 눈동자가 둘인 자
[重瞳子]일 것이다'라는 말을 들었다. 항우도 눈동자가 둘이라고 들었
다.** 그러나 항우가 어찌 순임금의 후예이겠는가? 순임금의 후예라
면 어떻게 그토록 갑작스럽게 일어날 수 있었겠는가! 진나라가 정치
의 도를 잃자 진승이 먼저 반기를 들었다. 이후 사방의 호걸들이 벌
떼처럼 일어나 서로 다투니 그 수가 이루 다 셀 수 없을 정도로 많았
다. 항우는 척촌尺寸의 땅도 없었으나 천하대란을 틈타 일반 백성이
사는 농무隴畝에서 일어난 뒤 3년 만에 마침내 5국의 제후를 이끌고
진나라를 멸했다. 이어 천하를 쪼개 왕후王侯를 봉하자 모든 정령이
그에게서 나왔다. 그는 스스로 패왕을 칭했다. 비록 보위는 끝까지
지키지 못했으나 이는 가까운 과거 이래 없던 일이다. 이후 항우는
관중을 버린 채 초나라를 그리워하고, 의제를 쫓아내고 스스로 패왕

● 주생을 《사기정의》는 공문상孔文祥의 주를 인용해 사마천이 직접 만난 한나라 유자로 파
악했다.
●● "눈동자가 둘인 자"는 통상 기인奇人을 상징한다. 사서에 기록된 주인공으로는 항우와 순
임금 이외에도 한자를 만든 것으로 알려진 창힐倉頡과 진문공 중이, 오대십국 당시 남당南唐
최후의 황제인 이욱李煜과 북제의 창업주 고양高洋 등 모두 여섯 명이다. 통상 백내장에 걸린
사람을 표현한 것으로 보고 있다.

이 되었다. 왕후들이 자신을 배신한 것을 원망했지만 그리 보기는 어렵다. 항우는 자신이 세운 공을 자랑하면서[功致辭] 자신의 지혜만을 앞세운 채 옛일을 거울로 삼지 않았다. 패왕의 공업을 이야기하면서 무력으로 천하를 경영하고자 한 것이 그렇다. 5년 만에 마침내 나라를 패망케 만들고, 자신의 몸이 동성에서 찢겨 죽을 때까지 전혀 깨닫지 못한 채 스스로를 책망하지 않았다. 이는 매우 잘못된 것이다. 그러고도 그는 끝내 호언하기를, '하늘이 나를 망하게 한 것이지, 결코 내가 용병을 잘못한 탓이 아니다'라고 했다. 이 어찌 황당한 일이 아닌가!"

●● 太史公曰, "吾聞之周生曰'舜目蓋重瞳子', 又聞項羽亦重瞳子. 羽豈其苗裔邪? 何興之暴也! 夫秦失其政, 陳涉首難, 豪傑蠭起, 相與爭, 不可勝數. 然羽非有尺寸, 乘埶起隴畝之中, 三年, 遂將五諸侯滅秦, 分裂天下, 而封王侯, 政由羽出, 號爲"霸王", 位雖不終, 近古以來未嘗有也. 及羽背關懷楚, 放逐義帝而自立, 怨王侯叛己, 難矣. 自矜功伐, 奮其私智而不師古, 謂霸王之業, 欲以力征經營天下, 五年卒亡其國, 身死東城, 尙不覺寤而不自責, 過矣. 乃引'天亡我, 非用兵之罪也', 豈不謬哉!"

고조본기
高祖本紀

〈고조본기〉는 여타 〈본기〉와 달리 신화적인 이야기가 많이 삽입되어 있다. 말할 것도 없이 한고조 유방을 미화하기 위함이다. 사마천이 《사기》를 펴내면서 한나라 조정을 크게 의식한 것이 아니냐는 지적이 나오는 이유다. 이를 탓할 수만도 없다. 고금의 그 어떤 사서라도 저자의 이름을 숨긴 채 은밀히 유통되는 비서秘書 내지 집에 감추어두는 장서藏書가 아닌 바에는 해당 왕조를 정면에서 비판하는 내용을 싣는 것은 불가능하다. 자칫 본인뿐 아니라 일족이 몰살하는 멸문지화滅門之禍를 당할 수 있기 때문이다.

사마천이 유방을 일방적으로 칭송한 것도 아니다. 비록 정면으로 비판하지는 않았으나 다양한 인물의 입을 통해 유방의 행보를 신랄히 비판하고 있다. 대표적인 것이 바로 공신들을 무참히 도살한 토사구팽兎死狗烹 행보다. 유방이 행한 토사구팽은 춘추시대 말기 월왕越王 구천句踐이 책사 문종文種을 제거하고, 명태조 주원장朱元璋이 공신을 가차 없이 제거할 때 보여준 잔혹상을 방불케 하고 있다. 일각에서 세 명의 행각을 3대 토사구팽으로 평하는 이유다.

가장 대표적인 것이 항우를 무릎 꿇게 만드는 데 결정적인 공헌을 한 회음후 한신을 토사구팽한 일이다. 한신의 패망 원인을 그의 우유부단한 모습에서 찾는 견해도 있지만 1차적인 책임은 유방의 잔혹한 토사구팽 행보에 있다. 당대 최고의 병법가인 한신을 두려워한 결과다. 한신이 거둔 눈부신 공적이 대부분 삭제되거나 부수적으로 그려진 이유도 이런 맥락에서 이해할 수 있다. 그의 공은 유방 또는 조참曹參 등의 전공戰功으로 둔갑했다.

《사기》는 한나라 왕실의 날카로운 눈초리를 의식해 자세한 내용을 〈고조본기〉가 아닌 〈열전〉 곳곳에 비밀스럽게 언급해놓았다. 이것이 애초에 사마천이 의도한 것인지, 아니면 후대인이 유방의 비판적인 내용을 〈고조본기〉에서만 삭제·윤색하고, 〈열전〉은 간과한 것인지 여부는 알 길이 없다. 〈고조본기〉를 읽을 때 반드시 〈회음후열전〉 등의 여타 〈열전〉과 비교하며 읽어야 하는 이유다.

사마천은 결코 한고조 유방에게 호의적이지 않았다. 〈고조본기〉에서 비록 등장인물의 입을 통한 고발이기는 하나 호방한 척하며 속이 좁고, 너그러운 척하며 질투심이 많은 유방의 이중적인 면모가 직설적으로 표현된 것이 그렇다. 토사구팽 등에 대한 비판적인 시각이 투영된 결과로 보인다.

한고조는 패현 풍읍 중양리 사람으로 성은 유劉, 자는 계季다.[•] 부친은 태공, 모친은 유오劉媼라고 한다.[••] 전에 유오가 큰 연못가에서 휴식을 취한 적이 있다. 그때 잠깐 잠이 든 사이 꿈을 꾸었는데 신神을 만나게 되었다.[•••] 꿈속에서 보니 천둥과 번개가 치며 문득 사방이 어두컴컴해졌는데 태공이 달려가보니 교룡이 유오의 몸 위에 올라가 있었다. 과연 얼마 후 유오가 임신해 마침내 한고조 유방을 출산했다. 유방은 코끝[準頭]이 높고 이마가 튀어나와 마치 용을 닮은 관상[隆準龍顔]이었다. 수염이 아름다웠고 왼쪽 넓적다리에 일흔두 개의 검은 점이 있었다. 사람이 어질어 다른 사람을 사랑하고, 베풀기를 좋아했고, 성격이 활달했다. 늘 큰 뜻을 품고 있었던 까닭에 일반 백성처럼 돈을 버는 생산에 얽매이지 않았다. 장년이 되어 임시 관원

[•] 유방의 자인 계는 통상 백伯·중仲·숙叔·계로 이어지는 막내아들의 자다. 유방의 친형으로 유백劉伯과 유중이 있었다. 유계劉季 위에 존재했을 유숙劉叔은 어렸을 때 죽은 것으로 추정된다. 그밖에 유방의 동생으로는 유교劉交가 있다. 유교에 대해 《사기》는 어머니가 같다는 뜻의 동모소제同母少弟, 《한서》는 아버지가 같다는 뜻의 동부소제同父少弟로 기록해놓았다. 학자들의 해석은 엇갈린다. 사다케는 《한서》의 기록을 좇아 유백·유중·유방·유교 모두 같은 부모로부터 태어났다고 주장했다. 그러나 《한서》가 고조의 일대기를 크게 윤색해놓은 점을 감안할 필요가 있다. 《사기》의 기록을 보면 유방의 부친은 유방과 마찬가지로 호색했다. 아들이 있는 여성을 첩으로 들였을 공산이 크다. 유계는 이복동생으로 보는 것이 통설이다.
[••] 태공은 원래 주무왕의 조상인 고공단보의 존칭이다. 고공단보 태공이 바라던 인물이라는 뜻의 태공망은 주무왕을 도와 주나라 건국에 대공을 세워 제나라에 봉해진 여상의 별칭이다. 태공은 노인에 대한 존칭에 해당한다. 유오의 오媼는 흔히 온으로 읽고 있으나 이는 속음俗音이다. 현대 중국어 발음도 아오ao다. 〈고조본기〉에 유방의 단골 술집 여주인 왕오王媼의 이름이 나온다. 오와 짝이 되는 것은 원래 옹翁이다. 유방의 부친도 유옹으로 기록하는 것이 타당하나 건국시조의 부친인 까닭에 극존칭을 사용해 태공으로 칭한 것이다. 사다케는 《유방》에서 유방의 생모가 일찍 죽었기 때문에 오보다 높은 존칭을 사용하지 못한 것이라고 보았다. 그는 "패공이 기병해 야전을 치를 때 그의 모친을 위나라 수도 대량 부근의 소황小黃에서 잃었다"는 《진류풍속전陳留風俗傳》의 기록을 근거로 제시했다. 기병할 당시 유방은 소규모 반란 집단의 우두머리에 불과했던 까닭에 그의 모친은 유오로 불렸을 공산이 크고, 다만 부친은 즉위 이후까지 생존한 까닭에 태공이라는 존칭을 얻게 되었다는 분석이다.
[•••] "꿈을 꾸었는데 신을 만나게 되었다"의 원문은 몽여신우夢與神遇다. 신화 및 전설에 나오는 우遇는 단순한 만남이 아니라 대개 남녀가 정을 통했다는 의미로 사용된 것이다.

에 발탁되어 사수정泗水亭의 정장이 되었다. 관아의 관원 가운데 그가 깔보고 멸시하지 않은 자가 없었다. 그는 주색을 좋아했다. 늘 왕오와 무부武負의 주점에서 외상으로 술을 마신 이유다.• 술에 취하면 아무 데나 드러눕곤 했다. 왕오와 무부는 그럴 때마다 유방의 몸 위에 용이 나타나는 것을 보고는 기이하게 여겼다. 유방이 이들의 주점에서 술을 마시는 날이면 술이 평소의 몇 배씩이나 더 팔렸다. 그 기이한 일을 본 이후 연말이 되면 두 주점에서는 유방의 외상 장부를 찢고 술값을 받지 않았다. 유방은 일찍이 함양에서 부역을 한 적이 있다. 한번은 진시황의 행차를 구경하게 되었다. 이를 보고는 길게 탄식했다.

"아, 대장부라면 응당 이래야 할 것이다!"

선보單父 출신 여공呂公은 패현 현령과 사이가 가까웠다. 그는 원수를 피해 현령의 식객이 되어 패현에 거주했다. 패현의 호걸과 향리鄕吏들이 현령에게 귀빈[重客]이 와 있다는 소식을 듣고 모두 인사를 드리러 왔다. 당시 아전의 우두머리인 주리主吏로 있던 소하가 진상한 예물을 관리했다. 그가 여러 대부에게 말했다.

"진상한 예물이 1,000냥에 이르지 않는 사람은 당堂 아래에 앉으시오."

당시 정장이었던 한고조는 평소 뭇 관원들을 경시했기에 짐짓 명함에 이같이 써 넣었다.

"하례금 1만 냥!"

• "왕오와 무부의 주점에사 외상으로 술을 마신 이유다"의 원문은 왕오무부세주王媼武負貰酒다. 부負는 부婦와 통한다. 《사기집해》는 위소의 주를 인용해 세貰를 외상할 사賒의 뜻으로 새겼다.

실은 단 1냥도 지참하지 않았다. 명함이 전해지자 여공이 크게 놀라 자리에서 일어난 뒤 유방을 문 앞에서 맞이했다. 여공은 관상 보기를 좋아했다. 유방의 생김새를 보고는 크게 존경하며 자리에 앉게 했다. 소하가 말했다.

"유계는 늘 큰소리만 칠 뿐 이루는 일은 극히 드뭅니다."

유방은 여러 손님을 무시한 채 상좌上坐에 앉았다. 조금도 사양하는 기색이 없었다. 술자리가 끝나갈 즈음 여공이 눈짓으로 유방을 붙잡아놓았다. 연회가 끝나 모두 돌아가자 유방 한 사람만 남게 되었다. 여공이 말했다.

"나는 어려서부터 관상 보기를 좋아해 많은 상을 보았소. 그러나 당신만한 호상好相은 본 적이 없소. 부디 자중하기 바라오. 나에게 딸이 있으니 청소나 하는 첩으로 삼아주시오."

술자리가 끝나자 여공의 아내가 화를 냈다.

"당신은 전부터 늘 훌륭한 우리 딸을 귀인에게 주겠다고 했습니다. 패현 현령이 당신과 가까워 딸을 달라 했을 때도 주지 않더니 어째서 함부로 유계에게 주려는 것입니까?"

여공이 일축했다.

"이는 아녀자가 알 바가 아니오."

결국 유계에게 시집보냈다. 여공의 딸이 바로 훗날 혜제와 노원공주를 낳은 여후다. 유방이 정장으로 있을 때 하루는 휴가를 내고 시골집에 돌아온 적이 있다. 여후는 두 아이를 데리고 밭에서 김을 매고 있었다. 지나가던 노인이 마실 물을 청하자 여후가 먹을 것도 내주었다. 노인이 여후의 관상을 보고 말했다.

"부인은 천하의 귀인이 될 것입니다."

여후가 두 아이의 관상을 보게 했다. 노인이 혜제를 보고 말했다.

"부인이 귀하게 되는 것은 바로 이 아이 때문입니다."

노원공주의 상을 보고 역시 모두 귀한 상이라고 했다. 노인이 떠난 뒤 마침 유방이 이웃집[旁舍]에서 나왔다. 여후가 유방에게 지나가던 길손이 자신과 아이들의 관상을 보고 귀상이라고 말한 사실을 소상히 전했다. 유방이 그 노인이 어디로 갔는지 묻자 여후가 대답했다.

"멀리 가지 못했을 것입니다."

유방이 노인의 뒤를 쫓아가 자신의 관상을 물었다. 노인이 대답했다.

"방금 전에 부인과 아이들의 관상을 보았는데 모두 당신의 상을 닮았습니다. 당신은 말로 표현할 수 없는 귀한 상입니다."

유방이 크게 기뻐했다.

"실로 노인장의 말씀대로라면 그 은덕을 잊지 않겠소."

훗날 유방은 천자가 된 뒤 노인을 찾았으나 결국 그 행방을 알 길이 없었다. 유방은 정장으로 있을 때 죽순껍질로 제작하는 죽피관竹皮冠을 만들었다. 도적을 잡는 포졸인 휘하의 구도求盜*를 죽피관 장인이 사는 설현으로 보내 이를 배우게 했다. 유방은 늘 죽피관을 머리에 썼다. 천자가 되어서도 그랬다. 이른바 유씨관劉氏冠은 바로 이 죽피관을 지칭하는 말이다.** 유방은 정장으로서 현縣의 명을 받아

● 구도를 《사기집해》는 응소의 주를 인용해 정장 밑에 있는 두 명의 소졸小卒 가운데 하나로 보았다. 구도는 도적을 잡는 소졸이고, 다른 소졸은 정을 개폐하거나 소제하는 정보亭父다.
●● 죽피관을 《사기집해》는 응소의 주를 인용해 마치 까치꼬리를 닮아 작미관鵲尾冠으로도 불리었다고 했다. 《사기색은》 역시 응소의 주를 인용하며, 매우 길었던 까닭에 일명 장관長冠으로 불리었다고 했다. 미술사학자 소부카와 히로시曾布川寬는 마왕퇴 1호분 한묘에서 출토된 마용馬俑이 쓴 관이 유씨관이라는 주장을 제기한 바 있다. 설현은 전국시대 말기 천하의 유협들이 맹상군의 식객으로 있던 곳이다. 그곳에 관을 만드는 장인이 있었던 점에 비추어 맹상군 때 이미 유씨관과 유사한 관을 쓰고 다니던 자가 적잖이 있었을 공산이 크다.

노역에 동원된 죄수를 이끌고 여산으로 향한 적이 있다. 가는 길에 많은 죄수가 달아났다. 유방은 내심 여산에 이를 때면 모두 달아나 한 사람도 남지 않을 것으로 생각했다. 풍읍의 서쪽 늪지에 이르러 행렬을 멈추게 한 뒤 술을 마셨다. 밤이 되자 인솔하던 죄수들을 풀어주며 말했다.

"너희들 모두 떠나라. 나 역시 이제 달아날 것이다."

죄수 가운데 유방을 따르고자 하는 장사가 10여 명 되었다. 유방이 술을 더 마신 뒤 한밤중에 늪지의 좁은 길을 가다가, 사람을 시켜 앞길을 살펴보게 했다. 그가 돌아와 보고했다.

"앞에 큰 뱀이 길을 막고 있습니다. 돌아가는 것이 좋을 듯합니다."

술에 취한 유방이 말했다.

"장사가 길을 가는데 무엇을 두려워할 것인가?"

앞으로 가더니 칼을 뽑아 뱀을 베어 죽였다. 뱀이 두 동강이 나면서 길이 열렸다. 다시 몇 리를 걷다가 취기를 이기지 못해 길에 누워버렸다. 뒷사람들이 오다가 뱀이 죽은 곳에 이르자 한 노파가 한밤중에 통곡하고 있었다. 연유를 묻자 노파가 이같이 대답했다.

"어떤 자가 내 아들을 죽였기에 통곡하는 것이오."

"노파의 아들은 무슨 이유로 죽게 되었소?"

"내 아들은 백제白帝의 아들이오. 뱀으로 변해 길을 막고 있다가, 적제赤帝의 아들에게 참살을 당했소. 그래서 통곡하는 것이오."

노파가 허황된 말을 한다고 여겨 혼내주려 하자 문득 사라졌다.●

● "혼내주려고 하자"의 원문은 욕고지欲苦之다. 《사기집해》는 서광의 주를 인용해 고告가 곤욕을 치르게 한다는 뜻의 고苦로 된 판본이 있다고 했다. 《사기색은》은 《한서》에 고苦로 되어 있다며 일부 판본에는 때린다는 뜻이 태笞로 나온다고 했다. 여기서는 고苦로 풀이했다.

뒷사람들이 도착할 무렵 유방은 술에서 깼다. 사람들이 방금 있었던 일을 이야기하자 유방이 내심 홀로 기뻐하며 뱀을 죽인 것을 자랑스럽게 여겼다. 수행하던 자 모두 날이 갈수록 유방을 더욱 경외했다. 진시황은 일찍이 '동남쪽에 천자의 기운이 있다'며 동쪽으로 순수해 그 기운을 진압하고자 했다. 유방은 화를 당하지나 않을까 우려해 망산芒山과 탕산碭山 사이의 늪과 암석이 많은 골짜기로 달아나 숨었다. 여후는 사람들과 함께 유방을 찾을 때마다 숨어 있는 곳을 용케 찾아냈다. 유방이 기이하게 여겨 묻자 여후가 이같이 대답했다.

"당신이 있는 곳 위에는 늘 운기雲氣가 있습니다. 이를 쫓아가면 늘 당신을 쉽게 찾을 수 있습니다."

유방이 크게 기뻐했다. 패현의 젊은이 가운데 이 소식을 듣고 유방을 따르고자 하는 자가 매우 많았다.

●● 高祖, 沛豐邑中陽里人, 姓劉氏, 字季. 父曰太公, 母曰劉媼. 其先劉媼嘗息大澤之陂, 夢與神遇. 是時雷電晦冥, 太公往視, 則見蛟龍於其上. 已而有身, 遂産高祖. 高祖爲人, 隆準而龍顔, 美須髥, 左股有七十二黑子. 仁而愛人, 喜施, 意豁如也. 常有大度, 不事家人生産作業. 及壯, 試爲吏, 爲泗水亭長, 廷中吏無所不狎侮. 好酒及色. 常從王媼·武負貰酒, 醉臥, 武負·王媼見其上常有龍, 怪之. 高祖每酤留飮, 酒讐數倍. 及見怪, 歲竟, 此兩家常折券弁責. 高祖常繇咸陽, 縱觀, 觀秦皇帝, 喟然太息曰, "嗟乎, 大丈夫當如此也!" 單父人呂公善沛令, 避仇從之客, 因家沛焉. 沛中豪桀吏聞令有重客, 皆往賀. 蕭何爲主吏, 主進, 令諸大夫曰, "進不滿千錢, 坐之堂下." 高祖爲亭長, 素易諸吏, 乃紿爲謁曰 '賀錢萬', 實不持一錢. 謁入, 呂公大驚, 起, 迎之門. 呂公者, 好相人, 見高祖狀貌, 因重敬之, 引入坐. 蕭何曰, "劉季固多大言, 少成

事.” 高祖因狎侮諸客, 遂坐上坐, 無所詘. 酒闌, 呂公因目固留高祖. 高
祖竟酒, 後. 呂公曰, “臣少好相人, 相人多矣, 無如季相, 願季自愛. 臣
有息女, 願爲季箕帚妾.” 酒罷, 呂媼怒呂公曰, “公始常欲奇此女, 與
貴人. 沛令善公, 求之不與, 何自妄許與劉季?” 呂公曰, “此非兒女子
所知也.” 卒與劉季. 呂公女乃呂后也, 生孝惠帝·魯元公主. 高祖爲亭
長時, 常告歸之田. 呂后與兩子居田中耨, 有一老父過請飮, 呂后因餔
之. 老父相呂后曰, “夫人天下貴人.” 令相兩子, 見孝惠, 曰, “夫人所以
貴者, 乃此男也.” 相魯元, 亦皆貴. 老父已去, 高祖適從旁舍來, 呂后具
言客有過, 相我子母皆大貴. 高祖問, 曰, “未遠.” 乃追及, 問老父. 老父
曰, “鄉者夫人嬰兒皆似君, 君相貴不可言.” 高祖乃謝曰, “誠如父言,
不敢忘德.” 及高祖貴, 遂不知老父處. 高祖爲亭長, 乃以竹皮爲冠, 令
求盜之薛治之, 時時冠之, 及貴常冠, 所謂 “劉氏冠” 乃是也.

　高祖以亭長爲縣送徒酈山, 徒多道亡. 自度比至皆亡之, 到豐西澤
中, 止飮, 夜乃解縱所送徒. 曰, “公等皆去, 吾亦從此逝矣!” 徒中壯士
願從者十餘人. 高祖被酒, 夜徑澤中, 令一人行前. 行前者還報曰, “前
有大蛇當徑, 願還.” 高祖醉, 曰, “壯士行, 何畏!” 乃前, 拔劍擊斬蛇.
蛇遂分爲兩, 徑開. 行數里, 醉, 因臥. 後人來至蛇所, 有一老媼夜哭. 人
問何哭, 媼曰, “人殺吾子, 故哭之.” 人曰, “媼子何爲見殺?” 媼曰, “吾
子, 白帝子也, 化爲蛇, 當道, 今爲赤帝子斬之, 故哭.” 人乃以媼爲不
誠, 欲告之, 媼因忽不見. 後人至, 高祖覺. 後人告高祖, 高祖乃心獨喜,
自負. 諸從者日益畏之. 秦始皇帝常曰, “東南有天子氣.” 於是因東遊
以厭之. 高祖卽自疑, 亡匿, 隱於芒·碭山澤巖石之閒. 呂后與人俱求,
常得之. 高祖怪問之. 呂后曰, “季所居上常有雲氣, 故從往常得季.” 高
祖心喜. 沛中子弟或聞之, 多欲附者矣.

2세 황제 원년 가을, 진승 등이 기현에서 봉기한 뒤 진현에 이르러 보위에 올랐다. 국호를 장초라고 했다. 여러 군현이 진나라 조정에서 파견한 지방장관을 죽이고 이에 호응했다. 패현 현령도 두려운 마음에 패현 백성을 동원해 진승에게 호응하고자 했다. 주리 소하와 옥리 조참이 현령에게 말했다.

　"현령은 진나라의 관원인데 지금 진나라를 배신하고 패현의 젊은 이들을 거느리고자 하나 젊은이들이 말을 듣지 않을까 우려됩니다. 전에 다른 곳으로 달아난 패현 사람을 부르면 수백 명을 모을 수 있습니다. 그들을 이용해 마을의 젊은이들을 위협하면 감히 따르지 않을 수 없을 것입니다."

　현령이 번쾌를 시켜 유방을 불러오게 했다. 당시 유방은 이미 100명 가까운 무리를 이끌고 있었다.* 번쾌가 유방을 데려오자 현령은 곧 후회하며 혹여 유방 등이 모반하지나 않을까 두려워했다. 성문을 걸어 잠근 채 성을 굳게 지키면서 소하와 조참을 죽이려 한 이유다. 겁이 난 소하와 조참이 성벽을 넘어가 유방에게 몸을 맡겼다. 유방이 이내 비단에 글을 쓴 뒤 화살에 꽂아 성안으로 쏘아 보냈다. 마을의 부로들에게 보낸 서신의 내용은 이러했다.

　천하가 진나라로 인해 고통을 받은 지 이미 오래되었습니다. 지금 부로들은 현령을 위해 성을 지키고 있으나 제후들 모두 봉기한 상황이라 이제 패현을 도륙하러 올 것입니다. 패현 사람들이 함께 현령을

● "유방은 이미 100명 가까운 무리를 이끌고 있었다"의 원문은 수십백인數十百人이다. 《사기색은》은 《한서》에 수백인數百人으로 되어 있다며 당나라 초기에 나온 유백장의 《사기음의 史記音義》를 인용해 수십 명에서 100명 사이로 보았다. 100명 이하로 본 것이다.

죽이고 젊은이 가운데 그럴 만한 자를 우두머리로 세운 뒤 제후들과 호응하면 가족과 재산을 보전할 수 있습니다. 그렇지 않으면 부자 모두 도륙당해 의미 없는 죽임을 맞게 될 것입니다.

부로들이 젊은이들을 이끌고 가 현령을 죽인 뒤 성문을 열고 유방을 맞이했다. 곧 패현 현령으로 삼으려 하자 유방이 사양했다.

"천하가 바야흐로 크게 어지러워 제후들이 일거에 궐기하고 있습니다. 지금 무능한 장수를 두면 단 한 번의 싸움에 무참히 패할 것입니다. 감히 저 자신을 아껴 그런 것이 아니라 능력이 부족해 부형과 젊은이들을 제대로 보호하지 못할까 두려워하기 때문입니다. 이는 큰일이니 적임자를 신중히 택하도록 하십시오."

소하와 조참 등은 모두 글을 담당하는 아전인 문리文吏였던 까닭에 목숨을 매우 아꼈다. 그들은 실패할 경우 진나라에 의해 멸족의 화를 당할까 두려운 나머지 모두 유방에게 자리를 양보했다. 부로들이 입을 모아 말했다.

"평소 들은 바로는 그대에게 여러 진귀하고 기이한 일이 많이 있었다고 하오. 틀림없이 귀인이 될 것이오. 거북점과 시초점蓍草占인 복서卜筮를 해보니 당신만큼 길한 사람은 없었소."

유방이 누차 사양했으나 그 누구도 감히 우두머리가 되고자 하는 자가 없었다. 결국 유방을 패공으로 내세웠다. 유방이 패현의 관청에서 황제黃帝에게 기원하고, 전쟁의 신인 치우에게 제사를 올렸다. 이때 희생의 피를 북에 바르는 의식을 행했다. 군대의 깃발을 모두 적색으로 했다. 전에 죽인 뱀이 백제의 아들이고, 뱀을 죽인 자는 적제의 아들이었기 때문이다. 이후 한나라가 적색을 숭상하게 된 이유다.

소하·조참·번쾌 등과 같이 젊고 뛰어난 아전[豪吏]들이 패현의 젊은 이들을 2,000~3,000명 단위로 모아 호릉과 방여方與를 공략한 뒤 다시 돌아와 풍읍을 지켰다.

2세 황제 2년, 진승의 부장인 주장의 군사가 서쪽 함양 부근의 희수까지 진격했다가 패배하고 돌아왔다. 당시 연·조·제·위 등이 자립했다. 항량과 항우는 오현에서 봉기했다. 진나라 사천군감泗川郡監 평平이 군사를 이끌고 풍읍을 포위했다. 이틀 뒤 유방이 출전해 이들을 대파했다. 유방은 옹치雍齒에게 풍읍 수비를 명한 뒤 군사를 이끌고 설현으로 진격했다. 사천군수四川郡守 장壯이 설현에서 패한 뒤 척현戚縣으로 달아났다. 이때 패공의 좌사마 조무상이 사천군수 장을 붙잡아 죽였다. 유방이 항보로 회군해 방여에 이르기까지 단 한 번의 교전도 없었다. 당시 진왕陳王 진승은 위나라 출신 휘하장수 주불周市을 시켜 풍읍을 치게 했다. 주불이 옹치에게 사람을 보내 이같이 설득했다.

"풍읍은 원래 위魏나라가 천도한 곳이오. 이제 위나라가 평정한 땅이 수십 개 성읍에 이르고 있소. 그대가 항복하면 위나라는 그대를 후로 삼아 풍읍을 지키게 할 것이나, 그리하지 않으면 이내 도륙하고 말 것이오."

옹치는 평소 유방에게 귀속되는 것을 달갑게 여기지 않았다. 마침 위나라의 회유를 받자 유방을 배신하고 위나라에 항복한 뒤 풍읍을 지켰다. 유방이 군사를 이끌고 풍읍을 쳤으나 함락시키지 못했다. 이내 병까지 나 패현으로 퇴각하게 되었다. 유방은 옹치와 풍읍 젊은이들의 배신을 크게 원망했다. 마침 동양현 출신 영군寧君과 진가秦嘉가 경구를 초나라의 가왕假王으로 삼아 유현留縣에 머물고 있었다. 이 이야기를 들은 유방은 곧 경구에게 달려가 군사를 빌려 다시 풍읍을 치고자 했다. 당시 진나라 장수 장함은 진승의 패잔병을 추격하고 있었다. 그의 별장인 사마 니[尼]는 군사를 이끌고 북진해 초나라 땅을 평정하고 상현相縣을 함락시킨 뒤 탕현碭縣으로 돌아가 있었다. 당시 동양현에 있던 영군과 유방이 군사를 이끌고 서쪽으로 진격해 소현 서쪽에서 사마 니와 교전했으나 이기지 못했다. 유현으로 퇴각한 영군과 유방은 병사들을 다시 모아 탕현을 쳤다. 사흘 만에 함락시켰다. 덕분에 탕현의 병사를 그러모아 5,000~6,000명의 군사를 얻게되었다. 여세를 몰아 다시 하읍을 쳐 함락시킨 후 풍읍으로 회군했다. 이어 항량이 설현에 있다는 소식을 듣고는 100여 명의 기병을 이끌고 그를 만나러 갔다. 항량이 병사 5,000명과 오대부 작위의 장수열 명을 보태주었다. 유방이 돌아온 뒤 이들을 이끌고 가 풍읍을 쳤다. 유방이 항량을 추종한 지 한 달 남짓한 사이 항우는 이미 양성襄城을 공략한 뒤 돌아와 있었다.

이 와중에 항량이 각지의 별장을 모두 설현으로 소집했다. 진승이 분명히 죽었다는 말을 듣고는 초나라 왕실의 후손인 초회왕의 손자 미심羋心을 초왕으로 삼고, 우이에 도읍했다. 항량은 무신군으로 불리었다. 몇 달 뒤 그는 북쪽으로 항보를 공략하고, 동아현을 구원하면서 진나라 군사를 대파했다. 제나라 군사가 철군하자 초나라 단독

● 영군과 진가가 동일 인물인지 여부를 둘러싸고 이론이 분분하다. 〈고조본기〉는 〈항우본기〉와 달리 같은 사건을 다루면서 영군이 진가와 함께 경구를 초왕으로 옹립했다고 기록해놓았으나 그가 어떤 인물인지에 대해서는 입을 다물었다. 《사기집해》는 진가의 직책으로 파악한 문영文穎의 주와 〈진승전〉을 인용해 별개의 인물로 파악한 신찬臣瓚의 주를 모두 실어놓았다. 《사기색은》은 서진 때 《한서》를 주석한 신찬의 견해에 동조하면서 안사고의 주를 인용해 녕甯은 성씨이고, 군君은 존칭에 해당한다고 풀이했다. 문맥상 《사기색은》의 주석이 타당하다.

으로 달아나는 진나라 군사를 추격했다. 이때 항량이 유방과 항우에게 명해 각기 성양을 공략하게 했다. 두 사람은 성양성을 함락시킨 뒤 성안 사람들을 도륙했다. 이어 유방과 항우는 복양 동쪽에 진을 친 뒤 진나라 군사와 접전해 격파했다. 진나라 군사가 다시 병력을 재정비해 복양을 굳게 수비하고 물을 끌어들여 해자를 만들었다. 초나라 군사가 철수해 정도를 다시 쳤으나 함락시키지는 못했다. 서쪽 토벌에 나선 유방과 항우는 옹구에 이르러 진나라 군사와 접전해 대파하고, 이유를 참수한 뒤 회군해 외황을 또 쳤다. 그러나 외황은 함락시키지 못했다.

연이어 진격을 격파한 항량은 점차 교만한 모습을 보이기 시작했다. 송의가 간했으나 듣지 않았다. 진나라 조정이 군사를 증파해 장함을 돕게 했다. 장함이 한밤중에 소리를 내지 않기 위해 얇은 나무 막대기인 하무를 입에 물도록 하는 함매衡枚를 한 채 항량을 기습했다. 정도에서 초나라 군사를 대파하고 항량을 패사시켰다. 당시 유방과 항우는 진류를 공략하고 있었다. 항량이 전사했다는 소식을 듣고는 곧 군사를 이끌고 여신과 함께 동쪽으로 퇴각했다. 여신은 팽성 동쪽, 항우는 팽성 서쪽, 패공의 군사는 탕현에 진을 쳤다. 항량의 군사를 대파한 장함은 초나라 군사를 두려워할 것이 없다고 생각해 황하를 건넌 뒤 북진해 조나라를 대파했다. 조나라 왕은 조헐이었다. 진나라 장수 왕리가 거록성巨鹿城에서 포위했다. 당시 진여가 이끄는 조나라 군사는 거록성 북쪽에 주둔하고 있었다. 이를 이른바 하북군이라고 했다.

●● 秦二世元年秋, 陳勝等起蘄, 至陳而王, 號爲 "張楚". 諸郡縣皆多殺其長吏以應陳涉. 沛令恐, 欲以沛應涉. 掾 · 主吏蕭何 · 曹參乃曰,

"君爲秦吏, 今欲背之, 率沛子弟, 恐不聽. 願君召諸亡在外者, 可得數百人, 因劫衆, 衆不敢不聽." 乃令樊噲召劉季. 劉季之衆已數十百人矣. 於是樊噲從劉季來. 沛令後悔, 恐其有變, 乃閉城城守, 欲誅蕭·曹. 蕭·曹恐, 踰城保劉季. 劉季乃書帛射城上, 謂沛父老曰, "天下苦秦久矣. 今父老雖爲沛令守, 諸侯並起, 今屠沛. 沛今共誅令, 擇子弟可立者立之, 以應諸侯, 則家室完. 不然, 父子俱屠, 無爲也." 父老乃率子弟共殺沛令, 開城門迎劉季, 欲以爲沛令. 劉季曰, "天下方擾, 諸侯並起, 今置將不善, 壹敗塗地. 吾非敢自愛, 恐能薄, 不能完父兄子弟. 此大事, 願更相推擇可者." 蕭·曹等皆文吏, 自愛, 恐事不就, 後秦種族其家, 盡讓劉季. 諸父老皆曰, "平生所聞劉季諸珍怪, 當貴, 且卜筮之, 莫如劉季最吉." 於是劉季數讓. 衆莫敢爲, 乃立季爲沛公. 祠黃帝, 祭蚩尤於沛庭, 而釁鼓旗, 幟皆赤. 由所殺蛇白帝子, 殺者赤帝子, 故上赤. 於是少年豪吏如蕭·曹·樊噲等皆爲收沛子弟二三千人, 攻胡陵·方與, 還守豐. 秦二世二年, 陳涉之將周章軍西至戲而還. 燕·趙·齊·魏皆自立爲王. 項氏起吳. 秦泗川監平將兵圍豐, 二日, 出與戰, 破之. 命雍齒守豐, 引兵之薛. 泗州守壯敗於薛, 走至戚, 沛公左司馬得泗川守壯, 殺之. 沛公還軍亢父, 至方與, 周市來攻方與未戰. 陳王使魏人周市略地. 周市使人謂雍齒曰, "豐, 故梁徙也. 今魏地已定者數十城. 齒今下魏, 魏以齒爲侯守豐. 不下, 且屠豐." 雍齒雅不欲屬沛公, 及魏招之, 卽反爲魏守豐. 沛公引兵攻豐, 不能取. 沛公病, 還之沛. 沛公怨雍齒與豐子弟叛之, 聞東陽甯君·秦嘉立景駒爲假王, 在留, 乃往從之, 欲請兵以攻豐. 是時秦將章邯從陳, 別將司馬尼將兵北定楚地, 屠相, 至碭. 東陽甯君·沛公引兵西, 與戰蕭西, 不利. 還收兵聚留, 引兵攻碭, 三日乃取碭. 因收碭兵, 得五六千人. 攻下邑, 拔之. 還軍豐. 聞項梁在薛, 從騎百餘往見之. 項梁益沛公卒五千人, 五大夫將十人. 沛公還, 引兵攻豐. 從項梁月餘, 項羽已拔襄城還. 項梁盡召別將居薛. 聞陳王定死, 因立楚後懷王孫心爲楚王, 治盱台. 項梁號武信君. 居數月, 北攻亢父, 救東阿, 破秦軍. 齊軍歸, 楚獨追北, 使沛公·項羽別攻城陽, 屠之. 軍濮陽之東, 與秦軍戰, 破之. 秦軍復振, 守濮陽, 環水. 楚軍去而攻定陶, 定陶未下. 沛公與項羽西略地至雍丘之下, 與秦軍戰, 大破之, 斬李由. 還攻外黃, 外黃未下. 項梁再破秦軍, 有驕色. 宋義諫, 不聽. 秦益章邯兵, 夜銜枚擊項梁, 大破之定陶, 項梁死. 沛公與項羽方攻陳留, 聞項梁死, 引兵與呂將軍俱東. 呂臣軍彭城東, 項羽軍彭城西, 沛公軍碭. 章邯已破項梁軍, 則以爲楚地兵不足憂, 乃渡河, 北擊趙, 大破之. 當是之時, 趙歇爲王, 秦將王離圍之鉅鹿城, 此所謂河北之軍也.

2세 황제 3년, 항량의 군사가 패한 것을 보고 겁이 난 초회왕은 우이에서 팽성으로 천도한 뒤 여신과 항우의 군사를 합쳐 직접 지휘했다. 유방을 탕군의 군장郡長으로 삼고 무안후에 봉한 뒤 탕군의 군사를 통솔하게 했다. 또 항우를 장안후長安侯에 봉하고 노공으로 칭했다. 여신은 사도, 그의 부친 여청은 영윤에 임명됐다. 조나라에서 누차 구원을 청하자 초회왕이 송의를 상장군, 항우를 부장, 범증을 말장으로 삼은 뒤 북진해 조나라를 구하게 했다. 또 유방에게는 서쪽을 공략해 관중으로 진공하게 했다. 초회왕은 여러 장수 앞에서 가장 먼저 입관入關해 관중을 평정하는 자를 관중왕關中王으로 삼겠다고 약속했다. 당시 진나라 병력은 강대했다. 늘 승세를 몰아 패주하는 적군을 추격한 이유다. 초나라 장수 가운데 먼저 입관하는 것을 이롭게 여긴 자는 거의 없었다. 그러나 진나라가 항량의 군사를 격파한 것을 원통해한 항우는 달랐다. 격분한 그는 유방과 함께 서쪽으로 입관하고자 했다. 초회왕의 노장들이 입을 모아 말했다.

"항우는 사람됨이 성급하고 사나우며 교활해 남을 잘 해칩니다. 항우가 일찍이 양성襄城을 공략했을 때 양성에 살아남은 무리가 하나도 없었습니다. 모두 갱살한 탓입니다. 그가 지나가는 곳은 잔혹하게 말살당하지 않은 곳이 없습니다. 진승이 세운 장초의 경우 누차 함양을 공략하고자 했음에도 바로 전에 진승과 항량 등이 모두 패한 것처럼 여의치 않았습니다. 차라리 관인한 장자를 보내 의를 북돋우면서 서진해 진나라 부형들을 깨우쳐 이끄느니만 못합니다. 진나라 부형들은 이미 폭군으로 인해 고통을 받은 지 오래되었습니다. 지금 장자가 가서 포학한 모습을 보이지 않으면 그것만으로도 능히 관중을 함락시킬 수 있습니다. 항우는 성급하고 사나운 만큼 지금으로서는 보내서는 안 됩니다. 패공은 평소 관대한 장자의 행보를 보였으니 오직 그만 보낼 만합니다."

초회왕이 마침내 항우가 가는 것을 허락지 않고 패공을 보내 서쪽을 공략하게 했다. 유방이 진승과 항량 휘하에 있던 산졸散卒을 수습한 뒤 서진하다가 탕현을 지나 성양에 이르게 되었다. 강리杠里에서 진나라 군사와 대치한 끝에 진나라의 두 부대를 격파했다. 당시 항우가 이끄는 초나라 군사는 출병한 직후 왕리가 이끄는 진나라 군사를 대파했다. 유방은 군사를 이끌고 서쪽으로 진격해 창읍昌邑에서 팽월과 만났다. 둘이 합세해 진나라 군사를 쳤으나 전세가 불리했다. 일단 율현으로 철군한 뒤 강무후剛武侯를 만나서 그의 군사 4,000여 명을 빼앗았다.* 이어 위나라 장수 황흔皇欣 및 사도 무포武蒲의 군사와 합세해 창읍을 쳤으나 함락시키지 못했다. 유방이 서진하면서 고

양을 경유할 때 고양 출신 서생인 역이기酈食其가 문을 지키는 감문監
門에게 말했다.

"그간 이곳을 지난 장수가 매우 많았소. 내가 패공을 보니 과연 도
량이 큰 대인장자大人長者의 풍모가 있소."

그러고는 유방을 만나 유세하고자 했다. 이내 유방을 만나게 되었
을 때 마침 유방은 침상에 걸터앉아 두 여자에게 발을 씻기고 있었
다. 역이기가 절하지 않고 길게 읍하며 말했다.

"족하가 반드시 무도한 진나라를 토벌하고자 하면 걸터앉은 채 장
자를 만나서는 안 됩니다."

유방이 벌떡 일어나 옷을 여미고 사죄한 뒤 윗자리에 앉혔다. 역
이기가 유방에게 진류의 습격을 권했다. 덕분에 진나라가 비축한 군
량을 얻게 되었다. 유방이 역이기를 광야군廣野君으로 삼았다. 또 역
이기의 아우 역상酈商을 장수로 삼은 뒤 진류의 군사를 이끌고 가 함
께 개봉開封을 쳤으나 함락시키지 못했다. 유방이 계속 서진해 백마白
馬에서 진나라 장수 양웅楊熊과 교전한 뒤 곡우曲遇 동쪽에서 다시 싸
워 크게 쳐부수었다. 양웅이 형양으로 달아나자, 2세 황제가 사자를
보내 참수하고 본보기로 삼게 했다. 유방이 남쪽으로 영양潁陽을 공
략한 뒤 사람들을 도륙했다. 이어 장량의 도움을 받아 마침내 한韓나
라의 환원轘轅을 공략했다. 당시 조나라 별장 사마앙도 마침 황하를
건넌 뒤 유방에 앞서 함곡관을 통해 입관하고자 했다.

다급해진 유방이 북쪽으로 평음平陰을 공략하고 황하 나루를 건넌

● 강무후와 관련해 이설이 분분하다. 《사기집해》는 《한서음의漢書音義》 등의 주를 인용해
초회왕의 장수 또는 위나라 장수 진무陳武로 간주한 응소의 주와 〈공신표〉를 근거로 시호가
나오지 않는 시무柴武로 간주한 신찬의 주를 함께 실어놓았다. 《사기정의》는 안사고의 주를
인용해 작호만 나오고 있는 만큼 진무 내지 시무 등으로 간주해서는 안 된다고 했다.

뒤 남하해 낙양 동쪽에서 진나라 군사와 교전했다. 전세가 불리해지자 양성陽城으로 회군했다. 다시 군영의 기마병을 소집해 주현犨縣 동쪽에서 남양태수 여의呂齮와 접전해 격파했다. 남양을 점령하자 남양태수 여의가 달아나 완성을 굳게 지켰다. 유방이 군사를 이끌고 완성을 버려둔 채 서진하려 하자 장량이 간했다.

"패공은 지금 서둘러 함곡관으로 입관하고자 하나 진나라 병사가 아직 많은데다 험준한 요새를 근거로 버티고 있습니다. 지금 완성을 함락시키지 않으면 뒤에서는 완성의 적군이 치고, 앞에는 강한 진나라 군사가 가로막는 형국이 됩니다. 이는 매우 위험한 길입니다."

유방이 밤에 군사를 이끌고 다른 길로 돌아와 깃발을 바꾸고 동이 틀 무렵 완성을 세 겹으로 포위했다. 남양태수가 자진하려고 하자 문객인 진회陳恢가 만류했다.

"죽기에는 아직 이릅니다."

그러고는 성을 넘어가 유방을 만났다. 그가 유방에게 말했다.

"제가 듣건대 족하는 먼저 함양에 입성하는 사람이 그곳의 왕이 되기로 초회왕과 약속했다고 합니다. 지금 족하는 이곳에 머물며 완성을 포위하고 있습니다. 완성은 커다란 군郡의 도성으로 수십 개의 성이 연이어 있어 백성도 많고 비축한 양식도 충분합니다. 관민 모두 항복하면 반드시 죽게 될 것으로 여기고 있어, 모두 성 위로 올라가 굳게 지키고 있습니다. 지금 족하가 종일 이곳에 머물며 공격하면 죽거나 부상당하는 병사가 틀림없이 많을 것이고, 군사를 이끌고 완성을 떠나면 완성의 군사가 반드시 족하를 추격할 것입니다. 전자는 함양에 먼저 입성해 왕이 될 기회를 잃는 것이 되고, 후자는 완성의 강군이 추격해올 우려가 있습니다. 족하를 위한 계책을 말하면 항복을 약속받은 뒤 완성의 태수를 후로 삼아 계속 이곳에 머물러 지키도록 하느니만 못합니다. 이어 그의 병사들을 이끌고 함께 서진하면 아직 항복하지 않은 모든 성읍이 이 소식을 듣고 다투어 성문을 열고 기다릴 것입니다. 족하가 함양으로 가는 길에 아무런 장애가 없을 것입니다."

"좋소."

그러고는 완성의 태수를 은후殷侯로 삼고, 진회를 천호후千戶侯에 봉했다. 이후 남양의 군사를 이끌고 서진하자 과연 항복하지 않는 자가 없었다. 단수에 이르자 고무후高武侯 새鰓와 양후襄侯 왕릉王陵이 서릉에서 항복했다. 유방이 회군해 호양을 치고, 파군番君의 별장 매현을 만나 함께 석현析縣과 여현酈縣을 함락시켰다. 위나라 출신 영창甯昌을 진나라에 밀사로 보냈으나 미처 돌아오지 못했다. 이때 장함은 군사를 이끌고 조나라에서 항우에게 항복했다.

당초 항우는 송의와 함께 북쪽으로 가 조나라를 구하고자 했다. 도중에 송의를 죽이고 대신 상장군이 되었다. 경포를 비롯한 제장들이 모두 항우에게 귀속되었다. 항우가 진나라 장수 왕리의 군사를 격파하고 장함을 항복케 만들자 제후들 역시 모두 항우에게 귀의했다. 당시 조고는 2세 황제를 시해한 뒤 유방에게 사자를 보내 관중을 둘로 쪼개 각자 왕이 되는 방안을 약조하고자 했다. 이를 거짓으로 생각한 유방이 장량의 계책을 받아들여 역이기와 육가를 보내 진나라 장수를 설득하는 동시에 뇌물로 유혹하고자 했다. 유방이 남쪽 무관을 습격해 함락시킨 배경이다. 이후 진나라 군사와 남전藍田 남쪽에서 교전케 되었다. 이때 의병疑兵의 계책을 구사해 깃발을 늘리고, 지나는 마을에서 약탈을 하지 못하게 했다. 진나라 백성이 크게 기뻐하고, 진나라 군사가 크게 해이해진 덕분에 대승을 거둘 수 있었다. 남전 북쪽에서 진나라 군사와 접전해 대승을 거둔 뒤 승세에 올라타 함양 입성을 가로막는 진나라 군사를 모두 궤멸시켰다.

●● 秦二世三年, 楚懷王見項梁軍破, 恐, 徙盱台都彭城, 幷呂臣·項羽軍自將之. 以沛公爲碭郡長, 封爲武安侯, 將碭郡兵. 封項羽爲長安侯, 號爲魯公. 呂臣爲司徒, 其父呂靑爲令尹. 趙數請救, 懷王乃以宋義爲上將軍, 項羽爲次將, 范增爲末將, 北救趙. 令沛公西略地入關. 與諸將約, 先入定關中者王之. 當是時, 秦兵彊, 常乘勝逐北, 諸將莫利先入關. 獨項羽怨秦破項梁軍, 奮, 願與沛公西入關. 懷王諸老將皆曰, "項羽爲人僄悍猾賊. 項羽嘗攻襄城, 襄城無遺類, 皆阬之, 諸所過無不殘滅. 且楚數進取, 前陳王·項梁皆敗. 不如更遣長者扶義而西, 告諭秦父兄. 秦父兄苦其主久矣, 今誠得長者往, 毋侵暴, 宜可下. 今項羽僄悍, 今不可遣. 獨沛公素寬大長者, 可遣." 卒不許項羽, 而遣沛公西略地, 收陳王·項梁散卒. 乃道碭至成陽, 與杠里秦軍夾壁, 破魏秦二軍. 楚軍出兵擊王離, 大破之. 沛公引兵西, 遇彭越昌邑, 因與俱攻秦軍, 戰不利. 還至栗, 遇剛武侯, 奪其軍, 可四千餘人, 幷之. 與魏將皇欣·魏申徒武蒲之軍幷攻昌邑, 昌邑未拔. 西過高陽. 酈食其謂爲監門, 曰, "諸將過此者多, 吾視沛公大人長者." 乃求見說沛公. 沛公方踞床, 使兩女子洗足. 酈生不拜, 長揖, 曰, "足下必欲誅無道秦, 不宜踞見長者." 於是沛公起, 攝衣謝之, 延上坐. 食其說沛公襲陳留, 得秦積粟. 乃以酈食其爲廣野君, 酈商爲將, 將陳留兵, 與偕攻開封, 開封未拔. 西與秦將楊熊戰白馬, 又戰曲遇東, 大破之. 楊熊走之滎陽, 二世使使者斬以徇. 南攻潁陽, 屠之. 因張良遂略韓地轘轅. 當是時, 趙別將司馬卬方欲渡河入關, 沛公乃北攻平陰, 絶河津. 南, 戰雒陽東, 軍不利, 還至陽城,

收軍中馬騎, 與南陽守齮戰犫東, 破之. 略南陽郡, 南陽守齮走, 保城守
宛. 沛公引兵過而西. 張良諫曰, "沛公雖欲急入關, 秦兵尙衆, 距險. 今
不下宛, 宛從後擊, 彊秦在前, 此危道也." 於是沛公乃夜引兵從他道還,
更旗幟, 黎明, 圍宛城三帀. 南陽守欲自剄. 其舍人陳恢曰, "死未晚也."
乃踰城見沛公, 曰, "臣聞足下約, 先入咸陽者王之. 今足下留守宛. 宛,
大郡之都也, 連城數十, 人民衆, 積蓄多, 吏人自以爲降必死, 故皆堅守
乘城. 今足下盡日止攻, 士死傷者必多, 引兵去宛, 宛必隨足下後, 足下
前則失咸陽之約, 後又有彊宛之患. 爲足下計, 莫若約降, 封其守, 因
使止守, 引其甲卒與之西. 諸城未下者, 聞聲爭開門而待, 足下通行無
所累." 沛公曰, "善." 乃以宛守爲殷侯, 封陳恢千戶. 引兵西, 無不下者.
至丹水, 高武侯鰓 · 襄侯王陵降西陵. 還攻胡陽, 遇番君別將梅鋗, 與
皆, 降析 · 酈. 遣魏人甯昌使秦, 使者未來. 是時章邯已以軍降項羽於
趙矣. 初, 項羽與宋義北救趙, 及項羽殺宋義, 代爲上將軍, 諸將黥布皆
屬, 破秦將王離軍, 降章邯, 諸侯皆附. 及趙高已殺二世, 使人來, 欲約
分王關中. 沛公以爲詐, 乃用張良計, 使酈生 · 陸賈往說秦將, 啗以利,
因襲攻武關, 破之. 又與秦軍戰於藍田南, 益張疑兵旗幟, 諸所過毋得
掠鹵, 秦人喜, 秦軍解, 因大破之. 又戰其北, 大破之. 乘勝, 遂破之.

한고조 원년 10월, 유방의 군사가 마침내 제후들보다 한 발 앞서
파상에 이를 수 있었다. 진왕秦王 자영이 흰 수레에 흰 말을 타고 목
에 끈을 맨 채 황제의 옥새와 부절을 봉한 모습으로 지도정軹道亭 옆
에서 항복의식을 거행했다. 제장들 가운데 어떤 자가 진왕 자영의
주살을 주장했다. 유방이 반대했다.

"당초 초회왕이 나를 보낸 것은 원래 내가 관용을 베풀 수 있을 것

으로 여겼기 때문이오. 게다가 이미 항복한 사람을 죽이는 것은 상서롭지 못하오."

그러고는 진왕 자영을 관원에게 맡겼다. 유방이 마침내 서쪽 함양으로 들어가 궁궐에 머물며 휴식을 취했다. 번쾌와 장량이 간하자 진나라의 보화와 재물창고를 봉한 뒤 파상으로 회군했다. 회군 때 여러 현의 부로와 호걸을 불러 이같이 말했다.

"부로들이 진나라의 가혹한 법령에 시달린 지 오래되었소. 그간 조정을 비난한 자들은 멸족의 화를 당했고, 모여서 의론한 자들은 저잣거리에서 처형을 당했소. 나는 제후들과 가장 먼저 관중에 입관하는 자가 왕이 되기로 약조했소. 내가 응당 관중의 왕이 될 것이오. 지금 부로들에게 법령 세 가지만 약조하고자 하오.• 첫째, 사람을 죽인 자는 사형에 처한다. 둘째, 사람을 다치게 한 자는 그에 준하는 형을 가한다. 셋째, 남의 물건을 훔친 자는 그 죄의 경중에 따라 처벌한다. 진나라의 나머지 법령은 모두 폐지해 관민이 이전처럼 안심하고 생업에 종사할 수 있게 할 것이오. 내가 이곳에 온 것은 부로들을 위해 해로움을 없애고자 한 것이지, 포악한 짓을 하려는 것이 아니오. 그러니 조금도 두려워하지 마시오. 내가 파상으로 돌아가 주둔하고자 한 것은 단지 제후들이 오기를 기다렸다가 약조를 확정하려는 것

• "부로들에게 법령 세 가지만 약조하고자 하오"의 원문은 약법삼장法三章이다. 약법삼장의 내용과 관련해 전한 순자의 후손인 순열荀悅은 《한기漢紀》에서 '살인자사殺人者死, 상인자형傷人者刑, 도자저죄盜者抵罪'로 풀이했다. 《한서》〈형법지〉는 당시 비록 약법삼장을 약속했지만 약법삼장이 너무 소략해 마치 그물의 코가 너무 넓어 배를 삼킬 정도의 대어인 탄주지어吞舟之魚를 놓치게 되었다고 비판했다. 중범을 제대로 취체取締하지 못한 것을 비판한 것이다. 유방도 이후 약법삼장이 너무 소략해 천하를 다스리는 데 부족하다고 여겨 소하에게 이를 보완하게 했다. 소하는 진나라 법률을 참조해 도율盜律·적율賊律·수율囚律·포율捕律·잡율雜律·구율具律의 여섯 편을 만든 뒤 다시 호율戶律·흥율興律·구율廄律 세 편을 더했다. 이를 《구장률九章律》이라 한다. 《구장률》의 완성으로 비로소 한나라 율령제도의 기틀이 마련되었다.

일 뿐이오."

그러고는 사람을 시켜 진나라 관원과 함께 모든 현縣과 향鄕 및 읍邑을 돌아다니며 이를 알리게 했다. 진나라 백성이 크게 기뻐했다. 소고기·양고기·술·음식 등을 가지고 나와 유방의 군사를 대접하고자 했다. 유방이 사양했다.

"창고에 양식이 많아 부족함이 없소. 민폐를 끼치고 싶지 않소."

진나라 백성이 더욱 기뻐하며 오직 유방이 진나라 왕이 되지 못할까 걱정했다. 어떤 자가 유방에게 말했다.

"관중은 그 부가 천하의 열 배나 되고, 지형 또한 견고합니다. 지금 듣건대 장함이 항복하자 항우는 그를 옹왕으로 봉해 관중의 왕 노릇을 시키려 한다고 합니다. 지금 항후가 오면 패공은 아마 이곳을 차지하지 못하게 될 것입니다. 급히 병사들을 시켜 함곡관을 지켜 제후의 연합군이 들어오지 못하도록 하십시오. 이어 점차 관중의 병사를 징집해 병력을 증강하는 방식으로 이들을 적극 방어하도록 하십시오."

유방이 옳다고 여겨 그대로 좇았다. 이해 11월 중순, 항우가 과연 제후의 연합군을 이끌고 서진해 함곡관에 이른 뒤 안으로 들어가고자 했으나 관문이 굳게 닫혀 있었다. 유방이 이미 관중을 평정한 사실을 뒤늦게 알고는 크게 노했다. 곧 경포 등을 시켜 함곡관을 공략하게 했다. 이해 12월 중순, 함곡관을 돌파해 마침내 희수에 이르게 되었다. 유방의 좌사마 조무상은 항우가 대로해 유방을 치려 한다는 이야기를 듣자 곧바로 사람을 항우에게 보내 이같이 전했다.

"패공이 관중의 왕이 되려고 합니다. 자영을 재상으로 삼은 뒤 진귀한 보물을 모두 차지하려는 속셈입니다."

조무상은 항우로부터 봉작封爵을 받고자 한 것이다. 이때 범증이 유방 토벌의 계책을 항우에게 일러주었다. 항우가 병사들을 배불리 먹인 뒤 다음날 아침 유방과 교전하고자 했다. 당시 항우의 병사는 40만 명인데 100만 명으로 부풀렸고, 유방도 10만 명인데 20만 명으로 부풀렸다. 유방의 병력은 항우와 대적할 수 없었다. 항백이 장량을 살리기 위해 밤에 장량을 만나러 갔다. 이를 계기로 장량이 항우를 설득시켰다. 항우가 유방에 관한 공격을 그만둔 이유다. 당시 유방은 100여 명의 기병을 이끌고 홍문으로 달려가서 사죄했다. 항우가 말했다.

"이는 그대의 좌사마 조무상이 말한 것이오. 그렇지 않았다면 내가 무엇 때문에 이리했겠소?"

유방은 번쾌와 장량의 도움으로 홍문의 사지에서 벗어나 무사히 돌아올 수가 있었다. 돌아온 뒤 곧바로 조무상을 죽였다. 항우는 함양에 입성한 뒤 살육을 일삼으며 함양의 진나라 궁실을 닥치는 대로 불살랐다. 지나는 곳마다 무참히 파괴되지 않은 것이 없었다. 진나라 백성 모두 크게 실망했으나 두려운 나머지 감히 복종하지 않을 수 없었다. 항우가 사람을 보내 초회왕에게 이를 보고하자 초회왕이 말했다.

"약속대로 하라."

항우는 당초 초회왕이 자신을 유방과 함께 서쪽 함곡관으로 진입하도록 하지 않고, 북쪽으로 조나라를 구원케 함으로써 천하의 제후들과 함께한 약속에서 유방보다 뒤처지게 만든 것을 원망했다. 그가 말했다.

"회왕은 우리 집안의 숙부인 항량이 옹립한 사람이다. 공도 없는 그가 어찌 맹약을 주관할 수 있겠는가? 원래 천하를 평정한 사람은 제장들과 나 항우다."

그러고는 초회왕을 명목상 의제로 높인 뒤 실제로는 그의 명을 따르지 않았다. 이해 정월, 항우가 스스로 서초패왕을 칭했다. 옛 양나라와 초나라 땅인 구군의 왕이 되어 팽성에 도읍했다. 당초의 협약을 어기고 유방을 한왕漢王으로 이봉한 뒤 파촉과 한중을 다스리며 남정에 도읍하게 했다. 이어 관중을 삼분해 세 명의 진나라 장수를 옹립했다. 장함을 옹왕으로 삼아 폐구에 도읍하게 하고, 사마흔을 새왕으로 삼아 약양에 도읍하게 하고, 동예를 적왕으로 삼아 고노에 도읍하게 했다. 또 초나라 장수인 하구 출신 신양을 하남왕으로 삼아 낙양에 도읍하게 했다. 조나라 장수 사마앙을 은왕으로 삼아 조가에 도읍하게 했고, 조왕 헐을 대 땅으로 이봉해 그곳의 왕이 되게 했다. 조나라 승상 장이를 상산왕으로 삼아 양국에 도읍하게 했다. 당양군 경포를 구강왕으로 삼아 육현에 도읍하게 하고, 초회왕의 주국 공오를 임강왕으로 삼아 강릉에 도읍하게 했다. 이어 파군 오예를 형산왕으로 삼아 주읍邾邑에 도읍하게 하고, 연나라 장수 장도를 연왕으로 삼아 계현薊縣에 도읍하게 했다. 예전의 연왕 한광은 요동으로 이봉해 그곳의 왕이 되게 했다. 한광이 복종하지 않자 장도가 공략해 무종에서 죽였다. 항우는 성안군 진여에게 하간河間 부근의 세 개 현을 식읍으로 내주고, 남피에 머물게 했다. 매현에는 10만 호를 식읍으로 내려주었다.

●● 漢元年十月, 沛公兵遂先諸侯至霸上. 秦王子嬰素車白馬, 係頸以組, 封皇帝璽符節, 降軹道旁. 諸將或言誅秦王. 沛公曰, "始懷王遣我, 固以能寬容, 且人已服降, 又殺之, 不祥." 乃以秦王屬吏, 遂西入咸陽. 欲止宮休舍, 樊噲·張良諫, 乃封秦重寶財物府庫, 還軍霸上. 召諸縣父老豪桀曰, "父老苦秦苛法久矣, 誹謗者族, 偶語者棄市. 吾與諸侯約, 先入關者王之, 吾當王關中. 與父老約, 法三章耳, 殺人者死, 傷人及盜抵罪. 餘悉除去秦法. 諸吏人皆案堵如故. 凡吾所以來, 爲父老除害, 非有所侵暴, 無恐! 且吾所以還軍霸上, 待諸侯至而定約束耳." 乃使人與秦吏行縣鄉邑, 告諭之. 秦人大喜, 爭持牛羊酒食獻饗軍士. 沛公又讓不受, 曰, "倉粟多, 非乏, 不欲費人." 人又益喜, 唯恐沛公不爲秦王. 或說沛公曰, "秦富十倍天下, 地形彊. 今聞章邯降項羽, 項羽乃號爲雍王, 王關中. 今則來, 沛公恐不得有此. 可急使兵守函谷關, 無內諸侯軍, 稍徵關中兵以自益, 距之." 沛公然其計, 從之. 十一月中, 項羽果率諸侯兵西, 欲入關, 關門閉. 聞沛公已定關中, 大怒, 使黥布等攻破函谷關. 十二月中, 遂至戲. 沛公左司馬曹無傷聞項王怒, 欲攻沛公, 使人言項羽曰, "沛公欲王關中, 令子嬰爲相, 珍寶盡有之." 欲以求封. 亞父勸項羽擊沛公. 方饗士, 旦日合戰. 是時項羽兵四十萬, 號百萬. 沛公兵十萬, 號二十萬, 力不敵. 會項伯欲活張良, 夜往見良, 因以文諭項羽, 項羽乃止. 沛公從百餘騎, 驅之鴻門, 見謝項羽. 項羽曰, "此沛公左司馬曹無傷言之. 不然, 籍何以生此!" 沛公以樊噲 · 張良故, 得解歸. 歸, 立誅曹無傷. 項羽遂西, 屠燒咸陽秦宮室, 所過無不殘破. 秦人大失望, 然恐, 不敢不服耳. 項羽使人還報懷王. 懷王曰, "如約." 項羽恐懷王不肯令與沛公俱西入關, 而北救趙, 後天下約. 乃曰, "懷王者, 吾家項梁所立耳, 非有功伐, 何以得主約! 本定天下, 諸將及籍也." 乃詳尊懷王爲義帝, 實不用其命. 正月, 項羽自立爲西楚霸王, 王梁 · 楚地九郡, 都彭城. 負約, 更立沛公爲漢王, 王巴 · 蜀 · 漢中, 都南鄭. 三分關中, 立秦三將, 章邯爲雍王, 都廢丘, 司馬欣爲塞王, 都櫟陽, 董翳爲翟王, 都高奴. 楚將瑕丘申陽爲河南王, 都洛陽. 趙將司馬卬爲殷王, 都朝

歌. 趙王歇徙王代. 趙相張耳爲常山王, 都襄國. 當陽君黥布爲九江王,
都六. 懷王柱國共敖爲臨江王, 都江陵. 番君吳芮爲衡山王, 都邾. 燕將
臧荼爲燕王, 都薊. 故燕王韓廣徙王遼東. 廣不聽, 臧荼攻殺之無終. 封
成安君陳餘河閒三縣, 居南皮. 封梅鋗十萬戶.

한고조 원년 4월, 각 제후는 항우의 대장군의 기치 아래서 병사들
을 해산해 각자 이들의 봉국으로 돌아갔다. 유방이 봉국으로 떠나자
항우는 병사 3만 명을 동원해 유방을 따르게 했다. 초나라와 다른 봉
국에서 유방을 흠모해 따르는 자가 수만 명에 달했다. 이들은 두현
남쪽에서 식触 땅으로 들어갔다. 유방은 길을 지나면 잔도棧道를 불
태워 끊었다. 제후의 도병盗兵•이 뒤에서 습격할 것에 방비하고, 동
쪽으로 되돌아갈 뜻이 없음을 항우에게 표시한 것이다. 남정에 이르
는 동안 장병들 가운데 달아나 귀향한 자가 많았다. 병사들 모두 고
향을 그리워하는 노래를 부르며 동쪽으로 돌아가고 싶어 했다. 한왕
한신이 유방을 설득했다.

"항우는 공을 세운 장수를 모두 왕에 봉했습니다. 유독 대왕만 남
정에 도읍하게 했으니 이는 유배한 것이나 다름없습니다. 우리 군영
의 군관과 병사 모두 산동 출신입니다. 밤낮으로 발꿈치를 세워 고
향으로 돌아가고자 합니다. 이들의 이런 날카로운 기세를 활용하면

• 도병은 크게 세 가지 뜻이 있다. 첫째, 교활한 수단으로 승리를 꾀하는 군사를 뜻한다.《순
자》〈의병議兵〉에 대한 양경楊倞의 주는 도적지병盜賊之兵으로 풀이했다. 둘째, 반란을 일으
킨 군사를 지칭한다. 북송 때 왕안석의 시〈여산廬山〉에 나오는 여산여차도병하廬山如此盜兵何
구절이 대표적이다. 셋째, 병권 탈취를 의미한다. 명나라 심덕부沈德符의《야획편野獲編》〈병
부兵部〉에 나오는 역사도병령지亦思盜兵逞志 구절이 대표적이다. 여기서는 첫 번째 의미로 사
용되었다.

큰 공적을 이룰 수가 있습니다. 천하가 평정되어 사람들 모두 평안을 찾으면 다시는 이들을 이용할 수가 없습니다. 결단해 동진하며 천하를 다투느니만 못합니다."

항우가 함곡관을 나서면서 사람을 의제에게 보내 천도를 강요했다.

"옛날부터 제왕은 영토가 사방 1,000리에 지나지 않았고, 반드시 강하의 상류에 머물렀습니다."

그러고는 사자를 의제에게 보내 속히 장사의 침현으로 천도할 것을 재촉했다. 신하들이 점차 의제를 배신하자 항우는 몰래 형산왕과 임강왕에게 습격을 명해, 마침내 강남에서 의제를 죽였다.

당시 항우는 전영에게 원한이 있었던 까닭에 제나라 장수 전도를 제나라 왕으로 세웠다. 전영이 대로한 나머지 전도를 죽이고 스스로 보위에 오르면서 항우를 배신했다. 이어 팽월에게 장군의 인장을 주어 양 땅에서 모반하게 했다. 항우가 소공 각에게 명해 팽월을 치게 했으나 오히려 팽월이 그를 대파했다. 진여도 항우가 자신을 왕으로 봉하지 않은 것에 원한을 품었다. 유세객 하열을 전영에게 보내 원병援兵을 청했다. 상산왕 장이를 치고자 한 것이다. 전영이 진여에게 원병을 보내주자 진여가 장이를 격파했다. 장이가 유방에게 도망쳐 왔다. 진여가 조왕 헐을 대 땅으로부터 맞이해 다시 조왕으로 세웠다. 조왕 헐이 진여를 대왕으로 삼았다. 항우가 대로해 북진해 제나라를 쳤다.

이해 8월, 유방이 한신의 계책을 써 고도故道를 따라 관중으로 들어가 옹왕 장함을 쳤다. 장함이 진창陳倉에서 한나라 군사를 맞아 싸웠으나 이내 패주했다. 호치好畤에서 멈추어 다시 싸웠지만 또다시 패해 폐구로 달아났다. 유방이 마침내 옹 땅을 평정했다. 이내 동쪽 함양에 이른 뒤 다시 군사를 이끌고 폐구에서 장함을 포위했다. 이 때 제장들을 각지로 보내 농서·북지·상군上郡을 공략했다. 장수 설구薛歐와 왕흡王吸에게 명해 무관을 빠져나간 뒤 남양에 주둔하고 있는 왕릉 군사의 힘을 빌려 태공과 여후를 패현에서 모셔오게 했다. 소식을 들은 초나라가 군사를 동원해 양하에서 이들이 패현으로 가는 길을 막았다. 또 전에 오현의 현령으로 있던 정창을 한왕韓王으로 삼아 한나라 군사에 저항하게 했다.

한고조 2년, 유방이 동쪽을 공략하자 새왕 사마흔과 적왕 동예, 하남왕 신양이 모두 항복했다. 한왕 정창이 항복하지 않자 회음후 한신을 시켜 그를 격파하고 땅을 점령하게 했다. 이어 이곳에 농서·북지·상군·위남·하상河上·중지中地 등의 군을 두었다. 또 함곡관 밖에는 하남군河南郡을 두었다. 이어 한韓나라 태위太尉 신信을 한왕韓王으로 세웠다. 제후의 장수들 가운데 1만 명의 병사 또는 군郡 하나를 바치고 항복하는 자는 만호후萬戶侯에 봉했다. 하상군河上郡의 요새를 수리하고, 이전의 진나라 원유와 원지園池를 모두 백성에게 나누어주고 경작하게 했다. 이해 정월, 옹왕 장함의 아우 장평章平을 생포한 뒤 죄수들에게 대사령을 내렸다. 유방은 무관을 빠져나간 뒤 섬현陝縣에 이르러 관외의 부로들을 위로하고 돌아왔다. 장이가 알현하러 오자 후하게 대접했다.

이해 2월, 진나라의 사직단을 없애고 한나라 사직단으로 바꿔 세웠다. 이해 3월, 유방이 임진에서 황하를 건너자 위왕 표가 군사를 이끌고 수행했다. 유방이 하내를 함락시켜 은왕 사마앙을 생포한 뒤 하내군河內郡을 두었다. 남쪽으로 평음진平陰津을 건너 낙양에 이르렀다. 신성의 삼로三老 동공董公이 유방을 가로막고 의제의 피살 배경을 말했다. 유방이 왼쪽 팔뚝을 드러낸 채 크게 통곡했다. 이어 의제를 위해 발상한 뒤 사흘 동안 곡을 하며 제사를 올렸다. 곧 사자를 시켜 제후들에게 격문을 돌렸다.

> 천하가 함께 의제를 천자로 옹립한 뒤 북면해 섬겼소. 지금 항우가 의제를 강남으로 쫓아내 죽였으니 대역무도한 짓이오. 과인이 직접 상을 치르고 있으니 제후들 모두 소복을 착용해주시오. 관중의 모든 병사를 동원하고, 하남과 하동 및 하내의 삼하三河 군사를 소집한 뒤 장강과 한수를 따라 남하할 생각이오. 제후왕들과 함께 의제를 시해한 초나라 죄인을 토벌하고자 하는 것이오.

당시 항우는 북쪽 제나라를 공격했다. 전영은 항우와 성양에서 교전했다가 패해 평원으로 달아났다. 평원의 백성이 그를 죽였다. 제나라 각지 모두 초나라에 항복했다. 초나라 군사가 제나라 성읍을 모두 불사른 뒤 그 자녀들을 생포해 끌고 갔다. 제나라 백성이 다시 초나라를 배신했다. 전영의 아우 전횡이 전영의 아들 전광을 옹립하자 전광이 성양에서 초나라에 반기를 들었다. 항우는 한나라 군사가 동진했다는 소식을 들었으나 이미 제나라 군사와 접전 중인 까닭에 제나라 군사를 격파한 뒤 한나라 군사를 치려고 했다. 덕분에 유방은 5국 제후를 압박해 연합군을 구성한 뒤 마침내 초나라 도성 팽성을 공략할 수 있었다. 소식을 들은 항우가 곧바로 군사를 이끌고 제나라를 떠난 뒤 노현을 거쳐 호릉으로 나와 급속히 소현에 도착했다. 한나라 군사와 팽성 및 영벽 동쪽 수수 가에서 격전을 벌였다. 한나라 군사를 대파했다. 수많은 병사가 빠져 죽어 수수 가의 물이 시체에 막혀 흐르지 못할 정도였다. 항우가 유방의 부모와 처자를 패현에서 붙잡아 군중에 두고 볼모로 삼았다. 당시 제후들은 강력한 초군에게 한나라 군사가 패한 것을 보고는 모두 다시 한나라를 떠나 초나라에 귀의했다. 새왕 사마흔도 초나라로 도망쳐왔다.

여후의 오빠 주여후 여택呂澤은 한나라를 위해 군사를 이끌고 하읍에 머물고 있었다. 유방도 그에게로 가 점차 병사들을 그러모은 뒤 탕현에 주둔했다. 이어 서쪽으로 양 땅을 지나 우현虞縣에 이른 뒤 알자 수하隨何를 구강왕 경포가 있는 곳으로 보내 이같이 당부했다.

"그대가 경포에게 군사를 일으켜 초나라에 반기를 들게 하면 항우는 틀림없이 그곳에 머물며 경포를 칠 것이다. 항우를 몇 달만 머물게 할 수 있으면 내가 천하를 얻는 것은 분명한 일이다."

수하가 구강왕 경포를 설득하자 경포가 과연 초나라를 배신했다. 항우가 휘하장수 용저를 시켜 그를 공격하게 했다. 유방이 팽성에서 패전해 서쪽으로 달아나는 와중에 사람을 보내 가족을 찾았다. 그러나 가족들도 뿔뿔이 도망치는 바람에 행방을 알 길이 없었다. 도중에 혜제와 효원공주와 만나 함께 달아났다. 이해 6월, 혜제 유영劉盈을 태자로 세우고, 죄수들에게 대사령을 내렸다. 태자 유영에게 약양을 지키게 한 뒤 제후의 아들로서 관중에 있는 자를 모두 약양으로 불러 모아 태자를 호위하게 했다. 이어 장함에 대한 공격에 나서 폐구성廢丘城에 수공을 가했다. 물에 잠긴 폐구성의 군사들이 항복하고, 장함은 자진했다. 폐구의 이름을 바꿔 괴리槐里로 불렀다. 제사를 담당하는 사관祠官에게 명해 천지와 사방, 상제, 산천에게 제사를 올리게 했다. 이후 때맞추어 제사 지낼 것을 명했다. 관중의 병사를 동원해 변경을 수비하게 했다.

당시 구강왕 경포는 용저와 교전했으나 승리하지 못했다. 이내 수하隨何와 함께 샛길을 통해 몰래 한나라로 달아났다. 유방이 점차 병사들을 그러모은 뒤 제장 및 관중의 병사들과 함께 출동했다. 군사의 사기가 형양 땅에 진동했다. 마침내 경현京縣과 삭성索城 사이에서 초나라 군사를 격파했다.

●● 四月, 兵罷戲下, 諸侯各就國. 漢王之國, 項王使卒三萬人從, 楚與諸侯之慕從者數萬人, 從杜南入蝕中. 去輒燒絶棧道, 以備諸侯盜兵襲之, 亦示項羽無東意. 至南鄭, 諸將及士卒多道亡歸, 士卒皆歌思東歸. 韓信說漢王曰, "項羽王諸將之有功者, 而王獨居南鄭, 是遷也. 軍吏士卒皆山東之人也, 日夜跂而望歸, 及其鋒而用之, 可以有大功. 天下已定, 人皆自寧, 不可復用. 不如決策東鄉, 爭權天下." 項羽出關, 使人徙義帝. 曰, "古之帝者地方千里, 必居上遊." 乃使使徙義帝長沙郴縣, 趣義帝行, 群臣稍倍叛之, 乃陰令衡山王 · 臨江王擊之, 殺義帝江南. 項羽怨田榮, 立齊將田都爲齊王. 田榮怒, 因自立爲齊王, 殺田都而反楚, 予彭越將軍印, 令反梁地. 楚令蕭公角擊彭越, 彭越大破之. 陳餘怨項羽之弗王己也, 令夏說說田榮, 請兵擊張耳. 齊予陳餘兵, 擊破常山王張耳, 張耳亡歸漢. 迎趙王歇於代, 復立爲趙王. 趙王因立陳餘爲代王. 項羽大怒, 北擊齊. 八月, 漢王用韓信之計, 從故道還, 襲雍王章邯. 邯迎擊漢陳倉, 雍兵敗, 還走, 止戰好畤, 又復敗, 走廢丘. 漢王遂定雍地. 東至咸陽, 引兵圍雍王廢丘, 而遣諸將略定隴西 · 北地 · 上郡. 令將軍薛歐 · 王吸出武關, 因王陵兵南陽, 以迎太公 · 呂后於沛. 楚聞之, 發兵距之陽夏, 不得前. 令故吳令鄭昌爲韓王, 距漢兵. 二年, 漢王東略地, 塞王欣 · 翟王翳 · 河南王申陽皆降. 韓王昌不聽, 使韓信擊破之. 於是置隴西 · 北地 · 上郡 · 渭南 · 河上 · 中地郡, 關外置河南郡. 更立韓太尉信爲韓王. 諸將以萬人若以一郡降者, 封萬戶. 繕治河上塞. 諸故秦苑囿園池, 皆令人得田之. 正月, 虜雍王弟章平. 大赦罪人. 漢王之出關至陝, 撫關外父老, 還, 張耳來見, 漢王厚遇之. 二月, 令除秦社稷, 更立漢社稷. 三月, 漢王從臨晉渡, 魏王豹將兵從. 下河內, 虜殷王, 置河內郡. 南渡平陰津, 至雒陽. 新城三老董公遮說漢王以義帝死故. 漢王聞之, 袒而大哭. 遂爲義帝發喪, 臨三日. 發使者告諸侯曰, "天下共立義帝, 北面事之. 今項羽放殺義帝於江南, 大逆無道. 寡人親爲發喪, 諸侯皆縞素. 悉發關內兵, 收三河士, 南浮江漢以下, 願從諸侯王擊楚之殺義帝者." 是時項王北擊齊, 田榮與戰城陽. 田榮敗, 走平原, 平原民殺之. 齊皆降楚. 楚因焚燒其城郭, 係虜其子女. 齊人叛之. 田榮弟橫立榮子廣爲齊王, 齊王反楚城陽. 項羽雖聞漢東, 旣已連齊兵, 欲遂破之而擊漢. 漢王以故得劫五諸侯兵, 遂入彭城. 項羽聞之, 乃引兵去齊, 從魯出胡陵, 至蕭, 與漢大戰彭城靈壁東睢水上, 大破漢軍, 多殺士卒, 睢水爲之不流. 乃取漢王父母妻子於沛, 置之軍中以爲質. 當是時, 諸侯見楚彊漢敗, 還皆去漢復爲楚. 塞王欣亡入楚. 呂后兄周呂侯爲漢將兵, 居下邑. 漢王從之, 稍收士卒, 軍碭. 漢王乃西過梁地, 至虞. 使謁者隨何之九江王布所, 曰, "公能令布舉兵叛楚, 項羽必留擊之. 得留數月, 吾取天下必矣." 隨何往說九江王布, 布果背楚. 楚使龍且往擊之. 漢王之敗彭城而西, 行使人求家室, 家室亦亡, 不相得. 敗後乃獨得孝惠, 六月, 立爲太子, 大赦罪人. 令太子守櫟陽, 諸侯子在關中者皆集櫟陽爲衛. 引水灌廢丘, 廢丘降, 章邯自殺. 更名廢丘爲槐里. 於是令祠官祀天地四方上帝山川, 以時祀之. 興關內卒乘塞. 是時九江王布與龍且戰, 不勝, 與隨何閒行歸漢. 漢王稍收士卒, 與諸將及關中卒益出, 是以兵大振滎陽, 破楚京·索閒.

한고조 3년, 위왕 표가 부모의 병을 살피러 휴가를 청해 귀국했다. 위나라에 이르자마자 곧바로 황하의 나루를 끊은 뒤 한나라를 배신하고 초나라에 귀의했다. 유방이 역이기를 보내 설득했으나 위표가 듣지 않았다. 곧 장수 한신을 시켜 위나라를 대파하고 위표를 생포했다. 위나라 땅을 평정한 뒤 세 개 군을 두었다. 하동군·태원군·상당군이 그것이다. 유방이 장이와 한신에게 명해 동쪽 정형을 함락시키고, 조나라를 공략해 진여와 조왕 헐을 죽이게 했다. 이듬해에 장이를 조왕으로 삼았다.

당시 형양 남쪽에 주둔한 유방은 황하로 통하는 용도를 쌓은 뒤 오창의 곡식을 차지했다. 이런 상태로 항우와 1년 남짓 대치했다. 항우가 자주 한나라의 용도를 침탈하자 한나라 군사가 군량 부족으로 애를 먹었다. 항우가 여세를 몰아 마침내 유방을 포위했다. 유방이 강화를 청해 형양 이서 지역을 한나라에 떼어줄 것을 요구했으나 항우가 응하지 않았다. 우려한 끝에 유방이 진평의 계책을 썼다. 진평에게 황금 4만 근을 내주자 진평이 첩자를 활용해 항우와 범증 사이를 이간질했다. 과연 항우가 아부 범증을 의심했다. 당시 범증은 항우에게 형양을 즉각 함락시킬 것을 권했다. 그러다가 자신이 의심받고 있다는 사실을 알고는 크게 분노했다. 곧 늙었다는 이유로 관직에서 물러나 귀향할 뜻을 밝혔다. 귀향 도중 팽성에도 이르지 못한 채 등창이 나 죽었다.

한나라 군사는 식량이 떨어지자 밤에 갑옷을 입은 부녀 2,000여 명을 형양성의 동문으로 내보냈다. 초나라 군사가 사면에서 이들을 공격했다. 장수 기신이 유방의 어가御駕(왕의 수레)를 탄 채 거짓으로 유방인 척하며 초나라 군사를 속였다. 초나라 군사가 모두 만세를 부르며 구경하러 동문으로 갔다. 이 틈을 타 유방이 수십 명의 기병과 함께 서문을 통해 황급히 달아났다. 성을 빠져나오기 직전에 유방이 어사대부 주가를 위시해 위표와 종공 등에게 형양성을 지키게 했다. 유방을 수행할 수 없었던 제장과 병사들 모두 성에 머물러 있었다. 주가와 종공이 서로 논의했다.

"나라를 배신한 왕과는 함께 성을 지키기 어렵다."

그러고는 곧 위표를 죽였다. 형양성에서 황급히 달아난 유방은 관중으로 들어간 뒤 다시 병사를 모아 동진하고자 했다. 이때 원씨袁氏 성을 가진 유생이 유방을 찾아와 이같이 설득했다.

"한나라는 초나라와 형양성에서 대치하는 몇 년 동안 늘 곤궁했습니다. 원컨대 군왕은 무관을 빠져나가십시오. 그러면 항우는 반드시 군사를 이끌고 남하할 것입니다. 이후 벽을 높이 쌓고 굳게 수비만 해 형양과 성고의 군사들에게 휴식을 취하게 하십시오. 이때 한신 등을 시켜 하북의 조나라 땅을 진무한 뒤 연나라 및 제나라와 연합케 하십시오. 이후 군왕이 다시 형양성으로 가더라도 결코 늦지 않을 것입니다. 이같이 하면 초나라 군사는 여러 쪽으로 방비해야 하는 만큼 병력이 분산되고, 한나라 군사는 오히려 휴식을 취할 수 있습니다. 그 후에 다시 싸우면 틀림없이 초나라 군사를 무찌를 수 있을 것입니다."

유방이 이를 좇았다. 완성과 섭현 사이로 출병해 경포와 함께 군사를 그러모은 뒤 행군했다. 당시 항우는 유방이 완성에 있다는 소식을 듣자 과연 곧바로 군사를 이끌고 남하했다. 유방이 수비만 견고히 한 채 싸우지 않았다. 팽월은 수수를 건넌 뒤 항성項聲 및 설공과 함께 하비에서 초나라 군사와 싸워 크게 이겼다. 항우가 곧 군사를 이끌고 동쪽으로 가 팽월을 치자 유방도 군사를 이끌고 북상해 성고에 주둔했다. 팽월을 패주시킨 항우는 유방이 다시 성고에 주둔했다는 소식을 듣고는 다시 군사를 이끌고 급속히 서진했다. 형양성을 공략해 주가와 종공을 죽이고 한왕 신을 생포한 뒤 마침내 여세를 몰아 성고를 포위했다. 궁지에 몰린 유방이 등공 관영과 단 둘이 수레를 타고 성고성成皋城의 북문인 옥문玉門을 통해 황급히 달아났다. 북쪽으로 황하를 건넌 뒤 말을 내달려 수무에서 하룻밤을 묵었다. 이어 다음날 새벽, 자신을 사자라고 칭하며 급히 말을 몰아 장이와 한신의 군영에 들어간 뒤 이들의 군대를 빼앗았다. 이어 장이를 북쪽으로 보내 조나라 땅에서 병사를 더 많이 모집하게 했다. 또 한신을 시켜 동쪽으로 제나라를 치게 했다.

유방은 회음후 한신의 군사를 얻자 다시 사기가 올랐다. 군사를 이끌고 남하해 황하 가에 이르자 소수무小修武 남쪽에 주둔했다. 초군과 다시 싸울 생각이었다. 낭중 정충이 설득에 나서 보루의 벽을 높이고, 참호를 깊게 파는 식으로 수비를 견고히 한 채 싸우지 말 것을 권했다. 유방이 이를 좇아 죽마고우인 노관盧綰과 사촌 형인 형왕荊王 유가에게 병사 2만 명과 기병 수백 명을 이끌고 백마진白馬津을 건너 초나라 땅으로 들어가게 했다. 이들은 팽월과 함께 연현燕縣의 성곽 서쪽에서 협공을 가해 초나라 군사를 대파했다. 마침내 양 땅의 10여 개 성을 손에 넣은 배경이다.

당시 회음후 한신은 이미 제나라 평정의 명을 받고 동진했으나 아직 평원진을 건너지 못하고 있었다. 유방은 역이기를 보내 제왕 전광을 설득했다. 전광이 이내 초나라를 배신하고 한나라와 강화한 뒤 함께 항우를 쳤다. 회음후 한신은 책사인 괴통蒯通의 계책을 써 마침내 제나라를 격파했다. 화가 난 제왕 전광이 역이기를 팽살한 뒤 동쪽 고밀高密로 달아났다. 항우는 한신이 하북의 군사를 이끌고 조나라와 제나라 군사를 차례로 격파한 뒤 다시 초나라를 치려 한다는 소식을 듣고는 곧바로 용저와 주란周蘭을 보내 한신을 치게 했다. 한신이 이들과 교전하자 기장 관영이 출격해 초나라 군사를 대파하고 용저를 참살했다. 제왕 전광은 팽월에게 달아났다. 당시 팽월은 군사를 이끌고 양 땅에 주둔한 채 초나라 군사를 괴롭히며 군량 보급로를 차단하곤 했다. 한고조 4년, 항우가 대사마로 있는 해춘후 조구에게 말했다.

"성고성을 신중히 지키시오. 한나라 군사가 싸움을 걸지라도 절대 응해서는 안 되오. 그들이 동진하지 못하게 막기만 하면 되오. 내가 보름 이내로 반드시 양 땅을 평정한 뒤 재차 장군을 따르도록 하겠소."

그러고는 군사를 이끌고 가 진류·외황·수양을 잇달아 공략했다. 이때 한나라 군사가 누차 싸움을 걸었으나 대사마 조구는 출병하지 않았다. 한나라 군사가 사람을 보내 5, 6일 동안 험한 욕을 해대자 마침내 대사마 조구가 화를 참지 못해 군사를 이끌고 사수汜水를 건넜다. 초나라 군사가 사수를 반쯤 건널 즈음 한나라 군사가 공격을 가해 초나라 군사를 대파하고, 초나라의 금은보화과 재물을 모두 빼앗았다. 대사마 조구와 장사 사마흔 모두 사수 가에서 자진했다. 항우는 수양에 이르러 조구가 패사했다는 소식을 듣고는 이내 군사를 이끌고 회군했다. 당시 한나라 군사는 마침 형양성 동쪽에서 종리매를 포위하고 있었다. 항우가 이르자 크게 놀라 황급히 험준한 곳으로 달아났다. 회음후 한신은 제나라를 평정한 뒤 사람을 유방에게 보내 이같이 요구했다.

"제나라는 초나라와 이웃해 있습니다. 저의 권력이 미미하니 임시로 저를 제나라의 가왕에 봉해주십시오. 그리하지 않으면 아마 제나라를 안정시킬 수 없을 듯합니다."

대로한 유방이 한신을 치려 했다. 유후 장량이 만류했다.

"차라리 이 기회에 그를 제나라의 진왕眞王으로 세워 스스로 제나라를 지키게 하십시오."

장량을 시켜 인수를 가지고 가 한신을 제왕에 봉하게 했다. 항우는 용저의 군사가 패했다는 소식을 듣고 두려운 나머지 우이 출신 유세가인 무섭을 보내 한신을 설득했다. 한신이 듣지 않았다. 초나라와 한나라 군사는 오랫동안 서로 대치했으나 승부가 나지 않았다. 장정들은 종군 생활을 힘겨워했고, 노약자들은 군량 운반으로 지쳐 있었다. 유방과 항우가 광무산 계곡을 사이에 두고 설전을 벌였다. 항우가 유방에게 단독으로 자웅을 겨루고자 제안했다. 유방은 이를 거절하고 항우의 죄상을 열거하며 꾸짖었다.

"당초 나는 그대와 함께 초회왕의 명을 받들어 먼저 관중에 입관해 평정하는 자가 왕이 되기로 약속했다. 그대는 약속을 어기고 나를 관중 대신 촉한蜀漢에 봉했으니 이것이 첫 번째 죄다. 그대는 왕명을 사칭해 경자관군 송의를 죽였으니 이것이 두 번째 죄다. 또 그대는 조나라를 구한 뒤 응당 초회왕에게 보고해야 했음에도 멋대로 제후 연합군을 위협해 관중에 들어갔으니 이것이 세 번째 죄다. 초회왕이 약조할 때 진나라로 들어가 폭행과 노략질은 하지 말라고 당부했는데도 진나라 궁궐을 불사르며 시황제의 묘를 파헤쳤고 진나라의 재물을 사사로이 착취했으니 이것이 네 번째의 죄다. 또 항복한 진왕 자영을 이유 없이 죽였으니 이것이 다섯 번째 죄다. 속임수를 써 진나라의 젊은이 20만 명을 신안에서 갱살하고 그 장수 장함을 왕으로 봉했으니 이것이 여섯 번째 죄다. 그대는 제후의 장수들을 선지에 봉하고 원래의 제후왕을 다른 곳으로 쫓아내 이들의 신하들에게 서로 다투어 모반케 만들었으니 이것이 일곱 번째의 죄다. 그대는 의제를 팽성으로 쫓아내고 스스로 그곳에 도읍했고, 한왕韓王의 봉지를 빼앗고, 양나라와 초나라 땅을 병탄해 자신의 땅을 넓혔으니 이것이 여덟 번째의 죄다. 사람을 보내 강남에서 의제를 암살했으니 이것이 아홉 번째 죄다. 신하 된 자로서 그 군주를 시해하고, 이미 항복한 자를 죽이고, 공평하게 정사를 처리하지 않고, 약속을 어겨 신의를 저버리는 식으로 천하에 용납되지 못할 대역무도를 범했으니 이것이 열 번째의 죄다. 나는 의병을 이끌고 제후의 연합군과 함께 남은 적을 토벌하려는 사람이다. 그대는 형벌을 받은 죄인들을 시켜 격살하는 것으로 족하다. 어찌 내가 수고롭게 그대와 싸울 필요가 있겠는가?"

항우가 대로한 나머지 숨겨놓은 쇠뇌를 발사해 유방을 명중시켰다. 유방이 가슴에 상처를 입고 짐짓 발을 더듬으며 말했다.

"저 역적이 내 발가락을 맞췄다!"

유방이 상처로 인해 자리에 눕자 장량이 유방에게 억지로 일어나 군중을 순시하며 병사들을 위로하게 했다. 덕분에 군심軍心이 안정되었다. 초나라가 이를 틈타 한나라 군사와 싸워 이기는 것을 막고자 한 것이다. 유방이 밖으로 나가 군중을 순시하다 병세가 악화되었다. 이내 말을 타고 성고로 급히 돌아왔다.

●● 三年, 魏王豹謁歸視親疾, 至卽絶河津, 反爲楚. 漢王使酈生說豹, 豹不聽. 漢王遣將軍韓信擊, 大破之, 虜豹. 遂定魏地, 置三郡, 曰河東·太原·上黨. 漢王乃令張耳與韓信遂東下井陘擊趙, 斬陳餘·趙王歇. 其明年, 立張耳爲趙王. 漢王軍滎陽南, 築甬道屬之河, 以取敖倉. 與項羽相距歲餘. 項羽數侵奪漢甬道, 漢軍乏食, 遂圍漢王. 漢王請和, 割滎陽以西者爲漢. 項王不聽. 漢王患之, 乃用陳平之計, 予陳平金四萬斤, 以閒疏楚君臣. 於是項羽乃疑亞父. 亞父是時勸項羽遂下滎陽, 及其見疑, 乃怒, 辭老, 願賜骸骨歸卒伍, 未至彭城而死. 漢軍絶食, 乃夜出女子東門二千餘人, 被甲, 楚因四面擊之. 將軍紀信乃乘王駕, 詐爲漢王, 誑楚, 楚皆呼萬歲, 之城東觀, 以故漢王得與數十騎出西門遁. 令御史大夫周苛·魏豹·樅公守滎陽. 諸將卒不能從者, 盡在城中. 周苛·樅公相謂曰, "反國之王, 難與守城." 因殺魏豹. 漢王之出滎陽入關, 收兵欲復東. 袁生說漢王曰, "漢與楚相距滎陽數歲, 漢常困. 願君王出武關, 項羽必引兵南走, 王深壁, 令滎陽成皋閒且得休. 使韓信等輯河北趙地, 連燕齊, 君王乃復走滎陽, 未晚也. 如此, 則楚所備者多, 力分, 漢得休, 復與之戰, 破楚必矣." 漢王從其計, 出軍宛葉閒, 與黥布行收兵. 項羽聞漢王在宛, 果引兵南. 漢王堅壁不與戰. 是時彭越渡睢水, 與項聲·薛公戰下邳, 彭越大破楚軍. 項羽乃引兵東擊彭越. 漢王亦引兵北軍成皋. 項羽已破走彭越, 聞漢王復軍成皋, 乃復引兵西, 拔滎陽, 誅周苛·樅公, 而虜韓王信, 遂圍成皋. 漢王跳, 獨與滕公共車出成皋玉門, 北渡河, 馳宿脩武. 自稱使者, 晨馳入張耳·韓信壁, 而奪之軍. 乃使張耳北益收兵趙地, 使韓信東擊齊. 漢王得韓信軍, 則復振. 引兵臨河, 南饗軍小脩武南, 欲復戰. 郎中鄭忠乃說止漢王, 使高壘深塹, 勿與戰. 漢王聽其計, 使盧綰·劉賈將卒二萬人, 騎數百, 渡白馬津, 入楚地, 與彭越復擊破楚軍燕郭西, 遂復下梁地十餘城. 淮陰已受命東, 未渡平原. 漢王使酈生往說齊王田廣, 廣叛楚, 與漢和, 共擊項羽. 韓信用蒯通計, 遂襲破齊. 齊王烹酈生, 東走高密. 項羽聞韓信已擧河北兵破齊·趙, 且欲擊楚, 則使龍且·周蘭往擊之. 韓信與戰, 騎將灌嬰擊, 大破楚軍, 殺龍且. 齊王廣犇彭越. 當此時, 彭越將兵居梁地, 往來苦楚兵, 絶其糧食. 四年, 項羽乃謂海春侯大司馬曹咎曰, "謹守成皋. 若漢挑戰, 愼勿與戰, 無令得東而已. 我十五日必定梁地, 復從將軍." 乃行擊陳留·外黃·睢陽, 下之. 漢果數挑楚軍, 楚軍不出, 使人辱之五六日, 大司馬怒, 度兵氾水. 士卒半渡, 漢擊之, 大破楚軍, 盡得楚國金玉貨賂. 大司馬咎·長史欣皆自剄氾水上. 項羽至睢陽, 聞海春侯破, 乃引兵還. 漢軍方圍鍾離眛於滎陽東, 項羽至, 盡走險阻. 韓信已破齊, 使人言曰, "齊邊楚, 權輕, 不爲假王, 恐不能安齊." 漢王欲攻之. 留侯曰, "不如因而立之, 使自爲守." 乃遣張良操印綬立韓信爲齊王. 項羽聞龍且軍破, 則恐, 使盱台人武涉往說韓信. 韓信不聽. 楚漢久相持未決, 丁壯苦軍旅, 老弱罷轉饟. 漢王項羽相與臨廣武之閒而語. 項羽欲與漢王獨身挑戰. 漢王數項羽曰, "始與項羽俱受命懷王, 曰先入定關中者王之, 項羽負約, 王我於蜀漢, 罪一. 項羽矯殺卿子冠軍而自尊, 罪二. 項羽已救趙, 當還報, 而擅劫諸侯兵入關, 罪三. 懷王約入秦無暴掠, 項羽燒秦宮室, 掘始皇帝冢, 私收其財物, 罪四. 又彊殺秦降王子嬰, 罪五. 詐阬秦子弟新安二十萬, 王其將, 罪六. 項羽皆王諸將善地, 而徙逐故主, 令臣下爭叛逆, 罪七. 項羽出逐義帝彭城, 自都之, 奪韓王地, 并王梁楚, 多自予, 罪八. 項羽使人陰弑義帝江南, 罪九. 夫爲人臣而弑其主, 殺已降, 爲政不平, 主約不信, 天下所不容, 大逆無道, 罪十也. 吾以義兵從諸侯誅殘賊, 使刑餘罪人擊殺項羽, 何苦乃與公挑戰!" 項羽大怒, 伏弩射中漢王. 漢王傷匈, 乃捫足曰, "虜中吾指!" 漢王病創臥, 張良彊請漢王起行勞軍, 以安士卒, 毋令楚乘勝於漢. 漢王出行軍, 病甚, 因馳入成皋.

유방은 병이 낫자 곧 서쪽 관중으로 들어갔다. 약양에 이르러서 연회를 베풀어 부로들을 위문한 뒤 새왕 사마흔의 수급을 저잣거리에 내걸었다. 약양에서 나흘 동안 머문 뒤 다시 군중에 돌아와 광무에 주둔했다. 관중에서 징집된 병사들이 더욱 늘어났다. 양 땅에 주둔한 팽월은 이리저리 오가는 식으로 초나라 군사를 괴롭히며 군량 공급을 차단했다. 전횡이 그곳으로 가 팽월에게 귀의했다. 항우는 자주 팽월 등에게 반격을 해야 하는 상황에서 제왕 한신이 초나라 군사를 공격해오자 크게 두려워했다. 천하를 둘로 나누어 홍구의 서쪽은 한나라, 동쪽은 초나라에 귀속시킬 것을 유방과 약조했다. 대신 유방의 부모와 처자를 돌려보냈다. 양측 군사들 모두 만세를 부르며 이내 철군하기 위해 주둔지를 떠났다.

항우가 철군해 동쪽으로 돌아갈 때 유방도 군사를 이끌고 서쪽으로 돌아가려 했다. 그러나 유후 장량과 진평의 계책을 받아들여 곧바로 진군해 항우를 뒤쫓았다. 양하 남쪽에 이르러 진을 친 뒤 제왕 한신 및 건성후 팽월과 약속한 날짜에 만나 함께 초나라 군사를 치기로 했다. 유방이 고릉에 도착했으나 한신과 팽월이 오지 않았다. 초나라 군사가 반격을 가해 한나라 군사를 크게 무찌르자 유방은 군영으로 철수한 뒤 참호를 깊게 파고 지켰다. 다시 장량의 계책을 쓰자 한신과 팽월이 모두 회합에 참여했다. 유가가 초나라 땅으로 들어가 수춘을 포위했다. 그러나 유방은 고릉에서 패했다. 유방이 은밀히 초나라 대사마 주은에게 사람을 보내 회유했다. 주은이 이내 구강군의 군사를 일으킨 뒤 경포를 맞아들였다. 이들은 행군 도중에 성보를 도륙한 뒤 유가와 제나라 및 양나라 제후군과 만나 해하에 대거 집결했다. 유방이 경포를 회남왕으로 삼았다.

한고조 5년, 유방이 제후군과 함께 일제히 초나라 군사를 공격해 해하에서 항우와 자웅을 겨루었다. 회음후 한신이 30만 대군을 이끌고 초나라 군사와 정면으로 맞붙었다. 공장군孔將軍으로 불린 요후蓼侯 공총孔聚은 왼쪽, 비장군費將軍으로 불린 비후費侯 진하陳賀는 오른쪽, 유방은 뒤쪽, 강후絳侯 주발周勃과 시장군柴將軍 시무柴武는 다시 유방의 뒤쪽에 진을 쳤다. 회음후 한신이 먼저 초군과 교전했으나 전세가 불리해 퇴각했다. 공장군과 비장군이 좌우에서 협공하자 초나라 군사의 전세가 불리해졌다. 한신이 이때를 틈타 반격을 가했다. 해하에서 초나라 군사를 대파한 배경이다. 수비에 들어간 항우는 마침내 한나라 군사가 부르는 초나라 노랫소리를 듣고는 한나라 군사가 초나라 땅을 완전히 점령한 것으로 여겼다. 항우가 이내 패주하자 초나라 군사 모두 대패하고 말았다.

유방이 기장 관영에게 급히 항우를 추격하게 했다. 관영이 동성에서 항우를 죽이게 하고 8만 명의 수급을 얻었다. 이로써 마침내 초나라를 완전히 평정했다. 당시 항우의 봉지인 노현의 백성은 초나라를 위해 굳게 지키며 항복하지 않았다. 유방이 제후군을 이끌고 북진해 노현의 부로들에게 항우의 머리를 보였다. 노현의 백성이 비로소 항복했다. 유방이 노공의 예로 항우를 곡성에 장사 지냈다. 정도로 돌아온 유방이 제왕齊王 한신의 군영으로 쳐들어가 그의 병권을 빼앗았다. 이해 정월, 제후와 장상 들이 함께 황제 즉위를 청하자 유방이 사양했다.

"내가 듣건대 황제의 자리는 어진 자만이 앉을 수 있다고 들었소. 황제의 자리는 결코 공허한 말과 빈말로 지킬 수 있는 것이 아니오. 나는 황제의 자리를 감당할 수 없소."

여러 신하들이 입을 모아 말했다.

"대왕은 가난하고 미천한 서민에서 일어나 포학한 역도를 주벌하고 천하를 평정했습니다. 이어 공을 세운 자에게 봉지를 나누어주며 왕후로 봉했습니다. 대왕이 황제의 존호를 받아들이지 않으면 모든 사람이 대왕이 내린 봉호封號를 의심하며 믿지 않을 것입니다. 신 등은 목숨을 걸고 존호의 봉헌을 관철시킬 것입니다."

유방이 세 번 사양한 뒤 부득이 받아들였다.

"경들이 그리하는 것이 반드시 경들은 물론 나라에 도움이 된다고 고집하면 받아들이도록 하겠소."

이해 2월 갑오일, 유방이 범수氾水 북쪽에서 황제 즉위식을 거행했다. 황제 유방이 말했다.

"초나라 황제를 지낸 의제에게 후사가 없다."

그러고는 초나라 풍습에 익숙한 제왕齊王 한신을 초왕으로 이봉해 하비에 도읍하게 했다. 또 건성후 팽월을 양왕梁王으로 삼아 정도에 도읍하게 하고, 이전의 한왕 신을 그대로 한왕으로 삼아 양적에 도읍하게 했다. 이어 형산왕 오예를 장사왕長沙王으로 이봉해 임상臨湘에 도읍하게 했다. 오예가 파군으로 있을 당시 부장으로 있던 매현이 유방을 따라 무관으로 진입한 공이 있는 까닭에 특별히 파군을 치하했다. 회남왕 경포, 연왕 장도, 조왕 장오張敖의 봉호는 모두 이전과 같게 했다.

천하가 모두 평정되자 한고조 유방이 낙양에 도읍했다. 모든 제후가 신하가 되어 귀의했다. 그러나 이전의 임강왕 공환共驩*은 귀의하

● 공환을 《사기집해》는 서광의 주를 인용해 공위共尉로 된 판본이 있다고 했다. 《자치통감》에는 공위로 나온다.

지 않은 채 항우를 위해 반기를 들었다. 노관과 유가를 보내 포획하게 했으나 성을 함락시키지 못했다. 몇 달 후 공환이 항복하자 낙양으로 압송해 죽였다. 이해 5월, 병사가 모두 해산해 귀가했다. 제후의 자제로 관중에 남아 있는 자는 12년 동안 부역을 면제해주기로 했다. 또 봉국으로 돌아간 자는 6년 동안 부역을 면제하고, 1년 동안 조정에서 부양해주기로 했다. 한고조 유방이 낙양의 남궁南宮에서 연회를 베풀며 이같이 물었다.

"열후와 장수 모두 짐을 속이지 말고 속마음을 이야기해보도록 하시오. 내가 천하를 얻을 수 있었던 이유는 무엇이고, 항우가 천하를 잃은 이유는 무엇이오?"

도무후都武侯 고기高起와 신평후信平侯 왕릉이 대답했다.

"폐하는 오만해 다른 사람을 업신여기고, 항우는 인자해 다른 사람을 사랑할 줄 압니다. 그러나 폐하는 사람을 보내 성과 땅을 공략케 한 뒤 항복을 받아낸 자에게 성과 땅을 나누어주며 천하와 이익을 함께했습니다. 반면 항우는 어질고 재능 있는 자를 시기해 공이 있는 자를 미워하고, 현자를 의심하고, 승리를 거두고도 다른 사람에게 그 공을 돌리지 않고, 땅을 얻고서도 다른 사람에게 그 이익을 나누어주지 않았습니다. 이것이 항우가 천하를 잃은 까닭입니다."

한고조가 말했다.

"그대는 하나만을 알고 둘은 모르오. 군막 속에서 계책을 짜내는 행보[籌策帷帳]로 1,000리 밖의 승리를 결정짓는 일은 내가 장량만 못하오. 나라를 안정시켜 백성을 위로하고, 양식을 제때 공급하며 보급로가 차단되지 않도록 하는 일은 내가 소하만 못하오. 100만 대군을 통솔해 싸우면 반드시 이기고 공격하면 반드시 빼앗는 일은 내가 한신만 못하오. 세 명 모두 천하의 인걸로, 내가 이들을 쓸 수 있었기에 바로 천하를 얻을 수 있었던 것이오. 항우는 단지 범증 한 명만 있었는데도 그마저 제대로 쓰지 못했소. 항우가 나에게 사로잡힌 이유요."

한고조는 내심 오랫동안 낙양에 도읍하고자 했다. 그러나 제나라 출신 유경劉敬과 장량이 거듭 관중으로 들어갈 것을 권했다. 한고조가 이날 곧바로 어가를 타고 관중으로 들어가 도읍했다. 이해 6월, 천하에 대사령을 내렸다.

●● 病愈, 西入關, 至櫟陽, 存問父老, 置酒, 梟故塞王欣頭櫟陽市. 留四日, 復如軍, 軍廣武. 關中兵益出. 當此時, 彭越將兵居梁地, 往來苦楚兵, 絶其糧食. 田橫往從之. 項羽數擊彭越等, 齊王信又進擊楚. 項羽恐, 乃與漢王約, 中分天下, 割鴻溝而西者爲漢, 鴻溝而東者爲楚. 項王歸漢王父母妻子, 軍中皆呼萬歲, 乃歸而別去. 項羽解而東歸. 漢王欲引而西歸, 用留侯·陳平計, 乃進兵追項羽, 至陽夏南止軍, 與齊王信·建成侯彭越期會而擊楚軍. 至固陵, 不會. 楚擊漢軍, 大破之. 漢王復入壁, 深塹而守之. 用張良計, 於是韓信·彭越皆往. 及劉賈入楚地, 圍壽春, 漢王敗固陵, 乃使使者召大司馬周殷擧九江兵而迎之武王, 行屠城父, 隨何劉賈·齊梁諸侯皆大會垓下. 立武王布爲淮南王. 五年, 高祖與諸侯兵共擊楚軍, 與項羽決勝垓下. 淮陰侯將三十萬自當之, 孔將軍居左, 費將軍居右, 皇帝在後, 絳侯·柴將軍在皇帝後. 項羽之卒可十萬. 淮陰先合, 不利, 卻. 孔將軍·費將軍縱, 楚兵不利, 淮陰侯復乘之, 大敗垓下. 項羽卒聞漢軍之楚歌, 以爲漢盡得楚地, 項羽乃敗而走, 是以兵大敗. 使騎將灌嬰追殺項羽東城, 斬首八萬, 遂略定楚地. 魯爲楚堅守不下. 漢王引諸侯兵北, 示魯父老項羽頭, 魯乃降. 遂以魯公號葬項羽穀城. 還至定陶, 馳入齊王壁, 奪其軍. 正月, 諸侯及將相相與共請尊漢王爲皇帝. 漢王曰, “吾聞帝賢者有也, 空言虛語, 非所守也, 吾不敢當帝位.” 群臣皆曰, “大王起微細, 誅暴逆, 平定四海, 有功者輒裂地而封爲王侯. 大王不尊號, 皆疑不信. 臣等以死守之.” 漢王三讓, 不得已, 曰, “諸君必以爲便, 便國家.” 甲午, 乃卽皇帝位氾水之陽. 皇帝曰, “義帝無後.” 齊王韓信習楚風俗, 徙爲楚王, 都下邳. 立建成侯彭越爲梁王, 都定陶. 故韓王信爲韓王, 都陽翟. 徙衡山王吳芮爲長沙王, 都臨湘. 番君之將梅鋗有功, 從入武關, 故德番君. 淮南王布·燕王臧荼·趙王敖皆如故. 天下大定. 高祖都雒陽, 諸侯皆臣屬. 故臨江王驩爲項羽叛漢, 令盧綰·劉賈圍之, 不下. 數月而降, 殺之雒陽. 五月, 兵皆罷歸家. 諸侯子在關中者復之十二歲, 其歸者復之六歲, 食之一歲. 高祖置酒雒陽南宮. 高祖曰, “列侯諸將無敢隱朕, 皆言其情. 吾所以有天下者何? 項氏之所以失天下者何?” 高起·王陵對曰, “陛下慢而侮人, 項羽仁而愛人. 然陛下使人攻城略地, 所降下者因以予之, 與天下同利也. 項羽妒賢嫉能, 有功者害之, 賢者疑之, 戰勝而不予人功, 得地而不予人利, 此所以失天下也.” 高祖曰, “公知其一, 未知其二. 夫運籌策帷帳之中, 決勝於千里之外, 吾不如子房. 鎭國家, 撫百姓, 給餽饟, 不絕糧道, 吾不如蕭何. 連百萬之軍, 戰必勝, 攻必取, 吾不如韓信. 此三者, 皆人也, 吾能用之, 此吾所以取天下也. 項羽有一范增而不能用, 此其所以爲我擒也.” 高祖欲長都雒陽, 齊人劉敬說, 乃留侯勸上入都關中, 高祖是日駕, 入都關中. 六月, 大赦天下.

이해 10월, 연왕 장도가 모반해 대 땅을 공략했다. 한고조 유방이 직접 군사를 이끌고 가 연왕 장도를 생포했다. 태위 노관을 연왕으로 삼고, 승상 번쾌에게 명해 군사를 이끌고 가 대 땅을 공략하게 했다. 이해 가을, 이기利幾가 모반했다. 한고조 유방이 직접 군사를 이끌고 가 토벌하자 곧바로 달아났다. 이기는 원래 항우의 장수였다. 항우가 패할 당시 진현의 현령으로 있던 그는 항우를 따르지 않고 달아나 유방에게 투항했다. 유방이 그를 영천후潁川侯에 봉했다. 이어 낙양에 이른 뒤 명부에 오른 열후를 모두 소집하자 이기가 주살을 당할까 두려운 나머지 모반한 것이다. 한고조 6년, 한고조 유방이 닷새에 한 번씩 부친인 태공을 배견했다. 서민의 부자지간의 예절을 좇았다. 태공의 가신이 태공에게 간했다.

"하늘에는 태양이 오직 하나뿐이고, 땅에는 두 명의 군주가 있을 수 없습니다. 지금 황상이 비록 집에서는 자식이지만 천하인의 군주이고, 태공은 비록 황상의 부친이기는 하나 엄연히 그의 신하이기도 합니다. 어찌 군주에게 신하를 배견하게 할 수 있습니까? 이리하면 황상의 위엄이 서지 않습니다."

이후 유방이 배견하러 왔을 때 태공이 빗자루를 들고 문전에서 맞이한 후 뒤로 물러섰다.• 한고조가 크게 놀라 어가에서 황급히 내려 태공을 부축했다. 태공이 말했다.

"황제는 천하인의 군주인데 어째서 저로 인해 천하의 법도를 어지럽힐 수 있겠습니까?"

한고조가 태공을 태상황으로 높이고, 내심 그 가신의 말을 가상히 여겨 황금 500근을 하사했다. 이해 12월, 어떤 자가 상서해 초왕 한

• "빗자루를 들고"의 원문은 옹수擁篲다.《사기집해》는 이기의 주를 인용해 관아의 이졸吏卒이 마당 청소를 상징하는 빗자루를 들고 상관을 맞이한 것처럼 공손함을 표하기 위한 것으로 풀이했다.

신의 모반을 고했다. 한고조가 좌우 대신의 의견을 묻자 대신들이 다투어 토벌을 건의했다. 한고조가 진평의 계책을 좇아 짐짓 운몽택雲夢澤으로 나아가 진현에서 제후들과 만났다. 한신이 나와 영접하자 곧바로 체포했다. 이날 한고조가 천하에 대사령을 내렸다. 전긍田肯●이 하례를 올리며 진언했다.

"폐하는 한신을 붙잡고, 관중을 다스리고 있습니다. 진나라 땅은 지세가 뛰어난 곳으로 험준한 산하에 둘러싸여 있고, 도성은 제후국과 1,000리나 떨어져 있어 제후의 연합군이 100만 대군일지라도 2만 명으로도 막아낼 수 있습니다.●● 지세가 이처럼 유리한 까닭에 군사를 내보내 제후들을 공격할 때는 마치 높은 지붕 위에서 기와 고랑에 물을 내려보내는 것과 같습니다. 또 제나라 땅은 동쪽으로 물산이 풍부한 낭야와 즉묵이 있고, 남쪽으로 험준한 태산이 있고, 서쪽으로 자연경계를 이루는 황하가 있고, 북쪽으로 여러모로 이로운 발해가 있습니다. 땅이 사방으로 2,000리나 되고, 무장을 한 군사가 100만이고, 도성은 제후국과 1,000리나 떨어져 있어 제후의 연합군이 100만 대군일지라도 20만 명으로도 능히 막아낼 수가 있습니다. 이 두 곳은 가히 동진東秦과 서진西秦으로 칭할 만합니다. 폐하의 친자제가 아니면 제나라에 봉해서는 안 됩니다."

"좋은 생각이오."

전긍에게 황금 500근을 내렸다. 약 열흘 후 한신을 회음후에 봉하

● 《사기색은》은 《한기》 및 《한서》에 전긍이 전소田肎로 나온다며, 유현劉顯의 주를 인용해 베껴 쓰는 과정에서 전소가 전긍으로 바뀌었다고 보았다.
●● "100만 대군일지라도 2만 명으로도 막아낼 수 있습니다"의 원문은 진득백이언齊得百二焉이다. 《사기집해》는 소림의 주를 인용해 백이百二를 제후연합군의 100분의 2로 풀이했다. 밑에 나오는 제득십이언齊得十二焉의 십이十二도 10분의 2로 풀이했다.

고, 그의 봉국이었던 초나라를 크게 둘로 나누었다. 장군 유가를 누차 공을 세웠다는 이유로 형왕으로 삼아 회수 동쪽 일대를 다스리고, 이복동생 유교를 초왕으로 삼아 회수 서쪽 일대를 다스리도록 조치한 것이 그렇다. 또 아들 유비劉肥를 제왕齊王으로 삼아 70여 성을 다스리게 하고, 인근 성읍 가운데 제나라 말을 하는 곳은 모두 귀속시켰다. 한고조는 논공행상에서 열후들에게 부절을 쪼개 봉후의 증표로 나누어주고, 한왕 신을 태원으로 이봉했다.

한고조 7년, 흉노가 마읍馬邑에서 한왕 신을 쳤다. 한왕 신이 이를 기회로 삼아 흉노와 함께 태원에서 모반했다. 백토白土의 만구신曼丘臣과 왕황王黃이 옛 조나라 장수 조리趙利를 옹립한 뒤 모반했다. 한고조 유방이 직접 군사를 이끌고 토벌에 나섰다. 마침 날씨가 추워 동상으로 손가락이 떨어진 병사가 열 명 가운데 두세 명이나 되었다. 평성平城으로 퇴각한 이유다. 당시 흉노가 한고조를 평성에서 포위했다가 일주일 뒤 포위를 풀고 철군했다. 한고조가 번쾌를 시켜 대 땅에 남아 평정케 하고, 친형 유중을 대왕으로 옹립했다. 이해 2월, 한고조가 평성을 떠난 뒤 조나라와 낙양을 거쳐 장안으로 돌아왔다. 장락궁長樂宮이 완성되자 승상 이하 관원들이 장안으로 옮겨와 정사를 돌보았다.

한고조 8년, 한고조 유방이 또 동쪽으로 진격해 한왕 신의 나머지 반군을 동원東垣에서 쳤다. 승상 소하가 미앙궁未央宮을 축조하면서 동궐東闕·북궐北闕·전전·무고武庫·태창太倉을 지었다. 한고조가 돌아와 궁궐이 매우 웅장한 것을 보고 화를 내며 소하에게 물었다.

"천하가 흉흉해 여러 해 동안 고전했는데도 아직 그 성패를 알 수 없소. 어찌해서 궁실을 지은 것이 이토록 과도한 것이오?"

소하가 대답했다.

"천하가 아직 안정되지 않았기에 오히려 이를 틈타 궁실을 지을 수 있었습니다. 천자는 천하를 집으로 삼습니다. 궁궐이 크고 웅장하지 않으면 막중한 위엄을 세울 길이 없습니다. 다만 후대에는 이보다 더 장려한 궁궐을 지을 수 없도록 조치하십시오."

한고조가 기뻐했다. 유방이 동원으로 가다가 백인柏人을 지났다. 조나라 승상 관고貫高 등이 음모해 한고조를 시해하고자 했다. 유방은 원래 백인에서 유숙할 생각이었다. 그러나 마음이 바뀌어 백인에서 유숙하지 않았다. 대왕 유중이 봉국을 버린 채 달아나 스스로 낙양으로 돌아왔다. 그를 폐위하고 합양후合陽侯에 봉했다

한고조 9년, 조나라 승상 관고 등의 음모사건이 발각되었다. 삼족을 멸하고, 유방의 사위인 조왕 장오를 폐해 선평후宣平侯로 삼았다. 이해에 한고조가 초나라의 귀족 소씨昭氏·굴씨屈氏·경씨景氏·회씨懷氏와 제나라의 귀족 전씨田氏를 관중으로 이주시켰다. 또 미앙궁이 완성되자 제후와 여러 신하를 소집해 미앙궁 전전에서 연회를 베풀었다. 유방이 옥잔을 받쳐 들고 일어나 태상황에게 축수하며 물었다.

"당초 대인大人은 늘 제가 재주가 없어 생업을 꾸려가지 못할 것이고, 둘째 형 유중처럼 노력하지도 않는다고 했습니다. 지금 제가 이룬 업적을 유중과 비교하면 어느 쪽이 더 큽니까?"

전상殿上의 대신들이 만세를 외치고 큰소리로 웃으며 즐거워했다. 한고조 10년 10월, 회남왕 경포, 양왕 팽월, 연왕 노관, 형왕 유가, 초왕 유교, 제왕 유비, 장사왕 오예가 모두 장락궁으로 와 한고조를 알현했다. 봄여름 동안 나라에 아무 일도 일어나지 않았다. 이해 7월, 태상황이 약양궁櫟陽宮에서 죽었다. 초왕 유교와 양왕 팽월이 와 영

구靈柩를 전송했다. 한고조 유방이 약양의 죄수들을 사면하고 여읍을 신풍으로 개명했다. 이해 8월, 조나라 상국 진희陳豨가 대 땅에서 모반했다. 한고조가 말했다.

"진희는 전에 내 부하로 있던 자로, 신용이 매우 두터웠다. 당초 나는 대 땅을 중시해 진희를 제후로 삼은 뒤 상국의 신분으로 대 땅을 지키게 했다. 지금 뜻밖에도 왕황 등과 함께 대 땅을 강탈하려 하고 있다. 대 땅의 관민은 죄가 없으니 사면하도록 하라."

이해 9월, 한고조가 직접 동쪽으로 가 진희를 쳤다. 한단에 이르러 크게 기뻐했다.

"진희가 남쪽 한단을 근거지로 삼지 않은 채 장수漳水에 의지해 저지하려고 한다. 이로써 나는 그가 별다른 능력이 없음을 알 수 있다."

진희의 부장들이 전에 모두 장사꾼이었다는 말을 듣고는 이같이 호언했다.

"나는 이들을 어찌 상대해야 하는지 잘 알고 있다."

그러고는 진희의 부장들을 황금으로 회유했다. 투항하는 자가 많았다. 한고조 11년, 한고조 유방이 한단에서 진희 등을 미처 완전히 토벌하기도 전에 진희의 부장 후창侯敞이 1만여 명의 군사를 이끌고 나와 유격전[遊行]을 펼쳤다. 왕황은 곡역曲逆에 진을 쳤고, 장춘張春은 황하를 건너 요성聊城을 공격했다. 한나라가 장군 곽몽郭蒙을 시켜 제나라 장수와 합세해 이들을 대파하게 했다. 태위 주발이 태원에서 진공해 대 땅을 평정하고 마읍에 이르렀다. 마읍이 항복하지 않자 이내 공략한 뒤 저항한 자들을 도륙했다. 진희의 부장 조리가 동원을 수비하고 있었다. 한고조가 쳤으나 한 달여 동안 함락시키지 못했다. 조리의 병사들이 한고조에게 욕을 해대자 대로한 한고조는 성을 함락시킨 뒤 욕을 한 자들을 찾아내 참수하고, 욕하지 않은 자들은 관대히 처리했다. 이어 조나라의 상산 이북 지역을 대나라에 떼어주고, 훗날 한문제로 즉위하는 아들 유항을 대왕에 봉해 진양에 도읍하게 했다.

이해 봄, 회음후 한신이 관중에서 모반하자 삼족을 멸했다. 이해 여름, 양왕 팽월이 모반했다. 폐위한 뒤 촉 땅으로 쫓아냈다. 그가 다시 모반하려 하자 마침내 삼족을 멸했다. 한고조가 아들 유회劉恢를 양왕, 아들 유우劉友를 회양왕淮陽王으로 삼았다. 이해 가을 7월, 회남왕 경포가 모반해 동쪽으로 형왕 유가의 봉지를 병탄한 뒤 북진해 회수를 건넜다. 초왕 유교가 설현으로 달아났다. 한고조가 직접 군사를 이끌고 가 격파한 뒤 아들 유장劉長을 회남왕으로 삼았다.

●● 十月, 燕王臧荼反, 攻下代地. 高祖自將擊之, 得燕王臧荼. 卽立太尉盧綰爲燕王. 使丞相噲將兵攻代. 其秋, 利幾反, 高祖自將兵擊之, 利幾走. 利幾者, 項氏之將. 項氏敗, 利幾爲陳公, 不隨項羽, 亡降高祖, 高祖侯之潁川. 高祖至雒陽, 擧通侯籍召之, 而利幾恐, 故反. 六年, 高祖五日一朝太公, 如家人父子禮. 太公家令說太公曰, "天無二日, 土無二王. 今高祖雖子, 人主也, 太公雖父, 人臣也, 柰何令人主拜人臣! 如此, 則威重不行." 後高祖朝, 太公擁篲, 迎門卻行. 高祖大驚, 下扶太公. 太公曰, "帝, 人主也, 柰何以我亂天下法!" 於是高祖乃尊太公爲太上皇. 心善家令言, 賜金五百斤. 十二月, 人有上變事告楚王信謀反, 上問左右, 左右爭欲擊之. 用陳平計, 乃僞遊雲夢, 會諸侯於陳, 楚王信迎, 卽因執之. 是日, 大赦天下. 田肯賀, 因說高祖曰, "陛下得韓信, 又治秦中. 秦, 形勝之國, 帶河山之險, 縣隔千里, 持戟百萬, 秦得百二焉. 地執便利, 其以下兵於諸侯, 譬猶居高屋之上建瓴水也. 夫齊, 東有琅邪·卽墨之饒, 南有泰山之固, 西有濁河之限, 北有勃海之利. 地方二千里, 持戟百萬, 縣隔千里之外, 齊得十二焉. 故此東西秦也. 非親子弟, 莫可使王齊矣." 高祖曰, "善." 賜黃金五百斤. 後十餘日, 封韓信爲淮陰侯, 分其地爲二國. 高祖曰將軍劉賈數有功, 以爲荊王, 王淮東. 弟交爲楚王, 王淮西. 子肥爲齊王, 王七十餘城, 民能齊言者皆屬齊. 乃論功, 與諸列侯剖符行封. 徙韓王信太原. 七年, 匈奴攻韓王信馬邑, 信因與謀反太原. 白土曼丘臣·王黃立故趙將趙利爲王以反, 高祖自往擊之. 會天寒, 士卒墮指者什二三, 遂至平城. 匈奴圍我平城, 七日而後罷去. 令樊噲止定代地. 立兄劉仲爲代王. 二月, 高祖自平城過趙·雒陽, 至長安. 長樂宮成, 丞相已下徙治長安. 八年, 高祖東擊韓王信餘反寇於東垣. 蕭丞相營作未央宮, 立東闕·北闕·前殿·武庫·太倉. 高祖還, 見宮闕壯甚, 怒, 謂蕭何曰, "天下匈匈苦戰數歲, 成敗未可知, 是何治宮室過度也?" 蕭何曰, "天下方未定, 故可因遂就宮室. 且夫天子四海爲家, 非壯麗無以重威, 且無令後世有以加也." 高祖乃說. 高祖之東垣, 過柏人, 趙相貫高等謀弑高祖, 高祖心動, 因不留. 代王劉仲棄國亡, 自歸雒陽, 廢以爲合陽侯. 九年, 趙相貫高等事發覺, 夷三族. 廢趙王敖爲宣平侯. 是歲, 徙貴族楚昭·屈·景·懷·齊田氏關中. 未央宮成. 高祖大朝諸侯群臣, 置酒未央前殿. 高祖奉玉卮, 起爲太上皇壽, 曰, "始大人常以臣無賴, 不能治産業, 不如仲力. 今某之業所就孰與仲多?" 殿上群臣皆呼萬歲, 大笑爲樂. 十年十月, 淮南王黥布·梁王彭越·燕王盧綰·荊王劉賈·楚王劉交·齊王劉肥·長沙王吳芮皆來朝長樂宮. 春夏無事. 七月, 太上皇崩櫟陽宮. 楚王·梁王皆來送葬. 赦櫟陽囚. 更命酈邑曰新豐. 八月, 趙相國陳豨反代地. 上曰, "豨嘗爲吾使, 甚有信. 代地吾所急也, 故封豨爲列侯, 以相國守代, 今乃與王黃等劫掠代地! 代

地吏民非有罪也. 其赦代吏民." 九月, 上自東往擊之. 至邯鄲, 上喜曰,
"豨不南據邯鄲而阻漳水, 吾知其無能爲也." 聞豨將皆故賈人也, 上曰,
"吾知所以與之." 乃多以金啗豨將, 豨將多降者. 十一年, 高祖在邯鄲
誅豨等未畢, 豨將侯敞將萬餘人遊行, 王黃軍曲逆, 張春渡河擊聊城.
漢使將軍郭蒙與齊將擊, 大破之. 太尉周勃道太原入, 定代地. 至馬邑,
馬邑不下, 卽攻殘之. 豨將趙利守東垣, 高祖攻之, 不下. 月餘, 卒罵高
祖, 高祖怒. 城降, 令出罵者斬之, 不罵者原之. 於是乃分趙山北, 立子
恆以爲代王, 都晉陽. 春, 淮陰侯韓信謀反關中, 夷三族. 夏, 梁王彭越
謀反, 廢遷蜀, 復欲反, 遂夷三族. 立子恢爲梁王, 子友爲淮陽王. 秋七
月, 淮南王黥布反, 東幷荊王劉賈地, 北渡淮, 楚王交走入薛. 高祖自往
擊之. 立子長爲淮南王.

한고조 12년 10월, 한고조가 경포의 군사를 회추會甀에서 격파했
다. 경포가 달아나자 별장을 시켜 급히 추격하게 했다. 한고조가 귀
경하는 길에 패현을 지나게 되었다. 그곳에 머물며 패현에 세운 행
궁인 패궁沛宮에서 크게 연회를 베풀었다. 옛 친구와 마을의 부로, 자
제를 모두 초청해 마음껏 마시게 했다. 또 패현의 아이 120명을 선발
해 노래를 가르쳤다. 거나하게 취하자 축築을 타며 직접 노래를 지어
서 불렀다.

  큰 바람 일어나 구름이 휘날리고
  위엄 천하에 떨치며 고향에 왔지
  어떻게 용사를 얻어 천하를 지킬까

한고조가 아이들에게 모두 따라 부르게 한 뒤 자리에서 일어나 춤을 추었다. 강개慷慨한 심경으로 감상에 젖어 눈물을 뚝뚝 흘렸다. 패현의 부형들에게 말했다.

"나그네는 고향 생각에 슬퍼지는 법이오. 내가 비록 관중에 도읍하고 있으나 만년 후에도 내 혼백은 고향 패현을 좋아하고 그리워할 것이오. 나는 패공으로 있을 때부터 포학한 반역자를 토벌해 마침내 천하를 얻게 되었소. 장차 패현을 나의 탕목읍湯沐邑으로 삼은 뒤 이곳 백성의 부역을 면제해주고, 대대로 납세와 복역이 없도록 할 것이오."

패현의 부형과 부녀들, 옛 친구 모두 날마다 유쾌하게 마시고, 지난 일을 이야기하며 즐거워했다. 약 열흘 뒤 한고조가 귀경하려 하자 패현의 부형들이 한사코 더 머물기를 청했다. 한고조가 말했다.

"수행원이 너무 많아 오래 머물면 부형들이 비용을 댈 수 없을 것이오."

그러고는 떠났다. 패현 사람들 모두 현을 텅 비워둔 채 마을 서쪽으로 나가 한고조 일행을 배웅하며 예물을 바쳤다. 한고조가 다시 머물며 천막을 친 뒤 사흘 동안 술을 마셨다. 패현의 부형들이 모두 머리를 조아리고 말했다.

"패현은 다행히 부역이 면제되었으나 풍읍은 면제받지 못했습니다. 부디 폐하는 저들을 불쌍히 여겨주십시오."

고조가 말했다.

"풍읍은 내가 생장한 곳으로, 가장 잊을 수 없는 곳이오. 다만 전에 옹치를 따르고 나를 배신해 위나라를 도왔기에 그런 것이오."

패현의 부형들이 간청했다. 한고조가 풍읍에도 부역을 면제해주어 패현과 같게 했다. 이어 패후沛侯 유비劉濞를 오왕에 봉했다. 당시 한나라 장수들은 달아나는 경포의 군사를 도수洮水의 남쪽과 북쪽에서 대파하고, 경포를 계속 추격해 마침내 파양鄱陽에서 참수했다. 번쾌는 따로 군사를 이끌고 가 대 땅을 평정하고, 진희를 당성當城에서 참수했다. 이해 11월, 한고조가 경포의 군사를 모두 토벌한 후 장안으로 돌아왔다. 이해 12월, 한고조가 명했다.

"진시황제, 초은왕楚隱王 진섭陳涉, 위안희왕魏安釐王, 제민왕齊緡王, 조도양왕趙悼襄王 모두 후사가 없다. 각각 묘지기로 10호씩 나누어주도록 하라. 다만 진시황제는 20호, 위공자魏公子 무기는 5호를 주도록 하라."

대 땅의 관민 가운데 진희와 조리에게 강요당해 노략질을 한 자는 모두 사면해주었다. 투항한 진희의 부장이 진희의 모반 당시 연왕 노관이 진희의 거처에 사람을 보내 함께 음모를 꾀했다고 고했다. 한고조가 벽양후辟陽侯 심이기를 시켜 노관을 불러오게 했다. 노관이 병을 핑계 삼아 오지 않았다. 심이기가 돌아와 노관에게 모반의 단서가 있다는 사실을 상세히 보고했다.

한고조 12년 2월, 한고조가 번쾌와 주발에게 명해 군사를 이끌고 가 연왕 노관을 치게 했다. 강압적으로 반란에 참여한 연나라 땅의 관민을 사면했다. 아들 유건劉建을 연왕으로 삼았다. 당초 한고조 유방은 경포를 칠 때 유시流矢를 맞은 적이 있다. 돌아오는 도중에 병이 났다. 병세가 심해지자 여후가 명의를 찾았다. 의원이 들어와 유방을 배견하자 유방이 병세를 물어보았다. 의원이 대답했다.

"폐하의 병은 치료될 수 있습니다."

고조가 그를 업신여기며 나무랐다.

"나는 포의布衣 신분으로 3척 검을 들고 천하를 얻었다. 이것이 천명이 아니겠는가? 인명은 재천이라고 했다. 설령 편작扁鵲(의술하는 사람)이 온들 무슨 도움이 되겠는가!"

결국 치료를 거부한 뒤 황금 50근을 내리며 물러가게 했다. 잠시 후 여후가 물었다.

"폐하의 백세후百歲後, 상국 소하가 죽으면 누구로 대신해야 합니까?"

"조참이 가할 것이오."

조참 이후의 사람을 묻자 이같이 대답했다.

"왕릉이 가할 것이오. 그러나 왕릉은 다소 고지식한 까닭에 진평이 돕도록 하는 것이 좋을 것이오. 진평은 지혜가 뛰어나지만 홀로 대임을 맡는 것은 어렵소. 주발은 중후하나 문재文才가 모자라오. 그럼에도 유씨의 한나라를 안정시킬 자는 틀림없이 주발일 것이오. 그를 태위로 삼을 만하오."

여후가 다시 그다음 사람을 묻자 한고조가 말했다.

"그 이후는 당신이 알 바가 아니오."

노관이 기병 수천 명과 함께 변경에서 기다렸다. 죽마고우 사이인 한고조 유방이 쾌유하면 직접 장안으로 가 사죄하고자 한 것이다. 이해 4월 갑진일, 한고조 유방이 장락궁에서 죽었다. 나흘이 지나도록 발상하지 않았다. 여후가 심이기와 논의했다.

"원래 제장들은 전에 황상과 함께 호적 명부에 오른 백성이었소. 북면해 신하가 된 이후 줄곧 불만을 품고 있소. 이제 어린 군주를 섬기게 되었으니, 이들을 멸족시키지 않으면 천하가 불안해질 것이오."

어떤 자가 이 말을 듣고 장군 역상에게 알렸다. 역상이 심이기를 만났다.

"내가 듣건대 황상이 붕어한 지 나흘이 지나도록 발상하지 않은 채 제장들을 죽이려 한다고 하오. 만일 그리되면 천하가 위태로울 것이오. 진평과 관영이 10만 대군을 이끌고 형양을 수비하고 있고, 번쾌와 주발이 20만 대군을 이끌고 연나라와 대나라를 평정했소. 이들은 황상의 붕어를 계기로 제장들 모두 죽임을 당할 것이라는 소식을 들으면 반드시 함께 군사를 이끌고 돌아와 관중을 칠 것이오. 대신들이 안에서 배반하고 제후들이 밖에서 모반하면 나라의 패망은 발꿈치를 들고 기다릴 만큼 빠를 것이오."

심이기가 궁으로 들어가 여후에게 이 말을 전했다. 이해 4월 정미일, 발상한 뒤 천하에 대사령을 내렸다. 노관은 한고조가 죽었다는 소식을 듣고 마침내 흉노 땅으로 달아났다. 4월 병인일, 한고조를 안장했다. 4월 기사일, 대신들이 태자 유영을 황제로 옹립한 뒤 함께 태상황 태공의 사당으로 갔다. 이내 입을 모아 사당에 고했다.

"한고조는 미천한 서민 출신에서 몸을 일으킨 뒤 난세를 치세로 바꾸는 반정反正으로 천하를 평정하고 한조漢朝의 태조가 되셨으니, 그 공이 가장 높습니다."

그러고는 존호를 바쳐 고황제高皇帝로 칭했다. 이어 태자 유영이 황제의 호칭을 계승해 보위에 오르니, 그가 바로 효혜제孝惠帝다. 각 군국郡國의 제후에게 명해 각자 고황제의 사당을 세워 때맞추어 제사를 올리도록 했다.

한혜제 5년, 한혜제는 전에 한고조 유방이 패현을 좋아하고 그리워한 일이 생각나 패궁을 한고조의 원묘原廟로 삼았다.• 한고조가 노

• 배인은 《사기집해》에서 원묘의 원原을 재再로 간주해, 한고조 유방의 사당이 이미 건립되었는데 다시 패현에 사당을 만들었다는 취지라고 해석했다.

래를 가르쳤던 120명의 아이에게는 모두 원묘에서 연주와 노래를 하게 했다. 결원이 생기면 즉시 보충했다. 한고조 유방에게는 여덟 명의 아들이 있었다. 장남은 서출庶出인 제도혜왕齊悼惠王 유비劉肥이고, 둘째는 혜제로 여후 소생이다. 셋째는 척부인戚夫人 소생의 조은왕趙隱王 유여의다. 넷째는 대왕 유항은 박태후薄太后의 소생으로 훗날 효문황제孝文皇帝로 즉위했다. 다섯째는 양왕 유회로 여태후呂太后가 집정할 때 조공왕趙共王으로 이봉되었다. 여섯째는 회양왕 유우다. 여태후가 집정할 때 조유왕趙幽王으로 이봉되었다. 일곱째는 회남여왕淮南厲王 유장이다. 여덟째는 연왕 유건이다.

●● 十二年, 十月, 高祖已擊布軍會甄, 布走, 令別將追之. 高祖還歸, 過沛, 留. 置酒沛宮, 悉召故人父老子弟縱酒, 發沛中兒得百二十人, 教之歌. 酒酣, 高祖擊築, 自爲歌詩曰, "大風起兮雲飛揚, 威加海內兮歸故鄕, 安得猛士兮守四方!" 令兒皆和習之. 高祖乃起舞, 慷慨傷懷, 泣數行下. 謂沛父兄曰, "遊子悲故鄕. 吾雖都關中, 萬歲後吾魂魄猶樂思沛. 且朕自沛公以誅暴逆, 遂有天下, 其以沛爲朕湯沐邑, 復其民, 世世無有所與." 沛父兄諸母故人日樂飮極驩, 道舊故爲笑樂. 十餘日, 高祖欲去, 沛父兄固請留高祖. 高祖曰, "吾人衆多, 父兄不能給." 乃去. 沛中空縣皆之邑西獻. 高祖復留止, 張飮三日. 沛父兄皆頓首曰, "沛幸得復, 豐未復, 唯陛下哀憐之." 高祖曰, "豐吾所生長, 極不忘耳, 吾特爲其以雍齒故反我爲魏." 沛父兄固請, 乃幷復豐, 比沛. 於是拜沛侯劉濞爲吳王. 漢將別擊布軍洮水南北, 皆大破之, 追得斬布鄱陽. 樊噲別將兵定代, 斬陳豨當城. 十一月, 高祖自布軍至長安. 十二月, 高祖曰, "秦始皇帝·楚隱王陳涉·魏安釐王·齊緡王·趙悼襄王皆絶無後, 予守冢各十家, 秦皇帝二十家, 魏公子無忌五家." 赦代地吏民爲陳豨·趙利所劫掠者, 皆赦之. 陳豨降將言豨反時, 燕王盧綰使人之豨所, 與陰謀. 上使辟陽侯迎綰, 綰稱病. 辟陽侯歸, 具言綰反有端矣. 二月, 使樊噲·周勃將兵擊燕王綰, 赦燕吏民與反者. 立皇子建爲燕王. 高祖擊布時, 爲流矢所中, 行道病. 病甚, 呂后迎良醫, 醫入見, 高祖問醫, 醫曰, "病可治." 於是高祖嫚罵之曰, "吾以布衣提三尺劍取天下, 此非天命乎? 命乃在天, 雖扁鵲何益!" 遂不使治病, 賜金五十斤罷之. 已而呂后問, "陛下百歲後, 蕭相國卽死, 令誰代之?" 上曰, "曹參可." 問其次, 上曰, "王陵可. 然陵少戇, 陳平可以助之. 陳平智有餘, 然難以獨任. 周勃重厚少文, 然安劉氏者必勃也, 可令爲太尉." 呂后復問其次, 上曰, "此後亦非而所知也." 盧綰與數千騎居塞下候伺, 幸上病愈自入謝. 四月甲辰, 高祖崩長樂宮. 四日不發喪. 呂后與審食其謀曰, "諸將與帝爲編戶民, 今北面爲臣, 此常怏怏, 今乃事少主, 非盡族是, 天下不安." 人或聞之, 語酈將軍. 酈將軍往見審食其, 曰, "吾聞帝已崩, 四日不發喪, 欲誅諸將. 誠如此, 天下危矣. 陳平·灌嬰將十萬守滎陽, 樊噲·周勃將二十萬定燕·代, 此聞帝崩, 諸將皆誅, 必連兵還鄉以攻關中. 大臣內叛, 諸侯外反, 亡可翹足而待也." 審食其入言之, 乃以丁未發喪, 大赦天下. 盧綰聞高祖崩, 遂亡入匈奴. 丙寅, 葬. 己巳, 立太子, 至太上皇廟. 群臣皆曰, "高祖起微細, 撥亂世反之正, 平定天下, 爲漢太祖, 功最高." 上尊號爲高皇帝. 太子襲號爲皇帝, 孝惠帝也. 令郡國諸侯各立高祖廟, 以歲時祠. 及孝惠五年, 思高祖之悲樂沛, 以沛宮爲高祖原廟. 高祖所敎歌兒百二十人, 皆令爲吹樂, 後有缺, 輒補之. 高帝八男, 長庶齊悼惠王肥, 次孝惠, 呂后子, 次戚夫人子趙隱王如意, 次代王恆, 已立爲孝文帝, 薄太后子, 次梁王恢, 呂太后時徙爲趙共王, 次淮陽王友, 呂太后時徙爲趙幽王, 次淮南厲王長, 次燕王建.

태사공은 평한다.

"하왕조의 정사는 충후忠厚했다. 충후의 병폐는 백성을 거칠게 만드는 데 있다. 은나라가 공경을 숭상한 이유다. 공경의 병폐는 백성을 귀신에 혹하도록 만드는 데 있다. 주나라가 예문을 숭상한 이유다. 예문의 병폐는 백성을 형식에 치우치도록 만드는 데 있다.• 형식에 얽매이는 폐단을 바로잡는 것으로 충후보다 나은 것이 없다. 하·은·주 3대의 치국 이치를 보면 마치 만물이 순환하듯 끝났다가 다시 시작되었다. 주나라에서 진나라에 이르는 동안 가장 큰 병폐는 지나치게 예문을 강구한 데 있다. 진나라는 예문의 병폐를 고치는 쪽이 아니라 오히려 형법을 가혹하게 적용하는 쪽으로 나아갔다. 이 어찌 잘못된 일이 아니겠는가? 한나라는 흥기하면서 진나라 때의 병폐를 이어받기는 했으나 이내 그 병폐를 고쳐 백성이 피곤에 빠지지 않게 만들었다. 자연의 이치[天統]를 얻은 결과다. 한나라 조정은 제후들에게 매년 10월 상경해 황제를 조현朝見하게 했다. 황제가 타는 수레는 노란색 비단지붕을 덮고 쇠꼬리로 만든 기旗를 수레의 왼쪽에 꽂는 황옥좌독黃屋左纛으로 했다. 한고조 유방은 장릉長陵에 안장되었다."

●● 太史公曰, "夏之政忠. 忠之敝, 小人以野, 故殷人承之以敬. 敬之敝, 小人以鬼, 故周人承之以文. 文之敝, 小人以僿, 故救僿莫若以忠. 三王之道若循環, 終而復始. 周秦之閒, 可謂文敝矣. 秦政不改, 反酷刑法, 豈不繆乎? 故漢興, 承敝易變, 使人不倦, 得天統矣. 朝以十月. 車服黃屋左纛. 葬長陵."

• "예문의 병폐는 백성을 형식에 치우치도록 만드는 데 있다"의 원문은 소인이사小人以僿다. 소인은 백성을 뜻한다. 사를《사기집해》는 서광의 주를 인용해 박薄으로 된 판본이 있다고 했다.《사기색은》은 정현의 주를 인용해 박을 구차하게 예문의 글자에 얽매인 나머지 형식에 치우치며 성실하지 않은 불곤성不悃誠으로 풀이했다.

여태후본기

呂太后本紀

〈여태후본기〉는 비록 보위에 오르지는 않았으나 사실상 최초의 여황제로 군림한 유방의 부인 여후의 일대기를 그린 것으로, 이는 크게 칭송한 것에 해당한다. 〈세가〉가 아닌 〈본기〉에 편제하고, 제목도 〈혜제본기〉가 아닌 〈여태후본기〉로 정한 게 그렇다. 역사적 사실에 충실하고자 하는 사마천의 기본입장이 반영된 결과로 풀이된다. 주목할 것은 사마천이 후대 사가로부터 집중적인 비판을 받은 여태후의 섭정 행보에 대해 일면 긍정적인 평가를 내리고 있는 점이다. 사평에서 "모든 정사가 방 안에서 이루어졌지만 천하는 평안했다. 형벌이 드물게 적용된 까닭에 죄수도 희귀했다"고 언급한 것이 그렇다.

일각에서는 사마천이 도가의 무위지치無爲之治를 숭상한 부친 사마담의 영향을 받은 까닭에 현실정치에서 실제로 무위지치를 행한 여후를 높이 평가한 것이 아니냐는 분석을 내놓고 있다. 그러나 이는 궁중의 암투와 민생의 안정을 별개로 간주한 결과로 보는 것이 타당할 듯싶다. "백성이 본업인 농사일에 힘을 쓰자 의식이 날로 풍족해졌다"는 사평이 이를 뒷받침한다. 실제로 사마천은 여후의 민생 행보에는 높은 점수를 주면서도 여씨 일족의 전횡에 비판적인 입장을 보였다. 〈여태후본기〉에 대권을 장악하기 위한 여후의 간교하고도 표독한 행보를 가감 없이 기술한 사실이 이를 뒷받침한다.

〈여태후본기〉는 비록 〈본기〉에 편제되기는 했으나 체제 면에서 볼 때는 〈열전〉에 가깝다. 여후에 관한 이야기로 점철되어 있기 때문이다.

여태후는 한고조 유방이 미천할 때 맞이한 부인으로, 아들 한혜제와 딸 노원태후魯元太后를 낳았다. 한고조는 한왕漢王에 봉해진 뒤 정도의 척부인을 새 부인으로 얻어 총애한 결과, 조은왕 유여의를 낳았다. 한혜제는 사람됨이 인자하나 유약한 까닭에 한고조 유방은 자신을 닮지 않았다고 여겼다. 늘 태자를 폐위시키고 척부인의 아들 유여의를 새 태자로 세우고자 한 이유다. 유여의가 자신을 닮았다고 여긴 탓이다. 척부인은 총애를 입은 까닭에 유방이 출정할 때마다 함곡관 밖으로 따라 나갔다. 밤낮으로 소리 내어 울며, 자신의 아들을 태자로 세워주기를 바랐다. 여후는 나이가 많아 늘 집안에 있었다. 한고조를 만날 기회가 거의 없어 날로 더 소원해졌다. 유여의는 조왕으로 봉해진 후 거의 태자가 될 뻔한 적이 몇 번 있었다. 그때마다 태자 유영은 대신들의 간쟁과 장량의 계책 덕에 폐출되지 않았다.

여후는 사람이 강직하고 굳세어 한고조의 천하평정에 일조했다. 대신을 주살할 때도 여후의 힘이 컸다. 여후에게는 오빠가 두 명 있다. 모두 유방의 부장으로 활약했다. 큰오빠 주여후 여택은 도중에 전사했다. 여택의 아들 가운데 여태呂台는 역후酈侯, 여산呂産은 교후交侯가 되었다. 작은 오빠 여석지呂釋之는 건성후에 봉해졌다. 한고조 12년 4월 갑진일, 한고조가 장락궁에서 죽자 태자 유영이 뒤를 이어 즉위했다. 당시 한고조에게는 여덟 명의 아들이 있었다. 맏아들 유비劉肥는 혜제의 이복형으로 제왕齊王에 봉해졌다.• 나머지는 모두 혜제의 이복동생이다. 척부인 소생의 유여의는 조왕, 박부인薄夫人 소생

• 《사기색은》은 유비의 생모를 조희曹姬라고 했다.

유항은 대왕에 봉해졌다. 그밖에 여러 비빈 소생 가운데 유회는 양왕, 유우는 회양왕, 유장은 회남왕, 유건은 연왕에 봉해졌다. 한고조 유방의 동생 유교는 초왕, 형의 아들 유비劉濞는 오왕에 봉해졌다. 유씨는 아니지만 공신인 파군 오예의 아들 오신吳臣은 장사왕이 되었다.

여태후는 척부인과 그녀 소생의 조왕 유여의를 극도로 미워했다. 유방 사후 척부인을 죄를 지은 궁녀를 가두는 영항永巷에 감금한 뒤 조왕을 불러오게 했다. 사자가 세 번이나 갔으나 불러오지 못하고 돌아왔다. 조왕 유여의의 승상 건평후建平侯 주창周昌 때문이었다. 그가 사자에게 말했다.

"고황제가 나에게 조왕을 맡겼소. 조왕은 나이가 어리오. 내가 듣건대 태후가 척부인을 매우 미워해 조왕을 불러 모두 주살하려 한다고 하오. 나는 감히 조왕을 보낼 수 없소. 게다가 조왕 또한 병이 나 조칙을 받들 수 없소."

여후가 대로한 나머지 사람을 시켜 주창을 불러오게 했다. 주창이 장안으로 불려 들어오자 여후가 다시 사람을 보내 조왕을 불러오게 했다. 조왕이 길을 떠나 아직 장안에 도착하지 않았을 때였다. 한혜제는 인자한데다 여태후의 분노를 알고 있었다. 스스로 파상으로 가 조왕을 맞이한 뒤 함께 궁궐로 들어왔다. 조왕과 함께 기거하며 같은 음식을 먹었다. 여태후가 조왕을 죽이려 하면서도 기회를 얻지 못한 이유다. 한혜제 원년 12월, 한혜제가 새벽에 활을 쏘러 나갔다. 조왕은 나이가 어려 일찍 일어날 수 없었다. 여태후는 그가 혼자 있다는 말을 듣고는 곧 사람을 시켜 독주를 가지고 가 그에게 먹이도록 했다. 해가 뜰 무렵, 한혜제가 돌아와보니 조왕은 이미 죽어 있었다. 회양왕 유우를 조왕에 임명했다.

이해 여름, 한혜제가 조서를 내려 여후의 부친 여택에게 영무후슈武侯 시호를 추증했다. 이때 여태후가 마침내 척부인의 손과 발을 자르고, 눈을 뽑고, 귀를 태우고, 벙어리가 되는 약을 먹인 뒤 돼지우리에 기거하게 했다. 척부인을 두고 사람돼지를 뜻하는 인체人彘로 불렀다. 며칠 후 여태후는 한혜제를 불러 인체를 보게 했다. 한혜제는 사람들에게 물어보고 나서야 척부인 사실을 알고는 큰소리로 울었다. 병이 난 한혜제는 1년이 지나도록 일어나지 못했다. 한혜제가 사람을 보내 여태후에게 말했다.

"이는 사람이 할 짓이 아닙니다. 저는 태후의 아들로서 다시는 천하를 다스릴 수 없게 되었습니다."

이후 한혜제는 종일 주색에 빠져 정사를 돌보지 않았다. 병이 생긴 이유다. 한혜제 2년, 초원왕楚元王 유교와 제도혜왕 유비가 조현하러 왔다. 이해 10월, 한혜제와 제도혜왕 유비가 여태후가 자리한 연회에서 함께 술을 마셨다. 한혜제가 이복형 유비에게 서민의 예절을 좇아 윗자리에 앉기를 청했다. 이를 본 여태후가 크게 화를 내며 독주 두 잔을 따른 뒤 유비 앞에 놓게 했다. 그러고는 유비에게 자리에서 일어나 자신에게 축수를 올리게 했다. 유비가 일어나자 한혜제도 함께 일어나 축수를 올리려 했다. 여태후가 겁이 난 나머지 벌떡 일어나 한혜제의 술잔을 엎어버렸다. 유비가 괴이하게 여겨 감히 그 술을 마시지 못했다. 짐짓 술에 취한 척하며 자리를 뜬 후 사람들에게 물어보고서야 그것이 독주인 줄 알았다. 제도혜왕 유비는 장안을 벗어날 길이 없다고 생각해 크게 근심했다. 제나라 내사 사士가 건의했다.

"태후에게는 오직 혜제와 노원공주만 있을 뿐입니다. 현재 대왕은 70여 개의 성읍을 가지고 있으나 노원공주는 단지 몇 개의 성읍만 식읍으로 가지고 있을 뿐입니다. 대왕이 군 하나를 떼어 태후에게 바치며 공주의 탕목읍으로 삼게 하면 태후는 반드시 기뻐할 것입니다. 그러면 틀림없이 우환이 없을 것입니다."

유비가 여태후에게 성양군을 바치고, 장오의 부인 노원공주를 높여 왕태후王太后로 칭했다. 여태후가 크게 기뻐하며 이를 받아들였다. 제도혜왕 유비의 관저에서 연회를 베풀고 즐겁게 마신 뒤 연회가 끝나자 제왕을 돌려보냈다. 한혜제 3년, 비로소 장안성長安城을 짓기 시작했다. 한혜제 4년, 장안성의 절반이 지어졌다. 한혜제 5, 6년 사이에 장안성이 완성되었다. 제후들이 조회차 도성으로 왔다. 한혜제 6년 10월, 제후들이 입조해 하례를 올렸다. 한혜제 7년 가을 8월 무인일, 한혜제가 붕어했다. 발상할 때 여태후는 곡만 할 뿐 눈물을 흘리지 않았다. 유후 장량의 아들 장벽강張辟彊이 당시 시중侍中으로 있었다. 나이는 열다섯이었다. 그가 승상에게 말했다.

"태후의 소생은 오직 혜제뿐입니다. 지금 세상을 떠났는데도 곡만 할 뿐 슬퍼하지 않으니, 그 연고를 아십니까?"

승상이 반문했다.

"무슨 연고인가?"

장벽강이 대답했다.

"이는 혜제에게 장성한 아들이 없어 그대 같은 대신들을 두려워하기 때문입니다. 그대가 지금 여태와 여산 및 여록呂祿을 장군으로 삼은 뒤 남군과 북군을 통솔케 하고, 여씨 일족을 모두 입궁시켜 조정의 일을 보도록 청하면 태후가 안심할 것입니다. 그대들 또한 다행히 화를 면할 수 있습니다."

승상이 장벽강의 계책을 따르자 여태후가 크게 기뻐하며 비로소
애통히 울기 시작했다. 여씨가 정권을 장악한 것은 이로부터 시작되
었다. 천하에 대사령이 내려졌다. 한혜제 9월 신축일, 한혜제를 안릉
安陵에 안장했다. 태자 유공劉恭이 소제少帝로 즉위한 뒤 한고조 사당
을 참배했다.

●● 呂太后者, 高祖微時妃也, 生孝惠帝·女魯元太后. 及高祖爲漢
王, 得定陶戚姬, 愛幸, 生趙隱王如意. 孝惠爲人仁弱, 高祖以爲不類
我, 常欲廢太子, 立戚姬子如意, 如意類我. 戚姬幸, 常從上之關東, 日
夜啼泣, 欲立其子代太子. 呂后年長, 常留守, 希見上, 益疏. 如意立爲
趙王后, 幾代太子者數矣, 賴大臣爭之, 及留侯策, 太子得毋廢. 呂爲人
剛毅, 佐高祖定天下, 所誅大臣多呂后力. 呂后兄二人, 皆爲將. 長兄周
呂侯死事, 封其子呂台爲酈侯, 子産爲交侯, 次兄呂釋之爲建成侯.

高祖十二年四月甲辰, 崩長樂宮, 太子襲號爲帝. 是時高祖八子, 長
男肥, 孝惠兄也, 異母, 肥爲齊王, 餘皆孝惠弟, 戚姬子如意爲趙王, 薄
夫人子恆爲代王, 諸姬子子恢爲梁王, 子友爲淮陽王, 子長爲淮南王,
子建爲燕王. 高祖弟交爲楚王, 兄子濞爲吳王. 非劉氏功臣番君吳芮子
臣爲長沙王. 呂后最怨戚夫人及其子趙王, 迺令永巷囚戚夫人, 而召趙
王. 使者三反, 趙相建平侯周昌謂使者曰, "高帝屬臣趙王, 趙王年少.
竊聞太后怨戚夫人, 欲召趙王幷誅之, 臣不敢遣王. 王且亦病, 不能奉
詔." 呂后大怒, 迺使人召趙相. 趙相徵至長安, 迺使人復召趙王. 王來,
未到. 孝惠帝慈仁, 知太后怒, 自迎趙王霸上, 與入宮, 自挾與趙王起居
飮食. 太后欲殺之, 不得閒.

孝惠元年十二月, 帝晨出射. 趙王少, 不能蚤起. 太后聞其獨居, 使人

持酖飮之. 犂明, 孝惠還, 趙王已死. 於是迺徙淮陽王友爲趙王. 夏, 詔
賜酈侯父追謚爲令武侯. 太后遂斷戚夫人手足, 去眼, 煇耳, 飮瘖藥, 使
居廁中, 命曰 ‘人彘’. 居數日, 迺召孝惠帝觀人彘. 孝惠見, 問, 迺知其
戚夫人, 迺大哭, 因病, 歲餘不能起. 使人請太后曰, “此非人所爲. 臣爲
太后子, 終不能治天下.” 孝惠以此日飮爲淫樂, 不聽政, 故有病也.

二年, 楚元王·齊悼惠王皆來朝. 十月, 孝惠與齊王燕飮太后前, 孝
惠以爲齊王兄, 置上坐, 如家人之禮. 太后怒, 迺令酌兩卮酖, 置前, 令
齊王起爲壽. 齊王起, 孝惠亦起, 取卮欲俱爲壽. 太后迺恐, 自起泛孝惠
卮. 齊王怪之, 因不敢飮, 詳醉去. 問, 知其酖, 齊王恐, 自以爲不得脫
長安, 憂. 齊內史士說王曰, “太后獨有孝惠與魯元公主. 今王有七十餘
城, 而公主迺食數城. 王誠以一郡上太后, 爲公主湯沐邑, 太后必喜, 王
必無憂.” 於是齊王迺上城陽之郡, 尊公主爲王太后. 呂后喜, 許之. 迺
置酒齊邸, 樂飮, 罷, 歸齊王. 三年, 方築長安城, 四年就半, 五年六年城
就. 諸侯來會. 十月朝賀.

七年秋八月戊寅, 孝惠帝崩. 發喪, 太后哭, 泣不下. 留侯子張爲侍
中, 年十五, 謂丞相曰, “太后獨有孝惠, 今崩, 哭不悲, 君知其解乎?” 丞
相曰, “何解?” 辟彊曰, “帝毋壯子, 太后畏君等. 君今請拜呂台·呂産·
呂祿爲將, 將兵居南北軍, 及諸呂皆入宮, 居中用事, 如此則太心安, 君
等幸得脫禍矣.” 丞相迺如辟彊計. 太后說, 其哭迺哀. 呂氏權由此起.
迺大赦天下. 九月辛丑, 葬. 太子卽位爲帝, 謁高廟.

여후 원년, 조정의 호령이 모두 여태후로부터 나왔다. 여태후가 황
제의 권한을 행사하면서 대신들과 상의해 여씨 일족을 왕으로 삼고
자 했다. 우승상 왕릉에게 묻자 왕릉이 반대했다.

"고황제가 일찍이 백마를 죽여 대신들에게 맹서하기를, '유씨가 아닌데도 왕이 되는 자가 있으면 천하가 함께 그를 칠 것이다'라고 했습니다. 지금 여씨를 왕으로 세우는 것은 이를 어기는 것입니다."

여태후가 불쾌해했다. 다시 좌승상 진평과 강후 주발에게 물었다. 주발 등이 대답했다.

"고황제가 천하를 평정했을 때 자제들을 왕에 봉했습니다. 지금 태후가 황제의 권한을 대행하고 있으니, 형제를 비롯한 여씨를 왕에 봉하지 못할 이유가 없습니다."

여태후가 기뻐하며 조회를 끝냈다. 왕릉이 진평과 주발을 나무랐다.

"당초 고황제와 피를 바쳐서 맹서할 때 그대들도 그곳에 있지 않았소? 지금 고황제가 죽고 태후가 여주女主가 되어 여씨를 왕에 봉하려 하고 있소. 그대들은 오히려 태후의 사욕을 용인하고 그 뜻에 영합해 맹서를 저버리려 하니 장차 무슨 면목으로 지하의 고황제를 뵈려는 것이오?"

진평과 주발이 말했다.

"지금 조정에서 얼굴을 붉히며 간쟁하는 것[面折廷爭]은 우리가 그대만 못하오. 그러나 사직을 보전하고 유씨의 후손을 안정시키는 일은 그대가 우리만 못하오."

왕릉이 대구하지 못했다. 이해 11월, 여태후가 왕릉을 승상의 자리에서 쫓아내기 위해 소제의 태부太傅로 삼아 우승상의 권한을 빼앗아버렸다. 왕릉이 병을 핑계 삼아 사직한 뒤 귀향했다. 여태후가 좌승상 진평을 우승상에 임명하고, 벽양후 심이기를 좌승상으로 삼았다. 그러나 심이기에게 정무를 보지 못하게 하고, 대신 궁중 사무를 감독케 하자 그 직책이 마치 낭중령과 같았다. 심이기는 여태후의 총애를 배경으로 국정을 좌우했다. 공경대신이 모두 그를 통해 국사를 결정했다. 여태후가 역후의 부친 여택을 도무왕悼武王으로 추존하고, 이를 계기로 여씨 일족을 모두 왕에 봉하고자 했다.

이듬해인 이해 4월, 여태후가 여씨 일족을 제후로 삼기 위한 사전 조치로 먼저 한고조의 공신 낭중령 풍무택을 박성후博城侯에 봉했다. 노원공주가 죽자 그녀에게 노원태후라는 시호를 내리고, 그녀 소생의 장언張偃을 노왕에 봉했다. 노왕의 부친은 선평후 장오였다. 또 제도혜왕의 아들 유장을 주허후朱虛侯에 봉한 뒤 여록의 딸을 그의 아내로 삼게 했다. 제나라 승상 제수齊壽를 평정후平定侯, 소부 양성연陽成延을 오후梧侯로 삼은 뒤 여종呂種을 패후, 여평呂平을 부류후扶柳侯로 삼았다. 또 장매張買를 남궁후南宮侯로 삼았다.

이어 여태후는 여씨를 왕으로 삼기 위해 우선 혜제의 후궁 소생 유강劉彊을 회양왕, 유불의劉不疑를 상산왕, 유산劉山을 양성후襄城后, 유조劉朝를 지후軹侯, 유무劉武를 호관후壺關侯에 봉했다. 이후 대신들에게 넌지시 뜻을 전했다.• 대신들이 이를 알아채고 역후 여태를 여왕呂王으로 삼기를 청했다. 여태후가 이를 허락했다. 건성강후建成康侯 여석지가 죽고 작위를 계승할 아들이 죄가 있어 폐출당하자 동생 여록을 대신 세워 호릉후胡陵侯로 삼아 여석지의 뒤를 잇게 했다. 여후 2년, 상산왕이 죽자 그의 동생 양성후 유산을 상산왕에 봉하고, 이름을 유의劉義로 바꾸게 했다. 이해 11월, 여왕 여태가 죽자 시호를 숙왕肅王이라 했다. 태자 여가呂嘉가 뒤를 이어 즉위했다. 여후 3년, 나

• "이후 대신들에게 넌지시 뜻을 전했다"의 원문은 태후풍대신太后風大臣이다. 여기의 풍風은 은근히 냄새나 취지, 소식 등을 전한다는 뜻으로 풍문 내지 풍전風傳 등과 뜻이 통한다.

라에 아무 일이 없었다.

　여후 4년, 여태후의 동생이자 번쾌의 아내인 여수呂嬃를 임광후臨
光侯, 일족인 여타呂他를 유후, 여후의 측근 여갱시呂更始를 췌기후贅其
侯, 여후의 조카 여분呂忿을 여성후呂城侯에 봉했다. 또 제후왕의 승상
다섯 명을 후로 삼았다. 선평후 장오의 딸은 혜제의 황후로 있을 때
아들이 없었다. 거짓으로 임신한 척하며 미인美人의 아들을 데려다가
자신이 낳은 아들이라고 했다.• 이어 생모를 죽인 뒤 그 아들을 태자
로 삼았다. 혜제가 죽자 태자 유공이 뒤를 이어 소제로 즉위했다. 소
제는 이후 우연히 자신의 생모가 살해되었고, 자신이 황후 소생이
아니라는 이야기를 듣고는 이내 이런 말을 내뱉었다.

　"황후는 나의 생모를 죽이고 어찌해서 나를 자신의 아들이라고 하
는 것인가? 내가 아직은 어리지만 장성하면 반드시 보복할 것이다."

　여태후가 이 말을 듣고 크게 걱정했다. 그가 변란을 일으킬까 두
려운 나머지 이내 그를 영항에 몰래 가둔 뒤 황제가 중병에 걸렸다
고 말했다. 좌우의 대신들이 그를 만날 수 없었다. 여태후가 말했다.

　"무릇 천하를 보유해 만민을 다스리는 자는 하늘처럼 만물을 덮어
주고 땅처럼 만물을 받아들여야 하오. 황제가 즐거운 마음으로 백성
을 평안케 하면 백성은 기쁜 마음으로 황제를 섬기게 되오. 황제와
백성의 즐겁고 기쁜 감정이 서로 통해 천하가 크게 다스려지는 이유
요. 지금 황제는 병이 오래되어 낫지 않고 있소. 정신이 헷갈리고 혼
란스러워 보위를 이어 종묘제사를 받들 수 없는 상황이오. 천하를
맡길 수 없으니 누군가 그를 대신해야 할 것이오."

● 《사기정의》는 여씨의 자식을 밴 여인을 궁중으로 데려와 소제 유공을 낳은 것이라는 유
백장의 주를 인용해놓았으나 문맥상 혜제의 자식으로 보는 것이 타당하다.

신하들 모두 머리를 조아리며 말했다.

"황태후가 천하를 위한 치민治民의 계책으로 종묘사직을 안정시킬 방도를 생각하는 것이 이처럼 깊으니, 저희 군신들은 머리를 숙여 조명詔命을 받들도록 하겠습니다."

결국 소제가 폐위되자 여태후가 몰래 그를 죽여버렸다. 이해 5월 병진일, 상산왕 유의를 왕제로 세우고 이름을 유홍劉弘으로 바꾸었다. 원년을 칭하지 않은 것은 여태후가 계속 황제의 직권을 행사했기 때문이다. 여태후가 지후 유조를 상산왕으로 삼았다. 태위의 관직을 설치한 뒤 강후 주발을 태위로 삼았다. 여후 5년 8월, 회양왕이 죽자 동생 호관후 유무를 회양왕에 봉했다. 여후 6년 10월, 태후가 말했다.

"여왕 여가는 평소 교만하고 방자하다."

그를 폐위시킨 뒤 숙왕 여태의 동생 여산을 여왕으로 삼았다. 이해 여름, 천하에 대사령을 내렸다. 제도혜왕의 아들 유흥거劉興居를 동모후東牟侯에 봉했다. 여후 7년 정월, 여태후가 조왕 유우를 소환했다. 유우는 여씨 일족의 여인을 왕후로 삼았으나 총애하지 않고, 다른 희첩을 사랑했다. 여씨 여인이 질투에 눈이 먼 나머지 화를 내며 여태후를 찾아갔다. 여태후 앞에서 유우를 헐뜯으며 유우가 이같이 말했다고 무함했다.

"여씨가 어떻게 왕이 될 수 있는가? 태후 사후 내가 반드시 여씨를 칠 것이다!"

여태후가 대로해 조왕 유우를 소환했다. 조왕이 이르자 여태후가 그를 관저에 머물게 한 뒤 만나주지 않았다. 이어 위사에게 명해 그의 관저를 포위하도록 한 뒤 먹을 것을 주지 않았다. 조왕의 신하 가운데 누군가 몰래 밥을 보냈다가 발각되어 붙잡혀 문책당했다. 조왕이 굶주림을 못 이겨 노래를 했다.

> 여씨 일족이 전권을 휘두르니 유씨가 위태롭지
> 왕후가 강압해 여씨 딸을 왕비로 맞았다네
> 나의 왕비는 질투가 심해 내게 죄 있다 무함하니
> 여인 참언이 나라를 어지럽히나 황상은 모르네
> 내게 충신은 없나, 어찌해서 나라를 잃었나
> 들판서 자진하면 푸른 하늘이 시비를 가려주리
> 아, 후회막급이네. 차라리 일찍 자진할 것을
> 왕이 되어 굶어 죽으면 누가 불쌍히 여겨줄까
> 여씨가 천륜을 끊게 하니 하늘이 설욕하리라

이달 정축일, 조왕이 감금된 채 굶어 죽었다. 서민의 예로 장안성의 백성 묘지 곁에 장사를 지냈다. 이달 을축일, 일식이 일어나 대낮인데도 어두웠다. 여태후가 불길하게 여겨 불쾌하게 생각했다. 이내 좌우에게 말했다.

"이는 나 때문에 그런 것이다."

이해 2월, 양왕 유회를 조왕으로 이봉하고, 여왕 여산을 양왕에 다시 봉했다. 양왕은 봉국으로 가지 않고 황제 유홍의 태부가 되었다. 황자 평창후 유태劉太를 여왕으로 삼았다. 양국梁國을 개명해 여국呂國으로 했다가, 다시 제천국濟川國으로 바꾸었다. 여태후의 여동생 여수에게 딸이 있었다. 영릉후營陵侯 유택劉澤의 아내가 되었다. 유택은 당시 대장군이었다. 여태후는 여씨 일족을 왕으로 봉했지만, 자신이 죽

은 뒤 유택이 난을 일으킬 것을 두려워해 낭야왕琅邪王으로 삼아 그
의 마음을 위로했다. 양왕 유회는 봉국을 옮겨 조왕이 되었으나 속
으로는 즐겁지 않았다. 여태후는 여산의 딸을 조왕 유회의 왕후로
삼았다. 왕후를 수행한 관원 모두 여씨 일족이었다. 권력을 휘두르며
조왕의 거동을 몰래 감시했다. 조왕이 자유롭게 행동할 수 없었던
이유다. 조왕에게 총애하는 희첩이 있었다. 왕후가 사람을 시켜 그녀
에게 짐주를 먹여 살해했다. 조왕이 네 장으로 된 노래를 지은 뒤 악
공들에게 연주하게 했다. 결국 비통해하다가 이해 6월에 자진했다.
여태후가 이 소식을 듣고는 조왕이 부인 때문에 종묘제사의 예를 버
렸다고 생각해 후사를 끊어버렸다. 선평후 장오가 죽자 아들 장언을
노왕으로 삼고, 장오에게 노원왕魯元王의 시호를 내렸다. 이해 가을,
여태후가 사자를 대왕 유항에게 보내 조왕으로 이봉하고자 했다. 유
항이 사양하며 변경인 대 땅을 계속 지키겠다고 했다. 태부 여산과
승상 진평 등이 말했다.

"무신후 여록은 가장 높은 제후입니다. 작위의 등급이 제일 높으
니 청컨대 조왕으로 봉해주십시오."

여태후가 이를 허락하고, 여록의 부친 강후를 조소왕趙昭王으로 추
존했다. 이해 9월, 연영왕燕靈王 유건이 죽었다. 그에게 희첩 소생의
아들이 있었다. 여태후가 사람을 시켜 그를 죽여 후사를 끊고 봉국
을 취소시켰다. 여후 8년 10월, 여숙왕呂肅王 여태의 아들 동평후東平
侯 여통呂通을 세워 연왕으로 삼고, 여통의 동생 여장呂莊을 동평후에
봉했다. 이해 3월 중순, 여태후가 부정을 터는 푸닥거리인 불제祓祭를
지내고 돌아오는 도중에 지도를 지났다. 검정색 개같이 생긴 괴물이
보였다. 여태후의 겨드랑이를 물고는 문득 사라졌다. 점을 쳐보니 조

왕 유여의가 귀신이 되어 재앙을 내리는 것이라 했다. 이후 여태후는 겨드랑이 통증으로 눕게 되었다.

여태후의 외손자 노원왕 장언은 나이가 어린데다가 일찍 부모를 잃어 의지할 데도 없고 유약했다. 장오의 희첩 소생인 두 아들 가운데 장치張侈는 신도후新都侯, 장수張壽는 낙창후樂昌侯에 봉해 노원왕 장언을 보좌하게 했다. 또 중대알자中大謁者 장석張釋을 건릉후建陵侯, 여영呂榮을 축자후祝妓侯에 봉했다. 궁중의 환관으로 영과 승丞의 직책을 맡은 자는 모두 관내후關內侯로 봉하고 500호를 식읍으로 내렸다. 이해 7월 중순, 여태후의 병세가 위독해졌다. 조왕 여록을 상장군으로 삼아 북군을 통솔케 하고, 여왕 여산은 남군을 통솔하게 했다. 여태후가 여산과 여록에게 훈계했다.

"고조가 천하를 평정했을 때 대신들과 맹서하기를, '유씨가 아닌데도 왕이 되는 자가 있으면 천하가 함께 그를 칠 것이다'라고 했다. 지금 여씨가 왕이 되었으니 대신들은 마음이 편치 않을 것이다. 내가 죽으면 황제가 연소해 대신들이 아마 난을 일으킬까 걱정된다. 너희는 반드시 병권을 장악해 황궁을 지키고, 신중히 처신해 나를 위해 장사를 지내도 배웅하지 말고, 사람들에게 제압당하는 일이 없도록 하라."

7월 신사일, 여태후가 죽었다. 그가 남긴 조칙을 좇아 제후왕에게 각각 황금 1,000근, 장상과 열후 및 낭리郎吏에게는 모두 품계에 따라 황금을 하사했다. 이어 천하에 대사령을 내렸다. 여왕 여산을 상국, 여록의 딸을 황후로 삼았다. 여태후를 안장한 뒤 좌승상 심이기를 황제의 태부에 제수했다.

●● 元年, 號令一出太后. 太后稱制, 議欲立諸呂爲王, 問右丞相王陵.

王陵曰, "高帝刑白馬盟曰'非劉氏而王, 天下共擊之'. 今王呂氏, 非約也." 太后不說. 問左丞相陳平 · 絳侯周勃. 勃等對曰, "高帝定天下, 王子弟, 今太后稱制, 王昆弟諸呂, 無所不可." 太后喜, 罷朝. 王陵讓陳平 · 絳侯曰, "始與高帝啑血盟, 諸君不在邪? 今高帝崩, 太后女主, 欲王呂氏, 諸君從欲阿意背約, 何面目見高帝地下?" 陳平 · 絳侯曰, "於今面折廷爭, 臣不如君, 夫全社稷, 定劉氏之後, 君亦不如臣." 王陵無以應之.

十一月, 太后欲廢王陵, 乃拜爲帝太傅, 奪之相權. 王陵遂病免歸. 迺以左丞相平爲右丞相, 以辟陽侯審食其爲左丞相. 左丞相不治事, 令監宮中, 如郎中令. 食其故得幸太后, 常用事, 公卿皆因而決事. 迺追尊酈侯父爲悼武王, 欲以王諸呂爲漸. 四月, 太后欲侯諸呂, 迺先封高祖之功臣郎中令無擇爲博城侯. 魯元公主薨, 賜諡爲魯元太后. 子偃爲魯王. 魯王父, 宣平侯張敖也. 封齊悼惠王子章爲朱虛侯, 以呂祿女妻之. 齊丞相壽爲平定侯. 少府延爲梧侯. 乃封呂種爲沛侯, 呂平爲扶柳侯, 張買爲南宮侯. 太后欲王呂氏, 先立孝惠後宮子彊爲淮陽王, 子不疑爲常山王, 子山爲襄城侯, 子朝爲軹侯, 子武爲壺關侯. 太后風大臣, 大臣請立酈侯呂台爲呂王, 太后許之. 建成康侯釋之卒, 嗣子有罪, 廢, 立其弟呂祿爲胡陵侯, 續康侯後.

二年, 常山王薨, 以其弟襄城侯山爲常山王, 更名義. 十一月, 呂王台薨, 諡爲肅王, 太子嘉代立爲王. 三年, 無事. 四年, 封呂嬃爲臨光侯, 呂他爲兪侯, 呂更始爲贅其侯, 呂忿爲呂城侯, 及諸侯丞相五人. 宣平侯女爲孝惠皇后時, 無子, 詳爲有身, 取美人子名之, 殺其母, 立所名子爲太子. 孝惠崩, 太子立爲帝. 帝壯, 或聞其母死, 非眞皇后子, 迺出言曰, "后安能殺吾母而名我? 我未壯, 壯卽爲變." 太后聞而患之, 恐其爲亂,酒幽之永巷中, 言帝病甚, 左右莫得見. 太后曰, "凡有天下治爲萬民命者, 蓋之如天, 容之如地, 上有歡心以安百姓, 百姓欣然以事其上, 歡欣交通而天下治. 今皇帝病久不已, 酒失惑悖亂, 不能繼嗣奉宗廟祭祀, 不可屬天下, 其代之." 群臣皆頓首言, "皇太后爲天下齊民計所以安宗廟社稷甚深, 群臣頓首奉詔." 帝廢位, 太后幽殺之. 五月丙辰, 立常山王義爲帝, 更名曰弘. 不稱元年者, 以太后制天下事也. 以軹侯朝爲常山王. 置太尉官, 絳侯勃爲太尉.

五年八月, 淮陽王薨, 以弟壺關侯武爲淮陽王. 六年十月, 太后曰呂王嘉居處驕恣, 廢之, 以肅王台弟呂産爲呂王. 夏, 赦天下. 封齊悼惠王子興居爲東牟侯. 七年正月, 太后召趙王友. 友以諸呂女爲后, 弗愛, 愛他姬, 諸呂女妒, 怒去, 讒之於太后, 誣以罪過, 曰, "呂氏安得王? 太后百歲後, 吾必擊之!" 太后怒, 以故召趙王. 趙王至, 置邸不見, 令衛圍守之, 弗與食. 其群臣或竊饋, 輒捕論之, 趙王餓, 乃歌曰, "諸呂用事兮劉氏危, 迫脅王侯兮彊授我妃. 我妃既妒兮誣我以惡, 讒女亂國兮上曾不寤. 我無忠臣兮何故棄國? 自決中野兮蒼天擧直! 于嗟不可悔兮寧蚤自財. 爲王而餓死兮誰者憐之! 呂氏絕理兮天報仇." 丁丑, 趙王幽死, 以民禮葬之長安民冢次. 己丑, 日食, 晝晦. 太后惡之, 心不樂, 乃謂左右曰, "此爲我也."

二月, 徙梁王恢爲趙王. 呂王産徙爲梁王, 梁王不之國, 爲帝太傅. 立皇子平昌侯太爲呂王. 更名梁曰呂, 呂曰濟川. 太后女弟呂嬃有女爲營陵侯劉澤妻, 澤爲大將軍. 太后王諸呂, 恐卽崩後劉將軍爲害, 酒以劉澤爲琅邪王, 以慰其心. 梁王恢之徙王趙, 心懷不樂. 太后以呂産女爲趙王后. 王后從官皆諸呂, 擅權, 微伺趙王, 趙王不得自恣. 王有所愛姬, 王后使人酖殺之. 王乃爲歌詩四章, 令樂人歌之. 王悲, 六月卽自殺. 太后聞之, 以爲王用婦人棄宗廟禮, 廢其嗣. 宣平侯張敖卒, 以子偃爲魯王, 敖賜諡爲魯元王.

秋, 太后使使告代王, 欲徙王趙. 代王謝, 願守代邊. 太傅産·丞相平等言, 武信侯呂祿上侯, 位次第一, 請立爲趙王. 太后許之, 追尊祿父康侯爲趙昭王. 九月, 燕靈王建薨, 有美人子, 太后使人殺之, 無後, 國除. 八年十月, 立呂肅王子東平侯呂通爲燕王, 封通弟呂莊爲東平侯. 三月中, 呂后祓, 還過軹道, 見物如蒼犬, 據高后掖, 忽弗復見. 卜之, 趙王如意爲祟. 高后遂病掖傷. 高后爲外孫魯元王偃年少, 蚤失父母, 孤弱, 酒封張敖前姬兩子, 侈爲新都侯, 壽爲樂昌侯, 以輔魯元王偃. 及封中大謁者張釋爲建陵侯, 呂榮爲祝茲侯. 諸中宦者令丞皆爲關內侯, 食邑五百戶.

七月中, 高后病甚, 酒令趙王呂祿爲上將軍, 軍北軍, 呂王産居南軍. 呂太后誡産·祿曰, "高帝已定天下, 與大臣約, 曰'非劉氏王者, 天下共擊之'. 今呂氏王, 大臣弗平. 我卽崩, 帝年少, 大臣恐爲變. 必據兵衛宮, 愼毋送喪, 毋爲人所制." 辛巳, 高后崩, 遺詔賜諸侯王各千金, 將相列侯郎吏皆以秩賜金. 大赦天下. 以呂王産爲相國, 以呂祿女爲帝后. 高后已葬, 以左丞相審食其爲帝太傅.

주허후 유장은 기력이 있었다. 동모후 유흥거가 그의 동생이다. 두 사람 모두 제애왕齊哀王의 동생으로 장안에 머물렀다. 당시 여씨 일족이 권력을 농단하며 마침내 반란을 일으키고자 했다. 그러나 고황제 때의 대신인 주발과 관영 등이 두려운 나머지 감히 난을 일으키지 못했다. 주허후의 부인은 여록의 딸이다. 주허후는 부인을 통해 여씨 일족의 음모를 은밀히 알아채게 되었다. 그는 죽임을 당할까 두려운 나머지 자신의 형인 제애왕 유양劉襄에게 은밀히 사람을 보내 이를 알렸다. 제애왕 유양에게 병사를 서쪽으로 출동시켜 여씨 일족을 제거한 뒤 보위에 오를 것을 권한 것이다. 주허후 자신은 궁궐 안에서 대신들과 함께 내응하고자 했다. 제애왕 유양이 군사를 일으키고자 했지만 그의 승상 소평이 복종하지 않았다. 이해 8월 병오일, 제애왕 유양이 사람을 시켜 승상 소평을 주살하려 하자 승상 소평이 오히려 군사를 일으켜 제애왕을 포위하고자 했다. 제애왕이 이를 틈타 승상을 죽인 뒤 곧바로 병사를 동쪽으로 출동시켰다. 계책을 써 낭야왕의 군사를 빼앗은 뒤 함께 서쪽으로 진격했다. 자세한 내용은 〈제도혜왕세가〉에 기록되어 있다. 제애왕이 제후왕들에게 격문을 보냈다.

고황제가 천하를 평정한 후 자식과 형제를 왕으로 삼았다. 도혜왕이 제나라에 봉해진 뒤 도혜왕 사후 혜제가 유후 장량을 보내 나를 제왕齊王으로 삼았다. 혜제 사후 태후가 정권을 좌우했으나 춘추가 높은 탓에 모든 일은 여씨 일족에 의해 처리되었다. 이들은 멋대로 황제를 폐위시키거나 옹립했다. 예컨대 세 명의 조왕을 살해하고, 양나라와 조나라 및 연나라를 멸한 뒤 여씨 일족에게 보위를 차지하게 하고, 제나라를 네 개로 쪼갠 것이 그렇다. 충신이 진심으로 간언했음에도 태후는 여씨 일족에게 미혹된 나머지 이를 듣지 않았다. 지금 태후가 붕어했으나 황제는 나이가 어려 천하를 제대로 다스릴 수 없다. 실로 대신과 제후에게 의지해야 할 때다. 그럼에도 여씨 일족은 다시 멋대로 자신들의 관직을 높이고, 병사를 모아 위엄을 보이고, 열후와 충신을 위협하고, 조정의 명을 멋대로 꾸며 천하를 호령하고 있다. 종묘사직이 위태롭게 된 이유다. 과인은 군사를 이끌고 입경해 부당하게 왕이 된 자들을 주멸할 생각이다.

조정에 이런 소식이 들리자 상국 여산 등이 곧바로 영음후頴陰侯 관영을 시켜 군사를 이끌고 가 이들을 공격하게 했다. 관영이 형양에 이르러 즉시 상의했다.

"여씨 일족이 관중 땅에서 병권을 장악하고, 유씨의 조정을 위태롭게 해 스스로 보위에 오르려 하고 있다. 지금 우리가 제나라를 격파한 뒤 돌아가 보고하면 이는 여씨의 세력을 더해주는 것이 된다."

그러고는 더는 진격하지 않고 형양에 주둔했다. 관영이 제애왕을 비롯한 여러 제후에게 사자를 보내 여씨의 모반이 구체화할 때를 기다려 함께 적을 토벌할 것을 제의했다. 제애왕이 이 말을 듣고는 이내 제나라 서쪽 국경으로 회군한 뒤 여씨의 모반이 구체화할 때를 기다렸다. 여록과 여산은 관중에서 반란을 일으키려 했으나 안으로는 주발과 유장 등이 두려웠고, 밖으로는 제나라와 초나라의 군사가 두려웠다. 또 관영이 배신할 것을 걱정한 나머지 관영의 군사가 제나라 군사와 싸울 때를 기다렸다가 반란을 일으킬 생각으로 곧바로 결단하지 못하고 유예했다. 제천왕濟川王 유태와 회양양 유무 및 상산왕 유조는 명목상 소제 유홍의 동생이고, 노원왕 장언은 여후의 외손자였다. 모두 나이가 어리다는 이유로 봉국으로 가지 않은 채 장안에 머물고 있었다. 조왕 여록과 양왕 여산은 각각 군사를 이끌고 남군과 북군에 머물고 있었다. 이들 모두 여씨 일족이었던 까닭에 열후와 대신 들은 스스로 목숨을 보장할 수 없었다. 강후 주발은 군사를 총지휘하는 태위로 있었지만 군영 안으로 들어가서 병권을 장악하는 것이 불가능했다. 게다가 곡주후曲周侯 역상은 노령으로 인해 와병 중이었다. 그의 아들 역기酈寄는 여록과 가까웠다. 강후 주발이 승상 진평과 상의한 뒤 곧 사람을 시켜 역상을 겁박했다. 결국 역상이 아들 역기를 시켜 여록을 속여 이같이 말하게 했다.

"고황제와 여후는 함께 천하를 평정하고, 유씨 가운데 아홉 명, 여씨 가운데 세 명을 왕으로 세웠습니다. 이는 모두 대신들이 합의한 것으로, 이미 제후들에게 통고해 모두 이를 마땅한 일로 여기고 있습니다. 지금 태후가 붕어하고 황제는 나이가 어립니다. 지금 족하는 조왕의 인수를 차고도 속히 봉국으로 가 울타리를 지키기는커녕 오히려 상장군의 신분으로 병사를 이끌고 장안에 머물고 있습니다. 이는 대신과 제후 들의 의심을 사는 일입니다. 족하는 왜 상장군의 인수를 반환해 병권을 태위에게 돌려주지 않는 것입니까? 양왕 여산도 상국의 인수를 반환한 뒤 대신들과 맹서하고 봉국으로 돌아가십시오. 그러면 제나라 군사는 틀림없이 철군할 것이고, 대신들도 안심할 것이고, 족하 또한 베개를 높이 베고 아무 걱정 없이 사방 1,000리 되는 조나라의 왕으로 지낼 수 있습니다. 이것이 바로 만대에 걸쳐 이로운 계책입니다."

여록은 역기의 계책이 옳다고 여겨, 장수의 인수를 반환해 병권을 태위에게 돌려주고자 했다. 곧 사람을 여산과 여씨 일족의 장로들에게 보내 이를 고했다. 혹자는 이롭다고 하고, 혹자는 불리하다고 했다. 의견이 일치되지 않자 결단하지 못한 채 머뭇거렸다. 이 와중에 여록은 역기를 신임한 까닭에 종종 함께 사냥을 나갔다. 이때 고모 여수의 집을 들르자 여수가 대로했다.

"너는 상장군이 되어 병권을 버렸으니, 이제 여씨 일족은 발붙일

곳이 없게 되었다!"

그러고는 진주와 옥, 보물이 되는 그릇을 모두 마당에 내팽개치며 이같이 외쳤다.

"어차피 다른 사람 소유가 될 물건을 지킬 이유가 없다!"

좌승상 심이기가 면직되었다. 이해 8월 경신일 아침, 어사대부의 직무를 대리수행하고 있던 평양후平陽侯 조줄曹窋이 상국 여산을 만나 정사를 논의했다. 제나라에 사자로 갔던 낭중령 가수賈壽가 돌아와 여산을 나무랐다.

"대왕은 일찍이 봉국으로 가지 않았으니, 설령 지금 가려 한들 과연 갈 수 있겠습니까?"

그러고는 관영이 제나라 및 초나라와 합세해 여씨 일족을 주멸하려 한다는 사실을 상세히 고하며 속히 입궐할 것을 재촉했다. 조줄이 그 말을 듣고는 곧바로 승상 진평과 태위 주발에게 달려가 이를 알렸다. 주발이 북군으로 들어가려 했으나 들어갈 수 없었다. 양평후襄平侯 기통紀通이 부절을 관리하고 있었다. 그가 부절을 가지고 가서 거짓으로 황제의 칙명을 내세우며 주발을 북군 군영 안으로 들여보냈다. 주발이 곧 역기를 비롯해 귀화한 이민족을 관할하는 전객典客 유게劉揭를 여록에게 보내 이같이 회유했다.

"황제는 태위에게 북군을 맡기면서 족하를 봉국으로 돌려보낼 생각입니다. 속히 장군의 인수를 반환하고 떠나도록 하십시오. 그리하지 않으면 화를 당하게 될 것입니다."

여록은 역황酈兄[•]이 자신을 속이지 않으리라 생각했다. 곧 장군의

• 《사기집해》는 서광의 주를 인용해 역황의 황兄은 역기의 자로, 형이 아닌 황으로 읽어야 한다고 했다.

인수를 풀어 전객 유게에게 건네면서 병권을 태위 주발에게 넘겨주
었다. 주발이 장군의 인수를 가지고 북군의 군문 안으로 들어선 뒤
곧바로 이같이 명했다.

"여씨를 따를 자는 오른쪽 소매를 걷어 오른쪽 팔뚝을 드러내고[右
袒], 유씨를 따를 자는 왼쪽 소매를 걷어 왼쪽 팔뚝을 드러내도록 하
라[左袒]•."

북군의 군사들이 모두 왼쪽 소매를 걷어 유씨를 따를 뜻을 나타냈
다. 주발이 길을 떠나 북군에 도착했을 때 여록은 이미 상장군의 인
수를 내놓고 군영을 떠난 뒤였다. 주발이 마침내 북군을 통솔하게
된 배경이다. 그러나 당시 남군은 여전히 여씨가 장악하고 있었다.
이에 앞서 평양후 조줄이 여산의 계략을 듣고 승상 진평에게 알렸을
때 진평은 곧바로 주허후 유장을 불러 주발을 보좌하게 했다. 주발
은 주허후 유장에게 북군의 영문을 감시케 한 뒤 평양후 조줄을 궁
중을 지키는 위위에게 보내 이같이 명했다.

"상국 여산을 궐문 안으로 들이지 말라!"

여록이 이미 북군을 떠난 사실을 알지 못한 여산은 미앙궁으로 들
어가 난을 일으키려 했다. 그러나 궐문 안으로 들어갈 수 없게 되자
그 주위를 배회했다. 평양후 조줄은 이 싸움에서 이기지 못할까 근
심한 나머지 곧바로 주발에게 달려가 이 사실을 보고했다. 주발 역

• 여기서 좌단左袒 성어가 나왔다. 단袒은 단裸과 같다. 좌단은 당시 북군의 군사들이 모두
왼쪽 팔뚝을 드러낸 일로 인해 이후 편들어 동의하는 것을 뜻하게 되었다.《의례》〈사상례〉의
"주인이 밖으로 나와 남면하면 좌단한다"는 구절에 대해 당나라 때 활약한 가공언賈公彦은
소疏에서 "왼쪽 소매를 왼쪽 겨드랑이 밑까지 걷는 것을 말한다"고 풀이했다.《예기》〈단궁檀
弓 하〉에도 "기봉既封, 좌단"이라는 표현이 나온다. 많은 사람이 좌단을 왼쪽 어깨를 드러내
는 것으로 번역하고 있으나 이는 잘못이다.

시 여씨 일족에게 이기지 못할까 두려운 나머지 감히 공개적으로 여씨의 주살을 언급하지 못했다.[•] 이내 주허후를 입궁시키며 이같이 당부했다.

"급히 궐내로 들어가 황제를 호위하도록 하시오."

주허후가 병사를 청하자 주발이 병사 1,000여 명을 내주었다. 주허후는 미앙궁의 궁문을 들어선 뒤 궁 안에서 여산을 만났다. 해가 질 무렵 드디어 여산의 무리를 공격하자 여산이 황급히 달아났다. 마침 바람이 강하게 일어났다. 여산을 따르던 관원들 모두 혼란에 빠져 감히 싸울 생각을 하지 못했다. 주허후가 여산을 끝까지 추격해 낭중령 관부官府의 측간에서 죽였다. 여산을 죽이자 황제가 알자를 시켜 부절을 가지고 가 주허후를 위로하게 했다. 주허후가 부절을 강압적으로 손에 넣고자 했으나 알자가 응하지 않았다. 부득불 알자와 함께 수레에 오른 뒤 알자의 부절을 내세우며 장락궁으로 황급히 달려가 위위 여갱시의 목을 베었다. 이어 말을 달려 북군으로 돌아온 뒤 태위 주발에게 보고했다. 주발이 벌떡 일어나 주허후에게 절을 하며 축하했다.

"우리가 근심한 것은 오직 여산뿐이었는데, 이제 그를 죽였으니 천하는 곧 안정될 것이오."

그러고는 사람들을 나누어 보내 여씨 일족의 남녀를 모두 체포케 한 뒤 노소를 막론하고 참수했다. 이해 8월 신유일, 여록을 붙잡아 참수하고, 여수를 매질을 가해 죽이는 태살笞殺로 처형했다. 또 따로 사

• "감히 공개적으로 여씨의 주살을 언급하지 못했다"의 원문은 미감공언주지未敢訟言誅之다. 《사기집해》는 서광의 주를 인용해 공訟이 공公으로 된 판본이 있다며, 위소의 주를 인용해 공訟은 공公과 같다고 했다.

람을 보내 연왕 여통을 주살하고, 노왕 장언을 폐위시켰다. 8월 임술일, 황제의 태부 심이기를 다시 좌승상으로 삼았다. 8월 무진일, 제천왕을 양왕으로 이봉하고, 조유왕의 아들 유수劉遂를 조왕에 봉했다. 주허후 유장을 제애왕 유양에게 보내 여씨 일족을 주살한 일을 고하고 철군을 명했다. 관영의 군사도 형양에서 철수해 도성으로 돌아왔다. 조정 대신들이 은밀히 계책을 논의했다.

"소제와 양왕, 회양왕, 상산왕 모두 혜제의 친아들이 아니오. 여후가 계략을 써 다른 사람의 자식을 황제의 아들로 사칭한 뒤 이들의 생모를 죽이고 후궁에서 양육한 것이오. 혜제의 친아들로 만든 뒤 후사로 삼거나 제후왕에 봉해 여씨의 세력을 강화시킨 것이오. 지금 우리가 여씨 일족을 모두 죽였는데, 여씨가 세운 자들을 그대로 남겨두면 훗날 이들이 성장해 권력을 휘두를 무렵에는 우리는 모두 죽임을 당할 것이오. 차라리 여러 왕 가운데 가장 현명한 자를 옹립하느니만 못하오."

어떤 사람이 건의했다.

"제도혜왕 유비는 고황제의 맏아들이오. 지금 그의 적자가 제왕의 자리에 앉아 있소. 혈통으로 말하면 제왕은 고황제의 적장손에 해당하니 황제로 세울 수 있소."

대신들이 입을 모아 반대했다.

"여씨는 외척이 되어 사악한 짓을 행한 까닭에 종묘사직을 위태롭게 하고 공신에게 해를 끼쳤소. 지금 제왕의 외가는 사씨駟氏인데, 사균駟鈞은 유명한 악인이오. 만일 제왕을 세우면 또다시 사씨가 여씨와 같은 짓을 할 것이오."

회남왕 유장을 세우는 방안을 논의했으나 나이가 어리고 외가 역시 사악한 까닭에 배제되었다. 대신들이 말했다.

"대왕 유항은 생존한 고황제의 아들 가운데 가장 나이가 많소. 사람이 인자하고 효성스러운데다 매우 너그럽소. 태후의 집안인 박씨薄氏 또한 신중하고 선량하오. 더구나 생존한 고황제의 아들 가운데 가장 나이가 많은 장자를 옹립하는 것이 순리에 맞고, 대왕은 인효로 천하에 이름이 나 있소. 그를 황제로 옹립하는 것이 적당할 듯하오."

이에 주발 등이 대 땅으로 간 뒤 은밀히 사람을 시켜 유항을 불렀다. 유항이 사람을 보내 간곡히 사절하는 사사辭謝를 표했다. 대신들이 사람을 다시 보낸 연후에 비로소 비상사태를 대비해 여섯 마리 말이 급속히 내달리는 수레[六乘傳車]에 올라탔다. 이해 윤 9월 말일 기유일, 유항이 장안에 이르러 대왕의 관저에 머물렀다. 대신들 모두 찾아가 알현했다. 이때 천자의 옥새를 공손히 받들어 바치면서 대왕 유항을 추대해 천자로 세웠다. 대왕 유항은 누차 사양했으나 군신들이 한사코 간청하자 이를 받아들였다. 동모후 유흥거가 말했다.

"여씨 일족을 주살할 때 나는 공을 세우지 못했으니, 궁중을 숙정肅正하는 일이나 할 생각이다."

그러고는 태복으로 있는 여음후汝陰侯 하후영과 함께 입궁해 소제 앞으로 나아가 이같이 말했다.

"족하는 유씨가 아니니, 보위에 계속 앉아 있을 수 없소."

소제의 좌우에서 창을 들고 호위하고 있는 위사들을 둘러보며 손짓으로 무기를 내려놓고 떠나게 했다. 몇 사람이 무기를 내려놓으려 하지 않았다. 환자령宦者令 장택張澤이 상황을 설명하자 그들도 무기를 내려놓았다. 하후영이 천자의 수레를 부른 뒤 소제를 태우고 궁궐을 나섰다. 소제가 물었다.

"나를 장차 어디로 데려가려는 것이오?"

하후영이 대답했다.

"궁 밖으로 나가 사는 것이오."

그러고는 소부에서 살게 했다. 이어 천자의 법가法駕를 받들고 가 대왕 유항을 그의 관저에서 맞이하며 이같이 보고했다.

"궁 안이 깨끗이 정리되었습니다."

대왕 유항이 이날 저녁 미앙궁으로 들어갔다. 알자 열 명이 창을 들고 궐문을 지키며 물었다.

"안에 천자가 있다. 족하는 무슨 일로 들어가려는 것인가?"

대왕 유항이 태위 주발을 불렀다. 주발이 설명하자 열 명의 알자 모두 무기를 내려놓고 떠났다. 대왕이 마침내 입궁해 청정聽政을 시작했다. 이날 밤, 담당 관원들이 각기 역할을 분담해 양왕·회양왕·상산왕·소제를 관저에서 주살했다. 대왕 유항은 재위 23년 만에 붕어했다. 시호는 효문황제다.

●● 朱虛侯劉章有氣力, 東牟侯興居其弟也. 皆齊哀王弟, 居長安. 當是時, 諸呂用事擅權, 欲爲亂, 畏高帝故大臣絳·灌等, 未敢發. 朱虛侯婦, 呂祿女, 陰知其謀. 恐見誅, 迺陰令人告其兄齊王, 欲令發兵西, 誅諸呂而立. 朱虛侯欲從中與大臣爲應. 齊王欲發兵, 其相弗聽. 八月丙午, 齊王欲使人誅相, 相召平迺反, 擧兵欲圍王, 王因殺其相, 遂發兵東, 詐奪琅邪王兵, 幷將之而西. 語在齊王語中. 齊王迺遺諸侯王書曰, "高帝平定天下, 王諸子弟, 悼惠王王齊. 悼惠王薨, 孝惠帝使留侯良立臣爲齊王. 孝惠崩, 高后用事, 春秋高, 聽諸呂, 擅廢帝更立, 又比殺三趙王, 滅梁·趙·燕以王諸呂, 分齊爲四. 忠臣進諫, 上惑亂弗聽. 今高后崩, 而帝春秋富, 未能治天下, 固恃大臣諸侯. 而諸呂又擅自尊官, 聚

兵嚴威, 劫列侯忠臣, 矯制以令天下, 宗廟所以危. 寡人率兵入誅不當
爲王者." 漢聞之, 相國呂産等酒遺潁陰侯灌嬰將兵擊之. 灌嬰至滎陽,
酒謀曰, "諸呂權兵關中, 欲危劉氏而自立. 今我破齊還報, 此益呂氏
之資也." 酒留屯滎陽, 使使諭齊王及諸侯, 與連和, 以待呂氏變, 共誅
之. 齊王聞之, 酒還兵西界待約. 呂祿・呂産欲發亂關中, 內憚絳侯・朱
虛等, 外畏齊・楚兵, 又恐灌嬰畔之, 欲待灌嬰兵與齊合而發, 猶豫未
決. 當是時, 濟川王太・淮陽王武・常山王朝名爲少帝弟, 及魯元王呂
后外孫, 皆年少未之國, 居長安. 趙王祿・梁王産各將兵居南北軍, 皆
呂氏之人. 列侯群臣莫自堅其命. 太尉絳侯勃不得入軍中主兵. 曲周侯
酈商老病, 其子寄與呂祿善. 絳侯酒與丞相陳平謀, 使人劫酈商. 令其
子寄往紿說呂祿曰, "高帝與呂共定天下, 劉氏所立九王, 呂氏所立三
王, 皆大臣之議, 事已布告諸侯, 諸侯皆以爲宜. 今太后崩, 帝少, 而足
下佩趙王印, 不急之國守藩, 酒爲上將, 將兵留此, 爲大臣諸侯所疑. 足
下何不歸印, 以兵屬太尉? 請梁王歸相國印, 與大臣盟而之國, 齊兵必
罷, 大臣得安, 足下高枕而王千里, 此萬世之利也." 呂祿信然其計, 欲
歸將印, 以兵屬太尉. 使人報呂産及諸呂老人, 或以爲便, 或曰不便, 計
猶豫未有所決. 呂祿信酈寄, 時與出遊獵. 過其姑呂嬃, 嬃大怒, 曰, "若
爲將而棄軍, 呂氏今無處矣." 酒悉出珠玉寶器散堂下, 曰, "毋爲他人
守也" 左丞相食其免. 八月庚申旦, 平陽侯窋行御史大夫事, 見相國
産計事. 郎中令賈壽使從齊來, 因數産曰, "王不蚤之國, 今雖欲行, 尙
可得邪?" 具以灌嬰與齊楚合從, 欲誅諸呂告産, 酒趣産急入宮. 平陽
侯頗聞其語, 酒馳告丞相・太尉. 太尉欲入北軍, 不得入. 襄平侯通尙
符節. 酒令持節矯內太尉北軍. 太尉復令酈寄與典客劉揭先說呂祿曰,
"帝使太尉守北軍, 欲足下之國, 急歸將印辭去, 不然, 禍且起." 呂祿以

爲酈兄不欺己, 遂解印屬典客, 而以兵授太尉. 太尉將之入軍門, 行令軍中曰, "爲呂氏右袒, 爲劉氏左袒." 軍中皆左袒爲劉氏. 太尉行至, 將軍呂祿亦已解上將印去, 太尉遂將北軍. 然尙有南軍. 平陽侯聞之, 以呂產謀告丞相平, 丞相平酒召朱虛侯佐太尉. 太尉令朱虛侯監軍門. 令平陽侯告衛尉, "毋入相國產殿門." 呂產不知呂祿已去北軍, 酒入未央宮, 欲爲亂, 殿門弗得入, 裴回往來. 平陽侯恐弗勝, 馳語太尉. 太尉尙恐不勝諸呂, 未敢訟言誅之, 酒遣朱虛侯謂曰, "急入宮衛帝." 朱虛侯請卒, 太尉予卒千餘人. 入未央宮門, 遂見產廷中. 日餔時, 遂擊產. 產走, 天風大起, 以故其從官亂, 莫敢鬪. 逐產, 殺之郎中府吏廁中. 朱虛侯已殺產, 帝命謁者持節勞朱虛侯. 朱虛侯欲奪節信, 謁者不肯, 朱虛侯則從與載, 因節信馳走, 斬長樂衛尉呂更始. 還, 馳入北軍, 報太尉. 太尉起, 拜賀朱虛侯曰, "所患獨呂產, 今已誅, 天下定矣." 遂遣人分部悉捕諸呂男女, 無少長皆斬之. 辛酉, 捕斬呂祿, 而笞殺呂嬃. 使人誅燕王呂通, 而廢魯王偃. 壬戌, 以帝太傅食其復爲左丞相. 戊辰, 徙濟川王王梁, 立趙幽王子遂爲趙王. 遣朱虛侯章以誅諸呂氏事告齊王, 令罷兵. 灌嬰兵亦罷滎陽而歸. 諸大臣相與陰謀曰, "少帝及梁·淮陽·常山王, 皆非眞孝惠子也. 呂后以計詐名他人子, 殺其母, 養後宮, 令孝惠子之, 立以爲後, 及諸王, 以彊呂氏. 今皆已夷滅諸呂, 而置所立, 卽長用事, 吾屬無類矣. 不如視諸王最賢者立之." 或言"齊悼惠王高帝長子, 今其適子爲齊王, 推本言之, 高帝適長孫, 可立也". 大臣皆曰, "呂氏以外家惡而幾危宗廟, 亂功臣今齊王母家駟鈞, 駟鈞, 惡人也. 卽立齊王, 則復爲呂氏." 欲立淮南王, 以爲少, 母家又惡. 酒曰, "代王方今高帝見子, 最長, 仁孝寬厚. 太后家薄氏謹良. 且立長故順, 以仁孝聞於天下, 便." 酒相與共陰使人召代王. 代王使人辭謝. 再反, 然後乘六乘傳. 後

九月晦日己酉, 至長安, 舍代邸. 大臣皆往謁, 奉天子璽上代王, 共尊立
爲天子. 代王數讓, 群臣固請, 然後聽. 東牟侯興居曰, "誅呂氏吾無功,
請得除宮." 迺與太僕汝陰侯滕公入宮, 前謂少帝曰, "足下非劉氏, 不
當立." 乃顧麾左右執戟者掊兵罷去. 有數人不肯去兵, 宦者令張澤諭
告, 亦去兵. 滕公迺召乘輿車載少帝出. 少帝曰, "欲將我安之乎?" 滕
公曰, "出就舍." 舍少府. 迺奉天子法駕, 迎代王於邸. 報曰, "宮謹除."
代王卽夕入未央宮. 有謁者十人持戟衛端門, 曰, "天子在也, 足下何爲
者而入?" 代王迺謂太尉. 太尉往諭, 謁者十人皆掊兵而去. 代王遂入
而聽政. 夜, 有司分部誅滅梁·淮陽·常山王及少帝於邸. 代王立爲天
子. 二十三年崩, 諡爲孝文皇帝.

태사공은 평한다.

"혜제와 여태후의 치세 때 백성은 전국시대의 고통에서 벗어날 수
있었다. 군신 모두 무위지치의 차원에서 편히 쉬고자 했다. 혜제는
팔짱을 낀 채 아무 일도 하지 않았고, 여태후가 여주가 되어 황제의
직권을 대행했다. 모든 정사가 방 안에서 이루어졌지만 천하는 평안
했다. 형벌이 드물게 적용된 까닭에 죄수도 희귀했다. 백성이 본업인
농사일에 힘을 쓰자 의식이 날로 풍족해졌다."

●● 太史公曰, "孝惠皇帝·高后之時, 黎民得離戰國之苦, 君臣俱欲
休息乎無爲, 故惠帝垂拱, 高后女主稱制, 政不出房戶, 天下晏然. 刑罰
罕用, 罪人是希. 民務稼穡, 衣食滋殖."

효문본기
孝文本紀

〈효문본기〉는 전한과 후한을 통틀어 400년 역사 속에 최고의 성세盛世를 이룬 이른바 문경지치文景之治의 당사자인 한문제의 치세를 다루고 있다. 문경지치는 한문제와 후사인 한경제 때까지 약 40년 동안 지속된 성세를 말한다. 그 단초를 한문제가 열었던 셈이다. 한경제는 한문제가 이룩한 성세의 기틀을 그대로 유지한 경우에 속한다. 사가들은 오랫동안 문경지치를 당태종唐太宗이 이룬 정관지치貞觀之治와 비교하곤 했다.

한문제가 문경지치의 단초를 연 데에는 여씨 척족戚族의 발호가 기본 배경으로 작용했다. 건국공신인 진평과 주발을 비롯한 조정 대신들은 여씨 일족을 제거한 뒤 두 번 다시 이런 일이 반복되어서는 안 된다고 생각해 논의 끝에 당시 대왕으로 있던 유항을 낙점했다. 유항은 어부지리로 보위에 올랐던 셈이다. 주목할 것은 한문제가 즉위한 이후 보여주었던 성군 행보다. 그는 겸허한 자세로 절약을 몸소 실천하면서 가혹한 부세를 감면하고 혹형을 폐지하는 등 민생을 안정시키는 일련의 정책을 잇달아 시행했다. 솔선수범하는 자세로 덕정德政을 이끈 것이다. 덕분에 백성은 의식을 걱정하지 않게 되었고, 조정 또한 군신이 머리를 맞대고 민생 안정에 열정을 쏟는 보기 드문 모습이 나타났다. 공자가 《논어》에서 "군주는 군주답고, 신하는 신하다워야 한다"며 군군신신君君臣臣을 역설한 군신공치君臣共治 이념이 구현된 셈이다. 사가들이 문경지치를 높이 평가한 근본 배경이다. 이런 정책 기조는 뒤를 이은 한경제 때까지 그대로 이어졌다. 두 사람의 통치기간을 통틀어 문경지치로 표현하는 이유다.

효문황제 유항은 한고조의 넷째 아들이다. 한고조 11년 봄, 진희의 군사를 격파해 대 땅을 평정한 뒤 대왕이 되어 중도에 도읍했다. 태후 박씨의 아들이다. 즉위 17년인 여후 8년 7월, 여후가 죽었다. 이해 9월, 여씨 일족이 여산 등을 중심으로 모반해 유씨 천하를 탈취하고자 했으나 대신들이 합세해 이들을 죽이고 대왕 유항의 옹립을 논의했다. 이는 〈여태후본기〉에 상세히 기록되어 있다. 당시에 승상 진평과 태위 주발 등이 대왕을 영접하러 사람을 보내자 유항이 좌우의 측근 및 낭중령 장무張武 등에게 이에 관한 의견을 물었다. 장무 등이 이같이 건의했다.

"한나라의 대신들 모두 고황제 때의 대장들로, 용병에 능하고 모략이 많고 남을 속이는 데 능한 자들입니다. 그들의 속마음은 단지 대신이 되는 것에 만족한 것이 아닙니다. 고황제와 여태후의 위세를 두려워해 가만히 있었을 뿐입니다. 그들은 지금 여씨 일족을 죽여 경사京師인 장안을 피바다로 만들었습니다. 대왕을 영접한다는 명분을 내세웠지만 실로 믿을 수 없습니다. 원컨대 대왕은 병을 핑계로 가지 마십시오. 사태의 변화를 좀더 지켜보도록 하십시오."

중위中尉 송창宋昌이 진언했다.

"군신들의 의견은 모두 잘못되었습니다. 그 이유는 다음과 같습니다. 진나라가 정치를 잘못하자 제후와 호걸 들이 일제히 일어났습니다. 스스로 천하를 얻을 수 있다고 생각한 사람은 무수히 많았으나 결국 천자의 자리에 오른 자는 유씨였습니다. 이로써 세인들이 천자가 되고 싶은 생각을 그만두었으니 이것이 첫 번째 이유입니다. 고황제가 자제들을 왕에 봉하면서 봉국의 경계가 마치 개의 이빨처럼 맞물려 이른바 반석과 같이 굳건한 종실[盤石之宗]이 되었습니다. 이로써 천하가 그 강한 모습에 복종하게 되었으니 이것이 두 번째 이유입니다. 한나라가 흥기해 진나라의 가혹한 정사를 제거하고, 법령을 간소하게 하고, 은덕을 베풀어 모두 만족해하고 있습니다. 이로써 천하가 동요하기 어려워졌으니 이것이 세 번째 이유입니다.

여태후는 자신의 위세로 여씨 일족에서 세 명의 왕을 세우는 등 권력을 독점해 전권을 휘둘렀으나 태위 주발이 부절을 지니고 북군의 군영으로 가 한번 호령하자 장병들 모두 좌단으로 유씨 쪽에 서며 여씨 일족에게 등을 돌려, 끝내 여씨 일족을 주멸할 수 있었습니다. 이는 하늘의 뜻이지 인력으로 된 일이 아닙니다. 지금 대신들이 비록 딴마음을 품을지라도 백성이 따르지 않을 것입니다. 설령 대신의 무리일지라도 어찌 오로지 한마음으로 그들을 따를 수 있겠습니까? 지금 대신들은 안으로 주허후와 동모후 등의 종실을 두려워하고 있고, 밖으로 오왕과 초왕과 회남왕과 낭야왕과 제왕齊王과 대왕의 강대함을 두려워하고 있습니다. 고황제의 아들은 회남왕과 대왕뿐입니다. 대왕이 연장자이고, 현명하고 성스러우며 인자하고 효성이 지극한 것으로 천하에 널리 알려져 있습니다. 대신들은 세인의 마음을 좇아 대왕을 황제로 영접하고자 하는 것입니다. 대왕은 조금도 의심하지 마십시오!"

유항이 모친인 박태후에게 이를 알리고 대책을 논의했으나 결론이 나지 않았다. 거북으로 점을 치자 귀갑龜甲 위에 가로로 찢어진 균열이 나타났다. 점괘의 뜻은 이러했다.

"가로로 찢어진 균열이 뚜렷하니, 나는 장차 천왕天王이 될 것이고, 마치 하나라 왕 계처럼 아버지의 업을 계승해 크게 빛낼 것이다."

유항이 물었다.

"과인은 이미 왕이 되었다. 또 무슨 왕이 된단 말인가?"

점을 친 자가 대답했다.

"천왕은 천자를 말하는 것입니다."

유항이 박태후의 동생 박소薄昭를 시켜 강후 주발을 만나보게 했다. 주발 등이 박소에게 유항을 황제로 옹립하고자 하는 취지를 확실히 전했다. 박소가 돌아와 보고했다.

"믿을 만합니다. 의심할 것이 없습니다."

유항이 웃으며 송창에게 말했다.

"과연 공의 말과 같소!"

유항이 송창에게 함께 수레에 올라 호위하는 참승을 명했다. 장무 등 여섯 명의 측근은 전거傳車를 이용해 장안으로 가도록 했다. 고릉에 이르러 잠시 휴식했다. 이때 송창에게 명해 먼저 장안으로 달려가 형편을 살펴보게 했다. 송창이 장안의 위교渭橋에 이르자 승상 진평 이하 조정대신들이 모두 영접하러 나와 있었다. 송창이 곧바로 돌아와 이를 보고했다. 유항이 수레를 속히 달리게 했다. 중위교에 이르자 조정대신들이 절하며 신하를 칭했다. 유항이 수레에서 내려 답례하자 태위 주발이 진언했다.

"잠시 사적으로 진언할 이야기가 있습니다."

송창이 말했다.

"공적인 이야기라면 공개적으로 하시오. 사적인 이야기는 대왕이 받아들일 수 없소."

태위가 무릎을 꿇고 천자의 옥새와 부절을 바쳤다. 대왕이 사양했다.

"일단 내 관저로 가 의논하도록 합시다."

마침내 내달려 저택으로 들어가자 군신들도 따라갔다. 승상 진평, 태위 주발, 대장군 진무, 어사대부 장창張蒼, 종정宗正 유영劉郢, 주허후 유장, 동모후 유흥거, 전객 유게 등이 다시 절을 올리며 건의했다.

"황차 유흥 등 모두 혜제의 자식이 아닌 까닭에 종묘를 받들 수 없습니다. 신 등은 갱힐후羹頡侯 유신劉信의 모친인 음안후陰安侯, 고황제의 둘째형인 경왕頃王의 왕후, 낭야왕, 종실, 대신, 열후, 2,000석 봉록의 관원들과 의논해 '대왕 유항은 고황제의 살아 있는 자식 가운데 가장 나이가 많으니 응당 고황제의 후사가 되어야 한다'는 결론을 내렸습니다. 원컨대 대왕은 속히 보위에 오르도록 하십시오."

유항이 대답했다.

"고황제의 종묘를 받드는 것은 중차대한 일이오. 과인은 현명하지 못해 종묘를 받들기에 적합지 않소. 과인의 작은아버지인 초왕을 청해 적임자를 논의하도록 해보시오. 과인은 감당할 수 없소."

여러 신하가 거듭 청하자 유항이 서쪽을 향해 세 번, 남쪽을 향해 두 번 사양했다. 승상 진평 등이 입을 모아 말했다.

"신 등이 엎드려 생각해보건대 고황제의 종묘를 받드는 데는 대왕이 가장 적합합니다. 저희뿐 아니라 천하의 모든 제후와 백성 또한 대왕이 적임자라고 생각할 것입니다. 신 등은 종묘사직을 위해 일을 꾀하는 데 감히 소홀하게 하지 않았습니다. 원컨대 대왕은 신들의 청을 들어주십시오. 신 등은 천자의 옥새와 부절을 삼가 받들어 두 번 절하며 올리겠습니다."

유항이 말했다.

"종실과 장상 및 여러 제후왕 가운데 과인보다 적합한 자가 없다고 생각한다면 과인은 더는 감히 사양치 못하겠소."

그러고는 마침내 천자의 자리에 올랐다. 군신들이 예로써 순서에 따라 늘어서서 황제를 모셨다. 태복 하후영과 동모후 유흥거에게 황궁을 정리한 후 천자의 법가를 저택에서 영접하게 했다. 황제는 이날 저녁에 미앙궁으로 들어갔다. 이날 밤 송창을 도성 방위를 떠맡은 위장군衛將軍에 임명해 남군과 북군을 안정시키고, 장무를 낭중령으로 임명해 궁궐의 경비를 맡게 했다. 황제가 전전으로 돌아온 뒤 한밤중에 이런 조서를 내렸다.

근래 여씨 일족들이 권력을 장악한 뒤 멋대로 전횡하면서 대역을 꾀해 유씨 천하를 탈취하고자 했다. 다행히 장상과 열후, 종실, 대신 들이 이들을 주살해 그 죗값을 달게 받도록 했다. 짐은 막 천자의 자리에 올랐으니 그 기념으로 천하에 대사령을 내리고, 민가의 가장에게 작위를 한 등급씩을 하사하고, 그 처자들에게는 100호당 소 한 마리와 술 열 석을 내린다. 앞으로 닷새 동안 서로 모여 마음껏 술 마시는 대포를 베풀도록 하라.

한문제 원년 10월 경술일, 낭야왕 유택을 연왕으로 이봉했다. 이달 신해일, 황제가 즉위한 뒤 처음으로 한고조의 사당을 참배했다. 우승상 진평이 좌승상, 태위 주발이 우승상, 대장군 관영이 태위가 되었다. 여씨 일족이 빼앗았던 제나라 및 초나라의 옛 땅을 모두 회복시켰다. 이달 임자일, 거기장군車騎將軍 박소를 보내 대 땅에서 박태후를 영접하게 했다. 한문제가 명을 내렸다.

"여산은 스스로 상국이 된 후 여록을 상장군에 임명했다. 이들은 멋대로 황제의 명을 사칭해 관영에게 군사를 이끌고 가 제나라를 치게 했다. 유씨 천하를 빼앗으려 한 것이다. 관영이 형양에 머문 채 제나라 군사를 공격하지 않고 제후들과 함께 여씨 일족의 주살 방안을 모의했다. 여산이 난을 일으키려 하자 승상 진평과 태위 주발이 여산 등이 가지고 있던 병권을 빼앗았다. 주허후 유장이 먼저 여산 등을 체포했다. 태위 주발은 양평후 기통을 인솔해 부절을 지닌 채 조령을 받들어 북군으로 들어갔다. 전객 유게는 직접 조왕 여록의 인수를 빼앗았다. 태위 주발에게는 1만 호를 더해주고 황금 5,000근을 내린다. 승상 진평과 장군 관영에게는 각각 식읍 3,000호를 더해주고 황금 2,000근을 내린다. 주허후 유장과 양평후 기통, 동모후 유흥거에게는 각각 식읍 2,000호를 더해주고 황금 1,000근을 내린다. 전객 유게를 양신후陽信侯에 봉하고 황금 1,000근을 내린다."

이해 12월, 한문제가 말했다.

"법은 다스림의 근거로, 포악한 짓을 금해 선한 사람으로 이끄는 것이오. 법을 범해 당사자가 이미 처벌을 받았는데도 죄 없는 부모나 처자식 및 형제 등이 연좌되어 관노비가 되는 처벌을 받고 있소 [收帑].• 짐은 이를 도저히 받아들일 수 없소. 이를 논의해보시오."

담당 관원들이 입을 모아 대답했다.

"백성은 스스로를 다스릴 수 없기에 법을 만들어 금한 것입니다. 죄 없는 친족들까지 연좌해 처벌하는 것은 마음에 부담을 주어 함부로 법을 범하지 못하려는 취지로, 그 연원이 이미 오래되었습니다. 이전처럼 하는 것이 좋겠습니다."

한문제가 말했다.

• 노帑는 왕실의 금고를 뜻하는 내탕內帑일 때는 탕, 처자 내지 자손을 뜻할 때는 노로 읽는다. 수노는 한 사람이 죄를 범하면 처자가 연좌되어 관청의 노비가 되는 연좌제를 말한다.

"짐이 듣건대, '법이 바르면 백성이 성실하고[法正民慤], 형벌이 합당하면 백성이 순종한다[罪當民從]'고 했소. 관원은 백성을 다스려 선행으로 이끌어야 하오. 백성을 올바로 이끌지 못하는데다가 부정한 법집행으로 죄를 다스리면 이는 오히려 백성에게 해가 되고 난폭한 짓을 하는 것이오. 이러고도 어찌 나쁜 짓을 금할 수 있겠소? 짐은 연좌제에 무슨 장점이 있는지 모르겠소. 이를 깊이 논의해보시오."

담당 관원들이 입을 모아 대답했다.

"백성에게 큰 은혜를 베풀고, 그 덕이 심히 성대하니 신 등이 미칠 바가 아닙니다. 조서를 받들어 수노 등의 연좌제 율령을 폐지하도록 하겠습니다."

이해 정월, 담당 관원이 진언했다.

"태자를 일찍 세우는 것은 종묘를 높이 받들려는 취지입니다. 속히 태자를 세우십시오."

한문제가 말했다.

"짐은 원래 부덕해 상제와 신명神明이 아직 제사음식을 흠향하지 않고, 천하의 인민은 아직 만족하지 못하고 있소.• 지금 현성하고 유덕한 사람을 널리 구한 뒤 천하를 넘기지는 못할망정 태자를 서둘러 세우면 짐의 부덕함만 더해질 것이오. 그 경우 천하 사람들에게 무슨 말을 할 수 있겠소? 이 문제는 시간을 두고 천천히 논의합시다."

담당 관원이 말했다.

• "아직 만족하지 못하고 있다"의 원문은 미유협지未有嗛志다. 크게 세 가지 뜻이 있다. 첫째, 재갈을 물리는 함銜 내지 한을 품는 회한懷恨의 뜻이다. 발음은 함이고 중국어 발음은 시안xián이다. 둘째, 부족하다, 또는 흉년이 들 때 적게 거두어들이는 겸수歉收의 뜻이다. 발음은 겸이고 중국어 발음은 치안qiàn이다. 셋째, 만족 내지 쾌의快意의 뜻이다. 발음은 협이고 중국어 발음은 치에qiè다. 여기서는 세 번째 의미로 사용되었다.

"태자를 일찍 세우는 것은 종묘사직을 중히 여겨 천하를 잊지 않으려는 취지입니다."

한문제가 대답했다.

"초왕은 짐의 작은 아버지요. 춘추가 많아 천하의 의리義理에 관해 아는 것이 많고, 나라의 대체大體에 관해서도 매우 밝소. 또한 오왕은 짐에게 형이오. 은혜롭고 어질며 덕행을 좋아하오. 회남왕은 짐의 동생이오. 뛰어난 덕성으로 짐을 보좌하고 있소. 이들이 어찌 후계자를 미리 세운 것이 아니겠소? 제후왕과 종실의 형제 가운데 공을 세운 것은 물론 현명하면서도 유덕한 자들이 매우 많소. 만일 현명하고 유덕한 자를 발탁해 짐이 완성하지 못한 사업을 이어가도록 하면 이는 사직의 신령이자 천하의 복이 될 것이오. 지금 그런 자를 발탁할 생각을 하지 않고 반드시 짐의 자식을 태자로 세우겠다고 말하면 사람들은 짐이 어질고 유덕한 자를 잊고 오로지 자식만 염두에 둔다고 생각할 것이오. 천하를 걱정하지 않기 때문이라고 여길 것이오. 짐은 실로 그리하지 않을 것이오."

관원들이 입을 모아 한사코 청했다.

"옛날 은나라와 주나라는 건국 후 나라를 잘 다스려 1,000여 년 동안 유지되었습니다. 일찍이 천하를 거머쥔 왕조 가운데 이보다 더 오래 유지된 경우는 없습니다. 모두 태자를 일찍 세운 덕분입니다. 반드시 군왕의 자식을 후사로 세우는 것은 이미 오래된 일입니다. 고황제는 직접 사대부를 통솔해 천하를 평정한 뒤 자식들을 제후에 봉하고 한나라의 태조가 되었습니다. 제후왕과 열후들 가운데 처음으로 봉국을 받은 자는 모두 그 나라의 시조가 되었습니다. 자손이 후사가 되어 끊임없이 이어가는 것은 천하의 대의입니다. 고황제가 태자를 세워 천하를 안정시킨 것이 그렇습니다. 지금 마땅히 세워야 할 사람을 놓아둔 채 다시 제후나 종실 가운데서 선발하고자 하는 것은 고황제의 뜻이 아닙니다. 이를 다시 논의하도록 하는 것은 마땅치 않습니다. 황자 가운데 모某는 가장 연장자이고 인자하니 태자로 세우기 바랍니다."

한문제가 이를 허락했다. 이를 기념하기 위해 백성 가운데 부친의 뒤를 이을 자들에게도 각각 작위를 한 등급씩 하사했다. 장군 박소를 지후에 봉했다.

●● 孝文皇帝, 高祖中子也. 高祖十一年春, 已破陳豨軍, 定代地, 立爲代王, 都中都. 太后薄氏子. 卽位十七年, 高后八年七月, 高后崩. 九月, 諸呂呂産等欲爲亂, 以危劉氏, 大臣共誅之, 謀召立代王, 事在呂后語中. 丞相陳平·太尉周勃等使人迎代王. 代王問左右郎中令張武等. 張武等議曰, "漢大臣皆故高帝時大將, 習兵, 多謀詐, 此其屬意非止此也, 特畏高帝·呂太后威耳. 今已誅諸呂, 新啑血京師, 此以迎大王爲名, 實不可信. 願大王稱疾毋往, 以觀其變." 中尉宋昌進曰, "群臣之議皆非也. 夫秦失其政, 諸侯豪桀並起, 人人自以爲得之者以萬數, 然卒踐天子之位者, 劉氏也, 天下絶望, 一矣. 高帝封王子弟, 地犬牙相制, 此所謂盤石之宗也, 天下服其彊, 二矣. 漢興, 除秦苛政, 約法令, 施德惠, 人人自安, 難動搖, 三矣. 夫以呂太之嚴, 立諸呂后爲三王, 擅權專制, 然而太尉以一節入北軍, 一呼士皆左袒, 爲劉氏, 叛諸呂, 卒以滅之. 此乃天授, 非人力也. 今大臣雖欲爲變, 百姓弗爲使, 其黨寧能專一邪? 方今內有朱虛·東牟之親, 外畏吳·楚·淮南·琅邪·齊·代之彊. 方今高帝子獨淮南王與大王, 大王又長, 賢聖仁孝, 聞於天下, 故大臣因天下之心而欲迎立大王, 大王勿疑也." 代王報太后計之, 猶與未定.

卜之龜, 卦兆得大橫. 占曰, "大橫庚庚, 余爲天王, 夏啓以光." 代王曰, "寡人固已爲王矣, 又何王?" 卜人曰, "所謂天王者乃天子." 於是代王乃遣太后弟薄昭往見絳侯, 絳侯等具爲昭言所以迎立王意. 薄昭還報曰, "信矣, 毋可疑者." 代王乃笑謂宋昌曰, "果如公言." 乃命宋昌參乘, 張武等六人乘傳詣長安. 至高陵休止, 而使宋昌先馳之長安觀變. 昌至渭橋, 丞相以下皆迎. 宋昌還報. 代王馳至渭橋, 群臣拜謁稱臣. 代王下車拜. 太尉勃進曰, "願請閒言." 宋昌曰, "所言公, 公言之. 所言私, 王者不受私." 太尉乃跪上天子璽符. 代王謝曰, "至代邸而議之." 遂馳入代邸. 群臣從至. 丞相陳平‧太尉周勃‧大將軍陳武‧御史大夫張蒼‧宗正劉郢‧朱虛侯劉章‧東牟侯劉興居‧典客劉揭皆再拜言曰, "子弘等皆非孝惠帝子, 不當奉宗廟. 臣謹請與陰安侯列侯頃王后與琅邪王‧宗室‧大臣‧列侯‧吏二千石議曰, '大王高帝長子, 宜爲高帝嗣.' 願大王卽天子位." 代王曰, "奉高帝宗廟, 重事也. 寡人不佞, 不足以稱宗廟. 願請楚王計宜者, 寡人不敢當." 群臣皆伏固請. 代王西鄉讓者三, 南鄉讓者再. 丞相平等皆曰, "臣伏計之, 大王奉高帝宗廟最宜稱, 雖天下諸侯萬民以爲宜. 臣等爲宗廟社稷計, 不敢忽. 願大王幸聽臣等. 臣謹奉天子璽符再拜上." 代王曰, "宗室將相王列侯以爲莫宜寡人, 寡人不敢辭." 遂卽天子位. 群臣以禮次侍. 乃使太僕嬰與東牟侯興居淸宮, 奉天子法駕, 迎于代邸. 皇帝卽日夕入未央宮. 乃夜拜宋昌爲衛將軍, 鎭撫南北軍. 以張武爲郎中令, 行殿中. 還坐前殿. 於是夜下詔書曰, "閒者諸呂用事擅權, 謀爲大逆, 欲以危劉氏宗廟, 賴將相列侯宗室大臣誅之, 皆伏其辜. 朕初卽位, 其赦天下, 賜民爵一級, 女子百戶牛酒, 酺五日." 孝文皇帝元年十月庚戌, 徙立故琅邪王澤爲燕王. 辛亥, 皇帝卽阼, 謁高廟. 右丞相平徙爲左丞相, 太尉勃爲右丞相, 大將軍灌嬰爲太

尉. 諸呂所奪齊楚故地, 皆復與之. 壬子, 遣車騎將軍薄昭迎皇太后于
代. 皇帝曰, "呂産自置爲相國, 呂祿爲上將軍, 擅矯遣灌將軍嬰將兵擊
齊, 欲代劉氏, 嬰留滎陽弗擊, 與諸侯合謀以誅呂氏. 呂産欲爲不善, 丞
相陳平與太尉周勃謀奪呂産等軍. 朱虛侯劉章首先捕呂産等. 太尉身
率襄平侯通持節承詔入北軍. 典客劉揭身奪趙王呂祿印. 益封太尉勃
萬戶, 賜金五千斤. 丞相陳平·灌將軍嬰邑各三千戶, 金二千斤. 朱虛
侯劉章·襄平侯通·東牟侯劉興居邑各二千戶, 金千斤. 封典客揭爲陽
信侯, 賜金千斤." 十二月, 上曰, "法者, 治之正也, 所以禁暴而率善人
也. 今犯法已論, 而使毋罪之父母妻子同産坐之, 及爲收帑, 朕甚不取.
其議之." 有司皆曰, "民不能自治, 故爲法以禁之. 相坐坐收, 所以累其
心, 使重犯法, 所從來遠矣. 如故便." 上曰, "朕聞法正則民愨, 罪當則
民從. 且夫牧民而導之善者, 吏也. 其旣不能導, 又以不正之法罪之, 是
反害於民爲暴者也. 何以禁之? 朕未見其便, 其孰計之." 有司皆曰, "陛
下加大惠, 德甚盛, 非臣等所及也. 請奉詔書, 除收帑諸相坐律令." 正
月, 有司言曰, "蚤建太子, 所以尊宗廟. 請立太子." 上曰, "朕旣不德,
上帝神明未歆享, 天下人民未有嗛志. 今縱不能博求天下賢聖有德之
人而禪天下焉, 而曰豫建太子, 是重吾不德也. 謂天下何? 其安之." 有
司曰, "豫建太子, 所以重宗廟社稷, 不忘天下也." 上曰, "楚王, 季父也,
春秋高, 閱天下之義理多矣, 明於國家之大體. 吳王於朕, 兄也, 惠仁以
好德. 淮南王, 弟也, 秉德以陪朕. 豈爲不豫哉! 諸侯王宗室昆弟有功
臣, 多賢及有德義者, 若擧有德以陪朕之不能終, 是社稷之靈, 天下之
福也. 今不選擧焉, 而曰必子, 人其以朕爲忘賢有德者而專於子, 非所
以憂天下也. 朕甚不取也." 有司皆固請曰, "古者殷周有國, 治安皆千
餘歲, 古之有天下者莫長焉, 用此道也. 立嗣必子, 所從來遠矣. 高帝親

率土大夫, 始平天下, 建諸侯, 爲帝者太祖. 諸侯王及列侯始受國者皆亦爲其國祖. 子孫繼嗣, 世世弗絶, 天下之大義也, 故高帝設之以撫海內. 今釋宜建而更選於諸侯及宗室, 非高帝之志也. 更議不宜. 子某最長, 純厚慈仁, 請建以爲太子." 上乃許之. 因賜天下民當代父後者爵各一級. 封將軍薄昭爲軹侯.

이해 3월, 대신들이 황후를 세울 것을 청하자 박태후가 말했다.

"일부 제후와 태자 모두 동복형제이니 태자의 생모를 황후로 세웁시다."

황후는 두씨竇氏였다. 황제가 두씨를 황후로 세운 뒤 이를 기념해 천하의 모든 환과고독鰥寡孤獨을 포함해 생활이 곤궁한 자, 여든 살 이상의 노인, 아홉 살 이하의 고아에게 각각 베와 비단, 쌀, 고기를 내렸다. 황제가 대나라에서 와 즉위한 지 얼마 되지 않은 시점에 천하에 큰 은덕을 베풀면서 제후와 사이四夷를 진무하자 안팎이 모두 즐겁게 화합했다. 황제가 대나라에서 올 때 함께 따라온 공신들에게 그 공로에 따라 상을 내리면서 이같이 말했다.

"대신들이 여씨 일족들을 주살한 뒤 짐을 황제로 영접하고자 할 때 짐도 의심했고 주변 신하들도 짐을 저지했다. 오직 중위 송창만 짐에게 권유했기에 짐이 종묘를 받들어 보전할 수 있게 되었다. 이미 송창을 위장군에 임명했으나 다시 그를 장무후壯武侯에 봉하도록 한다. 짐을 수행한 다른 여섯 명 모두 구경九卿에 임명하도록 한다."

한문제가 또 말했다.

"열후 가운데 고황제를 따라 촉과 한중으로 들어간 예순여덟 명에게 각각 300호를 더해 봉한다. 또 이전의 2,000석 이상 관원 가운데 고황제를 따른 영천군수潁川郡守 존傳 등 열 명은 식읍으로 600호, 회양군수淮陽郡守 신도가申徒嘉 등 열 명에게는 500호, 위위 정定 등 열 명에게는 400호를 더해 봉한다. 회남왕의 외숙 조병趙兼을 주양후周陽侯, 제왕의 외숙 사균을 청곽후淸郭侯에 봉한다."

이해 가을, 상산국常山國 승상 채겸蔡兼을 번후樊侯에 봉했다. 어떤 자가 우승상 주발에게 말했다.

"그대는 여씨 일족을 주살하고 대왕을 황제로 영접했습니다. 지금 또 자신의 공을 자랑스러워하며 큰 상까지 받고 높은 자리에 앉아 있습니다. 장차 화가 당신에게 미칠 것입니다."

우승상 주발이 병을 핑계대고 사직을 청했다. 좌승상 진평만이 홀로 승상으로 남았다. 한문제 2년 10월, 승상 진평이 죽자 한문제가 다시 강후 주발을 승상에 임명했다. 한문제가 명했다.

"짐이 듣자니 전에 제후가 세운 나라가 1,000여 개나 되었다. 모두 각자 자신의 봉지를 지키면서 때가 되면 조공을 바쳤고, 백성을 고생시키지 않아 위아래가 모두 화목하고 덕을 잃은 적이 없다고 한다. 그러나 지금의 열후들은 대부분 장안에 거주하고 있다. 식읍에서 멀리 떨어져 있어 말단 이졸이 열후에게 물자를 수송하는 데 비용이 많이 들 뿐 아니라 수고롭고, 열후들 또한 봉지의 백성을 교화할 길이 없다. 열후들은 각자 봉국으로 돌아가고, 장안에서 직책을 맡고 있거나 조령에 의해 부득이하게 장안에 머물러야 할 자들은 대신 태자를 파견하도록 하라."

이해 11월 그믐, 일식이 있었다. 이해 12월 보름, 또 일식이 있었다. 한문제가 조령을 내렸다.

짐이 듣건대 하늘이 백성을 낸 뒤 이들을 위해 군주를 두어 양육하며 다스리게 했다. 군주가 부덕해 정사를 공정히 하지 못하면 하늘이 재앙의 징후를 보여 경계시켰다고 했다. 11월 그믐에 일식이 있었다. 이는 하늘이 짐을 경계시키는 뜻을 드러낸 것이다. 재앙의 징후 가운데 이보다 더 큰 것이 어디 있겠는가? 짐은 종묘를 보전하면서 미천한 이 몸을 억조창생과 여러 군왕 위에 두었다. 천하의 치란治亂 모두 짐에게 책임이 있는 이유다. 여러 집정자는 짐의 팔다리와 같다. 짐은 아래로 백성을 제대로 다스리지 못하고, 위로 해와 달과 별의 삼광三光에 누를 끼쳤다. 그 부덕이 실로 크다. 각지에 조령이 이르면 짐의 과실을 비롯해 짐의 지혜와 식견 및 생각이 미치지 못한 점을 두루 고려해 기탄없이 짐에게 알려주기 바란다. 현명하고 선량하며 정직해 능히 직언과 극언을 할 수 있는 자를 발탁해 짐이 생각지 못한 것을 바로잡고자 한다.

이번 일을 계기로 관원 모두 자신의 직무에 충실히 임하고, 요역과 지출을 줄이는 데 힘써 백성을 편히 해주기 바란다. 짐은 부덕해 은덕이 널리 미치지 못했다. 늘 불안한 모습으로 이민족의 침공을 걱정하는 이유다.* 변경의 방비를 게을리할 수 없다. 지금 비록 변경의 주둔군은 해체하기 어려울지라도 어찌 또 군대를 정비해 장안의 수비를 강화할 수 있겠는가? 도성을 방위하는 위장군의 예하 부대를 해체하도록 하라. 태복은 현재 보유하고 있는 말 가운데 조정에서 필요로 하는 숫자만 남기고 나머지는 역참驛站으로 보내 사용케 하라.

• "불안한 모습으로"의 원문은 한연悂然이다. 한悂은 두 가지 뜻이 있다. 첫째, 불안하거나 교만한 모습을 뜻한다. 둘째, 한적閒寂의 뜻이다. 여기서는 첫 번째 의미로 사용된 것이다. 《사기색은》은 소림의 주를 인용해 잠을 잘 때도 불안한 모습을 보이는 것으로 풀이했다.

이해 정월, 황제가 말했다.

"농사는 천하의 근본이다. 적전籍田˙을 개간함으로써 짐이 몸소 농사를 지어 종묘제사의 제수를 대도록 하겠다."

이해 3월, 대신들이 황자들을 제후왕에 봉할 것을 청하자 한문제가 말했다.

"조유왕은 갇혀 죽었다. 짐은 그를 매우 불쌍히 여긴다. 이미 그의 맏아들 유수를 조왕으로 세웠다. 유수의 동생 유벽강劉辟彊과 제도혜왕의 아들 주허후 유장과 동모후 유흥거 모두 공로가 있으니 왕으로 세울 만하다."

조유왕의 막내아들 유벽강을 하간왕河間王에 봉했다. 또 제나라에서 중요한 군인 극군劇郡의 일부를 주허후 유장에게 주어 성양왕城陽王에 봉하고, 동모후를 제북왕으로 삼았다. 황자 유무는 대왕, 유삼劉參은 태원왕太原王, 유읍劉揖은 양왕에 봉했다. 한문제가 이같이 명했다.

"옛날 선왕이 천하를 다스릴 때 조정에 선행을 권장하기 위한 깃발[進善之旌]과 잘못을 비판하는 글을 써넣는 팻말[誹謗之木]을 두었다.˙˙ 치도를 전달하기 위한 간언을 권장하고자 한 것이다. 오늘날의 법은 비난과 인심을 혼란스럽게 만드는 말에 관한 죄를 두고 있다. 이는 신하들에게 마음에 담은 이야기를 다 쏟아내지 못하게 하고,

---

˙ 적전은 군주가 직접 농민을 두고 농사를 짓는 것을 말한다. 《사기집해》는 위소의 주를 인용해 적籍을 민력을 빌려 다스린다는 뜻의 차借로 풀이했다. 또 응소의 주를 인용해 고대에는 천자가 1,000무畝를 직접 경작했다고 덧붙였다.

˙˙《사기집해》는 복건服虔의 주를 인용해 요임금 때 선행을 권장하는 깃발을 만들었다고 했다. 또 여순의 주를 인용해 선을 권하고자 하는 자는 그 깃발 밑에서 건의했다고 덧붙였다. 《사기색은》은 《시자尸子》를 인용해 글을 써넣는 팻말도 요임금 때 만들었다고 했다. 또 위소의 주를 인용해 교량 옆에 나무판을 세운 뒤 잘못된 정사의 내용을 그곳에 써 후대의 경계로 삼게 했다고 덧붙였다.

황제에게 자신의 과실을 들을 기회를 없애는 것이다. 이리하면 장차 어찌 먼 곳의 어질고 착한 이가 오도록 만들 수 있겠는가? 이 죄목을 없애도록 하라. 백성 가운데 황제를 저주했다가 서로 말하지 않기로 언약한 뒤 나중에 약속을 어기고 관에 고발하면 관원은 이를 대역죄로 다스린다. 이 처벌에 대해 불평을 하면 다시 조정을 비난한 죄로 다스리고 있다. 이는 빈궁한 백성이 어리석고 무지한 까닭에 죽을죄를 범하는 것이다. 짐은 실로 이런 형벌에 찬성하지 않는다. 이후 이런 죄를 범하는 자가 있으면 죄로 다스리지 말도록 하라."

이해 9월, 한문제가 각 군국의 군수와 승상에게 동으로 만든 범 형상의 부절[虎符]과 죽전竹箭 형상의 부절[使符]을 처음으로 만들어 나누어주었다. 한문제 3년 10월 정유일 그믐날, 일식이 있었다. 이해 11월, 한문제가 말했다.

"전에 조서를 내려 열후들에게 봉국으로 갈 것을 명했다. 그런데도 혹자는 핑계를 대며 아직 가지 않고 있다. 승상은 짐이 존중하는 대신이니, 짐을 위해 열후들을 이끌고 봉국으로 가기 바란다."

강후 주발이 승상 자리를 내놓고 봉국으로 갔다. 태위 영음후 관영을 승상으로 삼았다. 이어 태위 벼슬을 없앤 뒤 태위가 맡았던 일을 승상에게 귀속시켰다. 이해 4월, 성양왕 유장劉章이 세상을 떠났고, 회남왕 유장劉長과 그의 수행원 위경魏敬이 벽양후 심이기를 살해했다. 이해 5월, 흉노가 북지를 침공해 하남에 주둔한 뒤 노략질을 했다. 한문제가 처음으로 감천甘泉으로 행차했다. 이해 6월, 한문제가 명했다.

"한나라는 흉노와 형제의 맹약을 맺은 까닭에 변경에 해를 끼치지 않는 조건으로 많은 물자를 보내주었다." 지금 우현왕右賢王이 많은 병사를 이끌고 와 전에는 저들에게 속했으나 투항한 후 우리의 하남에 속하는 항지降地에 머물고 있다. 아무런 이유 없이 변경 일대를 오가며 우리의 이졸을 잡아 죽이고, 변경을 지키던 소수민족을 몰아내 고향에 살지 못하게 하고, 변경의 관원을 능욕하며 경계선을 넘어와 도적질하고 있다. 이는 실로 오만무도한 짓으로 협약을 어긴 것이다. 변경의 기병 8만 5,000명을 고노로 보내고, 승상 영음후 관영을 보내 흉노를 치도록 하라!"

흉노가 물러가자 중위 휘하의 정예부대를 위장군에 귀속시킨 뒤 장안에 주둔하게 했다. 이해 6월 신묘일, 황제가 감천에서 고노로 가는 김에 태원으로 행차했다. 옛날에 거느렸던 신하들을 만나 빠짐없이 포상했다. 또 논공행상을 행해 마을 단위로 소와 술을 내렸다. 진양과 중도의 백성에게 3년 동안 요역과 부세를 면제해주었다. 황제는 태원에서 약 열흘 동안 머물렀다. 제북왕 유흥거는 한문제가 대나라로 가 흉노를 칠 것이라는 소식을 듣고, 군사를 동원해 형양을 습격하고자 했다. 한문제가 조서를 내려 흉노 토벌을 위해 변경으로 보낸 관영의 군사를 철수시켰다. 이어 극포후棘蒲侯 진무를 대장군으로 삼은 뒤 군사 10만 명을 이끌고 가 치게 했다. 또 기후祁侯 증하繒賀를 장군으로 삼아 형양에 주둔하게 했다. 이해 7월 신해일, 황제가 태원에서 장안으로 돌아왔다. 즉시 담당 관원에게 조서를 내렸다.

● "변경에 해를 끼치지 않는 조건" 운운은 기원전 201년 한고조 유방이 백등산白登山에서 흉노의 군사에게 포위당한 뒤 간신히 풀려나온 것을 미화한 것이다. 당시 유방은 선우單于의 처인 연지閼氏에게 많은 뇌물을 보내 간신히 포위에서 풀려난 데 이어 유경을 보내 굴욕적인 화약을 맺었다. 화약의 골자는 다음과 같다. 첫째, 두 나라의 국경을 만리장성으로 한다. 둘째, 형제의 맹약을 맺는다. 셋째, 한나라 공주를 흉노 선우에게 출가시킨다. 넷째, 흉노에 해마다 비단과 곡식 등을 공급한다. 다섯째, 물건을 교환하는 관시關市를 개선한다. 이는 모두 흉노를 다독이기 위한 조치임을 알 수 있다.

제북왕은 도덕을 저버리고 황제를 배신한 채 관민을 오도해 대역죄에 연루시켰다. 제북의 관민 가운데 토벌군이 이르기 전에 스스로 먼저 반역을 평정하려 했거나 군사와 땅 및 성읍을 바치며 귀순하는 자는 모두 용서해주고 원래의 벼슬과 작위를 회복시켜주겠다. 제북왕 유흥거와 내왕한 자도 용서해줄 것이다.

이해 8월, 제북의 군사를 격파하고 제북왕 유흥거를 생포했다. 제북의 관민 가운데 유흥거의 반란에 가담한 자들을 용서해주었다. 한문제 6년, 회남왕 유장이 선제先帝의 법을 폐하고, 천자의 명을 듣지 않고, 궁실과 복식 등이 법도를 뛰어넘고, 출입할 때의 거마 의장儀仗이 천자에 버금하고, 멋대로 법령을 만들고, 극포후의 태자 진기陳奇와 반란을 꾀한 뒤 민월閩越과 흉노에게 군사를 출동케 해 종묘사직을 위태롭게 한다는 담당 관원의 보고가 있었다. 신하들이 의논한 뒤 건의했다.

"유장은 응당 참수한 뒤 시체를 저잣거리에 내거는 기시형에 처해야 합니다."

한문제는 차마 동생인 회남왕 유장을 법으로 다스릴 수 없어 죄는 용서하고 보위만 박탈했다. 신하들이 회남왕을 촉 땅의 엄도嚴道와 공도邛都로 유배시킬 것을 청하자 이를 허락했다. 유장은 유배지의 처소에 이르기도 전에 길에서 병사했다. 한문제가 이를 가련히 여겼다. 16년 뒤 유장을 추존해 시호를 여왕厲王이라 한 이유다. 아울러 유장의 아들 세 명 가운데 유안을 회남왕, 유발劉勃을 형산왕, 유사劉賜를 여강왕廬江王으로 삼았다. 한문제 13년 여름, 한문제가 말했다.

"천하의 도에 관해 들어보니 재앙은 원한에서 비롯되고, 복은 덕으로부터 일어난다고 했소. 백관의 잘못은 당연히 짐에게서 비롯된 것이오. 지금 은밀히 짐에게 떨어진 화를 없애며 복을 비는 관서인 비축秘祝의 관원이 모든 잘못을 아래의 관민에게 돌려 짐의 부덕을 가중시키는 것을 실로 받아들일 수 없소. 앞으로는 절대 이런 일이 없도록 하시오.”

이해 5월, 제나라의 태창령太倉令 순우공淳于公이 죄를 지어 육형肉刑을 당하게 되었다. 고위관원의 범죄에 대해 조서를 내려 다스리는 황제 직속 감옥[詔獄]의 관원들이 그를 체포해 장안으로 압송했다. 태창공 은 아들이 없고 딸만 다섯 명이었다. 그는 압송될 때 딸들을 원망했다. “자식을 낳아도 아들을 낳지 못하니, 급박한 일을 당해도 도움이 되지 않는구나!”

작은 딸 제영緹縈이 슬피 울며 부친을 따라 장안으로 온 뒤 한문제 에게 상서했다.

소첩의 부친은 관원이 된 후 제나라 땅에서는 모두 청렴하고 공정하 다고 칭송했습니다. 지금 법을 어겨 형벌을 받게 되었습니다. 사형을 당한 자는 다시 살아날 수 없고, 육형을 당한 자는 다시는 원래의 모 습을 회복할 수 없습니다. 비록 잘못된 행실을 고쳐 스스로 새사람이 되고자 해도 방법이 없는 것을 소첩은 슬퍼합니다. 원컨대 소녀가 관 청의 노비가 되어 부친의 죄를 속죄하고자 하니 제 아비를 새사람이 될 수 있도록 해주십시오!

이를 한문제에게 상주하자 천자가 그녀의 뜻을 가련히 여겨 육형 을 없애는 조서를 내렸다.

순임금의 시대에는 죄를 지으면 의관에 그림을 그리고 특이한 복장을 입게 해 치욕으로 삼게 했을 뿐이다. 그런데도 백성은 법을 범하지 않았다고 들었다. 이는 무슨 연유인가? 다스림이 지극했기 때문이다. 오늘날의 법 육형이 세 가지나 있어도 범죄가 그치지 않고 있다. 도대체 그 잘못은 어디서 비롯된 것인가? 짐이 부덕하고, 교화가 밝지 못한 탓이 아니겠는가? 짐은 심히 스스로 부끄러워하고 있다. 《시경》에 이르기를, "다정하고 자상하며 단아한 군자여, 백성의 부모로다"라고 했다. 지금 백성이 잘못을 저지르면 교화를 베풀기도 전에 형벌 먼저 가하고 있다. 잘못을 고쳐 선을 행하고자 해도 그럴 길이 없는 것이다. 짐은 이를 심히 가련하게 생각한다. 무릇 수족을 자르고 피부와 근육을 도려내는 형벌을 받으면 영원히 그 고통이 그치지 않을 것이다. 그 얼마나 괴롭고도 부덕한 일이겠는가? 이것이 어찌 백성의 부모 된 자의 바람에 부합할 수 있겠는가? 이후 육형을 폐지하도록 하라.

한문제가 또 조서를 내렸다.

농업은 천하의 근본으로, 어떤 일도 이보다 중대한 것이 없다. 지금 열심히 농사를 지어도 무거운 조세가 부과되고 있다. 이는 본말을 구별하지 않고, 권농勸農의 방법을 아직 완비하지 못한 탓이다. 이후 농지에 부과되는 조세를 없애도록 하라.

●● 三月, 有司請立皇后. 薄太后曰, "諸侯皆同姓, 立太子母爲皇后." 皇后姓竇氏. 上爲立后故, 賜天下鰥寡孤獨窮困及年八十已上孤兒九歲已下布帛米肉各有數. 上從代來, 初卽位, 施德惠天下, 塡撫諸侯四夷皆洽驩, 乃循從代來功臣. 上曰, "方大臣之誅諸呂迎朕, 朕狐疑, 皆止朕, 唯中尉宋昌勸朕, 朕以得保奉宗廟. 已尊昌爲衛將軍, 其封昌爲壯武侯. 諸從朕六人, 官皆至九卿." 上曰, "列侯從高帝入蜀·漢中者六十八人皆益封各三百戶, 故吏二千石以上從高帝潁川守尊等十人食邑六百戶, 淮陽守申徒嘉等十人五百戶, 衛尉定等十人四百戶. 封淮南王舅父趙兼爲周陽侯, 齊王舅父駟鈞爲清郭侯." 秋, 封故常山丞相蔡兼爲樊侯. 人或說右丞相曰, "君本誅諸呂, 迎代王, 今又矜其功, 受上賞, 處尊位, 禍且及身." 右丞相勃乃謝病免罷, 左丞相平專爲丞相. 二年十月, 丞相平卒, 復以絳侯勃爲丞相. 上曰, "朕聞古者諸侯建國千餘歲, 各守其地, 以時入貢, 民不勞苦, 上下驩欣, 靡有遺德. 今列侯多居長安, 邑遠, 吏卒給輸費苦, 而列侯亦無由敎馴其民. 其令列侯之國, 爲吏及詔所止者, 遣太子." 十一月晦, 日有食之. 十二月望, 日又食. 上曰, "朕聞之, 天生蒸民, 爲之置君以養治之. 人主不德, 布政不均, 則天示之以菑, 以誡不治. 乃十一月晦, 日有食之, 適見于天, 菑孰大焉! 朕獲保宗廟, 以微眇之託于兆民君王之上, 天下治亂, 在朕一人, 唯二三執政猶吾股肱也. 朕下不能理育群生, 上以累三光之明, 其不德大矣. 令至, 其悉思朕之過失, 及知見思之所不及, 匃以告朕. 及擧賢良方正能直言極諫者, 以匡朕之不逮. 因各飭其任職, 務省繇費以便民. 朕旣不能遠德, 故憪然念外人之有非, 是以設備未息. 今縱不能罷邊屯戍, 而又飭兵厚衛, 其罷衛將軍軍. 太僕見馬遺財足, 餘皆以給傳置." 正月, 上曰, "農, 天下之本, 其開籍田, 朕親率耕, 以給宗廟粢盛." 三月, 有司請立皇子爲諸侯王. 上曰, "趙幽王幽死, 朕甚憐之, 已立其長子遂爲趙王. 遂弟辟彊及齊悼惠王子朱虛侯章·東牟侯興居有功, 可王." 乃立趙幽王少子辟彊爲河閒王, 以齊劇郡立朱虛侯爲城陽王, 立東牟侯爲濟北王, 皇子武爲代王, 子參爲太原王, 子揖爲梁王. 上曰, "古之治天下, 朝有進善之旌, 誹謗之木, 所以通治道而來諫者. 今法有誹謗妖言之罪, 是使衆臣不敢盡情, 而上無由聞過失也. 將何以來遠方之賢良? 其除之. 民或祝詛上以相約結而後相謾, 吏以爲大逆, 其有他言, 而吏又以爲誹謗. 此細民之愚無知抵死, 朕甚不取. 自今以來, 有犯此者勿聽治." 九月, 初與郡國守相爲銅虎符·竹使符. 三年十月丁酉晦, 日有食之. 十一月, 上曰, "前日詔遣列侯之國, 或辭未行. 丞相朕之所重, 其爲朕率列侯之國." 絳侯勃免丞相就國, 以太尉潁陰侯嬰爲丞相. 罷太尉官, 屬丞相. 四月, 城陽王章薨. 淮南王長與從者魏敬殺辟陽侯審食其. 五月, 匈奴入北地, 居河南爲寇. 帝初幸甘泉. 六月, 帝曰, "漢與匈奴約爲昆弟, 毋使害邊境, 所以輸遺匈奴甚厚. 今右賢王離其國, 將衆居河南降地, 非常故, 往來近塞, 捕殺吏卒, 驅保塞蠻夷, 令不得居其故, 陵轢邊吏, 入盜, 甚敖無道, 非約也. 其發邊吏騎八萬五千詣高奴, 遣丞相潁陰侯灌嬰擊匈奴." 匈奴去, 發中尉材官屬衛將軍軍長安. 辛卯, 帝自甘泉之高奴, 因幸太原, 見故群臣, 皆賜之. 舉功行賞, 諸民里賜牛酒. 復晉陽中都民三歲. 留遊太原十餘日. 濟北王興居聞帝之代, 欲往擊胡, 乃反, 發兵欲襲滎陽. 於是詔罷丞相兵, 遣棘蒲侯陳武爲大將軍, 將十萬往擊之. 祁侯賀爲將軍, 軍滎陽. 七月辛亥, 帝自太原至長安. 迺詔有司曰, "濟北王背德反上, 詿誤吏民, 爲大逆. 濟北吏民兵未至先自定, 及以軍地邑降者, 皆赦之, 復官爵. 與王興居去來, 亦赦之." 八月, 破濟北軍, 虜其王. 赦濟北諸吏民與王反者. 六年, 有司言淮南王長廢先帝法, 不聽天子詔, 居處毋度, 出入擬於天子, 擅爲法令, 與棘蒲侯太子奇謀反, 遣人使閩越及匈奴, 發其兵, 欲以危宗廟社稷. 群臣議, 皆曰, "長當棄市" 帝不忍致法於王, 赦其罪, 廢勿王. 群臣請處王

蜀嚴道·邛都, 帝許之. 長未到處所, 行病死, 上憐之. 後十六年, 追尊
淮南王長諡爲厲王, 立其子三人爲淮南王·衡山王·廬江王. 十三年夏,
上曰, "蓋聞天道禍自怨起而福繇德興. 百官之非, 宜由朕躬. 今祕祝之
官移過于下, 以彰吾之不德, 朕甚不取. 其除之." 五月, 齊太倉令淳于
公有罪當刑, 詔獄逮徙繫長安. 太倉公無男, 有女五人. 太倉公將行會
逮, 罵其女曰, "生子不生男, 有緩急非有益也!" 其少女緹縈自傷泣, 乃
隨其父至長安, 上書曰, "妾父爲吏, 齊中皆稱其廉平, 今坐法當刑. 妾
傷夫死者不可復生, 刑者不可復屬, 雖復欲改過自新, 其道無由也. 妾
願沒入爲官婢, 贖父刑罪, 使得自新." 書奏天子, 天子憐悲其意, 乃下
詔曰, "蓋聞有虞氏之時, 畫衣冠異章服以爲僇, 而民不犯. 何則? 至治
也. 今法有肉刑三, 而姦不止, 其咎安在? 非乃朕德薄而敎不明歟? 吾
甚自愧. 故夫馴道不純而愚民陷焉. 詩曰, '愷悌君子, 民之父母'. 今人
有過, 敎未施而刑加焉? 或欲改行爲善而道毋由也. 朕甚憐之. 夫刑至
斷支體, 刻肌膚, 終身不息, 何其楚痛而不德也, 豈稱爲民父母之意哉!
其除肉刑." 上曰, "農, 天下之本, 務莫大焉. 今勤身從事而有租稅之賦,
是爲本末者毋以異, 其於勸農之道未備. 其除田之租稅."

한문제 14년 겨울, 흉노가 변경으로 쳐들어와 노략질을 일삼았다.
조나朝那 변경을 공격해 북지군 도위 손앙孫卬을 죽였다. 황제가 장군
세 명을 보내 북지군과 농서군 및 상군上郡에 주둔하게 했다. 또 중위
주사周舍를 위장군, 낭중령 장무를 거기장군으로 삼아 위수의 북쪽
에 주둔하게 했다. 병거가 1,000승, 기병이 10만 명이었다. 황제가 직
접 군사를 위로하면서, 군비를 점검하며 명을 내리고, 모든 관병에게
포상했다. 황제가 직접 흉노를 치려고 했다. 여러 신하가 만류했으나

황제는 전혀 듣지 않았다. 두태후寶太后가 끝까지 가로막자 비로소 그만두었다. 동양후東陽侯 장상여張相如를 대장군, 성후成侯 동적董赤을 내사, 혁포奕布를 장군으로 삼아 흉노를 치도록 했다. 흉노가 달아났다. 이해 봄, 황제가 말했다.

"짐이 희생과 폐백幣帛을 바쳐서 상제와 종묘를 섬긴 지 14년이나 되었으니 세월이 많이 흐른 셈이다. 명민하지 못한데도 오랫동안 천하를 다스린 탓에 심히 부끄러울 뿐이다. 앞으로 제단을 넓히고 폐백을 늘리도록 하라. 옛 선왕들은 덕을 널리 베풀면서도 그 보답을 구하지 않았고, 천지신명에게 두루 제사를 지내면서도 자신의 복을 빌지 않았다. 또 현인을 친척보다 높이고, 백성을 자신보다 우선했으니 지극히 밝았다고 할 수 있다. 지금 듣자니 제사를 주관하는 사관祠官들이 하늘에 복을 빌면서[祝釐] 복을 모두 짐에게 돌리고, 백성을 위하지 않는다고 하니, 짐은 이를 심히 부끄럽게 생각한다. 부덕한 이 몸이 홀로 그 복을 누리고, 백성은 함께 누리지 못하면 이는 짐의 부덕을 가중시키는 일이다. 이후 사관들은 제사를 올릴 때 공경을 다하되 짐에게만 복을 내리도록 기원하는 일이 없도록 하라."

당시 북평후北平侯 장창이 승상이 되어 율력律曆을 바로잡았다. 노나라 출신 공손신公孫臣이 황제에게 상서해 오덕이 순환하는 이치를 진술했다.

"지금은 바야흐로 토덕의 시기에 해당됩니다. 토덕의 시기에는 반드시 황룡黃龍이 나타나니, 정삭正朔과 복색 등의 제도를 개정해야 합니다."

한문제가 이를 관계부서에 내려 승상과 의논하게 했다. 승상이 따져보니 진나라 때와 마찬가지로 아직 수덕의 시기에 해당되므로

10월을 정월로 삼고 흑색을 숭상해야 한다고 생각했다. 공손신의 말이 맞지 않으니 물리쳐야 한다고 고한 이유다. 그러나 한문제 15년에 황룡이 성기成紀에 나타났다. 공손신을 다시 소환해 박사로 삼고 토덕의 운행에 관한 일을 자세히 설명하게 했다. 이에 황제가 조서를 내렸다.

진귀한 영물이 성기에 나타났다. 백성에게는 아무런 해를 끼치지 않았고, 오히려 풍년이 들었다. 짐이 직접 교사郊祀를 올리도록 하겠다. 예관禮官들은 이를 논의하면서 짐이 수고로울까 염려해 숨기는 일이 없도록 하라!

대신들과 예관들이 고했다.

"옛날 천자는 여름에 직접 교외에서 상제에게 제사를 올렸기에 교사라고 한 것입니다."

천자가 처음으로 옹 땅으로 행차해 오제에게 제사를 올렸다. 이해 초여름 4월, 하늘의 은덕에 보답하는 제사를 올렸다. 조나라 출신 신원평新垣平이 구름의 기운으로 징조를 알아내는 망기望氣에 뛰어났다. 그가 황제를 알현하며 이같이 고했다.

"위양渭陽에 오제의 사당을 세우면 천하의 주인을 상징하는 주나라 때의 솥인 주정을 얻을 것이고, 아울러 오덕을 닦을 때 나타나는 보옥 속의 아름다움인 옥영玉英도 얻게 될 것입니다."

한문제 16년, 황제가 직접 교외로 나가서 위양의 오제묘五帝廟에 제사를 올렸다. 이해 여름, 하늘의 은덕에 보답하는 제사를 올리고, 적색을 숭상했다. 한문제 17년, 옥배玉杯를 얻었는데, 황제가 장수한

다는 뜻의 인주연수人主延壽 네 자가 새겨 있었다. 한문제가 이해를
원년으로 고치고, 사람들이 모여 마음껏 술을 마시는 대포를 천하에
선언했다. 그러나 이해에 신원평이 꾸민 일이라는 사실이 발각되어
삼족이 죽임을 당했다. 한문제 후원後元 2년, 한문제가 말했다.

"짐은 현명하지 못한데다 덕을 멀리까지 베풀 수도 없어 중원에서
멀리 떨어진 방외方外의 나라도 간혹 편히 쉬게 하지 못한 일이 있다.
이로 인해 사방의 변경 주민들은 생활이 불안했고, 내지內地의 백성
역시 열심히 일해도 평안히 생업에 임할 수 없었다. 이 두 가지 허물
은 모두 짐의 덕이 박해 멀리까지 미치지 못한 탓이다. 근래 수년 동
안 흉노가 계속 변경에서 난폭한 일을 일삼으며 관민을 죽이는 일이
잦았고, 변경의 관원과 장병은 짐의 속뜻을 이해하지 못해 짐의 부
덕을 가중시켰다. 오래도록 전란이 끊이지 않으니 중원 안팎이 어찌
평안할 수 있겠는가?

근래 짐은 새벽에 일찍 일어나고 밤에 늦게 잠자리에 들면서[夙興
夜寐] 천하를 위해 근면하고, 만민을 위해 걱정하며 괴로워하고 있다.
이처럼 열심히 일하면서 걱정하고 괴로워하는 탓에 하루도 마음 편
한 날이 없다. 짐은 수레의 덮개가 앞뒤로 마주 보이는 길[冠蓋相望]이
수레바퀴 자국이 줄을 잇는 길[結軼於道]을 방불할 정도로 사자들을
계속 선우에게 보내며 짐의 뜻을 알려왔다. 지금 선우가 이전의 우
호적인 입장으로 돌아간 덕에 사직의 안정과 만민의 이로움을 꾀할
수 있게 되었다. 그는 과거의 작은 잘못조차 모두 버리고 짐과 함께
화목하게 사는 바른길로 나아가고자 한다. 짐은 선우와 형제의 의를
맺고, 수많은 백성의 근원으로 선량하기 짝이 없는 백성을 보호할
것이다. 화친이 이미 결정되었으니 올해부터 실시하도록 하라."

한문제 후원 6년 겨울, 흉노족 3만 명이 상군, 또 다른 3만 명이 운중雲中을 침공했다. 한문제가 중대부中大夫 영면令勉을 거기장군으로 삼아 비호飛狐에 주둔케 하고, 초나라 승상을 지낸 소의蘇意를 장군으로 삼아 구주句注에 주둔하게 했다. 또 장수 장무는 북지에 머물게 하고, 하내군수河內郡守 주아부周亞夫를 장군으로 삼아 세류細柳에 주둔시켰다. 이어 종정 유례劉禮를 장군으로 삼아 파상에 주둔하고, 축자후 서한徐悍에게 극문棘門에 주둔하며 흉노의 침공에 대비하게 했다. 몇 달 후 흉노가 물러가자 그들을 철수시켰다.

이때 천하에 가뭄이 들고 메뚜기 떼로 인해 피해가 극심했다. 한문제가 은혜를 베풀어 제후의 조공을 사양하고, 규제를 풀어 산림과 호수를 개방하고, 의복과 거마 및 애완물 등을 줄이고, 황제의 수행 인원을 줄이고, 창고를 열어 빈민을 구제하고, 백성의 작위 매매를 허용했다. 한문제는 대나라에서 장안으로 와 즉위한 지 23년이 지나도록 궁실과 원유, 애완물, 의복, 거마 등에서 늘어난 것이 없었다. 백성에게 불편한 것이 있으면 곧바로 법령을 느슨하게 해 백성을 이롭게 했다. 일찍이 궁궐 밖 누대[露臺]를 짓기 위해 목수를 불러 비용을 계산한 적이 있다. 목수가 황금 100근이 든다고 고하자 이같이 말했다.

"황금 100근은 중민中民(중간층 백성) 10호의 재산과 맞먹는 것이다. 짐은 선제가 남긴 궁실을 사용하면서 선제에게 누를 끼칠까 늘 걱정해 왔다. 지금 무슨 이유로 누대를 짓겠는가?"

한문제는 늘 수수한 옷을 입었다. 총애하는 신부인愼夫人에게도 땅에 끌릴 정도로 긴 옷은 입지 못하게 했다. 휘장에는 수를 놓지 못하게 했다. 돈후하고 검박한 모습을 보여 천하의 모범이 되고자 한 것이다. 자신의 능묘 파릉覇陵을 지을 때는 와기瓦器를 사용하게 했다. 금·은·구리·주석 등으로 장식하지 못하게 했고, 분봉도 높이 올리지 못하게 했다. 비용을 줄여 백성을 번거롭게 하지 않으려는 취지였다. 또 남월왕南越王 위타尉佗가 스스로 무제武帝를 칭하며 제호를 사용했을 때도 그를 벌하는 대신 그의 형제를 불러 귀하게 대접하는 식으로 위타의 배신을 은덕으로 갚아주었다. 위타가 이내 스스로 제호를 버리고 신하를 칭한 이유다.

당시 한문제는 흉노에게 화친정책을 썼다. 흉노가 약속을 어기고 침공할 때라도 변경에서만 수비하고, 흉노 땅 깊숙한 곳까지는 진격치 못하게 했다. 백성이 고생하고 번거로워질 것을 꺼린 결과다. 오왕이 거짓으로 병을 핑계대고 조현하지 않자 한문제는 오히려 작은 탁자와 지팡이를 내렸다. 군신 가운데 원앙袁盎 같은 자는 직설적으로 진언했지만 한문제는 늘 관대하게 그 의견을 채택했다. 군신 가운데 장무 등이 뇌물을 받았다가 발각된 적이 있었다. 한문제는 오히려 황실창고인 어부의 금전을 하사해 그들의 마음을 부끄럽게 만들었을 뿐, 사법관에게 넘기지 않았다. 이처럼 덕으로 백성을 교화하는 데 힘쓴 덕분에 천하가 부유해졌고, 예의 또한 크게 흥했다. 한문제 후원 7년 6월 기해일, 한문제가 미앙궁에서 붕어했다. 붕어할 때 이런 내용의 조칙을 남겼다.

짐이 듣건대 천하 만물 가운데 태어나 죽지 않는 것은 없다고 했다. 죽음은 천지의 이치이고, 만물의 자연스러운 규율이다. 짐의 죽음이라고 해서 어찌 유난히 슬퍼할 일이 있겠는가. 지금 세상에서는 사람들 모두 생을 찬미하며 죽음을 싫어하고, 장례를 후히 치르느라 생업을 무너뜨리고, 복상을 중히 여겨 산 사람을 상하게 만든다. 짐은 실로 이를 받아들일 수 없다.

본래 짐은 매우 부덕한 탓에 백성에게 아무런 도움도 주지 못했다. 지금 짐의 죽음으로 복상을 중시해 백성에게 오래도록 곡하게 하고, 추위와 더위의 이치에 벗어나게 하고, 부자지간을 슬프게 만들고, 어른과 아이의 마음을 상하게 하고, 먹을 음식을 손해나게 만들고, 귀신에게 제사를 올리는 후사를 끊게 만들면 이는 짐의 부덕을 가중시키는 것이다. 그러면 천하에 무슨 말을 할 수 있겠는가!

짐이 종묘를 보전하며 미천한 몸으로 군왕의 자리를 맡은 지 20여 년이 되었다. 그사이 천지의 신령과 사직의 복에 힘입어 나라가 평안하고 전란이 없었다. 본래 짐은 명민하지 못한 까닭에 혹여 잘못된 행실로 선제가 남긴 덕망을 욕되게 만들까 늘 두려워했고, 세월이 흐를수록 끝이 좋지 못할까 염려해왔다. 지금 다행히 천수를 다하고, 고황제의 사당에서 후손들의 공양을 받게 되었다. 명철하지 못한데도 좋은 결과를 얻게 되었으니 무엇을 슬퍼하겠는가?

천하의 관민은 이 조령을 받은 후 사흘만 상례를 치르고 모두 상복을 벗도록 하라. 백성이 관혼상제의 예식을 치르면서 술과 고기를 즐기는 것을 금하지 말라. 장사 지내는 일에 참여하거나 상복을 입고 곡을 해야 하는 자들도 절대 맨발로 땅을 밟지는 말라. 상복의 허리띠 [経帶]는 3촌을 넘지 않도록 하고, 수레와 병기를 늘어놓지 말라. 백성 가운데 남녀를 선발해 궁궐에서 곡하게 하는 일도 하지 말라. 궁에서 곡을 해야 하는 자들도 아침저녁 각 열다섯 번씩만 하고, 예가 끝나면 그만두도록 하라. 아침저녁으로 곡할 때가 아니면 임의로 곡하는 일이 없게 하라. 안장이 끝나면 달을 날로 바꿔 상례를 치르는 이 일역월以日易月 제도를 시행해, 아홉 달 동안 입는 상복인 대공大紅은 15일, 다섯 달 동안 입는 상복인 소공小紅은 14일, 가는 베로 만든 상복인 섬복纖服은 일주일 동안만 입도록 하라. 이 조령에 포함되어 있지 않은 다른 일은 이 조령에 준해 처리하도록 하라. 이 조령을 천하에 널리 포고해 짐의 뜻을 명백히 알게 하라. 파릉 일대의 산수는 원래의 모습을 그대로 살려 바꾸는 일이 없게 하라. 후궁 가운데 부인 이하 소사까지는 모두 집으로 돌려보내도록 하라.•

한문제가 붕어하자 조정은 중위 주아부를 거기장군, 전속국典屬國 서한을 장둔장군將屯將軍, 낭중령 장무를 복토장군復土將軍으로 삼고 장안과 가까운 현에서 사병 1만 6,000명, 장안 내에서 사병 1만 5,000명을 징발했다. 장무에게 땅을 파고 흙을 메우는 등의 일을 관장하게 했다. 이해 6월 을사일, 여러 신하가 머리를 조아리며 효문황제의 시호를 올렸다. 6월 정미일, 태자 유계가 고황제의 사당에서 즉위식을 가지고 보위를 계승한 뒤 황제를 칭했다. 한경제 원년 10월, 한경제가 어사들에게 조서를 내렸다.

• 희姫·부인 등은 정실이 아닌 첩을 지칭하는 말로, 등급을 나타내는 것이 아니다. 한나라 때 비빈의 등급은 다음과 같았다. 황후 밑에 모두 열네 개 등급이 있었다. 소의昭儀는 승상 내지 제후왕, 첩여婕妤는 상경 내지 열후, 청아婧娥는 중中 2,000석 내지 관내후, 용화容華는 진眞 2,000석 내지 대상조大上造, 미인은 2,000석 내지 소상조少上造, 팔자八子는 1,000석 내지 중경, 충의充衣는 1,000석 내지 좌경, 칠자七子는 800석 내지 우서장右庶長, 양인良人은 800석 내지 좌서장, 장사長使는 600석 내지 오대부, 소사는 400석 내지 공승公乘, 오관은 300석, 순상順常은 200석의 관직에 비견되었다. 또 무연無涓과 공화, 오령娛靈, 보림寶林, 양사良使, 야자夜者는 모두 100석에 준했다. 모두 황제의 첩에 해당했다. 이후 종1품의 황귀비皇貴妃에서 서삼품庶三品의 완비婉妃 제도가 만들어지면서 과거 승상과 같은 반열에 있었던 소의는 정사품으로 급이 떨어졌다.

짐이 듣건대 대개 옛 선왕 가운데 공이 있는 자는 조祖, 덕이 있는 자는 종宗으로 칭했다고 했다. 또 예악을 정할 때도 나름의 이유가 있다고 했다. 가歌는 덕을 발현하고 무舞는 공덕을 밝히는 것이라고 했다. 고황제의 사당에 술을 올려 제사를 지낼 때는 〈무덕武德〉과 〈문시文始〉, 〈오행五行〉의 가무를 올리고, 혜제의 묘에는 〈문시〉와 〈오행〉의 가무를 연주했다. 효문황제는 천하를 다스리면서 자유로이 드나들 수 없었던 관문과 다리를 개방하고, 변경지역을 내지內地와 똑같이 대했다. 비방에 관한 죄와 육형을 폐지하고, 장수하는 노인에게 상을 내리고, 고아를 비롯해 의탁할 곳이 없는 외로운 자들을 불쌍히 여겨 구제하는 등 널리 백성을 양육했다. 자신의 기호를 절제하며 헌상한 물품을 받지 않았다. 사사로운 이익을 도모하지 않았고, 죄인을 다스릴 때 그 부모와 처자 등을 연좌시키지 않았고, 무고한 자를 주살한 일이 없었다. 궁형을 폐지하고, 후궁과 미인을 궁 밖으로 나가도록 허락했다. 사람들의 후손이 끊어지지 않도록 각별히 배려했다. 짐은 명민하지 못해 선제의 덕정을 다 알지는 못한다.

선제의 이런 조치는 비록 상고시대에는 미치지 못할지라도 선제가 직접 행한 것이다. 그 후덕함은 천지에 비길 만했다. 이로움과 은택을 널리 베풀어 그 복을 입지 않은 자가 없었다. 선제는 일월처럼 영명한데도 제사에는 그에 어울리는 가무가 없으니, 짐은 심히 송구스럽게 생각한다. 선제를 위해 〈소덕昭德〉의 가무를 만들어 선제의 큰 덕을 밝히도록 하라. 이어 조종祖宗의 공덕을 죽백竹帛에 기록해 만세에 전해 영원토록 끝없게 하면 짐은 매우 기쁠 것이다. 승상과 열후, 봉록이 중中 2,000석 이상인 관원과 예관들은 함께 상의해 합당한 예의를 만들어 상주하도록 하라.

승상 신도가 등이 상주했다.

"폐하가 길이 효도할 생각으로 〈소덕〉의 가무를 만들어 효문황제의 성덕을 밝히고자 한 것은 모두 신 등이 미처 생각하지 못한 것입니다. 신들이 신중히 의논한 결과, 세상에서 고황제보다 공이 큰 분이 없고, 효문황제보다 덕이 성한 분이 없습니다. 고황제의 묘호廟號는 의당 본 왕조의 황실 가운데 으뜸인 태조太祖가 되어야 하고, 효문황제의 묘호는 태종太宗이 되어야 합니다. 무릇 천자는 의당 대대로 조종의 사당에서 제사를 받들어야 하고, 각 군국의 제후들 역시 효문황제를 위해 태종의 사당을 건립해야 합니다. 또한 제후왕과 열후들은 해마다 사자를 보내 천자를 모시고, 조종의 사당에 제사를 올려야 합니다. 청컨대 폐하는 이를 죽백에 기록해 천하에 널리 선포하도록 하십시오."

황제가 칙명을 내렸다.

"가하다."

●● 十四年冬, 匈奴謀入邊爲寇, 攻朝那塞, 殺北地都尉卬. 上乃遣三將軍軍隴西·北地·上郡, 中尉周舍爲衛將軍, 郎中令張武爲車騎將軍, 軍渭北, 車千乘, 騎卒十萬. 帝親自勞軍, 勒兵申教令, 賜軍吏卒. 帝欲自將擊匈奴, 群臣諫, 皆不聽. 皇太后固要帝, 帝乃止. 於是以東陽侯張相如爲大將軍, 成侯赤爲內史, 欒布爲將軍, 擊匈奴. 匈奴遁走. 春, 上曰, "朕獲執犧牲珪幣以事上帝宗廟, 十四年于今, 歷日縣綿長, 以不敏不明而久撫臨天下, 朕甚自愧. 其廣增諸祀墠場珪幣. 昔先王遠施不求其報, 望祀不祈其福, 右賢左戚, 先民後己, 至明之極也. 今吾聞祠官祝釐, 皆歸福朕躬, 不爲百姓, 朕甚愧之. 夫以朕不德, 而躬享獨美其福, 百姓不與焉, 是重吾不德. 其令祠官致敬, 毋有所祈." 是時北平侯張蒼爲丞相, 方明律曆. 魯人公孫臣上書陳終始傳五德事, 言方今土德時, 土德應黃龍見, 當改正朔服色制度. 天子下其事與丞相議. 丞相推以爲今水德, 始明正十月上黑事, 以爲其言非是, 請罷之. 十五年, 黃龍見成紀, 天子乃復召魯公孫臣, 以爲博士, 申明土德事. 於是上乃下詔曰, "有異物之神見于成紀, 無害於民, 歲以有年. 朕親郊祀上帝諸神. 禮官議, 毋諱以勞朕." 有司禮官皆曰, "古者天子夏躬親禮祀上帝於郊, 故曰郊." 於是天子始幸雍, 郊見五帝, 以孟夏四月答禮焉. 趙人新垣平以望氣見, 因說上設立渭陽五廟. 欲出周鼎, 當有玉英見. 十六年, 上親郊見渭陽五帝廟, 亦以夏答禮而尙赤. 十七年, 得玉杯, 刻曰'人主延壽'. 於是天子始更爲元年, 令天下大酺. 其歲, 新垣平事覺, 夷三族. 後二年, 上曰, "朕既不明, 不能遠德, 是以使方外之國或不寧息. 夫四荒之外不安其生, 封畿之內勤勞不處, 二者之咎, 皆自於朕之德薄而不能遠達也. 閒者累年, 匈奴並暴邊境, 多殺吏民, 邊臣兵吏又不能諭吾內志, 以重吾不德也. 夫久結難連兵, 中外之國將何以自寧? 今朕夙興夜寐, 勤勞天下, 憂苦萬民, 爲之怛惕不安, 未嘗一日忘於心, 故遣使者冠蓋相望, 結軼於道, 以諭朕意於單于. 今單于反古之道, 計社稷之安, 便萬民之利, 親與朕俱棄細過, 偕之大道, 結兄弟之義, 以全天下元元之民. 和親已定, 始于今年." 後六年冬, 匈奴三萬人入上郡, 三萬人入雲中. 以中大夫令勉爲車騎將軍, 軍飛狐, 故楚相蘇意爲將軍, 軍句注, 將軍張武屯北地, 河內守周亞夫爲將軍, 居細柳, 宗正劉禮爲將軍, 居霸上, 祝茲侯軍棘門, 以備胡. 數月, 胡人去, 亦罷. 天下旱, 蝗. 帝加惠, 令諸侯毋入貢, 弛山澤, 減諸服御狗馬, 損郎吏員, 發倉庾以振貧民, 民得賣爵. 孝文帝從代來, 卽位二十三年, 宮室苑囿狗馬服御無所增益, 有不便, 輒弛以利民. 嘗欲作露臺, 召匠計之, 直百金. 上曰, "百金中民十家之産, 吾奉先帝宮室, 常恐羞之, 何以爲!"上常衣綈衣, 所幸愼夫人, 令衣不得曳地, 幃帳不得文繡, 以示敦樸, 爲天下先. 治霸陵皆以瓦器, 不得以金銀銅錫爲飾, 不治墳, 欲爲省, 毋煩民. 南越王尉佗自立爲武帝, 然上召貴尉佗兄弟, 以德報之, 佗遂去帝稱臣. 與匈奴和親, 匈奴背約入盜, 然令邊備守, 不發兵深入, 惡煩苦百姓. 吳王詐病不朝, 就賜几杖. 群臣如袁盎等稱說雖切, 常假借用之. 群臣如張武等受賂遺金錢, 覺, 上乃發御府金錢賜之, 以愧其心, 弗下吏. 專務以德化民, 是以海內殷富, 興於禮義. 後七年六月己亥, 帝崩於未央宮. 遺詔曰, "朕聞蓋天下萬物之萌生, 靡不有死. 死者天地之理, 物之自然者, 奚可甚哀. 當今之時, 世咸嘉生而惡死, 厚葬以破業, 重服以傷生, 吾甚不取. 且朕既不德, 無以佐百姓, 今崩, 又使重服久臨, 以離寒暑之數, 哀人之父子, 傷長幼之志, 損其飲食, 絶鬼神之祭祀, 以重吾不德也, 謂天下何! 朕獲保宗廟, 以眇眇之身託于天下君王之上, 二十有餘年矣. 賴天地之靈, 社稷之福, 方內安寧, 靡有兵革. 朕既不敏, 常畏過行, 以羞先帝之遺德, 維年之久長, 懼于不終. 今乃幸以天年, 得復供養于高廟. 朕之不明與嘉之, 其奚哀悲之有! 其令天下吏民, 令到出臨三日, 皆釋服. 毋禁取婦嫁女祠祀飲酒食肉者. 自當給喪事服臨者, 皆無踐. 絰帶無過三寸, 毋布車及兵器, 毋發民男女哭臨宮殿. 宮殿中當臨者, 皆以旦夕各十五舉聲, 禮畢罷. 非旦夕臨時, 禁毋得擅哭. 已下, 服大紅十五日, 小紅十四日, 纖七日, 釋服. 佗不在令中者, 皆以此令比率從事. 布告天下, 使明知朕意. 霸陵山川因其故, 毋有所改. 歸夫人以下至少使."令中尉亞夫爲車騎將軍, 屬國悍爲將屯將軍, 郎中令武爲復土將軍, 發近縣見卒萬六千人, 發內史卒萬五千人, 藏郭穿復土屬將軍武. 乙巳, 群臣皆頓首上尊號曰孝文皇帝. 太子卽位于高廟. 丁未, 襲號曰皇帝. 孝景皇帝元年十月, 制詔御史, "蓋聞古者祖有功而宗有德, 制禮樂各有由. 聞歌者, 所以發德也, 舞者, 所以明功也. 高廟酎, 奏武德·文始·五行之舞. 孝惠廟酎, 奏文始·五行之舞. 孝文皇帝臨天下, 通關梁, 不異遠方. 除誹謗, 去肉刑, 賞賜長老, 收恤孤獨, 以育群生. 減嗜欲, 不受獻, 不私其利也. 罪人不帑, 不誅無罪. 除肉宮刑, 出美人, 重絶人之世. 朕旣不敏, 不能識. 此皆上古之所不及, 而孝文皇帝親行之. 德厚侔天地, 利澤施四海, 靡不獲福焉. 明象乎日月, 而廟樂不稱. 朕甚懼焉. 其爲孝文皇帝廟爲昭德之舞, 以明休德. 然后祖宗之功德著於竹帛, 施于萬世, 永永無窮, 朕甚嘉之. 其與丞相·列侯·中二千石·禮官具爲禮儀奏." 丞相臣嘉等言, "陛下永思孝道, 立昭德之舞以明孝文皇帝之盛德. 皆臣嘉等愚所不及. 臣謹議, 世功莫大於高皇帝, 德莫盛於孝文皇帝, 高皇廟宜爲帝者太祖之廟, 孝文皇帝廟宜爲帝者太宗之廟. 天子宜世世獻祖宗之廟. 郡國諸侯宜各爲孝文皇帝立太宗之廟. 諸侯王列侯使者侍祠天子, 歲獻祖宗之廟. 請著之竹帛, 宣布天下." 制曰, "可".

　　태사공은 평한다.

　　"공자는 이르기를, '반드시 한 세대가 지난 뒤 어진 정치가 이루어지고, 선한 사람이 나라를 다스린 지 100년이 경과해야 폭정을 제거하고 형륙을 폐기할 수 있다'고 했다. 이는 실로 옳은 말이다! 한나라가 흥기한 후 효문황제에 이르기까지 40여 년이 지나자 그 덕이 지극히 성해졌다. 역법과 복색을 고치고, 봉선을 행하는 쪽으로 점차 나아간 것이 그렇다. 한문제가 보여준 겸양의 정치는 아직 완성되지 않았다. 아, 이 어찌 어진 정사가 아니겠는가!"

　　●● 太史公曰, "孔子言, '必世然後仁. 善人之治國百年, 亦可以勝殘去殺.' 誠哉是言! 漢興, 至孝文四十有餘載, 德至盛也. 廩廩鄉改正服封禪矣, 謙讓未成於今. 嗚呼, 豈不仁哉!"

효경본기

孝景本紀

〈효경본기〉는 한경제의 사적을 기록한 것이다. 〈본기〉 가운데 가장 분량이 짧다. 반고는 원래《사기》130편에서 목록만 있고 내용이 없는 열 편 가운데 하나로 〈효경본기〉를 지적한 바 있다. 도중에 원래의 내용이 사라진 것으로 추정된다.

〈효경본기〉는 분량도 분량이지만 문체가 평이해《사기》의 여타 편과 현격한 차이가 난다. 후대인의 위작 시비가 끊이지 않는 이유다. 이에 대한 반론이 없는 것은 아니다. 이런 서술 방식이 〈본기〉의 취지에 부합한다는 주장이 그렇다. 일리가 없는 것은 아니나 여타 〈본기〉의 문체가 〈효경본기〉와 다른 모습을 보이는 이유를 제대로 설명하지 못하는 문제가 있다.

현존하는 〈효경본기〉는《한서》〈경제기〉를 토대로 요약·정리한 것이라는 주장이 설득력을 얻고 있다. 설령《한서》〈경제기〉를 요약한 것이라 해도 〈효경본기〉의 의미가 퇴색하는 것은 아니다. 나름대로 역사적 사실을 간명한 필치로 요약·정리해놓았기 때문이다.

효경황제孝景皇帝는 한문제의 둘째 아들로, 모친은 두태후다. 한문제가 대나라에 있을 때 이전 왕후에게 아들 세 명을 얻었다. 두태후가 총애를 입을 때 이전의 왕후가 죽고, 그녀 소생의 아들 세 명도 잇달아 죽었다. 한경제가 보위를 이은 이유다.

한경제 전前 원년 4월 을묘일, 천하에 대사령을 내렸다. 이달 을사일, 백성에게 작위를 한 등급씩 내렸다. 이해 5월, 전지田地의 조세를 절반으로 감면했다. 한문제를 위해 태종묘太宗廟를 건립했다. 신하들에게 명해 하례를 올리러 오지 못하게 했다. 흉노가 대나라 땅에 침공한 뒤 화친의 맹약을 맺었다. 한경제 전 2년 봄, 이전의 상국인 소하의 손자 소계蕭係를 무릉후武陵侯에 봉했다. 남자 나이 스무 살이 되면 군역에 복무하도록 규정했다. 이해 4월 임오일, 한문제의 부인 박태후가 붕어했다 광천왕과 장사왕 모두 자신의 봉국으로 돌아갔다. 승상 신도가가 죽었다. 이해 8월, 어사대부인 개봉후開封侯 도청陶靑을 승상에 임명했다. 혜성이 동북쪽에 나타났다. 이해 가을, 형산衡山에 우박이 떨어졌다. 큰 것은 5촌, 깊이 팬 곳은 2촌이나 되었다. 화성이 거꾸로 운행해 북극성 자리를 침범했다. 달이 북극성 사이에 나타났다. 목성이 천정天廷 구역을 거꾸로 운행했다. 남릉南陵·내사·대우殷祤 등 세 개의 현을 두었다.

한경제 전 3년 정월 을사일, 천하에 대사령을 내렸다. 유성이 서쪽 구역에 나타났다. 번갯불이 떨어져 낙양 동궁東宮의 대전과 성루를 불태웠다. 오왕 유비劉濞, 초왕 유무劉戊, 조왕 유수, 교서왕膠西王 유앙劉卬, 제남왕濟南王 유벽광劉辟光, 치천왕菑川王 유현劉賢, 교동왕 유웅거劉雄渠 등이 반기를 든 이른바 오초칠국吳楚七國의 난이 일어났다. 병사를 이끌고 서진하자 한경제가 모반의 표적이 된 조조晁錯를 주살하고, 원앙을 보내 타일렀다. 반군이 멈추지 않고 서진해 양나라를 포위했다. 한경제가 대장군 두영竇嬰과 태위 주아부에게 명해 병사를 이끌고 가 이들을 주살하게 했다.

이해 6월 을해일, 달아난 반란군의 병사와 한고조의 동생인 초원왕 유교의 아들 유예劉藝 등 모반에 가담한 자들을 사면했다. 대장군 두영을 위기후魏其侯, 초원왕의 아들 평륙후平陸侯 유례를 초왕으로 삼았다. 황자 유단劉端을 교서왕, 황자 유승劉勝을 중산왕中山王에 봉했다. 제북왕 유지劉志를 치천왕으로 이봉하고, 회양왕 유여劉餘를 노왕으로 삼았다. 여남왕汝南王 유비劉非를 강도왕江都王에 봉했다. 제왕齊王 유장려劉將廬와 연왕 유가劉嘉가 죽었다. 한경제 전 4년 여름, 황태자를 세웠다. 황자 유철劉徹을 교동왕으로 삼았다. 이해 6월 갑술일, 천하에 대사령을 내렸다. 윤 9월, 역양易陽을 양릉으로 개명했다. 나루터 관문을 설치하고 통행증을 사용해 출입하게 했다. 이해 겨울, 조나라를 한단군으로 개명했다. 한경제 전 5년 3월, 양릉에 위수를 건너는 다리를 만들었다.

이해 5월, 백성을 모아 양릉으로 이주시킨 뒤 20만 전을 지급했다. 강도江都에 대폭풍이 서쪽에서 불어와 성벽 12장을 무너뜨렸다. 5월 정묘일, 장공주長公主의 아들 진교陳蟜를 융려후隆慮侯로 봉하고, 광천왕을 조왕으로 이봉했다. 한경제 전 6년 봄, 중위 위관衛綰을 건릉후, 강도의 승상 정가程嘉를 건평후에 봉했다. 농서군 태수 혼야渾邪를 평곡후平曲侯, 조나라의 승상 소가蘇嘉를 강릉후江陵侯, 이전의 장군인 난포欒布를 유후에 봉했다. 양왕과 초왕이 모두 죽었다. 이해 윤 9월, 치도 양쪽의 나무를 베어낸 뒤 진시황 때 조성된 난지를 메웠다. 한경제 전 7년 겨울, 율태자栗太子를 폐출시켜 임강왕으로 삼았다. 이해

11월 말일, 일식이 있었다. 이듬해인 한경제 전 7년 봄, 양릉을 건설한 죄수와 노비 들을 사면했다. 승상 도청이 면직되었다. 이해 2월 을사일, 태위 조후條侯 주아부를 승상으로 임명했다. 이해 4월 을사일, 교동왕의 두태후를 황후로 삼았다. 이달 정사일, 교동왕을 세워 태자로 삼으니 태자의 이름은 유철이다.

●● 孝景皇帝者, 孝文之中子也. 母竇太后. 孝文在代時, 前有三男, 及竇太后得幸, 前后死, 及三子更死, 故孝景得立. 元年四月乙卯, 赦天下. 乙巳, 賜民爵一級. 五月, 除田半租, 爲孝文立太宗廟. 令群臣無朝賀. 匈奴入代, 與約和親. 二年春, 封故相國蕭何孫係爲武陵侯. 男子二十而得傅. 四月壬午, 孝文太后崩. 廣川·長沙王皆之國. 丞相申屠嘉卒. 八月, 以御史大夫開封侯陶靑爲丞相. 彗星出東北. 秋, 衡山雨雹, 大者五寸, 深者二尺. 熒惑逆行, 守北辰. 月出北辰間. 歲星逆行天廷中. 置南陵及內史·祋祤爲縣. 三年正月乙巳, 赦天下. 長星出西方. 天火燔雒陽東宮大殿城室. 吳王濞·楚王戊·趙王遂·膠西王卬·濟南王辟光·菑川王賢·膠東王雄渠反, 發兵西鄕. 天子爲誅晁錯, 遣袁盎諭告, 不止, 遂西圍梁. 上乃遣大將軍竇嬰·太尉周亞夫將兵誅之. 六月乙亥. 赦亡軍及楚元王子蓺等與謀反者. 封大將軍竇嬰爲魏其侯. 立楚元王子平陸侯禮爲楚王. 立皇子端爲膠西王, 子勝爲中山王. 徙濟北王志爲菑川王, 淮陽王餘爲魯王, 汝南王非爲江都王. 齊王將廬·燕王嘉皆薨. 四年夏, 立太子. 立皇子徹爲膠東王. 六月甲戌, 赦天下. 後九月, 更以弋易陽爲陽陵. 復置津關, 用傳出入. 冬, 以趙國爲邯鄲郡. 五年三月, 作陽陵·渭橋. 五月, 募徙陽陵, 予錢二十萬. 江都大暴風從西方來, 壞城十二丈. 丁卯, 封長公主子蟜爲隆慮侯. 徙廣川王爲趙王. 六年春, 封中尉趙綰爲建陵侯, 江都丞相嘉爲建平侯, 隴西太守渾邪爲平曲侯, 趙丞相嘉爲江陵侯, 故將軍布爲鄃侯. 梁楚二王皆薨. 後九月, 伐馳道樹, 殖蘭池. 七年冬, 廢栗太子爲臨江王. 一十二一月晦, 日有食之. 春, 免徒隷作陽陵者. 丞相青免. 二月乙巳, 以太尉條侯周亞夫爲丞相. 四月乙巳, 立膠東王太后爲皇后. 丁巳, 立膠東王爲太子. 名徹.

  한경제 중中 원년, 전에 어사대부였던 주가의 손자 주평周平을 승후繩侯, 어사대부였던 주창의 손자 주좌거周左車를 안양후安陽侯에 봉했다. 이해 4월 을사일, 천하에 대사령을 내리고 백성에게 작위를 한 등급씩 하사하고, 벼슬길을 막는 금고법禁錮을 폐지했다. 지진이 발생했다. 형산과 원도原都에 우박이 내렸다. 큰 것은 1척 8촌이나 되었다. 한경제 중 2년 2월, 흉노가 연나라 땅을 침공해 화친을 끊었다. 이해 3월, 임강왕을 소환하자 임강왕이 도성에 이르러 중위부中尉府에서 자진했다. 이해 여름, 황자 유월劉越을 광천왕, 유기劉寄를 교동왕으로 삼았다. 네 명의 열후를 봉했다. 이해 9월 갑술일, 일식이 나타났다. 한경제 중 3년 겨울, 봉국의 어사중승御史中丞 관직을 폐지했다. 이해 봄, 흉노의 왕 두 명이 부하들을 이끌고 와 항복했다. 모두 열후에 봉했다. 황자 유방승劉方乘을 청하왕淸河王으로 삼았다. 이해 3월, 혜성이 서북쪽에 나타났다. 승상 주아부가 면직되고, 어사대부 도후 유사劉舍를 승상에 제수했다. 이해 4월, 지진이 발생했다. 이해 9월 말 무술일, 일식이 있었다. 동도문東都門 밖에 군사를 주둔시켰다.

  한경제 중 4년 3월, 한경제를 위해 미리 만든 사당인 덕양궁德陽宮을 지었다. 메뚜기 떼에게 큰 피해를 입었다. 이해 가을, 양릉 공사에 참여한 죄수를 사면했다. 한경제 중 5년 여름, 황자 유순劉舜을 상산왕으로 삼았다. 열후 열 명을 봉했다. 이해 6월 정사일, 천하에 대사령을 내리고 백성에게 작위를 한 등급씩 하사했다. 전국에 큰 수해가 발생했다. 봉국의 승상을 상相으로 개칭했다. 가을에 지진이 발생했다. 경제 중 6년 2월 기묘일, 옹 땅에 행차해 오제에게 교제郊祭를 올렸다. 이해 3월, 우박이 내렸다. 이해 4월, 양효왕梁孝王·성양공왕城陽共王·여남왕이 모두 죽었다. 양효왕의 아들 가운데 유명劉明을 제천왕, 유팽리劉彭離를 제동왕濟東王, 유정劉定을 산양왕山陽王, 유불식劉不識을 제음왕濟陰王으로 삼았다. 양나라가 5개국으로 나뉜 이유다. 열후 네 명을 봉했다. 다시 명을 내려 정위를 대리, 장작소부將作少府를 장작대장將作大匠, 주작중위主爵中尉를 도위, 장신첨사長信詹事를 장신소부長信少府, 장행將行을 대장추大長秋, 대행을 행인行人, 봉상奉常을 태상太常, 전객을 대행, 치속내사治粟內史를 대농大農으로 개칭했다. 대내大內를 2,000석으로 하고, 좌내관左內官과 우내관右內官을 두어 대내에 예속시켰다. 이해 7월 신해일, 일식이 있었다. 이해 8월, 흉노가 상군上郡에 침공했다.

한 경제 후後 원년 겨울, 중대부령을 위위로 개명했다. 이해 3월 정유일, 천하에 대사령을 내리고, 백성에게 작위를 한 등급씩 하사했다. 중 2,000석과 봉국의 상相에게 우서장의 작위를 주었다. 이해 4월, 백성에게 연회를 베풀었다. 이해 5월 병술일, 지진이 일어났다. 아침식사 무렵에 다시 지진이 발생했다. 상용 땅에 22일 동안 지진이 발생해 성벽이 훼손되었다. 이해 7월 을사일, 일식이 있었다. 승상 유사가 면직되었다. 이해 8월 임진일, 어사대부 위관을 승상으로 임명하고 건릉후에 봉했다.

한 경제 후 2년 정월, 하루 동안에 지진이 세 번이나 있었다. 질장군郅將軍이 흉노를 쳤다. 닷새 동안 백성에게 연회를 베풀었다. 내사와 군郡에 명해 말에게 곡식을 먹이지 못하게 했다. 어길 경우 관가에서 말을 몰수키로 했다. 죄수와 노비에게 성긴 베옷[七緵布]을 입게 했다. 말이 곡식을 찧는 것을 금했다. 흉년으로 인해 수확 전에 식량을 모두 소비하는 것을 막기 위한 것이었다. 열후의 숫자를 줄이고, 각자 봉지로 돌아가게 했다. 이해 3월, 흉노가 안문雁門으로 침공했다.

이해 10월, 한고조의 능묘인 장릉 부근의 관전官田을 백성에게 임대해 경작하게 했다. 가뭄으로 큰 피해를 입었다. 형산국衡山國·하동군·운중군에 전염병이 유행했다. 경제 후 3년 10월, 태양과 달이 닷새 동안 계속 붉은색이었다. 이해 12월 그믐, 우레가 쳤다.● 해가 자주색이었다. 오성五星이 역행해 태미원太微垣 부근에 있었다. 달이 천정 가운데를 관통했다. 이해 정월 갑인일, 황태자의 관례를 거행했다. 정월 갑자일, 한경제가 붕어했다. 그가 남긴 조칙을 좇아 제후왕에서 백성에 이르기까지 부친의 뒤를 이은 백성에게 작위를 한 등급씩 하사하고, 전국의 호마다 100전을 내렸다. 후궁의 궁인宮人을 집으로 돌려보내고 평생 조세와 부역을 면제해주었다. 태자 유철이 즉위했다. 그가 효무황제孝武皇帝다. 이해 3월, 두태후의 씨 다른 동생 전분田蚡을 무안후, 전승田勝을 주양후에 봉했다. 한경제를 양릉에 안장했다.

●● 中元年, 封故御史大夫周苛孫平爲繩侯, 故御史大夫周昌子孫左車爲安陽侯, 四月乙巳, 赦天下, 賜爵一級. 除禁錮. 地動. 衡山·原都雨雹, 大者尺八寸. 中二年二月, 匈奴入燕, 遂不和親. 三月, 召臨江王來. 卽死中尉府中. 夏, 立皇子越爲廣川王, 子寄爲膠東王. 封四侯. 九

● "우레가 쳤다"의 원문은 뢰䨓다. 뢰䨓의 고자古字다. 현재 널리 사용되는 뢰雷는 뢰䨓의 약자다.

月甲戌, 日食. 中三年冬, 罷諸侯御史中丞. 春, 匈奴王二人率其徒來降, 皆封爲列侯. 立皇子方乘爲淸河王. 三月, 彗星出西北. 丞相周亞夫死免, 以御史大夫桃侯劉舍爲丞相. 四月, 地動. 九月戊戌晦, 日食. 軍動都門外. 中四年三月, 置德陽宮. 大蝗. 秋, 赦徒作陽陵者. 中五年夏, 立皇子舜爲常山王. 封十侯. 六月丁巳, 赦天下, 賜爵一級. 天下大潦. 更命諸侯丞相曰相. 秋, 地動. 中六年二月己卯, 行幸雍, 郊見五帝. 三月, 雨雹. 四月, 梁孝王·城陽共王·汝南王皆薨. 立梁孝王子明爲濟川王, 子彭離爲濟東王, 子定爲山陽王, 子不識爲濟陰王. 梁分爲五. 封四侯. 更命廷尉爲大理, 將作少府爲將作大匠, 主爵中尉爲都尉, 長信詹事爲長信少府, 將行爲大長秋, 大行爲行人, 奉常爲太常, 典客爲大行, 治粟內史爲大農. 以大內爲二千石, 置左右內官, 屬大內. 七月辛亥, 日食. 八月, 匈奴入上郡. 後元年冬, 更命中大夫令爲衛尉. 三月丁酉, 赦天下, 賜爵一級, 中二千石·諸侯相爵右庶長. 四月, 大酺. 五月丙戌, 地動, 其蚤食時復動. 上庸地動二十二日, 壞城垣. 七月乙巳, 日食. 丞相劉舍免. 八月壬辰, 以御史大夫綰爲丞相, 封爲建陵侯. 後二年正月, 地一日三動. 郅將軍擊匈奴. 酺五日. 令內史郡不得食馬粟, 沒入縣官. 令徒隷衣七緵布. 止馬舂. 爲歲不登, 禁天下食不造歲. 省列侯遣之國. 三月, 匈奴入鴈門. 十月, 租長陵田. 大旱. 衡山國·河東·雲中郡民疫. 後三年十月, 日月皆食赤五日. 十二月晦, 雷. 日如紫. 五星逆行守太微. 月貫天廷中. 正月甲寅, 皇太子冠. 甲子, 孝景皇帝崩. 遺詔賜諸侯王以下至民爲父後爵一級, 天下戶百錢. 出宮人歸其家, 復無所與. 太子卽位, 是爲孝武皇帝. 三月, 封皇太后弟蚡爲武安侯, 弟勝爲周陽侯. 置陽陵.

태사공은 평한다.

"한나라가 흥기해 효문황제가 큰 덕을 펼치자 천하가 그의 덕을 그리워하며 안정되었다. 효경황제 때에 이르러 다시는 성이 다른 제후의 반역을 걱정할 필요가 없게 되었다. 그러나 조조가 제후의 봉국을 빼앗자 마침내 7국이 함께 봉기한 뒤 합세해 서쪽으로 진격했다. 제후의 세력이 강대해졌는데도 조조가 점진적인 방법을 취하지 않은 탓이다. 이후 주보언主父偃의 건의를 좇아 제후왕의 세력을 점차 줄이자 마침내 천하가 안정되었다. 천하 안위의 관건이 어찌 모책謀策에 달려 있는 것이 아니겠는가?"

●● 太史公曰, "漢興, 孝文施大德, 天下懷安, 至孝景, 不復憂異姓, 而晁錯刻削諸侯, 遂使七國俱起, 合從而西郷, 以諸侯太盛, 而錯爲之不以漸也. 及主父偃言之, 而諸侯以弱, 卒以安. 安危之機, 豈不以謀哉?"

효무본기
孝武本紀

〈효무본기〉는 사마천이 활약하던 시기에 재위한 한무제의 사적을 기록한 것이다. 〈태사공자서〉에는 〈효무본기〉가 〈금상본기〉로 되어 있다. 사마천이 죽은 시점은 정확히 알려져 있지는 않으나 대략 한무제가 죽은 시점과 비슷할 것으로 추정되고 있다. 《사기》의 탈고는 이보다 훨씬 전에 이루어졌다. 한무제의 시호가 아직 나오기 전이라고 보는 것이 합리적이다. 〈금상본기〉가 원래의 편목이었을 것이다.

한무제는 진시황이 최초로 시행한 제왕정帝王政을 완성한 인물로 평가받고 있다. 제왕정은 중앙에서 파견된 관원이 황제의 명을 일사불란하게 집행한다는 점에서 제후들에게 봉지를 나누어주어 다스리는 봉건정封建政과 극명한 대조를 이룬다. 가장 큰 차이는 관직의 신분세습 여부다. 제왕정에서는 이른바 곤직袞職으로 불리는 보위를 제외하고는 어떤 관직도 세습이 허용되지 않는다. 제왕정을 '중앙집권적 관료제'의 효시로 보는 이유다.

진시황 때 처음으로 등장한 제왕정은 동서 최초의 중앙집권적 관료제에 해당한다. 중국은 비록 1911년 신해혁명 이후 공화정의 기치를 내걸고 있으나 그 내막을 보면 현재까지 중앙집권적 관료제의 골간을 이어가고 있다.

주목할 것은 진시황이 최초로 시행한 제왕정이 진시황의 급서로 인해 완성되지 못하다가 한무제 때 비로소 완벽한 모습을 갖추게 된 점이다. 제왕정의 특징 등을 논할 때 반드시 진시황과 한무제를 동시에 언급해야 하는 이유다.

두 사람은 닮은 점이 매우 많다. 열정적으로 정사에 임하고, 막강한 무력을 동원해 북방 이민족을 제압하고, 도로를 정비하고 운하를 건설하는 등 대규모 토목공사를 강하게 밀어붙였던 점 등이 그렇다. 봉선을 거행하며 도가의 미신적인 방술에 미혹되어 불로장생을 꾀하는 암군의 행보를 보인 것도 닮았다. 특히 한무제의 암군 행보는 정도가 심하다. 마지막까지 신선이 되고자 하는 꿈을 버리지 않은 것이 그렇다. 방사들의 농간에 놀아났다는 사실을 뒤늦게 깨달은 진시황이 방사들을 소탕한 것과 대비된다. 제왕정의 결정적인 통폐가 여실히 드러나는 대목이다.

제왕정은 빠른 결단이 필요한 난세에는 봉건정보다 훨씬 효율적이다. 그러나 막강한 권력을 보유한 황제가 미신 등에 혹해 암군 행보를 보일 때 이를 제지할 마땅한 수단이 없다는 것이 결정적인 약점이다. 뛰어난 스승 내지 참모를 곁에 두고 수시로 조언을 들으며 스스로를 단속할 필요가 있다. 당태종이《정관정요》에서 제왕의 스승 내지 친구 역할을 하는 이른바 사우師友의 존재가 있는지 여부를 제왕정의 성패 요인으로 꼽은 것도 이런 맥락에서 이해할 수 있다.

효무황제는 효경황제의 열한 번째 아들이다. 모친은 왕태후다. 한경제 전 4년, 황자의 신분으로 교동왕에 봉해졌다. 한경제 전 7년, 율태자가 폐위되어 임강왕이 되자 교동왕이 태자의 자리에 올랐다. 한경제가 재위 16년 만에 죽자 태자가 뒤를 이었다. 그가 효무황제다. 한무제는 즉위 후 더욱 공손히 귀신에게 제사를 지냈다. 한무제 원년, 한나라가 건국된 지 60여 년이 흘러 천하가 태평했다. 조정 관원 모두 한무제가 봉선을 거행하고 역법·복색 등의 제도를 고칠 것을 바랐다. 한무제가 유가학설을 숭상해 어질고 착한 출신의 선비를 불러들였다. 조관趙綰과 왕장王臧 등은 문학에 밝아 공경대신에 임명되었다. 이들은 옛날처럼 장안성 남쪽에 명당明堂을 세워 제후들이 알현할 때 사용할 것을 건의했다. 그러나 순수·봉선·역법·복색 개정 등 여러 사안의 초안을 잡았으나 실시되지 못했다. 두태후는 황로黃老를 숭상하고 유학을 싫어했다. 은밀히 사람을 시켜 조관과 왕장이 불법으로 이익을 취한 일을 찾아낸 뒤 심문하자 그들이 자진해버렸다. 그들이 실행하려던 일이 모두 취소되었다. 6년 뒤 두태후가 붕어했다. 이듬해에 한무제가 문학에 밝은 공손홍公孫弘 등을 불러들였다. 다시 1년 뒤 한무제가 처음으로 옹 땅의 오치五時에서 교사를 거행했다. 이후 3년마다 한 차례씩 교사를 거행하게 되었다.

당시 한무제는 신군神君을 얻은 뒤 상림원에 있는 제씨관疵氏觀에 두었다.• 신군은 장릉에 살던 여인으로 자식이 요절하자 슬퍼하다가 따라 죽었고, 이후 동서인 완약宛若의 몸에 신령을 드러냈다. 완

• 《사기집해》는 《한무고사漢武故事》를 인용해 신군은 사람 눈에 띄지 않았는데, 곽거병霍去病이 신군이 머무는 백량대柏梁臺를 찾아가 기도할 때 음심이 발동해 교접하고자 했으나 곽거병이 거부하며 발길을 끊자 이내 수치스럽게 생각해 백량대를 떠났다는 이야기를 실어놓았다.

약은 그녀를 자신의 집에 모시고 제사를 올렸다. 많은 사람이 찾아와 제사를 올렸다. 한무제의 외조모인 평원군 장아臧兒도 찾아가 제사를 올렸다. 이후 한무제를 포함한 평원군의 후손이 잇달아 귀하게 되었다. 한무제는 즉위 후 후한 예로 그녀를 궁 안으로 모시고 제사를 지냈다. 말소리가 들렸으나 모습은 보이지 않았다. 당시 방사 이소군李少君은 부엌 신에게 제사를 올리는 사조祠竈, 곡기를 끊고 장수하는 곡도穀道와 선약 등을 먹고 불로장생하는 각로卻老의 방술로 한무제를 알현했다. 한무제가 그를 매우 정중히 대했다.

이소군은 이미 세상을 떠난 심택후深澤侯의 천거로 입조한 뒤 한무제의 불로장생을 위한 여러 방술과 선약 제조 등을 주관했다. 그는 자신의 나이와 생장 배경 등을 속였다. 늘 자신의 나이가 일흔 살이고, 귀신을 부리고, 불로장생하는 각로에 능하다고 이야기했다. 이런 사술로 세상을 주유하며 각국의 제후를 두루 만났다. 그에게는 아내와 자식이 없었다. 사람들은 그가 귀신을 부리고, 불로장생의 방술을 구사할 수 있다는 소문을 듣고는 너도나도 재물을 싸들고 가져다주었다. 그는 늘 황금·돈·비단·옷·음식 등이 남아돌았다. 사람들은 그가 생업에 종사하지 않고도 풍족하다고 여겼고, 그가 어떤 사람인지도 모르면서 더욱 그를 믿고 다투어 섬겼다. 이소군은 천성적으로 방술을 좋아했다. 그때그때 교묘한 말을 잘했는데, 신기하게도 그 말이 적중했다.

그는 일찍이 무안후 전분의 잔치에 참석한 적이 있다. 그 자리에 아흔 살의 노인이 있었다. 이소군이 그 노인의 조부와 함께 사냥했던 장소를 이야기했다. 그 노인은 어렸을 때 조부를 따라갔기에 그 장소를 알고 있었다. 손님들 모두 크게 놀랐다. 이소군이 한무제를 알현했을 때 한무제는 자신의 오래된 동기銅器에 관해 물었다. 이소군이 대답했다.

"이 그릇은 제환공 10년에 백침대柏寢臺에 진열되어 있던 것입니다."

천자가 곧 사람을 시켜 동기에 새겨진 글자를 조사하게 했다. 과연 제환공 때의 동기였다. 궁 안의 모든 사람이 놀라워했다. 이소군은 신선이고, 나이는 수백 살이나 되었다고 여겼다. 이소군이 한무제에게 고했다.

"부엌 신에게 제사 지내면 신령한 물건을 얻을 수 있습니다. 신령한 물건을 얻으면 단사丹沙를 이용해 황금을 제련할 수 있습니다. 황금을 제련한 후 음식을 담는 그릇을 만들어 사용하면 장수할 수 있습니다. 장수하면 바다에 떠 있는 봉래산의 신선도 만날 수 있습니다. 신선을 만난 뒤 봉선을 행하면 불로장생할 수 있습니다. 황제도 그같이 했습니다. 전에 신은 바다에서 놀다가 신선인 안기생安期生을 만났습니다. 그가 신에게 대추를 먹으라며 주었습니다. 대추가 참외만큼 컸습니다. 안기생은 신선이어서 봉래산의 선경僊境을 임의로 오갈 수 있습니다. 그는 마음이 통하면 모습을 나타내고, 그렇지 않으면 숨어 나타나지 않습니다."

한무제가 직접 부엌 신에게 제사를 올리는 사조를 행한 뒤 방사를 시켜 바다로 들어가 안기생과 같은 신선을 찾게 했다. 이어 단사 등을 이용해 황금을 만드는 일에 착수하도록 했다. 오랜 세월이 흘러 이소군이 병사하자 한무제는 그가 신선이 되어 승천한 것이지 결코 죽은 것이 아니라고 여겼다. 곧 방사 황추黃錘와 사관서史寬舒에게 이소군의 방술을 계승하게 했다. 이어 봉래산 신선 안기생을 찾도록 명했으나 결국 찾아내지 못했다. 이후 연나라와 제나라 등 바닷가에

사는 수많은 황당무계한 방사들이 이소군을 모방했다. 신선에 관한 이야기가 만연한 이유다. 박현亳縣 출신 방사 박유기薄誘忌가 우주만물을 주관하는 태일신泰一神에게 제사 지내는 방술을 상주했다.

천신 가운데 가장 존귀한 분이 태일신이고, 태일泰一을 보좌하는 것이 오제입니다. 옛날 천자는 매년 봄가을로 도성 동남쪽 교외에서 태일신에게 제사 지냈습니다. 소·양·돼지 등의 희생을 쓰는 태뢰로 일주일 동안 제사 의식을 거행했습니다. 또 제단에 팔방으로 통하는 귀도鬼道를 만들어 귀신이 임의로 오가게 했습니다.

한무제가 제사를 관장하는 태축太祝에게 명해 장안의 동남쪽 교외에 태일신 사당을 건립한 뒤 박유기가 말한 대로 제사를 올리게 했다. 후에 어떤 자가 상주했다.

옛날 천자는 3년에 한 번씩 태뢰로 삼신三神에게 제사를 올렸습니다. 천일신天一神·지일신地一神·태일신이 그것입니다.

천자가 이를 받아들였다. 박유기의 건의를 좇아 건립한 태일단泰一壇에서 그가 상서한 대로 삼신에게 제사 지낼 것을 태축에게 명했다. 이후 또 어떤 자가 상서했다.

옛날 천자는 늘 봄가을로 재앙을 물리치는 제사인 해사解祠를 올렸습니다. 황제에게 제사 지낼 때는 각각 어미를 잡아먹는 올빼미인 효조梟鳥와 아비를 잡아먹는 짐승인 파경破鏡 한 마리, 명양신冥羊神에게 제사 지낼 때는 양, 마행신馬行神에 제사 지낼 때는 청색의 수말[靑牡馬] 한 마리, 태일신과 고산산군皐山山君 및 지장신地長神에게 제사 지낼 때는 소, 무이산신武夷山神에게 제사 지낼 때는 건어乾魚, 음양사자신陰陽使者神에게 제사 지낼 때는 소 한 마리를 사용했습니다.

한무제가 사관祠官에게, 박유기의 말을 좇아 건의한 태일단 곁에서 그의 말대로 제사 지내도록 했다. 이후 궁원宮苑인 상림원에 백록白鹿이 나타났다. 한무제가 그 가죽으로 화폐를 만든 뒤• 어진 정사에 하늘이 감응해 내보인 길조로 선양했다. 이에 부응하기 위해 은과 주석을 합금한 백금白金 화폐를 만들었다. 이듬해, 천자가 옹현에서 교사를 거행하다가 뿔이 하나 달린 짐승인 일각수一角獸를 포획했다. 모양이 마치 고라니 같았다.•• 사관이 고했다.

"폐하가 장엄하고 공경스럽게 제사를 지내자 하늘이 그 보답으로 일각수를 내려주셨습니다. 아마도 기린이 아닐까 합니다."

이를 오치에 바치고 제단마다 소 한 마리씩을 태워 하늘에 제사 지냈다. 한무제가 제후들에게 백금을 내렸다. 상서로운 징조가 곧 천지의 뜻에 부응한 것임을 암시한 것이다. 당시 제북왕은 한무제의 봉선을 미리 짐작하고 글을 올려 태산과 주변 봉지를 헌납할 뜻을 밝혔다. 한무제가 이를 받아들이면서 다른 현縣을 내렸다. 상산왕이 죄를 짓고 추방되었다. 그의 동생을 진정왕眞定王에 봉해 선왕의 제

• 《사기색은》은 《한서》 〈식화지〉를 인용해 백록의 가죽으로 만든 피폐皮幣는 사방 1척으로, 황금 1근의 가치가 나갔다고 풀이했다.
•• "마치 고라니 같았다"의 원문은 약포연若麃然이다. 포麃를 《사기집해》는 위소의 주를 인용해 큰 사슴을 뜻하는 미麋의 초나라 방언이라고 했다. 포麃는 위엄스러운 모습인 무모武貌를 뜻할 때는 표로 읽는다.

사를 계속 받들게 하고, 상산국을 군으로 귀속시켰다. 이후 오악五嶽
일대 모두 천자가 직할하는 군에 편입되었다.

이듬해, 제나라 출신 방사 소옹少翁이 귀신을 불러들이는 방술로
한무제를 알현했다. 당시 한무제에게 총애하는 왕부인王夫人이 있었
으나 이내 죽고 말았다. 소옹이 방술을 이용해 밤에 왕부인과 부엌
신의 형상을 불러왔다. 한무제가 장막을 통해 그녀를 만나보았다. 덕
분에 소옹은 문성장군文成將軍에 봉해지고, 많은 재물을 하사받았다.
한무제는 빈객을 접대하는 예로 그를 대했다. 소옹이 말했다.

"황상은 신선을 만나고 싶어 하지만 궁실과 의복 등이 신선의 것
과 다르면 신선은 오지 않을 것입니다."

한무제가 곧 오색의 구름무늬를 그린 마차를 만든 뒤 오행설의 상
극 이치를 좇아 그날에 부응하는 신령한 수레를 골라 타고 악귀를
쫓았다. 또 감천궁을 지은 뒤 그 안에 대실臺室을 두었다. 그 안에 천
신·지신地神·태일신의 형상을 그려 넣은 뒤 제구祭具를 설치하고 천
신을 불러들였다. 1년 후 문성장군 소옹이 구사하는 방술의 영험이
점차 떨어졌고, 신선은 오지 않았다. 마침내 소옹은 비단 위에 글을
쓴 백서帛書를 소에게 먹인 뒤 모른 체하며 소의 뱃속에 기이한 물건
이 들어 있다고 말했다. 한무제가 소의 배를 가르게 하자 과연 백서
가 들어 있었다. 내용이 매우 기괴해 한무제가 이를 의심했다. 글자
의 필적을 알고 있는 누군가가 이를 따져 물으면서 결국 위조 사실
이 드러났다. 소옹은 살해되었고, 이 일은 비밀에 부쳐졌다. 이후 한
무제는 백량대·동주銅柱·승로선인장承露僊人掌 등을 만들었다.* 소옹

● 백량대는 향내 나는 측백나무로 만든 20장 높이의 누각, 동주는 건장궁建章宮 신명궁神明
臺에 세운 높이 30장에 달하는 구리기둥, 승로선인장은 이슬을 받는 신선의 손바닥을 형성한

이 죽은 이듬해에 한무제가 정호현鼎湖縣에서 중병을 얻었다. 무의巫醫들이 모든 방술을 써보았지만 호전되지 않았다. 유수현遊水縣 출신의 발근發根이라는 자가 말했다.•

"상군上郡에 무사가 살고 있습니다. 그는 무병巫病을 앓은 덕에 신령을 자기 몸에 내리게 할 수 있습니다."

한무제가 그를 부른 뒤 감천궁에서 제사 지내게 했다. 마침내 무사가 병이 나자 사람을 보내 신군에게 물어보게 했다. 무사의 몸에 들어온 신군이 말했다.

"천자의 병은 그리 걱정할 필요가 없다. 병이 조금 나아지면 억지로라도 감천궁으로 와 나를 만나면 된다."

이후 천자의 병이 호전되어 감천궁으로 행차하자 병이 말끔히 나았다. 한무제가 천하에 대사령을 내리고, 신을 모시는 편궁便宮인 수궁壽宮을 지은 뒤 모든 신군을 모셨다. 신군 가운데 제일 높은 신은 태일신이었다. 대금大禁과 사명司命 등은 모두 곁에서 태일신을 모시는 신이었다. 신령의 모습은 볼 수 없었고, 단지 음성만 들을 수 있었다. 마치 사람들이 이야기하는 것과 같았다. 때로는 어디론가 떠나갔다가 돌아오곤 했다. 올 때는 휘익 하는 바람소리를 냈다. 이들 신군은 실내의 장막 속에 살았고, 간혹 낮에 이야기할 때도 있었지만 주로 밤에 이야기를 했다. 한무제는 부정을 터는 푸닥거리인 불제를 행한 후 비로소 수궁에 들어갈 수 있었다. 그곳에서 무사를 주인으로 여기며 음식을 받아먹었다. 신군이 하고 싶은 말은 무사를 통해

그릇을 뜻한다.
• 《사기집해》는 복건의 주를 인용해 유수는 현명縣名, 발근은 인명으로 보았다. 이에 대해 《사기색은》은 안사고의 주를 인용해 유수를 성, 발근을 이름으로 보았다. 《사기집해》의 주석을 좇았다.

전달되었다. 수궁과 북궁北宮을 증수한 뒤 깃털로 장식한 깃발을 세웠다. 또 각종 제사기구를 진열해 신군에게 예의를 표했다.

한무제는 사람을 보내 신군이 한 말을 받아 적게 했다. 그 글을 부호와 그림으로 표시한 법어法語라는 뜻에서 화법畵法이라 했다. 그 내용은 세인들도 쉽게 알 수 있는 것으로 특별한 것이 전혀 없었는데도, 한무제 홀로 이를 보며 즐거워했다. 이런 일은 모두 비밀에 부친까닭에 세인들은 전혀 알 길이 없었다.

●● 孝武皇帝者, 孝景中子也. 母曰王太后. 孝景四年, 以皇子爲膠東王. 孝景七年, 栗太子廢爲臨江王, 以膠東王爲太子. 孝景十六年崩, 太子卽位, 爲孝武皇帝. 孝武皇帝初卽位, 尤敬鬼神之祀. 元年, 漢興已六十餘歲矣, 天下乂安, 薦紳之屬皆望天子封禪改正度也. 而上鄕儒術, 招賢良, 趙綰·王臧等以文學爲公卿, 欲議古立明堂城南, 以朝諸侯. 草巡狩封禪改曆服色事未就. 會竇太后治黃老言, 不好儒術, 使人微得趙綰等姦利事, 召案綰·臧, 綰·臧自殺, 諸所興爲者皆廢. 後六年, 竇太后崩. 其明年, 上徵文學之士公孫弘等. 明年, 上初至雍, 郊見五畤. 後常三歲一郊. 是時上求神君, 舍之上林中蹏氏觀. 神君者, 長陵女子, 以子死悲哀, 故見神於先後宛若. 宛若祠之其室, 民多往祠. 平原君往祠, 其後子孫以尊顯. 及武帝卽位, 則厚禮置祠之內中, 聞其言, 不見其人云. 是時而李少君亦以祠竈·穀道·卻老方見上, 上尊之. 少君者, 故深澤侯入以主方. 匿其年及所生長, 常自謂七十, 能使物, 卻老. 其遊以方徧諸侯. 無妻子. 人聞其能使物及不死, 更餽遺之, 常餘金錢帛衣食. 人皆以爲不治産業而饒給, 又不知其何所人, 愈信, 爭事之. 少君資好方, 善爲巧發奇中. 嘗從武安侯飮, 坐中有年九十餘老人, 少君乃言與其大父遊射處, 老人爲兒時從其大父行, 識其處, 一坐盡驚. 少君見上, 上有故銅器, 問少君. 少君曰, "此器齊桓公十年陳於柏寢." 已而案其刻, 果齊桓公器. 一宮盡駭, 以少君爲神, 數百歲人也. 少君言於上曰, "祠竈則致物, 致物而丹沙可化爲黃金, 黃金成以爲飮食器則益壽, 益壽而海中蓬萊僊者可見, 見之以封禪則不死, 黃帝是也. 臣嘗遊海上, 見安期生, 食臣棗, 大如瓜. 安期生僊者, 通蓬萊中, 合則見人, 不合則隱." 於是天子始親祠竈, 而遣方士入海求蓬萊安期生之屬, 而事化丹沙諸藥齊爲黃金矣. 居久之, 李少君病死. 天子以爲化去不死也, 而使黃錘史寬舒受其方. 求蓬萊安期生莫能得, 而海上燕齊怪迂之方士多相效, 更言神事矣. 亳人薄誘忌奏祠泰一方, 曰, "天神貴者泰一, 泰一佐曰五帝. 古者天子以春秋祭泰一東南郊, 用太牢具, 七日, 爲壇開八通之鬼道." 於是天子令太祝立其祠長安東南郊, 常奉祠如忌方. 其後人有上書, 言 "古者天子三年一用太牢具祠神三一, 天一, 地一, 泰一". 天子許之, 令太祝領祠之忌泰一壇上, 如其方. 後人復有上書, 言 "古者天子常以春秋解祠, 祠黃帝用一梟破鏡, 冥羊用羊, 祠馬行用一靑牡馬, 泰一・皋山山君・地長用牛, 武夷君用乾魚, 陰陽使者以一牛". 令祠官領之如其方, 而祠於忌泰一壇旁. 其後, 天子苑有白鹿, 以其皮爲幣, 以發瑞應, 造白金焉. 其明年, 郊雍, 獲一角獸, 若麃然. 有司曰, "陛下肅祗郊祀, 上帝報享, 錫一角獸, 蓋麟云." 於是以薦五畤, 畤加一牛以燎. 賜諸侯白金, 以風符應合于天地. 於是濟北王以爲天子且封禪, 乃上書獻泰山及其旁邑. 天子受之, 更以他縣償之. 常山王有罪, 遷, 天子封其弟於眞定, 以續先王祀, 而以常山爲郡. 然五嶽皆在天子之郡. 其明年, 齊人少翁以鬼神方見上. 上有所幸王夫人, 夫人卒, 少翁以方術蓋夜致王夫人及竈鬼之貌云, 天子自帷中望見焉. 於是乃拜少翁爲文成將軍, 賞賜甚多, 以客禮禮之. 文成言曰, "上卽欲與神通, 宮

室被服不象神, 神物不至." 乃作畫雲氣車, 及各以勝日駕車辟惡鬼. 又
作甘泉宮, 中爲臺室, 畫天·地·泰一諸神, 而置祭具以致天神. 居歲
餘, 其方益衰, 神不至. 乃爲帛書以飯牛, 詳弗知也, 言此牛腹中有奇.
殺而視之, 得書, 書言甚怪, 天子疑之. 有識其手書, 問之人, 果爲僞書.
於是誅文成將軍而隱之. 其後則又作柏梁·銅柱·承露僊人掌之屬矣.
文成死明年, 天子病鼎湖甚, 巫醫無所不致, 至不愈. 遊水發根乃言曰,
"上郡有巫, 病而鬼下之." 上召置祠之甘泉. 及病, 使人問神君. 神君言
曰, "天子毋憂病. 病少愈, 強與我會甘泉." 於是病愈, 遂幸甘泉, 病良
已. 大赦天下, 置壽宮神君. 神君最貴者大夫太一, 其佐曰大禁·司命
之屬, 皆從之. 非可得見, 聞其音, 與人言等. 時去時來, 來則風肅然也.
居室帷中. 時畫言, 然常以夜. 天子祓, 然后入. 因巫爲主人, 關飲食. 所
欲者言行下. 又置壽宮·北宮, 張羽旗, 設供具, 以禮神君. 神君所言,
上使人受書其言, 命之曰 '畫法'. 其所語, 世俗之所知也, 毋絶殊者, 而
天子獨喜. 其事祕, 世莫知也.

　이 일이 있은 지 3년 뒤 해당 관원들이 기원紀元은 응당 하늘이 내
려준 상서로운 징조로 이름을 지어야 하고, 단순히 숫자로 계산해서
는 안 된다는 의견을 냈다. 첫 번째 연호는 기원을 세웠다는 취지에
서 건원建元, 두 번째 연호는 혜성이 나타난 까닭에 원광元光, 세 번째
연호는 제사 지낼 때 일각수를 잡은 까닭에 원수元狩로 정할 것을 건
의했다.● 이듬해 겨울, 한무제가 옹현에서 교사를 올리면서 대신들

● 《사기집해》는 서광의 주를 인용해 원광 이후 원삭元朔, 원삭 이후 원수의 연호가 있었다
며 사마천이 원삭을 기술하지 않은 것을 지적했다. 학자들마다 연호를 쓰기로 결정한 연도를
두고 설이 엇갈린다. 북송 때의 사학자 유반劉攽은 《양한간오兩漢刊誤》에서 《사기》〈봉선서〉
의 구절을 근거로 원수 6년에서 원정 3년 사이로 보았다. 청대의 사학자 조익은 《입이사차기

에게 말했다.

"오늘 상제는 짐이 직접 제사 지냈으나 후토는 아직 제사 지내지 못했다. 이는 예의가 잘 갖추어진 것이 아니다."

해당 관원과 태사공 사마천,° 제사를 주관하는 사관인 관서 등이 의논한 뒤 이같이 고했다.

"천지의 신령에게 제사 지낼 때 사용하는 희생은 뿔이 누에고치나 밤같이 작은 것이어야 합니다. 지금 폐하가 직접 후토에 제사 지내고자 하면 후토의 모습은 호수에 떠 있는 둥근 구릉에 설치된 다섯 개 제단이어야 합니다. 제단마다 누런 새끼 송아지 한 마리씩을 희생으로 바쳐야 합니다. 제사가 끝나면 희생을 모두 땅에 묻어야 하고, 제사를 진행한 사람 모두 노란색 옷을 입어야 합니다."

한무제가 곧 동쪽으로 가 분수汾水 남쪽 구릉인 분음수汾陰脽 위에 후토의 제단을 세웠다. 건축 양식은 관서 등의 의견을 좇았다. 한무제가 직접 지신地神을 향해 멀리 바라보며 절을 올리는 망배望拜를 행했다. 하늘에 제사 지낼 때의 예의와 똑같이 했다. 제사가 끝나자 천자는 형양을 거쳐 장안으로 돌아왔다. 낙양을 지나면서 조서를 내렸다.

하·은·주 삼대의 예가 끊어진 지 오래되어 이후 예를 보존하기 어렵게 되었다. 사방 30리 땅에 주나라의 후예인 주자남군을 봉하고,

---

《十二史箚記》에서 원수 원년에 연호를 사용키로 결정했다고 추정했다. 조익의 주장을 좇았다.
● 태사공의 실체를 두고 논란이 많다. 《사기집해》는 위소의 주를 인용해 사마천이 자신의 부친 사마담을 지칭한 것으로 간주하는 것은 잘못이라고 지적하며, 사마천의 외손자인 양운이 《사기》를 편찬하면서 사마천을 태사공으로 지칭한 것이라고 풀이했다. 《사기색은》도 같은 입장이다. 이를 좇았다.

그 조상을 받들어 제사 지내도록 하라.

이해에 한무제가 각 군현을 순수하기 시작해 점차 태산 가까이 다가갔다. 이해 봄, 악성후樂成侯 정례丁禮가 글을 올려 방사 난대欒大를 천거했다. 난대는 교동왕의 궁인으로, 전에 소옹과 같은 스승 밑에서 공부한 후 교동왕의 약제사가 되었다. 악성후 정례의 누이는 교동강왕膠東康王 유기劉寄의 왕후가 되었으나 아들이 없었다. 교동강왕이 죽자 다른 희첩 소생이 뒤를 이었다.

악성후의 누이는 음란했다. 새 왕과 서로 뜻이 맞지 않았다. 계책을 써 서로 배척한 이유다. 그녀는 소옹이 이미 죽었다는 소식을 듣고는 한무제의 환심을 사기 위해 난대를 장안으로 보냈다. 오라버니인 악성후의 천거를 통해 난대에게 한무제를 알현하고 방술을 소개하도록 한 것이다. 당시 한무제는 문성장군 소옹을 죽인 뒤 내심 너무 일찍 죽였다며 후회하고 있었다. 특히 그의 방술을 완전히 전수받지 못한 것을 애석해했다. 마침 이때 난대를 만나자 크게 기뻐했다. 난대는 키가 크고 잘생긴데다 다양한 방술과 계책을 두루 이야기했다. 게다가 감히 큰소리를 치면서도 전혀 두려워하거나 당황하지 않았다. 난대가 이같이 큰소리쳤다.

"신은 일찍이 바다를 왕래하며 안기생과 선문고羨門高 등의 신선을 만났습니다. 그러나 이들은 신의 신분이 미천한 것만 생각해 신을 믿지 않았습니다. 교동강왕은 제후에 지나지 않은 까닭에 신은 내심 방술을 전수하기에는 뭔가 부족하다고 생각했습니다. 신이 누차 방술에 관해 이야기했지만 교동강왕 역시 신을 쓰지 않았습니다. 신의 스승이 이르기를, '황금을 연금할 수 있고, 황하의 터진 둑도 막을 수 있고, 불사약도 구할 수 있고, 신선도 불러올 수 있다'고 했습니다. 그러나 신은 문성장군처럼 될까 두렵습니다. 그처럼 방사들의 입을 모두 틀어막으면 어찌 감히 방술을 이야기할 수 있겠습니까!"

한무제가 말했다.

"문성장군은 말의 간을 잘못 먹어 죽은 것일 뿐이오. 그대가 만일 문성장군의 방술을 수련할 수 있다면 무엇을 아까워하겠소!"

난대가 고했다.

"신의 스승은 다른 사람을 찾아가지 않았습니다. 다른 사람들이 그를 찾아왔습니다. 폐하가 꼭 신선을 불러오고 싶다면 반드시 신선의 사자를 귀하게 대우해야 합니다. 그 친족도 거느리게 해주고 빈객의 예로 대해주어야 합니다. 업신여겨서는 안 됩니다. 사자에게 각종 신인信印을 지니게 해야만 비로소 신선과 소통하며 이야기할 수 있습니다. 그리할지라도 신선이 만나줄지 여부는 확신할 수 없습니다. 신선의 사자를 특별히 존중한 연후에 비로소 신선을 불러올 가능성이 생깁니다."

한무제가 작은 방술이라도 좋으니 한번 영험을 보여달라고 했다. 난대가 장기판 위의 말들이 서로 싸우는 놀이를 보여주었다. 과연 말들이 서로 부딪치며 싸웠다.* 당시 한무제는 황하의 범람을 우려하는 상황에서 단사를 이용한 연금술로 황금을 만들어내지 못하자

● "말들이 서로 부딪치며 싸웠다"의 원문은 투기鬪旗다. 투鬪는 투鬭의 본자本字다. 《사기정의》는 기旗가 일부 판본에 기棊로 되어 있다고 했다. 기棊는 기棊 내지 기棋와 같다. 《사기정의》에 인용된 《회남자》에 대한 고유의 주는 풀이하기를, "닭의 피를 얻은 뒤 숫돌로 간 바늘과 합쳐 자석으로 만든다. 이를 장기알의 머리로 사용해 햇볕에 말린 뒤 장기판 위에 놓으면 말들이 서로 거부하기를 그치지 않는다"고 했다. 난대도 자성磁性을 띤 장기알로 사람들을 놀라게 한 듯하다.

이내 난대를 오리장군五利將軍에 임명했다. 한 달여 뒤 난대는 네 개의 금인金印을 얻었다. 몸에 천사장군天士將軍, 지사장군地士將軍, 대통장군大通將軍, 천도장군天道將軍의 인장을 찼다. 한무제가 어사에게 조칙을 내렸다.

옛날 하나라 우왕은 9강을 소통시켰고, 사독을 개통했다. 근래 황하가 높은 지대까지 물에 잠긴 탓에 제방을 쌓느라 노역이 쉴 새 없었다. 짐이 천하를 다스린 지 28년이나 되었다. 하늘이 짐에게 방사를 보내준 듯하니, 난대는 하늘의 뜻에 통할 수 있을 것이다. 《주역》〈건괘乾卦〉에서 "마치 비룡飛龍이 하늘에서 노닌다"고 했고 이어 "큰 기러기가 높은 둑으로 잠차 날아간다"고 했다. 아마도 이는 난대를 칭송하는 말일 듯싶다. 지사장군 난대에게 2,000호를 봉해 악통후樂通侯로 삼는다.

난대에게 최상급의 제후에게 주는 저택과 1,000명의 노복을 주었다. 황제가 쓰지 않는 거마와 궁중의 기물을 대거 하사해 그의 집안을 가득 채웠다. 또 위황후衛皇后가 낳은 장공주를 그에게 시집보내고, 황금 1만 근을 주었다. 아울러 그녀의 봉호를 당리공주當利公主로 개명했다. 한무제가 직접 난대의 저택을 방문했다. 안부를 묻고 필요한 물품을 공급하기 위해 사자들의 행렬이 길게 이어졌다. 한무제의 고모인 대장공주大長公主를 비롯해 조정의 장상 이하 관원이 그의 집에서 주연을 베풀고 돈과 재물을 바쳤다. 한무제가 천도장군이라는 옥인玉印을 새긴 뒤 새를 형상한 우의羽衣를 입은 사자를 시켜 밤에 백모白茅 위에서 옥인을 받게 했다. 난대도 우의를 입고 백모 위에서 옥인을 받았다. 이는 오리장군 난대가 황제의 신하가 아님을 상징했다. 천도天道 옥인을 달고 다니는 자는 천자를 위해 천신의 왕림을 인도하는 임무를 맡은 자를 뜻한다. 이후 오리장군은 밤마다 자기 집에서 신선이 강림하기를 비는 제사를 올렸다. 결국 신령은 내려오지 않고 온갖 잡귀만 모였다. 그는 이들을 임의로 부릴 수 있었다. 이후 난대가 행장을 차리고 나온 뒤 동해로 가 스승을 만나겠다고 말했다. 한무제를 만난 지 몇 달 만에 여섯 개의 인장을 찬 까닭에 부귀가 천하를 진동시켰다. 연나라와 제나라의 바닷가 주변에 사는 방사 가운데 자신들도 능히 신선을 부르는 방술이 있다며 격분한 나머지 주먹과 팔뚝을 휘두르지 않는 자가 없었다.•

이해 여름 6월, 분음 출신 무사인 금錦이 위수魏脽의 후토 사당 곁에서 제사를 지내다가 땅에 갈고리 모양의 돌출물이 있는 것을 보고 흙을 파다가 정을 발견했다. 다른 정과 달리 매우 컸고, 꽃무늬만 조각되어 있을 뿐 글자는 새겨 있지 않았다. 이상히 여겨서 지방 관원에게 이를 말하자 관원이 하동태수 승勝에게 이를 알렸다. 승이 다시 이를 조정에 보고했다. 한무제가 사자를 보내 무사 금을 심문했다. 정을 얻은 것이 거짓이 아님을 확인한 후 예의를 갖추어 천지에 제사 지내고 감천궁으로 가지고 왔다. 한무제가 백관을 대동한 채 하늘에 제사를 올리며 헌납했다. 정을 맞이하는 일행이 중산에 이르렀을 때 날씨가 바람 없이 따뜻했고, 하늘에 노란 구름이 떠 있었다. 마침 고라니 한 마리가 뛰어가자 한무제가 직접 활을 쏘아 잡은 뒤 희

• "격분한 나머지 주먹과 팔뚝을 휘두르지 않는 자가 없었다"의 원문은 막부액완莫不搤捥이다. 《사기집해》는 복건의 주를 인용해 액搤을 주먹을 꽉 쥐는 만수滿手로 풀이했다. 완捥은 원래 팔뚝을 뜻하는 말로 완腕과 같으나 여기서는 팔뚝을 휘두른다는 뜻의 동사로 사용된 것이다.

생으로 삼아 제사를 올렸다. 장안으로 돌아오자 공경대부들이 의논 끝에 보정을 받들 것을 청했다. 한무제가 물었다.

"근래에 황하가 범람하고 흉년이 여러 해 동안 지속되었소. 내가 순수를 하는 와중에 후토를 제사 지내면서 백성이 풍성히 수확하기를 빌었소. 과연 올해에는 풍년이 들었지만 아직 신에게 감사의 제사를 올리지 못했소. 그런데도 이 정이 나온 까닭은 무엇이오?"

제사 담당 관원들이 입을 모아 고했다.

"옛날 대제大帝인 복희씨가 신정神鼎을 한 개 만들었습니다. 한 개를 뜻하는 1은 통일과 천지 만물의 귀결을 의미한다고 들었습니다. 황제는 보정을 세 개 만들었습니다. 각각 천天·지地·인人을 상징했습니다. 하나라 우왕은 아홉 개 주의 쇠붙이를 모두 모아 아홉 개 정을 만들었습니다. 모두 희생을 삶아 하늘의 귀신에게 제사 지낼 때 사용하고자 한 것입니다.● 우임금의 성세를 만나 정이 만들어진 뒤 하나라에서 은나라로 전해졌습니다. 주나라의 덕이 쇠하고 은나라의 후신인 송나라의 사직이 황폐해지자 정은 물에 잠기거나 땅속에 묻힌 채 세상에 나타나지 않았습니다. 《시경》〈주송周頌, 사의絲衣〉에 이르기를, '안채인 당堂에서 대문의 좌우에 있는 숙塾까지 가며 제기를 살펴보고 희생으로 쓰는 양부터 소까지 모든 제수祭需를 살펴보니 큰 정과 작은 정 모두 청결하구나.●● 시끄럽게 떠들거나 오만하지

● "모두 희생을 삶아 하늘의 귀신에게 제사 지낼 때 사용하고자 한 것입니다"의 원문은 개상상팽상제귀신皆嘗鬺烹上帝鬼神이다. 여기의 상嘗은 새로 나온 곡식이나 과일 등을 처음으로 맛본다는 뜻에서 제사에 깨끗한 희생을 바친다는 의미로 전환되었다. 상鬺은 솥에 희생을 삶는다는 의미다. 《사기색은》은 《한서》〈교사지郊祀志〉를 인용해 세발솥의 정 가운데 발의 속이 빈 것을 력鬲이라 하고, 세 가지 덕을 갖춘 솥을 정이라 한다고 풀이했다.

●● "큰 정과 작은 정 모두 청결하구나"의 원문은 내정급자鼐鼎及鼒다. 《사기집해》는 위소의 주를 인용해 《이아爾雅》에서 커다란 솥을 내鼐, 둥근 솥뚜껑을 지닌 작은 옹달솥을 자鼒로 보았다고 풀이했다.

않으니 엄숙히 장수와 복을 구하네'라고 했습니다. 지금 보정이 감천궁에 도착했습니다. 광채와 윤이 나 용이 변화하는 모습이니 무궁한 복록을 이어받은 듯합니다. 이는 전번에 중산에서 짐승 모양을 한 황백색 구름이 어가의 덮개로 내려온 길조와 부합합니다. 당시 황상은 신단 아래서 큰 활로 화살 네 발을 쏘아 고라니를 잡았습니다. 모두 천지 귀신에게 보답하는 성대한 제사의 배경이 되었습니다. 오직 천명을 받은 제왕만이 마음으로 하늘의 뜻을 이해하고, 하늘의 덕에 부합할 수 있습니다. 보정은 반드시 조상의 묘당에 바쳐야 합니다. 황궁에 소중히 모셔 신명의 상서로운 징조에 부응하도록 하십시오."

한무제가 조서를 내렸다.

"가하다."

바다로 들어가 봉래산을 찾던 자들이 돌아와 고하기를, "봉래산의 선경은 결코 멀지 않으나 그곳에 도달하지 못하는 것은 아마도 그 상서로운 기운을 보지 못하기 때문일 듯싶다"고 했다. 황제는 곧 상서로운 기운과 조짐을 잘 보는 관원을 보내 그 기후氣候를 살피게 했다. 이해 가을, 한무제가 옹현으로 가 교사를 거행하고자 했다. 어떤 자가 말했다.

"오제는 태일신의 보좌이므로 따로 태일신의 제단을 세운 뒤 황상이 직접 교사를 거행해야 합니다."

한무제가 주저하며 결정하지 못했다. 제나라 출신 방사 공손경公孫卿이 말했다.

"올해 보정을 얻었습니다. 올해 동짓달 초하루 신사일은 동지에 해당하니 이는 황제가 보정을 얻은 때와 같습니다."

공손경은 글씨가 쓰인 작은 나무조각[割書]을 가지고 있었다. 거기에 이런 글이 적혀 있었다.

황제가 완구宛朐에서 보정을 얻은 후 귀유구鬼臾區에게 이를 묻자 귀유구가 대답하기를, "황제가 보정과 신책을 얻은 것은 시점이 마침 이해의 동지에 해당하는 음력 11월 초하루인 기유일 아침이고 하늘의 벼리를 얻었기 때문이니, 이는 끝났다가 다시 시작하는 것입니다"라고 했다. 황제가 일월에 근거해 역법을 추산하자, 이후 20년마다 음력 11월 초하루 아침이 동지에 해당되었다. 무려 20여 차례나 거듭해 380년 만에 황제가 신선이 되어 하늘로 올라갔다.

공손경이 소충所忠을 통해 이를 고하려 했으나 소충은 그 글을 정도에 어긋난 망령된 글로 생각해 거절했다.

"보정의 일은 이미 결정된 것이오. 그 말을 고한다고 무슨 소용이 있겠소?"

공손경은 한무제가 총애하는 자를 통해 이를 고했다. 한무제가 크게 기뻐하며 곧바로 공손경을 불러 물었다. 공손경이 대답했다.

"신은 방사 신공申功에게 이를 받았습니다. 신공은 이미 죽었습니다."

한무제가 물었다.

"신공은 어떤 사람이오?"

공손경이 대답했다.

"신공은 제나라 출신입니다. 신선 안기생과 왕래했고, 황제의 말을 전수받았습니다. 다른 글은 남기지 않았고 오직 정에 새긴 글만 남았습니다. 거기에는 '한나라가 다시 일어난 시기는 황제가 정을 얻은 때와 같다. 한나라의 성인은 한고조의 손자이거나 증손자일 것이다. 보정이 나타난 것은 신과 통한 것으로 봉선을 행해야 한다. 역대 제왕 가운데 일흔두 명이 봉선을 행했다. 오직 황제만이 태산에 올라가 하늘에 제사 지냈다'라고 되어 있었습니다. 이를 두고 신공은 말하기를, '한나라 군주 또한 봉선해야 하고, 봉선하면 신선이 되어 하늘에 오를 수 있을 것이다. 황제 때는 봉국이 1만 개나 되었다. 그 가운데 산천에 제사 지낸 나라는 7,000개였다. 천하에 명산은 여덟 곳이다. 세 곳은 만이, 다섯 곳은 중원에 있다. 중원에 있는 것으로는 화산·수산首山·태실산太室山·태산·동래산東萊山 등이다. 이 다섯 개 명산 모두 황제가 자주 유람하며 신선과 만나던 곳이다. 황제는 일면 전쟁을 치르면서 일면 선도僊道를 배웠다. 백성이 선도를 배우는 것을 걱정하자 귀신을 비난하는 자들을 살해했다.

이같이 해서 100여 년이 지난 뒤 비로소 신선과 통할 수 있다. 황제는 옹 땅에서 상제에게 제사를 올리느라 석 달 동안 머물렀다. 귀유구는 별호가 대홍이고, 죽은 후 옹현에 장사 지냈다. 홍총鴻冢이 곧 그의 묘다. 이후 황제는 또 명정明廷에서 수많은 신선을 만났다. 명정은 지금의 감천궁이고, 이른바 한문寒門은 지금의 곡구谷口다. 황제는 수산에서 동을 채취해 형산荊山 아래서 정을 주조했다. 정을 완성하자 하늘에서 목 아래의 살에 수염이 난 용 한 마리가 내려와서 황제를 영접했다.• 황제가 용의 등에 올라탈 때 신하와 후궁 70여 명

• "혹 수염"의 원문은 호염胡顬이다. 염顬은 원래 귀밑에서 턱까지 난 수염인 구레나룻을 뜻한다. 《사기색은》은 안사고의 주를 인용해 호胡는 목 아래 드리워진 살, 염은 거기에 난 털로 풀이했다.

도 함께 탔다. 용은 이내 하늘로 올라갔다. 나머지 신하들이 용의 등에 올라타지 못하자 급히 용의 목 아래 살에 난 수염을 잡아당겼다. 용의 수염이 뽑혀 떨어지면서 황제의 활도 떨어졌다. 백성은 황제가 하늘로 올라가는 것을 보고는 그의 활과 용의 수염을 끌어안고 대성통곡했다. 후대인이 이를 토대로 이 일대를 정호鼎湖, 그 활을 오호烏號로 칭했다'고 했습니다."

천자가 탄식했다.

"아, 내가 실로 황제 같을 수만 있다면 뒤축 없는 신발을 내버리듯 처자와 헤어질 것이다!"•

곧 공손경을 낭관에 임명한 뒤 동쪽 태실산으로 보내 신선을 맞이하게 했다. 한무제가 옹현에서 교사를 지내고 농서에 이른 후 서쪽의 공동산에 올랐다가 감천궁으로 돌아왔다. 그는 제사를 주관하는 관서 등에게 명해 태일신의 제단을 짓게 했다. 제단은 박유기가 말한 태일단의 양식대로 짓고 단의 계단은 3층으로 나누게 했다. 오제의 제단은 태일단 아래로 빙 둘러 각자 해당 방위에 세우게 했다. 황제의 제단은 서남쪽에 두면서 귀신이 오가는 길을 팔방으로 통하게 했다. 태일신에게 제사 지낼 때 사용하는 제물은 옹현의 치畤에 올리는 것과 같게 했다. 여기에 감주·대추·포脯 등의 제수를 더하고, 털이 많은 얼룩소 한 마리를 잡아 제물로 쓰게 했다. 그러나 오제의 제사에는 단지 희생과 감주만 바치게 했다. 제단 아래 사방의 땅에는 오제를 보좌하는 여러 신과 북두칠성의 신위를 연속해 늘어놓고 동시에 제사를 지내도록 했다.••

• "뒤축 없는 신발을 내버리듯"의 원문은 여탈새如脫躧다. 새躧는 뒤축이 없는 작은 신발을 뜻하는 말로 일종의 슬리퍼에 해당한다. 천천히 걷는 사躧의 뜻일 때는 사로 읽는다.

제사가 끝난 후 남은 음식 모두 태워버렸다. 오제와 그를 수행하는 신들의 제사에 쓰이는 소는 백색을 바쳤다. 사슴을 소의 뱃속에 넣고, 다시 사슴의 뱃속에 돼지를 넣은 후 물에 담가 물이 절로 스며들게 했다. 일신日神의 제사에는 소, 월신月神의 제사에는 양이나 돼지 한 마리만 썼다. 태일신 제사를 주관하는 관원은 수놓은 자주색 옷을 입었다. 오제의 제사는 해당 색의 옷을 입었다. 또 일신의 제사는 적색, 월신의 제사는 백색 옷을 입었다. 이해 11월 신사일 초하루 아침, 동지였다. 먼동이 틀 때 한무제가 교외에서 태일신에게 제사 지냈다. 이날의 아침에는 태양, 저녁에는 달을 향해 손을 모으고 절했다. 태일신의 제사에는 옹현에서 지내는 교사의 예를 갖추었다. 축문에서 이같이 말했다.

> 하늘이 처음으로 보정과 신책을 황제에게 내리고, 초하루 아침인 삭朔이 바뀌면 다시 삭이 오듯이, 끝나면 다시 시작하게 했습니다. 이에 황제가 공손히 제사를 올립니다.

제사 때의 복색은 모두 노란색이었다. 제단에는 횃불을 가득 켜놓고, 제단 곁에는 음식을 삶거나 불을 땔 때 사용하는 조리기구를 늘어놓았다. 담당 관원이 말했다.

"제단 위에서 광채가 납니다."

●● "연속해 늘어놓고 제사를 지냈다"의 원문은 체식緣食이다. 《사기색은》은 체緣를 동시에 연속해서 여러 신에게 제사를 지낸다는 뜻으로 풀이하면서 《한서》 〈예문지〉에는 살을 바른다는 뜻의 철緣로 나온다고 했다. 《사기정의》는 유백장의 주를 인용해 제단 주변을 빙 둘러 신위를 잇달아 늘어놓는 것으로 해석했다. 순열의 《한기》 〈문제기文帝紀 하〉에서는 체식을 두루 맛을 보는 철식啜食의 뜻으로 사용했다.

공경대신이 입을 모아 말했다.

"황상이 전에 운양궁雲陽宮에서 태일신에게 제사를 올릴 때 담당 관원이 커다란 옥과 다섯 살 된 2,000근의 소를 공손히 제물로 바쳤습니다. 이날 밤하늘에 아름다운 광채가 나타나 다음날 낮까지 지속되었습니다. 그 황색 구름은 하늘까지 이어졌습니다."

태사공 사마천과 사관祠官 관서 등이 건의했다.

"신령의 아름다운 모습은 복이 내리는 상서로운 징조이니, 광채가 난 땅에 태일신의 제단을 만들어 하늘의 감응에 보답해야 합니다. 태축에게 명해 가을겨울로 제사를 지내고, 3년마다 황상이 직접 교사를 거행하도록 하십시오."

이해 가을, 남월을 토벌하기 위해 태일신에게 제사 지내며 그 연유를 고했다[告由]. 제사 때 깔끔한 가시나무로[牡荊] 깃대를 만들고, 깃발에 일월과 북두칠성 및 비룡을 그려 넣어 천일삼성天一三星을 상징했다. 태일신 제사 때 이를 제일 앞에 두는 깃발로 사용한 까닭에 영기靈旗로 불리었다. 전쟁을 이유로 기도할 때는 태사가 깃발을 잡고 정벌하고자 하는 나라의 방향을 가리켰다. 당시 신선을 영접하기 위해 파견된 오리장군 난대는 바다로 들어가지 못한 채 태산으로 가 제사만 지냈다. 한무제가 몰래 사람을 보내 조사하게 했다. 난대는 신선을 전혀 만나지 못했음에도 스승을 만났다고 거짓말했다. 그의 방술 또한 전혀 영험을 나타내지 못했다. 한무제가 그를 주살했다. 이해 겨울, 공손경이 하남에서 신선을 찾다가 구씨성緱氏城 위에서 신선의 자취를 발견했다. 마치 꿩 발자국 같았는데 성 위를 왕래한 흔적이 남았다. 한무제가 직접 구씨성으로 와 그 자취를 살핀 뒤 이같이 물었다.

"문성장군과 오리장군을 본받으려는 것은 아니겠는가?"

공손경이 대답했다.

"신선은 군주를 찾지 않는 까닭에 군주가 신선을 찾아야 합니다. 시간을 넉넉히 두고 참고 기다리지 않으면 신선은 오지 않습니다. 신선에 관해 말씀드리면, 얼핏 현실과 동떨어져 우활迂闊하고 기괴하고 헛되어 괴이한 일 같지만 오랜 세월이 흐르면 가히 신선을 불러올 수 있습니다."

군국 모두 각자 도로를 정비하고, 궁궐의 누대와 명산의 신사神祠를 말끔히 단장했다. 천자의 왕림에 대비한 것이다. 이해에 남월을 멸망시켰다. 한무제가 총애하는 신하 이연년李延年은 아름다운 음악을 만들어 한무제를 배견하곤 했다. 한무제가 그의 음악을 칭송했다. 이어 공경대신에게 제사에 사용할 음악을 논의케 하면서 이같이 말했다.

"민간 제사에도 북을 치고 춤을 추는 고무鼓舞의 음악을 사용한다. 지금 교사를 하면서 오히려 아무런 음악도 사용치 않으니 이 어찌 타당한 일인가?"

공경대신들이 고했다.

"옛날 천지에 제사 지낼 때 모두 음악을 사용했습니다. 천지의 신령이 제사를 흠향한 이유입니다."

또 어떤 자가 말했다.

"복희씨인 태제泰帝가 신녀인 소녀素女에게 50현의 거문고를 타게 했는데, 그 음조가 너무 슬펐습니다. 태제가 도중에 금지하고자 해도 멈출 수가 없었습니다. 마침내 그 거문고를 부수고 25현의 거문고로 바꾼 이유입니다."

남월을 평정한 뒤 태일신과 후토신에게 제사 지낼 때 처음으로 악
무를 사용했고, 가수를 불러 노래하게 했다. 25현의 거문고와 공후箜
篌가 널리 제작되기 시작한 배경이다.

●● 其後三年, 有司言元宜以天瑞命, 不宜以一二數. 一元曰建元, 二
元以長星曰元光, 三元以郊得一角獸曰元狩云. 其明年冬, 天子郊雍,
議曰, "今上帝朕親郊, 而后土母祀, 則禮不答也." 有司與太史公·祠官
寬舒等議, "天地牲角繭栗. 今陛下親祀后土, 后土宜於澤中圜丘爲五
壇, 壇一黃犢太牢具, 已祠盡瘞, 而從祠衣上黃." 於是天子遂東, 始立
后土祠汾陰脽上, 如寬舒等議. 上親望拜, 如上帝禮. 禮畢, 天子遂至榮
陽而還. 過雒陽, 下詔曰, "三代邈絕, 遠矣難存. 其以三十里地封周後
爲周子南君, 以奉先王祀焉." 是歲, 天子始巡郡縣, 侵尋於泰山矣. 其
春, 樂成侯上書言欒大. 欒大, 膠東宮人, 故嘗與文成將軍同師, 已而爲
膠東王尙方. 而樂成侯姊爲康王后, 母子. 康王死, 他姬子立爲王. 而康
后有淫行, 與王不相中得, 相危以法. 康后聞文成已死, 而欲自媚於上,
乃遣欒大因樂成侯求見言方. 天子旣誅文成, 後悔恨其早死, 惜其方不
盡, 及見欒大, 大悅. 大爲人長美, 言多方略, 而敢爲大言, 處之不疑. 大
言曰, "臣嘗往來海中, 見安期·羨門之屬. 顧以爲臣賤, 不信臣. 又以爲
康王諸侯耳, 不足予方. 臣數言康王, 康王又不用臣. 臣之師曰, '黃金
可成, 而河決可塞, 不死之藥可得, 僊人可致也.' 臣恐效文成, 則方士
皆掩口, 惡敢言方哉!" 上曰, "文成食馬肝死耳. 子誠能脩其方, 我何愛
乎!" 大曰, "臣師非有求人, 人者求之. 陛下必欲致之, 則貴其使者, 令
有親屬, 以客禮待之, 勿卑, 使各佩其信印, 乃可使通言於神人. 神人尙
肯邪不邪. 致尊其使, 然后可致也." 於是上使先驗小方, 鬪旗, 旗自相
觸擊.

是時上方憂河決, 而黃金不就, 乃拜大爲五利將軍. 居月餘, 得四金印, 佩天士將軍·地士將軍·大通將軍·天道將軍印. 制詔御史, "昔禹疏九江, 決四瀆. 閒者河溢皋陸, 隄繇不息. 朕臨天下二十有八年, 天若遺朕士而大通焉. 乾稱蜚龍, 鴻漸于般, 意庶幾與焉. 其以二千戶封地士將軍大爲樂通侯." 賜列侯甲第, 僮千人. 乘輿斥車馬帷帳器物以充其家. 又以衛長公主妻之, 齎金萬斤, 更名其邑曰當利公主. 天子親如五利之第. 使者存問所給, 連屬於道. 自大主將相以下, 皆置酒其家, 獻遺之. 於是天子又刻玉印曰'天道將軍', 使使衣羽衣, 夜立白茅上, 五利將軍亦衣羽衣, 立白茅上受印, 以示弗臣也. 而佩天道者, 且爲天子道天神也. 於是五利常夜祠其家, 欲以下神. 神未至而百鬼集矣, 然頗能使之. 其後治裝行, 東入海, 求其師云. 大見數月, 佩六印, 貴振天下, 而海上燕齊之閒, 莫不搤捥而自言有禁方, 能神僊矣.

其夏六月中, 汾陰巫錦爲民祠魏脽后土營旁, 見地如鉤狀, 捂視得鼎. 鼎大異於衆鼎, 文鏤毋款識, 怪之, 言吏. 吏告河東太守勝, 勝以聞. 天子使使驗問巫錦得鼎無姦詐, 乃以禮祠, 迎鼎至甘泉, 從行, 上薦之. 至中山, 晏溫, 有黃雲蓋焉. 有麏過, 上自射之, 因以祭云. 至長安, 公卿大夫皆議請尊寶鼎. 天子曰, "閒者河溢, 歲數不登, 故巡祭后土, 祈爲百姓育穀. 今年豐廡未有報, 鼎曷爲出哉?" 有司皆曰, "聞昔大帝興神鼎一, 一者一統, 天地萬物所繫終也. 黃帝作寶鼎三, 象天地人也. 禹收九牧之金, 鑄九鼎, 皆嘗鬺烹上帝鬼神. 遭聖則興, 遷于夏商. 周德衰, 宋之社亡, 鼎乃淪伏而不見. 頌云'自堂徂基, 自羊徂牛, 鼐鼎及鼒, 不虞不驁, 胡考之休'. 今鼎至甘泉, 光潤龍變, 承休無疆. 合茲中山, 有黃白雲降蓋, 若獸爲符, 路弓乘矢, 集獲壇下, 報祠大饗. 惟受命而帝者心知其意而合德焉. 鼎宜見於祖禰, 藏於帝廷, 以合明應." 制曰, "可."

其秋, 上幸雍, 且郊. 或曰, "五帝, 泰一之佐也. 宜立泰一而上親郊之". 上疑未定. 齊人公孫卿曰, "今年得寶鼎, 其冬辛巳朔旦冬至, 與黃帝時等." 卿有剳書曰, "黃帝得寶鼎宛侯胊, 問於鬼臾區. 區對曰, '黃帝得寶鼎神筴, 是歲己酉朔旦冬至, 得天之紀, 終而復始.' 於是黃帝迎日推筴, 後率二十歲得朔旦冬至, 凡二十推, 三百八十年. 黃帝僊登于天." 卿因所忠欲奏之. 所忠視其書不經, 疑其妄書, 謝曰, "寶鼎事已決矣, 尚何以爲!" 卿因嬖人奏之. 上大說, 召問卿. 對曰, "受此書申功, 申功已死." 上曰, "申功何人也?" 卿曰, "申功, 齊人也. 與安期生通, 受黃帝言, 無書, 獨有此鼎書. 曰 '漢興復當黃帝之時. 漢之聖者在高祖之孫且曾孫也. 寶鼎出而與神通, 封禪. 封禪七十二王, 唯黃帝得上泰山封'. 申功曰, '漢主亦當上封, 上封則能僊登天矣. 黃帝時萬諸侯, 而神靈之封居七千. 天下名山八, 而三在蠻夷, 五在中國. 中國華山·首山·太室·泰山·東萊, 此五山黃帝之所常遊, 與神會. 黃帝且戰且學僊. 患百姓非其道, 乃斷斬非鬼神者. 百餘歲然後得與神通. 黃帝郊雍上帝, 宿三月. 鬼臾區號大鴻, 死葬雍, 故鴻冢是也. 其後於黃帝接萬靈明廷. 明廷者, 甘泉也. 所謂寒門者, 谷口也. 黃帝采首山銅, 鑄鼎於荊山下. 鼎既成, 有龍垂胡顤下迎黃帝. 黃帝上騎, 群臣後宮從上龍七十餘人, 龍乃上去. 餘小臣不得上, 乃悉持龍顤, 龍顤拔, 墮黃帝之弓. 百姓仰望黃帝既上天, 乃抱其弓與龍胡顤號. 故後世因名其處曰鼎湖, 其弓曰烏號.'" 於是天子曰, "嗟乎! 吾誠得如黃帝, 吾視去妻子如脫躧耳." 乃拜卿爲郎, 東使候神於太室.

上遂郊雍, 至隴西, 西登空桐, 幸甘泉. 令祠官寬舒等具泰一祠壇, 壇放薄忌泰一壇, 壇三垓. 五帝壇環居其下, 各如其方, 黃帝西南, 除八通鬼道. 泰一所用, 如雍一時物, 而加醴棗脯之屬, 殺一氂牛以爲俎豆牢具. 而五帝獨有俎豆醴進. 其下四方地, 爲馂食群神從者及北斗云.
已祠, 胙餘皆燎之. 其牛色白, 鹿居其中, 彘在鹿中, 水而洎之. 祭日以
牛, 祭月以羊彘特. 泰一祝宰則衣紫及繡. 五帝各如其色, 日赤, 月白.
十一月辛巳朔旦冬至, 昧爽, 天子始郊拜泰一. 朝朝日, 夕夕月, 則揖,
而見泰一如雍禮. 其贊饗曰, "天始以寶鼎神筴授皇帝, 朔而又朔, 終而
復始, 皇帝敬拜見焉." 而衣上黃. 其祠列火滿壇, 壇旁烹炊具. 有司云
"祠上有光焉". 公卿言 "皇帝始郊見泰一雲陽, 有司奉瑄玉嘉牲薦饗.
是夜有美光, 及晝, 黃氣上屬天." 太史公 · 祠官寬舒等曰, "神靈之休,
祐福兆祥, 宜因此地光域立泰畤壇以明應. 令太祝領, 祀秋及臘間祠.
三歲天子一郊見." 其秋, 爲伐南越, 告禱泰一, 以牡荊畫幡日月北斗登
龍, 以象天一三星, 爲泰一鋒, 名曰 '靈旗'. 爲兵禱, 則太史奉以指所伐
國. 而五利將軍使不敢入海, 之泰山祠. 上使人微隨驗, 實無所見. 五利
妄言見其師, 其方盡, 多不讎. 上乃誅五利.

　其冬, 公孫卿候神河南, 見僊人跡緱氏城上, 有物若雉, 往來城上. 天
子親幸緱氏城視跡. 問卿, "得毋效文成 · 五利乎?" 卿曰, "僊者非有求
人主, 人主求之. 其道非少寬假, 神不來. 言神事, 事如迂誕, 積以歲乃
可致." 於是郡國各除道, 繕治宮觀名山神祠所, 以望幸矣. 其年, 旣滅
南越, 上有嬖臣李延年以好音見. 上善之, 下公卿議, 曰, "民間祠尙有
鼓舞之樂, 今郊祠而無樂, 豈稱乎?" 公卿曰, "古者祀天地皆有樂, 而神
祇可得而禮." 或曰, "泰帝使素女鼓五十弦瑟, 悲, 帝禁不止, 故破其瑟
爲二十五弦." 於是塞南越, 禱祠泰一 · 后土, 始用樂舞, 益召歌兒, 作
二十五弦及箜篌瑟自此起.

이듬해 겨울, 한무제가 말했다.

"옛날 제왕은 먼저 병기를 거두어들이고 군사를 해산한 후 봉선을 거행했소."

그러고는 군사 10만여 명을 이끌고 북쪽 삭방朔方을 순시한 뒤 돌아오는 길에 교산에 있는 황제의 능묘에 제사를 올렸다. 수여須如에서 군사를 해산하며 이같이 물었다.

"내가 듣건대 황제는 죽지 않았다고 한다. 여기에 무덤이 있으니 어찌 된 일인가?"

어떤 자가 대답했다.

"황제가 신선이 되어 하늘로 올라간 후 신하들이 그 의관을 묻은 것입니다."

한무제가 감천궁으로 돌아온 후 태산의 봉선을 거행하기 위해 먼저 태일신에게 유사한 제사를 올렸다. 보정을 얻은 뒤 한무제가 공경대부 및 유생과 봉선의 거행에 관해 상의했다. 봉선은 거행되는 일이 드물어 끊어진 지 오래되었다. 의식에 관해 아는 자가 없었다. 유생들은 《서경》과 《주례》, 《예기》〈왕제王制〉 등을 근거로 산천에 제사를 올리는 망사와, 직접 활로 소를 쏘아 제사를 올리는 사우射牛로 봉선할 것을 건의했다. 제나라 출신 정공丁公은 나이가 약 아흔 살이었다. 그가 말했다.

"봉선은 불사不死의 명칭과 부합합니다. 진시황은 산에 오르다가 비를 만나는 바람에 봉선을 행하지 못했습니다. 폐하가 반드시 오르고자 하면 약간 더 올라가야 비바람이 없습니다. 그래야 산 위에서 봉선할 수 있습니다."

한무제가 즉시 유생들에게 명해 소를 활로 쏘아 맞히는 의식을 수련하고, 봉선 의식에 관한 초안을 작성하게 했다. 몇 년 뒤 봉선 의식을 거행할 때가 다가왔다. 한무제가 공손경과 방사들로부터 황제가 봉선을 행할 때 신물과 신선을 모두 불러들여 서로 통했다는 말을 들었다. 이내 황제를 본받아 신선과 봉래의 방사들에게 가까이 다가가고, 속세를 떠나 인황인 구황九皇에 필적할 만한 덕을 쌓고자 했다. 또 유가의 학설을 널리 채용해 봉선의 글을 짓고자 했다. 유생들은 봉선에 관한 일을 분명히 밝히지 못했다. 《시경》과 《서경》 등의 옛 글에 얽매여 감히 자신의 견해를 표하지 못했다. 천자가 봉선을 행할 때 사용할 제기를 보여주자 유생 가운데 어떤 자가 말했다.

"이는 옛것과 같지 않습니다."

유생 서언徐偃이 말했다.

"태상에 속한 자들이 행하는 예식은 노나라 것보다 못합니다."

이때 유생 주패周霸의 무리가 봉선 의식을 멋대로 꾸미려 했다. 천자가 서언과 주패를 몰아내고 유생들을 모조리 파면한 뒤 다시는 등용하지 않았다. 이해 3월, 천자가 동쪽으로 구씨현에 행차했다. 중악中嶽과 태실산에 올라 제사를 올렸다. 한부제를 시종한 관원들이 산 아래서 '만세!' 소리를 듣고는 산 위로 올라가 묻자 산 위 사람들은 그런 소리를 낸 적이 없다고 했다. 산 아래로 내려가 묻자 산 아래 사람들도 그런 소리를 외치지 않았다고 했다. 한무제가 이 말을 듣고는 300호를 태실산에 내려 제사를 받들게 하고, 이 지역을 숭고읍崇高邑으로 불렀다. 이어 동쪽으로 가 태산에 올랐다. 산 위에는 아직 초목이 자라나지 않았다. 좌우에 명해 비석을 태산의 정상에 세우도록 했다. 한무제가 동쪽으로 가 바닷가를 순행하며 팔신八神에게 제사를 올렸다.• 제나라 사람이 상서했다.

기괴한 방술을 이야기하는 자가 1만 명에 이르나 영험한 자는 단 한
명도 없습니다.

한무제가 명했다.

"배를 더욱 많이 띄운 뒤 바다에 신선이 있다고 말하는 수천 명에
게 명해 봉래산의 신선을 찾도록 하라."

이때 공손경은 부절을 가지고 먼저 가 명산에서 신선을 기다리다
가 동래東萊에 이르렀을 때 밤에 거인을 목격했다.

"거인의 키가 수십 척이나 됩니다. 가까이 접근하자 곧 사라졌습
니다. 그가 남긴 발자국을 보니 마치 짐승의 것처럼 매우 컸습니다."

신하들 가운데 어떤 자가 말했다.

"한 노인이 개를 끌고 가다가 '천자를 만나고 싶다'고 말하고는 갑
자기 사라졌습니다."

한무제가 큰 발자국을 보고도 믿지 못하다가, 신하 가운데 어떤
자가 그 노인의 일을 말하자 신선으로 생각했다. 해상에 머물며 방
사들에게 역참의 전거를 내주고, 틈만 나면 사자를 보내 신선을 찾도
록 독려한 이유다. 독려차 보낸 사자가 수천 명에 달했다. 이해 4월,
해상에서 봉고현奉高縣으로 돌아왔다. 천자는 유생과 방사 들이 말하
는 봉선에 관한 견해가 각기 달랐고, 근거도 빈약해 시행하기 어렵
다고 생각했다. 양보산에 돌아와서 지신에게 제사를 올렸다.

4월 을묘일, 시중과 유생에게 명해 사슴가죽으로 만든 갓[皮弁]과
홀을 꽂은 관복을 착용한 채 소를 활로 쏘아 맞히는 사우 의식을 행

• 팔신을 《사기집해》는 문영의 주를 인용해 팔방신八方神으로 보았다. 이에 대해 《사기색
은》은 위소의 주를 인용해 천·지·음·양·일·월·성신·사시의 신으로 풀이했다.

하도록 했다. 또 태산의 동쪽 산기슭에 봉토를 쌓고 천신에게 제사 지냈다. 교외의 제사의식과 똑같이 했다. 제단의 넓이는 1장 2척, 높이는 9척이었다. 제단 아래에 하늘에 고하는 제문인 옥첩서玉牒書를 놓아두었다. 글의 내용은 비밀로 했다. 제례가 끝나자 한무제가 홀로 시중봉거侍中奉車 곽자후霍去病와 함께 태산에 올라 봉선을 행했다. 이 일에 관해서는 입을 다물게 했다.

이튿날, 태산의 북쪽 길로 하산했다. 병진일, 태산 기슭 동북쪽 숙연산肅然山에서 지신에게 제사 지냈다. 의식은 후토신에 대한 제사와 같았다. 제사가 진행되는 동안 한무제가 몸소 제사를 지냈다. 이 때 노란 옷을 입고 음악을 연주했다. 장강과 회수 일대에서 생산되는 띠 풀을 엮어 자리로 사용했다. 오색의 진흙을 사용해 제단을 메웠다. 먼 곳에서 바친 진귀한 들짐승과 날짐승, 흰 꿩 등을 풀어 제례 분위기를 더욱 엄숙하게 했다. 코뿔소[兕牛], 꼬리가 긴 물소[旄牛], 무소[犀牛], 코끼리[大象] 등은 사용치 않았다. 모두 태산에 이른 뒤 후토에게 제사 지냈다. 봉선 의식을 거행하는 날, 밤하늘에 불빛 같은 것이 나타났다. 낮에는 흰 구름이 제단 위에서 솟아올랐다. 한무제가 봉선을 마치고 돌아와 명당에 앉자 군신들이 번갈아 조현하며 장수를 빌었다. 곧 어사에게 조서를 내렸다.

짐은 미천한 몸으로 지조의 자리에 올라, 직책을 감당하지 못할까 전전긍긍하며 두려워했다. 원래 짐은 덕이 부족하고 예악에도 밝지 못하다. 태일신에게 제사 지낼 때 하늘에 경사스러운 빛의 형상이 있었다. 짐은 이를 보고 크게 놀라 중도에 그만두려 했으나 감히 그럴 수 없었다. 마침내 태산에 올라 봉선을 거행하고, 양보산에 올라 숙연산에서 지신에게 제사를 올렸다. 짐이 스스로 새로워져 기꺼이 모든 관원과 처음부터 다시 시작하고자 한다. 백성에게 100가구당 소 한 마리와 술 열 석을 내리고, 여든 살 이상의 노인과 고아, 과부에게는 천을 두 필씩 지급하도록 하라. 박博·봉고奉高·사구蛇丘·역성歷城 등 네 개 현의 올해 조세를 면제한다. 천하에 대사령을 내리니 을묘년처럼 시행하도록 하라. 짐이 순수한 지역은 더는 형벌을 집행치 말고, 2년 이전에 저지른 죄는 재판하지 말도록 하라.

또 조서를 내렸다.

옛날 천자는 5년에 한 번씩 천하를 순수할 때 태산에 올라 천지에 제사 지냈다. 제후들은 조현하면서 머물 숙사가 있었다. 제후들은 각기 태산 아래에 자신이 머물 저택을 짓도록 하라.

한무제가 태산에서 봉선을 마치고 난 뒤에도 비바람의 재앙이 없었다. 방사들이 봉래산의 신선을 머지않아 찾을 수 있을 것이라고 말했다. 한무제가 기뻐하며 이번에는 신선을 볼 수 있을 것으로 생각했다. 다시 동쪽으로 가 해변에 이르러 멀리 바라보면서 봉래산의 신선을 간절히 만나고자 했다. 이때 봉거도위 곽자후가 문득 병이 나 하루 만에 죽었다. 한무제가 그곳을 떠나 해변을 따라 북상해 갈석산에 도착했다. 요서遼西에서 순행해 북쪽 변경을 거쳐 구원九原까지 갔다. 이해 5월, 감천궁으로 돌아왔다. 관원들은 보정이 출토된 해의 연호를 원정으로 고치고, 봉선을 거행한 올해는 원봉 원년으로 해야 한다고 건의했다. 이해 가을, 혜성이 동정성東井星 부근에서 반짝거렸다. 열흘 뒤 다시 삼태성三能星에서 빛났다. 천문을 관장하는 왕삭王朔이 이를 관측한 뒤 고했다.

"신이 홀로 하늘을 관측하다가 그 별이 호리병박 모양으로 나타난 것을 발견했습니다. 밥을 먹는 정도의 시간이 지나자 이내 사라졌습니다."

담당 관원이 고했다.

"폐하가 한나라에서는 처음으로 봉선 의식을 시작하자, 하늘이 덕성德星인 목성을 나타내 폐하의 공적에 보답한 것입니다."

이듬해 겨울, 한무제가 옹현 교외로 가 오제에게 제사 지냈다. 돌아와서는 태일신에게 제사를 올리며 이같이 기원했다.

"덕성이 두루 빛난 것은 길조입니다. 수성壽星이 연이어 나타나 매우 밝게 빛났고, 토성인 신성信星도 밝게 빛났습니다. 황제가 삼가 태축泰祝이 제사 지내는 신령에게 절을 올립니다."

이해 봄, 공손경이 동래산에서 신선을 만났다. '천자를 만나고 싶다'고 말하는 것 같았다고 고했다. 한무제가 구씨성으로 행차하며 공손경을 중대부로 삼았다. 마침내 동래에 도착해 며칠 동안 머물렀으나 아무것도 보지 못하고, 단지 거인의 발자국만 보았다. 천자가 다시 방사 1,000여 명을 보내 신기한 물건을 찾는 동시에 영지를 캐오도록 했다. 이해는 크게 가물었다. 천자가 순행을 떠날 명분이 없자 만리사萬里沙에서 기우제를 올렸다. 도중에 태산에 들러 제사를 지냈다. 환궁할 때 호자瓠子에 이르러 황하의 터진 곳을 막는 부서에 친히 들렀다. 이틀 동안 머물며 백마와 옥벽玉璧의 제물을 강물에 빠뜨려 황하의 신에게 제사 지낸 후 그곳을 떠났다. 급인汲仁과 곽창郭昌 등 두 명의 상경에게 명해 병사를 이끌고 가 황하의 터진 곳을 막게 했다. 황하의 물길을 변경해 마침내 대하大河와 탑수의 두 줄기로 만들어 바다로 유입하게 했다. 하나라 우왕 때의 옛 수로를 회복한 배경이다. 당시 한무제는 이미 남월과 동월東越을 멸망시켰다. 남월 출신 용지勇之가 진언했다.

"남월 사람은 귀신을 믿는 풍속이 있습니다. 제사 지낼 때 늘 귀신이 나타나는데, 자주 효험을 봅니다. 옛날 동구왕東甌王은 귀신을 숭배해 160살까지 장수했습니다. 후대로 내려오면서 귀신을 경시한 탓에 쇠락해진 것입니다."

한무제가 남월의 무사에게 명해 대만 쌓고 단은 쌓지 않는 월나라 방식의 축사祝祠를 세우게 했다. 이어 천신과 상제 및 백귀百鬼에게 제사 지냈다. 또 닭 뼈를 이용해 계복鷄卜 점을 치게 했다. 한무제가 이를 믿자 월나라 방식의 제사와 점이 조정에 사용되기 시작했다. 공손경이 말했다.

"폐하는 신선을 만날 수 있었으나 늘 허둥대며 재촉한 탓에 만나지 못한 것입니다. 지금 폐하가 별관을 짓고, 구씨성에서 한 것처럼 건어물과 대추를 차려놓으면 신선을 불러올 수 있습니다. 신선은 누대에 머무는 것을 좋아합니다."

한무제가 명을 내려 장안에 비렴계관蜚廉桂觀, 감천에 익수연수益壽延壽觀를 짓게 했다. 공손경에게 명해 부절을 지닌 채 제구를 설치한 뒤 마음을 다해 신선을 기다리게 했다. 또 통천대通天臺를 세운 뒤 그 아래에 제물을 차려놓고 신선을 기다리게 했다. 감천궁에 다시 전전을 짓고 각 궁실을 증축했다. 이해 여름, 궁전의 방 안에서 영지가 자라났다. 천자가 황하의 터진 곳을 막고 통천대를 짓자 하늘에서 빛이 났다. 곧 조서를 내렸다.

감천궁의 방에서 아홉 포기의 영지가 자라났다. 천하에 대사령을 내린다. 백성의 노역을 면제하도록 하라.

이듬해, 조선을 쳤다. 이해 여름, 가뭄이 들었다. 공손경이 고했다. "황제 때 봉선을 지냈는데 천하에 가뭄이 들었습니다. 3년 동안 비가 내리지 않아 봉지가 메말라 있었습니다."
천자가 즉시 조서를 내렸다.

천하가 가문 것은 봉지를 마르게 하려는 뜻이 아니겠는가? 천하에 명하니 백성은 영성靈星을 경건히 제사 지내도록 하라!

이듬해, 한무제가 옹현에서 교사를 거행한 뒤 회중回中의 길을 거쳐 순수했다. 이해 봄, 명택鳴澤에 이르러 서하로부터 환궁했다.

●● 其來年冬, 上議曰, "古者先振兵澤旅, 然後封禪." 乃遂北巡朔方, 勒兵十餘萬, 還祭黃帝冢橋山, 澤兵須如. 上曰, "吾聞黃帝不死, 今有冢, 何也?" 或對曰, "黃帝已僊上天, 群臣葬其衣冠." 卽至甘泉, 爲且用事泰山, 先類祠泰一. 自得寶鼎, 上與公卿諸生議封禪. 封禪用希曠絶, 莫知其儀禮, 而群儒采封禪尙書·周官·王制之望祀射牛事. 齊人丁公年九十餘, 曰, "封者, 合不死之名也. 秦皇帝不得上封. 陛下必欲上, 稍上卽無風雨, 遂上封矣." 上於是乃令諸儒習射牛, 草封禪儀. 數年, 至且行. 天子旣聞公孫卿及方士之言, 黃帝以上封禪, 皆致怪物與神通, 欲放黃帝以嘗接神僊人蓬萊士, 高世比德於九皇, 而頗采儒術以文之. 群儒旣以不能辯明封禪事, 又牽拘於詩書古文而不敢騁. 上爲封祠器示群儒, 群儒或曰'不與古同', 徐偃又曰'太常諸生行禮不如魯善', 周霸屬圖封事, 於是上絀偃‧霸, 盡罷諸儒弗用. 三月, 遂東幸緱氏, 禮登嶽中太室. 從官在山下聞若有言'萬歲'云. 問上, 上不言, 問下, 下不言. 於是以三百戶封太室奉祠, 命曰崇高邑. 東上泰山, 山之草木葉未生, 乃令人上石立之泰山顚. 上遂東巡海上, 行禮祠八神. 齊人之上疏言神怪奇方者以萬數, 然無驗者. 乃益發船, 令言海中神山者數千人求蓬萊神人. 公孫卿持節常先行候名山, 至東萊, 言夜見一人, 長數丈, 就之則不見, 見其跡甚大, 類禽獸云. 群臣有言見一老父牽狗, 言"吾欲見巨公", 已忽不見. 上旣見大跡, 未信, 及群臣有言老父, 則大以爲僊人也. 宿留海上, 與方士傳車及閒使求僊人以千數.

四月, 還至奉高. 上念諸儒及方士言封禪人人殊, 不經, 難施行. 天子至梁父, 禮祠地主. 乙卯, 令侍中儒者皮弁薦紳, 射牛行事. 封泰山下東方, 如郊祠泰一之禮. 封廣丈二尺, 高九尺, 其下則有玉牒書, 書祕. 禮畢, 天子獨與侍中奉車子侯上泰山, 亦有封. 其事皆禁. 明日, 下陰道. 丙辰, 禪泰山下阯東北肅然山, 如祭后土禮. 天子皆親拜見, 衣上黃而盡用樂焉. 江淮閒一茅三脊爲神藉. 五色土益雜封. 縱遠方奇獸蜚禽及白雉諸物, 頗以加祠. 兕旄牛犀象之屬弗用. 皆至泰山然后去. 封禪祠, 其夜若有光, 晝有白雲起封中. 天子從封禪還, 坐明堂, 群臣更上壽. 於是制詔御史, "朕以眇眇之身承至尊, 兢兢焉懼弗任. 維德菲薄, 不明于禮樂. 脩祀泰一, 若有象景光, 屑如有望, 依依震於怪物, 欲止不敢, 遂登封泰山, 至於梁父, 而后禪肅然. 自新, 嘉與士大夫更始, 賜民百戶牛一酒十石, 加年八十孤寡布帛二匹. 復博‧奉高‧蛇丘‧歷城, 毋出今年租稅. 其赦天下, 如乙卯赦令. 行所過毋有復作. 事在二年前, 皆勿聽治." 又下詔曰, "古者天子五載一巡狩, 用事泰山, 諸侯有朝宿地. 其令諸侯各治邸泰山下." 天子旣已封禪泰山, 無風雨菑, 而方士更言蓬萊諸神山若將可得, 於是上欣然庶幾遇之, 乃復東至海上望, 冀遇蓬萊焉. 奉車子侯暴病, 一日死. 上乃遂去, 並海上, 北至碣石, 巡自遼西, 歷北邊至九原. 五月, 返至甘泉. 有司言寶鼎出爲元鼎, 以今年爲元封元年. 其秋, 有星弗于東井. 後十餘日, 有星弗于三能. 望氣王朔言, "候獨見其星出如瓠, 食頃復入焉." 有司言曰, "陛下建漢家封禪, 天其報德星云." 其來年冬, 郊雍五帝, 還, 拜祝祠泰一. 贊饗曰, "德星昭衍, 厥維休祥. 壽星仍出, 淵耀光明. 信星昭見, 皇帝敬拜泰祝之饗." 其春, 公孫卿言見神人東萊山, 若云 "見天子". 天子於是幸緱氏城, 拜卿爲中大夫. 遂至東萊, 宿留之數日, 毋所見, 見大人跡. 復遣方士求神怪采芝藥以千數. 是歲旱. 於是天子既出毋名, 乃禱萬里沙, 過祠泰山. 還至瓠子, 自臨塞決河, 留二日, 沈祠而去. 使二卿將卒塞決河, 河徙二渠, 復禹之故跡焉.

是時既滅南越, 越人勇之乃言 "越人俗信鬼, 而其祠皆見鬼, 數有效. 昔東甌王敬鬼, 壽至百六十歲. 後世謾怠, 故衰耗". 乃令越巫立越祝祠, 安臺無壇, 亦祠天神上帝百鬼, 而以雞卜. 上信之, 越祠雞卜始用焉. 公孫卿曰, "僊人可見, 而上往常遽, 以故不見. 今陛下可爲觀, 如緱氏城, 置脯棗, 神人宜可致. 且僊人好樓居." 於是上令長安則作蜚廉桂觀, 甘泉則作益延壽觀, 使卿持節設具而候神人, 乃作通天臺, 置祠具其下, 將招來神僊之屬. 於是甘泉更置前殿, 始廣諸宮室. 夏, 有芝生殿防內中. 天子爲塞河, 興通天臺, 若有光云, 乃下詔曰, "甘泉防生芝九莖, 赦天下, 毋有復作." 其明年, 伐朝鮮. 夏, 旱. 公孫卿曰, "黃帝時封則天旱, 乾封三年." 上乃下詔曰, "天旱, 意乾封乎? 其令天下尊祠靈星焉." 其明年, 上郊雍, 通回中道, 巡之. 春, 至鳴澤, 從西河歸.

이듬해 겨울, 한무제가 남군을 순행했다. 강릉에 이른 후 동쪽으로 갔다. 잠현潛縣의 천주산天柱山에 올라 제사 지내고 그 산을 남악南嶽으로 불렀다. 배를 타고 장강을 따라 심양尋陽에서 종양樅陽으로 갔다. 도중에 팽려彭蠡를 거쳐 명산대천에 제사 지냈다. 다시 북쪽 낭야로 가 해안을 따라 북상했다. 이듬해 4월 중순, 봉고현에 이르러 봉선을 거행했다. 과거에 천자가 태산에서 봉선할 때 태산 동북쪽 산기슭에 옛날 명당을 지은 터가 있었다. 지세가 험준하고 좁았다. 천자가 봉고현 부근에 명당을 또 하나 짓고 싶어 했으나 그 규모를 알지 못했다. 제남濟南 출신 공옥대公玉帶가 황제 때 지은 명당의 설계도를 바쳤다. 설계도에는 사방에 벽이 없고, 지붕이 띠로 덮여 있는 전당殿堂이 한 채 있고, 사방은 물이 통하게 되어 있었다. 둘레에는 담장이 둘러 있고, 복도가 있었다. 위에는 누각이 있고, 전당은 서남쪽으로 들어가게 되어 있었다.

이듬해, 이 길을 곤륜도昆侖道로 불렀다. 옛 천자는 이 길을 따라 전당으로 들어가 상제에게 제사를 지냈다. 한무제가 좌우에 명해 공옥대가 바친 설계도에 따라 봉고현 문수 부근에 명당을 짓도록 했다. 5년 뒤 봉선을 거행할 때 명당의 상좌에 태일신과 오제를 안치하고 제사 지냈다. 고황제의 위패는 맞은편에 자리했다. 아랫방에는 태뢰 스무 마리로 후토신에게 제사 지냈다. 천자가 곤륜도를 통해 안으로 들어간 뒤 교사를 지내는 예식을 좇아 명당에서 처음으로 제사를 올렸다. 제사가 끝난 뒤 다시 당하에서 땔나무를 태우고 제사를 지냈다. 이어 태산에 올라 정사에서 비밀리에 제사를 지냈다. 태산 아래서 오제에게 제사를 지낼 때 각자 해당하는 방위를 좇아 거행했다. 황제와 적제는 같은 방위에서 했고, 담당 관원이 참여했다. 제사 지낼 때 태산 위에서 횃불을 들어 표시하면 산 아래에서도 횃불을 들어 서로 호응했다.

이로부터 2년 뒤 11월 갑자일 초하루 아침, 동지였다. 역법을 추산하는 자가 이날을 역법 주기의 기점인 본통本統으로 여겼다. 이에 앞서 한무제는 친히 태산으로 행차한 뒤 이해 11월 갑자일 초하루 아침 동지에 명당에서 하늘에 제사 지냈다. 봉선 의식은 행하지 않았다. 이같이 축원했다.

"하늘이 황제인 저에게 태원太元의 신책을 내려주어 일월이 한 바퀴 돌면 다시 시작하게 했습니다. 삼가 태일신에게 공경히 절을 올립니다."

이어 동쪽으로 바다에 이른 뒤 바다로 들어가 신선을 만나려는 방사들을 조사해보았다. 아무런 효험이 없었다. 그럼에도 한무제는 여전히 신선을 찾기 위해 사람을 증파해 신선을 만나고자 했다. 이해 11월 을유일, 백량대에 화재가 났다. 12월 초하루 갑오일, 천자가 친히 고리산高里山에서 후토신에게 제사 지냈다. 이어 발해로 가 봉래산의 여러 신에게 섶을 태우며 멀리서 절을 올리는 망사를 행했다. 신선이 사는 곳에 이르기를 고대한 것이다. 한무제가 환궁한 뒤 백량대에 일어난 화재 때문에 감천궁에서 조회하며 각 군현의 회계 보고를 받았다. 공손경이 말했다.

"황제가 청령대靑靈臺를 지은 지 12일 만에 화재가 났습니다. 곧바로 명정을 지은 이유입니다. 명정이 바로 감천궁입니다."

방사들도 대부분 옛 제왕 가운데 감천에 도읍한 자가 있다고 말했다. 이후 천자는 감천궁에서 제후들의 조현을 받고, 감천산에 제후의 저택을 지었다. 남월 출신 용지가 말했다.

"월나라 풍속에 따르면 화재가 난 뒤 다시 집을 지을 때는 반드시 원래의 것보다 크게 지었습니다. 규모로 재앙의 기운을 제압하고자 한 것입니다."

이에 수많은 문을 가진 거대한 규모의 건장궁을 지었다. 전전의 규모는 미앙궁보다 컸다. 동쪽에는 높이가 20여 장이나 되는 봉궐鳳闕이 있었다. 서쪽에는 당중지唐中池가 있었다. 그 둘레에 수십 리에 달하는 호랑이 사육장인 호권虎圈이 있었다. 북쪽에는 커다란 연못을 팠다. 연못 안의 누대인 점대漸臺의 높이가 20여 장이나 되었다. 연못 이름을 태액지太液地로 했다. 그 속에 봉래·방장·영주·호량壺粱 등 신선이 노니는 선산僊山을 흉내내 만들었다. 바닷속의 신선과 거북, 물고기 등을 상징했다. 그 남쪽에 옥당玉堂·벽문璧門·대조大鳥 등의 조각상이 있었다. 높이가 50장이나 되는 신명대神明臺·정간루井幹樓를 세웠다. 천자의 수레가 다니는 구름다리인 연도輦道가 연결되어 있었다.

이해 여름, 한나라가 역법을 바꾸었다. 음력 정월을 세수로 삼았다. 오색 가운데 노란색을 숭상하고, 관원의 인장을 다섯 글자로 바꾸고, 이해의 연호를 태초 원년으로 했다. 이해에 서쪽으로 가 대원大宛을 쳤다. 메뚜기 떼가 극성을 부렸다. 정부인丁夫人과 낙양 출신 우초虞初 등이 방술을 이용해 흉노와 대원을 저주하는 제사를 올렸다. 그 이듬해, 사관祠官들이 고했다.

"옹현의 오치에서 지내는 제사에는 익힌 태뢰와 향기 나는 제물을 올리지 않았습니다."

한무제가 사관에게 명해 삶은 송아지를 희생으로 바치고, 털색깔을 오색의 원칙을 좇아 신령이 먹을 수 있게 하고, 제사에 사용하는 망아지를 나무 말로 대체하게 했다. 그러나 오제의 제사와 천자가 친히 행차한 제사는 망아지를 쓰게 했다. 명산대천의 제사는 모두 나무 말로 대체했다. 천자가 순수하며 직접 제사를 지낼 때 비로소 망아지를 썼다. 다른 의례는 원래와 같게 했다. 이듬해, 한무제가 동쪽으로 순행했다. 신선을 찾아 바다로 나갔던 자들을 탐문했으나 아무런 효험이 없었다. 어떤 방사가 말했다.

"황제 때 다섯 개의 성과 열두 개의 누대를 짓고, 집기_{執期}에서 신선을 기다렸습니다. 그 누대의 이름을 영년_{迎年}이라 했습니다."

한무제가 그의 건의를 좇아 누대를 짓고 명년_{明年}으로 명명했다. 이어 친히 그곳으로 가 하늘에 제사를 거행했다. 제사를 올릴 때 노란색 옷을 입었다. 공옥대가 말했다.

"황제 때 태산에서 봉선을 했으나 풍후와 봉거_{封鉅} 및 기백_{岐伯}은 황제에게 동쪽 태산에서 하늘에 제사를 지내고 범산_{凡山}에서 지신에게 제사 지낼 것을 건의했습니다. 신령이 내려준 부절과 부합해야 비로소 불로장생할 수 있습니다."

한무제가 좌우에 명해 제사를 준비케 하고, 동쪽 태산으로 갔다. 그러나 동쪽 태산은 너무 작아 명성에 걸맞지 않았다. 다시 사관에게 명해 제사를 지내되 봉선은 거행치 말도록 했다. 이후 공옥대에게 그곳에서 제사를 지내며 신선을 기다리게 했다. 이해 여름, 한무제가 태산으로 돌아와 5년에 한 번씩 행하는 봉선 의식을 이전처럼 거행했다. 다시 석려산_{石閭山}에서 지신에게 제사를 올렸다. 석려산은 태산 기슭의 남쪽에 있다. 방사 대부분이 그곳이 신선이 사는 곳이라고 말했다. 한무제가 그곳으로 가 친히 지신에게 제사 지냈다.

5년 뒤 한무제가 다시 태산으로 가 봉선 의식을 거행했다. 돌아오는 길에 항산에서 제사 지냈다. 지금 한무제가 새로 제정한 제례에 따르면 태일사泰一祠와 후토사后土祠에서는 3년에 한 번씩 천자가 직접 교사를 지낸다. 한나라에서 시작된 봉선은 5년에 한 번씩 행한다. 박유기의 건의를 좇아 건립된 태일·삼일三一·명양冥羊·마행馬行·적성赤星 등 다섯 개의 사당은 사관 관서 등이 주관해 매년 기일에 맞추어 제사 지낸다. 이상 여섯 곳의 제사는 모두 태축이 주관한다. 팔신과 같은 여러 신을 포함해 명년과 범산 등 명산의 사당은 천자가 순행하다가 들를 때 제사 지낸다. 그냥 지나치면 제사 지내지 않는다. 방사들이 건립한 사당은 각기 주관했다. 그 사람이 죽으면 폐기하고, 사관은 관여하지 않는다. 그 밖의 제사는 모두 이전의 관습에 따른다.

지금의 천자인 한무제가 행한 봉선은 이후 12년 동안을 되돌아보면 오악과 사독에서도 치러졌다. 방사들은 신선에게 제사 지낸 뒤 봉래산을 찾으러 바다에 들어갔으나 결국 아무것도 찾지 못했다. 공손경은 신선을 기다리며 거인 발자국을 신선의 것이라고 변명했으나 아무런 효험이 없었다. 한무제는 갈수록 방사들의 괴이한 말에 싫증과 권태를 느꼈다. 그럼에도 끝내 미신에 얽매여 끊지 못했다. 실로 신선을 만나고자 하는 마음이 절절했기 때문이다. 이후 방사 가운데 신선을 말하는 자가 더욱 많아진 이유다. 그 결과가 어떠했는지는 눈에 훤히 보이는 것처럼 빤한 일이다.

●● 其明年冬, 上巡南郡, 至江陵而東. 登禮潛之天柱山, 號曰南嶽. 浮江, 自尋陽出樅陽, 過彭蠡, 祀其名山川. 北至琅邪, 並海上. 四月中, 至奉高脩封焉. 初, 天子封泰山, 泰山東北阯古時有明堂處, 處險不敞. 上欲治明堂奉高旁, 未曉其制度. 濟南人公玉帶上黃帝時明堂圖. 明堂圜中有一殿, 四面無壁, 以茅蓋, 通水, 圜宮垣爲複道, 上有樓, 從西南入, 命曰昆侖, 天子從之入, 以拜祠上帝焉. 於是上令奉高作明堂汶上, 如帶圖. 及五年脩封, 則祠泰一・五帝於明堂上坐, 令高皇帝祠坐對之. 祠后土於下房, 以二十太牢. 天子從昆侖道入, 始拜明堂如郊禮. 禮畢, 燎堂下. 而上又上泰山, 有祕祠其顚. 而泰山下祠五帝, 各如其方, 黃帝并赤帝, 而有司侍祠焉. 泰山上擧火, 下悉應之. 其後二歲, 十一月甲子朔旦冬至, 推曆者以本統. 天子親至泰山, 以十一月甲子朔旦冬至日祠上帝明堂, 每脩封禪. 其贊饗曰, "天增授皇帝泰元神筴, 周而復始. 皇帝敬拜泰一." 東至海上, 考入海及方士求神者, 莫驗, 然益遣, 冀遇之. 十一月乙酉, 柏梁災. 十二月甲午朔, 上親禪高里, 祠后土. 臨渤海, 將以望祠蓬萊之屬, 冀至殊庭焉. 上還, 以柏梁災故, 朝受計甘泉. 公孫卿曰, "黃帝就靑靈臺, 十二日燒, 黃帝乃治明庭. 明庭, 甘泉也." 方士多言古帝王有都甘泉者. 其後天子又朝諸侯甘泉, 甘泉作諸侯邸. 勇之乃曰, "越俗有火災, 復起屋必以大, 用勝服之." 於是作建章宮, 度爲千門萬戶. 前殿度高未央, 其東則鳳闕, 高二十餘丈. 其西則唐中, 數十里虎圈. 其北治大池, 漸臺高二十餘丈, 名曰泰液池, 中有蓬萊・方丈・瀛洲・壺梁, 象海中神山龜魚之屬. 其南有玉堂・璧門・大鳥之屬. 乃立神明臺・井幹樓, 度五十餘丈, 輦道相屬焉. 夏, 漢改曆, 以正月爲歲首, 而色上黃, 官名更印章以五字. 因爲太初元年. 是歲, 西伐大宛. 蝗大起. 丁夫人・雒陽虞初等以方祠詛匈奴・大宛焉. 其明年, 有司言雍五時無牢熟具, 芬芳不備. 乃命祠官進時犢牢具, 五色食所勝, 而以木禺馬代駒焉. 獨五帝用駒, 行親郊用駒. 及諸名山川用駒者, 悉以木禺馬代. 行過, 乃用駒. 他禮如故. 其明年, 東巡海上, 考神僊之屬, 未有驗者. 方士有言 "黃帝時爲五城十二樓, 以候神人於執期, 命曰迎年". 上許作之如方, 名曰明年. 上親禮祠上帝, 衣上黃焉. 公玉帶曰,"黃帝時雖封泰山, 然風后·封鉅·岐伯令黃帝封東泰山, 禪凡山合符, 然後不死焉." 天子既令設祠具, 至東泰山, 東泰山卑小, 不稱其聲, 乃令祠官禮之, 而不封禪焉. 其後令帶奉祠候神物.

夏, 遂還泰山, 脩五年之禮如前, 而加禪祠石閭. 石閭者, 在泰山下阯南方, 方士多言此僊人之閭也, 故上親禪焉. 其後五年, 復至泰山脩封, 還過祭常山. 今天子所興祠, 泰一·后土, 三年親郊祠, 建漢家封禪, 五年一脩封. 薄忌泰一及三一·冥羊·馬行·赤星, 五, 寬舒之祠官以歲時致禮. 凡六祠, 皆太祝領之. 至如八神諸神, 明年·凡山他名祠, 行過則祀, 去則已. 方士所興祠, 各自主, 其人終則已, 祠官弗主. 他祠皆如其故. 今上封禪, 其後十二歲而還, 徧於五嶽·四瀆矣. 而方士之候祠神人, 入海求蓬萊, 終無有驗. 而公孫卿之候神者, 猶以大人跡爲解, 無其效. 天子益怠厭方士之怪迂語矣, 然終羈縻弗絶, 冀遇其眞. 自此之後, 方士言祠神者彌衆, 然其效可睹矣.

태사공은 평한다.

"나는 천자를 좇아 천하를 순행했고, 천지의 여러 신과 명산대천에 제사 지냈고, 봉선도 거행했다. 수궁에 들어가서는 제사에 참여해 신에게 올리는 축문도 들었다. 당시 나는 방사와 사관의 의도를 세밀히 탐구했다. 물러나와 옛날부터 귀신에게 제사 지낸 일을 순서대로 서술했다. 제사에 관한 형식과 내용을 여기에 모두 기록해놓았다. 후대의 군자들은 이 글을 통해 당시의 정경을 훤히 살펴볼 수 있을 것이다. 제사 음식을 담는 조두組豆, 제사용 옥과 비단인 규폐珪幣, 제사 지낼 때 술잔을 주고받는 헌수獻酬 등에 관한 상세한 내용과 의식은 유사有司가 보존하고 있다.”

●● 太史公曰, “余從巡祭天地諸神名山川而封禪焉. 入壽宮侍祠神
語, 究觀方士祠官之言, 於是退而論次自古以來用事於鬼神者, 具見
其表裏. 後有君子, 得以覽焉. 至若俎豆珪幣之詳, 獻酬之禮, 則有司
存焉.”

부록

보임안서

심부름꾼처럼 미천한 태사공 사마천, 삼가 답장 올리오.●

소경少卿 귀하, 지난번 서신에서 나에게 사람들과 원만히 지내면서
유능한 인재를 천거하는 것을 책무로 여기라는 가르침을 주셨소. 그
말씀의 뜻과 기운이 너무 간절했소. 아마도 내가 소경의 말에 귀를
기울이지 않고 속된 자의 말에 따른다고 여겨 나무란 것이 아닌가
생각하오. 그러나 결코 그렇지 않소. 내가 비록 어리석긴 하나 장자
長者의 유풍이 어떤 것인지는 얻어들은 바가 있소. 지금 나는 비천한
처지에 빠진 불구자요. 무슨 행동을 할지라도 비난을 받게 되어 있
소. 잘하려 할지라도 오히려 더 나빠질 뿐이오. 홀로 우울하고 절망
적인 처지이기에 더불어 이야기를 나눌 사람조차 없소. 속담에 이르

● 원문은 "태사공우마주사마천太史公牛馬走司馬遷, 재배언再拜言"이다. 이 구절은《한서》〈사
마천전〉에 나오지 않는다. 이 구절을 놓고 중국의 사학자 전목은《태사공고증》에서 "태사공"
은《사기》의 원래 명칭이고, "우마주"는 우마처럼 남의 심부름을 위해 이리저리 내달리는 주
졸走卒을 뜻한다고 풀이했다. 주走를 노복을 뜻하는 복僕과 통한다고 새긴 것이다. 그러나 이
구절을 포함해 마지막에 나오는 근재배謹再拜 구절도 〈사마천전〉에는 없다. 모두 후대인이
끼워 넣은 것으로 보인다.

기를, "무엇을 할 수 있고, 무슨 말을 할 수 있겠는가?"라고 했소. 종자기가 죽자 백아는 죽을 때까지 다시는 거문고를 연주하지 않았소. 왜 그랬겠소? 선비는 자신을 알아주는 사람을 위해 헌신하고, 여인은 자신을 사랑하는 사람을 위해 단장하는 법이오. 그러나 나는 이미 몸이 망가진 처지요. 아무리 수후지주隨侯之珠나 화씨지벽和氏之璧의 주옥같은 재능이 있고, 허유와 백이처럼 청렴하게 행동할지라도 영예는커녕 오히려 남의 비웃음거리가 되어 치욕만 더할 뿐이오.

소경의 서신에 진즉 답신을 보내야 했소. 마침 황상을 쫓아 동쪽 일대를 다녀오고 사적인 일로 바쁘게 지낸 탓에 답신을 보내지 못했소. 만난 지 오래되지는 않았지만 너무 바빠 지금까지 속마음을 털어놓을 기회가 없었소. 지금 소경은 불미스러운 일로 투옥된 지 한 달이 지났고, 이제 형을 집행할 12월이 다가오고 있소. 나는 황상을 쫓아 또 옹 땅으로 가지 않으면 안 되오. 혹여 그대가 차마 말하지 못할 일을 당하고 나 또한 가슴속의 한을 가까운 사람에게 털어놓을 수 없는 일이 일어나면, 그대의 혼백은 영원히 떠나고 나 또한 한을 풀 방법이 없게 되오. 나의 고루한 생각을 대략 언급하고자 하니 오랫동안 답신을 올리지 못한 것을 크게 나무라지는 말기 바라오.

몸을 수양하는 것은 지혜의 증표이고, 베풀기를 좋아하는 것은 인仁을 실천하는 실마리이고, 먼저 내준 뒤 나중에 받는 것은 의리의 표시이고, 치욕을 당하는 것은 단호한 결단의 시금석이고, 이름을 드러내는 것은 덕행의 극치라고 들었소. 선비는 이 다섯을 갖춘 이후에 비로소 세상에 몸을 맡겨 군자의 대열에 설 수 있소. 선비에게 남을 위해 좋은 일을 하려다가 오히려 벌을 받는 일보다 더 참혹한 화는 없고, 마음을 상하는 것보다 더 고통스러운 슬픔은 없고, 조상을 욕되게 하는 것보다 더 추한 행동은 없고, 궁형을 받는 것보다 더 치욕스러운 일은 없소. 궁형을 받고 살아남은 사람을 비교하고 헤아린 바는 없으나, 이는 한 세대에만 있었던 것이 아니라 오래전부터 있어온 것이오. 옛날 위영공衛靈公이 출행하면서 공자에게 환관 옹거雍渠와 함께 수레를 타게 하자 공자는 이를 수치스럽게 여겨 진陳나라로 떠났소. 상앙이 환관 경감의 주선으로 진효공을 만나자 조량趙良은 이를 떳떳하지 못한 일로 여겼소. 문제 때 환관 조담趙談이 황제의 수레를 함께 타자 낭중 원앙의 안색이 변했소.

이처럼 옛날부터 사람들은 환관과 관계를 가지는 일을 수치스럽게 여겼소. 대략 통상 수준의 사람도 환관과 관련된 일이라면 기분을 상하지 않은 경우가 없소. 하물며 기절이 높은 선비의 경우야 더 말할 것이 있겠소? 지금 조정에 아무리 사람이 없다 한들 나처럼 궁형을 받은 자에게 천하의 뛰어난 인재를 천거하라고 부탁이나 하겠소? 나는 선친이 물려주신 가업 덕분에 조정에서 일한 지 20여 년이 되었소. 나는 늘 이같이 생각하고 있소. 우선 충성을 바치고 믿음을 다하고, 훌륭한 계책을 세우고 뛰어난 재능이 있다는 칭송을 들으면서 현명한 군주를 모시지 못하고 있소. 다음으로 정사의 모자란 것을 메우며 어질고 재능 있는 자를 추천하거나 초야의 숨은 선비를 조정에 드러나게 하지도 못하고 있소. 또 밖으로는 전쟁에 참여해 성을 치고 들에서 싸워 적장의 목을 베거나 적군의 깃발을 빼앗은 공도 없소. 끝으로 오랫동안 공로를 쌓아서 높은 자리나 후한 녹봉을 받아 친지들에게 광영과 은총을 가져다준 적도 없소. 이 네 가지 가운데 어느 것 하나 이루지 못한 채 구차하게 눈치나 보며 별다른 성과도 내지 못한 것이 이와 같소.

전에 나는 외람되게 하대부의 말단 대열에 끼여 조정의 논의에 참여한 적이 있소. 당시 나라의 법전에 근거해 시비를 논하지 못했고, 깊게 생각하고 살피지도 못했소. 지금 이지러진 몸으로 소제나 하는 노비 신세가 되어 비천함 속에 빠져 있는 주제에 새삼 머리를 치켜들고 눈썹을 펴서 시비를 논하려 하면 이야말로 조정을 업신여기고 동시대의 선비를 욕되게 하는 일이 아니고 무엇이겠소? 아, 아, 나 같은 사람이 새삼 무슨 말을 하겠소, 새삼 무슨 말을 하겠소!

일의 시작과 끝은 쉽게 밝혀지는 것이 아니오. 나는 젊어서 어떤 것에도 얽매이지 않는 정신에 자부심이 있었지만 자라면서 고향에서 어떤 칭송도 들은 바가 없소. 요행히 주상이 선친을 생각해 나의 보잘것없는 재주로나마 궁궐을 드나들 수 있게 해주셨소. 대야를 머리에 인 채 하늘을 볼 수 없기에 빈객과 교유도 끊고 집안일도 돌보지 않은 채 밤낮 없이 미미한 재능이나마 한마음으로 직무에 최선을 다해 주상의 눈에 들고자 했소. 그러나 뜻과는 달리 크게 잘못되고 말았소. 나는 이릉과 함께 입궐해 벼슬살이를 시작했지만 평소 서로 잘 알고 지내던 사이는 아니었소. 취향이 서로 달라 함께 술을 마신 적도 없고, 은근한 교제의 즐거움을 나눈 적도 없소. 그러나 그의 사람됨을 살펴보니 스스로를 지킬 줄 아는 지조 있는 선비였소. 부모를 모시는 것도 효성스러웠고, 신의로 선비들과 사귀었고, 재물에 관해 깨끗했고, 주고받는 것이 공정했고, 위아래를 대할 때 양보할 줄 알았고, 공손하고 검소하게 남 앞에서 몸을 낮추었소. 또 자신을 돌보지 않고 분발해 나라의 위급에 몸을 바칠 생각을 늘 하고 있었소. 나는 그가 평소 쌓아둔 바를 보고 국사國士의 풍도가 있다고 여겼소.

무릇 신하 된 자로서 만 번을 죽는다 해도 자신의 생명을 조금도 돌보지 않고 나라의 위급함을 구하는 행동이야말로 갸륵한 것이오. 그의 행동 가운데 하나가 마땅찮다고 해 자신의 몸 하나 보전하고 처자를 보호하는 데 급급한 자들이 대거 달려들어 사소한 잘못을 크게 부풀리니 참으로 분통이 터지지 않을 수 없었소. 이릉은 채 5,000명도 안 되는 군사를 이끌고 오랑캐 땅 깊숙이 들어가 왕정王庭을 활보하면서 마치 호랑이 입에 미끼를 들이대듯 강포한 적과 싸웠소. 수만 명의 적군과 맞서 선우와 열흘 넘게 계속 싸운 결과 아군의 반 이상이나 되는 적을 죽였소. 적들은 사상자를 구조할 엄두도 내지 못했고, 흉노의 추장들 모두 두려움에 떨었소. 선우가 좌우 현왕賢王을 불러들이고 활을 쏠 줄 아는 사람은 모두 징발한 결과 나라 전체가 이릉을 치며 포위하게 되었소. 그리 싸우며 1,000리를 전전했으나 화살은 다 떨어지고 길은 막힌데다 구원병도 오지 않고, 죽고 다치는 병사들이 쌓여만 갔소. 이릉이 큰소리로 군사들을 격려하자 모두 눈물을 흘리며 몸을 일으킨 뒤 피로 얼굴을 씻고 눈물을 삼키며 맨주먹으로 적의 칼날에 맞서 죽기로 싸웠소.

이릉이 아직 적에게 항복하기 전에 사신의 보고를 접한 조정의 공경 왕후 모두 술잔을 들어 주상에게 축하를 올렸소. 며칠 뒤 이릉이 패했다는 소식이 전해지자 주상은 식욕을 잃었고, 조정 회의에서도 불편한 기색이 역력했소. 대신들은 걱정과 두려움에 휩싸여 어찌할 바를 몰랐소. 나는 스스로 비천함도 헤아리지 않고 주상의 슬픔과 번뇌를 보고는 어리석은 충성을 다하려고 속으로 이같이 여겼소.

'이릉이 평소 사대부들에게 좋은 것을 양보하고 귀한 것을 나누어주며 기꺼이 목숨을 바칠 사람을 얻은 것을 보면 옛날 명장도 따르지 못할 정도다. 몸은 비록 패했지만 그 마음은 적당한 기회에 나라에 보답하고자 했을 것이다. 일이 이미 어쩔 수 없게 되었으나 그의 패배 못지않게 공로 역시 천하에 드러내기에 충분하다.'

나는 이런 생각으로 아뢰고자 했으나 아뢸 길이 없었소. 마침 주상이 하문하기에 곧 이런 뜻으로 이릉의 공적을 아뢰었소. 주상이 다시 생각하도록 하고, 평소 이릉을 고깝게 보던 자들의 비난을 막아보고자 한 것이오.

그러나 내 생각을 다 밝힐 수도 없었고, 주상도 나의 진의를 이해하지 못하고 이사장군貳師將軍 이광리李廣利를 비난하며 이릉을 변호한다고 생각해 결국 법관에게 넘겼소. 나의 간절한 충정은 끝내 드러나지 못했고, 근거 없이 이사장군을 비난했다는 판결이 내려졌소. 집안이 가난해 죄를 면하기 위해 바칠 재물도 없었고, 사귀던 벗들도 구하려 들지 않았고, 황제의 측근들 역시 한마디도 거들지 않았소. 몸은 목석이 아닌데 홀로 옥리와 마주한 채 깊은 감옥[囹圄]에 갇힌 몸이 되어 누구에게 내 사정을 하소연할 수 있었겠소? 이는 실로 소경도 직접 겪었듯이 내 처지 또한 다를 리 없지 않았겠소? 이릉은 살아서 항복함으로써 가문의 명성을 무너뜨렸고, 나는 거세되어 밀실에 내던져져 또 한 번 세상의 웃음거리가 되었소. 슬프고, 슬프다! 이런 일은 구구하게 남에게 말하기가 쉽지 않소.

나의 선친은 조정으로부터 공적을 새겨 군신이 나누어 가지는 부부剖符와 사면권의 보장을 새긴 단서丹書 같은 표창을 받는 특별한 공적을 남기지 못했소. 천문과 역법에 관한 일을 관장했지만 점쟁이나 무당에 가까웠소. 주상은 악사나 배우처럼 희롱의 대상으로 여기셨고, 세인들도 깔보기는 마찬가지였소. 내가 법에 굴복해 죽임을 당할지라도 아홉 마리 소에서 털 한 오라기 없어지는 것과 같으니, 땅강

아지나 개미 같은 미물과도 하등 다를 것이 없소. 게다가 세상은 절개를 위해 죽은 것으로 생각하기는커녕 죄가 너무 커 부득불 죽었다고 여길 것이오. 왜 그렇겠소? 평소 나의 행적이 그리 만든 것이오.

사람은 누구나 한 번 죽지만 어떤 죽음은 태산보다 무겁고, 어떤 죽음은 새털보다 가볍소. 이는 죽음을 쓰는 방법이 다르기 때문이오. 사람으로서 가장 좋은 것은 조상을 욕되게 하지 않는 것이오. 그다음이 자신을 욕되게 하지 않는 것이고, 그다음이 자신의 도리와 체면을 욕되이 하지 않는 것이고, 그다음이 자신의 언행을 욕되이 하지 않는 것이오. 치욕을 당하는 순으로 이야기하면 그다음은 몸이 속박되어 치욕을 당하는 것이고, 그다음은 죄수복을 입고 치욕을 당하는 것이고, 그다음은 손발이 묶이고 매를 맞는 치욕을 당하는 것이고, 그다음은 머리를 삭발당하고 쇠고랑을 차는 치욕을 당하는 것이고, 그다음은 발이 잘리고 신체를 훼손당하는 치욕이고, 가장 못한 것이 극형 중의 극형인 궁형을 당하는 것이오. 《예기》〈곡례曲禮 상〉에 이르기를, "형벌은 위로는 대부에게 미치지 않는다"고 했소. 이 말은 선비가 지조를 지키기 위해 힘쓰지 않을 수 없다는 뜻이오.

사나운 범이 깊은 산중에 있을 때는 모든 짐승이 두려워하지만, 함정에 빠지면 호랑이도 꼬리를 흔들며 음식을 구걸할 수밖에 없소. 갈수록 위세에 눌리기 때문이오. 땅에 선을 긋고 감옥이라며 들어가라고 해도 기세가 눌려 들어갈 수 없소. 나무 인형을 깎아놓고 형리라면서 심문을 한다 해도 대답할 수 없소. 형벌을 받기 전에 결단해야만 하는 이유요. 손발이 묶이고 맨살을 드러낸 채 매질을 당하면서 감옥에 갇혀 있으면 옥리만 보아도 머리를 땅에 처박게 되고, 심지어 감옥을 지키는 노비만 보아도 겁이 나 숨이 막힐 지경이 되오.

왜 그렇겠소? 기세가 위세에 눌리기 때문이오. 이러고도 뻔뻔하게 치욕이 아니라고 하면 사람들이 어찌 그것을 인정하겠소?

서백 희창은 제후의 몸으로 유리에 갇힌 바가 있소. 이사는 재상의 몸으로 다섯 가지 형벌을 차례로 다 당하고 죽었소. 한신은 왕의 신분이었지만 진陳에서 붙잡혀 죽었소. 팽월과 장오도 한때 왕 노릇을 했으나 감옥에 갇혀 죄를 받았소. 강후는 여씨를 타도해 권력이 오패를 능가했으나 청실에 갇혔소. 위기후는 대장의 몸으로 붉은 죄수복을 입고 목과 손발에는 쇠고랑이 채워졌소. 계포季布는 주가朱家의 집에서 목에 칼을 쓴 노비가 되었소. 관부灌夫는 거실에서 치욕을 당했소. 모두 왕후장상의 몸으로 이웃나라까지 명성을 떨쳤지만 죄를 짓고 판결이 내려졌을 때 자진이라는 결단을 내리지 못했소. 감옥에 갇혀 치욕스러운 꼴을 당하는 것은 예나 지금이나 같소. 그런 상황에서 어찌 치욕을 당하지 않을 리 있겠소?

이리 보면 용기와 비겁은 기세이고, 강인함과 나약함은 형세에 따른 것이니 잘 살피는 것이 전혀 이상할 것이 없소. 법에 따라 처벌받기 전에 미리 스스로 결단하지 못하고 꾸물대다 매질을 당하게 되어야 절개를 지키려고 스스로 목숨을 끊고자 한들 이미 늦은 일이 아니겠소? 옛사람이 대부에게 형벌을 함부로 내리지 못한 것도 바로 이 때문이오. 삶에 애착이 있고 죽기 싫어하고, 부모를 생각하고 처자를 돌보려는 것은 인지상정이오. 그러나 의리에 자극을 받으면 부득이 그리되지 않게 되오. 나는 불행히도 일찍 부모를 여의었고 가까운 형제도 없이 홀로 외로이 살아왔소. 소경은 내가 처자식을 어떻게 대하는지 보았소? 진정한 용사라고 해서 명분뿐인 절개 때문에 꼭 죽는 것도 아니고, 비겁한 사자라 해도 의리를 위해 목숨을 가볍게 버리는 경우가 왜 없겠소? 나 또한 비록 비겁하고 나약해 구차하게 목숨을 부지했지만 거취에 관한 분별력은 있소. 어찌 몸이 속박되는 치욕 속에 스스로를 밀어 넣을 리 있겠소?

천한 노복이나 아래 종도 상황에 따라서는 얼마든지 자진할 수 있소. 하물며 나 같은 사람이 자진하지 못할 리 있소? 고통을 견디고 구차하게 목숨을 부지한 채 치욕을 마다하지 않은 것은 마음속에 아직 다 드러내지 못한 그 무엇이 남아 있기 때문이오. 하잘것없이 세상에서 사라져 후대에 내 문장이 드러나지 못하면 어찌될까 하는 한이 그것이오. 예로부터 부귀한데도 명성이 사라진 경우는 헤아릴 수 없이 많았소. 오로지 남다르고 비상한 사람만이 후대에도 명성이 남을 수 있었소. 문왕은 갇힌 상태에서《주역》을 풀이했고, 공자는 곤경에 빠져《춘추》를 지었소. 굴원屈原은 쫓겨나서〈이소離騷〉를 썼고, 좌구명左丘明은 눈을 잃은 뒤《국어》를 지었소. 손빈은 정강이뼈가 발리는 형벌을 당하고도《손빈병법孫臏兵法》을 남겼고, 여불위는 촉으로 쫓겨났지만 세상에《여씨춘추》를 남겼소. 한비자는 진나라 감옥에 갇혀〈세난說難〉과〈고분孤憤〉을 지었소.《시詩》 300편도 대략 성현인 공자가 발분해 지은 것이오. 이 모두 마음속에 그 무엇이 맺혀 있었지만 드러낼 길이 없었기에 지난 일을 서술함으로써 후대인이 그 뜻을 찾도록 한 것이오. 좌구명처럼 눈이 없거나 손빈처럼 발이 잘린 자는 아무런 쓸모가 없소. 그러나 그들은 물러나 책을 써 분한 생각을 펼침으로써 문장으로 자신을 드러낼 수 있었소.

나는 불손하게도 무능한 문장에 의지해 천하에 이리저리 흩어진 이야기를 모아 사건을 대략 고찰하고 그 시종을 정리해 성패와 흥망의 요점을 살핀 바 있소. 위로 황제에서 시작해 지금까지의 이야기를 열 편의 〈표〉, 열두 편의 〈본기〉, 여덟 편의 〈서〉, 서른 편의 〈세가〉, 일흔 편의 〈열전〉에 담아 총 130편을 저술하고자 한 것이 그렇소. 아울러 하늘과 사람의 관계를 탐구하고, 과거와 현재의 변화를 꿰뚫어 일가의 문장을 이루고자 했소. 그러나 초고를 마치기도 전에 이런 화를 당하고 말았소. 탈고하지 못한 것을 안타깝게 여겼기에 극형을 받고도 부끄러운 기색을 드러내지 않은 것이오. 이제 이를 마무리하고 명산에 깊이 보관해 내 뜻을 알아줄 사람에게 전하고자 하오. 이 마을 저 마을로 퍼져 지난날의 치욕에 관한 보상이라도 받을 수 있다면 그 어떤 벌을 받을지라도 후회하지 않을 것이오. 이런 말은 지혜로운 사람에게나 할 수 있는 것으로 아무에게나 털어놓을 수 있는 것이 아니오.

지세가 낮은 곳에서는 살기가 쉽지 않고, 하류는 비난이 많게 마련이오. 나는 말을 잘못해 이런 화를 당함으로써 고향에서 비웃음거리가 되었고, 돌아가신 선친을 욕되게 만들었소. 무슨 면목으로 부모님 무덤 곁에 오를 수 있겠소? 100대의 시간이 흐를지라도 씻기지 않을 치욕이오. 하루에도 아홉 번이나 속이 뒤틀리고, 집에 있으면 망연자실해져 넋을 놓고 무엇을 잃은 듯하고, 집을 나가도 어디로 가야 할지 모를 지경이오. 치욕을 생각할 때마다 식은땀이 등줄기를 타고 흘러 옷을 적시지 않은 적이 없소. 중서령에 불과한 몸이지만 어찌 이 마음을 깊은 동굴 속에 마냥 숨길 수 있겠소? 세속을 좇아 부침하고 때에 따라 처신하면서 그럭저럭 어리석게 살아가고 있을 뿐이오. 그런 차에 소경이 나에게 인재를 천거하는 것을 책무로 삼으라고 충고하니 어찌 내 뜻과 어긋나지 않겠소? 이제 와 새삼 내 자신을 꾸미며 미사여구로 변명할지라도 아무런 도움도 안 되고 세인들 또한 믿지도 않을 것이오. 오히려 부끄러움만 더할 뿐이오. 한마디로 말해 내가 죽고 나서야 모든 시비가 가려질 것이오. 이 글로 내 생각을 다 전할 수는 없지만 그래도 대략 나의 못난 생각을 모두 말씀드렸소. 삼가 인사 올리는 바이오.

●● 太史公牛馬走司馬遷, 再拜言.

少卿足下, 曩者辱賜書, 敎以愼於接物, 推賢進士爲務, 意氣勤勤懇懇. 若望僕不相師, 而用流俗人之言, 僕非敢如此也. 僕雖罷駑, 亦嘗側聞長者之遺風矣. 顧自以爲身殘處穢, 動而見尤, 欲益反損, 是以獨鬱悒而誰與語. 諺曰, '誰爲爲之? 孰令聽之?' 蓋鍾子期死, 伯牙終身不復鼓琴. 何則? 士爲知己者用, 女爲說己者容. 若僕大質已虧缺矣, 雖材懷隨和, 行若由夷, 終不可以爲榮, 適足以見笑而自點耳. 書辭宜答, 會東從上來, 又迫賤事, 相見日淺, 卒卒無須臾之間, 得竭指意. 今少卿抱不測之罪, 涉旬月, 迫季冬, 僕又薄從上雍, 恐卒然不可爲諱, 是僕終已不得舒憤懣以曉左右, 則長逝者魂魄私恨無窮. 請略陳固陋. 闕然久不報, 幸勿爲過. 僕聞之, 修身者, 智之符也. 愛施者, 仁之端也. 取予者, 義之表也. 恥辱者, 勇之決也. 立名者, 行之極也. 士有此五者, 然後可以托於世, 列於君子之林矣. 故禍莫憯於欲利, 悲莫痛於傷心, 行莫醜於辱先, 詬莫大於宮刑. 刑餘之人, 無所比數, 非一世也, 所從來遠矣. 昔衛靈公與雍渠同載, 孔子適陳. 商鞅因景監見, 趙良寒心. 同子參乘, 袁絲變色, 自古而恥之! 夫以中材之人, 事有關於宦豎, 莫不傷氣, 而況於慷慨之士乎! 如今朝廷雖乏人, 奈何令刀鋸之餘, 薦天下之豪俊哉! 僕賴先人緒業, 得待罪輦轂下, 二十餘年矣. 所以自惟, 上之, 不能納忠效信, 有奇策材力之譽, 自結明主. 次之, 又不能拾遺補闕, 招賢進能, 顯岩穴之士. 外之, 不能備行伍, 攻城野戰, 有斬將搴旗之功. 下之,不能積日累勞, 取尊官厚祿, 以爲宗族交遊光寵. 四者無一遂, 苟合取容, 無所短長之效, 可見於此矣. 鄉者, 僕亦嘗廁下大夫之列, 陪外廷末議. 不以此時引維綱, 盡思慮, 今已虧形爲掃除之隸, 在闒茸之中, 乃欲仰首伸眉, 論列是非, 不亦輕朝廷·羞當世之士邪? 嗟乎! 嗟乎! 如僕尙何言哉! 尙何言哉! 且事本末未易明也. 僕少負不羈之才, 長無鄕曲之譽, 主上幸以先人之故, 使得奉薄伎, 出入周衛之中. 僕以爲戴盆何以望天, 故絶賓客之知, 忘室家之業, 日夜思竭其不肖之材力, 務一心營職, 以求親媚於主上. 而事乃有大謬不然者! 夫僕與李陵俱居門下, 素非能相善也. 趣舍異路, 未嘗銜杯酒, 接殷勤之餘歡. 然僕觀其爲人, 自守奇士, 事親孝, 與士信, 臨財廉, 取予義, 分別有讓, 恭儉下人, 常思奮不顧身, 以徇國家之急. 其素所蓄積也, 僕以爲有國士之風. 夫人臣出萬死不顧一生之計, 赴公家之難, 斯已奇矣. 今擧事一不當, 而全軀保妻子之臣隨而媒蘗其短, 僕誠私心痛之. 且李陵提步卒不滿五千, 深踐戎馬之地, 足歷王庭, 垂餌虎口, 橫挑强胡, 仰億萬之師, 與單於連戰十有餘日, 所殺過當. 虜救死扶傷不給, 旃裘之君長鹹震怖, 乃悉征其左·右賢王, 擧引弓之民, 一國共攻而圍之. 轉斗千裏, 矢盡道窮, 救兵不至, 士卒死傷如積. 然陵一呼勞軍, 士無不起, 躬自流涕, 沫自飮泣, 更張空弮, 冒白刃, 北首爭死敵者. 陵未沒時, 使有來報, 漢公卿王侯皆奉觴上壽. 後數日, 陵敗書聞, 主上爲之食不甘味, 聽朝不怡. 大臣憂懼, 不知所出. 僕竊不自料其卑賤, 見主上慘凄怛悼, 誠欲效其款款之愚, 以爲李陵素與士大夫絶甘分少, 能得人之死力, 雖古之名將, 不能過也. 身雖陷敗, 彼觀其意, 且欲得其當而報於漢. 事已無可奈何, 其所摧敗, 功亦足以暴於天下矣. 僕懷欲陳之, 而未有路, 適會召問, 卽以此指, 推言陵之功, 欲以廣主上之意, 塞睚眥之辭. 未能盡明, 明主不曉, 以爲僕沮貳師, 而爲李陵遊說, 遂下於理. 拳拳之忠, 終不能自列. 因爲誣上, 卒從吏議. 家貧, 貨略不足以自贖, 交遊莫救, 左右親近不爲一言. 身非木石, 獨與法吏爲伍, 深幽囹圄之中, 誰可告愬者! 此眞少卿所親見, 僕行事豈不然乎? 李陵旣生降, 隤其家聲, 而僕又佴之蠶室, 重爲天下觀笑. 悲夫! 悲夫! 事未易一二爲俗人言也. 僕之先非有剖符丹書之功, 文史星曆, 近乎卜祝之間, 固主上所戲弄, 倡優所畜, 流俗之所輕也. 假令僕伏法受誅, 若九牛亡一毛, 與螻蟻何以異? 而世又不與能死節者比, 特以爲智窮罪極, 不能自免, 卒就死耳. 何也? 素所自樹立使然也. 人固有一死, 或重於泰山, 或輕於鴻毛, 用之所趨異也. 太上不辱先, 其次不辱身, 其次不辱理色, 其次不辱辭令, 其次詘體受辱, 其次易服受辱, 其次關木索·被箠楚受辱, 其次剔毛髮·嬰金鐵受辱, 其次毁肌膚·斷肢體受辱, 最下腐刑極矣! 傳曰, '刑不上大夫.' 此言士節不可不勉厲也. 猛虎在深山, 百獸震恐, 及在檻阱之中, 搖尾而求食, 積威約之漸也. 故士有畫地爲牢, 勢不可入. 削木爲吏, 議不可對, 定計於鮮也. 今交手足, 受木索, 暴肌膚, 受榜箠, 幽於圜牆之中. 當此之時, 見獄吏則頭搶地, 視徒隸則心惕息. 何者? 積威約之勢也. 及以至是, 言不辱者, 所謂強顔耳, 曷足貴乎! 且西伯, 伯也, 拘於羑里. 李斯, 相也, 具於五刑. 淮陰, 王也, 受械於陳. 彭越·張敖, 南面稱孤, 系獄抵罪. 絳侯誅諸呂, 權傾五伯, 囚於請室. 魏其, 大將也, 衣赭衣, 關三木. 季布爲朱家鉗奴. 灌夫受辱於居室. 此人皆身至王侯將相, 聲聞鄰國, 及罪至罔加, 不能引決自裁, 在塵埃之中. 古今一體, 安在其不辱也? 由此言之, 勇怯, 勢也. 強弱, 形也. 審矣, 何足怪乎? 夫人不能早自裁繩墨之外, 以稍陵遲, 至於鞭箠之間, 乃欲引節, 斯不亦遠乎! 古人所以重施刑於大夫者, 殆爲此也. 夫人情莫不貪生惡死, 念父母, 顧妻子, 至激於義理者不然, 乃有所不得已也. 今僕不幸, 早失父母, 無兄弟之親, 獨身孤立, 少卿視僕於妻子何如哉? 且勇者不必死節, 怯夫慕義, 何處不勉焉! 僕雖怯懦, 欲苟活, 亦頗識去就之分矣, 何至自沉溺縲絏之辱哉! 且夫臧獲婢妾, 猶能引決, 況僕之不得已乎? 所以隱忍苟活, 幽於糞土之中而不辭者, 恨私心有所不盡, 鄙陋沒世, 而文采不表於後也. 古者富貴而名摩滅, 不可勝記, 唯倜儻非常之人稱焉. 蓋文王拘而演周易. 仲尼厄而作春秋. 屈原放逐, 乃賦離騷. 左丘失明, 厥有國語. 孫子臏腳, 兵法修列. 不韋遷蜀, 世傳呂覽. 韓非囚秦, 說難孤憤. 詩 三百篇, 大抵聖賢發憤之所爲作也. 此人皆意有所鬱結, 不得通其道, 故述往事 · 思來者. 乃如左丘無目, 孫子斷足, 終不可用, 退而論書策, 以舒其憤, 思垂空文以自見. 僕竊不遜, 近自托於無能之辭, 網羅天下放失舊聞, 略考其行事, 綜其終始, 稽其成敗興壞之紀, 上計軒轅, 下至於茲, 爲十表, 本紀十二, 書八章, 世家三十, 列傳七十, 凡百三十篇. 亦欲以究天人之際, 通古今之變, 成一家之言. 草創未就, 會遭此禍, 惜其不成, 是以就極刑而無慍色. 僕誠以著此書, 藏之名山, 傳之其人, 通邑大都, 則僕償前辱之責, 雖萬被戮, 豈有悔哉! 然此可爲智者道, 難爲俗人言也! 且負下未易居, 下流多謗議. 僕以口語遇遭此禍, 重爲鄉黨所笑, 以汙辱先人, 亦何面目復上父母之丘墓乎? 雖累百世, 垢彌甚耳! 是以腸一日而九回, 居則忽忽若有所亡, 出則不知其所往. 每念斯恥, 汗未嘗不發背沾衣也! 身直爲閨閤之臣, 寧得自引深藏於岩穴邪? 故且從俗浮沉, 與時俯仰, 以通其狂惑. 今少卿乃教以推賢進士, 無乃與僕私心刺謬乎? 今雖欲自雕琢, 曼辭以自飾, 無益, 於俗不信, 適足取辱耳. 要之, 死日然後是非乃定. 書不能悉意, 故略陳固陋. 謹再拜.

| 부록 2 |

사마천 연보

나이	연대(기원전)	사건
1세	경제 11년(145)	섬서성 한성시 남쪽인 하양현에서 태어남.
4세	14년(142)	부친을 따라 서원에서 글자를 배우기 시작함.
5세	15년(141)	한경제가 죽고 열여섯의 한무제가 즉위함.
7세	무제 건원 2년(139)	사마담이 태사승이 되어 무릉 축조에 참여함. 사마천이 고문을 배움.
8세	3년(138)	태사령이 된 사마담이 장안으로 이주해 천문과 역법을 주관함.
10세	5년(136)	사마천이 고향에서 농사를 짓고 목축을 함.
11세	6년(135)	황로를 숭상한 두태후가 사망하자 한무제가 유가정사를 펼침.
12세	원광 원년(134)	유가인 동중서와 공손홍이 발탁됨.
13세	2년(133)	사마담이 잠시 고향으로 와 사마천과 함께 각지를 다니며 자료를 수집함.
14세	3년(132)	한무제가 황하의 치수사업에 10만 명을 동원함.
17세	6년(129)	동중서 및 공안국 밑에서 《춘추공양전》과 《고문상서古文尙書》를 배움.
19세	원삭 2년(127)	호족과 부호가 무릉으로 이주함. 유협 곽해郭解가 훗날 〈유협열전〉의 주인공이 됨.
20세	3년(126)	학업을 일시 중단하고 부친의 권유로 천하를 답사함.

21세	4년(125)	흉노의 침입으로 사마담이 한무제를 수행해 감천으로 감.
22세	5년(124)	사마천이 낭중이 되어 벼슬길에 나섬.
24세	원수 원년(122)	부친과 함께 한무제를 수행해 옹현으로 가 제사를 지냄.
33세	원정 4년(113)	한무제가 지방 순시에 나서자 부친과 함께 수행함.
35세	6년(111)	황명을 받아 서남 일대를 순시함. 〈화식열전〉 저술의 배경이 됨.
36세	원봉 원년(110)	한무제 봉선 가운데 부친이 위독하다는 전갈을 받고 낙양으로 와 유언을 들음.
37세	2년(109)	치수사업을 벌이자 역대 치수사업을 개괄한 〈하거서〉를 씀.
38세	3년(108)	태사령이 됨.
42세	태초 원년(104)	태초력 완성을 계기로 본격적으로 《사기》 저술에 들어감.
47세	천한 2년(99)	전투에서 패한 이릉을 보호하다 탄핵을 받음.
48세	3년(98)	태사령 직에서 파면되고 황제를 무고한 혐의로 사형이 확정됨.
49세	4년(97)	궁형을 자청해 죽음을 면함.
50세	태시 원년(96)	사면되어 중서령에 제수됨. 《사기》 완성에 박차를 가함.
51세	2년(95)	황제를 수행해 4년 동안 천하 각지를 순시함.
55세	정화 2년(91)	친구 임안에게 〈보임안서〉를 보냄.
60세	시원 원년(86)	한소제 원년. 늦어도 이해 전에 사망한 것으로 추정됨.

| 참고문헌 |

기본서

《논어》,《맹자》,《관자》,《순자》,《한비자》,《도덕경》,《장자》,《묵자》,《상군서》,《안자춘추》,《춘추좌전》,《춘추공양전》,《춘추곡량전》,《여씨춘추》,《회남자》,《춘추번로》,《오월춘추》,《월절서》,《신어》,《세설신어》,《잠부론》,《염철론》,《국어》,《설원》,《전국책》,《논형》,《공자가어》,《정관정요》,《자치통감》,《독통감론》,《일지록》,《명이대방록》,《근사록》,《설문해자》,《사기》,《한서》,《후한서》,《삼국지》.

저서 및 논문

• 한국어판

가오 나오카, 오이환 옮김,《중국철학사》, 을유문화사, 1995.

가이쯔까 시게끼, 김석근 외 옮김,《제자백가》, 까치, 1989.

강상중,《오리엔탈리즘을 넘어서》, 이산, 1997.

곽말약, 조성을 옮김,《중국고대사상사》, 까치, 1991.

김승혜,《원시유교》, 민음사, 1990.

김엽, 〈전국·진한대의 지배계층〉,《동양사학연구》, 1989.

김용옥,《동양학 어떻게 할 것인가》, 민음사, 1985.

김충렬 외,《논쟁으로 보는 중국철학》, 예문서원, 1995.

김학주,《공자의 생애와 사상》, 태양문화사, 1978.

김형효,《맹자와 순자의 철학사상》, 삼지원, 1990.

니시지마 사다오, 최덕경 외 옮김,《중국의 역사: 진한사》, 혜안, 2004.

니콜로 마키아벨리, 강정인 옮김,《군주론》, 까치, 1997.

라이샤워 외, 고병익 외 옮김,《동양문화사》, 을유문화사, 1973.

마루야마 마사오, 김석근 옮김,《일본정사사상사연구》, 한국사상사연구
    소, 1995.

마쓰시마 다까히로 외, 조성을 옮김,《동아시아사상사》, 한울아카데미, 1991.

마준, 임홍빈 옮김,《손자병법강의》, 돌베개, 2010.

마오쩌둥, 이승연 옮김,《실천론·모순론》, 두레, 1989.

모리모토 준이치로, 김수길 옮김,《동양정사사상사 연구》, 동녘, 1985.

모리야 히로시, 이찬도 옮김,《중국고전의 사람학》, 을지서적, 1991.

박덕규 엮음,《중국역사이야기》, 일송북, 2006.

박한제,《중국역사기행》, 사계절, 2003.

벤자민 슈월츠, 나성 옮김,《중국고대사상의 세계》, 살림, 1996

북경대중국철학사연구실 엮음, 박원재 옮김,《중국철학사》, 자작아카데
    미, 1994.

사마광, 권중달 옮김,《자치통감》, 삼화, 2009.

서울대동양사학연구실 엮음,《강좌 중국사》, 지식산업사, 1989.

소공권, 최명 옮김,《중국정사사상사》, 서울대출판부, 2004.

송영배,《제자백가의 사상》, 현암사, 1994.

송인창, 〈공자의 덕치사상〉,《현대사상연구 4》, 1987.

시오노 나나미, 김석희 옮김,《로마인이야기 1~6》, 한길사, 1998.

신동준,《인물로 읽는 중국근대사》, 에버리치홀딩스, 2010.

신동준,《조선국왕 대 중국황제》, 역사의아침, 2010.

양계초, 이민수 옮김,《중국문화사상사》, 정음사, 1980.

양지강, 고예지 옮김,《천추흥망》, 따뜻한손, 2009.

에드워드 맥널 번즈 외, 손세호 옮김,《서양문명의 역사》, 소나무, 1987.

에드워드 W. 사이드, 박홍규 옮김,《오리엔탈리즘》, 교보문고, 1997.

여동방, 문현선 옮김,《삼국지강의》, 돌베개, 2010.

오카다 히데히로, 이진복 옮김,《세계사의 탄생》, 황금가지, 2002.

윤내현,《상주사》, 민음사, 1988.

윤사순,《공자사상의 발견》, 민음사, 1992.

이강수, 〈장자의 정사윤리사상〉,《정신문화연구》, 1986.

이성규,《동아사상의 왕권》, 한울아카데미, 1993.

이성규,《중국고대제국성립사 연구》, 일조각, 1984.

이재권, 〈순자의 명학사상〉,《동서철학연구 8》, 1991.

이종오, 신동준 옮김,《후흑학》, 인간사랑, 2010.

이춘식, 〈유가 정사사상의 이념적 제국주의〉,《인문논집 27》, 1982.

이탁오, 김혜경 옮김,《분서》, 한길사, 2004.

전락희, 〈동양 정사사상의 윤리와 이상〉,《한국정사학회보 24》, 1990.

전목, 권중달 옮김,《중국사의 새로운 이해》, 집문당, 1990.

___, 신승하 옮김,《중국역대정사의 득실》, 박영사, 1975.

___, 추헌수 옮김,《중국역사정신》, 연세대출판부, 1977.

전세영,《공자의 정사사상》, 인간사랑, 1992.

전해종 외,《중국의 천하사상》, 민음사, 1988.

정영훈,〈선진 도가의 정사사상〉,《민주문화논총》, 1992.

조광수,〈노자 무위의 정사사상〉,《중국어문논집 4》, 1988.

차하순 엮음,《사관이란 무엇인가》, 청람, 1984.

최명,《삼국지 속의 삼국지》, 인간사랑, 2003.

___,《춘추전국의 정치사상》, 박영사, 2004.

최성철,〈선진유가의 정사사상 연구〉,《한국학논집 11》, 1987.

크레인 브린튼 외, 민석홍 외 옮김,《세계문화사》, 을유문화사, 1972.

퓌스텔 드 쿨랑주, 김응종 옮김,《고대도시》, 아카넷, 2000.

풍우란, 정인재 옮김,《중국철학사》, 형설출판사, 1995.

플라톤, 박종현 옮김,《나라·정체》, 서광사, 1997.

한국공자학회 엮음,《공자사상과 현대》, 사사연, 1986.

한조기, 이인호 옮김,《사기강의》, 돌베개, 2010.

헤로도토스, 박광순 옮김,《역사》, 범우사, 1995.

헤리슨 솔즈베리, 박월라 외 옮김,《새로운 황제들》, 다섯수레, 1993.

황원구,《중국사상의 원류》, 연세대출판부, 1988.

H. G 크릴, 이성규 옮김,《공자, 사람과 신화》, 지식산업사, 1989.

• 중국어판

郭志坤,《荀學論槀》, 三聯書店, 1991.

匡亞明,《孔子評傳》, 齊魯出版社, 1985.

喬木靑, 〈荀況法後王考辨〉, 《社會科學戰線 2》, 1978.

金德建, 《先秦諸子雜考》, 中州書畫社, 1982.

勞思光, 〈法家與秦之統一〉, 《大學生活 153-155》, 1963.

童書業, 《先秦七子思想研究》, 齊魯書社, 1982.

鄧小平, 《鄧小平文選》, 人民出版社, 1993.

毛澤東, 〈新民主主義論〉, 《毛澤東選集 2》, 人民出版社, 1991.

潘富恩·甌群, 《中國古代兩種認識論的鬪爭》, 上海人民出版社, 1973.

方立天, 《中國古代哲學問題發展史》, 中華書局, 1990.

傅樂成, 〈漢法與漢儒〉, 《食貨月刊 復刊 5-10》, 1976.

史尙輝, 〈韓非: 戰國末期的反孔主將〉, 《學習與批判 1974-9》, 1974.

徐復觀, 《中國思想史論集》, 臺中印刷社, 1951.

聶文淵, 〈孟子政治觀中的民本思想〉, 《貴州社會科學 1993-1》, 1993.

蕭公權, 《中國政治思想史》, 臺北聯經出版事業公司, 1980.

蘇誠鑑, 〈漢武帝 獨尊儒術 考實〉, 《中國哲學史研究 1》, 1985.

蘇新鋈, 〈孟子仁政首重經濟建設的意義〉, 《中國哲學史研究 1》, 1988.

蕭一山, 《淸代通史》, 臺灣商務印書館, 1985.

孫謙, 〈儒法法理學異同論〉, 《人文雜誌 6》, 1989.

孫家洲, 〈先秦儒家與法家 忠孝 倫理思想述評〉, 《貴州社會科學 4》, 1987.

孫開太, 〈試論孟子的 仁政 學說〉, 《思想戰線 1979-4》, 1979.

孫立平, 〈集權·民主·政治現代化〉, 《政治學研究 5-15》, 1989.

梁啓超, 《先秦政治思想史》, 商務印書館, 1926.

楊立著, 〈對法家 法治主義 的再認識〉, 《遼寧大學學報, 哲學社會科學 2》, 1989.

楊善群, 〈論孟荀思想的階級屬性〉, 《史林 1993-2》, 1993.

楊雅婷,〈荀子論道〉,《中國文學研究 2》, 1988.

楊幼炯,《中國政治思想史》, 商務印書館, 1937.

楊鴻烈,《中國法律思想史》, 商務印書館, 1937.

呂凱,〈韓非融儒道法三家成學考〉,《東方雜誌 23-3》, 1989.

呂思勉,《秦學術概論》, 中國大百科全書, 1985.

吳康,〈荀子論王霸〉,《孔孟學報 22》, 1973.

吳乃恭,《儒家思想研究》, 東北師範大學出版社, 1988.

吳辰佰,《皇權與紳權》, 儲安平, 1997.

王德敏,〈管子思想對老子道德論的影響〉,《中國社會科學 1991-2》, 1991.

王德昭,〈馬基雅弗裏與韓非思想的異同〉,《新亞書院學術年刊 9》, 1967.

王道淵,〈儒家的法治思想〉,《中華文史論叢 19》, 1989.

王文亮,《中國聖人論》, 中國社會科學院出版社, 1993.

王錫三,〈淺析韓非的極端專制獨裁論〉,《天津師大學報 1982-6》, 1982.

王亞南,《中國官僚政治研究》, 中國社會科學出版社, 1990.

王威宣,〈論荀子的法律思想〉,《山西大學學報, 哲學社會科學 2》, 1992.

王曉波,〈先秦法家之發展及韓非的政治哲學〉,《大陸雜誌 65-1》, 1982.

於孔寶,〈論孔子對管仲的評價〉,《社會科學輯刊 4》, 1990.

熊十力,《新唯識論 原儒》, 山東友誼書社, 1989.

劉奉光,〈孔孟政治思想比較〉,《南開學報, 哲學社會科學 6》, 1986.

劉如瑛,〈略論韓非的先王觀〉,《江淮論壇 1》, 1982.

劉澤華,《先秦政治思想史》, 南開大學出版社, 1984.

遊喚民,《先秦民本思想》, 湖南師範大學出版社, 1991.

李侃,〈中國近代儒法鬥爭駁議〉,《歷史研究 3》, 1977.

李德永,〈荀子的思想〉,《中國古代哲學論叢 1》, 1957.

李宗吾,《厚黑學》, 求實出版社, 1990.

李澤厚,《中國古代思想史論》, 人民出版社, 1985.

人民出版社編輯部 編,《論法家和儒法鬪爭》, 人民出版社, 1974.

林聿時‧關峰,《春秋哲學史論集》, 人民出版社, 1963.

張豈之,《中國儒學思想史》, 陝西人民出版社, 1990.

張國華,〈略論春秋戰國時期的法治與人治〉,《法學研究 2》, 1980.

張君勱,《中國專制君主政制之評議》, 弘文館出版社, 1984.

張岱年,《中華的智慧: 中國古代哲學思想精髓》, 上海人民出版社, 1989.

田久川,〈孔子的霸道觀〉,《遼寧師範大學學報, 社會科學 5》, 1987.

鄭良樹,《商鞅及其學派》, 上海古籍出版社, 1989.

曹謙,《韓非法治論》, 中華書局, 1948.

趙光賢,〈什麼是儒家? 什麼是法家?〉,《歷史敎學 1》, 1980.

曹思峰,《儒法鬪爭史話》, 上海人民出版社, 1975.

趙守正,《管子經濟思想研究》, 上海古籍出版社, 1989.

趙如河,〈韓非不是性惡論者〉,《湖南師範大學社會科學學報 22-4》, 1993.

曹旭華,〈管子論富國與富民的關係〉,《學術月刊 6》, 1988.

趙忠文,〈論孟子仁政與孔子仁及德政說的關係〉,《中國哲學史研究 3》,
   1987.

鍾肇鵬,《孔子研究, 增訂版》, 中國社會科學出版社, 1990.

周立升 編,《春秋哲學》, 山東大學出版社, 1988.

周雙利,〈略論儒法在名實問題上的論爭〉,《考古 4》, 1974.

周燕謀 編,《治學通鑑》, 臺北, 精益書局, 1976.

曾小華,《中國政治制度史論簡編》, 中國廣播電視出版社, 1991.

陳大絡,〈儒家民主法治思想的闡述〉,《福建論壇, 文史哲 6》, 1989.

陳飛龍,《荀子禮學之硏究》, 文史哲出版社, 1979.

陳進坤,〈論儒家的人治與法家的法治〉,《廈門大學學報, 哲學社會科學 2》, 1980.

鄒華玉,〈試論管子的富國安民之道〉,《北京師範學院學報, 社會科學 6》, 1992.

湯新,〈法家對黃老之學的吸收和改造: 讀馬王堆帛書 經法 等篇〉,《文物 8》, 1975.

夏子賢,〈儒法鬪爭的歷史眞相〉,《安徽師大學報, 哲學社會科學 3》, 1978.

郝鐵川,〈韓非子論法與君權〉,《法學硏究 4》, 1987.

韓學宏,〈荀子法後王思想硏究〉,《中華學苑 40》, 1990.

向仍旦,《荀子通論》, 福建人民出版社, 1987.

黃公偉,《孔孟荀哲學證義》, 臺北, 幼獅文化事業公司, 1975.

黃偉合,〈儒法墨三家義利觀的比較硏究〉,《江淮論壇 6》, 1987.

黃俊傑,〈孟子王覇三章集釋新詮〉,《文史哲學報 37》, 1989.

曉東,〈政治學和政治體制改革〉,《瞭望 20-21》, 1988.

• 일본어판

加藤常賢,《中國古代倫理學の發達》, 二松學舍大學出版部, 1992.

角田幸吉,〈儒家と法家〉,《東洋法學 12-1》, 1968.

岡田武彥,《中國思想における理想と現實》, 木耳社, 1983.

鎌田正,《左傳の成立と其の展開》, 大修館書店, 1972.

高文堂出版社 編,《中國思想史》, 高文堂出版社, 1986.

高山方尙,〈商子·荀子·韓非子の國家: 回歸と適應〉,《中國古代史研究 4》, 1976.

高須芳次郎,《東洋思想十六講》, 東京, 新潮社, 1924.

高田眞治,〈孔子的管仲評: 華夷論の一端として〉,《東洋研究 6》, 1963.

顧頡剛 著 小倉芳彦 等 譯,《中國古代の學術と政治》, 大修館書店, 1978.

菅本大二,〈荀子の禮思想における法思想の影響について〉,《築波哲學 2》, 1990.

館野正美,《中國古代思想管見》, 汲古書院, 1993.

溝口雄三,《中國の公と私》, 研文出版, 1995.

宮崎市定,《アジア史研究, l-V》, 同朋社, 1984.

宮島博史 外,〈明淸と李朝の時代〉,《世界の 歷史》, 中央公論社, 1998.

金谷治,《管子の研究: 中國古代思想史の一面》, 岩波書店, 1987.

內山俊彦,《荀子: 古代思想家の肖像》, 東京, 評論社, 1976.

大久保隆郎也,《中國思想史, 上: 古代·中世》, 高文堂出版社, 1985.

大濱晧,《中國古代思想論》, 勁草書房, 1977.

大野實之助,〈禮と法〉,《東洋文化研究所創設三十周年紀念論集, 東洋文化と明日》, 1970.

渡邊信一郎,《中國古代國家の思想構造》, 校倉書房, 1994.

木村英一,《法家思想の探究》, 弘文堂, 1944.

___,《孔子と論語》, 創文社, 1984.

茂澤方尙,〈韓非子の聖人について〉,《駒澤史學 38》, 1988.

服部武,《論語の人間學》, 東京, 富山房, 1986.

福澤諭吉,《福澤諭吉選集》, 岩波書店, 1989.

山口義勇,《列子研究》, 風間書房, 1976.

森秀樹,〈韓非と荀況: 思想の繼蹤と繼絶〉,《關西大學文學論集 28-4》, 1979.

森熊男,〈孟子の王道論: 善政と善教をめぐて〉,《研究集錄, 岡山大學教育學部 50-2》, 1979.

上野直明,《中國古代思想史論》, 成文堂, 1980.

相原俊二,〈孟子の五覇について〉,《池田末利博士古稀記念東洋學論集》, 1980.

上田榮吉郎,〈韓非の法治思想〉,《中國の文化と社會 13》, 1968.

小林多加士,〈法家の社會體系理論〉,《東洋學研究 4》, 1970.

小野勝也,〈韓非.帝王思想の一側面〉,《東洋學學術研究 10-4》, 1971.

小倉芳彦,《中國古代政治思想研究》, 靑木書店, 1975.

松浦玲,〈王道論をめぐる日本と中國〉,《東洋學術研究 16-6》, 1977.

守本順一郎,《東洋政治思想史研究》, 未來社, 1967.

狩野直禎,《韓非子の知慧》, 講談社, 1987.

守屋洋,《韓非子の人間學: 吾が存に善なる恃まず》, プレジデント社, 1991.

信夫淳平,《荀子の新研究》, 研文社, 1959.

兒玉六郎,〈荀況の政治論〉,《新潟大學教育學部紀要, 人文社會科學 31-1》, 1989.

安岡正篤,《東洋學發掘》, 明德出版社, 1986.

安居香山 編,《讖緯思想の綜合的研究》, 國書刊行會, 1993.

栗田直躬,《中國古代思想の研究》, 岩波書店, 1986.

伊藤道治,《中國古代王朝の形成》, 創文社, 1985.

日原利國,《中國思想史, 上·下》, ペリカン社, 1987.

___,〈王道から覇道への轉換〉,《中國哲學史の展望と模索》, 東京, 創文社, 1976.

張柳雲,〈韓非子の治道與治術〉,《中華文化復興月刊 3-8》, 1970.

町田三郎 外,《中國哲學史研究論集》,葦書房, 1990.

佐川修,〈董仲舒の王道說: その陰陽說との關連について〉,《東北大學
　　教養部紀要 19》, 1974.

中村哲,〈韓非子の專制君主論〉,《法學志林 74-4》, 1977.

中村俊也,〈孟荀二者の思想と公羊傳の思想〉,《國文學漢文學論叢 20》,
　　1975.

紙屋敦之,《大君外交と東アジア》,吉川弘文館, 1997.

陳柱著 中村俊也 譯,《公羊家哲學》,百帝社, 1987.

津田左右吉,《左傳の思想史的研究》,東京, 岩波書店, 1987.

淺間敏太,〈孟荀における孔子〉,《中國哲學 3》, 1965.

淺井茂紀他,《孟子の禮知と王道論》,高文堂出版社, 1982.

村瀨裕也,《荀子の世界》,日中出版社, 1986.

貝塚茂樹 編,《諸子百家》,築摩書房, 1982.

布施彌平治,〈申不害の政治說〉,《政經研究 4-2》, 1967.

戶山芳郎,《古代中國の思想》,放送大敎育振興會, 1994.

丸山松幸,《異端と正統》,每日新聞社, 1975.

丸山眞男,《日本政治思想史研究》,東京大出版會, 1993.

黃介騫,〈荀子の政治經濟思想〉,《經濟經營論叢 5-1》, 1970.

荒木見悟,《中國思想史の諸相》,中國書店, 1989.

• 서양어판

Ahern, E. M., *Chinese Ritual and Politics*, Cambridge Univ. Press, 1981.

Allinson, R., ed., *Understanding the Chinese Mind The Philosophical Roots*,
　　Hong Kong: Oxford Univ. Press, 1989.

Ames, R. T., *The Art of Rulership: A Study in Ancient Chinese Political Thought*, Honolulu Univ. Press of Hawaii, 1983.

Aristotle, *The Politics*, London: Oxford Univ. Press, 1969.

Barker, E., *The Political Thought of Plato and Aristotle*, New York: Dover Publications, 1959.

Bell, D. A., "Democracy in Confucian Societies The Challenge of Justification" in Daniel Bell et. al., *Towards Illiberal Democracy in Pacific Asia*, Oxford: St. Martin's Press, 1995.

Carr, E. H., *What is History*, London: Macmillan Co., 1961.

____, *Nationalism and After*, London: Macmillan, 1945.

Cohen, P. A., *Between Tradition and Modernity Wang T'ao and Reform in Late Ch'ing China*, Cambridge Harvard Univ. Press, 1974.

Creel, H. G., *Shen Pu-hai. A Chinese Political Philosopher of The Fourth Century B.C.*, Chicago: Univ. of Chicago Press, 1975.

Cua, A. S., *Ethical Argumentation: A study in Hsün Tzu's Moral Epistemology*, Univ. Press of Hawaii, 1985.

De Bary, W. T., *The Trouble with Confucianism*, Cambridge, Mass.: Harvard Univ. Press, 1991.

Fingarette, H., *Confucius The Secular as Sacred*, New York: Harper and Row, 1972.

Fukuyama, F., *The End of History and the Last Man*, London: Hamish Hamilton, 1993.

Hegel, F., *Lectures on the Philosophy of World History*, Cambridge: Cambridge Univ. Press, 1975.

Held, D., *Models of Democracy*, Cambridge: Polity Press, 1987.

Hsü, L. S., *Political Philosophy of Confucianism*, London: George Routledge & Sons, 1932.

Huntington, S. P., "The Clash of civilization.", *Foreign Affairs* 7, no. 3, summer.

Johnson, C., *MITI and the Japanese Miracle*, Stanford: Stanford University Press, 1996.

Machiavelli, N., *The Prince*, Harmondsworth Penguin, 1975.

Macpherson, C. B., *The Life and Times of Liberal Democracy*, Oxford: Oxford Univ. Press, 1977.

Mannheim, K., *Ideology and Utopia*, London: Routledge, 1963.

Marx, K., *Oeuvres Philosophie et Économie 1–5*, Paris: Gallimard, 1982.

Mills, C. W., *The Power Elite*, New York: Oxford Univ. Press, 1956.

Moritz, R., *Die Philosophie im alten China*, Berlin: Deutscher Verl. der Wissenschaften, 1990.

Munro, D. J., *The Concept of Man in Early China*, Stanford: Stanford Univ. Press, 1969.

Peerenboom, R. P., *Law and Morality in Ancient China: The Silk Manuscripts of Huang–Lao*, Albany, New York: State Univ. of New York Press, 1993.

Plato, *The Republic*, Oxford Univ. Press, 1964. Pott, W. S., *A Chinese Political Philosophy*, Alfred. A. Knopf, 1925.

Rawls, J., *A Theory of Justice*, Cambridge: Harvard Univ. Press, 1971.

Rubin, V. A., *Individual and State in Ancient China: Essays on Four Chinese Philosophers*, Columbia Univ. Press, 1976.

Sabine, G., *A History of Political Theory*, Holt, Rinehart and Winston, 1961.

Sartori, G., *The Theory of Democracy Revisited*, Catham House Publisher, Inc., 1987.

Schumpeter, J. A., *Capitalism, Socialism and Democracy*, London: George Allen & Unwin, 1952.

Schwartz, B. I., *The World of Thought in Ancient China*, Cambridge: Harvard Univ. Press, 1985.

Strauss, L., *Natural Right and History*, Chicago: Univ. of Chicago Press, 1953.

Taylor, R. L., *The Religious Dimensions of Confucianism*, Albany, New York: State Univ. of New York Press, 1990.

Tocqueville, Alexis de, *Democracy in America*, Garden City, N.Y.: Anchor Books, 1969.

Tomas, E. D., *Chinese Political Thought*, New York: Prentice-Hall, 1927.

Tu, Wei-ming, *Way, Learning and Politics: Essays on the Confucian Intellectual*, Albany, State Univ. of New York Press, 1993.

Waley, A., *Three Ways of Thought in Ancient China*, doubleday & company, 1956.

Weber, M., *The Protestant Ethics and the Spirit of Capitalism*, London: Allen and Unwin, 1971.

Wu, Geng, *Die Staatslehre des Han Fei: Ein Beitrag zur chinesischen Idee der Staatsräson*, Wien & New York Springer-Verl., 1978.

Wu, Kang, *Trois Theories Politiques du Tch'ouen Ts'ieou*, Paris: Librairie Ernest Leroux, 1932.

Zenker, E. V., *Geschichte der Chinesischen Philosophie*, Reichenberg: Verlag Gebrüder Stiepel Ges. M. B. H., 1926.